国家社会科学基金重点项目

教育部哲学社会科学研究后期资助（重大）项目

儒学谱系论

杨泽波 著

人民出版社

目　　录

第一章 孔子的三分结构及 儒家的两条线索

第一节 "那个掉下来的苹果"

世界上的重大创造,无不缘于有价值问题的发现,自然科学如此,哲学亦莫能外。我从事儒家心性之学研究,乃至于建构儒家生生伦理学,均离不开我读研究生听课时发现的一个问题。20 世纪 80 年代,我在复旦大学哲学学院(当时叫哲学系)读研究生。学院请美国 H.G.布洛克教授给我们讲伦理学,用的教材是威廉·K.弗兰克纳的《伦理学》(*Ethics*)。弗兰克纳是美国著名的伦理学家,该书是他的代表作,1963 年初版,1973 年又出了第二版,在美国有较大影响。①

20 世纪上半叶,西方伦理学重视元伦理学的研究,很多人局限在这个范围内,把什么是善、什么是正当等问题排斥在外,规范伦理学少有市场。这种形式化的倾向严重脱离了现实生活,陷入到重重困境之中。于是"重建规范伦理学""回到规范伦理学"的口号日起,许多过去被忽视的问题,如价值判断能不能从事实判断中推导出来,重新进入了人们的视野。人们力图摆脱价值和事实的两分法,将注意力转向道德判断的内容上来,以便找到道德规范理论的合理根据。这种理论一般称为"新自然主义"。弗兰克纳即持这种观点。他认为,伦理学不仅应该包括元伦理学,也应该包含规范伦理学。他的这个观

---

① 该书有两个中译本,一个是黄伟合、包连宗、马莉的译本,书名为《善的求索——道德哲学导论》(辽宁人民出版社 1987 年版);另一个是关键的,书名尊重原著,就叫《伦理学》(生活·读书·新知三联书店 1987 年版)。我们使用的是英文本,同时参照黄伟合、包连宗、马莉的译本。但这个译本不太理想,不仅一些语义不够流畅,有的译法也不够准确。我曾根据英文本在该书的边页作了不少修改,这个本子至今还保留着。

点代表了西方伦理学发展的一个变化。

弗兰克纳把历史上的规范伦理学区分为目的论和义务论两类:利己主义、快乐主义、功利主义等为目的论;以良心作为指导或准则的学说,如罗斯的义务论直觉主义、存在主义等,为义务论。弗兰克纳对这两种理论都不满意,提出了一种新的观点,叫作"混合义务论"。功利原则和公正原则是构成其义务论的两条基本原则,其中公正原则又优于功利原则。弗兰克纳强调,功利原则和公正原则是自明原则,无须证明,适应于一切社会,社会所建立的制度都应尽可能地体现和适合这两条原则。①

该书体量不大,是一个小册子,共有六章,其中第六章最后一个小节的标题是"为什么要成为有道德的呢?"主要讨论道德根据,意即"人为什么要过善的生活"的问题。弗兰克纳指出:

> 这里,有必要回忆一下第五章末尾处提出的一点,即在道德上善的或正当的行动是一种优越的活动,因而是选作为任何好的生活的一部分的第一候选项目,特别是因为它是一切正常人都能够做的一种优越的活动。在我看来,这确是关于我们目前的问题的答复中一个重要考虑之点。即使我们在通常论证中补充上这一点,仍然得不出确实的证明,认为每个人都应当在所讨论的非道德的意义上永远做在道德上优越的事。②

弗兰克纳认为,要回答这个问题,应该明白,善是一种优越的活动,是第一候选项,是一切正常人都能够从事的优越活动。简言之,因为道德生活是优越的,所以我们应该过善的生活。

然而,弗兰克纳在这方面遇到了困难。一方面他肯定道德生活更优越,另一方面又很难找出说服人们去过这种更优越生活的理由。为此他拟定了甲乙二人的对话:

> 如果甲问乙,为什么他(甲)应该讲道德?乙在回答时也许要甲用一种合乎理性的方法去决定他希望过一种什么样的生活,或做一种什

---

① 参见石毓彬为该书中译本所作的前言:《一本有益的书——中文版前言》。([美]威廉·K.弗兰克纳:《善的求索——道德哲学导论》,黄伟合、包连宗、马莉译,辽宁人民出版社1987年版,第1—7页。)

② [美]威廉·K.弗兰克纳:《善的求索——道德哲学导论》,黄伟合、包连宗、马莉译,辽宁人民出版社1987年版,第244—245页。

么样的人。那就是说,乙也许会问甲,假使甲合理地选择的话,他想要选择什么样的生活方式,换句话说,假使他自由地、公正地选择,并且充分认识到,过各种不同方式的生活,包括道德的生活方式是什么样的情形。当甲在这方面是镇定和冷静的时候,乙也许能够使甲相信,考虑到各种情况,他所选择的生活方式应包括道德的生活方式。如果是这样的话,那么,乙就是向甲证明了道德的生活方式是合理的。当甲按照这样的方式来考虑问题时,他甚至也许会选择一种包括他的自我牺牲的生活。①

这段对话的关键词是"合乎理性"。意思是说,乙会劝导甲说,希望他能用一种"合乎理性"的方式来思考自己过什么样的生活,做什么样的人的问题。如果他能"合乎理性""镇定和冷静"地思考,他就应该选择更优越的生活,做道德之事,哪怕为此作出自我牺牲也在所不辞。

这种证明显然不够给力,我们可以设想这样一种情景:甲承认自己有理性,也能够冷静地思考问题,但这并不能意味着他就会选择这种更优越的生活。为此不妨看这样一个例子:

公务员是要廉洁的;

甲是公务员;

所以,甲应该廉洁。

这个推理在逻辑上没有问题。"公务员是要廉洁的"为大前提。"甲是公务员"为小前提。这个小前提中隐含着一个内容,即甲作为公务员是有理性的。"甲应该廉洁"为结论。但这只是就逻辑而言,在现实生活中,有理性的公务员并非都能做到廉洁,也可能贪污,成为罪犯。因此,弗兰克纳以人有理性为由,解决"为什么要成为有道德的"这一问题,在理论上存有缺环。换言之,"公务员是要廉洁的"这个"是",无法直接推出"甲应该廉洁"这个"应该"。

随着阅读量的增加,我了解到,弗兰克纳遇到的困难与休谟伦理难题有密切关系。休谟在《人性论》第三卷的"附论"中指出:他在考察各种道德理论时

---

① ［美］威廉·K.弗兰克纳:《善的求索——道德哲学导论》,黄伟合、包连宗、马莉译,辽宁人民出版社1987年版,第245—246页。

发现,事实判断和道德判断是两类完全不同的判断,前者的系词为"是"与"不是",后者的系词为"应该"与"不应该"。可当人们按照常规进行道德推理时,总是不知不觉地改变判断的性质。于是,"这个新关系如何能由完全不同的另外一些关系推出来的,也应当举出理由加以说明"。① 休谟伦理难题之所以著名,是因为它涉及理性能否充当道德根据的问题。虽然休谟承认理性对道德有一定的影响,但他否认理性是道德的根据。在他看来,道德原则不仅必须对行为有所指导,而且这种指导必须包含内在的动力,遗憾的是,理性没有活动性,不能担负这项工作。休谟指出:"理性是完全没有主动力的,永远不能阻止或产生任何行为或感情;我在证明这点时所用的种种论证,如果在这里一一加以重复,那就有些厌烦了。"② "因此,总起来说,道德上的善恶的区别不可能是由理性造成的;因为那种区别对我们的行为有一种影响,而理性单独是不能发生那种影响的。"③ 也就是说,理性本身没有主动力,能够将标准和意志联系起来的,不是理性,而是情感。道德不应归属于理性,而应归属于情感。决定一个行动、一种情绪、一个品格是善还是恶,完全取决于道德感,取决于一种特殊的快乐或不快乐。④ 了解了这个背景,我们就不难理解弗兰克纳为什么会遇到困难了。他意识到"为什么要成为有道德的"是一个重要问题,为了解决这个问题,把希望寄托于人的理性。但休谟早已证明了理性不是道德的根据,不能产生具体的道德行为,以人有理性为由,无法有效说明人为什么要过善的生活的问题。弗兰克纳遇到的困难,其实是休谟伦理难题在 20 世纪另一种形式的再现。

在了解了休谟伦理难题之后,以此反观儒家学理,我发现孔子身上很难找到这个问题的影子,甚至可以说,西方哲学的这个重要问题在孔子那里根本就不存在。为什么会有这种神奇的现象? 这引起了我极大的兴趣,而这也成了诱使我从事儒学研究的"那个掉下来的苹果"。

---

① [英]休谟:《人性论》,关文运译、郑之骧校,商务印书馆 1980 年版,第 510 页。
② [英]休谟:《人性论》,关文运译、郑之骧校,商务印书馆 1980 年版,第 498 页。
③ [英]休谟:《人性论》,关文运译、郑之骧校,商务印书馆 1980 年版,第 502—503 页。
④ 参见杨泽波:《我们应当如何理解休谟伦理难题?——兼评孙伟平博士的新著〈事实与价值〉》,《中州学刊》2002 年第 4 期。

第二节 三分法的最初发现

有了兴趣,读书就有了重点。在儒家学理系统中,与休谟伦理难题相关的学问叫"心性之学"。关于心性之学这一概念,唐君毅、牟宗三、徐复观、张君劢20世纪50年代发表的《为中国文化敬告世界人士宣言》有过这样的界定:"此心性之学,是中国古时所谓义理之学之又一方面,即论人之当然的义理之本原所在者。"①这一表述包含两层意思:一是说心性之学古已有之。中国古代哲学有自己的特色,和西方哲学迥然不同。西方哲学热衷于对世界本原的探索,中国古代哲学更关心怎么成德、怎么做人、怎么成圣贤、怎么治国平天下。这种学说在中国古代叫作"义理之学",心性之学是"义理之学之又一方面"。二是说心性之学的重点在形上层面。每个人都有理、都有义,这个理、这个义是当然有的,这叫"人之当然之义理"。但这还不够,心性之学关注的是这种当然之义理的"本原所在者"。这个"本原"涉及形上层面,心性之学关注的是形上问题,不局限于具体的道德节目。

心性之学和政治之学的关系是一个重要话题。较长一段时间以来,我们把心性之学的地位抬得过高,忽视了儒家学理的政治内容。近些年经过反省,这个问题已经不复存在,但也出现了一些新情况。有人将政治之学与心性之学截然分割开来,看不到两者之间的内在关联;有人则以儒学是一个整体为由,不允许单独研究心性之学。前者的错误十分明显,因为如果把政治之学和心性之学割裂开来,儒学的内在关联就看不到了。后者的态度更加要不得,因为儒学虽是一个整体,根本目的是治国平天下,是政治之学,但政治之学不是空的,必须以心性之学为基础。儒家心性之学有独特的智慧,这方面的问题研究透了,政治之学的很多问题才能真正说清楚。那种主张不能单独研究心性之学,动辄以此为由指责他人,表面看立场前卫,观点激进,其实既是对他人的不尊重,也是对自己的不负责。

研究儒家心性之学,从孔子入手是一个好的渠道,因为孔子是总的源头,儒学后来的很多问题都是从这里流出去的。"源"清则"流"清。源头清楚了,

① 封祖盛编:《当代新儒家》,生活·读书·新知三联书店1989年版,第17页。

后面的问题才能真正弄清楚。我关注休谟伦理难题与儒家学理的关系,就是从具体研讨《论语》做起的。我说休谟伦理难题在孔子身上并不存在,下面几段材料可以为证:

> 朋友死,无所归,曰:"于我殡。"①

朋友死了无人收敛,孔子说,丧葬之事由我来料理吧。这件事表面看无甚深意,实则很有讲究。朋友过世了,如果别无所托,友人理应料理后事。也就是说,为无助的朋友料理后事为"是"。孔子直接将这一工作落实在自己身上,"于我殡",这是"应该"。这里"是"与"应该"是直接相关的,没有隔断。

又如:

> 在陈绝粮,从者病,莫能兴。子路愠见曰:"君子亦有穷乎?"子曰:"君子固穷,小人穷斯滥矣。"②

孔子在陈国断了粮,随从的人也病了,爬不起来。子路不高兴了,问孔子,君子也有穷得没有办法的时候吗?孔子说,君子虽然穷,但还能坚持,小人遇到这种情况便无所不为了。这里的君子指有德之人。有德之人并不一定有福,现实生活也可能很困苦。但在这种情况下,孔子仍然坚守,没有放弃。有德之人遇到不顺心的事,仍然需要坚守,这是"是"。孔子确实这样做了,这是"应该"。二者在孔子实际生活中同样没有间隔为二。

最有说服力的材料见于《论语·宪问》:

> 陈成子弑简公。孔子沐浴而朝,告于哀公曰:"陈恒弑其君,请讨之。"公曰:"告夫三子!"孔子曰:"以吾从大夫之后,不敢不告也。君曰'告夫三子'者。"之三子告,不可。孔子曰:"以吾从大夫之后,不敢不告也。"③

孔子告老还乡后,陈恒杀了齐简公。孔子斋戒沐浴朝见鲁哀公,要求讨伐。鲁哀公推托,让去报告季孙、仲孙、孟孙。孔子报告了,但他们不愿出兵。陈恒杀齐简公,这是弑上。孔子知道这件事后立即有了是非判断,这为"是";随之他马上"沐浴而朝,告于哀公",这是"应该"。这里"是"与"应该",事实

---

① (南宋)朱熹:《四书章句集注》,中华书局 1983 年版,第 122 页。
② (南宋)朱熹:《四书章句集注》,中华书局 1983 年版,第 161 页。
③ (南宋)朱熹:《四书章句集注》,中华书局 1983 年版,第 155 页。

与价值,同样紧密相连,没有脱节。

　　为什么会有如此神奇的现象呢? 可能有人会说,这是因为孔子思想较为含混,抽象度不高,还提不出如此深奥的问题。我在反复比对,不断思考后,得出了不同的结论:孔子思想中不存在休谟伦理难题,是因为其思想结构有其特殊性。在西方,尽管有不同的思想资源,但理性、感性两分是基本的模式。与其不同,自孔子创立儒学开始,其心性结构便不是理性、感性之两分,而是分为智性、欲性、仁性三个部分。正是这种特殊的心性结构,导致了休谟伦理难题无法在孔子身上存在。

　　孔子心性之学第一个部分源于其礼的思想。礼是孔子思想的重要内容。孔子的政治理想是恢复周代的礼乐制度。礼乐制度是周人制定的一整套行为规范,十分繁复,要成德成善必须不断地学礼学乐。正因为此,孔子才讲"不学礼,无以立"①。此外还要学诗。孔子说:"诗,可以兴,可以观,可以群,可以怨。迩之事父,远之事君。多识于鸟兽草木之名。"②学了诗,可以做到兴、观、群、怨,在家可以孝顺父母,在国可以侍奉君主,起码可以多识"鸟兽草木之名"。所以,孔子又讲:"不学诗,无以言。"③学礼学乐学诗这些内容都与智联系在一起,我将其称为"智性"。"智"的说法源于子贡。"昔者子贡问于孔子曰:'夫子圣矣乎?'孔子曰:'圣则吾不能,我学不厌而教不倦也。'子贡曰:'学不厌,智也;教不倦,仁也。仁且智,夫子既圣矣!'"④在孔子那里,智始终和学习认知联系在一起。因此,我把智性理解为通过学习和认知而成就道德的一种能力。

　　孔子心性之学另一个部分是对于物质利欲(即通常所说的物欲)的看法。孔子生活在实实在在的社会中,需要有实实在在的物质条件的保障,所以他并不反对物欲。《论语》中这方面的材料比比皆是。"子之燕居,申申如也,夭夭如也。"⑤居住在燕国的时候,生活很惬意,很舒服。"子在齐闻《韶》,三月不知肉味。曰:'不图为乐之至于斯也!'"⑥在齐国聆听《韶》乐,三个月不知道吃肉是什么滋味,感叹没有想到听音乐的快乐会达到如此程度。"食不厌精,

---

① (南宋)朱熹:《四书章句集注》,中华书局1983年版,第174页。
② (南宋)朱熹:《四书章句集注》,中华书局1983年版,第178页。
③ (南宋)朱熹:《四书章句集注》,中华书局1983年版,第173页。
④ (南宋)朱熹:《四书章句集注》,中华书局1983年版,第233页。
⑤ (南宋)朱熹:《四书章句集注》,中华书局1983年版,第93页。
⑥ (南宋)朱熹:《四书章句集注》,中华书局1983年版,第96页。

脍不厌细"①,食越精越好,肉切得越碎越好;"惟酒无量,不及乱"②,好喝酒,但不闹事。食、肉、酒都属于物欲,孔子对此并不反对。过去,学界一般按照西方哲学的做法,把与物欲相关的因素称为"感性"。感性在西方哲学中与理性原则上属于对立关系,但孔子对于物欲的看法与道德根据不是对立关系,而属于价值选择关系。为了更好地凸显这个特点,我将孔子对于物欲的看法叫作"欲性"。所谓"欲性",简要而言,就是人们对现实生活中物欲的看法。

除智性和欲性之外,孔子思想中还有第三个部分,这就是仁的思想,我称为"仁性"③。弟子问仁,孔子答仁,是《论语》的重要部分。樊迟问什么是仁,孔子说:"爱人"④,"居处恭,执事敬,与人忠"⑤。仲弓问什么是仁,孔子说:"己所不欲,勿施于人。"⑥子贡问什么是仁,孔子说:"己欲立而立人,己欲达而达人。"⑦孔子这些回答都是对弟子的随宜指点:弟子缺少爱心,孔子就说一个"爱人";弟子做事不庄重,孔子就说一个"居处恭,执事敬,与人忠";弟子不重恕道,不会推己及人,孔子就说一个"己所不欲,勿施于人","己欲立而立人,己欲达而达人"。虽然作出了这些答复,但孔子并没有讲仁究竟是什么,也没有说仁来自哪里。正因为此,后人不断在这方面作出努力,给出自己的回答。朱子写《仁说》,以"爱之理而名仁"⑧,虽然后人对此有不同的理解⑨,但

---

① (南宋)朱熹:《四书章句集注》,中华书局1983年版,第119页。
② (南宋)朱熹:《四书章句集注》,中华书局1983年版,第120页。
③ 请注意,我将孔子仁的思想叫作"仁性",不是说孔子已经将仁称为性了。"夫子之文章,可得而闻也;夫子之言性与天道,不可得而闻也。"(《论语·公冶长》第十三章)不管对此有何种理解,孔子很少谈性,更没有将仁直接与性联系在一起,则是众所周知的。我提出"仁性"这一概念只是说仁有自身的特性,这种特性可以称为仁性,正如智有特性,可以称为智性,欲有特性,可以称为欲性一样。切不因为孔子没有将仁与性联系起来,对这个概念产生误解。
④ (南宋)朱熹:《四书章句集注》,中华书局1983年版,第139页。
⑤ (南宋)朱熹:《四书章句集注》,中华书局1983年版,第146页。
⑥ (南宋)朱熹:《四书章句集注》,中华书局1983年版,第166页。
⑦ (南宋)朱熹:《四书章句集注》,中华书局1983年版,第92页。
⑧ (南宋)朱熹:《仁说》,《朱子全书》第二十三册,上海古籍出版社、安徽教育出版社2010年版,第3280页。
⑨ 牟宗三明确反对朱子这种解读,指出:"此完全是从伊川'阴阳气也,所以阴阳理也'一格式套下来。气是形而下者,理是形而上者。如是,遂将心一概视为形而下者,一往是气之事。侧隐、善恶、辞让、是非之心亦皆是形而下者,皆是气之事。此一义理间架完全非孟子言本心之本义。"(牟宗三:《心体与性体》第三册,《牟宗三先生全集》第7卷,台湾联合报系文化基金会、联经出版事业公司2003年版,第268—269页。)

朱子明显是试图以自己的努力解决这个问题的。近代以来，又有不少人希望对仁的核心加以概括。有人主张，仁的核心是"爱人"，因为孔子明确讲过"仁者爱人"。另有人提出有比"爱人"更重要的东西，这就是"己欲立而立人，己欲达而达人"，当以此作为仁的核心。这些说法都有各自的道理，但都不足以从根本上解决问题。因为"爱人"也好，"己欲立而立人，己欲达而达人"也好，都是仁的具体表现，用仁的具体表现来概括仁的本质，在逻辑上有重要缺陷。因为看到了这一局限，自从事儒学研究开始，我就坚持以自己的方式对仁作出理论的诠释。在我看来，仁或仁性不过是以生长倾向为基础受社会生活和智性思维影响而形成的伦理心境而已。这个观点一直没有变过，而这也成了儒家生生伦理学的一个重要标志。①

　　由此可知，智性、欲性、仁性之三分是孔子思想最明显的特点。智性和欲性尽管有自己的特点，但大致可以与西方的理性（道德理性）和感性对应起来。孔子思想之可贵在于多了仁性这个部分。受西方哲学思想的影响，在过去的研究中，我们习惯于将孔子的仁性和智性统称为理性。但仁性和智性的特点明显不同。比如，仁性是人的德性，表现为内在性；智性则是学礼学乐学诗，表现为外在性。又如，仁性自在己身，遇事只要内省，就可以寻到它，得到它的指导，特别现成，属于"完成时"；智性则是运用学习和认知能力了解社会规范和道德法则，不能一蹴而就，属于"进行时"。再如，仁性的思维方式是直觉，是遮诠，是非分别说，是负的方法，能不能得到它，全靠逆觉反证；智性的思维方式则属于逻辑，是表诠，是分别说，是正的方法，是动用逻辑的力量学习和掌握社会既定的行为规范并对其进行反思。最后，仁性的很多内容，如"爱人""己所不欲，勿施于人"包含丰富的情感因子；智性为了保障其准确性，则必须排除情感。将仁性和智性混在一起，不加区分，势必湮没各自的特点。因此，我从事儒学研究以来做的一项重要工作，就是将笼统所说的理性打散开来，分列为智性和仁性两个部分。

　　将孔子思想结构细分为智性、欲性、仁性，对于破解孔子思想中何以不存在休谟伦理难题有直接的帮助。这里最为关键的因素是仁性。有了仁性，智性认识到的事物，便有了行动的动力。听说陈恒杀齐简公有了是非判断后，如

①　参见本书第二章第一节"儒家生生伦理学对良心的解读"（第20—31页）。

何引出孔子朝见哀公的具体行动呢? 孔子自己讲得明白:"以吾从大夫之后,不敢不告也。"①这不是迫于外部压力的"不敢",而是迫于自己内心的"不敢",因为自己曾经身为大夫,知道遇到这种事情应该站出来加以制止。这个"内心",就是仁性。可见,把"陈恒弑君"这个"是"与孔子"不敢不告"这个"应该"连接起来的,正是仁性。这一义理告诉我们这样一个重要道理:在一门完整的道德学说中,智性本身没有动能;要保障这门学说能够动起来,必须有仁性;有了仁性,智性认识到的事实,才能有催化剂,有动能,正确的便去做,不正确的便去止。这样,事实就决定了价值,"是"就推出了"应该"。②

上面的回顾旨在说明,通过考察休谟伦理难题何以无法在孔子思想中立身,我有了一个很有意义的收获,这就是发现孔子思想内部并不是人们习惯的理性、感性的两分,而是智性、欲性、仁性的三分。这种三分,标志着一种新方法的出现,我将其称为"三分法"。所谓"三分法"即是将与道德相关的因素划分为智性、欲性、仁性三个部分,以区别于西方理性、感性之两分的一种方法。虽然当时这个发现只是初步的,要将其完善起来还需要做很多工作,但我本能地意识到,它的潜力巨大,前景广阔。我数十年的儒学研究从未离开过这个基点。三分法是我最重要的发现,也是我学术立身的根本。

自我提出三分法后,不少人提出了质疑,认为三分法早在康德那里就有了,我把它当成了自己的发现,自视过高,实不应该。为此我曾多次作过解释,强调康德的三分与我的三分不是一回事。康德认为,人类的理性可用于三个领域,《纯粹理性批判》讲认识论,相当于知;《实践理性批判》讲伦理学,相当于意;《判断力批判》讲美感,相当于情。不仅如此,康德还将人的认知能力分为感性、知性、理性,感性通过感官获得零散的感觉表象,知性运用范畴对感性材料进行综合整理,理性则是建立最高原理的能力。与此不同,我的三分不是认知识论、伦理学、美学之知、情、意三分,而是道德结构内部的智性、欲性、仁

① (南宋)朱熹:《四书章句集注》,中华书局1983年版,第154页。

② 当时我是这样表述的:"由此可以引出一个重要结论:仁性是连接'是'与'应该'的必然桥梁。就是说,由于孔子心性之学中有仁性一层,欲性和智性有了'中介',凡是智性认识到的事实,仁性自然充当'催化剂',促使人们必须按这个事实的要求去行动。这样,事实就决定了价值,'是'就推出了'应该'。事实与价值的矛盾在孔子身上并不存在,其奥秘正在这里。推广开来讲,孔子心性结构为解决这个困扰西方道德哲学数百年之久的理论难题,也提供了一个可行的思路。"(杨泽波:《孟子性善论研究》,中国社会科学出版社1995年版,第23—24页。)

性的三分。另外,虽然康德在认知论中有感性、知性、理性的三分,但理性的作用应该如何理解有不少争论,以至于有人批评康德在这方面仍然是感性、知性的两分。更为重要的是,我在研究康德思想时有一个惊人的发现:康德这种感性、知性、理性之三分在道德领域神奇地不见了。也就是说,《纯粹理性批判》的方法的确是三分的,但在《道德形而上学的奠基》和《实践理性批判》中实际呈现的却仍然是感性、理性两分的格局,很难见到感性、知性、理性三分的影子。这种现象引起了我极大的关注,在反复验证、确认这个判断无误后,才有勇气大胆宣称三分法是我的重要发现。①

要而言之,智性、欲性、仁性之三分有其确切的所指,专就道德层面的思维方式而言,既不同于知、情、意之三分,又不同于感性、知性、理性之三分,这是需要再三提醒读者注意的。

第三节 三分法的最终证成

我最早提出三分法,是在 1989 年写作博士论文《孟子性善论研究》(首版1995 年,修订版 2010 年,再修订版 2016 年)的时候。后来的《孟子评传》(1998 年)以及《孟子与中国文化》(2000 年),运用的都是这一方法。这可以说是第一阶段。这个阶段的主要任务是立,也就是初步把三分法立起来。其后我将精力集中于牟宗三儒学思想研究,使用的也是这种方法。因为有了三分法,我对儒学发展中的一些重大问题与牟宗三有了不同的理解(比如,我不同意将伊川、朱子划定为旁出,也不接受将五峰、蕺山独立为一系)。这是第二阶段。这个阶段的主要任务是破,即以三分法来破牟宗三的两分法。结束牟宗三儒学思想研究后,我立即全身心地投入到儒家生生伦理学建构工作之中。这是第三个阶段。在这个阶段中,我全面检讨了之前的工作,发现将孔子心性结构划分为智性、欲性、仁性三个部分,创建三分法,大的方向是对的,但相关做法还比较粗糙,一些环节还不够细致。要让这种新方法能够真正立起来,成为人们普遍认可的方法,还要做很多工作。这个阶段可以说也是一种

---

① 参见杨泽波:《儒家生生伦理学引论》第五十一节"三分法的正式建立",商务印书馆2020 年版,第 329—335 页。

立,当然是一种新的立。

在第三阶段,我的工作有两个方面特别值得一提。第一个方面是提出了"我觉故我在"的命题,以"我觉"作为这门新学说的逻辑起点。此前我已经发现了在一门完整的道德学说中当有智性、欲性、仁性三个部分,并围绕智性和仁性的辩证关系展开了分析,这自然是对的,但有一个缺陷,忽视了这样一个问题:我们是怎么知道自己是有智性、欲性、仁性的? 这个问题不解决,整个研究就仍然有独断论的嫌疑,无法真正完善起来。

为此,我不得不将研究的起点进一步向前移,不再简单确定智性、欲性、仁性,而是进一步说明我们是如何知道自己是有智性、欲性、仁性的。这时笛卡尔的思想对我有很大的帮助。过去我们一般把笛卡尔"我思故我在"的命题理解为"我思想所以我在"。后来发现这种理解并不准确。在笛卡尔那里,"思"有三种含义:第一,我感知到我在思考;第二,我在思考;第三,对前两种情况进行再思考即反思。"我思故我在"因此也可以有三种不同的解释:一是我感知到我正在思考,所以我存在;二是我正在思考,所以我存在;三是我对我感知到我正在思考以及我正在思考这两种情况加以进一步的反思,所以我存在。在这三种解释中,唯有第一种具有初始的意义。笛卡尔讲"我思故我在"主要是强调"我感知到我在思考",这种感知是自明的,不能再加以怀疑,所以"我存在"。换言之,"我思故我在"这一命题告诉我们,一方面我在思考,另一方面我可以感知到我在思考,这种"感知到"不需要事前推理证明,是第一性的。于是"我思"便成了笛卡尔整个学说的阿基米德之点。

尽管笛卡尔的思想对我有很大帮助,但我借用笛卡尔这一命题,有两点与他不同。首先,笛卡尔这一命题主要运用于认识领域,是为认识问题确定阿基米德之点,"我觉故我在"关注的则是伦理道德问题,意在为伦理道德问题寻找一个可靠的逻辑起点。其次,更为重要的是,因为"思"有多重含义,容易混淆,所以我不再说"我思故我在",而改说"我觉故我在"。"觉"是中国非常古老的用语,有"寤""晓"的含义,一般指醒悟,如觉悟、觉醒,又指人或动物受刺激后对事物的感受辨别,如感觉、知觉。觉的对象既可以指向外部,也可以指向内部。向外的觉为"外觉",向内的觉为"内觉"。"我觉故我在"的觉主要指"内觉",而不指"外觉"。

在伦理道德领域,我们都要思考如何成德成善的问题。我们在进行这种思考的时候，因为有"内觉"的能力，可以觉知到我正在思考。这种觉是第一性的，不需要其他条件，仅仅依靠这种觉便可以知晓自己正在思考这类问题，有这种能力。这种能力在孔子思想系统中，就是学习认知的能力，也就是前面说的智性。换言之，当我思考如何成德成善问题的时候，可以觉知到自己正在进行这种思考，这种情况本身就说明自己有这种能力，具有智性。虽然光有这一步还不行，还需要通过其他方式对此进一步加以证明，但那是之后的事，在研究的初始阶段，我们不需要其他前提，仅凭"内觉"就可以知晓自己是有智性的。

同样道理，我们还可以通过"内觉"发现自己的欲性。欲性在传统学说中特指人的食色需要。人生下来就有吃喝住行的要求，这是非常自然的事情，儒家一点都不反对。问题是，此前我们对于欲性的肯定过于简单了，只是把它作为一个事实接受了下来。虽然这个结论没有错，但过程不严格。还是那个问题：欲性本身不能成为一门学说的逻辑起点，有比欲性更为基础的东西。在儒家生生伦理学系统中，这个东西就是"内觉"。人有"内觉"的能力，当自己需求物欲，比如饿了想吃、渴了想喝的时候，"内觉"能力可以觉知到自己正在提出这种要求。发现欲性同样必须依靠"内觉"。

借助"内觉"不仅可以发现自己的智性和欲性，更重要的是可以发现自己的仁性。孔子讲"内省"，孟子重"反求"，学界对孔子和孟子的这些思想历来都很重视，强调成德成善眼光必须向内，不能向外。这种理解自然有其道理，但还停留于表面。前面的分析已经证明了人有"内觉"的能力，在思考问题的同时可以觉知到自己正在进行思考，在需求物欲的同时可以觉知到自己正在提出需求。从这个意义上说，孔子的"内省"，孟子的"反求"所要表达的正是这个意思。无论是"内省"还是"反求"，其基础都是内在的道德根据，即所谓的仁性。作为道德根据的仁性不是死物，遇事定会显现自己。熊十力所说"良知不是假说，而是呈现"，将这个道理表达得清清楚楚。更有意义的是，在良知呈现的那一刹那，自己有"内觉"的能力，可以对其有所觉知，从而觉察到自己的道德根据。明确这个道理有极高的学理价值，它告诉我们，单单指出人有仁性，指出仁性可以当下呈现尚不是根本之法，还必须确定人有"内觉"的能力，依靠这种能力，我们才可以觉知仁性的呈现，进而发现自己的仁性。

第二个方面是对智性和仁性的辩证关系进行了全方位的分析，以说明这种关系对于儒家道德学说的重大意义。因为我将孔子思想中与道德根据相关的因素划分为智性和仁性,这两个部分之间的关系,就成了一个重要话题。过去,我把这个关系定性为两句话:"以其层面而言,以智性为上;以其所本而言,以仁性为重。"①前者是说,孔子不以仁性为满足,要求有了仁性,还必须进至智性。孝、悌、忠、信,都属于仁性的范围,但如果有余力还要学文,以考圣王之成法,识事理之当然,达深远之大境。后者是说,学礼学乐学诗的智性本身不是目的,目的是力行成仁。儒家学理不是空头理论,必须贯彻到实践之中;儒者也不是空头的学问家,必须是一个笃志践行的实践者。要做到这些,都离不开仁性。

在第三阶段,我发现之前这样处理原则上没有问题,但远远谈不上深入,要把智性和仁性的辩证关系处理好,还有很多工作要做。我研究儒家心性之学,刚好赶上大陆的港台新儒家研究从无到有直至达到高潮。在这一时期,港台新儒家众多代表人物都对我有过影响,但影响最大的还是牟宗三。牟宗三写得最好的著作是《心体与性体》,外加《从陆象山到刘蕺山》,而不是之前的"外王三书"(《道德的理想主义》《历史哲学》《政道与治道》),也不是之后的"智的直觉两书"(《智的直觉与中国哲学》《现象与物自身》)。这部著作之所以重要,是因为它始终贯穿着三个问题意识:一是如何保障道德理性的活动性,我称为"活动问题";二是如何保障道德理性的客观性,我称为"流弊问题";三是道德之心如何影响宇宙万物之存在,我称为"存有问题"。这三个问题都是儒学研究中头等重大的问题,牟宗三之所以能够成为现代新儒家第二代的代表人物,与牢牢把握这些根本问题密不可分。牟宗三的这三个问题意识对我有深刻的启发,而我在第三阶段对智性和仁性的辩证关系的梳理,主要就是围绕这三个问题意识展开的。

在这个辩证关系中,我非常注意仁性对智性的作用。仁性对于智性的作用主要表现为可以保障其有活动性,具有动能,可以动起来,从而变为具体的道德践行。在三分法系统中,仁性有着充足的动能,可以为智性提供动力,凡是智性认为是正确的,即自觉去行;凡是智性认为是错误的,即自觉去止。我将这种自有动力,自发动能的学理,叫作"道德动力学"②。在儒学系统中,心

---

① 杨泽波:《孟子性善论研究》,中国社会科学出版社 1995 年版,第 11 页。
② "道德动力学"的提法始见于杨泽波《儒家生生伦理学引论》第三十二节"'道德动力学':一个有重大学术价值的问题",商务印书馆 2020 年版,第 230—233 页。

学一系的根据在仁性，道德动力感比较强，理学一系的根据在智性，道德动力感比较弱，道理即在这里。前面所说休谟伦理难题在孔子身上难以存在，根本原因就在于孔子不光有一个智性，还有一个仁性。自休谟提出事实与价值关系这一问题以来，很多人都试图加以解决，虽然有了不少成果，但仍然缺少一个大家都认可的方案。确定仁性与智性的辩证关系，以仁性为智性提供动力，可以为解决这一难题提供相当可行的思路，贡献儒家特有的智慧。

在这个辩证关系中，我也特别关注智性对仁性的作用。心学是儒学的重要分支，在历史上发挥了重要作用，但后来也出现了问题，陷入重重流弊之中，猖狂者参之以情识，超洁者荡之以玄虚。如何杜绝心学流弊，是儒学研究无法避开的重大课题。历史上，很多人都为此作出过努力。蕺山想到的办法是以意克念，以性宗为心宗提供保障。牟宗三划分心体与性体，同样是希望以性体的客观性防止心体走偏方向。但这些办法只能治表不能治里，不可能从根本上达到目的。要彻底解决这个问题，从三分法的角度看，最理想的办法是在智性和仁性的辩证关系中做文章，充分发展智性，对仁性加以再认识。这一步工作做好了，心学的流弊才能化于无形，失去生存的空间。两千年儒学发展最大的不足，即在智性发展不够有力。将这一块补足，既重仁性，又讲智性，不仅可以弥补儒学的这一缺失，更有利于反省西方某些思潮对社会造成的负面影响。

除此之外，我还十分重视道德存有向度智性和仁性的不同作用。如上所说，存有问题是牟宗三第三个问题意识。所谓"存有问题"是随着儒家理论的展开，受佛教思想影响，后来渐渐形成的一套学理，核心是道德之心如何影响宇宙万物的存在。牟宗三写作《心体与性体》，包括其后的《智的直觉与中国哲学》《现象与物自身》，都是为了把这个问题阐述清楚。可以毫不夸张地说，这是牟宗三一生都在努力的一个重要方向。虽然牟宗三在这方面做了大量工作，但因为他的方法总体上是两分的，所以这方面的一些较为深入的问题，比如，道德之心为什么可以创生存有，如何证明道德存有的真实性，未能给出具体的说明。因为我有了三分法，利用智性和仁性的辩证关系，可以在这方面作出自己的努力，不仅可以清楚地看到道德之心对宇宙万物的影响，而且可以说明这种影响产生的原因，进而证明这种影响的结果是真实的，不是虚幻的。

经过上述两个方面的努力，三分法的建构工作取得了很大的进展，完备了起来,有了一个整体的模样,完成了由最初发现到最终证成的升华。①

第四节　儒学发展一主一辅两条线索

　　有了三分法,沿着牟宗三三个问题意识向前走,我对儒学发展的整体脉络有了新的认识。我发现,两千多年儒学发展事实上存在着一主一辅两条线索。

　　主线是道德践行。牟宗三三个问题意识中的"活动问题""流弊问题",都与此相关。这条主线内部有一个可以称之为"一源两流"的奇特现象。"一源"指孔子。孔子心性结构是智性、欲性、仁性之三分,在这一结构中,智性和仁性都是道德的根据。"两流"指孔子之后学术思想沿着两个不同方向的发展。孟子顺着仁性的道路走,创立了性善论,作出了重大贡献。但遗憾的是,他忽视了学习认知对于成德成善的重要作用,学理中缺少智性的位置,这成了后来"流弊问题"的祸根。荀子发现了孟子的这一缺陷,创立性恶论加以反驳。在此过程中,他特别重视学习认知问题,事实上是以智性作为了自己学理的基础。智性虽然重要,但其内部没有动能,这又成了后来"活动问题"的伏笔。一千多年后,到了宋明时期,仁性之流进化为心学,代表人物是象山、阳明,其特点是重视良心本心,反求诸己。这种做法虽然接上了孟子的血脉,但也延续了孟子思想的内在缺陷。智性之流变形为理学,代表人物是伊川和朱子,其特点是重视《大学》,将思想重点置于格物致知之上。这种思路尽管大大发展了孔子的智性,但也在不同程度上重复了荀子学理缺少动力的问题。

――――――――――

　　①　上面所谈仅仅是就道德问题而言的。需要注意,三分法的适用范围实际要大得多。人除了道德之外,还有认知,还有审美。道德结构内部有三个部分,认知结构、审美结构内部同样有三个部分。更为重要的是,道德结构、认知结构、审美结构有着紧密的内在关联,共同组成"生命层级构成"。生命层级构成纵向从下往上有三个层面:第一层为体欲,负责人对物质欲望的需求,与审美问题密切相关;第二层为认知,负责人对于世界和自身的认识,大致相当于西方哲学中的理论理性;第三层为道德,负责人的道德生活,保障人的健康发展,大致相当于西方哲学中的道德理性。从更大的视野看,生命层级构成三个层面的情况又适用于社会,由此成为另一种结构,即"社会层级构成"。之前仅用于道德结构的方法为"单一三分法",而用于生命层级构成、社会层级构成的方法则为"多重三分法"。受研究主题的限制,本书只谈道德结构,即"单一三分法",不谈生命层级结构、社会层级结构,即"多重三分法"。关于"多重三分法"的研究将在今后展开,那将是更为复杂困难的任务。(参见杨泽波:《儒家生生伦理学引论》第五十三节"三分法的结构及其表述",商务印书馆2020年版,第339—343页。)

以往的儒学研究眼光往往过于狭窄,或局限于孟子与荀子之争,或局限于心学与理学之争,如果能够有三分法,有"一源两流"的视野,站得更高一点,就不难明白,这些不同派别之争其本质都是仁性和智性之争,"活动问题"和"流弊问题"不过是其具体表现而已。

儒学发展在道德践行这条主线之外,还埋伏着一条辅线,这就是道德存有问题。这是由牟宗三第三个问题意识即"存有问题"引申出来的。对于道德践行这条主线有所了解并不困难,区别仅在于如何处理内部各个派别的关系,但认识道德存有这条辅线就不容易了,义理更为复杂,更为难解。这方面的内容孔子已经涉及了,但思想还十分粗略,远不成系统,直到佛教传入,受其影响,到了宋明之后,才渐渐形成了一定的规模。随着相关义理的发展,20世纪后,熊十力写作《新唯识论》后,这个问题更是第一次正式上升为儒学的一个中心话题。牟宗三承接熊十力的思想,在这个问题上作出了极大的努力。与任何思想一样,在此过程中,牟宗三也有缺点,比如他将道德之心创生存有的思维方式说成是康德所不承认人类可以具有的智的直觉,将道德之心创生存有的对象规定为物自身的存有,进而将两层存有称为现相①的存有和物自身的存有,对道德之心何以能够创生道德存有也没有作出深入的理论说明。但这些并不能影响牟宗三思想的意义。牟宗三继承其师新唯识论的思路,大讲道德存有,其意义是万万不可低估的。有了这样的基础,我们才有条件将道德存有之辅线从道德践行之主线中剥离出来,才能够找到宋明以来以天理作为学理形上根据的深层原因,进而改变传统天人关系的固有思路,将思想重新拉回到正确轨道上来。

解决问题的终极方法永远不在旧有的维度之内。三分法的创立不是方法的简单调整,而是思想维度的彻底改变。从这一新的维度出发,我不仅发现了道德践行这条线索内部"一源两流"的现象,而且将道德存有这条辅线从道德践行这条主线中分离了出来,使儒学发展一主一辅两条线索的整体格局头一次真正显现出来。这种做法有着很高的学理价值:借助道德践行这条主线可以处理孟子与荀子、心学与理学的关系,解决"活动问题"和"流弊问题";借助

---

　　① 在中文中,"象"与"相"是两个不同的字,含义不同。"相"与看有关,"象"则指动物,即今日之大象。"Phaenomena"一词的确切含义是指人经过"看"所得之"相",而非对象原有的"象",当译为"现相学"。因此,本书凡在这个意义上只说"现相"而不说"现象"。

道德存有这条辅线可以说明道德之心何以能够影响宇宙万物的存在,解决"存有问题"。虽然我的这些努力都离不开牟宗三的影响,但又与牟宗三不完全相同,希望能够百尺竿头再进一步,而这也正是儒家生生伦理学自觉承担的历史使命。

第五节　儒家生生伦理学何以为"生生"

"生生"是一个古老的词汇,有不同的诠释,我将其解读为一个生接着一个生,没有停息,没有穷尽,不断生长,不断变化。

儒家生生伦理学之所以为"生生",首先是因为它对道德本体有自己的独特理解。儒家生生伦理学将仁性规定为道德本体,就其来源而言,仁性既离不开生长倾向,又离不开社会生活和智性思维的影响,是建基于生长倾向之上的伦理心境。无论是生长倾向还是伦理心境,都有丰富的时间性和空间性,都是历史发展的过程。仁性作为道德本体,就是这种历史发展的产物。这可以说是"道德本体之生生"。

儒家生生伦理学之所以为"生生",其次是因为仁性与智性的辩证关系是不断发展变化的。仁性和智性的性质和作用各不相同,但都有时间性和空间性,双方构成一个复杂的互动关系,不仅仁性可以为智性提供动能,智性也可以对仁性加以再认识,乃至不断调整和改造,使之更为合理。这种双向的互动从根本上决定了成德成善是一个不断流动的过程,始终在路上,向未来敞开。这可以说是"道德过程之生生"。

儒家生生伦理学之所以为"生生",更重要的是因为它彻底改变了传统的天人关系。宋代以后,人们一般是"从上往下说",即以天理证明人的善性。这种做法虽然保障了儒家学理的形上性,但因为天理是那个绝对者,人也被讲死了。儒家生生伦理学将视线的焦点重新拉回到人的身上,改为"从下往上说",不再说人的道德来自天理的禀赋,而说天的道德来自人的赋予,从而为天与人的关系带来了新的生命力。这可以说是"天人关系之生生"。

上述三种"生生"的重点不同。"道德本体之生生"讲的是人的过去,涉及曾在与现在的关系,旨在解释现在是如何由过去一点点发展过来的。"道德过程之生生"讲的是未来,涉及人的现在与将在的关系,意在说明道德根据如何通过内部的互动关系为未来指明正确的方向。"天人关系之生生"是以前两个方面为基础,重新讨论人与天的关系,不再以天讲人,而是以人讲天,将理论的重点真实落实在人的身上。这三种情况虽有不同,但有一个共同点,都含有明显的时间性和空间性,第一次明确地将曾在、现在、将在沟通了起来,道德活动真正成为了不断前进变化的生生之流。① 在儒家学理中加入时间性和空间性,凸显时间性和空间性的意义,是儒家生生伦理学特别着意的一个努力方向,也是它有别于其他研究的一个显著标志。这种变化意义极为深远,整个儒学思想范式很可能都会随之发生根本性的改变。

---

① 在 2020 年于厦门大学"东亚儒学的问题与方法"全国学术研讨会期间,杨少涵向我建议,儒家生生伦理学不宜偏重曾在与现在的关系,更应重视现在与将在的关系。后来我特别强调"道德本体之生生"重在联系过去与现在,"道德过程之生生"重在联系现在与未来,由此将曾在、现在、将在连为一体,就是受到了他的建议的启发。在此表示感谢。

第二章　孟子对仁性的重大发展

第一节　儒家生生伦理学对良心的解读

一、由孔子之仁到孟子之良心

上一章证明了孔子思想内部实为智性、欲性、仁性的三分结构,而不是西方通行的理性、感性之两分结构。孔子之后,儒学两千余年的发展,在伦理学部分,都是对这三个部分的具体阐述和发展,从没有离开过这个框架。孟子即是如此。孟子思想的一个明显特点,是特别关注性的问题,进而提出了性善论。孔子创立了仁的学说,但没有说明仁究竟是什么,也没有说明仁来自何处。孟子提出性善论,为解决这两个问题作出了重要努力。关于性善论,首先要注意的是孟子对于性概念的界定:

> 口之于味也,目之于色也,耳之于声也,鼻之于臭也,四肢之于安佚也,性也,有命焉,君子不谓性也。仁之于父子也,义之于君臣也,礼之于宾主也,智之于贤者也,圣人①之于天道也,命也,有性焉,君子不谓命也。②

"性"字源于"生"字,说性善其实就是说生善,意即人生下来就是善的,或善是生而即有的。孟子清楚地看到,口之于味,目之于色,耳之于声,鼻之于臭,四肢之于安佚,这些是生而即有的("性也"),但能不能得到,不完全决定于自己("有命焉"),所以君子不在这个意义上说性,只在这个意义上说命。

---

① 庞朴以宋人注和马王堆出土帛书《五行篇》为根据,认为此处"圣人"之"人"字为衍文。(参见庞朴:《马王堆帛书解开了思孟五行说之谜——帛书〈老子〉甲本卷后古佚书之一的初步研究》,《文物》1977 年第 10 期。)

② (南宋)朱熹:《四书章句集注》,中华书局 1983 年版,第 369 页。

与此不同,仁之于父子,义之于君臣,礼之于宾主,智之于贤者,圣(人)之于天道,这些能不能做到,不完全决定于自己("命也"),但能不能做好,毕竟主要由自己决定("有性焉"),所以君子不在这个意义上说命,只在这个意义上说性。这一章值得重视,是因为它对于性有特殊的界定。孟子拒绝从味、色、声、臭、安逸的角度谈性,只以仁、义、礼、智这些道德品质谈性。

以道德品质论性,有很强的时代背景,并非孟子一时的突发奇想。公都子的问话,对此有清楚的说明:

> 公都子曰:"告子曰:'性无善无不善也。'或曰:'性可以为善,可以为不善;是故文武兴,则民好善;幽厉兴,则民好暴。'或曰:'有性善,有性不善;是故以尧为君而有象;以瞽瞍为父而有舜;以纣为兄之子且以为君,而有微子启、王子比干。'今曰'性善',然则彼皆非与?"①

从公都子的问话可知,当时已有三种不同的人性理论。一是"性无善无不善论",这是告子的观点。按照这种观点,人生下来如同一张白纸,没有善恶,善恶是后天养成的。二是"性可以为善可以为不善论"。按照这种观点,社会环境好,人们容易好善,社会环境不好,人们容易好恶。三是"有性善有性不善论"。按照这种观点,不管社会环境好坏,有的人的性就是善的,有的人的性就是恶的。在这三种不同的人性理论中,影响最大的是告子。因为"性"字原为"生"字,告子认为人生下来是张白纸,上面没有道德的内容,而这种看法与西方的唯物主义十分接近,所以很长一段时间以来"性无善无不善论"颇有市场。但需要注意,当时至少还有"性可以为善可以为不善论",以及"有性善有性不善论"。这两种理论具体所指不同,但明显都从善的角度谈性。这说明,将"性"字与道德品质联系起来,有很强的历史必然性。孟子创立性善论,正是这种历史必然性的表现。下文将会证明,厘清这个背景,对于正确理解孟子以及其后的荀子,辨别其得失,有重要意义。②

以道德品质谈性,以解决仁究竟是什么及其来源问题,这种道德品质离不开心,所以孟子直接以心说仁:

> 孟子曰:"仁,人心也;义,人路也。舍其路而弗由,放其心而不知求,

---

① (南宋)朱熹:《四书章句集注》,中华书局1983年版,第326页。

② 参见本书第三章第六节第四小节"'性朴说'错误理解了孔孟心性之学的关系"(第113—116页)。

哀哉！人有鸡犬放,则知求之;有放心,而不知求。学问之道无他,求其放心而已矣。"①

仁就是人心,义就是大道。舍其大道而不去做,放其心而不知求,这是非常悲哀的。鸡犬丢了,还知道找回来,心丢了,却不知找回来。做人没有多少高深的道理,最重要的就是将丢失的心找回来。这里"仁,人心也"的表述尤为重要。在孟子看来,仁就是人心,一点也不复杂。这个心当然不是指认知之心,而是指道德之心;道德之心又可分为善心和恶心,这里讲的心只指善心,不指恶心。

这个道德意义的善心,孟子又称为"良心":

> 牛山之木尝美矣,以其郊于大国也,斧斤伐之,可以为美乎？是其日夜之所息,雨露之所润,非无萌蘖之生焉,牛羊又从而牧之,是以若彼濯濯也。人见其濯濯也,以为未尝有材焉,此岂山之性也哉？虽存乎人者,岂无仁义之心哉。其所以放其良心者,亦犹斧斤之于木也,旦旦而伐之,可以为美乎?②

这是《孟子》全书中"良心"唯一的出处。孟子打比方说,牛山上原本有茂密的树木,因为和城市离得太近,人们每天去砍伐,后来也变得不美了。人也一样,原本有良心,有道德的根据,但不好好操守,像每天用斧头去砍伐树木一样,良心也会丢失,变得不美。孟子使用良心这一说法,明显含有原本即有的意思。因为良心是原本即有的,这个原本即有不可能来自他处,只能从生的角度来理解,是人生下来就有的。因为人生即有良心,所以人生即有善性。"良者,本然之善也。程子曰:'良知良能,皆无所由;乃出于天,不系于人。'"③朱子这一说法,很好地表达了这层意思。

"良心"一词在《孟子》中虽然仅此一见,但有关的论述却很多,形成了一个概念群。比如"本心":

> 万钟则不辩礼义而受之。万钟于我何加焉？为宫室之美、妻妾之奉、所识穷乏者得我与？乡为身死而不受,今为宫室之美为之;乡为身死而不受,今为妻妾之奉为之;乡为身死而不受,今为所识穷乏者得我而为之,是

---

① （南宋)朱熹:《四书章句集注》,中华书局1983年版,第334页。

② （南宋)朱熹:《四书章句集注》,中华书局1983年版,第330—331页。

③ （南宋)朱熹:《四书章句集注》,中华书局1983年版,第353页。

亦不可以已乎？此之谓失其本心。①

"本"意指原本。在孟子看来,良心原本具有,所以又叫"本心"。万钟之禄如果不合礼义,过去知道不能接受,后来却经不住"宫室之美、妻妾之奉、所识穷乏者得我"的引诱而接受了,其因即在于把原本具有的心丢失了。"本心"一词在《孟子》中也是仅此一见,其意义同样不可轻视。

更有名的是"四心":

> 恻隐之心,人皆有之;羞恶之心,人皆有之;恭敬之心,人皆有之;是非之心,人皆有之。恻隐之心,仁也;羞恶之心,义也;恭敬之心,礼也;是非之心,智也。仁义礼智,非由外铄我也,我固有之也,弗思耳矣。②

恻隐之心、羞恶之心、恭敬之心、是非之心,统称为"四心"。孟子分别将这"四心"与仁、义、礼、智对应,以此指称人内在的道德根据。从这个意义上说,"良心"和"四心"没有本质不同,甚至可以说"四心"就是"良心"的具体表现。

检查孟子相关的说法,"良心"有四个明显的特点:第一,我固有之。恻隐、羞恶、恭敬、是非之心,人皆有之。人有"四心",犹如人有四体,是原本固有的。第二,良知良能。因为良心是原本固有的,所以是不学而能的良能,不虑而知的良知。第三,知是知非。因为良心是良知良能,所以每个人心中都有是非的标准。在特定境遇中,见到相应事情,该怎么做,不该怎么做,不需要他人告知,不需要新的学习,自己本来就知道。第四,简约易行。因为每个人心中都有是非标准,遇事只要反身而求,就能得到它的指导,这个过程非常简约,非常易行。在上述四个特点中,第一个特点即我固有之为首出,最为重要。没有我固有之,就没有良知良能;没有良知良能,就没有知是知非;没有知是知非,就没有简约易行。

孟子创立性善论,提出"良心"概念,强调"仁,人心也",直接以良心解说仁,透露出一个有价值的信息:仁字原本就与心字相关。出土文献告诉我们,仁字并非是"从人、二,相人偶",最初的写法上面为"身"为"千",下面为"心",或上面为"尸",下面为"二"。这清楚地表明,仁字一开始就与心字相关,甚至直接就是指向心的,这个心有丰富的道德内容,绝不是一张"白纸"。

---

① （南宋）朱熹：《四书章句集注》,中华书局1983年版,第333页。
② （南宋）朱熹：《四书章句集注》,中华书局1983年版,第328页。

孟子不接受当时三种不同的人性理论,特别是告子的学说,独创性善论,提出良心的概念,以心释仁,纳仁入心,标志着儒学发展由孔子仁的阶段进入到了孟子良心的阶段,是一个巨大的进步。

二、为什么要对良心加以新的解读

自孟子提出良心的说法后,尤其是到了宋代,随着心学的兴起,人们无不重视这个问题,认定良心即是道德根据,只需认真体认,真诚践行,即可成德成善,反之,如果脱离这个基础,空谈理论,有害无益。这种情况一直影响到现在,冈田武彦的说法有一定代表性:

> 最终我痛感到,如果忽略体认自得的实践而空谈理论,那就不可能把握宋明哲学的真谛。然而,就实践而言,如果只是用西洋式的研究方法来阐明,那也无非是提倡尼采、柏格森的纯粹经验论的直觉主义,始终只是记述而已。因为这种方法忘记了这一点:对于一种缜密深刻的学说,如果不用真切的工夫去体认,终究是不能得其精髓的,即使是今天亦依然如此。①

儒学是为己之学,最重要的是自身去体认,去践行,而不是对其加以什么说明。这一说法很能代表历史上一些学者的心声,于是人们对于良心一般只是沿用孟子的说法,强调它是"良知""良能""有固有之",不再加以理论的深入探讨。这个问题当从两个方面看:

一方面,儒学确实是为己之学,践行性很强,要对其有真正的把握,必须把自己摆进去,不能仅仅作对象式的研究。历史上心学都是这样做的,而这也是这一学派之所以有那么大影响的根本原因。儒学最吸引人的地方,就在于它是为己之学,而非为他之学。我自己也是如此。在长期的儒学研究中,我对儒家学理能够有一点心得,皆是生命体认的结果。我反复讲,我通过三年时间才了解了熊十力所说的当下呈现,是一个典型的例证。②

另一方面,研究又能不满足于此,还需要进一步对良心作理论的探究。刨根问底,是哲学的天职。如果只以自己的生命体认良心,满足于为己之学,不再进一步追问良心为什么可以成为本体、为什么可以呈现、为什么有那么大的

---

① [日]冈田武彦:《王阳明与明末儒学》,吴光、钱明、屠承先译,重庆出版社 2016 年版,第 1 页。

② 这个问题我在《孟子性善论研究》(中国社会科学出版社 1995 年版)"前言"中有详细的记述,敬请参阅。

力量等一系列问题,那等于哲学家自废武功,把自己下降到了普通民众的层次。普通民众不是不好,只是他们的所言所行,远没有达到哲学的高度。康德清楚地看到,社会生活中存在着普通的伦理理性,承认有了这种伦理理性即使不教给人们新东西,人们也知道如何去做。但他强调,仅有这些还不够,还必须对其进行哲学反思,将其上升到哲学的形而上学的层面,成为一门真正的科学。① 康德的这一思路对我们有很大的启发,它告诉我们如果像传统心学那样,只讲体认,只讲践行,不对良心作彻底的说明,那层次还不高,还不是完备的哲学。是满足于为己之学,还是进一步对其加以追问,是满足于做一名普通的民众,还是尽到哲学家的责任,这是两个不同的境界,从事哲学研究应该对自己有明确的定位,来不得半点马虎。

我持这种看法,强调必须对良心作理论的说明,不仅受益于康德的启发,更与三分法直接相关。三分法是儒家生生伦理学的重要特色。按照这种方法,道德根据既有仁性,又有智性。仁性可以当下呈现,给人以是非的标准,提供强大的动能,向善而趋。但仁性也有不足。仁性的思维方式是直觉,虽然直觉很重要,但它只能觉知自己,不能从逻辑上认识自己。要弥补这个不足,必须依靠智性。智性的思维方式是逻辑,运用这种方法既可以认识与成德成善相关的外部对象,如礼乐制度等等,以了解其具体规定和要求,还可以认识仁性自身,以了解其来源、性质、特点。这两个方面我分别称为"外识"和"内识"。与外识相比,内识更为重要,更难把握,是儒家生生伦理学不可或缺的一环。

由此说来,对于良心当然必须首先用生命去体认,从自己做起,将其作为自己生命的一个部分,但又不能到此止步,还必须运用智性的内识功能,对其加以理论的诠释。我从事儒学研究的一个重要特点,就是试着以自己的方法对良心作出彻底的哲学式说明,而这也成了我有别于其他学者的一个重要标志。②

---

① 参见杨泽波:《儒家生生伦理学引论》第六十三节第一小节"道德之善",商务印书馆2020年版,第400—403页。

② 盛珂也意识到了这个问题。在他看来,"无践履,则不成其为儒学之真精神;无心性之辩难与阐发,则儒学无法在当下焕发其旧邦新命。儒家的内圣之学虽然无法脱离道德维度的考虑,然而,内圣之学之鸿的绝以道德为限,而是直指人生之意义。天道性命通而为一是人生之意义得以可能之基础,先儒所提出的这一构想堪称伟大与壮丽。唯在此基础之上,有限之人生始能取得无限之意义。"(盛珂:《道德与存在:心学传统的存在论阐释》,社会科学文献出版社2019年版,第294页。)

三、良心的本质是伦理心境

前面讲了,良心最重要的特点是我固有之。所谓"我固有之",按照孟子的解释,是生而即有,亦即人来到世间的那一刻就有的。但我在研读《孟子》的时候,发现问题绝非如此简单。如下面一章:

> 孩提之童,无不知爱其亲者;及其长也,无不知敬其兄也。亲亲,仁也;敬长,义也。无他,达之天下也。[①]

为了证明良心我固有之,生而即有,孟子举了两个例子:孩提之童无不知爱其亲,及其长无不知敬其兄。历史上,人们一般将这两个例子放在一起解读,没有看出其间有什么瑕疵,我却在这里发现了大问题。孩提之童都知道亲近自己的母亲,这个能力是生而即有的,这一点没有问题,甚至很多动物都是如此。问题出在"及其长无不知敬其兄"。这个例子是说,人到了一定年龄都知道尊敬自己的兄长,敬兄之悌心同样生而即有。但是"及其长"这一说法中有一个"长"字,意即敬兄之心是"长"到一定岁数才有的,既然如此,它已经无法证明良心是人生下来那一刻就有的了。中国人讲悌,常以孔融让梨为例。孔融4岁让梨传为佳话,人们常常以此说明其聪慧,很小就有了敬兄之悌心。孔融4岁让梨固然不易,但需要追问的是他3岁知不知道?2岁知不知道?1岁知不知道?0岁知不知道?如果一直向上追问,不难看出,敬兄之悌心并非是生而即有的。

哪怕是对社会生活作最简单的观察,也会看到,人们之所以有良心,是受社会生活影响的结果。人生下来就要同周围的人发生联系,在这个过程中,周围人的一言一行、一举一动都会对人的内心发生影响。这些影响往往是在人没有明确意识的情况下潜移默化进入内心的。随着这种影响的反复进行,人的内心会留下某种痕迹。关水龙头是我常举的例子。见到水龙头没有关好,哗哗流水,都知道要把它关好。这种道德标准,不可能生而知之,而是从小听爸爸妈妈讲故事,在幼儿园听老师上课学到的。一米线也是这个道理,生活在城市的人,在机场、银行等公共场所,见到一米线都知道在后面等候,不会挤到前面去。这种标准也是在社会生活中受到教育的结果,不可能生下来就了解。

---

① (南宋)朱熹:《四书章句集注》,中华书局1983年版,第353页。

人之所以有良心,还与人的智性思维(这里的智性就是智性、欲性、仁性三分的那个智性)有关。人在具备一定思维能力之后,总要动用这种能力学习认识外部对象,这个过程不会消失得干干净净,也会在内心留下某些痕迹。这种情况在生活中随处可见。好多年前,我的孩子上高中的时候,一次老师给了一份材料让回家写一篇作文。材料是这样的:一对德国老夫妇来中国旅游,时间长了,用了很多 AA 电池,因为找不到电池回收场所,就把电池随同行李一起运回德国,送到有害垃圾回收处。我看了这段材料后,很受教育,心想如果大家都这样,不就大大缓解了电池污染的问题了吗?从那以后,电池用旧了,我总是把它们收集到一块,想办法丢到专门回收的地方。我的一个学界朋友在台湾当了大学校长,一次向我介绍了他的治校理念,其中就包括尽量节约资源,如最好不用一次性纸杯、一次性筷子等等。他也以身作则,开会总是自己带一个水杯。听他这么一说,我也很受启发,以后外出讲课或开会,都尽可能自带水杯,不用人家准备的一次性纸杯。不乱扔电池,不用一次性纸杯,这些道德标准不可能天生就有,是智性思维对内心影响的结果。

综上所说,良心主要来自社会生活和智性思维的影响,是这种影响在内心的一种结晶物。为了便于表达,我给它起了一个专用的名字,这就是"伦理心境",意即社会生活和智性思维在内心形成的一种心理的境况和境界。这个概念内涵丰富,至少有三层意思:第一,伦理心境是社会生活和智性思维在内心的结晶。人只要活着,就要受到社会生活的影响,这种影响会在内心留下一些东西,同时人也要动用智性进行学习认知,这种学习认知同样会在内心留下一些痕迹。伦理心境便是这两个方面的结晶物。第二,伦理心境具有公理的性质,是心的一种境况,可以判定道德的是非。伦理心境在形成过程中,社会生活中是非的标准也带进了内心,使内心形成一种理。这种理来自社会生活,不是"私理",而是"公理"。有了这种"公理",人也就有了辨别是非的标准。第三,伦理心境是心的一种境界,促使人不断向上。伦理心境本身即是一种要求,要求人们必须按照它的要求去做,从而成德成善,使人生境界不断向上攀升。

四、伦理心境必须以生长倾向为底子

以伦理心境解说良心,打破良心生而即有、我固有之的观念,是一个重要的进步。但光有这一步还不行,因为那样的话还有两个问题无法解决:第一,伦理心境是以什么为依托的? 第二,人最初向善的动因来自何处?

我提出第一个问题,主要是考虑到任何事物都有自己的基础,有一个底子,不能凭空而为。伦理心境是社会生活和智性思维在内心的结晶,这种结晶理当有自己的基础。那么,伦理心境的基础是什么呢? 这个问题不解决,解说良心的工作就没有结束。我提出第二个问题,主要是考虑在自然界中人和其他动物的关系问题。随着相关知识的普及,不难看到,动物界同样有大量"爱亲""互助"乃至"自我牺牲"的现象。人类虽然较一般动物更为"高级",但其道德生活不应与动物界这些行为完全分割开来。确定这个关系,有利于说明人行善的最初动因。

因此,除了伦理心境之外,我不得不承认人性中原本就有一种不需要外力强迫,自己就能生长能发展的倾向。我将其简称为"生长倾向"。它包含两项基本内容:首先,决定人可以成为自己而不是其他;其次,有利于人这个类的绵延而不是相反。① 确定生长倾向十分必要,但其论证方法却必须特别小心。随着西方进化伦理学的传入,以进化论来解说道德根据日渐流行。对于这种做法要十分小心。哲学思考必须有自己的起点,不能以其他学科为起点。如果以进化论作为性善论诠释的起点,其所探讨的就不再是现实的人何以有良心的问题,而是人的进化过程中发生过哪些变化,是人的遗传基因中有没有良心因子的问题。即使证明了这些,还必须进一步说明这些变化、这些因子的原因是什么。果真如此,我们就会陷入恶性循环之中,无法脱身。

在充分意识到问题的严重性后,我对生长倾向的证明完全是以哲学的方式展开的。这个证明内部有这样一个逻辑关系:第一,不管对人作什么样的界定,人在世间存在都是真实的,不是虚假的,人是一个真实的存在,就生存在这个世界上。第二,既然人是一个真实的存在,那么这种存在就一定有其生长性,是一个能够生长的存在。一个真实的存在而没有生长性,本身就是一个矛盾,是完全不可想象的。第三,既然人这个存在能够生长,那么能够生长这个说法本身就包含着这种生长有内在的方向性,是朝向特定方向的,而这种方向

---

① 这里讲的"类"是种群的意思,意即一个有生命的物作为一个种群可以有效绵延,而不是指人类才有的社会性。

一定有利于其类的绵延。

五、良心是建基于生长倾向之上的伦理心境

综上所说，良心有两个方面的来源：一是伦理心境，它来自社会生活和智性思维的影响，是这种影响在内心的结晶物；二是生长倾向，它来自天生，是人作为有生命的物来到世间那一刻就具有的一种倾向性。

从伦理心境和生长倾向两个方面解读良心，不是叠床架屋。伦理心境是人的社会属性，是良心最重要的部分。我们平时所说作为道德根据的良心，主要指的是伦理心境。在人类社会当中，只有伦理心境才能成为道德根据。生长倾向是人的自然属性，是伦理心境的底子。没有这个底子，伦理心境没有附着之地，而在正常的社会生活中，生长倾向也一定会发展为伦理心境。因此，伦理心境和生长倾向不能截然分开。伦理心境是生长倾向的进一步发展，生长倾向则为伦理心境打下了根基。伦理心境和生长倾向，如同河床与地形的关系：河床由河水长年流淌积淀形成，但河水的流淌积淀需要特殊地形作为底子；没有长年流淌的河水不会形成河床，没有特殊的地形河床也没有附着之地。从伦理心境和生长倾向两个方面解读良心，只是便于理论分析，在现实生活中，这两个方面构成一个严密的整体，无法也不能截然分割。由此说来，伦理心境可分为狭义和广义。狭义伦理心境指社会生活和智性思维对内心影响的那个部分，广义伦理心境又包含生长倾向在内。狭义伦理心境只对理论分析有意义，在现实生活中的伦理心境都是广义的。读者根据上下文很容易确定其是广义还是狭义，一般不会发生混淆。

从这个角度就可以看到孟子思想的不足了。孟子创立性善论，特别强调良心我固有之。为了说明这个道理，他提出了"才"的概念。① "才"为"草木之初"。草木之初叫作"才"，人初生之质也叫作"才"。在孟子看来，人天生即有善的端倪，顺其方向发展，推而广之，即可成圣成贤。恰如树木之初即有参

---

① 孟子曰："乃若其情，则可以为善矣，乃所谓善也。若夫为不善，非才之罪也。恻隐之心，人皆有之；羞恶之心，人皆有之；恭敬之心，人皆有之；是非之心，人皆有之。恻隐之心，仁也；羞恶之心，义也；恭敬之心，礼也；是非之心，智也。仁义礼智，非由外铄我也，我固有之也，弗思耳矣。故曰：'求则得之，舍则失之。'或相倍蓰而无算者，不能尽其才者也。"（《孟子·告子上》第六章）这一章两次提到"才"，特别强调，人人都有"才"，后来人做了错事，并不是没有"才"，而是"才"没有发展好。

天潜能,充其发展,即可长成参天之木一样。因此,孟子特别强调每个人都有善之"才",有人后来未能成德成善,不是因为没有"才",而是"才"没有得到好的发展。这种说法含义深刻(我所说生长倾向大致就相当于孟子说的"才")。但受时代条件所限,孟子不了解人有良心最重要的不在于"才",而在于社会生活和智性思维对内心的影响,在于伦理心境。在人类社会中,只有伦理心境才有资格成为道德根据。在今天的社会生活中,良心不仅表现在孝亲方面,更表现在生活的方方面面。比如,就现有的道德水准而言,无论开车还是走路,我们都知道要遵守交通规则,有时不留意闯了红灯,心里还会有愧疚感,觉得做了一件不该做的事。这种遵守交通规则的行为就是良心的一种表现,与阳明以"见父自然知孝,见兄自然知悌"①说良心,并无原则的区别。问题在于,遵守交通规则的良心来自何处?它只能来自后天的教化,不可能生而即有。如果满足于孟子的说法,只讲一个"才",不讲社会生活和智性思维对内心的影响,这种现象不可能得到合理的解释。

因此,儒家生生伦理学特别强调必须从伦理心境和生长倾向两个方面诠释良心。伦理心境来自社会生活和智性思维对内心的影响,为社会属性,是良心的主干。生长倾向是"才",来自天生,为自然属性,是良心的底子。综合言之,良心是建基于生长倾向之上的伦理心境。孟子看到了"才",相当于看到了生长倾向,非常了不起,但他没有看到社会生活和智性思维对内心的影响,不了解伦理心境的重要性。儒家生生伦理学则进了一大步,分别从伦理心境和生长倾向两个方面立论,既照顾人的自然属性,又凸显人的社会属性;既照顾人的天生因素,又凸显社会生活和智性思维对内心影响的重要,弥补了孟子学理的不足。

六、由对良心的诠释推进至对仁性的解读

上面讲过,儒家生生伦理学的重要特征是将与道德相关的要素划分为智性、欲性、仁性三个部分。这三个部分中,最困难的是仁性。孔子对仁缺乏明确的说明,为后人的理解带来了很大困难。很长时间以来,人们往往习惯于以

---

① 王阳明说:"知是心之本体,心自然会知:见父自然知孝,见兄自然知弟,见孺子入井自然知恻隐,此便是良知不假外求。若良知之发,更无私意障碍,即所谓'充其恻隐之心,而仁不可胜用矣'。"[(明)王守仁:《传习录上》,《王阳明全集》,上海古籍出版社1992年版,第6页。]

"爱人"解说仁定义仁。这种做法严格说来还只是停留在具体的德目上,远未点出仁性的本质。在第一章中,我们也只是提出了仁性这个概念,尚未对这个概念作出理论的说明。

本章有了重要的进步。与孔子相比,孟子创立性善论一个重要变化是纳仁入心,直接以良心说仁。既然孟子以良心说仁,那么良心与仁一定就有相同的性质。这为我的研究提供了方便条件。孔子对于仁的论述有欠系统,以至于很难根据这些论述对仁性加以界定。孟子则不然,他围绕性善论特别是良心的论述较多,有一个紧密相关的概念群。如果上面对良心的诠释确有道理的话,从逻辑上说,当然也可以用同样的方法来解读仁性。良心是建基于生长倾向之上的伦理心境,仁性同样是建基于生长倾向之上的伦理心境。于是,我们便借道孟子对仁性加以了说明,完成了第一章没有完成的任务。①

第二节　仁性与情感

一、"人是一个先在的道德存在"

将良心解读为伦理心境,有着广泛的理论效应,很多过去不易解决的问题,都可以得到有效的说明。仁性为什么含有丰富的情感是一个范例。情感问题近年来引起了不少人的关注,相关成果很多。这个问题根据上面对良心的解读,其实并不难理解。

良心的本质是伦理心境。从形成原因看,伦理心境来源于后天,但奇妙的是伦理心境作为道德根据有非常明显的先在特征。"先在"是我特别重视的一个概念。简单说"先在"就是先于伦理道德问题而在。"先在"有两个所指。首先,指生长倾向。生长倾向是人来到世间的那一瞬间就有的,在处理伦理道德问题之前当然已经存在了。此为"先天而先在"。这一环比较好理解,因为生长

---

① 以上对于良心的解读,请参见杨泽波:《儒家生生伦理学引论》第二十三节"儒家生生伦理学对仁性的解读",商务印书馆 2020 年版,第 97—120 页。为避免行文重复,此处作了大幅度的简化。另外,《儒家生生伦理学引论》的论证是由生长倾向说到伦理心境,是从正面讲,以建立儒家生生伦理学的系统;而本节则是由伦理心境说到生长倾向,是从反面讲,以发现历史上相关说法存在的问题。两处论证一正一反,方式不同,但无本质区别。

倾向原本是生而即有的,所以在处理伦理道德问题之前一定已经存在了。其次,指狭义伦理心境。狭义伦理心境是后天的,但在处理伦理道德问题之前也已经存在了。此为"后天而先在"。这一环理解起来较为吃力。狭义伦理心境来自社会生活和智性思维对内心的影响,这个来源当然是后天的,但诡谲的是,这种影响作为一种结晶物,在处理伦理道德问题之前确确实实又已经存在了。"先天而先在"与"后天而先在"性质不同,但在具有先在性这一点上则又完全一致。从这个意义上我们完全有理由说"人是先在的存在"。

由人是先在的存在可以引出另一个概念,这就是"道德存在"。生长倾向只是人的自然属性,还无法用善、道德等词汇相称,但它也有自己的方向和规则,这种方向和规则构成了后来道德的基础。伦理心境来自社会生活和智性思维,是这些活动在内心的一种结晶物。这个来源决定了伦理心境一定有丰富的道德内容。受这两个方面的影响,人在世间存在,处理伦理道德问题,内心绝对不是空白的,不是一张白纸,上面早就有了道德的内容,这些内容决定了人一定是一种"道德存在"。

将"先在"和"道德存在"两个方面合起来,就叫作"人是一个先在的道德存在"。这个提法旨在说明,在现实生活中,具体的善的行为不是从学习和制定行为规范和原则开始的,而是始于发现自己内心的先在性。成德成善当然要学习和制定行为规范和原则,否则便没有规则可循,而善都是对于规则的服从。但就个人而言,因为自来到世间的那一刻就具有生长倾向,就有特定的方向和规则,而在现实生活中,受社会生活和智性思维的影响,生长倾向又会发展为伦理心境,将社会的道德规范和原则内化到心中,只要眼光内收,善于发现自己的内心,就可以了解这些规范和原则。具体的善的行为始于发现自己内心先在的道德性,而非始于学习和制定行为规范,道理就在这里。孟子早在两千多年前就发现人的先在性,创立性善论其实就是要人们明白"人是一个先在的道德存在"这个重要道理。

二、"知道自己知道应该如何去做"

"知道自己知道应该如何去做",是由"人是一个先在的道德存在"引申出来的结论。这个表述中使用的两个"知道"含义不同。"知道应该如何去做"(第二个"知道")的"知道",是说内心有是非的标准,遇事不需要新的学习,是非标准就已经在了；"知道自己"（第一个"知道"）的"知道"，是说人有"内觉"的能力，当是非之心呈现的时候，自己可以觉知到，"心知肚明"，不需要他人告知。换言之，在现实的道德生活中，人心中早就有了是非的标准，加之人有"内觉"的能力，无论做什么，自己都知道，对的自己知道，错的自己也知道。

这是我对以孟子为代表的儒家心学系统思想核心的总结。虽然先秦尚没有心学的说法，但其后的心学无疑是由孟子性善论这一源头而来的。在心学系统中，人人都有良心，良心就是道德根据。良心又叫四心，即恻隐之心、羞恶之心、辞让之心、是非之心。对于四心，有人重视恻隐，有人重视是非。我取后者，认为四心中是非之心最为重要。所谓"是非之心"无非是说，遇事人的内心原本就有是非的标准，是便为是，非便为非，与此同时，自己的内心有一种直觉能力，可以体悟到这个进程，不需要他人提醒。阳明龙场顿悟领悟了"圣人之道，吾性之足"，没有任何神秘之处，不过是明白了这个道理而已。儒家心学说一千道一万，无非是要人们明白"知道自己知道应该如何去做"的道理而已。这是儒家心学要点中的要点，核心中的核心，精髓中的精髓。了解了这两个"知道"，也就掌握了心学的真谛，从根底处理解了性善论。①

由此可知，孟子性善论是对孔子思想的重大发展。仁性是孔子心性学说的重要组成部分，而"内省"是求仁的重要渠道。"内省"之所以可能，是因为早有东西在那里。所谓"早有东西在那里"，从理论上说，就是指道德根据有先在性。孟子创立性善论，提出良心的概念，强调道德根据是良知良能，将孔子思想向前大大推进了一步。"性"字出于"生"字，性善实则是生善。既然是生善，这种善就一定是原本即有的，也就是先在的。性善论的真正意义，是通过性的方式将人的道德先在性落实了下来。确定人是先在的道德存在，明确"知道自己知道应该如何去做"，这项工作即使放在世界范围内都极为难得，殊为宝贵，且不说它是孟子早在两千多年前完成的。每每思念至此，都不得不

———————

①　"自知"是心学的重要内容。阳明相关论述很多。如："良知发用之思自然明白简易，良知亦自能知得。若是私意安排之思，自是纷纭劳扰，良知亦自会分别得。盖思之是非邪正，良知无有不自知者。"[（明）王守仁：《传习录中》，《王阳明全集》，上海古籍出版社1992年版，第72页。]"虽盗贼亦自知不当为盗，唤他作贼，他还忸怩。"[（明）王守仁：《传习录下》，《王阳明全集》，上海古籍出版社1992年版，第93页。]这里都讲到了"自知"。自知就是良知自己知道自己。

佩服我们的先人智慧之高,思虑之深,由衷感叹,惊讶不已。①

三、仁性含有丰富情感的深层原因

有了上面的基础,仁性为什么含有丰富情感的问题,就不难理解了。仁性即是孔子之仁、孟子之良心。仁性之所以有情感,首先是因为"人是一个先在的道德存在"。仁性必须有一个底子,这就是生长倾向。生长倾向不是空的,里面原本就有丰富的内容。尽管这些内容尚不能以善相称,但它就是善的根基。当然,生长倾向尚不足以担负道德根据的全部职责,随着社会生活和智性思维的进行,它会进一步发展为伦理心境。在这种过程中,社会生活中善的内容也会带入内心,从而大大加强生长倾向的力量。仁性作为道德根据,不是死寂之物,遇事必然呈露,表现自己,提供是非的标准,人通过内觉的能力完全可以知道仁性正在呈露,从而"知道自己知道应该如何去做"。按照它的要求去做,内心就有了满足感,反之,内心就会有愧疚感。

由此说来,仁性之所以含有丰富的情感主要当从两个方面理解。一是因为"人是一个先在的道德存在",自身就有道德的要求。人有不同的层面,这些层面都有自己的要求。人是物欲的存在,故有物欲的要求。人是认知的存在,故有认知的要求。与此类似,人还是道德的存在,故有道德的要求。既然有道德要求,这种要求自身就有动能,有强烈的道德欲求感,迫使自己必须满足它,向善而趋,这就是孟子说的"理义之悦我心,犹刍豢之悦我口"②,也就是阳明常讲的"好善如好好色"。二是因为人有道德的先在性,人通过内觉可以觉知这种先在性,从而"知道自己知道应该如何去做"。一旦按照内心的要求去做,满足了这种要求,就像满足了物欲的要求、认知的要求后有满足感一样,也会体验到道德之乐,有道德的幸福感,这就是孟子所说的"反身而诚,乐莫大焉"③,也就是后人常说的"孔颜乐处"。反之,如果这种要求得不到满足,

---

① 关于这个问题的进一步分析,将在第三章第六节"'性朴说'商议"(第105—116页)中展开,敬请参阅。

② (南宋)朱熹:《四书章句集注》,中华书局1983年版,第330页。这其实就是康德所面临的人何以对道德法则感兴趣的问题。按照上述理解,康德这个难题也就得到了合理的说明。(参见杨泽波:《贡献与终结——牟宗三儒学思想研究》第二卷第五章第二节"道德自律的困惑",上海人民出版社2014年版,第162—180页。)

③ (南宋)朱熹:《四书章句集注》,中华书局1983年版,第350页。

正如不能满足物欲的要求和认知的要求,内心会感到亏欠一样,也会有道德的愧疚感,这就是孟子说的"愧于天""怍于人"①,以及由此衍生的对于非道德行为的憎恶感。

通过对良心的解读证明仁性为什么有丰富的情感,有重要意义。上面讲了,情感问题是近年来的一个学术热点。这个问题起源甚早,早在20世纪80年代,蒙培元就开始关注这个问题了。②但情感问题真正引起学界重视,还是李泽厚提出"情本体"之后。李泽厚正确地看到,儒家所说的道德本体不是西方的那种纯理性,里面有丰富的情感。这个发现非常有意义,但李泽厚的处理则有不尽如人意之处。首先,因为道德根据有情感,所以李泽厚对传统的道德本体学说表达了不满,提出要取消本体,不要本体了。本体怎么能不要呢?如果不要本体,还如何讲道德呢?其次,因为儒家讲的情感不同于西方那种感性的情感,所以李泽厚将这种情感称为"新感性",意思是包含道德因素的感性。这种做法在感性理性两分的框架中容易造成混淆,会使人们产生一种疑问:既然属于感性,哪怕是"新感性",那么它是如何成为道德根据的呢?这些问题之所以存在,根子还在李泽厚使用的是两分法。这再次说明,如果没有三分法,情感问题很难有一个准确定位,而据我观察,这也是目前相关研究普遍存在的缺陷。正因如此,儒家生生伦理学运用三分法来处理这个问题。在三分法的框架中,通过伦理心境不仅可以很好地说明道德根据含有丰富情感的原因,说明人为什么会有道德的欲求感、幸福感、愧疚感、憎恶感,而且可以清晰地将这些情感归属于仁性,而非像李泽厚那样归属于"新感性",从而消除由此造成的混乱。③

第三节　"形上幻相":从"借天为说"到"认其为真"

一、向质疑者提出三个问题

上面是儒家生生伦理学对良心的解读。多年的学术实践证明,读者接受

---

① （南宋）朱熹:《四书章句集注》,中华书局1983年版,第354页。

② 参见黄玉顺:《情感哲学:当代哲学家蒙培元的情感哲学》,《孔子研究》2020年第4期。

③ 参见杨泽波:《儒家生生伦理学引论》第二十四节第三小节"'情本体'还是'仁本体'",商务印书馆2020年版,第130—134页。

这种解读尚有很大的阻力。在传统的思维方式中，人们历来认为良心来自上天的禀赋。我却说良心的本质是伦理心境，如果我的说法成立，那就意味着传统的说法不能成立，反之亦然。要处理这个矛盾，需要首先弄清楚良心是不是真的来自上天的赋予。如果有人仍然习惯于这种传统的说法，相信良心确实来自于上天，那么请认真思考下面三个问题：

问题一，如果良心真的源于上天的禀赋，那么上天是如何赋予人以良心的？古人常以孩提之童无不知爱其亲说良心，进而强调良心源于上天，这种说法在一定意义上有一定的道理，但今天拾金不昧、不乱扔垃圾、遵守交通规则同样是良心，这些良心也来自上天的赋予吗？

问题二，如果良心真的源于上天的禀赋，为什么古人与今人良心的表现会有很大差异？孔子那个时候施行三年之丧，否则内心会有不安，而在今天这种做法早已不流行，人们也不再以三年之内食脂闻乐作为是否有仁的标准。这个变化难道也是上天有意而为的吗？

问题三，如果良心真的源于上天的禀赋，为什么不同地域的人，其良心的表现会完全不同？中国人因牛之觳觫而不忍杀牛，世界上有些地区的人见到杀牛反而兴高采烈，欢声雷动，难道这些地区的人没有良心吗？上天赋予人以良心为什么要将其弄得如此不同呢？

这三个方面分别涉及良心的起源问题、时间问题、空间问题。如果真的以上天作为良心的形上根源，相信良心源于上天的禀赋，那么如何回答这三个问题就成了很大的难题。在我看来，在传统思维范式中，这些问题是无解的。记得多年前在一次学术会议上，我曾讲过类似的话，声明谁能有效回答这些问题，我愿意执弟子之礼拜其为师。但我相信，如果不突破传统的思想范式，这些问题根本无法得到令人信服的回答。

二、从"借天为说"到"认其为真"

既然如此，古人为什么要将良心的根源归于上天呢？这个问题要从古代天论发展的特殊背景说起。殷人重帝，天的地位并不突出。灭殷后，周人提出了"皇天无亲，惟德是辅"的口号，为其政权的合法性寻找依据，天的地位由此得到了很大的提升。"皇天"之"天"带有明显的原始宗教意味，是一种主宰，它不偏向于谁，关键看其是否有德。因为殷人无德，周人有德，天把命转给了周人。周人这种做法我称为"以德论天"①，其性质是赋予天以道德的含义，以证明自己的政权是合法的。

西周末年当政者无法保证自身的德性，社会矛盾日益激化，人们对先前"皇天无亲，惟德是辅"的观念产生了怀疑，出现了"怨天""疑天"的思潮，社会发生了空前的动荡。在这种思潮的冲击下，周人引以为豪的带有宗教色彩的天走向了衰落。孔子正生活在这个特殊的背景之中。一方面，受周人"皇天无亲，惟德是辅"观念的影响，孔子心目中的天仍然带有很强的神秘性。当时天的力量仍然很大，对于孔子这样一个极为重视周代文化的人来说，不可能完全丢下周人对于天的信仰。孔子感叹"天生德于予"②，甚至将"畏天命"③作为"三畏"之首，都是很好的证明。但另一方面，经历了强大的"怨天""疑天"思潮的洗礼后，时代精神有了重大转变，加上性格朴实，不故弄玄虚，孔子思想的重点始终在人而不在天。

上述两个方面都很重要：没有周人"皇天无亲，惟德是辅"的观念，孔子不可能有"天生德于予"这样的感叹④；没有"怨天""疑天"的思潮，没有朴实的性格，孔子创立的儒学不可能重人不重天。二者相比，后者更为重要，正是这个因素标志着儒学从一开始就脱离了原始宗教的性质，坚定地转向了人文的方向。有鉴于此，与很多学者更加重视孔子信仰问题不同，我更加看重"怨天""疑天"思潮对孔子的影响，更加看重孔子朴实性格对其思想的影响，更加看重孔子思想重点的这种转变对其后中国文化发展性质的影响。孔子是中国文化发展人文转向的定音锤。由于孔子的巨大定位作用，儒学一开始便摆脱了原始宗教的羁绊，没有像轴心时代其他文明那样走宗教的道路。这才是孔子思想最为宝贵，最有价值的地方。

---

① "以德论天"以及下面将要讲到的"以天论德"，是我诠释儒家学理形上性的两个重要概念。（参见杨泽波：《从以天论德看儒家道德的宗教作用》，《中国社会科学》2006 年第 3 期；《从德福关系看儒学的人文特质》，《中国社会科学》2010 年第 4 期。）

② "子曰：'天生德于予，桓魋其如予何？'"[（南宋）朱熹：《四书章句集注》，中华书局 1983 年版，第 98 页。]

③ "君子有三畏：畏天命，畏大人，畏圣人之言。小人不知天命而不畏也，狎大人，侮圣人之言。"[（南宋）朱熹：《四书章句集注》，中华书局 1983 年版，第 172 页。]

④ 细查《论语》的文脉，"天生德于予，桓魋其如予何"明显只是一时的感叹，不宜理解为孔子对于自己德性出于天的郑重申明。

但是,如同任何事物都有惯性一样,先前带有宗教色彩的天失落后没有马上消失,仍然以其他方式顽强地存在着。孟子创立性善论,直接纳仁入心,以心解仁,对孔子思想有很大的发展。为了将理论基础搭建牢固,孟子不得不为其确定形上根据,直接以天说性:

> 耳目之官不思,而蔽于物,物交物,则引之而已矣。心之官则思,思则得之,不思则不得也。此天之所与我者。①

耳朵眼睛不能思,容易被物引诱,心的器官可以思,思能得到,不思则不能得到。这些都是上天给我的。这里的"天之所予我者"与《性自命出》的"性自命出,命自天降"说法略有差异,因为学界普遍认为,"性自命出"的性还不是性善之善,但二者的致思方式又有很强的相通性,都是顺着先前思维的惯性,以天作为事物的终极根据。其后《中庸》讲"天命之谓性,率性之谓道,修道之谓教",《易传》讲"乾道变化,各正性命"都出于同样的想法。它说明,在孔子之后,以天作为道德根据的形上根源,已是一个历史的趋势。我将这种情况概括为"以天论德"。"以天论德"与前面讲的"以德论天"是两个不同的概念。周人"以德论天"是以统治者个人是否有德来证明其政权的合法性,这种意义的天是人格神,有强烈的宗教意味。儒家"以天论德"则是将天作为道德的终极根据,这种意义的天不再是人格神,只是顺着天的话头,借用天的惯性为道德寻找终极根据,以天说事而已。

孟子与万章的一段对话可以作为这种理解的佐证。这段材料十分重要,有助于破解其间的奥妙,我曾多次引用。万章就尧让天下于舜之事请教孟子。孟子说,天子不能把天下让与人。万章又问,那么舜有天下是谁给的呢?孟子回答说,天给的。万章问,是天谆谆然告之的吗?孟子继续答,不是这样的,天不会说话,只是以行与事告诉人而已:

> 天子能荐人于天,不能使天与之天下;诸侯能荐人于天子,不能使天子与之诸侯;大夫能荐人于诸侯,不能使诸侯与之大夫。昔者,尧荐舜于天,而天受之,暴之于民,而民受之,故曰,天不言,以行与事示之而已矣。②

此段最后一句"天不言,以行与事示之而已矣"最值得玩味。它说明禅让

---

① (南宋)朱熹:《四书章句集注》,中华书局1983年版,第335页。
② (南宋)朱熹:《四书章句集注》,中华书局1983年版,第307页。

之事老百姓接受,即"民受之",最为关键:民接受则可,民不接受则不可。但非常奇妙的是,为了说明这个问题的重要,孟子又讲"天与之"。与"民受之"相比,"天与之"的说法显然比较虚。从今天的视角看,孟子绕了一大圈,把问题归到天上的做法,似乎是多此一举。但如果置于当时特定的思想背景下,则不难明白,孟子将问题挂到天上,完全是因为之前有源远流长的天论传统,天的思维惯性依然非常强大,以天说事,以加强论说的力度罢了。

但是,这个重要道理直到两千年后才真正被人彻底挑明,这个人就是戴震。他说:

> 其归之天不归之圣人者,以理为人与我。是理者,我之本无也,以理为天与我,庶几凑泊附着,可融为一。是借天为说,闻者不复疑于本无,遂信天与之得为本有耳。[1]

按照戴震的理解,孟子强调人原本就有礼义,但礼义由何而来,是一个大问题。如果像荀子那样将其归于圣人,那么圣人的礼义又从何而来呢?程朱为了避免这个问题,特将礼义归于天。但必须清楚,这种做法只是"借天为说",使人们不生怀疑而已。简要而言,"借天为说"是对一个问题没有办法确切回答的时候,顺着之前天论传统的习惯,以天作为其终极根据,以加强其力量,根绝人们怀疑的一种做法。从这个意义上说,"借"字或可解为"顺","借天为说"其实是"顺天为说"。这种意义的天绝对不能解读为形上实体。我一再讲戴震这一说法可谓惊天之语,直接道破了儒家道德学说的形上奥秘。后面我会反复讲到,厘清这个关系是正确理解儒家学理的形上性的一大关键。

当然,必须清楚看到,孟子"借天为说",以天作为道德根据的终极来源,不是故意说假话骗人。这个道理有点类似于康德所说的"认其为真"。在康德那里,"认其为真"是指这样一种情况:我不知道它是不是真的,但从信仰的意义上宁愿相信它是真的,愿意以真诚的态度来对待它。儒学将道德根据归给天,也属于这种性质。中国有悠久的天论传统,天在政治、道德、文学、音乐、建筑等各个方面都有重要影响。在这种传统中,一旦将仁和良心归给天,道德根据也就具有了形上性,人们就会对此抱有信任态度,直至将其视为一种信仰。孟子讲"天之所与我者",《中庸》的作者讲"天命之谓性",《易传》作者讲

---

[1] (清)戴震:《孟子字义疏证·性》,中华书局 1961 年版,第 35 页。

"乾道变化,各正性命"的时候,都是抱有极大诚意的,真心相信道德的根据来自上天。天有形上性、超越性,不可欺不可罔,将道德根据与天联系在一起,道德也就有了形上性、超越性,同样不可欺不可罔。天高高在上,是超越的,但又具有内在性,与人息息相关。人如果不欺骗自己,听从良心的要求成德成善,尽心知性知天,存心养性事天,也就做到了与天的一致。人在做,天在看;无论做什么,上天都知道;修合无人见,存心有天知:坊间这些名言名句背后贯穿的都是这个道理。

上述奇特的现象我名之为"形上幻相"。"形上幻相"内含两个因素:一是并不真实;二是确实管用。所谓"并不真实"是说人们这样说只是思想惯性的一种延续,良心并非真的来自上天的禀赋,上天没有这种"伟大"的本领。所谓"确实管用"是说在传统的思维方式中,天是形上性、超越性的代表,将良心与天联系起来,也就保障了儒家学说的形上性、超越性,大大加强了学理的力量感。《儒家生生伦理学引论》中有这样一段文字,表达的就是这个意思:

> 虽然只是"借",只是"顺",但在当时的背景下,特别是考虑到思维惯性的巨大力量,人们又以"认其为真"的方式,愿意真诚地相信它,使儒家学说实际上具有类似宗教的作用,足以支撑人们的心灵。这就好像康德以"认其为真"的方式对待宗教,使其学说既不同于先前的宗教,又能够保持人们的信念一样。所不同的是,康德这一思想只是一种理论建构,儒家文化却早已这样实际生活了两千多年。①

一个是"借天为说",一个是"认其为真",前者是顺着天论传统的习惯说事,后者是以此形成某种信念或信仰,加强道德的力量,由前者进至后者,二者共同搭建起了儒家学说的形上架构。认清这个形上架构可以帮助我们明白一个重要道理:尽管古人一般相信道德根据来自上天的禀赋,由此构成一种独特的信仰系统,但这种情况只能从信念的角度理解,只是一种"形上幻相",究其实,天不是也不可能是道德根据的真正来源。②

---

① 杨泽波:《儒家生生伦理学引论》第二十九节"早期启蒙:中国文化的一个奇特现象",商务印书馆 2020 年版,第 210 页。

② 我并不反对将生长倾向与自然意义的天联系起来,因为生长倾向其实就是自然界在长期发展过程中自己长出来的,但即使如此,也不宜将生长倾向视为上天的主动赋予。参见本书第六章第二节第三小节"儒家生生伦理学为破除天理实体化所做的努力"(第 249—253 页)。

这个问题往深处说还与应该如何理解天人合一有关。由上面的分析可知,天人合一思想的发展其实经历了三个不同的阶段。周人以"皇天无亲,惟德是辅"为政权提供合法性依据,"以德论天",这是第一个阶段。西周末年,经过"怨天""疑天"思潮的洗礼,天的信念有了很大动摇,地位大大下降,出现了天人相分的动向,这是第二个阶段。虽然经过了第二阶段的冲击,但天的思想仍然有很强的惯性,当儒家必须为道德寻找终极根源的时候,不得不借用这一思想资源,以天作为良心善性的形上根据,"以天论德",这是第三个阶段。这三个阶段依次发展而来,性质各异,但其内部又有紧密的逻辑关联。第一阶段是属于原始宗教的性质;第二阶段代表人文的转向,是对第一阶段的否定;第三阶段则是通过"借天为说",重新回到了天的系统之中,又是对第二阶段的否定。梳理由"以德论天"到"怨天疑天"再到"以天论德"这一历史脉络,厘清内部的逻辑关联,孔子少言"性与天道"将思想的重点置于人间之后,为什么天的地位会重新抬头,这种重新抬头的天又不是人格神,只能在信念上发挥作用,儒学没有因此走上宗教的道路,而是始终沿着人文的大路阔步向前,这一系列极为复杂的问题便得到了合理的说明。①

第四节　否认经验主义,拒斥先验主义

一、对良心的解读不是经验主义

我对仁性的这种解读引起很多人的关注,但也招来不少批评。一些学者不同意我的某些具体观点尚在其次,最重要的是不认可我的方法。在他们看

---

① 庞朴曾经将郭店竹简中所见的天人关系分为天人相合,天人相分,天人非一非二亦一亦二三种形式。其中第三种形式尤为特殊。这种形式的天人合一特指儒家将道德根据上归给天而有的一种合一。"这样的天人关系,说穿了,实际上是没有关系而又不得不维持着面子的关系,是人之企图从天的主宰下挣脱出来而尚未能的表现,于是表现出一种有别于天人相分、天人合一的又分又合、若即若离的关系。"(庞朴:《天人三式》,《庞朴文集》第 2 卷,山东大学出版社 2005 年版,第 69—70 页。)庞朴这一表述学术价值很高,它告诉我们,这种天人合一中的天其实不是实的,只是一种惯性,一种信念,而这也就是我所说的"形上幻相"。这种属于"形上幻相"的天因为不是实体,所以无法走向宗教,但它又有实际的作用,人们没有办法完全离开它,故为"非一非二,亦一亦二,二而不二,不二而二"。

来,我以生长倾向和伦理心境诠释仁性采取的是经验主义的方法,是将心理学、社会学混同于哲学,这是他们无法接受的。① 尽管之前我对此作过不少说明,但效果并不理想,还是常常招致误解,为此不得不在这里再次郑重申明,儒家生生伦理学不是经验主义。

儒家生生伦理学不是经验主义,首先是因为我的起点不是经验。经验主义是西方哲学的重要流派,这一流派将知识的来源归于经验,以感性经验为研究的始发点。儒家生生伦理学与此不同,它的起始点不是经验,而是"内觉"。我最初研究孟子的时候,因为思想重点在于休谟伦理难题,在于儒家思想方法与西方道德哲学的区别,所以只是通过研读《论语》,从孔子思想中分疏出了智、欲、仁三个要素。后来我注意到,虽然这是一个重要发现,意义极为深远,但还有独断的痕迹,有欠严格,因为一门严密的学说不能不经"批判"就把某些要素确定下来。于是,在建构儒家生生伦理学的过程中,我进一步将起始点向前推移,不再以三个要素,而以"内觉"作为整个学说的逻辑起点。"内觉"是人对内的一种直觉能力,通过它可以发现自己正在思考如何成德的问题,正在提出物欲的要求,对于内在的道德根据有所觉知。这种"内觉"不再需要其他前提,反而是后面一切工作的基础。这就是我所说的"我觉故我在"。虽然仅有这一步还不行,其后还需要以智性对"内觉"加以证明和再认识,但"我觉故我在"这个命题的提出,已经标志着儒家生生伦理学脱离了经验主义的藩篱。

儒家生生伦理学不是经验主义,还因为它的结论不是对经验的归纳和抽象。通过"内觉"我们觉知到了道德根据正在呈现,这种呈现的主体即是仁性。但这仅仅是觉知了仁性,还谈不上对仁性的真正认知。为此,我又借助智性的分析得出仁性本质上是一种伦理心境的结论。这个结论并非源于社会某些具体个人经验的概括,而是出于严密的理论分析。狭义伦理心境即是如此。我的分析是从发现孟子"及其长也,无不知敬其兄也"这一说法的内在矛盾开始的。

---

① 卢雪崑亦持此立场对我提出批评,指出:"杨教授本人采取经验论的立场,追随西方哲学中胡塞尔的现象学,尽管他也一再批评大陆高校的许多哲学系不像哲学系,更像历史系。但他本人却仍然像不少经验论者那样,未免流于心理学、社会学、思想史的层次来谈论哲学问题。尽管他本人说:'哲学是人类对形上问题追问的反思,旨在解决人类存在的根本问题,必须能够引领时代。'但他的经验论的立场,令他的'形上问题追问'无法达到儒家通康德而臻至的形上学之高度,更遑论说能'解决人类存在的根本性问题',以'引领时代'了。"(卢雪崑:《牟宗三哲学——二十一世纪启蒙哲学之先河》,台湾万卷楼图书公司 2021 年版,第 388—389 页。)

既然是"及其长",那就已经说明敬兄之悌心不是生而即有的,既然如此,那么它只能来自社会生活和智性思维对内心的影响。在此期间,我确实举过一些日常生活中的例子(如一米线、关水龙头、不闯红灯,电池回收、减少一次性纸杯使用,等等),但那只是便于理解,不是对这些经验事例的简单归纳。生长倾向的情况更是如此。伦理心境必须以生长倾向为底子,但我对生长倾向的证明,既不是借助自然科学,也不是对张三、李四等个人经验的归纳,而是一种纯粹的哲学分析。

儒家生生伦理学不是经验主义,最重要的还在于伦理心境具有先在的性质,已脱离了经验的范畴。上面讲过,伦理心境是在生长倾向基础上的社会生活和智性思维对内心影响的一种结晶物。从形成原因看,伦理心境与经验有关,但需要特别强调的是,伦理心境能够成为道德根据,是因为它具有了先在性。这种"先在"既指生长倾向的"先天而先在",又指狭义伦理心境的"后天而先在"。生长倾向的"先天而先在"比较好理解,麻烦在于狭义伦理心境的"后天而先在",人们很难理解为什么后天的东西可以变为先在的。我的分析力图证明,人心有一种神奇的功能,经验的具体内容进入后,随着时间的延长,频率的增加,会升格为一种结晶物,这种结晶物在处理相应问题之前就已经存在了。为此我曾举例说,没有人生来就了解水资源的宝贵,就知道一米线的行为规则。我们知道这些完全是因为受到了社会生活和智性思维的影响。但当我们见到水龙头没有关好,见到一米线的时候,内心早已有了是非的标准。这种奇特的现象就是我所说的"时间之叉"①。我提出这个说法意在表明,狭义伦理心境确实来自后天,来自经验,但它却始终处在时间的交叉点上:对于形成而言,它是后天的;对于处理伦理道德问题而言,它又是先在的。正是这种先在性,保证了由经验而来的伦理心境可以成为心学意义的"是非之心",可以成为成德成善的根据。

儒家生生伦理学特别重视这种先在性,认为这种先在性担负的就是历史上人们屡屡高扬的道德本体所担负的工作,也就是西方道德哲学所说的那个先验原则。这个问题我在《儒家生生伦理学引论》中专门辟有一节加以讨论②,

---

① "时间之叉"这一概念是我在修订《孟子性善论研究》时提出来的。参见杨泽波:《孟子性善论研究》(修订版),中国人民大学 2010 年版,第 293 页;《孟子性善论研究》(再修订版),上海人民出版社 2016 年版,第 348 页。其在《贡献与终结——牟宗三儒学思想研究》(上海人民出版社 2014 年版)又对这一概念作了更为详细的说明,参见该书第二卷,第 86—87 页。

② 参见杨泽波:《儒家生生伦理学引论》第二十二节"研究方法的转变",商务印书馆 2020 年版,第 87—97 页。

特别强调李泽厚对我的影响。李泽厚晚年将自己的理论概括为三句话,其中最有价值的便是"经验变先验"。在我看来,这种说法蕴含着很高的学理意义。李泽厚并非不明白什么是先验,而是不满意西方哲学对先验这一概念的限定。他的方法是超前的,别人不理解他的初衷,跟不上他的思路,反而对其多加指责,可悲而可叹。不对这个根本问题加以反省,轻率否定以生长倾向和伦理心境对良心的诠释,指责这种做法是心理学、社会学,是经验主义,正是这种现象的具体表现。

最后再讲一遍,儒家生生伦理学不是经验主义。

二、对良心的解读也不是先验主义

申明儒家生生伦理学不是经验主义,并不意味着它就是先验主义。如同儒家生生伦理学不是经验主义一样,它也不是先验主义。

儒家生生伦理学不是先验主义,一个重要理由,是它希望对先验加以继续的追问。先验(transcendental)是西方哲学的古老观念,可以追溯到柏拉图,后经康德的改造,影响深远。在西方哲学传统中,先验的一个重要特征是不可追问。柏拉图的理型,康德的范畴,无不如此。儒家生生伦理学与此有所不同。在我看来,世界上任何东西都是有原因的,都可以追问,一直问到不能问的那一点为止。以不可追问限定先验,其实是一种偷懒的办法。儒家生生伦理学强调作为伦理心境的仁性有先在性,从一定意义上说,与先验有相近之处。但儒家生生伦理学没有到此为止,而是继续往前走,以期找到这种先在的源头,最终证明了仁性由伦理心境和生长倾向两个部分构成。从时间断面看,伦理心境遇事呈现,知是知非,十分神奇,但追根溯源,不过是社会生活和智性思维对内心的影响所致;而伦理心境又以生长倾向为基础,生长倾向是人作为有生命的物来到世间那一刻就有的,完全来自于天生。通过这两个方面的工作,儒家生生伦理学回溯到了仁性的来源,这一步工作先验主义一般是不做的。

儒家生生伦理学不是先验主义,更因为他不奢望道德根据具有绝对的普遍性和必然性。这个问题更为重要。追求绝对的普遍和必然是先验主义的根本特征。这种情况与古希腊智者学派的兴盛有密切关系。智者学派将思想置于感觉之上,无法保障认识的客观性。柏拉图为解决这个问题提出了理型世界的概念,认为理型世界存在于现实世界之外,先于经验,是普遍而必然的。亚里士多德虽然没有完全跟着柏拉图的路子走,但他创立的"四因"说中还是有一个形式因。形式因是普遍必然的,将这种普遍必然的形式运用于质料之上,才能得到确定可靠的知识。康德以先验形式整理经验质料的办法,其实也源于这个背景。我强调儒家生生伦理学不是先验主义,有意避开这个概念,不仅是因为儒家从没有以先验形式保障道德根据普遍性和必然性的传统①,而且是因为这门新学说根本不奢望追求先验主义所希望的那种普遍性和必然性。

　　这个问题与仁性的时空性直接相关。在儒家生生伦理学系统中,仁性来自社会生活和智性思维对内心的影响,这就决定了仁性一定有时间性。这是因为,社会生活本身是发展变化的,受其影响,作为道德根据的仁性也会随之发展变化,这种发展变化本身即蕴含着时间性。智性思维也是一样,智性思维必须借助语言进行,语言是发展变化的,智性思维会随着语言的变化而变化。这种变化也是一种时间性。另外,仁性还有生长倾向的来源,生长倾向这个说法本身就意味着它是历史的产物,而历史就是一种时间性。虽然对于个体而言,生长倾向的变化对个体的影响十分微弱,但这并不能代表生长倾向没有时间性。

　　空间性也是一样。仁性的空间性主要表现在伦理心境上。社会生活是具体的,不可能有抽象的社会生活。每个人都生存在一个空间的具体的点上,这个具体的点与其他具体的点一定会有差别,由此形成的伦理心境也会有所不同。智性思维的作用也是一样。人的智性思维必须在特定的文化背景下展开,必然受到语言的影响,语言都是具体的。具体语言的不同,决定智性思维

---

①　这个问题应当引起足够的重视。中国哲学没有智者学派的背景,所以没有这方面的问题意识。儒家学说将道德根据挂在天上,讲"天之所与我者",讲"天命之谓性",讲"乾道变化,各正性命"是为了解决道德根据的形上性问题,而不是为了解决道德的普遍性和必然性问题。即使宋代受佛教影响,有了"理一分殊"的观念,其用意仍与西方追求绝对普遍性和必然性的思路不同。儒家是以"类"的方式,以人同此心,心同此理的方式来解决这个问题的。儒家这种办法表面看不及西方哲学严格超拔,因为"类"总是相对的,达不到绝对普遍和绝对必然,但这恰恰是儒家学说的可贵之处,使其没有走上绝对主义乃至一神教的道路。现在不少学者没有认识到这个问题的重要,仍然希望以超越的天来保障道德的普遍性和必然性,这其实仍然是以西释中做法的延续。

方式的不同,进而决定了伦理心境的不同。仁性的空间性还表现在生长倾向上。如同生长倾向的时间性一样,其空间性并非特别明显。因为人作为一个类来说,其生长倾向应该有较强的相通性。但这不代表生长倾向的空间性可以完全忽略不计,因为即使人作为一个类而言,其生长倾向差不太多,在这个意义上谈空间性意义不大,但如果其他星球上也存在具有生命的类,其生长倾向是否与我们相同,仍然有待讨论。

儒家生生伦理学以伦理心境诠释仁性,仁性一定有时空性,因为仁性是道德本体(根),将仁性赋予时空性,也就等于赋予本体以时空性。这与西方哲学 ontology 不能含有时空性完全不同。Ontology 不带有时空性,以此追求绝对普遍和必然,是西方哲学的美好理想,也是其一以贯之的传统。为了这个理想,西方人奋斗了两千多年,但可悲的是这个理想从未真正实现过,不仅那个具有绝对普遍和必然的 ontology 始终没有找到,而且其思想方式的负面作用也越来越突出了。儒家生生伦理学拒斥先验主义,以伦理心境诠释仁性,一方面承认仁性是本体,另一方面又将时空性加入其中,不赋予这种本体以绝对的普遍性和必然性,就是要避开这种思维方式的弊端。当然,我说仁性有时间性和空间性并不代表仁性作为本体只是特殊和偶然的,这种特殊和偶然中同时包含着普遍和必然。从时间和空间的角度看,仁性作为道德根据,具体标准是变化的。孔子所代表的鲁国文化的某些是非标准,早就发生了改变,已经不再适应今天的社会生活了。但变中又有不变,孔子关于仁的很多论述,作为道德规范,在今天仍有重要指导意义。这种在特殊中求普遍,偶然中求必然,才是寻求普遍性和必然性的正确路径。①

① 我的这种观点似乎很难得到学界的认可,卢雪崑也在其列。她说:"孔子哲学通康德而成之从道德进路建立的形而上学,乃唯一纯粹理性本性之学,此乃道枢,'万古一日',不可移易者。岂是杨教授所能撼动?!""理性立法就是不依时间、空间而移易,在一切时和地、于一切人皆有效。"(卢雪崑:《牟宗三哲学——二十一世纪启蒙哲学之先河》,台湾万卷楼图书公司 2021 年版,第 393、400 页。)这种理解或许适合于康德,但切勿忘记,康德之后情况已经有了很大变化。不管我们对黑格尔的具体观点持怎么的批评态度,黑格尔将整个世界视为一个不断流动变化的过程,都是一个重大进步,而这种观点对其后西方哲学的发展有着深刻的影响。海德格尔不再以陈旧的方式谈本体,以"此在"为基点,而"此在"这个概念本身就意味着它不是固定僵死之物,充满着时间性和空间性,其代表作《存在与时间》的书名所要表达的就是这一思想。如果我们今天仍然固守于康德的立场,强调理性立法没有时间性和空间性,万古一日,不可移易,那么如何解释康德之后西方哲学两百多年的进步呢?难道这些进步都是完全没有必要的多余吗?

总之,儒家生生伦理学希望探寻道德根据的真正来源,不以先验为托词止步不前。更为重要的是,儒家生生伦理学在本体(根)中加入了时空因子,不赋予其绝对普遍和必然的特性,希望走特殊中求普遍,偶然中求必然的道路。因此,正如它不是经验主义一样,它也不是先验主义。儒家生生伦理学已经跳出了要么是经验主义,要么是先验主义的巢臼,代表着一个全新的方向。这个新方向用中国古老的语汇表达,就叫作"生生之学"。

第五节　出于孟子而孔子不会讲的四句话

孟子创立性善论,发现了人的道德先在性,是一个了不起的贡献,但可能是因为这一任务过于繁重,占用了太多的精力,致使其思想在其他方面有所忽略。历史上,很早就有人关注这个问题了。朱子讲过:

> 问:"孟子只说学问之道,在求放心而已,不曾欲他为。"曰:"上面煞有事在,注下说得分明,公但去看。"又曰:"说得太紧切,则便有病。孟子此说太紧切,便有病。"

> 孟子说:"学问之道无他,求其放心而已矣。"可煞是说得切。子细看来,却反是说得宽了。孔子只云:"居处恭,执事敬,与人忠。""出门如见大宾,使民如承大祭。"若能如此,则此心自无去处,自不容不存,此孟子所以不及孔子。①

朱子认为,孟子"学问之道无他,求其放心而已"的说法"说得太紧切""说得宽""便有病""不及孔子"。近代以来,康有为也提到过这个问题,明言:"孟子多言仁,少言礼,大同也。荀子多言礼,少言仁,小康也。""天下为家,言礼多而言仁少;天下为公,言仁多而言礼少。"②按照康有为的理解,孔子仁礼并提,思想全面。孟子多言仁,少言礼,虽不及孔子全面,但也是大同。与之相反,荀子多言礼,少言仁,只能为小康。③

虽然朱子、康有为注意到了这个问题,但他们列举的只是一些表象,相关

---

① (南宋)黎靖德编:《朱子语类》卷五十九,第四册,中华书局 1986 年版,第 1410 页。
② 康有为:《万木草堂口说·礼运》,《康有为全集》第二册,中国人民大学出版社 2007 年版,第 317 页。
③ 参见魏义霞:《康有为对荀子思想内容的阐发》,《吉林师范大学学报》2015 年第 2 期。

说法还停留于表面。在我看来,这里涉及的其实是孔孟心性之学的关系问题,是孟子与孔子思想是否完全一致的问题。我提出这个问题,始于对《孟子》文本的解读。我注意到,孟子至少有四则大家习以为常,广为流传的材料,孔子未必赞成,更不会讲。

材料之一:

> 人之所不学而能者,其良能也;所不虑而知者,其良知也。孩提之童,无不知爱其亲者,及其长也,无不知敬其兄也。亲亲,仁也;敬长,义也;无他,达之天下也。①

亲亲为仁,敬长为义,这些都是道德的根据。这些道德根据就在自己身上,不需要学习就能够掌握,就能够了解。此即为"良知""良能"。成德成善没有更为玄妙的,只要把这个道理扩充推广开来就行了。照我的判断,孔子是不会这样讲的。在孔子思想中,成德成善必须依礼而行,而礼必须学习才能掌握,怎么能说是"不学而能""不虑而知"呢?

材料之二:

> 万物皆备于我矣。反身而诚,乐莫大焉。②

《孟子》中物、事不分,物就是事。这里的事并非认知之事,而是道德之事,特指道德根据。"万物皆备于我"是说成德成善的根据我都具有。成德成善必须反身求得自己的良心,真诚按照它的要求去做。果真如此,便能体会到最高等级的快乐。照我的判断,孔子也不会这样讲。在孔子看来,要成德成善,必须向外学礼学乐学诗,一刻不能停止,而学习的这些内容在外不在内,怎么能说"万物皆备于我"呢?

材料之三:

> 仁义礼智,非由外铄我也,我固有之也,弗思耳矣。③

仁是恻隐之心,义是善恶之心,礼是恭敬之心,义是非之心。"四心"就在自己身上,不是从外面取得来的,关键是要去思去求。思就能得到,不思就不能得到;求就能得到,不求就会失掉。照我的判断,孔子同样是不会这样讲的。这里的关键仍然是礼。礼是周公制定的治理国家的大根大法,写在典籍中,不

---

① (南宋)朱熹:《四书章句集注》,中华书局1983年版,第353页。
② (南宋)朱熹:《四书章句集注》,中华书局1983年版,第350页。
③ (南宋)朱熹:《四书章句集注》,中华书局1983年版,第328页。

学习就不能了解,怎么能说"我固有之"呢?

材料之四:

> 学问之道无他,求其放心而已矣。①

此处的"学问"专指成德的道理,而非今日纯粹知识之"学问"。孟子认为,成德成善的道理并不复杂,只要把自己放失的良心找回来就行了,除此之外,别无其他。照我的判断,孔子更不会这样讲了。在孔子学理系统中,成德成善必须不断学习,学习的对象无论是礼是乐是诗,都是外在的,需要下大气力才能掌握,怎么能说学问之道别无其他,只要能够将丢失的良心找回来,"求其放心而已矣"呢?

第六节　孔孟心性之学的分歧

一、何谓孔孟心性之学的分歧

为什么会出现这种情况? 经过一段时间的思考,特别是从孔子思想中分疏出智性、欲性、仁性三个要素,建立三分法,将孔孟置于这种新方法视域下后,我才明白,其因皆在孔孟二人的思想实有重大罅隙:孔子心性之学有智性、欲性、仁性三个部分,孟子心性之学则只有欲性、仁性两个部分,缺了智性。

先看欲性。就欲性而言,孟子与孔子一致。欲性在孟子那里主要表现为对于利的看法,与义相对,由此构成义利之辨。义利之辨首倡于孔子,到孟子有了极大的发展。孟子严辨义利,但对利并不持完全否定的态度,不是禁欲主义,只是要求在义利发生矛盾,无法兼得的时候,必须以义为最高的价值选项,表现出道德理想主义的精神。这种义利关系的核心是价值选择关系,把握这种价值选择关系,是正确理解义利之辨的关键。

接着看仁性。就仁性而言,孟子与孔子思想同样一致,且有重大发展。创立仁学,是孔子的重要贡献,但他没有对仁给出定义式的说明,也没有讲清仁来自何处。为了解决这个问题,后人纷纷从性的角度加以探讨。从思想发展轨迹上看,孟子创立性善论的根本任务就是要解决这两个问题。经过孟子的

---

① （南宋）朱熹:《四书章句集注》,中华书局 1983 年版,第 334 页。

努力,纳仁入心,以心释仁,这两个问题一扫而光。这个问题前面已有专门分析,不再重复。

最后看智性。这方面就不乐观了。在孔子学说中,智性是通过学习认知而成德成善的一种能力。要成德成善,必须依礼而行,而要依礼而行,必先要学礼,所以学习认知是成德成善必不可少的条件。"君子学以致其道"①,此话虽出于子夏,但指明道一定要靠学才能达到,合于孔子的一贯主张。孔子对于善人的评价可以为证:

> 子曰:"圣人,吾不得而见之矣;得见君子者,斯可矣。"子曰:"善人,吾不得而见之矣;得见有恒者,斯可矣。"②

> 子张问善人之道。子曰:"不践迹,亦不入于室。"③

首章是说,孔子感叹圣人见不到了,能见到君子就可以了。又说,善人见不到了,能见到有操守的人就可以了。从此章的语脉看,在孔子心目中,善人的层次明显在圣人和君子之下。次章历来有不同理解,但采信朱子诠释者为多。朱子《论语集注》引程子的话云:"践迹,如言循途守辙。善人虽不必践旧迹而自不为恶,然亦不能入圣人之室。"又引张子的话云:"善人欲仁而未志于学者也。欲仁,故虽不践成法,亦不蹈于恶,有诸己也。由不学,故无自而入圣人之室也。"在朱子看来,善人即是"质美而未学者也"④。意思是说,善人虽也在好人之列,但境界不高。而其境界不高,据朱子的解释,即在于其"未学"。

朱子的解释固然带有自身的特点,但并非无据,在孔子那里可以得到有力的支持:

> 子曰:"十室之邑,必有忠信如丘者焉,不如丘之好学也。"⑤

十家小邑,其中必有如孔子一样讲究忠信之人,孔子高于这些人,在于其好学。这就说明,孔子认为自己的境界高于他人,是因为他人也可以做到忠信,但不如自己爱好学习。联系上面所引章句,不难得知,好学与否是区别善人与君子或圣人的一个标志。好学属于智性,要成为君子或圣人必须好学。从三分法

① (南宋)朱熹:《四书章句集注》,中华书局1983年版,第188页。
② (南宋)朱熹:《四书章句集注》,中华书局1983年版,第99页。
③ (南宋)朱熹:《四书章句集注》,中华书局1983年版,第127页。
④ (南宋)朱熹:《四书章句集注》,中华书局1983年版,第127—128页。
⑤ (南宋)朱熹:《四书章句集注》,中华书局1983年版,第83页。

的角度看,这就是说,学习认知是成德成善必不可少的条件。在这个问题上,孟子就不同了。在他看来,道德根据是不学而能、不虑而知的良知良能,非由外铄,原本固有,关键在于思与不思。思就能得到,即可成德成善,不思就不能得到,即不能成德成善。在此过程中,学习认知是否有其作用,或有哪些作用,不是孟子关心的问题。简约言之,孟子在高扬孔子仁学的同时,不重视智性的作用,智性在其学理系统中不占重要位置,事实上造成了与孔子思想的分歧。

二、孔孟心性之学分歧的原因

孟子不自觉舍弃智性,造成与孔子思想的分歧,与礼的内化有直接关系。春秋末年,周礼散落。由于特殊的文化背景,周礼在鲁国保存的情况好于其他国家。鲁国有一些懂得周代礼乐并专门以此为生的人,孔子是其杰出的代表。孔子不仅学礼,而且以巨大的责任感为挽救周礼而斗争。百余年后,孟子之时,情况发生了很大的变化。孔子在世时,复周礼已非常困难,孟子如果再以周礼约束大家,平治天下,更加不可能。孟子清楚地看到了这一点,所以不再像孔子那样大谈复周礼,而是在孔子仁学上做文章,大谈行仁政。在孟子看来,行仁政并不困难,人人都有不忍之心、亲子之情,将其扩展开来,施行仁政,首先爱自己的亲人,然后爱周围的人,"老吾老,以及人之老;幼吾幼,以及人之幼"①,社会充满友爱亲情,自然社会和谐,国泰民安。

这种情况导致礼的内涵发生了微妙的变化。孔子所说之礼主要指周代礼制。《孟子》之礼也有礼制之义,但更多的是礼义、礼节、礼貌。② 这种变化表面看很细微,实则有大影响。礼制是外向性的,而礼义、礼节、礼貌作为行为标准早已存于内心,是内在的。比如,礼义连称,大大加强了礼中"义"的含义,而根据仁义内在的原则,这种义就存于内心。礼节、礼貌的情况也是如此。礼节、礼貌虽然表现于外,其根据却在内心,即每人都有的辞让(恭敬)之心。这样就出现了一个问题:既然礼已经淡化为礼义、礼节、礼貌,根据孟子的一贯思

---

① (南宋)朱熹:《四书章句集注》,中华书局1983年版,第209页。
② 这个看法是我在《孟子性善论研究》(中国社会科学出版社1995年版)"孔孟心性之学的分歧及孟荀朱王之争"一章中提出来的,当时非常高兴,认为是首次发现,近来才知道朱伯崑之前已注意到了这个现象。他在《先秦伦理学概论》(北京大学出版社1984年版)中指出,《孟子》讲的礼多指礼貌,与孔子有所不同(第49页)。虽然朱伯崑注意到了这个问题,但未能对其加以深入的发掘,我则将其上升到孔孟心性之学的高度,这是我与其不同的地方。

想、礼义、礼节、礼貌的标准就在本心,那么要成德成善,当然只要切己自反,把自己心中的这些礼发掘出来即可,外学也就没有必要了。

孟子不自觉舍弃智性,造成与孔子思想的分歧,学派分殊也是一个重要原因。孔子殁后,弟子根据自己对于其师思想的理解,各树一帜,出现了不同的学派。其中与心性之学密切相关,对后世有重大影响的,当数子夏和曾子。子夏论学,既讲内求,又讲外学,思想比较全面。虽然孔子曾教导子夏要做君子儒,勿做小人儒①,但综合看,子夏论学比较贴近孔子。与之不同,曾子更注重内省工夫。"吾日三省吾身:为人谋而不以忠乎?与朋友交而不信乎?传不习乎?"②这一名言特别能反映曾子思想的这个特点。子夏和曾子思想的这种差异,当时即有明显的迹象。孟子受曾子影响很大,思想偏于内求,不是偶然的。

三、关于孔孟心性之学的分歧需要注意的几个问题

对于孔孟思想的这种分歧,有三个具体问题需要加以注意。

首先要注意的是,孟子并非一概排斥和否定学习认知,只是不承认学习认知对成德成善的作用。孟子论学习的话并不少,如:"夫人幼而学之,壮而欲行之。王曰'姑舍汝所学而从我',则何如?"③"故汤之于伊尹,学焉而后臣之,故不劳而王;桓公之于管仲,学焉而后臣之,故不劳而霸。"④"上无礼,下无学,贼民兴,丧无日矣。"⑤但这些学习大多是一般性的,和成德成善没有直接关系,准确说,孟子并不以这种学习作为成德成善的必要条件。一个是《孟子》中是否出现过"学"字,一个是孟子是否承认学习对于成德成善的作用,这是两个性质不同的问题。熟读《孟子》可知,无论是不忍牛无故被杀,乍见孺子将入于井,还是牛山之木尝美,不葬其亲其颡有泚,孟子劝人成德成善,都是要求反躬内求、无愧于心,并不强调学习的重要作用。这与后来的象山、阳明同样讲学习,讲读书,但并不以此作为成德成善的根据,其思路是一样的。成德成善的唯一途径在于反归本心,求其放心,这是孟子整个思想体系的根本特

① "子谓子夏曰:'女为君子儒,无为小人儒。'"〔(南宋)朱熹:《四书章句集注》,中华书局1983年版,第88页。〕
② (南宋)朱熹:《四书章句集注》,中华书局1983年版,第48页。
③ (南宋)朱熹:《四书章句集注》,中华书局1983年版,第221页。
④ (南宋)朱熹:《四书章句集注》,中华书局1983年版,第243页。
⑤ (南宋)朱熹:《四书章句集注》,中华书局1983年版,第276页。

征。这个问题我之前曾反复加以申述，但不少学者仍然不明其意，不加理会，令人遗憾。

其次要注意的是，与上一个问题相近，孟子讲智与孔子讲智并不相同。上面讲过，智是孔子思想的重要内容，以至于弟子对其有"仁且智"的赞叹。《论语》中关于智的论述，一般都与学习联系在一起，而其对象是周代的礼乐之制。在孔子看来，要成德成善，必须不断学礼学乐，这也是我将智性作为成德基本要素之一的根本原因。孟子当然也讲智，但他讲智有一个内化的转向。这方面最有力的材料就是对于四心的描述。"恻隐之心，人皆有之；羞恶之心，人皆有之；恭敬之心，人皆有之；是非之心，人皆有之。恻隐之心，仁也；羞恶之心，义也；恭敬之心，礼也；是非之心，智也。仁义礼智，非由外铄我也，我固有之也，弗思耳矣。"①在这段著名的文字中，孟子将智直接与是非之心相匹配，即所谓"是非之心，智也"。千万不要轻看了这里的"是非之心"。在孟子思想系统中，是非之心就在自己身上，是内在的，只要切忌自反，就可以得到它，这是他强调"仁义礼智，非由外铄我也，我固有之也"的根本理由。这一思想与孔子有很大的差异。孔子讲智多与学习相关，而学习的对象是周礼。在孔子那里，周礼是外在的，不是内在的。孟子则把智内化了，就在自己的内心，是人的内在道德根据的一项内容。简言之，孔孟二人论智实有不同，孔子之智是外在的，孟子之智是内在的。因此，切不可因为《孟子》文本中有很多关于智的论述，就认为孟子思想中也有智性。讲不讲智是一回事，承不承认学习对于成德成善的重要是另一回事，二者不能混为一谈。

最后特别需要强调的是，孟子思想内部也有矛盾。比如，孟子讲过："大舜有大焉，善与人同。舍己从人，乐取于人以为善。自耕、稼、陶、渔以至为帝，无非取于人者。取诸人以为善，是与人为善者也。故君子莫大乎与人为善。"②此处赞赏舜"乐取于人以为善""取诸人以为善"，讲的都是道德问题。既然"为善"离不开"取于人"和"取诸人"，自然就离不了学习。孟子承认"为善"必先"取于人"，等于实际上承认了学习是成德成善不可或缺的条件。更为明显的例子，见于"嫂溺援之于手"章："淳于髡曰：'男女授受不亲，礼与？'

---

①　（南宋）朱熹：《四书章句集注》，中华书局 1983 年版，第 328 页。
②　（南宋）朱熹：《四书章句集注》，中华书局 1983 年版，第 239 页。

孟子曰:'礼也。'曰:'嫂溺,则援之以手乎?'曰:'嫂溺不援,是豺狼也。男女授受不亲,礼也;嫂溺,援之以手者,权也。'"①此章涉及如何面对伦理道德领域中特殊情况的问题。按照孟子的一贯思想,成德成善的根据只有一个,这就是良心,途径也只有一个,这就是反求。对于日常生活的一般情况而言,这是可以的,但不适合于特殊情况。前面已经证明了,良心是社会生活和智性思维在内心结晶而成的伦理心境,因为社会生活一般问题的是非标准早就作为结晶物存在于心中了,所以面对社会生活中的一般问题有现成的答案。但在一些特殊情况下,所遇情况超出了内心原有是非标准的范围,良心就没有如此神奇了。此章很能说明问题。男女授受不亲属于一般的情况,其是非标准早就内化为伦理心境,只要反求诸己,就可以知道应该怎么办。但如果遇到嫂溺的情况,要不要伸手相援,单纯反求诸己,不一定会有明确的答案,还需要进一步思考,甚至有一个行权的过程,而行权必须权衡利弊得失,必须加以认真分析比较,这些严格说来都不再是仁性所能担负得了的,必须借助智性才行。

总而言之,孔子心性之学有智性、欲性、仁性三个部分,除欲性外,智性、仁性都是成德成善的根据,对外通过学习合于礼,对内通过反省合于仁;孟子心性之学只有欲性、仁性两个部分,仁性是成德成善的唯一根据,凡事只要反求诸己,合于良心足矣,智性不再起重要作用。这些不同事实上构成了孔孟心性之学的分歧。在两千多年儒学发展史上,尤其是宋代之后,人们往往局限于"孔孟之道"的观念,从未有人将这种分歧作为正式课题提上日程,足见其意义非同小可,必须引起足够的重视。

第七节　孟子达成的只是伦理之善

在三分法视域下发现孔孟心性之学的分歧,是发前人之未发,而后人很难改易的一件大事。这个发现不仅有利于重新理解孟子,确定其学理的性质,而且可以引出一些非常有深度的话题。

一、以三分法区分伦理之善与道德之善

在西方语言系统中,ethics 源于希腊语 ethika,而 moral 是后来新造的拉丁

---

① (南宋)朱熹:《四书章句集注》,中华书局 1983 年版,第284页。

语,用于翻译希腊语的 ethika。这个背景决定了这两个单词在西方语言系统中经常作为同义词使用。近代以来,人们分别以这两个单词对译中文的伦理和道德,致使伦理和道德的界限始终不够清晰。很长时间以来,不少学者都试图对这两个概念加以区分,但目前尚没有一个大家普遍认可的方案。

儒家生生伦理学在这方面作出了自己的努力。与学界一般做法不同,儒家生生伦理学将这一步工作建立在三分法基础之上。根据三分法,道德根据有两个,既有仁性,又有智性。因为仁性的核心是伦理心境,伦理心境的一个重要来源是社会生活中既有的规范原则(智性思维也不能完全脱离社会生活的根基),以仁性为基础成就的善,本质上是对社会生活既有规则的服从,表现为实然性。我把因仁性而成就的善规定为伦理。因为智性以认知为核心,其对象除指外在的行为规范外,还指对仁性自身的认识,在此基础上自觉作出个人的选择,表现为应然性。我把因智性而成就的善规定为道德。按照这种区分,伦理和道德的关系就比较清楚了:伦理的基础是仁性,是在实然层面上遵守社会既有的规则,由此达成的即是伦理之善;道德的基础是智性,是在应然层面上自觉作出个人的选择,由此达成的即是道德之善。[①]

二、伦理之善与"做好'常人'"

有了这种划分,孟子学说的性质就容易确定了:因为孟子性善论的基础是良心,良心属于仁性,所以,孟子所能达成的是伦理之善。

将孟子定位为伦理之善,涉及很多理论问题,如何评价"常人"即是其中之一。"常人"是海德格尔在《存在与时间》中为说明"此在为谁"的问题提出来的一个概念。此在的生活离不开周围的人,周围人的生活构成一种群体,此在只能在这种群体中生存,从而形成"共在"。受此影响,此在容易沦为"常人"。"常人"最本质的特征是平均状态,这就决定了它具有一定负面的色彩。海德格尔强调,人要生存得有意义,必须从"常人"状态中解脱出来,追求本真的存在。

我理解海德格尔的用意,但结论与其大为不同。如上所说,仁性本质上是一种伦理心境,源于社会生活和智性思维对内心的影响,这一性质决定了以其

---

① 参见杨泽波:《儒家生生伦理学引论》第五十四节第三小节"三分法视域下伦理与道德的区分",商务印书馆 2020 年版,第350—356 页。

为基础成就的善,原则上是对社会既有规则的服从。用海德格尔的话说,即为"常人",而这也是他将这个概念赋予负面色彩的根本原因。但根据儒家生生伦理学的理解,"常人"从本质上说即是前人经过长期努力得到社会普遍认可的一种生活状态。作为后来人,对于这种生活状态首先不应该是怀疑和破除,而应当是尊重。人来到这个世界的那一刻起,这个世界就是存在的。人最初的智力有限,其生活必须从接受这种存在开始。接受这种存在,就等于接受了前人世世代代努力的结果,接受了大家普遍认可的生活方式。尽管这种生活方式不是生存的最高境界,但就一般情况而言,它是有效的,其价值不能完全否认。

因此,在现实生活中,要成德成善首先应该把"常人"做好。这就是我反复提倡的"做好'常人'"①。"做好'常人'"意味着按照社会既定的行为原则和标准去做。从理论上说,这些原则和标准作为伦理心境早就存在于内心了,伦理心境遇事必然呈现自身,而人通过内觉也可以觉知它正在呈现。但现实生活中做到这些并不容易,很多人不仅一辈子都不明白这个道理,即使懂得了这个道理,还必须立大体弃小体,作出物欲的牺牲。"做好'常人'"实在不是一件容易的事情。在我看来,今天主要的问题不是人们没有勇气追求本真的存在,而是连"常人"都做不好,达不到"常人"的一般水准。是首先"做好'常人'",还是首先追求本真的存在,这是我与海德格尔以及存在主义的原则区别。

三、伦理之善必须进至道德之善

尽管依据仁性达成伦理之善并不容易,"做好'常人'"非常重要,但这并不是善的全部,更不是人的最终目的。这是因为,仁性虽然是成德成善的根据,但自身有不少缺陷。我曾将仁性的这些缺陷概括为仁性失当、仁性保守、仁性遮蔽三种情况。② 仁性失当是指仁性本身就有缺陷,不够合理;仁性保守

---

① 参见杨泽波:《儒家生生伦理学引论》第六十二节第二小节"做好'常人':一个不容忽视的问题",商务印书馆 2020 年版,第 301—400 页;另见杨泽波:《做好"常人"——儒家生生伦理学对一种流行观点的修正》,《哲学研究》2019 年第 5 期。

② 关于仁性失当、仁性保守、仁性遮蔽的详细分析,参见杨泽波:《儒家生生伦理学引论》第四十一节"'本质先于存在'隐含的问题同样不容忽视",商务印书馆 2020 年版,第 281—287 页。

是指仁性有滞后性,容易跟不上时代的步伐;仁性遮蔽是指由于受到外部影响,仁性有所扭曲,产生了变形,受到了掩盖。不管是仁性失当、仁性保守,还是仁性遮蔽,都可能导致弊端,对社会发展造成不良影响。

因此,成德成善不仅要满足于仁性,满足于伦理之善,还必须在此基础上进一步动用智性,追求道德之善。根据前面对智性作出的界定,智性是在人之为人的过程中,通过学习和认知而成就道德的一种能力。智性可以指向外部,以学习认识外在的规章制度,此为"外识",也可以指向内部,对伦理心境进行再认识,此为"内识"。无论是外识还是内识,对于成德成善而言都绝对不可缺少。二者相比,内识更为难得,更为重要。因此,尽管以仁性为依据也可以成德成善,但它还只是伦理,只是实然的善,还不是人生的最终目的。要实现人生的最终目的,必须再上升一步,启动智性对自己内在的道德根据加以追问和反思,进至道德,成就应然的善。要而言之,真正的善是伦理与道德的互动,是伦理向道德的迈进,是向未来的敞开,是永不停息的生生之流。

有了这个视角,孟子学理的缺陷就可以看得更加清楚了。前面讲过,将善的根源完全归于"才",归于天生,未能区分生长倾向和伦理心境,是孟子性善论的一个不足。相对而言,这个不足还不是最要紧的。孟子学理最大的缺陷,是未能全面把握孔子仁智双全的义理结构,将成德成善的根据全寄托于仁性,不了解智性的意义,所达成的只是伦理之善,无法进至道德之善。① 就一门完整的伦理学说而言,不仅要满足于由仁性而成的伦理之善,还必须进一步发动智性,将其上升为道德之善,这是分疏儒学发展脉络必须正视的一个重大原则问题。

第八节　孔孟心性之学分歧是儒学
发展的头等重大事件

孟子的历史地位有一个前抑后扬的过程。先秦时期多是周孔或孔颜并

---

① 就此而言,我不同意一些学者将孟子比附于康德。这些学者顺着牟宗三的思路特别喜欢将孟子与康德作比较,认为两者虽然具体形态略有差异,但本质并无不同,都是以理性作为学理的基础,都是强调意志自由的重要。我并不否认孟子与康德在某些方面有相通之处,但绝不认可他们属于同类的性质。别的不说,康德用了那么大的气力来证明意志自由,这一步工作孟子是根本不做的,这怎么能说二者性质相同呢? 如果以三分法来划分,康德学理的基础在主要智性,所达成的是道德之善,孟子学理的基础则完全在仁性,所达成的只是伦理之善,二者属于不同的类型,不宜混为一谈。

称,孟子的地位并不太高,荀子在汉代传经的地位甚至高于孟子。这种情况到了宋代有了很大变化。经过数百年的升格运动,孟子的地位大为提高,由子入经,人们慢慢习惯于孔孟并称,将"孔孟之道"作为儒学的代名词。受此影响,人们一般认为孟子是孔子的好学生,全面继承了孔子的思想。但上面的分析足以证明,孟子并没有全面继承孔子的思想。孔子思想有智性、欲性、仁性三个部分,孟子思想只有欲性、仁性两个部分,孔子学理中的智性在孟子思想中并不存在,或不起实质作用。从这个意义上说,孟子"窄化"了孔子,不再有孔子仁智合一的大格局。

　　孔孟心性之学的分歧是儒学发展的头等重大事件。儒学两千年发展中最重要的事件,几乎都与这个因素相关,都可以置于这个背景下理解。荀子看到孟子思想的缺陷,为了校正孟子之失创立了性恶论。荀子认为,学习是成就道德的必备条件,要成就道德必须走学习的道路,做好"虚壹而静"的工夫。历史上,学界对荀子批评较多,但荀子的思想来源于孔子之智性,则是不可否认的事实。宋明儒学中理学与心学之争更是如此。朱子重视《大学》,认为格物致知是成德成善的重要条件,这是对智性的充分肯定和极大发展,有其功劳,但他对仁性的体悟又有严重的不足。象山抓住了朱子的弱点猛力攻讦,自有得力之处,但他完全跟着孟子走,不了解孔孟心性之学的不同,不承认学习是成德成善的必要条件,又有其失。阳明复起,提倡知行合一,大谈致良心,重新彰显了心学的真谛,扭转了朱强陆弱的局面,但其延续的只是孟子的思路,而不是完整的孔子学说,其得其失也就不言自明了。总的来看,两千余年儒学发展史争议不断,其中最大的莫过于先秦孟、荀之争和宋明的朱陆(王)之争。这两次争议的源头都与孔孟心性之性的分歧有关。因为争议的另一方,无论是荀子、还是朱子,事实上都是因为不满意孟子或象山只求内心的致思路线。若没有孔孟心性之学的分歧,历史上会不会有这两场争议都很难说,即使有也不会如此激烈,难能调和。正因于此,我才强调孔孟心性之学的分歧是儒学发展的头等重大事件,再没有其他因素的影响能超过它了,甚至不忌讳使用"头等重大事件"这种比较"硬"的表达方式。

　　孟子与孔子心性之学的分歧是一个醒目的标志,标志着儒学开始走出"一源",向"两流"发展。牢牢把握这个环节,是打开儒学发展迷宫的一把钥匙。治学的最大敌人不是未知而是已知,习以为常的观念才是最大的危险。

当人们习惯于孔孟一体的传统观念,以这种方式解说儒学发展史的时候,我研究孟子伊始就从这种"正常"中看到了"不正常",发现了孔孟心性之学事实上存在着严重分歧,后来在建构儒家生生伦理学过程中,又证明了孟子所能达成的只是伦理之善,而非道德之善,远不是善的全部。随着下文的层层展开,这一重大改变的意义将会看得越来越清楚。

第三章　沿着智性道路前进的荀子

第一节　荀子对孟子的两个批评

哲学发展史有一个饶有兴趣的现象:一个人物出现后,只要他的影响足够大,后面一定有人站出来,作为其对立面而存在。西方哲学中亚里士多德之于柏拉图、黑格尔之于康德是如此,中国哲学中墨子之于孔子、荀子之于孟子同样是如此。就儒学发展史整体而言,荀子是作为孟子的对立面而存在的。①

荀子似乎也有这方面的自觉。荀子的生年,据学者考证,当在公元前336年。② 照此说法,荀子小孟子36岁,在其学术活动成熟期,孟子或已不在世。思孟学派当时有较强的影响,荀子治学广博,在稷下学宫时间很长,"三为祭酒",对思孟学派当有一定了解。但他不赞成思孟学派的主张,在其著作中对孟子多有批评。这种批评主要集中在两处。一处是《非十二子》篇。在这一篇中,荀子对当时不同的思想都有评判,其中也包括孟子:

> 略法先王而不知其统,犹然而材剧志大,闻见杂博。案往旧造说,谓之五行,甚僻违而无类,幽隐而无说,闭约而无解。案饰其辞而祇敬之曰:此真

---

① 历史上持此种看法的人很多。王充指出:"孙卿有反孟子,作《性恶》之篇,以为人性恶,其善者伪也。性恶者,以为人生皆得恶性也。伪者,长大之后,勉使为善也。"(王充:《论衡》,上海人民出版社1974年版,第45页。)郭沫若也认为:"大抵荀子这位大师和孟子一样,颇有些霸气。他急于想成立一家言,故每每标新立异,而很有些地方出于勉强。他这性恶论便是有意地和孟子的性善说对立的。"(郭沫若:《十批判书·荀子的批判》,《郭沫若全集·历史编》第二卷,人民出版社1982年版,第223页。)东方朔同样主张:"荀子之言性恶,非常自然地会让人想起其如此立论乃是为了对抗孟子的性善说而来。"(东方朔:《合理性之寻求:荀子思想研究论集》,台湾大学出版中心2011年版,第142页。)

② 廖名春根据《史记》"年五十始来游学于齐"的记载,对荀子的生年作了详细考证,认为"荀子就生于公元前336年,正处于战国中期"。(廖名春:《〈荀子〉新探》,中国人民大学出版社2014年版,第18页。)

先君子之言也。子思唱之,孟轲和之。世俗之沟犹瞀儒,嚾嚾然不知其所非也,遂受而传之,以为仲尼、子游为兹厚于后世,是则子思、孟轲之罪也。①

"法先王"是先秦诸子的共同理想,子思和孟子也是如此。但在荀子看来,子思和孟子并"不知其统",不了解先王的精神实质。"案往旧造说"是说,子思和孟子利用前人的材料,重新加以发挥,推之为五行。"甚僻违而无类,幽隐而无说,闭约而无解"是说,子思和孟子的思想离开了孔子的基础,违反了先王的义理血脉,语义隐秘而说不出理由,晦涩艰深而不可理解。世人不了解真相,反而视之为"真先君子之言",崇而敬之。

另一处是《性恶》篇。在这一篇中,荀子集中火力对孟子性善论进行了抨击:

今孟子曰"人之性善",无辨合符验,坐而言之,起而不可设,张而不可施行,岂不过甚矣哉! 故性善则去圣王,息礼义矣;性恶则与圣王,贵礼义矣。故檃栝之生,为枸木也;绳墨之起,为不直也;立君上,明礼义,为性恶也。用此观之,然则人之性恶明矣,其善者伪也。②

好的理论当有辨合,有符验,即能够加以证明和验证。孟子提倡的性善论不符合这一原则,"无辨合符验",只是坐着讲空话,在现实生活中无法实施。更为重要的是,按照这套理论发展,必然"去圣王,息礼义",与荀子"与圣王,贵礼义"的主张不合。在荀子看来,要达到"立君上,明礼义"的目的,必须以性恶论为基础,所以对孟子开展了系统的批评。③

荀子对孟子的这两处批评,重点不同。《非十二子》篇的重点在"五行",

① (清)王先谦:《荀子集解·非十二子》,中华书局1988年版,第94—95页。
② (清)王先谦:《荀子集解·性恶》,中华书局1988年版,第441页。
③ 东方朔近年来在这方面做了大量工作,强调必须将荀子置于政治的视域之下,打破之前仅就人性论研究荀子的思路。"若循此思路我们即可看到,荀子虽饱含对孟子性善说之不满,然而这种不满与其说是出于对性善说的理论逻辑不谛的用心,毋宁说是出于对性善说实际理论的效果的不满,这种不满尤其表现在性善说将可能导致的'去圣王,息礼义'的后果上面。""荀子之性恶说至少在理论的内在逻辑上主要不在于质询孟子的性善说是否合于人性的本来结构,而在直接指向'圣王之治,礼义之化'及其所具有的现实效果上。"(东方朔:《合理性之寻求:荀子思想研究论集》,台湾大学出版中心2011年版,第143、143—144页。)在新近的一篇文章中更是明确指出:"在荀子那里,'圣王'和'礼义'是国家的另一种说法,'国家为什么必须'乃根源于人之性恶,如是,在'礼义'和'国家'的关系上,我们从荀子的说法中可以得出的结论是,礼义不是'天之就'的人性的自然流露,礼义也不是超乎政治国家之上的产物;相反,政治国家的存在反倒是礼义得以可能的前提和保证,换言之,只有在政治国家的状态下,一个性恶之人才有可能变为'善人'。"(东方朔:《荀子伦理学的理论特色——从"国家理由"的视角说起》,《文史哲》2020年第5期。)

《性恶》篇的重点在性善。这两个批评有何内在关联,一直有不同理解。人们注意到,荀子在《非十二子》篇批评"五行",但没有言明"五行"的具体所指。唐人杨倞注:"五行,五常,仁义礼智信是也。"①章太炎认为,"五行"当含有水火木金土相生相克的内容。②郭沫若亦指出:在思、孟书中虽然没有金木水火土的五行字眼,但五行系统的演化确实是存在着的。③刘节、顾颉刚不同意此说,认为思孟著作中并无水火木金土的内容,荀子如此讲,是错把邹衍当成孟子了。梁启超赞同杨倞的看法,认为"杨倞注释为仁义礼智信五常,或者近是"。④随着新出土文献的问世,这种情况有了很大的改观。庞朴在研究马王堆出土的帛书《五行篇》时发现,帛书中"四行""五行""六行"皆指德行,荀子所谓思孟之"五行"渊源于《孟子》,并非水火木金土,也非仁义礼智信,而是仁义礼智圣。荀子并不反对仁义礼智圣,他之所以批评"五行",是因为在他看来,人只有学习才能知礼义,晓法度,而按照孟子的性善论,无论是"四德",还是"五行",都由人的内在本质生发而成,都植根于人的内心,为人性所固有,其结果必须"去圣王,息礼义"。廖名春在此基础上进一步提出:"由《五行篇》既讲仁义礼智圣为五行,又称人性中本有仁义的情况,我们可以推定荀子所批评的思孟五行并不是单纯指仁义礼智圣五种德行本身,而是指仁义礼智圣这五种德行出于人性的性善说。"⑤"荀子从其'性恶则与圣王,贵礼义'的理论出发,认为'性善则去圣王,息礼义'危害最大,所以视其为'子思、孟轲之罪',予以了空前激烈的批判。"⑥这种观点近年来已为越来越多的人接受。梁涛同样认为:"荀子对'孟子'的批判,不仅在于性善论本身,还在于其性善——仁政/王道说,在于其由性善论引出的政治方案与理想。""'好利而欲得'、嫉妒憎恶('疾恶')比'不忍人之心'更根本,一旦没有礼义法政,外在的权威,必

---

① 引自(清)王先谦:《荀子集解》,中华书局1988年版,第94页。
② 参见章太炎:《太炎文录初编·子思孟轲五行说》,《章太炎全集》(四),上海人民出版社2014年版,第18页。
③ 郭沫若:《十批判书·儒家八派的批判》,《郭沫若全集·历史编》第二卷,人民出版社1982年版,第137页。
④ 刘节《〈洪范〉疏证》、顾颉刚《五德终始的政治和历史》、梁启超《阴阳五行说之来历》,皆见顾颉刚编著:《古史辨》第五册,上海古籍出版社1982年版。
⑤ 廖名春:《〈荀子〉新探》,中国人民大学出版社2014年版,第218页。
⑥ 廖名春:《〈荀子〉新探》,中国人民大学出版社2014年版,第219页。

然是由人与人之间的欺诈、争夺,必然是社会秩序的混乱,而不是恻隐、辞让。"①

由此可知,荀子对孟子的批评,表面看是"案往旧造说"之"五行",其实是不认可孟子的性善论,因为如果人们真的相信了性善论,必然"去圣王,息礼义"。在荀子看来,这条路是走不通的,而这种政治上的忧虑也成了荀子最大的问题意识。这个问题意识决定了荀子与孟子的分离,也决定了儒学发展"两流"现象的正式形成。孟子创立性善论,大大发展了孔子的仁性,但不自觉丢失了智性,窄化了儒学。荀子准确把握住了这一趋势,对孟子思想的缺陷加以批评。恰如一条大河滚滚向前,如果遇到特殊地形,无法满足流量要求,一个有效的办法就是另辟一条支流。荀子就属于这种情况。从思想发展的大方向看,荀子的出现有很强的合理性,是儒学发展的一件幸事。即使当时没有荀子,其后也会有人挺身而出,占据这个位置,不同处仅在于因个人才智不同,其影响力或强或弱而已。

第二节　性恶论的义理架构

一般认为,荀子一生可分为居赵、游齐、退居兰陵三个阶段,《荀子》各篇是在这些不同时期分别完成的。② 这些不同时期的文字虽有差别,乃至不断完善,但"性"和"伪"两极相分的格局始终不变,构成性恶论的理论基础。荀子不同意孟子的性善论,创立性恶论,皆源于对于"性"和"伪"有自己的不同理解。他说:

> 孟子曰:"人之学者,其性善。"是不然。是不及知人之性,而不察乎人之性、伪之分者也。③

荀子之所以批评孟子,是因为孟子不了解人之性,没有区分性和伪。为此,荀子对"性"和"伪"进行了严格的区分。荀子思想缜密,逻辑性强,对自己

---

① 梁涛:《荀子对"孟子"性善论的批判》,《中国哲学史》2013年第4期。
② 廖名春将荀子的著作分为三个时期,一是公元前286年游学于齐前的作品,二是前279年以后至前255年以前在稷下的作品,三是前255年以后居于兰陵时期的作品。(廖名春:《〈荀子〉新探》,中国人民大学出版社2014年版,第62页。)
③ (清)王先谦:《荀子集解·性恶》,中华书局1988年版,第435页。

使用的概念一般都有清楚的界定。于是,"性""伪"以及与此相关的"恶",就成了性恶论三个最重要的概念。

先说性。荀子对"性"是这样规定的:

> 生之所以然者谓之性。性之和所生,精合感应,不事而自然谓之性。①

历史上,较长一段时间人们没有注意这一表述中"生之所以然者谓之性"与"性之和所生,精合感应,不事而自然谓之性"的不同。这种情况至少从杨倞就开始了。杨倞认为,前者是说"人生善恶,故有必然之理,是所受于天之性也",后者是说"言人之性,和气所生,精合感应,不使而自然,言其天性如此也"。②王先谦也认为:"'性之和所生',当作'生之和所生'。此'生'字与上'生之'同,亦谓人生也。两'谓之性'相俪,生之所以然者谓之性,生之不事而自然者谓之性',文义甚明。"③这是说,荀子关于性的两种不同说法虽然字义不同,但意思无别,属于"相俪"即对偶、并列关系。

这种情况近年来有了重要进步。黄彰健认为:"《荀子》所言'生之所以然者谓之性',也只是说'生之所然的那个道理',或者是'所以生之理'谓之性而已。"④意即"生之所以然者谓之性"还只是理,没有进入现实层面。徐复观在《中国人性论史·先秦篇》中根据荀子上段引文,进一步将性分为两个层次:"'性之和所生'一句的'性'字,正直承上面所说的'生之所以然'的性字而言,这指的是上一层次的、最根本的性。这也可以说是先天的性。由此先天的性,与生理相和合所产生的('性之和所生')官能之精灵,与外物相合('精合'),外物接触('感')于官能所引起的官能的反应('感应'),如饥欲食,及目辨色等,都是不必经过人为的构想,而自然如此('不事而自然'),这也是谓之性,这是下一层次的,在经验中可以直接把握得到的性。"⑤这是说,"生之所以然"的"性"为第一个层次,指生而所具有的那个"所以然"。"性之和所生,精合感应,不事而自然"的"性"为第二个层次,指生之所以然与物相合的情

---

① (清)王先谦:《荀子集解·正名》,中华书局1988年版,第412页。
② 引自(清)王先谦:《荀子集解》,中华书局1988年版,第412页。
③ (清)王先谦:《荀子集解》,中华书局1988年版,第412页。
④ 黄彰健:《孟子性论之研究》,《"中央研究院"历史语言研究所集刊》,1955年,第26本。
⑤ 徐复观:《中国人性论史·先秦篇》,九州出版社2014年版,第210—211页。

况。这两个"性"字密切相关但不完全相同,对其作出区分,对于准确把握荀子思想十分重要。将荀子关于性的定义作出这种区分,因而成了徐复观关于荀子研究的一个重要特点,对后人有较大影响。

廖名春十分重视徐复观的这一成果,进一步从四个方面加以了分疏:第一,人性是以人的生物组织和肉体结构作为其物质基础的;第二,人性并不是人身某一器官的产物,而是人身生理组织的综合作用所生;第三,人性的形成离不开客观外物,人性不但由"形"而生,而且必须感于物而后生;第四,人性是一种不经过后天的人为努力,天生就具有的本能。① 经过这种努力,将荀子关于性的定义区分为两个层次,已成为学界定论。冯耀明进一步分别将这两个层次的定义称为"未及物的性"和"已及物的性",前指与生俱有的本能,后者指前者遇事接物产生的自然反应。② 梁涛也主张,荀子这两个性字,含义并不相同,前者指生的根据和原因,后者指前者的作用和表现。③ 邓小虎同样认为,前一个性字指人天生的质具,这些质具是人类生命的依据,构成了性的实质。后一个性字,指人的种种情欲反应,这些情欲不待人为、自然生成,却容许人为的干预,从而可以控制转化,使之与礼义相结合。④

在这方面,我没有不同的意见。既然"生之所以然者谓之性"指"所以然",而"性之和所生,精合感应,不事而自然谓之性"指"然",二者所指当然不同。"所以然"是指"然"背后的根据,"然"是指这个根据在与物相接的具体表现。因此,我将荀子所说"生之所以然者谓之性"的"性"理解为人生之自然之资质。"资"即《性恶》所说"离其朴,离其资"的那个"资";"质"即《正名》所说"性者,性之质也"的那个"质"。"人生之自然之资质"特指人生原本即具有的根据、本钱、道理,这是性的第一层含义。在社会生活中,人生之自然之资质不能独自存在,必然与他物相接,在相互感应、阴阳交合中产生变化,引出

---

① 参见廖名春:《〈荀子〉新探》,中国人民大学出版社 2014 年版,第 70—72 页。在徐复观研究的基础上,将荀子性的两个定义区分开来,作出明确的界定,是廖名春荀子研究的一个重要贡献。自此之后,荀子研究几乎都是顺着这个方面走的,只是说法越来越丰富具体而已。

② 参见冯耀明:《荀子人性论新诠——附〈荣辱〉篇 23 字衍之纠谬》,《"国立政治大学"哲学学报》2005 年第 14 期。

③ 参见梁涛:《"以生言性"的传统与孟子性善论》,《哲学研究》2007 年第 7 期。

④ 参见邓小虎:《荀子的为己之学:从性恶到养心以诚》,北京大学出版社 2015 年版,第57—58 页。

结果。这便是"性之和所生"之"性",是性的第二层含义。性的这两层含义,一个着重讲根据,一个着重讲结果,各有侧重,分工不同。

性是人生之自然之资质,指向的主要是人不需要后天学习和教化,原本即有的那个特性。这个意思荀子有清晰的说明:

> 凡性者,天之就也,不可学,不可事。①
>
> 不可学、不可事而在人者谓之性。②

这里"天之就"的提法最为重要。所谓"天之就"就是生而即有。因为是生而即有,所以一定是"不可学,不可事"。荀子反复以"不可学,不可事"界定"性",足见性最根本的特征,就是生而即有。

这个生而即有,在荀子学理中含义丰富。按照徐复观的理解,"荀子发挥了'食色,性也'这一方面的意义,更补充了'目明而耳聪'的另一方面的意义"③。也就是说,如果以生而即有界定性,在荀子那里这个性实有两个所指。首先指人的物质欲望:

> 饥而欲食,寒而欲暖,劳而欲息,好利而恶害,是人之所生而有也,是无待而然者也,是禹、桀之所同也。④
>
> 若夫目好色,耳好声,口好味,心好利,骨体肤理好愉佚,是皆生于人之情性也,感而自然,不待事而后生之者也。⑤

饥了欲食,寒了欲穿,累了欲息,好利而恶害,这些都是人生而即有的。眼睛喜欢漂亮女子,耳朵喜欢美妙音乐,嘴巴喜欢香甜美食,内心喜欢钱财利益,身体喜欢舒适愉悦,这些都是性。这种情况我概括为"物欲之性",意即以人生而即有的物质欲望为性。

除此之外,就生而即有来说,性还指身体器官的能力:

---

① (清)王先谦:《荀子集解·性恶》,中华书局 1988 年版,第 435 页。
② (清)王先谦:《荀子集解·性恶》,中华书局 1988 年版,第 436 页。
③ 徐复观:《中国人性论史·先秦篇》,九州出版社 2014 年版,第 212 页。东方朔对徐复观的这个看法评价很高,认为"徐先生对荀子性论之疏解的最大特色或最大贡献在于,他在荀子诸多言性的不同解说中区分出性的(先天)'能力'与性的'欲望',从而在荀子的理论构成上圆成了'伪何以可能'的问题,挖掘出成圣过程中'性'的正面意义和'伪'的非自足性,同时也反显了将荀子思想定性为'人性本恶'观念的粗率和谬陋。"(东方朔:《合理性之寻求:荀子思想研究论集》,台湾大学出版中心 2011 年版,第 403—404 页。)
④ (清)王先谦:《荀子集解·荣辱》,中华书局 1988 年版,第 63 页。
⑤ (清)王先谦:《荀子集解·性恶》,中华书局 1988 年版,第 437—438 页。

目辨白黑美恶,耳辨声音清浊,口辨酸咸甘苦,鼻辨芬芳腥臊,骨体肤理辨寒暑疾养,是又人之所常生而有也,是无待而然者也。①

今人之性,目可以见,耳可以听。夫可以见之明不离目,可以听之聪不离耳,目明而耳聪,不可学明矣。②

眼睛能辨别白黑美恶,耳朵能辨别声音清浊,口舌能辨别酸咸甘苦,鼻子能辨别芬芳腥臊,这些同样是生而即有,无待而然的。也就是说,眼睛能看,耳朵能听,这些认知能力也是生而即有的。如果将性规定为"天之就",是"不可学,不可事"的话,这些认知能力同样应该称为性。这种情况我概括为"认知之性"。此处的"知"即"皆有可以知仁义法正之质""知所当为"之"知",意即以人生而即有的道德认知能力为性。

综上所说,将性界定为人生而即有的资质,这种资质内含两个方面的内容:一是指人的物质欲望,此为"物欲之性";二是指人的认知能力,此为"认知之性"。虽然性包含这两方面的内容,但是荀子在具体解说性恶的时候只谈"物欲之性",暂时不谈"认知之性"。换言之,荀子在此过程中只以物质欲望论恶,不以认知能力论恶,思想有一个明显的跳跃。对于这个跳跃当全面考量。表面看,荀子既然以物质欲望论恶,那么再讲认知能力就显得多余了,其实不然。后文将会说明,荀子先肯定人天生有认知能力,在讲性恶时又对这个内容打上括号,存而不论,恰恰是其思想的缜密之处。

由此不难明白,荀子性恶论表面看是对孟子性善论的直接反驳,但二人关于性的内涵的理解实际相差很大。孟子是以人生而即有的道德根据为性,这个生而即有的道德根据,就是仁义礼智四端之心。荀子也谈性,但他是以生而即有的物质欲望的无限度发展的不好结果以及人的认知能力为性。从这个角度看,很难说荀子真正了解孟子论性的具体内涵。从这里我们可以得出两个结论。首先,性恶论与性善论是针锋不值,各说各话的两种理论。③ 中国哲学

---

① (清)王先谦:《荀子集解·荣辱》,中华书局 1988 年版,第 63 页。
② (清)王先谦:《荀子集解·性恶》,中华书局 1988 年版,第 436 页。
③ 劳思光的一段论述讲得十分清楚,常为人们引用。他说:"荀子连用'生而有'以释'性',显见其所谓'性',乃指人生而具有之本能。但此种本能原是人与其他动物所同具之性质,绝非人之'Essence',故在开端之处,荀子立论即与孟子之说根本分离。荀子所言之'性',并非孟子所言之'性'也。"(劳思光:《新编中国哲学史》一卷,广西师范大学出版社 2005 年版,第 252 页。)

不重逻辑,概念不够清楚的问题,在荀子与孟子的争论中表现得十分突出;①其次,不能简单以孟子反对荀子,也不能简单以荀子反对孟子。正确的做法是准确把握各自对于性的界定,吸取其学理中的合理因素,形成一个综合的学理系统。

再说恶。在以物质欲望论性的过程中,荀子有一个非常重要的用语,这就是"顺是":

> 今人之性,生而有好利焉,顺是,故争夺生而辞让亡焉;生而有疾恶焉,顺是,故残贼生而忠信亡焉;生而有耳目之欲,有好声色焉,顺是,故淫乱生而礼义文理亡焉。然则从人之性,顺人之情,必出于争夺,合于犯分乱理而归于暴。故必将有师法之化,礼义之道,然后出于辞让,合于文理,而归于治。②

"顺是"就是顺着生理欲望的方向发展。顺着这种方向发展,因为资源有限,直接结果便是"争夺生而辞让亡""残贼生而忠信亡""淫乱生而礼义文理亡",这些不好的结果是恶。要防止这种不好的结果,必须有"师法之化,礼义之道",使人的行为出于辞让,合于文理,达于平治。

由此可知,荀子并不将物质欲望等同于恶,这是理解荀子相关思想需要特别小心的地方。不少学者对此已有准确地把握,认为"一言以蔽之,在他的观念中,情欲本身并不是恶,但不受节制的情欲必须会导致恶,此即是其所谓的'性恶'。"③这就是说,在荀子看来,人有物质欲望,这些物质欲望本身还谈不上恶,只有听任这些欲望无限度发展,最后产生争夺,偏险悖乱的不好结果才是恶。一个是以欲望本身为恶,一个是以欲望发展的不好结果为恶,这是两个完全不同的思路。切不可因为荀子有性恶的说法,加之荀子直接以物质欲望为性,就将物质欲望本身等同于恶。

最后说"伪"。"伪"是与性相对的一个概念。《正名》对于伪同样有两个定义:

---

① 为此可参考孟子与告子关于性的著名争辩。在《孟子·告子上》中,孟子与告子就生之谓性、以水论性、杞柳桮棬、仁义内外问题展开了一场著名的争论,表面看孟子是胜利方,告子是失败方。但如果细加分析,不难看出,二人完全是在各说东西,所论并不是同一个问题。(参见杨泽波:《孟子评传》,南京大学出版社1998年版,第395—406页。)

② (清)王先谦:《荀子集解·性恶》,中华书局1988年版,第434—435页。

③ 路德斌:《荀子与儒家哲学》,齐鲁书社2010年版,第154页。

　　心虑而能为之动谓之伪。虑积焉、能习焉而后成谓之伪。①

　　"伪"即是人为的意思,用荀子的话说,就是"虑积""能习""而后成"。思虑能力积习下来的那个东西、那个结果就是"伪"。荀子突出"伪"的重要,意在说明人的善是后天养成的,并非源于天生。这种并非天生,来自后天积习的东西,就是"伪"。

　　《荀子》文本中"伪"字从"人"从"为"。但近年来郭店竹简中发现一个从"为"从"心"的"愙"字。庞朴认为,《荀子》中的"伪"当为这个字,至少应该理解如愙,表示"心为",因为后来这个字消失了,抄书者不识此字,遂以伪代之。梁涛非常重视庞朴的这一意见,详细考察了《荀子》中"伪"的用法,认为《荀子》中应有两个相似的字,一个是"伪",一个是"愙",前者表示虚伪、诈伪,后者表示心经过思虑后作出的选择、行为。"很难想象荀子会用同一字去表达两个相反的概念,合理的解释是两个概念是用不同的字来表达的,一个做'伪',指虚伪、诈伪;一个做'愙',指心经过思虑后作出的选择、行为。这不仅于文字有据,也符合荀子'心虑而能为之动谓之伪'的定义。"②自此之后,将"伪"理解为"心为",已为越来越多的学者接受。

　　荀子将"伪"凸显出来,主要是为了与"性"作对照:

　　　　今人之性,饥而欲饱,寒而欲暖,劳而欲休,此人之情性也。今人饥,见长而不敢先食者,将有所让也;劳而不敢求息者,将有所代也。夫子之让乎父,弟之让乎兄,子之代乎父,弟之代乎兄,此二行者,皆反于性而悖于情也。然而孝子之道,礼义之文理也。故顺情性则不辞让矣,辞让则悖于情性矣。用此观之,然则人之性恶明矣,其善者伪也。③

　　饥了想吃,累了想休,这些是生而即有的特征,不需要学习,为"天之就",所以是"性"。但在现实生活中确实又有饥了不敢先吃将有所让,累了不敢先休将有所代的情况。现实生活中人能够这样做,是因为受到了教化。受到教化才有的行为,是悖于情性的,故为"伪"。归并言之,性是天生的资质,伪是后天养成的品德,这便是性伪之分。

---

　　① (清)王先谦:《荀子集解・正名》,中华书局1988年版,第412页。
　　② 梁涛:《荀子人性论辨证——论荀子的性恶、心善说》,《哲学研究》2015年第5期。
　　③ (清)王先谦:《荀子集解・性恶》,中华书局1988年版,第436—437页。

透过上面的分析可以清楚看出荀子思想之精细。荀子既以物质欲望为性,又以认知能力为性,因为二者皆是生之自然之资质,皆是"天之就",但在具体阐述性恶的过程中,又仅以物质欲望无限度发展的结果论恶,不再谈认知能力,认知能力似乎是多余的。但如果就荀子思想的整体来看,这一环断不可少。荀子思想有两极,一极为物质欲望,一极为礼义法度,要保证物质欲望与礼义法度不发生冲突,必须首先肯定人有认知能力,能够认识这些礼义法度,从而可以按其要求而行。也就是说,只有事先肯定人有认知能力,才能改变原先的性,达到善,这个道理就是荀子讲的"化性而起伪"①。荀子在这方面考虑得非常周全。

于是,荀子为什么非常重视学习就不难理解了。在荀子看来,人有心知,环境教育在化性起伪过程中有决定性的作用。人人"可以为尧禹,可以为桀跖,可以为工匠,可以为农贾",其原因就在于"注错习俗之所积"。因此,荀子特别重视后天环境和生活习俗对人的影响,这样写道:

> 学不可以已。青,取之于蓝而青于蓝;冰,水为之而寒于水。木直中绳,𫐓以为轮,其曲中规,虽有槁暴,不复挺者,𫐓使之然也。故木受绳则直,金就砺则利,君子博学而日参省乎己,则知明而行无过矣。②

学习不能停止。青取之于蓝却胜于蓝,冰来之于水却寒于水。社会必须有规矩,正如木必须有绳,轮必须有规。君子只有博学才能知明,知明才能无过。荀子类似的话很多,是其思想的一大亮点,学界相关的研究也很多,不再赘述。

总之,人生即有物质欲望,此为性("物欲之性")。物质欲望没有止境,社会资源有限,任其发展必然产生争夺,这个不好的结果为恶。同时,人生还有认知能力,此亦为性("认知之性")。运用这种认知能力,可以知晓礼义法度从而按其要求去做,化性起伪,使社会达到正理平治,这是伪。性恶论的理论大厦便是以这三个概念为基石建立起来的。

第三节　欲性之肯定

在儒学发展史中,荀子有其独特的贡献。这种贡献首先表现在对于物欲

---

① (清)王先谦:《荀子集解·性恶》,中华书局 1988 年版,第 438 页。
② (清)王先谦:《荀子集解·劝学》,中华书局 1988 年版,第 1—2 页。

的看法上。在三分法系统中这方面的内容称为"欲性"。荀子虽主张性恶论，但并不否定欲性。他说：

> 有欲无欲，异类也，生死也，非治乱也。欲之多寡，异类也，情之数也，非治乱也。……人之所欲，生甚矣，人之所恶，死甚矣，然而人有从生成死者，非不欲生而欲死也，不可以生而可以死也。故欲过之而动不及，心止之也。心之所可中理，则欲虽多，奚伤于治！欲不及而动过之，心使之也。心之所可失理，则欲虽寡，奚止于乱！①

在荀子看来，治理国家不能采取去欲的办法，也不能采取寡欲的办法。欲之多寡属于情之数，而非关治与乱。欲多了，心可以止，欲之不及，心可以使。治乱不在于欲望之本身，而在于心。胡适认为："这一节说人不必去欲，但求导欲；不必寡欲，但求有节；最要紧的是先须有一个'所可中理'的心作主宰。'心之所可中理，则欲虽多，奚伤于治'这种议论，极合近世教育心理，真是荀子的特色。"②这是很中肯的评论。

当然，荀子也清楚看到了任由物欲发展必然导致社会动荡，出现恶的结果，所以必须想办法加以治理。这个问题置于西方文化背景下更容易理解。在西方文化中，人人都有物欲，物欲产生原罪。西方文化本质上是一个性恶的系统。人的物欲没有穷尽，总要千方百计追求最大化，而社会上又有不同的人群，不同的集团，形成不同的主张。近代西方民主制度的产生很大程度上便是对于物欲以及由物欲引申的不同群体经济权利的肯定。不肯定人的物欲，不承认不同群体的经济权利，就不可能有民主。这是黑格尔关于恶是推动历史发展动力的观点受到了人们的重视，其名言"当他说人本性是善的这句话时，是说出了一种很伟大的思想；但是他忘记了，当人们说人本性是恶的这句话时，是说出了一种更伟大得多的思想"③常被人们引用的重要原因。从这个意义上说，荀子是儒学史上第一个能够系统正视恶的历史作用的思想家。

当然，荀子的思想毕竟与西方不同。在西方民主制度中，每个人都有物欲，都为性恶，为此必须建立强大的监督力量。荀子不同，他毕竟出于儒家之门，对于儒家传统的圣人观念笃信不移。在他看来，圣人同庶人同，性也是恶

---

①　（清）王先谦：《荀子集解·正名》，中华书局1988年版，第427—428页。
②　胡适：《中国哲学史大纲》（卷上），商务印书馆1987年版，第322页。
③　引自《马克思恩格斯选集》第4卷，人民出版社2012年版，第244页。

的,但圣人的认知力量更强,可以通过这种能力制定礼义法度。因此,圣人在治理国家过程中的作用至关重要。"故械数者,治之流也,非治之原也;君子者,治之原也。官人守数,君子养原,源清则流清,源浊则流浊。"①荀子将君子作为"治之原",对其在治国中的作用寄予厚望。下面一段言之更明:

> 辨莫大于分,分莫大于礼,礼莫大于圣王。圣王有百,吾孰法焉?故曰:文久而息,节族久而绝,守法数之有司极礼而褫。故曰:欲观圣王之迹,则于其粲然者矣,后王是也。彼后王者,天下之君也,舍后王而道上古,譬之是犹舍己之君而事人之君也。故曰:欲观千岁则数今日,欲知亿万则审一二,欲知上世则审周道,欲审周道则审其人所贵君子。故曰:以近知远,以一知万,以微知明。此之谓也。②

人与禽兽之别,重在人有辨,禽兽则无。辨最重要的是分,分最重要的是礼,礼最重要的是圣王。与之相比,法要差一个等级。法是由人制定的,时间久了难免绝迹。圣王就不同了,可以根据不同情况作出相应改变。因此,决定历史发展变化最根本的因素,是看人能不能合于道,而看人能不能合于道,最根本的因素是"审其人所贵君子"。荀子这种重视圣人的思想,与西方政治思想不相信圣人,有本质之别。

通过这种分析,我们就可以明白为什么中国历史中的法律制度与西方不同了。原因当然很多,但最主要的因素都可以在荀子身上找到。荀子虽然重视礼义法度,但他沿用的是儒家圣人的思想,相信圣人的力量,相信圣人的人格。荀子主张"有治人,无治法"③,意思是说,对于治理国家来说,有能使国家安定的人,却没有使国家一定能够安定的法。君子为法之原,有其人必有其法,无其人亦无其法。法要靠人来实施,没有圣人,再好的法也没有用。与此相反,西方政治思想则更加重视制度的建设,其做法可以叫作"有治法,无治人"。以性恶为根基,动用逻辑力量,在契约精神的引领下,建构完善的政治制度,是西方政治思想的精髓。儒家路线与此完全不同,这就决定了中国政治史上起作用的始终是中国式的礼法,而不是西方式的律法。

---

① (清)王先谦:《荀子集解·君道》,中华书局 1988 年版,第 232 页。
② (清)王先谦:《荀子集解·非相》,中华书局 1988 年版,第 79—81 页。
③ (清)王先谦:《荀子集解·君道》,中华书局 1988 年版,第 230 页。

第四节 智性之弘扬

论及荀子的理论贡献,除欲性之肯定外,还表现在智性之弘扬方面,而这个方面的意义更大。在三分法系统中,智性源于孔子学礼学乐学诗的思想,是人通过学习和认知成德成善的一种能力。荀子继承了孔子这一思想,提出了很多有价值的主张。

荀子充分肯定了人有认知能力以及万物可知:

> 所以知之在人者谓之知。知有所合谓之智。智所以能之在人者谓之能。能有所合谓之能。①

在荀子看来,知在人,人能知,这是人之性。以知合于物,以知物之理,这是人之智。以认知之能可以认识物之理。

不仅如此,荀子对认识的各个环节有详细的说明。他说:

> 然则何缘而以同异?曰:缘天官。凡同类、同情者,其天官之意物也同,故比方之疑似而通,是所以共其约名以相期也。形体、色、理以目异,声音清浊、调竽奇声以耳异,甘、苦、咸、淡、辛、酸、奇味以口异,香、臭、芬、郁、腥、臊、洒、酸、奇臭以鼻异,疾、痒、凔、热、滑、铍、轻、重以形体异,说、故、喜、怒、哀、乐、爱、恶、欲以心异。②

"天官"即人的认识器官,"缘"即这些认识器官与认知对象相接。通过这种接触,人可以了解事物的不同属性,如声音方面知清浊,品味方面知甘苦,形体方面知轻重,情绪方面知喜怒哀乐。这就叫"缘天官"。

荀子强调,"天官"也会有误判,也会出问题:

> 夏首之南有人焉,曰涓蜀梁,其为人也,愚而善畏。明月而宵行,俯见其影,以为伏鬼也,仰视其发,以为立魅也,背而走,比至其家,失气而死,岂不哀哉!③

夏首之南有叫涓蜀梁的,胆子小,夜间走路看到自己的影子,误以为是趴在地上的鬼,抬头看见自己的头发,以为是地上立着的怪物,只好背向而行,到

---

① (清)王先谦:《荀子集解·正名》,中华书局1988年版,第413页。
② (清)王先谦:《荀子集解·正名》,中华书局1988年版,第415—417页。
③ (清)王先谦:《荀子集解·解蔽》,中华书局1988年版,第405页。

了家里，"失气而死"。荀子举此例意在说明，"天官意物"尽管不可少，但仅有这一步还不行。

荀子进而谈到"天君"：

> 耳目鼻口形能，各有接而不相能也，夫是之谓天官。心居中虚以治五官，夫是之谓天君。财非其类，以养其类，夫是之谓天养。顺其类者谓之福，逆其类者谓之祸，夫是之谓天政。暗其天君，乱其天官，弃其天养，逆其天政，背其天情，以丧天功，夫是之谓大凶。圣人清其天君，正其天官，备其天养，顺其天政，养其天情，以全其天功。[1]

"天君"的作用是"心居中虚，以治五官"，以纠正"天官"可能产生的误判。恰如养财不当，定会成为祸，"天官"任意行，"天君"失其位，定为大凶。

在此过程中，荀子提出了一个著名的命题，叫作"虚壹而静"：

> 人何以知道？曰：心。心何以知？曰：虚壹而静。心未尝不臧也，然而有所谓虚；心未尝不两也，然而有所谓一；心未尝不动也，然而有所谓静。人生而有知，知而有志。志也者，臧也，然而有所谓虚，不以所已臧害所将受谓之虚。心生而有知，知而有异，异也者，同时兼知之。同时兼知之，两也，然而有所谓一，不以夫一害此一谓之壹。心，卧则梦，偷则自行，使之则谋。故心未尝不动也，然而有所谓静，不以梦剧乱知谓之静。未得道而求道者，谓之虚壹而静。[2]

人生而有知，知而有志，这为藏。有了藏，就会对认知形成阻碍。但人同时可以做到虚。人心莫不有动，但人同时可以做到静。这些方面合在一起，就叫作"虚壹而静"。[3] 这一步工作做好了，心就可以"知道"了。这一论述思想深刻，学理价值很高。

---

① （清）王先谦：《荀子集解·天论》，中华书局1988年版，第309—310页。
② （清）王先谦：《荀子集解·解蔽》，中华书局1988年版，第395—396页。
③ 廖名春在《〈荀子〉新探》新版时，增加了一个附录，题目是《荀子"虚壹而静"说新释》，对"虚壹而静"提出了一种新的理解："'壹'，是一时的正确的选择，相当于'做一件好事'；'静'是长时间坚持正确的选择，相当于'一辈子做好事，不做坏事'。我们做出了正确的选择，就是'壹'；将这一正确的选择长时间坚持下去，不让其被'梦剧'所破坏，这就是'静'。人生在世，往往不乏正确的选择，而难的是坚持。正确的选择往往容易被各种绮思杂念所破坏。所以，'静'，也就是坚持不变，尤其重要。这就是'静'的确诂，这才是《荀子》静的真正含义。"（廖名春：《〈荀子〉新探》，中国人民大学出版社2014年版，第234页。）

荀子甚至由此还讨论了礼法的起源问题：

> 礼起于何也？曰：人生而有欲，欲而不得，则不能无求；求而无度量分界，则不能不争；争则乱，乱则穷。先王恶其乱也，故制礼义以分之，以养人之欲，给人之求，使欲必不穷乎物，物必不屈于欲，两者相持而长，是礼之所起也。[①]

顺着人的物质欲望发展必然争夺不止，乱象丛生。圣王不忍心这种局面，起礼义，制法度，矫饰人之情性，克制人之欲望，达到善的目的。这段话清楚表明，在荀子看来，圣人有制定礼义法度的责任。圣人能够做到这一点，是因为他们的性虽然与庶民同，皆为恶，但其学习和认知能力特别强。动用这一能力，可以认识社会，找到治理社会的办法，而这种办法就是礼义法度。换言之，礼义法度并非"天之就"，而是来自性恶但认知能力特别强的圣人。荀子将制定礼义法度的任务归给了圣人，明确说明了礼义法度由何而来的问题，极大地丰富了智性的内涵。

综合而言，在先秦儒家中，讲学习和认知，无论是其广度还是其深度，没有能超过荀子的。不管受到多少诟病，荀子在儒家心性之学中始终占有一席之地，一个重要原因，就是对于智性予以了极大的弘扬。

第五节 仁性之缺位

同任何思想家一样，荀子思想也有不足，这突出表现在仁性方面。这个问题涉及内容较深，争议很大，必须加以细致梳理。

一、如何看待荀子论"仁"

1. 荀子并非不论仁

我说荀子思想的不足主要表现在仁性方面，不是说荀子不论仁。仁是孔子的重要思想，荀子继承孔子学理，自然也要论仁。据统计在《荀子》全书中仁字出现 134 次[②]，次数不少，下面两段尤为集中：

---

① （清）王先谦：《荀子集解·礼论》，中华书局 1988 年版，第 346 页。

② 参见［日］佐藤将之：《荀子礼治思想的渊源与战国诸子之研究》，台湾大学出版中心 2013 年版，第 291 页。

信信,信也;疑疑,亦信也。贵贤,仁也;贱不肖,亦仁也。言而当,知也;默而当,亦知也。故知默犹知言也。故多言而类,圣人也;少言而法,君子也;多言无法而流湎然,虽辩,小人也。①

君子必辩。凡人莫不好言其所善,而君子为甚焉。是以小人辩言险而君子辩言仁也。言而非仁之中也,则其言不若其默也,其辩不若其呐也;言而仁之中也,则好言者上矣,不好言者下也。故仁言大矣。起于上所以道于下,正令是也;起于下所以忠于上,谋救是也。故君子之行仁也无厌。志好之,行安之,乐言之,故言君子必辩。②

首段分别对信、仁、知进行了分疏。相信应该相信的,这为信。怀疑应该怀疑的,这同样为信。尊敬贤可之人,这为仁。鄙视不贤可之人,这同样是仁。言说得当,这是知。不言而得当,这同样是知。次段强调辩的重要。君子辩言仁,小人辩言险。如果不以仁而辩,不如不辩。君子行仁无厌,志好之,行安之,乐言之,所以君子必辩。这两段中仁字频繁出现,学者们也多加引用,可见其重要性。

《荀子》还有多处将仁与义相连,直称"仁义"的情况。"仁义"在《荀子》中出现凡32次,分别见于19段文字中③,其中多以先王、圣人相关。如:

今以夫先王之道,仁义之统,以相群居,以相持养,以相藩饰,以相安固邪?以夫桀、跖之道,是其为相县也,几直夫刍豢稻粱之县糟糠尔哉!然而人力为此而寡为彼,何也?曰:陋也。④

况夫先王之道,仁义之统,诗、书、礼、乐之分乎。彼固天下之大虑也,将为天下生民之属长虑顾后而保万世也,其流长矣,其温厚矣,其功盛姚远矣,非孰修为之君子莫之能知也。⑤

这是直接以仁义说先王之道。在荀子看来,先王之道即是仁义之统。在这一系统中,以相群居,以相持养,以相藩饰,以相安固。这一系统,从本质上说,即是诗书礼乐的系统,以天下为大虑,以生民为归司,长虑顾后以保万世。

---

① (清)王先谦:《荀子集解·非十二子》,中华书局1988年版,第97页。
② (清)王先谦:《荀子集解·非相》,中华书局1988年版,第87页。
③ 参见邓小虎:《荀子的为己之学:从性恶到养心以诚》,北京大学出版社2015年版,第139页。
④ (清)王先谦:《荀子集解·荣辱》,中华书局1988年版,第65页。
⑤ (清)王先谦:《荀子集解·荣辱》,中华书局1988年版,第68—69页。

君子于此不可不知。

又如：

> 将原先王，本仁义，则礼正其经纬蹊径也。若挈裘领，诎五指而顿之，顺者不可胜数也。①

> 圣人也者，本仁义，当是非，齐言行，不失豪厘，无他道焉，已乎行之矣。故闻之而不见，虽博必谬；见之而不知，虽识必妄；知之而不行，虽敦必困。不闻不见，则虽当，非仁也，其道百举而百陷也。②

这是讲圣王与仁义的关系。在荀子看来，圣王最重要的特征是本仁义。本仁义就是以仁义为本。如果能够以仁义为本，则当是非，齐言行，不会有过错，不会走上旁途斜路。

除此之外，在《荀子》中与仁相关还有两个讲法值得留意。首先是"仁人"：

> 故仁人在上，则农以力尽田，贾以察尽财，百工以巧尽械器，士大夫以上至于公侯，莫不以仁厚知能尽官职，夫是之谓至平。故或禄天下而不自以为多，或监门、御旅、抱关、击柝而不自以为寡。③

> 人有三必穷：为上则不能爱下，为下则好非其上，是人之一必穷也。乡则不若，偝则谩之，是人之二必穷也。知行浅薄，曲直有以相县矣，然而仁人不能推，知士不能明，是人之三必穷也。④

此处讲的"仁人"，特指有德之人。按照荀子的政治理想，应是仁人在上。果如此，农民尽力于田，商贾尽力于财，百工尽力于巧，士大夫乃至公侯都能尽仁尽职。人有三穷：一是居上位而不能爱下，在下位而好非上；二是当面谦和待人，背后却诋毁对方；三是智虑和德行浅薄，曲直相差悬殊，仁人不能推，知士不能明。这里仁人与知士相对应，仁人即是有德之人。

其次是"守仁"：

> 君子养心莫善于诚，致诚则无它事矣，惟仁之为守，惟义之为行。诚心守仁则形，形则神，神则能化矣；诚心行义则理，理则明，明则能变矣。

① （清）王先谦：《荀子集解·劝学》，中华书局1988年版，第16页。
② （清）王先谦：《荀子集解·儒效》，中华书局1988年版，第142页。
③ （清）王先谦：《荀子集解·荣辱》，中华书局1988年版，第71页。
④ （清）王先谦：《荀子集解·非相》，中华书局1988年版，第66—67页。

变化代兴,谓之天德。①

荀子强调,养心最要紧的是做到诚,做到了诚就不再需要其他了。仁在于守,义在于行。心诚了,仁守了,就有了好的外形,就能出神入化。一是诚心,二是行义,二者皆备,理就明,明就变,变就兴,这叫"天德"。由此可知"守仁"之重要性。

2. 荀子论仁不具有先在性

荀子虽然也论仁,但所论之仁与孔孟并不相同。其中一个关键环节就是仁是否具有先在性。前面反复讲过,孔子之仁、孟子之良心都可以归为仁性,而仁性属于道德本体。仁性之所以能够成为道德本体,是因为它是先在的,有先在性。孔子论仁的一个重要内容是为仁由己。"为仁由己,而由人乎哉?"②"仁远乎哉?我欲仁,斯仁至矣。"③在孔子看来,一个人能不能做到仁,主要靠自己,而自己要做到仁,必须"内省"。这些论述事实上已经指明仁是先在的,有先在性,因为只有确定了先在性,才能谈"内省",否则"内省"就没有了对象,成了空话。

孟子创立性善论,进一步发展了孔子这一思想。孟子所讲四心中有"是非之心",意在强调,人在处理伦理道德问题之前,内心早就有了是非的标准,这个标准遇事定会呈现自身,告知何者为是,何者为非。这种"早就有了"就是说它是先在的。孟子创立性善论,有一个重要的用语叫作"才"。"才"是初生之质,是生而即有的,只要不去破坏它,顺此发展,扩而充之,即可以成德成善。我非常重视这一用语,将"才"理解为人天生具有的一种自然生长的倾向性,简称"生长倾向"。生长倾向源于天生,在处理伦理道德问题之前当然早就在了,这种情况即为"先天而先在"。尽管仅此还不够,还需要其他因素,但肯定"先天而先在"的生长倾向是万万不可缺少的。

荀子在这方面的不足就显现出来了。荀子也讲仁,但与孟子相反,认为仁由后天教化所致,并非来自天生,不承认人天生就有"才",就有生长倾向。一言以蔽之,荀子不承认道德本体有"先天而先在"的性质。有人不同意这种理

---

① (清)王先谦:《荀子集解·不苟》,中华书局 1988 年版,第 46 页。
② (南宋)朱熹:《四书章句集注》,中华书局 1983 年版,第 131 页。
③ (南宋)朱熹:《四书章句集注》,中华书局 1983 年版,第 100 页。

解,认为《荀子》文本中同样可以找到人天生有善的端倪的材料。如下面一段:

> 凡生乎天地之间者,有血气之属必有知,有知之属莫不爱其类。今夫大鸟兽则失亡其群匹,越月踰时则必反铅过故乡,则必徘徊焉,鸣号焉,踯躅焉,踟蹰焉,然后能去之也。小者是燕爵,犹有啁噍之顷焉,然后能去之。故有血气之属莫知于人,故人之于其亲也,至死无穷。①

此段是荀子对三年之丧的评论。荀子赞成三年之丧,理由全在一个"情"字,即所谓"称情而立文"。杨倞解释说:"鸟兽犹知爱其群匹,良久乃去,况人有生之最智,则于亲丧,悲哀之情至死不穷已,故以三年节之也。"②意即因为人皆爱其类,亲人故去,有悲哀之情,所以才行三年之丧。一些学者认为,既然荀子明言人"莫不爱其类",那就说明他事实上也承认人天生就有爱,就有善的端倪。徐复观即指出:"从他的这一段话看,他把'知'与'爱',做必然的联结,则是人心之有知,即等于人心之有爱,因而从这一点也可以主张人之性善。因此,他的性恶说,实含有内部的矛盾。"③夏甄陶也持类似的看法:"他一方面认为,'孝子之道'是'礼义之文理',是生于'伪',而不是生于'性';可是另一方面他又认为:'凡生乎天地之间者,有血气之属必有知,有知之属莫不爱其类(⋯⋯)故有血气之属莫知于人;故人之于其亲也,至死无穷。'(《礼论》)这等于承认人性包含有孝道的'善端'了。"④

我的理解不同。从文脉看,荀子此处是以情来证三年之丧的合理性,其根据在于"有知之属莫不爱其类"。也就是说,荀子这里讲的"莫不爱其类"的基础是"有知之属","有知之属莫不爱其类"是以"有血气之属必有知"为前提的。这里的"知"就是"认知之性"之"知",也就是人天生即有的认知能力。虽然人天生就有认知能力,但它只是一种能力,本身并不带有内容,内容是认知能力与外物相接,不断学习得到的。换言之,"有知之属莫不爱其类"的确切意思是,人有认知能力,通过这种能力可以学会爱其类,而不宜理解为人天生就知爱其类。这个道理可以用荀子下面一段材料加以佐证:

---

① (清)王先谦:《荀子集解·礼论》,中华书局1988年版,第372—373页。
② 引自(清)王先谦:《荀子集解》,中华书局1988年版,第373页。
③ 徐复观:《中国人性论史·先秦篇》,九州出版社2014年版,第233页。
④ 夏甄陶:《荀子的哲学思想》,上海人民出版社1979年版,第86页。

今人之性，固无礼义，故强学而求有之也；性不知礼义，故思虑而求知之也。然则生而已，则人无礼义，不知礼义。①

荀子强调，人的性中本无礼义，礼义是后天学习获得的。如果将"有知之属莫不爱其类"解读为人天生就知爱其类，就有善的端倪，"今人之性，固无礼义"就完全无法理解了，就等于放弃了荀子的基本立场，接受了孟子的主张。以荀子思想之缜密来说，相信他不会犯这种原则性的错误。因此，"爱其类"的"爱"不宜理解为"内具地爱"、天生的爱，只能理解为"生成的爱"，也就是通过认知而学会的爱。②

或许有人可以进一步辩护说，此处所引荀子"今人之性，固无礼义"只是说"性中无礼义"，而不是说"人完全无礼义"，"性中无礼义"与"人完全无礼义"是两个不同的概念，前者不能代替后者。③ 尽管将"性"和"人"作出区分在近年来荀子研究中有较大影响，但我并不认为这种做法有太强的合理性。我的理由并不复杂。荀子建立性恶论的根本目的是反对孟子的性善论，强调善并非来自天生，是后天教育的结果。不管在荀子那里"性"和"人"这两个概念有多大的区别，如果认为荀子承认"人"天生也有善端的话，那必然构成其整体思想的内在矛盾，其反对孟子人性理论的目的就无法达到了。因此，"有知之属莫不爱其类"只是人天生就有认知能力，通过这种认知能力可以学会爱其类的意思，不宜理解为人天生就能够爱其类，就有善的因素。

另外需要注意的是，"才"作为生长倾向固然重要，但它不是仁性的全部，甚至不是最重要的部分。在儒家生生伦理学系统中，仁性最重要的部分是伦理心境，是社会生活和智性思维对内心影响的结果。有人可能就此提出疑问说，你以伦理心境解说仁性，荀子同样重视后天环境对人的影响，认为善来自后天的教化，这两者当有一致性，为什么你要反对荀子的主张呢？这是一个很

---

① （清）王先谦：《荀子集解·性恶》，中华书局1988年版，第439页。

② "内具""生成"这些说法借鉴自冯耀明。他说："基于以上考虑，我认为路先生隐然肯定的'人之中有礼义'不宜解释为'人的能力中有礼义'，只能理解为'人有能力生出礼义'。换言之，此'有'非指'内具地有'，而是指'生成'或'来源'上之'有'。"（冯耀明：《荀子人性论新诠：附〈荣辱〉篇23字衍之纠缪》，《"国立政治大学"哲学学报》2005年第14期。）

③ 强调荀子研究中人们普遍将"性固无礼义"误读为"人固无礼义"，指明性中无礼义并不代表人中无礼义，是路德斌特别重视的一个问题。（参见路德斌：《荀子与儒家哲学》，齐鲁书社2010年版，第114—116页。）

有意思的问题,也是我常常听到的一种批评。为此,我要强调的是,我讲伦理心境来自社会生活和智性思维的影响,与荀子讲善来自"注错习俗之所积",是"积伪"的结果,表面看有相似性,实则有本质的不同,其中的关键环节仍在是否承认其有先在性。伦理心境就其来源而言,确实是后天的,但作为一种结晶物在处理伦理道德问题之前已经存在了。这种情况就是我说的"后天而先在"。

荀子对此显然缺乏必要的了解。荀子非常重视后天环境对人的影响,强调"积伪"的重要,认为只有通过"积伪",埏埴才能生瓦,斲木才能生器,最终达到"化性而起伪"的目的,这本身是对的。但他不了解,"积伪"的过程并不能成为道德的根据,只有"积伪"的结果上升为结晶物,具有先在性,才能具有这一功能。换言之,人确实有学习认知的能力,以此可以接受社会环境的影响,学习社会的行为规范,但仁性作为道德本体并不是这个学习和认知的过程,而是这个过程的结果,是这个结果的某种结晶物。结晶物与过程最大的区别在于它在一定程度上已经固化成形,是既成的,在面对新的伦理道德问题之前已经存在了,具有了先在性。

因此,是否承认"积伪"的结果有先在性,是一个原则问题。一些学者已涉及了这个问题。比如,有的学者指出:"随着积学、教化、环境和信念等因素的加入,以及上述诸多因素的积靡摩荡,新、旧欲望和新、旧动机的转化亦会有'他乡即故乡'的效果,此中原因似乎并不复杂,因为积学、教化、认知、评价和环境等综合因素将会对一个人新的欲望和动机的形成产生深刻的影响……久而久之,人们依'道'而行,即习惯成自然,如是,人便在无形中形成了一种新的动机机制"。[①] 这是说,切不可忽视认知、评价等活动对人新的道德动机所造成的影响。随着这种活动的不断进行,随着"积伪"的不断展开,人们会形成新的道德动机,"长迁而不返其初",从而成为成德成善的根据。这种观点看到了积学、教化等因素对人的影响,认为随着这种影响的加强,会出现"他乡即故乡"的神奇转变,这是十分有意义的。可惜的是,相关论述没有对这种神奇转变是如何实现的作进一步的说明。我以伦理心境解说仁性,一方面指

---

① 东方朔、徐凯:《荀子的道德动机论——由 Bryan Van Norden 与 David B.Wong 的论争说起》,《学术月刊》2018 年第 1 期。

明伦理心境来自社会生活和智性思维对内心的影响,另一方面强调这种影响作为结晶物又具有先在的特性,就是要解决这个问题。按照我的理解,只有打通"后天"何以成为"先在"这个关节,接受"后天而先在"这一概念,这个问题才能得到彻底解决。

荀子思想的缺陷就在这里。荀子重视后天教化,这本身是有意义的,这种后天教化达到一定程度后,在客观上具有"长迁而不返其初"的效果,这也是可以接受的。但受历史条件所限,荀子不明白后天教化只有上升为内心的结晶物,成为伦理心境,具有先在性,才能成为道德根据,才能达到"长迁而不返其初"的目的。由此不难看出,孟子和荀子都谈仁,但有原则区别。孟子最大的贡献是发现了人的先在性。他强调良心"我固有之"就是要指明这个道理。后来心学一系无不以此为圭臬。荀子不同,他论仁尽管频率很高,但并不含有先在性这层意思。为此我们可以将孟子与荀子所论之仁作一个对比:

孟　　子

恻隐之心,仁之端也;羞恶之心,义之端也;辞让之心,礼之端也;是非之心,智之端也。人之有是四端也,犹其有四体也。有是四端而自谓不能者,自贼者也。[1]

恻隐之心,仁也;羞恶之心,义也;恭敬之心,礼也;是非之心,智也。仁义礼智,非由外铄我也,我固有之也,弗思耳矣。故曰:"求则得之,舍则失之。"或相倍蓰而无算者,不能尽其才者也。[2]

荀　　子

君子贫穷而志广,隆仁也;富贵而体恭,杀埶也;安燕而血气不惰,柔理也;劳倦而容貌不枯,好交也。怒不过夺,喜不过予,是法胜私也。[3]

惟仁之为守,惟义之为行。诚心守仁则形,形则神,神则能化矣;诚心行义则理,理则明,明则能变矣。变化代兴,谓之天德。天不言而人推高焉,地不言而人推厚焉,四时不言而百姓期焉。[4]

这种对比清楚地表明,孟子讲的仁有着明显的先在性特征,因为是先在

---

[1] （南宋）朱熹:《四书章句集注》,中华书局 1983 年版,第 238 页。
[2] （南宋）朱熹:《四书章句集注》,中华书局 1983 年版,第 328 页。
[3] （清）王先谦:《荀子集解·修身》,中华书局 1988 年版,第 36 页。
[4] （清）王先谦:《荀子集解·不苟》,中华书局 1988 年版,第 46 页。

的,所以可以成为道德的根据。上引两段中"人之有是四端也,犹其有四体","仁义礼智,非由外铄我也,我固有之也",都是这个意思。荀子讲的仁,则只是与善或道德同义,虽然也很重要,但含义较为一般,并不具有先在性的特征。上引两段中"君子贫穷而志广,隆仁也","诚心守仁则形,形则神,神则能化矣",清楚地反映了这个特点。

3. 荀子论仁不具有逆觉性

是否承认仁有先在性直接影响到求仁的方法。孔子创立仁学时就已经涉及了这个问题。他说:

> 内省不疚,夫何忧何惧?①

> 见贤思齐焉,见不贤而内自省也。②

第一段出于司马牛问如何做君子。孔子说,"君子不忧不惧"。司马牛一时不能理解,怀疑"不忧不惧"是不是就足够了,继续请教孔子。孔子回答说,最重要的是"内省",做到了"内省不疚",有什么好忧惧的呢?第二段论说如何学习贤人。孔子强调,看见了贤人,应该向其看齐,看见了不贤的人,应该"内自省",意即向内自己反省,看有没有同样的毛病。"内自省"较"内省"多了一个"自",但含义相同,都是向内的反省。这两章之所以重要,是因为它涉及求仁的方法。孔子强调,要找到自己的仁,必须"内省"。

顺着这一思路,孟子进一步讲到了"反求诸己"。他说:

> 仁者如射,射者正己而后发。发而不中,不怨胜己者,反求诸己而已矣。③

> 爱人不亲反其仁,治人不治反其智,礼人不答反其敬。行有不得者,皆反求诸己,其身正而天下归之。④

在孟子看来,仁者如射手一样,首先要将自己的事情做好,即使超不过别人,也不要抱怨,而应"反求诸己"。恰如爱一个人,那人却不爱我,我必须反省自己是不是做到了仁,是不是做到了礼。事情达不到预期目的,都必须"反求诸己"。总之,追寻自己的仁性必须"反求"。

---

① (南宋)朱熹:《四书章句集注》,中华书局1983年版,第133页。
② (南宋)朱熹:《四书章句集注》,中华书局1983年版,第73页。
③ (南宋)朱熹:《四书章句集注》,中华书局1983年版,第239页。
④ (南宋)朱熹:《四书章句集注》,中华书局1983年版,第278页。

"内省""反求"说法有别,但有两点是相同的。第一,求仁必须向内不能向外。第二,这种向内的求是一种反省,其思维方式是直觉。将这两个方面结合起来,后来又有了一种新的说法,这就是"逆觉"。牟宗三特别重视这个说法,指出:

> 逆觉者即逆其汩没陷溺之流而警觉也。警觉是本心自己之震动。本心一有震动即示有一种内在不容已之力量突出来而违反那汩没陷溺之流而想将之挽回来,故警觉即曰逆觉。逆觉之中即有一种悟。悟即醒悟,由本心之震动而肯认本心之自己即曰"悟"。悟偏于积极面说。直认本心之谓悟。觉而有痛感,知汩没之为非,此虽较偏于消极面,而同时亦认知本心之为是,故亦通于积极面。通于积极面而肯认之即为悟。由觉而悟,故曰"觉悟"。①

逆觉首先是逆,是眼光向内收,而不是向外求;其次是觉,这种觉是一种警觉,是一种悟。"本心一有震动即示有一种内在不容已之力量突出来而违反那汩没陷溺之流而想将之挽回来,故警觉即曰逆觉",这一句最为重要。本心遇事自己会震动,涌现一种力量将自己向下堕落的心收回来。这即为逆觉。逆觉是心学工夫的核心,按照心学学理,只有通过逆觉才能找得自己的道德根据。

荀子论仁,有一些说法表面看似乎与孔孟相似,其实有原则之别。比如"思仁":

> 空石之中有人焉,其名曰觙,其为人也,善射以好思。耳目之欲接则败其思,蚊虻之声闻则挫其精,是以辟耳目之欲,而远蚊虻之声,闲居静思则通。思仁若是,可谓微乎?②

觙为人善射好思,但耳目可以败其思,蚊虻可以挫其精。只有不受这些影响,闲居静思才可以通。由此荀子讲到了"思仁"。从上下文看,荀子这里所说的"思仁"指的是一般性的思考,可以理解为思考自己的德性,并没有明显的逆觉的意思。

"自省"也是一样:

---

① 牟宗三:《从陆象山到刘蕺山》,《牟宗三先生全集》第8卷,台湾联合报系文化基金会、联经出版事业公司2003年版,第138—139页。

② (清)王先谦:《荀子集解·解蔽》,中华书局1988年版,第402—403页。

　　故下之亲上欢如父母,可杀而不可使不顺。君臣上下,贵贱长幼,至于庶人,莫不以是为隆正。然后皆内自省以谨于分,是百王之所同也,而礼法之枢要也。①

　　见善,修然必以自存也;见不善,愀然必以自省也。②

　　荀子多次讲过"自省"。首段讲下之亲上,欢如父母。君臣上下,贵贱长幼,都应以此为重,然后"皆内自省",各守其分。这是百王之所同,亦是礼法之枢要。次段讲见善,修然以自存,见不善,愀然以自省。"修然"形容喜悦,"愀然"形容忧惧。意即见到了善,当心喜以"自察";见到了不善,当忧心以"自省"。这里的"自省""内自省"含义均较为一般,没有明显向内心反求的意思。有学者认为,荀子此处所说的"自省"与孔子"见贤思齐焉,见不贤而内自省也"意同③,在我看来似可商量。

　　无论是孔子还是孟子,其思想系统中都有一个完整的仁性。先在性是仁性最突出的特点。具有先在性的仁性,遇事发用,告知行为者是非对错,而行为者有内觉的能力,通过逆觉,可以知道仁性正在发用、正在告知,从而"知道自己知道应该如何去做"。这是孔子、孟子讲"内省""反求"的根本用意。荀子不同,虽然他也重视"修身",但因为不赞成孟子的性善论,不承认仁性有先在性,自然不会了解仁性发用的道理,更不会明白人通过内觉可以感觉仁性正在发用、正在告知,从而"知道自己知道应该如何去做"。这就决定了荀子所说的"自省"并不具有逆觉的意思。重复言之,要逆觉必须有逆觉的对象,这个对象只能是具有先在性的仁性。看不到、不承认仁有先在性,逆觉也就失去了对象,"修身"也就没有了基础。皮之不存,毛将焉附。荀子不讲逆觉,根本原因即在这里。如果见到荀子也讲"自省",就认为其思想与孔子、孟子无异,也包含了逆觉的意思,很容易失去学理的边界,造成理论的混乱。

---

① (清)王先谦:《荀子集解·王霸》,中华书局1988年版,第220—221页。
② (清)王先谦:《荀子集解·修身》,中华书局1988年版,第20—21页。
③ 梁涛指出:"《修身》开篇提出:'见善,修然必以自存(注:察)也;见不善,愀然必以自省也。''修然',喜悦貌;'愀然',忧惧貌,均表示内心的意志、意念活动。见到善,则欣然必以自察;见到不善,则忧惧必以自省,这与孔子的'见贤思齐,见不贤而内自省也'(《论语·里仁》)意同。故所谓'修身'就是喜好善而排斥不善,并将其落实在行动中。在这一过程中,意志的选择尤为关键。"(梁涛:《荀子人性论的历时性发展——论〈修身〉〈解蔽〉〈不苟〉的治心、养心说》,《哲学动态》2017年第1期。)

往深处看,这个问题说到底还在于仁性和智性的不同。孔子的仁学、孟子的性善论,根据都在仁性,仁性是先在的,成德成善必须首先通过逆觉的方式找到它。荀子学说的基础在智性,智性是学习和认知的能力,借此可以认识礼义法度,但其本身不具有内容的先在性,故而对智性无法谈逆觉。从这个角度出发,荀子所说"思仁""内省"内容何以比较空泛,远没有孔子和孟子那种逆觉的含义,就不难理解了。①

4. 由"仁"到"诚"

与此相关,还有一个如何看待荀子论诚的问题。《荀子》全书"诚"字出现70次②,散见于全书各篇,但以《不苟》篇最为集中,下面一段(原为一段,为便于分析,根据文意分为三个小段)最为重要:

> 君子养心莫善于诚,致诚则无它事矣,惟仁之为守,惟义之为行。诚心守仁则形,形则神,神则能化矣;诚心行义则理,理则明,明则能变矣。变化代兴,谓之天德。天不言而人推高焉,地不言而人推厚焉,四时不言而百姓期焉。夫此有常,以至其诚者也。
>
> 君子至德,嘿然而喻,未施而亲,不怒而威。夫此顺命,以慎其独者也。善之为道者,不诚则不独,不独则不形,不形则虽作于心,见于色,出于言,民犹若未从也,虽从必疑。
>
> 天地为大矣,不诚则不能化万物;圣人为知矣,不诚则不能化万民;父子为亲矣,不诚则疏;君上为尊矣,不诚则卑。夫诚者,君子之所守也,而政事之本也。唯所居以其类至,操之则得之,舍之则失之。操而得之则轻,轻则独行,独行而不舍则济矣。济而材尽,长迁而不反其初则化矣。③

历史上,人们很早就注意到这段文字与《荀子》全书似有不类。唐人杨倞在注释"夫此顺命,以慎其独者也"时,引用《中庸》"戒慎乎其所不睹,恐惧乎其所不闻"加以解释。清人刘台拱评论"君子莫善于诚"时也指出:"诚者,君子所以成始而成终也。以成始,则《大学》之'诚其意'是也。以成终,则《中庸》之'至

---

① 参见杨泽波:《先在性与逆觉性的缺失——儒家生生伦理学对荀子论仁的内在缺陷的分析》,《哲学研究》2021年第2期。

② 参见[日]佐藤将之:《荀子礼治思想的渊源与战国诸子之研究》,台湾大学出版中心2013年版,第297页。

③ (清)王先谦:《荀子集解·不苟》,中华书局1988年版,第46—48页。

诚无息'是也。"①这明显是说《不苟》是受到《中庸》《大学》的影响。

如何看待这种情况大致有两种观点。一是强调《不苟》论诚与《荀子》全书基调不合。牟宗三认为："此段言诚,颇类《中庸》、《孟子》。此为荀子书中最特别之一段。"其中关于"天德"的说法,是视天为正面的天,与"天生人成"原则中被治的负面的天不同,十分特殊,"从未有如此言'天德'者"②。佐藤将之认为《不苟》论诚明显受到了《孟子》、简帛《五行》的影响,意在说明诚是呈现统治者道德伦理的最高方法,这种诚的显现过程即被称为"天德",带有明显的性善意蕴,代表了荀子思想的另一个方面,无法在"性恶"和"天人之分"的框架下得到恰当的理解。③ 梁涛同样认为《不苟》与荀子思想主基调不合,并将其归于荀子晚年有意吸收子思、孟子思想后的结果。在他看来,《中庸》《孟子》以诚为道德主体,由诚出发表现为道德主体自主、能动的实践活动。虽然荀子不接受这一思想,但同样主张"操而得之则轻,轻则独行,独行而不舍则济矣"。这些论述尽管还较粗略,但"操"的主体显然是心,心操持诚就是以诚养心,以诚养心就会身心轻松,身心轻松就会独行,从而守仁、行义。这些论述说明荀子有一个晚年定论的现象。"由《不苟》的晚年定论可知,荀子后期出现向思孟之学的回归,不再视后者与自己为水火,而是自觉吸收其思想为己所用,这一变化在荀子人性论的历时性发展中无疑具有重要的意义。"④

二是认为《不苟》论诚与荀子整体思想不存在矛盾。在冯友兰看来,诚指真实,独指专一,之所以要真实专一追求道德,恰恰因为道德仁义并非人性所本有,故此需要通过专精极勤的工夫才能使性化为道德仁义。⑤ 唐君毅也意识了荀子思想的这种复杂性,认为《不苟》有此说与荀子基本思想不构成冲突,因为在荀子思想系统中,心善不具有必然性,可以"中理合道",也可以不

---

① 引自(清)王先谦:《荀子集解》,中华书局1988年版,第46页。

② 牟宗三:《名家与荀子》,《牟宗三先生全集》第2卷,台湾联合报系文化基金会、联经出版事业公司2003年版,第169页。

③ 参见[日]佐藤将之:《荀子哲学研究之解构与重建:以中日学者之尝试与"诚"概念之探讨为线索》,《台湾大学哲学评论》2007年第34期。

④ 梁涛:《荀子人性论的历时性发展——论〈修身〉、〈解蔽〉、〈不苟〉的治心、养心说》,《哲学动态》2017年第1期。

⑤ 参见冯友兰:《中国哲学史》上卷,华东师范大学出版社2000年版,第221页。

"中理合道",即使后来确实做到了善,也推不出心原本必然是善的结论。①徐复观同样认为:"荀子说到心的主宰性时,乃是表示心对于行为的决定性,大过于其他的官能;但这种决定性的力量,并非等于即是保证一个人可以走向善的方向。在荀子的立场,认为心可以决定向善,也可以决定不向善。"②受此影响王楷也主张,《不苟》这段文字与荀子整体思想并无矛盾。荀子将性视为被治理的对象,而治理性的是"心"。《不苟》这段文字强调,"心"本身也需要持养,而其工夫即在于"诚"。因此,相对于以礼修身,内在的自我反省也是荀子思想的重要部分。③邓小虎进一步将学界对于《不苟》论诚的不同看法分为三种情况,即:"将'诚论'和《荀子》文本切割;接纳'诚论'为《荀子》文本的一部分,但认为其和'性恶'的立场不同;认为'诚论'和'性恶'有紧密关联。"他"采纳第三种取态,并以此检视诠释《荀子》文本的不同部分,以展现其和'诚论'的关系"。其结论是:"与其说《不苟》'诚论'是'性恶'体系的一部分,不如说'诚论'和'性恶'各自是荀子思想的构成部分。""在相反证据出现之前,我们应该将《荀子》文本视为一个整体,并通过诠释和分析,尽量整理出一套完整圆融的思想体系,以显示其独特的思想、哲学旨趣。"④意思是说,《不苟》论诚与荀子整体思想不仅不相冲突,而且恰恰是其思想的一个不可缺少的环节。

我的看法与上述学者有同有异。照我的理解,《不苟》论诚与《荀子》全书基调是相合的(这与上述第一种观点有异),但《荀子》全书并非没有矛盾,只是这种矛盾荀子没有意识到而已(这与上述第二种观点不同)。

这里首先需要说明我为什么认为《不苟》论诚与《荀子》全书基调相合。我持这种看法,出发点还是三分法。荀子论诚有些为副词,意为"真正地",其他则指一种"真实"的心灵状态。⑤问题在于,这种"真实不虚"的确切所指是什么。从三分法的角度看,它既可以指向仁性,又可以指智性,也可以仁性与智性双指。但即使仁性与智性双指,最终还要分别归到仁性或智性之上。因此,说到底当有两种

---

① 参见唐君毅:《中国哲学原论·原性篇》,台湾学生书局1984年版,第54页。

② 徐复观:《中国人性论史·先秦卷》,九州出版社2014年版,第219页。

③ 参见王楷:《荀子诚论发微》,《中国哲学史》2009年第4期。

④ 邓小虎:《荀子的为己之学:从性恶到养心以诚》,北京大学出版社2015年版,第137、124、125页。

⑤ 参见邓小虎:《荀子的为己之学:从性恶到养心以诚》,北京大学出版社2015年版,第119页。

不同的诚:一是仁性之诚;二是智性之诚。仁性之诚是指真实不虚对待良心(包括与此相关的天道)的命令,不欺骗于它。《孟子》"诚者,天之道也;思诚者,人之道也",即是此意。智性之诚是指运用认知能力追求道德的一种真实不虚的态度。前面我已证明,荀子因为不接受性善论,不承认仁的先在性和逆觉性,对仁性的认识严重不足,思想的重心完全在于智性,故而所论并非仁性之诚,只是智性之诚。智性是荀子学说的命脉,荀子不仅以此讲认识礼法,讲虚壹而静,而且也可以以此讲诚。这是我坚持认为《不苟》讲诚与荀子基调并无违逆的重要理由。

为此我们来分析前面所引《不苟》那段集中讨论诚的文字。第一小段讲了诚的重要,强调"君子养心莫善于诚",做到了诚则无他事。随后两次讲到"诚心",一次与"守仁"相对("诚心守仁则形"),一次与"行义"相对("诚心行义则理")。"守仁"和"行义"对举,当为同义,泛指道德。关键是如何理解"养心"。"养心"之"心"是什么"心"? 这个"心"当然指道德之心,而非一般的认知之心。但如前面所说,道德之心可分为仁性之心和智性之心,所以荀子所说"养心"之"心"既可以指仁性之心,又可以指智性之心,还可以两方面兼顾。因为荀子论心既没有先在性,又没有逆觉性,所以其所说的"心"不可能是仁性之心,只能是智性之心,也不可能是仁性之心和智性之心两面兼顾。因此,"君子养心莫善于诚"当是君子以智性追求道德最重要的是做到诚实不伪的意思。这一小段清楚了,其他两个小段也就没有困难了。第二小段引出了慎独的问题,认为君子至德,未施而亲,不怒而威,但仍然要注意慎独。善作为道而言,不诚则不独,不独则不形,不形则虽发于心而万民未从,即使从了也必有所疑。第三小段再次回到诚,强调不诚则不能化万物,圣人、父子、君上皆然。君子守诚为政事之根本,操则存,舍则失。如此长久,发挥彻底,"长迁而不反其初",即可实现天之大化。将这三个小段合并起来分析,不难看出,其重点全在智性,不在仁性。

上引材料不是孤例,《荀子》其他篇章论诚也是这种情况,如下面一段:

> 仲尼无置锥之地,诚义乎志意,加义乎身行,箸之言语,济之日,不隐乎天下,名垂乎后世。今亦以天下之显诸侯诚义乎志意,加义乎法则度量,箸之以政事,案申重之以贵贱杀生,使袭然终始犹一也,如是,则夫名声之部发于天地之间也,岂不如日月雷霆然矣哉![1]

---

[1] (清)王先谦:《荀子集解·王霸》,中华书局 1988 年版,第 204 页。

孔子生活贫困,但能诚义于志意,加义于身行,同样可以声扬天下,名垂后世。照此而行,诸侯如果这样做了,也可以在政事上作出名堂,弄出政绩。此处"诚义乎志意"中的"诚"是相对于"志意"说的。虽然"志意"很重要,但只要没有先在性和逆觉性,都不属于仁性的范畴。所以此处论诚的对象仍然不是仁性。

这种情况告诉我们一个重要道理:论诚是有对象的。孟子论诚的对象是仁性,即人人都有的良心。良心"我固有之",本身即是是非的标准,人通过内觉可以觉知到它,得到它的指导,成德成善必须真诚地按它的要求去做。荀子对于仁性的理解不透,论诚并非指向仁性,而是指向智性,是人运用认知能力知晓了礼义法度后,真诚不虚地去做的意思。一个是仁性的诚,一个是智性的诚,这是两种完全不同的情况,孟子属于前者,荀子属于后者。遗憾的是,荀子限于历史条件没有意识到这个问题的复杂性。诚在先秦不是一个特别生僻的字,虽然《论语》中这个字的含义还比较虚①,但《中庸》《孟子》关于诚的论述很多。荀子使用这个字,将其引入自家学说,完全在情理之中。从《荀子》全书看,诚字出现在二十三篇之中,仅《劝学》《臣道》《天论》《正名》《赋篇》《宥坐》《子道》《法行》《哀公》未见诚字,不管考证有多少不同意见,这二十三篇定有其早期的作品,这足以说明,荀子很早就开始使用这个概念了。但他并不了解,诚既可以从仁性上讲,也可以从智性上讲。因为他对仁性缺少透彻的理解,所论之诚自然要偏向智性一边。我们今天研究荀子,不能因为孟子和荀子都论诚,其文本中都有诚字,就认为荀子思想中也有性善的意蕴,从而将荀子智性之诚理解为孟子仁性之诚,混淆二人的思想界限。

当然,我与上述第二种观点同样有所不同。在我看来,《荀子》全书并非没有矛盾,只是这种矛盾荀子没有意识到而已。考虑到行文的内在逻辑,这个问题将在下一小节"由仁性之缺位看性恶论的内在困难"中再加详论。

5. 荀子性恶论中没有性善的因素

在分别分析了荀子关于仁和诚的论述后,再来讨论一个争议较大的话题:

---

① 《论语》中诚字仅三见,两次是"诚不以富"(《论语·颜渊》第十章、《论语·季氏》第十二章),一次是"诚哉是言"(《论语·子路》第十一章)。

荀子性恶论中是否包含性善因素?① 这方面的争论至少涉及两个方面的
话题。

第一,心知是否构成性善? 一些学者认为,荀子以"生之所以然""性之和
所生"论性指向的是耳目之欲,孟子同样承认耳目之欲,只是认为欲望能不能
得到由"命"决定,所以不以此论性,只以此论命罢了。因此,荀子的性与孟子
的命用词有异,但所指相同:"荀子所谓'性'其实即是孟子所谓'命',而荀子
所谓的'伪'实质上(即在其形而上之本义上说)才是孟子所谓的'性'。"更为
重要的是,荀子虽然以耳目之欲界定性,但没有止步于此,而是进一步强调人
还有认知能力,有"义"有"辨",可以认识礼义法度,以达到"伪"。这个"伪"
也就是善。"从形上学的层面说,也即从'人之所以为人'的意义上说,则荀子
并非是一个'性恶论'者,相反,一如本文研究所证,在这一层面上,荀子其实
与孟子一样,也是一个性善论者。"②另有学者提出,荀子认为,人心可以进入
一种虚壹而静的状态,然后可以认知礼义,实践礼义,进而"化性成伪""积善
成德"。"因此,若改从一般较宽广的人性概念来看,则在上述过程中,从心到
身的种种自觉的行为(荀子称作'伪')及其成效,便都一样具有人性论的意义
可说了。如此一来,我们就可以说,荀子的人性论也是一种性善论。只不过,
这种性善论有别于孟子的性善论,必须说成'人性向善论'或'弱性善论'
罢了。"③

这种观点看似深刻,其实问题很多。冯耀明敏锐地察觉到了这里的问题,
指出:"孟子以'四端'界定人之'本性',乃是指一种道德自觉及实践的能力,
是一种有待开发的(待扩充的)实能,而非仅为一种潜能。""这和荀子所强调
的由'积伪'以使'可以为'转化为'能为'之内外交养的工夫,是有明显不同
的。"④这就是说,孟子之性是"实能",荀子之伪是"潜能",二者不可混淆。从

① 东方朔曾对徐复观相关的研究作过系统评论。(参见东方朔:《合理性之寻求:荀子思
想研究论集》,台湾大学出版中心 2011 年版,第 416—433 页。)

② 路德斌:《荀子人性论之形上学义蕴——荀、孟人性论关系之我见》,《中国哲学史》2003
年第 4 期。

③ 刘又铭:《一个当代的、大众的儒学——当代新荀学论纲》,中国人民大学出版社 2019 年
版,第 71—72 页。

④ 冯耀明:《荀子人性论新诠——附〈荣辱〉篇 23 字衍之纠谬》,《"国立政治大学"哲学学
报》2005 年第 14 期。

儒家生生伦理学的视角看,这个问题的关键因素还在是否承认仁有先在性。荀子讲性恶不是目的,其目的是化性起伪,这个伪也就是善。从表面看,孟子讲性善,荀子同样讲善,二人理当有一致性,将荀子重新界定为"性善论者"或"弱性善论",即是由此而来的。但是这种做法忽视了一个根本性的问题:孟子讲善一定强调"我固有之",也就是强调善的根据是先在的,荀子也讲善,但他认为这种善是"积伪"的结果,源于后天"注错习俗"之养成,并非"我固有之",没有先在性。因此,考察孟子与荀子的关系,不应只看荀子是不是也讲善,是不是也有求善的目的,而应重点分析荀子是否承认善有其先在性。承认这种先在性即是性善论,即是孟的立场,反之,不承认这种先在性即是性恶论(必须注意,荀子对恶有自己的特殊界定),即是荀子的立场。二者界限泾渭分明,不可混淆。如果仅仅因为荀子重视"义""辨"以达到"伪",同样讲善求善,便认为荀子与孟子立场相同,表面看很有道理,翻了历史的旧案,其实并没有抓住问题的核心。

第二,荀子学理是否外内相合? 这个问题是由上面的问题引申出来的。有学者认为:"我们切不可把'伪'仅仅理解成为一个单纯的工具性的行为或过程,实际上,'伪'同时也是一种能力,一种植根于人自身且以'义'、'辨'为基础并趋向于'善'的能力。对荀子来说,'伪'而成为'善'的过程,实是一个合'外(仁义法正之理)内(义辨之能)'为一道的过程。"①按照这种理解,在荀子学理中有外内两个方面,外指仁义法正之理,内指人的义辨能力,荀子整个学理都建构在这两个方面之上,因此荀子已经做到了"外内相合"。②

对于这种理解我不敢苟同。荀子学理有外的方面没有异议,问题在于其学理有无内的方面。上述学者认为,荀子学理同样有内的方面,这就是人自身

---

① 路德斌:《荀子人性论之形上学义蕴——荀、孟人性论关系之我见》,《中国哲学史》2003年第4期。

② 冯耀明虽然对这种观点提出了异议,作了调整,但最后还是有限度地认可了这种观点,认为:"依此解读,我们仍然可以说礼义之生成并非全靠外力或外在因素,而与内在意义的'伪'仍可以构成相互融贯的关系,即以此生成之内在动力在于伪。""荀子认为作为致善的主要因素的'积伪',除了后天的'积习'之功外,亦当包括人所内具的'心愚'之能。换言之,荀子虽强调'外在的伪',其实'外在的伪'之所以可能亦须预设人有'内在的愚',否则徒言外加之功而无内在之能,功亦不可致矣。"(冯耀明:《荀子人性论新诠——附〈荣辱〉篇23字衍之纠谬》,《"国立政治大学"哲学学报》2005年第14期。)

所具有的"义""辨"的能力。但他们忽视了一个关键问题:"义""辨"是先天的,还是后天的? 荀子既讲"物欲之性",又讲"认知之性"。"义""辨"属于"认知之性",按照荀子的理解,"义""辨"为"天之就",也是先天的。但必须注意,"义""辨"虽然是先天的,借此可以认识礼义法度,但它仅仅是一种能力,本身是空的,不能像"我固有之"的仁性那样具有实实在在的内容。这个问题影响巨大:既然认知能力是空的,本身没有内容,怎么能够以此做到外内相合呢? 换言之,判断荀子是否有内的方面,关键不是看其是不是承认人天生有认知的能力,而是看这种认知能力有没有先在的内容。因为荀子不承认仁性"我固有之",其所说的"义""辨"仅仅是一种能力,本身是空的,无法撑起外内相合的那个"内",希望以此实现外内相合,在理论上有很大的困难。

　　由此可知,在荀子学理中并没有性善的因素。善有两种:一种是先在的;另一种是后天培育的。孟子意义的善是先在的,这种先在既可以指天生即有("先天而先在"),又可以指社会生活和智性思维对内心的影响成为的结晶物("后天而先在")。孟子性善论主要指前者,虽然不够全面,但肯定道德根据的先在性和逆觉性,则意义巨大。荀子也讲善,但这种善只是运用先天认知能力(即"义""辨")认识到的善。认识能力可以培育善("积伪"),但因为荀子不承认仁的先在性和逆觉性,这种善无法担负道德本体的责任,无法解决善的动力问题,在内的方面有重大缺失。换言之,因为荀子对仁性把握不透,既看不到仁性是先在的,也不了解得到仁性的根本办法是逆觉,对仁性的把握不透,致使仁性不能发挥实际作用,缺了一条腿,未能真正做到外内相合。

　　6."大本已失"与"仁性缺位"

　　宋代之后人们普遍不看好荀子,核心理据是荀子"大本已失"。这个说法来自二程。伊川讲:"荀子极偏驳,只一句性恶,大本已失。"[1]牟宗三延续了这个讲法,同样认为:"荀子于此不能深切把握也,故大本不立矣。"[2]近年来,学界不少人不赞成此说。有学者指出:"《性恶》的主旨并不只是性恶,而是性恶、心善;不只是揭示了人性之负面,也点明了人心积极向上之正面。是从心、性的对立来考察人及其行为,不是将人生看作一团漆黑,只能被动接受圣王的

---

　　①　(北宋)程颢、程颐:《河南程氏遗书》卷十九,《二程集》第一册,中华书局1981年版,第262页。
　　②　牟宗三:《名家与荀子》,《牟宗三先生全集》第2卷,台湾联合报系文化基金会、联经出版事业公司2003年版,第170页。

教化,而是强调以心治性,肯定心对性的主导作用,赋予人一定的道德自主性,故以往人们对荀子的苛责,实际是建立在对《性恶》的误读之上,'大本已失'之评不能不说是十分偏颇的。"①另有学者也认为:"'大本已失','大本不立',完全是建立在对荀子'性'、'伪'概念之误读、误解基础上的一种错误论定。""作为'伪'而成善之内在根据和价值之源,'辨'、'义'之所在,才是'人之所以为人者'之所在,也即是人之为人之'真性'和'大本'之所在。因此,透过'伪'一概念,荀子挺立起来的并不仅仅是一个知性主体,同时也是一个道德主体。"②

要对这个问题有准确的理解,首先当明白先贤"大本已失"这一断语的确切所指。"大本已失"不是说荀子只看到了人性的负面,没有看到人性的正面,而是说荀子只讲认知,只讲义辨,其道德根据没有性善的因素,没有先在性和逆觉性,丢失了道德本体。在儒家学理系统中,要成德成善,必须确立道德的本体,而这个本体即是孔子之仁、孟子之良心,即所谓仁性。仁性之所以重要,之所以能够成为道德本体,是因为它有先在性(不管是"先天而先在",还是"后天而先在"),通过逆觉即可以得到它的指导。如果没有这个先在的道德本体,仅仅依靠认知,依靠心伪,依靠义辨,不可能保障成德成善的必然性。荀子的问题就在这里。儒家生生伦理学并不否认荀子学说的理论价值,但强调只要不承认仁性的先在性,不承认仁性的逆觉性,其所说的仁就是虚的,就无法发挥效能,而这也就是"大本已失"。在儒家生生伦理学看来,"大本已失"就是"仁性缺位",就是仁性无法发挥作用,无法担当道德本体的责任。"荀子学理根本性的问题就在这里:无论我们出于怎样的善意,对性恶论做何种解释,在荀子著作中发现再多的关于仁和义的论述,都无法证明荀子已经看到了仁义的先在性,看到了人生而即有的善端。一言以蔽之,不承认人是一个先在的道德存在,是荀子无法克服的致命伤。"③一些学者站在同情理解的角

① 梁涛:《荀子人性论辨证——论荀子的性恶、心善说》,《哲学研究》2015年第5期。

② 路德斌:《荀子:"心伪"与"大本"——从清儒荀学研究的不足看当下儒学复兴所要解决的一个根本问题》,《邯郸学院学报》2017年第9期。其实作者这一看法早在2003年就有了。在《荀子人性论之形上学义蕴——荀、孟人性论关系之我见》(《中国哲学史》2003年第4期)中即指出:宋明儒学关于荀子"大本已失"的批评"实在令荀学颜面尽无、威信扫地,由此我们也就不难理解为什么在明代荀子连陪祀孔子的资格都最终不保而被罢祀孔庙了。学说后继无人,精神湮没不彰,这就是荀学的命运,而这一切又都是源于一个不应有的误解,荀子真是冤大了!"

③ 杨泽波:《儒家生生伦理学引论》,商务印书馆2020年版,第242页。

度,看到荀子肯定人有认知能力、义辨能力,看到荀子性恶论中有心伪的一面,进而否认历史上对荀子"大本已失"的批评,在学理上有待商榷之处较多。照我的理解,"大本已失"的本质是"仁性缺位",这一判断指明了仁性之重要以及不可或缺,有很强的学理价值,是不能轻易否认的。

二、从仁性之缺位看性恶论的内在困难

上一小节"如何看待荀子论'仁'"第四目"由'仁'到'诚'"讲了,我与学界的看法有所不同,认为荀子论诚与其整体思想是相合的,只是他没有意识到其内在的矛盾罢了。① 受主题限制,那里只讨论了前一个方面,这里再来分析后一个方面,具体说明荀子思想隐藏着什么样的矛盾,而这个矛盾荀子并没有意识到。

1.性恶何以产生礼法不是特别重要的问题

学界关于荀子学理的内在矛盾早有讨论,其中一个主流观点是认为荀子无法化解性恶何以产生礼义法度的矛盾。② 但是根据我的判断,这个问题并不特别严重,荀子不仅已经注意到了这个问题,而且对此作出的解释也是不无道理的:

> 问者曰:"人之性恶,则礼义恶生?"应之曰:凡礼义者,是生于圣人之伪,非故生于人之性也。故陶人埏埴而为器,然则器生于陶人之伪,非故生于人之性也。故工人斲木而成器,然则器生于工人之伪,非故生于人之性也。圣人积思虑,习伪故,以生礼义而起法度,然则礼义法度者,是生于圣人之伪,非故生于人之性也。③

人虽性恶,但可以化性起伪。这大致相当于人们用泥水制作陶器,砍削木料制作木器。泥水不是陶器,木料不是木器,此为性。但经过人们的努力,泥水和木料可以变成陶器和木器,此是伪。圣人在这方面的作用尤为重要。圣人与众人的性同为恶,但圣人的认知能力特别强,"积思虑,习伪故",可以生礼义起法度。因此,礼义法度非生于圣人之性,而是生于圣人之伪。

---

① 参见本书第三章第五节第一小节第四目"由'仁'到'诚'"(第86—90页)。

② 持这种看法的学者较多。陆建华即指出,在荀子那里,圣人担负着制礼的责任,而圣人能够做到这一步是因为他们可以积思虑,化性起伪,简言之,圣人有积累知识和教化本性的本领。"不过,荀子的如上论证仍不免无法自圆其说处:礼义未生,圣人从何而来? 圣人与常人同样性恶,为何只有圣人具备'伪'的资质? 圣人与常人同样性恶,为何只有圣人能成就自己,成为圣人?"(陆建华:《荀子礼学研究》,安徽大学出版社2004年版,第58—59页。)

③ (清)王先谦:《荀子集解·性恶》,中华书局1988年版,第437页。

紧接着荀子又说：

> 若夫目好色，耳好声，口好味，心好利，骨体肤理好愉佚，是皆生于人之情性者也，感而自然，不待事而后生之者也。夫感而不能然，必且待事而后然者，谓之生于伪。是性、伪之所生，其不同之征也。故圣人化性而起伪，伪起而生礼义，礼义生而制法度；然则礼义法度者，是圣人之所生也。①

这里再次强调性和伪的不同。目好色、耳好声、口好味，这些属于性。但人并非只有这些，还有认知能力，以此可以进一步"待事而后然"，这些属于伪。圣人超脱于众人，化性起伪的愿望和能力特别强，所以能够生礼义而制法度。这就叫作"礼义法度者，是圣人之所生"。

荀子甚至还谈到了"欲恶取舍之权"的问题：

> 欲恶取舍之权：见其可欲也，则必前后虑其可恶也者；见其可利也，则必前后虑其可害也者；而兼权之，孰计之，然后定其欲恶取舍。如是，则常不失陷矣。②

饥欲饱，寒欲暖，是性之自然的表现。除此之外，人还有认知能力。有了这种能力，饥了不一定必饱，寒了不一定必暖，一切要经过权宜比较，有所取舍。这样才能不有其失，不落其陷。

上面这些论述告诉我们，荀子对这个问题早有考虑：物质欲望是性的重要属性，顺着这种欲望无限度发展，必然争夺不止，导向恶，但性中还有认知能力，圣人这方面的能力特别强，运用这种能力，可以思考正理平治之事，借助"欲恶取舍之权"，不仅可以饥而不食，寒而不暖，而且可以想出有效的办法，形成制度，保证社会有序发展。③

---

① （清）王先谦：《荀子集解·性恶》，中华书局1988年版，第437—438页。
② （清）王先谦：《荀子集解·不苟》，中华书局1988年版，第51页。
③ 梁涛的看法可供参考。他说："在荀子那里，最早的善或礼义乃是心的产物，是'愚'，是心之作为。而心之所以能制作礼义，是因为荀子的心本来就是道德直觉心，有辨、有义，具有道德判断力，不仅好善，更能知善、为善，可进行道德创造，尽管与孟子的心有所不同。这本来在'其善者愚'一句中是十分清楚的：善来自愚，来自心之作为。此心显然是道德心，其作为是道德创造之行为，否则何以会产生出善呢？只不过后来'愚'被写成了'伪'，'其善者伪'被理解成善来自人的作为，这种作为只能被解释为实践礼义的作为，而礼义又来自圣人之作为，至于圣人为何能制作出礼义，或认为是圣人具有特殊的才能，或认为是荀子根本没有回答的问题，是荀子研究中所谓的'第一个圣人如何制作礼义'的难题。凡此种种，都是因为不了解'伪'本来是'愚'，实际与心有关，因而造成误解，这不能不说是十分遗憾的。"（梁涛：《荀子人性论辨正——论荀子的性恶、心善论》，《哲学研究》2015年第5期。）

西方近代历史的发展,可以从一个侧面证明这个道理。近代西方民主制度产生于英国的议会制,但它并非出于道德的目的,而是皇室与贵族为各自利益讨价还价的结果。英格兰公元 13 世纪初失去了在欧洲大陆的大部分领地后,英王组织军队与法兰西开战,不惜大肆掠夺贵族和教会财产。这引起贵族的不满,爆发了大规模的叛乱,英王不得已与反叛贵族签署了《大宪章》。但这并没有从根本上解决国王与贵族的矛盾。后来贵族再次发动兵变,迫使国王签订了《牛津条例》,规定了比《大宪章》更具体的条款。爱德华一世继位后发动了对威尔士、苏格兰和法国的战争。为筹措费用,1295 年召开了由各封建等级共同参加的议会,史称"模范议会",标志着英国的议会制度的初步形成。1640 年爆发英国革命的起因仍是议会与国王的斗争。经过长期的内战,克伦威尔指挥的议会军队获得了胜利,国王查理一世被处死,王位被废除,贵族组成的上议院被取消,由人民选举产生了行使国家主权的下院。后来,经过一系列的反复,英国政治制度从君主制最终过渡到了君主立宪制。17 世纪末英国进入了资本主义时代,以议会制为核心的资本主义民主制度初步建成。这个过程充分说明,以《大宪章》为开端的英国民主制度的建立,并非始于某些人的善良意志,而是皇室和贵族为自身利益不断斗争的结果。

《五月花号公约》同样可以说明这个道理。1620 年,受到宗教迫害的102 人,乘坐五月花号渔船离开英国港口,驶向大洋彼岸的新大陆。在经过一系列艰难险阻,看到新大陆海岸线的时候,他们不得不思考如何管理这个未来新世界的问题。经过激烈讨论,有权参加讨论的 41 名成年男子,共同签署了一份公约,这就是《五月花号公约》。公约申明,他们在上帝面前共同庄严签约,自愿结为一个民众自治团体,并保证遵守与服从这一公约。《五月花号公约》的意义在于第一次从民众的角度阐述了国家权力的来源,说明国家是民众以契约形式合意组建的,国家的公权力来自民众所让渡的部分权利的组合。

《大宪章》和《五月花号公约》背景不同,但有两个相同的因素:第一,大家都有独立的经济地位,个人权利不可剥夺;第二,大家都有认知的能力,以此可以保障自己的经济利益。皇室与贵族签署《大宪章》不是出于善的动机,恰恰是纠缠于利益的分配。签署《五月花号公约》的人是清教徒,相信原罪说,动身去北美,不是出于道德的目的,但这并不妨碍他们签订公约,以契约精神管理自己。无论是《大宪章》还是《五月花号公约》,其理论基础都不是性善论,而是原罪说。这些历史事件说明,不管是以原罪还是性恶为基础,只要肯定人有学习认知能力,为了保障自己的经济利益,都可以动用这种能力,权衡利弊,制定有效的社会制度。人之性恶何以能够生出礼义法度,在理论上不存在原则性的困难。

2. 性恶论的最大困难是无法保障其理论具有活动性

荀子学理的最大困难不在这里,而在不足以保障其学理具有活动性。上一小节讲过,对于荀子论诚,我的理解与学界第二种观点有所不同,认为《荀子》全书并非没有矛盾,只是这种矛盾荀子没有意识到而已。需要提醒注意的是,这个问题不仅荀子没有意识到,而且目前不少从事荀子研究的学者也没有意识到。我之所以有这种理解,源于两个特殊的学理背景。

第一个背景是休谟伦理难题。前面讲过,我从事儒学研究最初的问题意识来自休谟伦理难题。我发现西方哲学史上这个非常著名的难题在孔子身上没有立身之所。儒学为什么会有如此神奇的现象?这成了诱使我从事儒家心性之学研究的"那个掉下来的苹果"。休谟伦理难题可以从不同角度加以考察。我关注这个问题,是因为休谟通过这种发问,向我们提出了一个严肃的理论问题:何为道德根据?英国学术界关于道德根据问题当时有两种不同的看法,有的主张是理性,有的主张是情感。休谟认为,道德根据不仅要对行为提供指导,而且这种指导必须包含动力,理性不能提供这种动力,所以不能成为道德根据。休谟这方面的论述很多,下面文字最有代表性:

> 单是理性既然不足以产生任何行为,或是引起意志作用,所以我就推断说,这个官能(理性)同样也不能制止意志作用,或与任何情感或情绪争夺优先权。①

> 道德准则刺激情感,产生或制止行为。理性自身在这一点上是完全无力的,因此道德规则并不是我们理性的结论。②

> 我们只要承认理性对于我们的情感和行为没有影响,那么我们如果

---

① [英]休谟:《人性论》,关文运译、郑之骧校,商务印书馆1980年版,第452—453页。

② [英]休谟:《人性论》,关文运译、郑之骧校,商务印书馆1980年版,第497页。

妄称道德只是被理性的推论所发现的,那完全是白费的。一个主动的原则永远不能建立在一个不主动的原则上;而且如果理性本身不是主动的,它在它的一切形象和现象中,也都必然永远如此,不论它是从事研究自然的或道德的问题,不论它是在考虑外界物体的能力或是有理性的存在者的行为。①

理性是完全没有主动力的,永远不能阻止或产生任何行为或感情。②

理性是完全不活动的,永不能成为像良心或道德感那样,一个活动原则的源泉。③

理性只能发现这些义务,却永不能产生这些义务。这个论证值得衡量,因为据我看来它是完全有决定性的。④

我不怕浪费篇幅将休谟有关的原文按照页码的顺序罗列在这里,意在表明,休谟非常重视理性本身是否具有主动性的问题,认为道德善恶判断只是性质不同的知觉,知觉中的感性印象是主动的、有力的,理性则是被动的、无力的。为此,休谟区分了标准和意志,认为道德标准是一回事,道德标准约束意志,产生具体的德,是又一回事。要成就具体的德,仅仅指出善恶所依据的标准是完全不够的,"还必须指出那种关系与意志之间的联系,并且必须证明,这种联系是那样必然的,以至于在每一个有善意的心灵中它必然发生,并且必然有它的影响"⑤。由于理性没有活动性,不能证明标准和意志之间的联系是必然的,所以理性不是道德的根据。

我关注这个问题的另一个背景,是牟宗三对朱子的批评。理论是否具有活动性,是牟宗三非常关心的话题。牟宗三早年写作《荀子大义》时即初步有了这方面的想法。他说:

然以理自律,须赖其自己之最高道德感,道德感不足,即不能自律,而又无外力以控制之,则即横决而漫无限制,虽有天在上,超越限制之,然彼若不觉不受,则限制之之天,虽外在而无力,故位愈高,控制之外力愈微,

---

① [英]休谟:《人性论》,关文运译、郑之骧校,商务印书馆1980年版,第497页。
② [英]休谟:《人性论》,关文运译、郑之骧校,商务印书馆1980年版,第497—498页。
③ [英]休谟:《人性论》,关文运译、郑之骧校,商务印书馆1980年版,第498—499页。
④ [英]休谟:《人性论》,关文运译、郑之骧校,商务印书馆1980年版,第508页。
⑤ [英]休谟:《人性论》,关文运译、郑之骧校,商务印书馆1980年版,第505—506页。

一旦将此超越之天拆穿而无睹,则君即成全无限制者,祸乱即从此生,而革命、独夫、自然天命之竞争,亦随之必然而来矣。①

在荀子学理中,天为自然之义,谈不上法天敬天。在此情况下,要成就道德,必须依靠自己的道德感。但荀子将学理的希望寄托在认知上,直接的后果便是"道德感不足"。这种"道德感不足"其实就是道德动力不足,以至于只能寄希望于外力。

牟宗三后来写作《心体与性体》,批评朱子,延续的也是这个思路。牟宗三划分三系,将伊川、朱子定为旁出,一个核心的理由就是其学理没有活动性:

> 依朱子对于"存在之然"所作的"存有论的解析",其由存在之然推证其所以然之理,其如此把握的实体(性体、道体)只能是理,而不能有心义与神义,此即实体只成存有而不活动者,因此,即丧失其创生义。然依孟子"本心即性"义,以及原初的"维天之命,於穆不已"与夫《中庸》之言诚体、《易传》之言神体,则性体道体本即是道德创生的实体,其自身是理是心亦即是神,是则实体是"即存有即活动"者(活动是 activity 义,不是 motion 义),而不是"只存有而不活动"者。②

儒家正宗所讲之理一定是"即存有即活动",而不是"只存有而不活动"。朱子不然,他只是对"存在之然"进行"存有论的解析",由存在之然推论其所以然之理。这种做法并非全无意义,但缺乏活动性,缺点十分明显。此段中"此即实体只成存有而不活动者,因此,即丧失其创生义","只存有而不活动",即指此而言。

下一段是同样的意思,语义更明:

> 朱子不加分别,一概由存在之然以推证其所以然以为理,而此理又不内在于心而为心之所自发,如是其所言之理或性乃只成一属于存有论的存有之理,静摆在那里,其于吾人之道德行为乃无力者,只有当吾人敬以凝聚吾人之心气时,始能静涵地面对其尊严。若如孟子所言之性之本义,

---

① 牟宗三:《名家与荀子》,《牟宗三先生全集》第 2 卷,台湾联合报系文化基金会、联经出版事业公司 2003 年版,第 204 页。

② 牟宗三:《心体与性体》第三册,《牟宗三先生全集》第 7 卷,台湾联合报系文化基金会、联经出版事业公司 2003 年版,第 531 页。

性乃是具体、活泼,而有力者,此其所以为实体(性体、心体)创生之立体的直贯也。而朱子却只转成主观地说为静涵静摄之形态,客观地说为本体论的存有之形态。而最大之弊病即在不能说明自发自律之道德,而只流于他律之道德。此即为性之道德义之减杀。①

朱子特别重视以存在之然推证其所以然之理,凸显格物致知之重要,从学理性质上说,这是将思想的重点放在认知(即所谓智性)之上。这套义理隐含着一个严重的问题:理成了静态的存在之理,静静地摆在那里,无法直接决定人们的道德行为。"其于吾人之道德行为乃无力者"即是此意。这里说的"无力者"就是没有活动力,不能直接变为道德善行。牟宗三进而将这种没有动力的学理形象地称为"死理",与之相反的概念,则为"活理"②。牟宗三这一说法告诉我们,一种道德学说要完整有效,不能只讲认知,只讲智性,因为认知或智性本身没有动能。

休谟、牟宗三皆为重要的哲学家,但人们很少将他们联系起来。我将他们放在一起,引用如此多的原文是想说明,虽然他们讨论问题的背景不同,但都涉及理性是否有活动性这个大问题。休谟提出,因为理性没有活动性,所以无法成为道德的根据。牟宗三提出,朱子学理的问题说到底是以格物致知为中心的理论,不能提供行为的动力。中西哲学的这两个重要人物通过不同的方式讨论这个问题,说明这个问题之重要,不能视而不见。据我观察,这是现在荀子研究中普遍存在的一个问题。常有学者讲,荀子确认人有认知能力,有"义"有"辨",借助这种能力足以成德成善,达到"化性起伪"之目的。这些学者这样思考问题的时候,休谟和牟宗三关于理性本身没有动力,无法决定具体道德行为的思想,并不在其视野之内。我下大气力建构儒家生生伦理学,提出三分法,一个重要原因,就是基于对这个问题的思考。在我看来,一门完整的道德学说当有智性、欲性、仁性三个要素。在这三个要素中,智性和仁性都是道德根据,但作用不同。智性的作用是制定和认识行为规范,仁

---

① 牟宗三:《心体与性体》第三册,《牟宗三先生全集》第7卷,台湾联合报系文化基金会、联经出版事业公司2003年版,第269—270页。

② 牟宗三说:"体会成只存有而不活动(只是理)便是死理,体会成即存有即活动(心神理是一)便是活理。"(牟宗三:《心体与性体》第一册,《牟宗三先生全集》第5卷,台湾联合报系文化基金会、联经出版事业公司2003年版,第408页。)

性的作用是负责提供动力,而这也就是我前面提到的"道德动力学"①。这个重要概念意在说明,一门道德学说要有效能,能够变为道德践行,必须有充足的动力,否则只是一个死理,没有实际的意义,而这种动力只能由仁性提供,智性没有这种功能。因为荀子对仁性缺乏透彻的理解,不了解仁性的先在性和逆觉性,致使其学理仁性缺位。这一缺陷对荀子有严重的影响,因为如果在一套理论中缺少仁性,单靠智性是没有办法获得足够动力,保证由知变为行的。②

荀子在这方面的思考过于简单了,未能意识到这个问题的复杂性,"涂之人可以为禹"的著名命题即隐含着这方面的问题:

> 凡禹之所以为禹者,以其为仁义法正也。然则仁义法正有可知可能之理,然而涂之人也,皆有可以知仁义法正之质,皆有可以能仁义法正之具,然则其可以为禹明矣。今以仁义法正为固无可知可能之理邪?然则唯禹不知仁义法正,不能仁义法正也。将使涂之人固无可以知仁义法正之质,而固无可以能仁义法正之具邪?然则涂之人也,且内不可以知父子之义,外不可以知君臣之正。今不然。涂之人者,皆内可以知父子之义,外可以知君臣之正,然则其可以知之质,可以能之具,其在涂之人明矣。今使涂之人者以其可以知之质,可以能之具,本夫仁义之可知之理、可能之具,然则其可以为禹明矣。③

在荀子看来,涂之人可以为禹,因为涂之人从内而言"可以知父子之义",从外而言"可以知君臣之正",有这方面的"知之质"和"能之具",所以涂之人

---

① 参见本书第一章第三节"三分法的最终证成"(第11—16页)。
② 一些学者不认可我的这种判断。在他们看来,善指一种合目的性。孟子讲"可欲之谓善",意思是说,如果某事对人是可欲的、合目的的,就是善的。就此而言,荀子同孟子并没有太大的差别。荀子讲"人生而好利焉",意思是说,一种行为有利于达成这一利益目的,即是善的,反之即是恶。当然,这还只是私善,荀子更要求由此达到"正理平治"之公善。我不同意这种理解。从特定意义上,可以从合目的性的角度来理解善。但人要达到这种合目的性,实现这种善,头脑不能是空的,必须有基础。这种基础就是人的善性。孟子之伟大,就在于以端倪,以"才"肯定了这种善性。荀子不同,他将道德视为后天教化的结果,不承认这种端倪,不承认这种"才"。受此限制,荀子始终摆脱不了上面提到的那个问题:我知道这个目的是好的,也知道达到这个目的有利于社会的正理平治,但这对于我个人没有直接的好处,甚至还有坏处,我为什么要这样去做呢?
③ (清)王先谦:《荀子集解·性恶》,中华书局1988年版,第443页。

可以为禹是非常明白的道理。但麻烦在于，如果有人问，我的确有认知的能力，可以凭此知道礼义法度，但这样做对我没有太多的好处，甚至还会造成物欲上的损失，不合算，不实惠，我为什么非要这样做不可呢？

另一段材料也可以从这个角度来理解：

> 曰：可以而不可使也。故小人可以为君子而不肯为君子，君子可以为小人而不肯为小人。小人、君子者，未尝不可以相为也，然而不相为者，可以而不可使也。故涂之人可以为禹则然，涂之人能为禹未必然也。虽不能为禹，无害可以为禹。足可以遍行天下，然而未尝有遍行天下者也。夫工匠、农、贾，未尝不可以相为事也，然而未尝能相为事也。用此观之，然则可以为，未必能也；虽不能，无害可以为。然则能不能之与可不可，其不同远矣，其不可以相为明矣。①

荀子注意到，在现实生活中，小人可以为君子，但未必真心去做君子，"可以而不可使"是一个无法回避的事实。当然，荀子并没有放弃信念，仍然坚信"虽不能为禹，无害可以为禹"，正如没有人真的用双脚走遍天下，但不能因此否认双脚可以遍行天下一样。荀子看到了这里的矛盾，但没有意识到这个问题的复杂性，更没有找出有效解决问题的办法。② 在他的理论系统中，人依礼义而行明显缺乏内在的根据，在内在的物质欲望和外在的礼义法度之间缺少中间环节，没有一种东西提供动能，依礼义法度而行无法成为人们的自愿行动。

荀子学理这一困难是其援法入礼、礼法并重的根本原因。历史上，孔子和孟子都没有否定法的作用，但荀子对法的重视程度大大超过了前人。荀子坚信，人的本性险恶，要改造人的本性，既要依靠礼的规范，也要依靠刑的威慑，二者缺一不可，即所谓"治之经，礼与刑"③。这样一来，礼法并重就成了荀子性恶论的必然归宿。这一归宿直接导致荀子历史地位不够稳定，正反相差很

---

① （清）王先谦：《荀子集解·性恶》，中华书局1988年版，第443—444页。

② 梁涛清醒地看到了这个矛盾，指出："这一设问也表明，荀子承认在一定的时代和条件下，'涂之人'是很难成为'禹'的，正可谓'天地闭，贤人隐'，圣人不出。这里除了'不肯'即主观努力的原因外，更重要的是，在荀子那里，'涂之人可以为禹'只是一种理论上的可能性，是'可以为禹'，而不是'能为禹'，'可以'是可能性，'能'是现实性，可能性与现实性之间是存在着巨大鸿沟的。"（梁涛：《荀子对"孟子"性善论的批判》，《中国哲学史》2013年第4期。）

③ （清）王先谦：《荀子集解·成相》，中华书局1988年版，第461页。

大,有四大矛盾:在先秦时的地位很高,后来不断下降;著作很多,详细而系统,但宋明儒不喜欢,认为是糙米饭,没有嚼头;很长时间受到大陆学者的重视,但港台学者的评价较低;作为先秦三大儒之一,却带出了韩非和李斯这样的法家学生。① 将这些矛盾置于三分法视域之下并不难理解:因为荀子不相信性善,"仁性缺位",理论本身有缺陷,所以尽管在当时影响很大,后来的影响却越来越小;因为荀子不相信性善,"仁性缺位",所以著作尽管系统有致,但没有太强深意,嚼劲不足,吸引力不强;因为荀子不相信性善,"仁性缺位",只信任后天的教化,这符合一段时间大行其道的唯物主义的标准,所以受到大陆学者的热捧,台湾香港的学者则不以为然;因为荀子不相信性善,"仁性缺位",势必将希望寄托于礼法,援法入礼、礼法并重,所以法家的学生可以出自儒家之门。②

3. 补足仁性是克服荀子学理困难的究竟之法

既然荀子学理存在着如此严重的困难,那么如何克服这一困难就成了极为重要的理论课题。按照儒家生生伦理学的理解,要克服这一问题,有一个直接有效的办法,这就是补足仁性。我一再讲,儒学最明显的特点是在产生之初没有受到西方哲学的影响,没有理性、感性的两分模式,内部贯穿的是智性、欲性、仁性的三分结构。在这种三分结构中,智性和欲性并不新奇,西方也有,儒学最可贵之处在于多了一个仁性(确切表达,是这个部分特别强大,不能说西方在理性、感性两分两极之间完全没有类似于仁性的内容)。从历史上说,仁

① 东方朔的一段话非常形象。他说:"在宋明儒学中,荀子,却又似乎是一只蝙蝠,既不为鸟类所喜,亦不为兽类所爱。"(东方朔:《合理性之寻求:荀子思想研究论集》,台湾大学出版中心2011年版,"导言"第1页。)

② 近年来,一些学者对司马迁"韩非事荀卿"的提法提出怀疑,认为历史上没有确凿材料证明韩非是荀子的学生。佐藤将之即是如此。他指出:"韩非的人观比较有可能是直接整合自'前期法家'及稷下学者田骈和慎到'人性自私'的人观,并非采纳荀子的'性恶论'。基于此,笔者也参考贝塚茂树、桥本敬司、张涅等学者的研究,探讨司马迁之所以有'韩非事荀卿'说法的原因。虽然笔者探讨的结果也还难以证明司马迁对于荀韩关系的记述是纯然虚构,但至少显示出不能只靠此句话来断定韩非的人观来自荀子的性论。"([日]佐藤将之:《荀子礼治思想的渊源与战国诸子之研究》,台湾大学出版中心2013年版,第267页。)人们作这种辩护,我猜测主要是为荀子打抱不平,认为不能将法家的过错全归于荀子。但我对这种做法一直有所不解。退一万步,即使证明了韩非并非出于荀门,"韩非事荀卿"的记载有误,李斯出于荀子之门则是有确凿证据的。如此一来,儒家的老师何以带出了法家的学生这一问题,仍然存在,躲避不开。果真如此,强辩韩非是否出自荀门,翻历史旧案,为荀子辨诬,有多大理论意义呢?

性是孔子讲的仁,孟子讲的良心;从理论上说,仁性是在生长倾向基础上受社会生活和智性思维影响而形成的伦理心境。仁性之所以重要,不可缺少,是因为它可以提供动力,将知和行有效连接起来。而仁性之所以有这种神奇的力量,一是因为它来自生长倾向,为道德根据打下了扎实的底子;二是因为它来自社会生活和智性思维的影响,是一种伦理心境,在伦理心境的形成过程中,社会生活好善恶恶的习俗也带进了内心,使人具有知善而行,知恶而止的品性。无论是生长倾向还是(狭义)伦理心境都具有先在性,在处理伦理道德问题之前已经存在了,人通过自身的内觉能力可以觉知到它的存在,从而感受到仁性的力量,凡是正确的,就有动力去行,凡是错误的,就有动力去止,动能十足。荀子学理的最大问题就在这里。荀子思想的重点在于智性,未能真正了解孔子仁的学说,未能明白孟子创立性善论的深意,对仁性的理解既不准确,更不深刻,导致仁性缺失,无法发挥作用,不得不将学理的希望寄托在隆礼重法之上。

由此说来,"仁性缺位"是荀子学理的最大遗憾,补足仁性是克服荀子学理困难的究竟之法。遗憾的是,很长时间以来性善、仁性都被列为批判的对象。这种情况在这些年虽有好转,但仍然没有根本性的改善。现在很多人仍然不能深刻了解仁性先在性和逆觉性的重要意义,不明白智性只是"死理",在一个完整的道德学说中只有仁性才能提供动力。不坚持智性、欲性、仁性的三分法,不抛弃对仁性的错误理解,不承认仁性的先在性和逆觉性,一句话,不把仁性补足以为智性提供动能,无论提出多少方案,做多少努力,都不足以从根本上克服荀子的理论困难。

第六节　"性朴说"商议

一、"性朴说"缘起

将荀子之性恶解释为"性朴"(我称之为"性朴说"),虽早已有之,但真正成气候,具有广泛影响,是近些年的事。周炽成首发其端。2007 年 3 月 20日,他在《光明日报》上发表了《荀子:性朴论者,非性恶论者》一文,指出《荀子》中《性恶》与《礼论》在性恶与性朴、性伪合与性伪分、养情欲和逆情欲等三个方面存在分歧,荀子的人性理论应当理解为性朴论,《性恶》篇的作者很可能不是荀子,而是荀子后学或与荀学有关的人。2009 年,又在《广东社会科学》发表了《荀子非性恶论者辨》,进一步将《性恶》与《劝学》《天论》《正名》《荣辱》等篇进行了详细比较,认为《性恶》篇与这些篇的看法严重相悖,《性恶》以人性为恶,而上列诸篇皆不以人性为恶,从而证明《性恶》篇并非出于荀子之手。此外,他还提供了一些辅助性的证据,主要有:韩非并不以人性为恶,也未提到其师以人性为恶;司马迁写《史记》为孟子和荀子作传时,未提及二者人性的分歧;西汉陆贾之学出于荀子,但陆贾并未说过荀子主张性恶;董仲舒的人性论与荀子较为接近,然而董仲舒也不持性恶的看法;《劝学》《荣辱》《天论》《礼论》《正名》,皆爱引《诗》,独《性恶》篇不然,等等。周炽成甚至推测说,《性恶》出现在《荀子》一书中,或与刘向有关。西汉末年整理《荀子》时,全书三百多篇,重复严重,刘向作了大幅度的删除,仅保留了三十二篇。此时他未能注意到《性恶》与荀子思想的内在矛盾,将后人所撰的《性恶》保留在《荀子》全书之中,"制造了一个两千年的冤案,使荀子长期背了'性恶论者'的黑锅"。后来,周炽成又撰写了其他文章,为自己的观点提供一些新的材料,并将其汇集为《荀韩人性论与社会历史哲学》①一书正式出版,在学界引起了较大的反响。②

林桂榛在这方面同样作出了重要努力。尤为可贵的是,他用了很大气力找出一些新材料,证明对荀子性恶论有不同理解,"性朴说"由来已久。蔡元培 1894 年《荀卿论》一文即指出,"性恶"的提法乃后人所增,"论者或摘其片言指为巨创,岂知韩婴《外传》不著非孟之辞,董生《察名》非引性恶之说。流传别本,容有增加,韩非、李斯固优为之,集矢本师,未为通论。"③另据蔡元培日记记载,1896 年他曾亲见河北人高步瀛《荀子大谊述》手稿 20 篇,力证"性恶论非荀子所著",认为荀子以天生自然、本始材朴等言性,此足证"性恶之诬不攻自破",高氏"订征事实,校勘讹夺,发前人所未发者,更不可偻指数,洵荀

---

① 周炽成:《荀韩人性论与社会历史哲学》,中山大学出版社 2009 年版。
② 黄芸暗示周炽成的这种发现是抄袭洋人,却不注明。(参见黄芸:《〈荀子·性恶〉辨》,《国际汉学》第 26 辑,2014 年 9 月。)林桂榛对周炽成的研究有清楚的了解,为其进行了辩护,认为周炽成没有抄袭日本学人,他没有那个条件,性朴说是其独立的发现和创说。
③ 蔡元培:《蔡元培全集》第一卷,中华书局 1984 年版,第 50—51 页。

氏功臣矣"。① 刘念亲 1923 年 1 月 16 日、17 日、18 日在《晨报副刊》连载了《荀子人性的见解》,推定《性恶》篇当非出自荀子之手,而是后人伪作,疑其出自汉成帝之后。梁启超加按语云,"此谳若信,则学界翻一大公案矣","惟觉此问题关系重大,亟介绍之以促治国闻者之研讨云"②。20 世纪日本学者对荀子的"性恶"论也提出过质疑:1950 年金谷治提出《性恶》当为荀子后学作品;1955 年豐島睦提出《性恶》不是荀子亲撰,实为后出;1958 年米田登也指出,荀子人性论有矛盾,"性恶"非荀子真实主张,而是荀子后学法家思想家所添加;兒玉六郎 1974 年和 1992 年分别撰文提出荀子人性论的核心是性朴,而非"性恶"。③

　　尽管都赞成"性朴说",但林桂榛与周炽成又有不同。林桂榛认为,仅凭"性恶"的说法单出现于《性恶》篇,以及《礼论》篇同时涉言"材朴",便推论《性恶》篇全系伪文,方法和过程"过于粗糙,求证不足而假设有余"。经过多年苦心思考,他认定《性恶》篇中的"性恶"当为"性不善"之讹,认为以此来解读《荀子》全书,可以一气通通。他甚至还对荀子文本变化的原因提出了一个猜测,认为《荀子》"性不善"的说法是在西汉末年的简书编校缮写过程中被改为"性恶"的。"今本《性恶》篇正文 20 见'性恶'字眼实系西汉末年刘向等整理荀书时因篇中'善—恶'范畴对界及时兴'善—恶'对说思潮而擅改'不善'为'恶'字所致。""《性恶》篇在驳'性善'的起旨下所自立自持的绝非什么'性恶'说,而是'性不善/性资朴/性本始材朴'之'性朴'说。"④可惜这个问题一直未能引起人们足够的关注,清代朴学家亦未校出,致使《荀子》一书蒙冤长达两千年之久,造成中国思想史的一大谜案。林桂榛甚至"希望《荀子》言'性不善'而非言'性恶'的这一有清一代朴学家未能发现的校勘结论能有更多的稀世文献以证实之,甚至期待未来能出土直接涉荀的地下先秦、前汉文字等以完全证实之。苟如此,则可完全坐实、完

　　① 蔡元培:《蔡元培日记》,王世儒编,北京大学出版社 2010 年版,第 45—46 页。
　　② 刘念亲:《荀子人性的见解》,《晨报副刊》1923 年 1 月 16 日。以上蔡元培、刘念亲的材料均引自林桂榛:《天道天行与人性人情——先秦儒家"性与天道"论考原》,中国社会科学出版社 2015 年版,第 261—262 页。
　　③ 参见林桂榛:《天道天行与人性人情——先秦儒家"性与天道"论考原》,中国社会科学出版社 2015 年版,第 262 页。
　　④ 林桂榛:《宋本〈荀子·性恶〉全文校注》,《临沂大学学报》2020 年第 5 期。

全可靠地厘正荀子文本、廓清荀子思想、恢复荀子声誉而揭开此两千年之学术谜案、学术冤案。"①

二、"朴"不是荀子反驳孟子性善论的着力点

经过周炽成和林桂榛的努力,将荀子之性恶诠释为"性朴",在学界有了较大影响,响应者好像有越来越多的趋势。② 从表面看,在荀子思想系统中,人天生没有善,善来自后天的教化,其文本中"朴"字多见,"性者,本始材朴""今人之性,生而离其朴,离其资"更是直接以"朴"说性,这种看法似乎也有道理,但能否将荀子的人性理论直接界定为"性朴",还需要有多方面的考虑。

首先要考虑的一个因素是荀子人性论的历史背景。荀子人性论是直接针对孟子性善论的。孟子创立性善论时,社会上已经有了不少人性理论,其中告子的性无善无不善论最为有名。公都子列举当时三种不同人性理论,排在首位的便是告子的这种理论。《告子上》更有孟子与告子关于人性论的四则论辩,详细而具体,可谓名篇,是读《孟子》必读的篇目。告子的性无善无不善论,主旨是说人生是一张白纸,没有善,也没有恶,施加好的教化可以为善,施加不好的教化可以为恶。荀子是否读过编辑成册的《孟子》,因资料欠缺,不得而知。考虑到告子的理论在当时有较大影响,荀子在稷下学宫时间很长,而稷下学宫又是当时学术的中心,各种理论充盈其间,想象荀子对告子的理论有所耳闻,当有一定的合理性。从儒学发展史的角度看,荀子是作为孟子对立面存在的,他自己也有这种的理论自觉。如果荀子仅仅以"性朴"反对孟子,那么他与告子就没有区别,无法彰显自己思想的特色了。《荀子》中有《性恶》篇而没有《性朴》篇,这至少从一个侧面说明荀子反对孟子的主要理由不是性

① 林桂榛:《天道天行与人性人情——先秦儒家"性与天道"论考原》,中国社会科学出版社 2015 年版,第 276 页。
② 近年来这方面的文章较多,据林桂榛统计,较重要的有:孙旭鹏:《荀子人性论:从"性朴"到"性恶"的内在逻辑》,《泰山学院学报》2015 年第 2 期;王军:《性朴、性恶与向善:荀子人性学说的三个层次》,《现代哲学》2016 年第 1 期;陆建华:《性朴、情欲与性恶:荀子人性论的三个层面——兼及先秦儒家人性论》,《学术界》2017 年第 10 期;刘亮:《〈荀子〉"性朴""性恶"续辨》,《道德与文明》2018 年第 1 期;曾暐杰:《"性朴"即是"性恶"——儒家视域下的荀子人性论之衡定与重构》,《邯郸学院学报》2019 年第 4 期。

朴,而是性恶,只不过他对"恶"有自己的特殊界定罢了。①

　　另外更加需要考虑的是荀子人性论的政治目的。荀子不满意孟子的性善论,主要是因为孟子这一思想与自己的政治理念相违背。"性善则去圣王,息礼义矣;性恶则与圣王,贵礼义矣。"《性恶》篇中的这一表述具有纲领意义,旨在表明,如果沿着孟子性善的方向发展,必然"息礼义";只有走性恶的路线,才能达到"贵礼义"的目的。这里有这样一个逻辑关系:如果人性是善的,那么圣王和礼义就没有必要了;如果人性是恶的,圣王和礼义的必要性就显现出来了。荀子提出性恶论,与这个政治目的密不可分。在他看来,人天生就有的物质欲望,物质欲望没有止境,任其无节制发展,必然出现"偏险而不正""悖乱而不治"的局面,"不正""不治"的结果不好,故为恶,所以圣王和礼义十分必要,须臾不可缺少。由此不难明白,荀子论性既有"朴"的含义,又有"恶"的内容。但荀子思想的重点显然不在前者,而在后者。换言之,以"朴"论性,对荀子"与圣王,贵礼义"的主张帮助并不太大;反之,以"恶"论性,其间的理论环节就一气打通了,其政治目的就有了扎实的理论依据。正因如此,在我看来,与其费大气力,推翻传统旧说,重新将性恶解读为性朴,不如沿用传统说法径直称为性恶(必须注意,这种恶并非指物质欲望本身,而是指物质欲望无限度发展的不好结果),更能反映荀子的理论初衷。在没有发现更为确切的材料之前,贸然判定《性恶》是后人所为,或将《性恶》中的"性恶"改为"性不善",对准确把握荀子思想主旨虽不能说全无意义,但帮助并不太大。

　　三、人性并非为"朴",不应以此"扬荀抑孟"

　　事物因参照系不同可以有不同的定性,人们完全有理由选择自己的角度对一个事物加以研究。因为荀子论性确有"朴"的含义,有学者着重从"性朴"的意义理解荀子,也应抱有同情理解的态度,不宜完全排斥。我不赞成"性朴说",主要不在能否将"性恶"解读为"性朴",而是因为"性朴"这一观念本身不能成立,更无法接受这种做法"扬荀抑孟"的目的。

────────────

　　①　这与林桂榛的看法不同。他认为:"荀子《性恶》篇并非是以性恶驳性善并立性恶论,而是以性无善驳性善并立性朴论、习伪论。"(林桂榛:《"材朴"之性又谓"性恶"?——驳为〈荀子〉"性恶"曲辩者》,《临沂大学学报》2015年第5期。)

如何理解人性问题,是一项十分困难的工作。长期以来,特别是在建构儒家生生伦理学的过程中,我反复强调,人性之所以为善,是因为人有良心;人之所以有良心,是因为社会生活和智性思维对内心有影响,具有伦理心境;伦理心境之所以可能,是因为人天生有生长倾向。伦理心境和生长倾向来源不同,但在处理伦理道德问题之前都已经存在了,都是先在的,不同之处仅在于一个是"后天而先在",一个是"先天而先在"。就此而言,人来到世界的那一瞬间内心就不是一张白纸,上面早就有了内容,人性原本就不是"朴"的,以"朴"定性是严重的理论误判。孟子主张性善,将良心完全归于天生,归为"才",固然有不严格的地方,但他强调人天生有善的端倪,则是完全正确的,无法反驳。孟子在儒学发展史上最大的贡献,就是有了这个发现,阐明了这个道理。性善论的理论意义当主要从这个角度来理解。

孟子与荀子作为先秦儒家两个重要代表人物,在历史上的地位互有升降,宋代经过升格运动后,孟子的地位大为高扬,最终超过了荀子。但20世纪后这种情况有了新的变化,荀子的地位开始逐渐上升,大有压倒孟子的趋势。导致这种变化主要有两个因素。首先是受到了西方逻辑实证主义的影响。冯友兰批评孟子有神秘主义倾向,即与此有关。在1931年出版的《中国哲学史》上册中,冯友兰认为,孟子的"万物皆备于我""上下与天地同流"等说法具有神秘主义倾向。"此所谓神秘主义,乃专指一种哲学承认有所谓'万物一体'之境界。""中国哲学中,孟子派之儒家,及庄子派之道家,皆以神秘境界为最高境界,以神秘经验为个人修养之最高成就。"[1]20世纪初,逻辑实证主义盛行一时,冯友兰去美国学习,难免受其影响。逻辑实证主义强调,讨论的问题必须能够得到逻辑的证明,否则没有任何意义。按照这种看法,"万物皆备于我""上下与天地同流"这些命题都没有办法得到逻辑的证明,所以冯友兰判定其为神秘主义。

这种影响尚在其次,更为重要的还是受到了西方唯物主义的影响。20世纪中叶以来,唯物主义和唯心主义斗争的模式传入中国,很多人开始以这种方式研究中国哲学。在这种框架下,因为孟子明显属于唯心主义,所以开始受到批判。侯外庐的《中国思想通史》指出:

---

[1] 冯友兰:《中国哲学史》上卷,华东师范大学出版社2000年版,第101—102页。

孟子的性善论是孔子的"能思"与道德情操的放大。这种放大了的唯心主义，与孔子的人性论距离就远了。

总而言之，孟子师承曾子、子思，又受了宋、尹的影响，把孔子"性相近"的见解，曲解为性善说，因而给与仁、义、礼、智等道德规范以先天的根据，完成了先验主义的形而上学体系。①

侯外庐上述看法有两个核心点：一是把孟子定性为唯心主义、先验主义，指出其中错误因素较多；二是认为孔子思想仍保留了较多唯物主义因素，孟子则远离了孔子的思想，脱离了正确的轨道。《中国思想通史》一段时间以来影响非常大，可以说是学者研究中国思想史的范本。该书对孟子的这两点批评，后来亦成了荀子研究不成文的范式。

受老一代学者的影响，年轻一代的学者常常也不自觉地以这种方法研究荀子。廖名春的《〈荀子〉新探》是大陆近四十年影响很大的荀子研究专著之一，学理价值很高。但遗憾的是，旧的思想范式在该书中仍然留有痕迹。比如作者在该书中这样写道：

荀子认为善是后天的人为，否定了道德先验论，这是他较孟子的高明处，是荀子人性论学说的最大贡献。

荀子认为"凡以知，人之性也"，肯定了人类具有认识的本能，又将其与后天的善相区分。这样，既没有陷入道德先验论的泥沼，又合理地解释了"人最为天下贵"的根源。这在对人性的认识上是一大突破。其说较孟子的"善端"说更近于真理。②

这明显是说，孟子是先验主义，荀子是经验主义，荀子思想较孟子更为合理，更近于真理。

周炽成也受到了影响。《荀韩人性论与社会历史哲学》第十三章专门辟有一个小节，题目是"'唯物主义'视野下的荀韩学：新的正统"。作者这样写道："在 20 世纪，荀韩之学的影响越来越大，到了 50 年代，它开始成为新的正统。这一正统贴上了来自西方的标签：唯物主义。"③尽管作者对于以唯物主

---

① 侯外庐、赵纪彬、杜国庠：《中国思想通史》第一卷，人民出版社 1957 年版，第 396、399 页。
② 廖名春：《〈荀子〉新探》，中国人民大学出版社 2014 年版，第 92 页。这些表述在台湾第一次出版（台湾文津出版社 1994 年版）时就是这样的，在大陆出第二版时没有本质的变化。
③ 周炽成：《荀韩人性论与社会历史哲学》，中山大学出版社 2009 年版，第 179 页。

义和唯心主义研究中国哲学史的做法提出过批评,但他似乎并不反对将荀子定位为"新的正统"。林桂榛持类似看法,论述更为系统。《天道天行与人性人情——先秦儒家"性与天道"论考原》对荀子的人性理论有这样一个评论:

> 荀子是经验主义的人性论、天人论,他的人性论、天人论揭示了天道与人性的真相,打断了思孟学派及泛阴阳五行派(如邹衍)由信念或抽象意念出发而将天人予以宗教伦理化贯通的学说建构,展现了先秦儒家荀、孟两派经验主义、理性主义的分隔与对抗。惜后世儒学发展的是后者(思孟学派)而非前者(弓荀学派),"子弓—荀子"一脉的儒学遂长期湮没不张或遭陋学诋毁。①

这是说,荀子的人性论是经验主义的,其人性论、天人论揭示了天道与人性的真相,打断了思孟学派先验主义路线造成的混淆,其功至伟,甚至可以视为"迄今为止中国思想史上人性说的最高成就"②。荀子与孟子人性理论的不同,说到底是经验主义与理性主义(先验主义)的不同。可惜后人不具慧眼,识不透这层道理,致使荀子学派的理论意义长期隐而不彰。细心的读者一望即知,这种观点仍然是侯外庐《中国思想通史》的延续。至此,我们终于明白了,一些学者一段时间以来热衷于将荀子之性恶诠释为"性朴",荀子研究中"性朴说"风靡一时,离不开以经验主义、唯物主义立场对"性朴"本身的赞扬,更离不开"扬荀抑孟"的目的。③

遗憾的是,主张"性朴说"的一些学者没有意识到这个问题的复杂性,在

---

① 林桂榛:《天道天行与人性人情——先秦儒家"性与天道"论考原》,中国社会科学出版社 2015 年版,第 300 页。

② 林桂榛:《天道天行与人性人情——先秦儒家"性与天道"论考原》,中国社会科学出版社 2015 年版,"摘要"第 6 页。在与学生的交流中,这一思想表达得就更为直接了。他说:"我不赞同性善论,非因荀子或荀子的思想体系,而是因为我自己首先就认为它不符合事实,它是一种'附会'或'强言',这是我的学理观察、学术叙述……"(同上书,第 332 页)。

③ 东方朔似乎也赞成这种观点。他说:"就理论的历史事实而论,我们马上可以指出,在先秦儒家中,除孟子主性善说之外,其他儒者并不以性善说立论,亦并无以性善说为正宗,若非要说一个'正宗',即告子近之。""孟子是从道德价值的意义上或者说是从'人之所以为人'的角度对人性问题的理解提出了一个新的范式(paradigm),相对于当时一般流行的看法,孟子的观念倒表现出'截断众流'的性格,'是一种创见和新说,是一个转进。'极言之,孟子的性善说倒表现出有悖于当时人们对性的一般了解,此即断无可疑者。"在相应的注中进一步明言:"若以先秦乃至秦汉为一时段,即孟子的性善论倒可以被看作是一种'歧出'。"(东方朔:《合理性之寻求:荀子思想研究论集》,台湾大学出版中心 2011 年版,第 137、139 页。)

理论上有严重的倒置。他们似乎认为，"朴"是人性的真实状态，荀子准确把握住了这个道理，可惜人们不明其故，反而将"性朴"误读为"性恶"，极大掩盖了荀子学理的价值。如果能够把荀子的学说重新界定为"性朴"，将大大有利于阐明这个道理，光明正大地将荀子纳入真理的阵营，列为"新的正统"。但是，如上所说，人性有强烈的先在性，原本就不是"朴"的，那种希望以"性朴说"借道经验主义、唯物主义抬高荀子，达到"扬荀抑孟"之目的，不客气地说，仍然是对经验主义、唯物主义和先验主义、唯心主义这些概念的不加反省地滥用，是之前浅薄唯物心态的变形产物。目前荀子研究存在的一些混乱，表面看是对荀子文本有不同的理解，实则是对孟子的理解远不到位，现象在于荀子，根子则在孟子，是思想范式出了问题。眼下最重要的工作，是对过去陈旧的思想范式作彻底的反省，否则，荀子研究不可能取得本质性的突破。

四、"性朴说"错误理解了孔孟心性之学的关系

在"扬荀抑孟"背景下，还有一个如何评判孟子性善论、荀子性恶论与孔子思想的关系问题。主张"性朴说"的学者普遍有这样一种看法：孔子主张"性相近，习相远"，"性相近"是说人生而有相近的一面，"习相远"则是强调后天教化对人的影响，这明显包含经验主义、唯物主义的因素。告子的"性无善无不善论"，即是顺着孔子这一思想发展而来的，代表着一个正确的方向。《荀子》中虽有《性恶》篇，历史上人们也常常将荀子的人性论解读为性恶，但荀子真正主张的是"性朴"，这正是对孔子"性近习远"路线的继承。孟子就不同了，他以善定性，将道德根据视为"我固有之""天之所与我者"，认为人生即具有仁义礼智之心，走向了先验主义，走向玄学，背离了孔子的真精神。下面两段文字清晰地表达了这个意思：

> 德性是生成的，并非是本有的。道德之性就是习性，是后天习成之性，而"性"义是本性、本生，是与生而俱有之性、生。荀子的人性论可谓就是渊源于告子，也渊源于孔子等。①

> 孟子说心性高远而宏大，系宋新儒学精神祖，然于如何进德养性实空

① 林桂榛：《天道天行与人性人情——先秦儒家"性与天道"论考原》，中国社会科学出版社 2015 年版，第 270 页。

疏,此孟子类墨子而远逊孔荀处,《荀子·儒效》所谓"其言议谈说已无异于墨子矣"实应理解为指孟子之流等。①

前一段强调性来自于后天之养成,并非天生而成,荀子正确地把握住了这一点,与孔子"性相近,习相远"表达的思想更为接近。后一段批评孟子心性学说空疏,无异于墨子,远不及荀子。一正一反,荀高孟低,不言自明。

近年来,有学者批评孟子的人性理论是"旧瓶装新酒",也与这个背景有关。路德斌认为,在孟荀的时代,为大众约定俗成因而普遍流行的性的概念并不是孟子所谓的性,而是那个并不含有仁义礼智内涵的"生之谓性"的性:

> 如此而然,那么我们再去反观荀子的"性伪之辨",就会非常清晰地看到,在"性"概念的使用上,作为后起的儒者,荀子并没有接受和沿用孟子的说法,而是坚持"约定俗成"的原则,非常自觉地在传统的意义上使用"性"一概念。因为在荀子看来,孟子这种用"旧瓶"来装"新酒"的做法,从根本上违反了"约定俗成"的制名原则,"析辞擅作,以乱正名",不仅无益于概念的明晰和思想的传达,相反,会愈发导致名实混乱,"使民疑惑,人多辨讼"。②

从辞气来看,在该文作者看来,在"性"这一概念的使用上,更合理的是荀子,而不是孟子,因为荀子遵循了约定俗成的原则,孟子则另搞一套,"析辞擅作,以乱正名"。这不仅是不认可孟子性善论的进路,而且是对其非常严厉的批评了。

面对这些批评,我们不得不认真讨论这样一个问题:孟子性善论是破坏了约定俗成的原则,"析辞擅作,以乱正名",还是对孔子思想的重要推进?我的答案是后者。回顾儒学发展史可以清楚地看到,孟子之时,已有了不同的人性理论,除告子的"性无善无不善论"外,不管是"性可以为善,可以为不善论",还是"有性善,有性不善论",都已从道德品质的角度谈论性了。这种现象有很强的历史必然性。孔子创立了仁学,但没有说明仁来自何处。后人要将仁学弘扬光大,自然要解决这个问题,而根据当时的历史背景,解决这个问题只能从性的角度出发。孟子即是如此。站在他的立场,不从性的角度入手,这个

---

① 林桂榛:《天道天行与人性人情——先秦儒家"性与天道"论考原》,中国社会科学出版社 2015 年版,第 310 页。
② 路德斌:《荀子:"心伪"与"大本"——从清儒荀学研究的不足看当下荀学复兴所要解决的一个根本问题》,《邯郸学院学报》2017 年第 9 期。

问题是无法得到解决的。孔子没有将仁义礼智与性联系起来这是事实,但我们不能因此断言孟子不能以仁义礼智说性。孔子不讲,孟子为什么不能讲?①如果不以仁义礼智说性,孟子如何解决孔子留下来的仁的来源这一问题? 以"习"作答当然是一种可能,从特定意义上说,儒家生生伦理学以伦理心境诠释仁性,因为伦理心境来自社会生活和智性思维,其实也是一种"习"。但必须看到,这种"习"在处理新的伦理道德问题之前已经改变了性质,成为了一种结晶物,有了先在的特性。人有了这种先在性,不需要新的"习",也有是非的标准,知道如何去做。现实生活中具体的善的行为不是始于"习",而是始于发现自己内心的先在性,此其一。另外,更为重要的是,只有伦理心境还不够,还必须进一步承认伦理心境有生长倾向的基础,否则既无法说明伦理心境是以什么为基础的,也无法回答人最初向善的动因来自何处的问题。此其二。孟子性善论的重大意义由此就表现出来了。受历史条件的限制,孟子虽然不明白良心主要来自社会生活和智性思维对内心的影响,但他强调人生而有"才",有善的端倪,是无论如何不能否认的。这个道理告诉我们,人自来到这个世界的那一瞬间,头脑就不是空白的,上面早就有了内容,这些内容就是生长倾向,就是人向善的最初原因。虽然仅此还不行,还必须不断学习,不断接受教化,但必须承认人天生有"才",有善的端倪,有生长倾向。庆幸的是,孟子以极高的智慧,早在两千多年前,就以性善的方式阐明了这个道理,解决了孔子留下来的难题。因此,由孔子的"性相近"到孟子的"性善论"是一个重大的历史进步,切不可因为这种做法不符合约定俗成的原则,而批评其远离了孔子的路线,走错了方向。

以此反观荀子,其思想的不足就可以看得非常清楚了。荀子以物质欲望和认知能力论性,物质欲望无限度发展会产生不好的结果,而人的认知能力可以认识礼义法度,进而达到"化性起伪"的目的,这两个方面都有合理的因素,应该充分肯定。但出于反对孟子的目的,荀子完全不承认人有善性。根据上

---

①　朱子曾以此为由对象山提出批评说:"伏羲作《易》,自一画以下,文王演《易》,自乾元以下,皆未尝言太极也,而孔子言之。孔子赞《易》,自太极以下,未尝言无极也,而周子言之。夫先圣后圣岂不同条而共贯哉! 若于此有以灼然实见太极之真体,则知不言者不为少,而言之者不为多矣。何至若此之纷纷哉!"[(南宋)陆九渊:《陆九渊集》附录二《朱熹答陆九渊书》(五),中华书局1980年版,第552页。]

面的分析,不承认人有善性,其实就是不承认人有道德的先在性。这是荀子理论的重大缺陷,对其学理有根本性的影响。人的道德的先在性,就是孔子之仁,孟子之良心,就是仁性。仁性是儒家学理非常特殊的部分。因为有仁性,所以儒家学理的结构不是理性、感性两分,而是智性、欲性、仁性三分。两分和三分的根本不同,就在于是否有仁性。仁性之所以重要,是因为智性没有动能,动能需要仁性来提供。有了仁性的保障,智性认识到正确的,便有力量去行,认识到错误的,便有力量去止。孟子清楚把握住了人的道德先在性,借助性善论这一特殊理论形式,最终保障孔子仁的学说落在了实处。我充分肯定孟子性善论是对孔子思想的重大发展,是一个了不起的历史进步,就是由此出发的。荀子不同,他只是沿用"性"字最初的含义建立自己的理论,虽然在肯定欲性,弘扬智性方面也有贡献,但因为不接受性善论的立场,不承认人是先在的道德存在,造成其学理仁性缺位,无法解决人借助认知能力认识礼义法度后自愿而行的问题,不得不将希望寄托于隆礼重法,为法家打开了一个口子。这充分说明,孟子性善论不是"析辞擅作,以乱正名",而是重大的历史进步,荀子恰恰是因为没有这个进步,其理论才存在如此严重的困难。今天研究荀子如果只因其人性理论有"朴"的含义,就在这方面大做文章,将其界定为"性朴说",以便将荀子归入经验主义、唯物主义这个"真理"的阵营,列为新正统,看不到孟子性善论最重要的价值是发现并确定了人的道德的先在性(不管是伦理心境的"后天而先在",还是生长倾向的"先天而先在"),由此对孔子思想有重大推进,反而对其多加指责,不能不说是一个很大的遗憾,是理论上的严重倒退。

第七节 "性恶心善说"献疑

一、"性恶心善说"大义

梁涛近年来专心从事荀子研究,对荀子人性论提出了一种新的诠释,这就是"性恶心善说"。在《荀子人性论辨正——论荀子的性恶、心善论》①一文

---

① 梁涛:《荀子人性论辨正——论荀子的性恶、心善论》,《哲学研究》2015 年第 5 期。

中,他对这一观点予以了系统的说明。该文主要围绕《性恶》篇"人之性恶,其善者伪也"这一论述展开,指出这一语句当从两个方面分析,一是性恶,二是善伪。前者说明人性为恶,后者解释人何以为善。

首先是"性恶"。在梁涛看来,荀子认为,人有"好利""疾恶""好声色"之性,这里的"性"指出生,荀子所说的"生而有"指生而即有。很长时间以来,人们往往将荀子的性恶论简化为"人性本恶"①。近年来这种理解受到了很大冲击,不少人认为,荀子以生理欲望言性,生理欲望本身不为恶,只有不对其加以节制,超出礼义的规定,其不好的结果才为恶,这其实是一种性朴的主张,性朴说由此大为流行。梁涛持不同看法,认为荀子明言"生而有好利""疾恶""好声色",这些都是人的情性。好利有贪婪之意,疾恶指嫉妒憎恶,好声色为不合理的欲望,这三个方面都是不是好的。"所谓恶者,偏险悖乱也"。偏险指偏颇、危险,悖乱指悖谬、混乱。好利、疾恶、好声色是恶端,悖谬、混乱是恶果,而荀子的"人之性恶"即指这种恶端而言,所以不能说荀子之性只是朴,没有恶。简言之,人的物质欲望为恶之端,荀子正是在这个意义上讲性恶的。

其次是"心善"。梁涛随即提出了这样一个问题:性既然为恶,人何以会产生善呢? 这涉及对于"伪"字的理解。"伪并非一般的作为,而是心之作为,是心的思虑活动及引发的行为,具有明确的价值内涵和诉求。"在郭店竹简中有一从為从心的"愳"字。庞朴认为,"'伪'字原作上'为'下'心',它表示一种心态,为的心态或心态的为,即不是行为而是心为。"②。接续庞朴这一看法,梁涛对"伪"字在《荀子》中的用法作了考察,发现"伪"在《荀子》中既有负面诈伪之意,又有正面"心为"之意。出现这种矛盾的现象,很可能荀子分别是用两个不同的字来表达这两层意思的:一个是"伪",指虚伪、诈伪;另一个是"愳",指心经过思虑后作出的选择、行为。梁涛进而得出结论说:"《荀子·性恶》的主旨是'人之性恶,其善者伪也',其中'伪'据郭店竹简应作'愳',指

---

① 傅斯年即是如此,他认为:"荀子以为人之生也本恶,其能为善者,人为之功也。从人生来所禀赋,则为恶,法圣王之制作以矫揉质性,则为善。"(傅斯年:《性命古训辨证》,广西师范大学出版社 2006 年版,第 145 页。)

② 庞朴:《古墓新知:漫读郭店楚简》,《庞朴文集》第二卷,山东大学出版社 2005 年版,第 13 页。

心之思虑活动、心之作为。这既点出性恶,又指出善来自心之思虑活动,揭示了人生中以'性'为代表的向下堕失的力量、以'心'为代表的向上提升的力量,并通过善恶的对立对人性作出考察,实际是提出了性恶、心善说。"一言以蔽之,所谓心善即是"心趋向于善、可以为善"①。

之后梁涛又撰写了一组文章②,具体考察荀子人性论的历时性发展,按照荀子一生居赵、游齐、退居兰陵三个阶段,将《荀子》中的各篇分为四组,以证明荀子晚年修正了之前的观点,有向思孟回归的倾向,进一步为其"心善说"提供证据。

第一组是《富国》《荣辱》。这可能是荀子居赵时期的作品,特点是提出了情性—知性说。此时,荀子将情感欲望和材性知能都称为性,一方面顺从情性会导致争夺不止,天下大乱;另一方面人的知性又可以作出选择判断,制作礼义,服从礼义。这一思想为后来《正名》《性恶》篇中的性—伪说打下了基础。但《富国》《荣辱》与《正名》《性恶》又有不同,既没有提出明确的性恶观念,在性概念使用上也存在含混之处,不仅将情性、知性都称为性,而且将生而即有的认知能力(能知)与后天的认知结果(所知)也归为性。

第二组是《礼论》《正名》《性恶》,代表荀子中期的思想。这一时期的特点是提出了性—伪说,不再将知视为性,而是提出了伪,以伪统一能知和所知。《礼论》提出了性朴说,但从语境上看,其性主要是指吉凶忧愉之情以及对亲人的爱,而其所谓伪主要指礼义之节文;《正名》通过对性、伪的两重定义,明确了性、伪的内涵,标志着荀子性—伪说的成熟;《性恶》则利用性—伪说对人性作了探讨和分析,提出了性恶善伪说。

第三组是《王制》《非相》。这一组在时间上较第二组可能同时或略晚,它不像前两组从知性或者伪来说明人的道德主体,而是提出了"辨"和"义"以表达心或者知性的实质功能,以情性为人的生理属性,以辨或者义为人的本质规定或人之为人者,实际上提出了"情性—辨/义说",是对前两组文献中关于知

---

① 梁涛:《荀子人性论辨正——论荀子的性恶、心善论》,《哲学研究》2015 年第 5 期。
② 这一组文章共有四篇,分别是:《荀子人性论的历时性发展——论〈富国〉〈荣辱〉的性情—知性说》,《哲学研究》2016 年第 11 期;《荀子人性论的中期发展——论〈礼论〉〈正名〉〈性恶〉的性—伪说》,《学术月刊》2017 年第 4 期;《荀子人性论的历时性发展——论〈王制〉〈非相〉的情性—义/辨说》,《中国哲学史》2017 年第 1 期;《荀子人性论的历时性发展——论〈修身〉、〈解蔽〉、〈不苟〉的治心、养心说》,《哲学动态》2017 年第 1 期。

性、伪等问题讨论的深化。

最后一组是《修身》《解蔽》《不苟》。这一组中的各篇跨度较长,并非完成于同一时间,但都是讨论养心或治心问题,构成荀子人性论的一个重要内容。其中《解蔽》提出"思仁",《不苟》提出"养心莫善于诚",皆受到思孟之学的影响,说明荀子后期开始自觉向思孟回归。这种回归并非殊途同归,而是保持着高度的理论自觉,是在吸收和借鉴思孟思想的同时,试图建构不同于思孟的,更为完备的人性学说。但这一工作没有真正完成,实是未定之论。

这四组文章中,第四组最为重要,其中《不苟》又居于核心地位。梁涛认为,《不苟》提出以诚养心,甚至认为"致诚则无它事",较之以往的思想有了较大的变化,"不可能是荀子前期的作品,而应完成于荀子的晚年,代表了荀子的'晚年定论'"。它说明荀子后期出现了明显向思孟之学回归的倾向,"一定程度上突破了情性、知性的二重结构,开始向情性、知性、仁性的三重结构发展。继《解蔽》的'思仁'之后,《不苟》提出'守仁',在情性和知性之外,强调了仁在道德实践中的地位和作用。而不论是'思仁',还是'守仁',都是'意志修',是对意志的塑造和培养,属于治心或养心的内容。"①虽然荀子对于仁是否属于性,仁与心是什么关系没有明确说明,但他晚年向思孟的回归则是清楚明白的,特别重视心的作为,这一点应引起足够的注意。

二、"性恶说"献疑

梁涛借鉴出土文献研究成果对"伪"字进行新的解说,提出荀子性恶论当为"性恶心善说",又借助荀子的历时性研究为"心善说"提供证据,给人以新的启发,在学界有较大影响。在充分肯定其努力的同时,我也有一些疑问,希望提出来一并讨论。

首先,"性恶"的具体所指为何? 梁涛认为,荀子看到了人生即有"好利""疾恶""好声色"的特性,这些特性必然导致"争夺""残贼""淫乱"的结果,引生社会动荡。"以此衡量,好利有贪婪、不知满足之意,疾恶指对他人的嫉妒憎恶,好声色属于不合理的欲望,三者不可不说是偏险,'顺是'必然导致悖

①　梁涛:《荀子人性论的历时性发展——论〈修身〉、〈解蔽〉、〈不苟〉的治心、养心说》,《哲学动态》2017 年第 1 期。

乱。故好利、疾恶、好声色是恶因或恶端,而残贼、淫乱、强暴是恶果,荀子的"人之性恶"可理解为性有恶端可以为恶说,荀子之所谓性并非没有恶。"①按照梁涛的理解,在荀子学理系统中,人生具有各种物质欲望,这些物质欲望会导致不好的社会结果,是恶之端,所谓性恶即指这种恶之端。因此,不宜将荀子的人性理论解读为性朴,而应该如实解读为性恶,意即人的物质欲望为恶之端或恶之因,所以人性为恶。

梁涛这种看法可能是受到了廖名春的影响。廖名春之前即持类似的意见。他认为,"争夺""残贼""淫乱"这些大家公认的恶行,在荀子看来,并非是人性变异后的现象,而是"从人之性,顺人之情"的结果。既然是"顺"是"从",人的情欲之性没有异化,所以荀子认为"人之性恶"。"此'恶'不但包括了'争夺'、'残贼'、'淫乱',也当包括了人生而有之的'好利'、'疾恶'之心,'好声色'的'耳目之欲'。……荀子的情欲之性肯定具有恶的价值内容。"廖名春还将这种情况与孟子相比较,指出:"孟子的仁义礼智是善,荀子的争夺、残贼、淫乱是恶;孟子的'恻隐之心'、'善恶之心'、'是非之心'是善端,荀子的'好利'、'疾恶'之心,'好声色'的'耳目之欲'就是恶端;孟子的'扩而充之'就是荀子的'从'、'顺'。所以,只要我们承认孟子的性善说是先天的性善说,势必就得承认荀子的性恶说是先天的性恶说。"②这即是说,"好利""疾恶""好声色"是恶之端,"争夺""残贼""淫乱"是恶之果,所以荀子之性恶理当包含恶之端在内。

能否以物质欲望之端倪论性恶,涉及问题较多。要准确理解这个问题,对荀子所说"好利""疾恶""好声色"与"争夺""残贼""淫乱"的关系需要细加分辨。如上所说,在荀子学理系统中,"好利""疾恶""好声色"与"争夺""残贼""淫乱"属于因果关系,"好利"导致"争夺","疾恶"导致"残贼","好声色"导致"淫乱"。但必须注意的是,荀子是以"争夺""残贼""淫乱"这些结果论恶,而不是以"好利""疾恶""好声色"这些原因论恶的。荀子强调"所谓恶者,偏险悖乱也"③,即是此意。荀子这样做,用心深远。荀子对于物质欲望的看法相当平实,并没有禁绝之意,"纵其欲,兼其情"④"养其欲而纵其

---

① 梁涛:《荀子人性论辨证——论荀子的性恶、心善说》,《哲学研究》2015年第5期。
② 廖名春:《〈荀子〉新探》,中国人民大学出版社2014年版,第85—86页。
③ (清)王先谦:《荀子集解·性恶》,中华书局1988年版,第439页。
④ (清)王先谦:《荀子集解·解蔽》,中华书局1988年版,第404页。

情"①之类的说法,在全书中多次出现。如果荀子将"好利""疾恶""好声色"视为恶之端,以此界定性恶,逻辑上必然推出否定物质欲望的结论,最终走向禁欲主义。② 荀子清楚预见到了这种危险性,所以从一开始就牢牢把住了这一关,不以"好利""疾恶""好声色"这些"因"论恶,只以"争夺""残贼""淫乱"这些"果"论恶。③

据此不难得知,荀子论性恶与孟子论性善的思路不应同等看待。在孟子看来,人天生即有四心之端倪,这为"才",顺此发展,扩而充之,即可以成德成善。荀子同样是以"好利""疾恶""好声色"作为恶之"因",而这些因必然引出"争夺""残贼""淫乱"这些恶之"果"。从表面看,二者的逻辑关系是一样的,其实不然。孟子以四端之心论性善,不会导致不好的社会效果。荀子如果直接以"好利""疾恶""好声色"作为恶之端界定性恶,则一定会导致否定物欲的结论,进而与自己以礼养欲的主张相违背。荀子对这个环节的分寸拿捏得非常精准:绝不以物欲本身为恶,只以物欲无限度发展的不好的结果为恶。这样既不影响性恶论的建立以反驳孟子,又不会将自己的理论引向禁欲主义。在先秦儒家中,无论是孔子,还是孟子、荀子,都是不禁欲主义者。这是一个必须正视的前提。因此,虽然我与梁涛同样坚持传统的性恶说法,不认可"性朴说",但我是以物质欲望无限度发展的结果为恶,梁涛则直接以物质欲望本身的特点为恶。二者的区别敬请读者细辨。

三、"心善说"献疑

其次,"心善说"能否立得住? 梁涛提出"心善说",意在强调,荀子论性有两个所指,既指物质欲望,又指认知能力。物质欲望为恶之端,任由其无限度发展必然引出不好的社会结果。但人还有认知能力,有道德认知之心(梁涛

---

① (清)王先谦:《荀子集解·正名》,中华书局 1988 年版,第 431 页。

② 参见杨泽波:《孟子性善论研究》(再修订版),上海人民出版社 2016 年版,第 260—270 页;另见杨泽波:《儒家生生伦理学引论》,第十二节"物质利欲保障人物质层面的生存",商务印书馆 2020 年版,第 82—84 页。

③ 就此而言,我认为路德斌的理解可能更为准确一些。他说:"在荀子看来,欲的多少与义不义、善不善,归根结底,与治乱并无必然的关联,善恶治乱的关键不在'欲'而在'心',在心之所可是否'中理'。""在荀子的观念里,行义不仅不必去欲和寡欲,相反,'义'之作用和目的恰恰就是要去满足人的欲望、实现人的功利。"(路德斌:《荀子与儒家哲学》,齐鲁书社 2010 年版,第 225 页。)

称为"道德智虑心"），运用这种能力可以认识圣人制定的礼义法度，从而按其要求而行，使个人达成善，使社会达到治，此即为"化性起伪"。这个过程刚好符合愚字的原意，因而以愚字为基础，提出了"心善说"。

近年来学界持类似主张的不少。刘又铭认为："荀子所谓的心是一个具有有限度道德直觉的心。虽然，它不能直接创造、生发道德，它往往要经过困惑犹豫、尝试错误才能作出恰当的道德抉择，但是，基于这样的心，荀子的致知论还是能够说明成圣、成德的可能。事实上，这种形态的说明，比孟学还更贴近人类道德生发开展的真相。"①邓小虎的思辨更为细密。他在分析荀子性和伪的内在结构后指出，荀子对人的理解其实含有三重结构：第一重结构是人的自然生命，第二重结构是人的思虑能力，第三重结构是规范价值。荀子的一个重要贡献，是明确区分了自然生成和价值生成：自然活动不含价值，价值生成则必须和思虑反省相关。这个问题关系到由士到君子再到圣人的转化。"由'士'到'君子'的转变，其关键在于从行为层面上升到心灵层面，即不仅仅着眼于外在行为，而更着意于行为背后的义理。而从'君子'到'圣人'的转变，其关键则在对于义理是否有全面透彻的了解，即是否能'知通统类'，并能以此指导一切的言行举止。"②这即是说，人的结构中既有自然生命，又有思虑能力，还有规范价值，自然生命无法直接产生规范价值，但思虑能力可以。人借助思虑能力可以生成规范价值，由士到君子再到圣人即是这个过程的生动显现。如果有的人思虑能力特别强，对于义理把握特别透，以此指导自己的言行，便可以完成由士到君子到圣人的转化。换言之，人能不能成为一个好人，做到"心善"，完成"化性起伪"，关键在于自己的思虑能力"对于义理是否有全面透彻的了解"。如果答案是肯定的，就可以完成这个过程。③

---

① 刘又铭：《一个当代的、大众的儒学——当代新荀学论纲》，中国人民大学出版社 2019 年版，第 14 页。

② 邓小虎：《荀子的为己之学：从性恶到养心以诚》，北京大学出版社 2015 年版，第 128 页。

③ 强中华近期发表的文章《性有恶端　心能择善——荀子心性论发微》（《孔子研究》2021 年第 5 期）持类似的观点，认为荀子的人性理论可以概括为"性有恶端，心能择善"。所谓"性有恶端"是说欲望具有趋恶的端倪，易于自发膨胀，导致恶的结果。所谓"心能择善"是说人生而有思考功能，心的活动是有意识的、自觉的、主动的，可以选择不同的价值，其中就包括正面的价值。这种价值并非来源于个体自身的心，而是来源于人类的积累、社群公认的文明成果。文章的分析十分详细，但如何保证人的思考功能趋向善的问题，似乎仍未引起作者的足够重视。

　　我对这种看法一直持怀疑态度。在儒家生生伦理学系统中,作为道德根据的心有两种:一是仁性之心;二是智性之心。仁性之心即是良心,智性之心则是一般所说的道德认知之心。道德认知之心可以认识甚至建构社会的礼义法度,依此而行即可实现社会的平治,达成善。但在讨论这个问题之前必须明白,休谟、牟宗三早已雄辩地证明,道德认知之心本身没有动能。休谟所说"理性自身在这一点上是完全无力的",牟宗三批评朱子学理"只存有而不活动",都是极为重要的判断。休谟和牟宗三这些著名论断促使我们明白了这样一个道理:智性可以发现善,了解什么是正确的,但它自身没有动能,使其一定能够变为现实。休谟、牟宗三的大量论述摆在那里,我们不能视而不见,简单地认为只要承认人有道德认知能力,以此认识道德法则,就可以达至"心善","化性起伪"了。在我目力所及的范围内,这个问题在目前荀子的研究中普遍存在,智性(道德认知之心)是否有动能,能否直接引出善行,似乎并未引起人们足够的重视。这个问题不解决,必然回到休谟之前,回到牟宗三之前,造成低端重复。

　　要解决智性的动能问题,根据儒家生生伦理学的三分法,必须有仁性作为保障。荀子学理的缺陷于此就显现出来了。荀子也谈仁,相关的论述不少,但他所谈的仁既没有先在性,又没有逆觉性,没有本体的意义。这一缺陷对荀子有非常严重的影响。根据孟子的理论,良心是道德本体,遇事必然发用呈现,人通过内觉的能力,可以知道它在呈现。更为重要的是,良心此时还会涌现强大的动能,迫使人们按照它的要求去做,善的必须行,恶的必须止,一点马虎不得。荀子就不同了。因为仁性缺位,荀子思想系统无力解决道德认知之心认识礼义法度后行动的动力问题。也就是说,荀子"化性起伪"之"伪"虽然可以解释为"愚",意即"心为",但因其学理中缺失了仁性,"道德智虑心"不能保证其一定为善,"好善、知善、为善"只有可能性,没有必然性。从更为严格的意义上讲,这种"心为"甚至连"向善"都说不上。"向善"必须有基础,孟子讲的善端担负的就是这一功能。因为荀子不认可孟子的性善论,不承认人生而有善端,所以他的"心为"是空的,没有办法真正落实。这充分说明,"心善说"能否立得住,关键在于是否有仁性:有仁性,"心善说"可以成立;无仁性,"心善说"则困难重重。荀子的问题正在于此:他重视"积伪",但看不到"积伪"的成果具有先在性和逆觉性,单靠道德认知之心唱独角戏,既无法保证心必然趋向善,也无法阻止心走向恶,以此为基础,心善是无法得到保证的。既然如此,将荀子人性论重新界定为"心善说"有多大意义,就是一个不得不认真考虑的问题了。

四、"晚年定论"献疑

最后还有一个问题需要讨论,这就是立"荀子晚年定论"有无必要? 梁涛顺着庞朴的思路,将"伪"字解读为"愚",凸显其是心的活动,并通过对荀子思想历时性的研究,发现荀子晚年有向思孟学派回归的倾向,将其概括为"荀子晚年定论"。梁涛围绕这个问题做了大量工作,详尽具体,超越前人,但我反复研读这些材料后,有两个疑问始终难以消除。

疑问之一,是否有充分材料证明《不苟》是荀子晚年的作品?《荀子》各篇章的时间顺序,学界有不少研究。廖名春曾将《不苟》定为早期作品,理由有三:其一,《吕氏春秋》也有《不苟论》,不仅篇名同,内容也相近。《吕氏春秋·不苟论》的作者一定看到或听到过《荀子·不苟》。《吕氏春秋》编成后,于公元前239年公布于咸阳市门,《不苟》篇的写作下限,一定在此之前相当一段时间。其二,《不苟》篇批评了惠施、邓析的"齐秦袭"之说,认为齐秦边界不可能相合。但公元前286年,齐灭宋,公元前242年秦攻魏,建立东郡后,齐国地界已与秦国相接,"齐秦袭"已成为现实。因此《不苟》的上限当在前286年。其三,《不苟》中大量关于诚的论述明显受到《中庸》的影响,而《非十二子》中对子思有严厉批评。这说明,《不苟》在前《非十二子》在后,"《不苟》的写成,在《荀子》诸篇中,当是最早的"①。张涅的看法则刚好相反,认为《非十二子》是早年作品,《不苟》是荀子晚期作品,根据有四。第一,《非十二子》篇称"假今"("当今"),说明当时"十二子"尚在世,至少仍有很大影响。第二,荀子早年热衷社会政治,到稷下才成为传经大师,战国初子夏在传经方面影响最大,而《非十二子》却斥责"子夏氏之贱儒",由此可以看出荀子早期到晚期思想变化的痕迹。第三,荀子在稷下综合各家学说,建立起以礼治为中心的思想体系。离开稷下到兰陵后,思想重点转向心性之学,说明其后期思想与鲁学有相合之处。第四,《大略》中有不少与孟子相近的内容,这明显是受到孟子的影响,说明荀子后期

---

① 廖名春:《〈荀子〉新探》,中国人民大学出版社2014年版,第57页。

对孟学的态度已有转变。① 对古代文献作历时考证有不同结论,实属正常。但这也说明,在缺乏更为有力材料的情况下,这些考证大多很难成为定论,有关的讨论会长期争论下去。梁涛最早接受廖名春的观点②,后来又转换了立场。③这个过程本身即说明,将《不苟》篇定为荀子晚年作品,以此为基础立出"荀子晚年定论说",在材料方面尚显薄弱,进一步讨论的余地还比较大。

　　疑问之二,更为重要的是,确立"荀子晚年定论说"能否达到预期目的?梁涛这样做,是为了说明荀子晚年吸收了思孟学派的思想,其学理内部已包含"情性""知性""仁性"三个因素,合理性大为增强,在一定程度上实现了孟荀的会通。然而,根据上面所说,即使可以认定有一个荀子晚年定论的现象,其论诚包含了"心善"的内容,这个"心善"能否保证其必然性,仍然有待讨论。如上所说,既可以有仁性之诚,又有智性之诚。仁性之诚以仁性为主导,是真诚相信、服从仁性要求和命令之诚。智性之诚以智性为主导,是真诚运用智性求德向善之诚。因为荀子学理中仁性缺位,其所说的诚哪怕再详尽,也只能是智性之诚,而非仁性之诚。讲不讲"诚"是一回事,在何种意义上讲"诚",这种"诚"能不能支撑起仁性这个部分,从而为智性提供动能,是另一回事。将《不苟》确定为荀子晚年作品,将荀子论诚简单视为向孟子的回归,无论在材料方面还是观点方面,似乎都还有欠稳。这种情况与阳明立"朱子晚年定论说"有一定相似性,而历史早已证明阳明这样做效果并不好,反倒因为主观性过强,饱受后人批评。④ 有鉴于此,我坚持认为,与其强行把荀子拉向孟子,将荀

---

①　参见张涅:《荀学与思孟后学的关系及其对理学的影响》,《东岳论丛》2003年第1期。

②　参见梁涛:《郭店竹简与思孟学派》,中国人民大学出版社2008年版,第231页。

③　当然,梁涛不是完全照搬张涅的看法,他补充了一条新材料:《不苟》与荀子前期作品《富国》《荣辱》的内容明显不同,而与在稷下学宫晚期的《解蔽》篇一致的地方,都受到了思孟之学的影响,"这也说明《不苟》不可能为荀子前期的作品,而应完成于荀子晚年,代表了荀子的'晚年定论'"(梁涛:《荀子人性论的历时性发展——论〈修身〉、〈解蔽〉、〈不苟〉的治心、养心说》,《哲学动态》2017年第1期。)

④　刘悦笛对梁涛的做法提出过批评,认为梁涛将荀子心学化了。"梁涛更多是'以孟统荀',当他接受庞朴先生对'伪'字的解读以阐释荀子'化性起伪'之伪为'心伪'之时,也就把荀学'心学化'了,这就是把荀子向孟子那边拉:如果荀子的'人为作伪'皆为'心伪',那么,荀子就不成其外王之道。"(刘悦笛:《以"心统情性"兼祧孟荀——孟子"天性情心"与荀子"天情性心"统合论》,《孔学堂》2020年第2期。)刘又铭也有类似的看法,认为:"梁涛虽然提议'回到子思''统合孟、荀',但在他这个统合里头,那作为内核的还是孟子思想,所以一样是孟学的自我补强或孟学一路中的孔学。"(刘又铭:《一个当代的、大众的儒学——当代新荀学论纲》,中国人民大学出版社2019年版,第67页。)

子学理孟子化,证明荀子晚年有向孟子回归的现象,其学理已经包含"情性""知性""仁性"三个因素,在一定程度上实现孟荀的会通,似乎不如老老实实承认荀子思想中没有独立的仁性,恰如孟子思想中没有独立的智性,保持孟子与荀子的张力更为合理。要实现孟荀会通,有其他更好的办法①,将荀子强行拉向孟子,立一个"荀子晚年定论说",在我看来,意义似乎并不太大。

第八节　荀子不是先秦儒学的集大成者

荀子殁后不久,关于他的不同评论就开始了。《荀子·尧问》篇记载当时有关于"孙卿不及孔子"的议论。荀子的门人不同意这种看法,反驳道:"今之学者,得孙卿之遗言余教,足以为天下法式表仪,所存者神,所过者化。观其善行,孔子弗过,世不详察,云非圣人,奈何！天下不治,孙卿不遇时也。"②门人为其师抱不平,认为其师的思想足以为天下效仿学习,观其善行,孔子亦不能过。荀子只是不遇时而已,而非思想不足。可惜这个道理世人不能了解,令人悲叹。

司马迁对荀子的评价较为客观,认为"孟子、荀卿之列,咸遵夫子之业而润色之,以学显于当世"③,其《礼书》《乐书》几乎全文照录了《荀子》的《礼论》和《乐论》。西汉末年的刘向首次全面系统整理、校订了《荀子》,定为三十二篇,起名为《孙卿新书》。中唐的杨倞第一次为《荀子》作注,对荀子思想的流传和普及作出了不可磨灭的贡献。刘向和杨倞分别堪称荀学的第一功臣和第二功臣。④

荀子的历史地位到宋代有了重大变化。经过长达数百年的孟子升格运动,孟子地位大为上升,由子入经,荀子反被人忽视。苏轼写《荀卿论》将李斯焚书的责任归到荀子头上,伊川"荀子极偏驳,只一句'性恶',大本已失"⑤,朱子"不

---

① 参见杨泽波:《儒家生生伦理学引论》第十二章"孟子与荀子、心学与理学的终极会通",商务印书馆 2020 年版,第 358—384 页。

② (清)王先谦:《荀子集解·尧问》,中华书局 1988 年版,第 553 页。

③ (西汉)司马迁:《史记·儒林列传》,中华书局 1959 年版,第 3116 页。

④ 廖名春认为:"可称为荀学第一功臣的当属西汉末的刘向。""中唐学者杨倞可称是荀学的第二功臣。"(廖名春:《〈荀子〉新探》,中国人民大学出版社 2014 年版,第 1—2 页。)

⑤ (南宋)程颢、程颐:《河南程氏遗书》卷十九,《二程集》第一册,中华书局 1981 年版,第 262 页。

须理会荀卿,且理会孟子性善。渠分明不识道理"①,开始将荀子正式打入冷宫。经过这样一番反复,荀子地位大为下降,最后连陪祀孔子的资格也丢了。

清代伴随着对宋明儒学的检讨,荀子研究渐渐兴盛起来。因为荀子研究在历史上始终不温不火,这次兴盛遂成为"历史上第一个真正研究荀学的高潮"②,参与的学者众多。傅山专门作了《荀子评注》,对荀子思想给予了较为客观的评价。戴震的《孟子字义疏证》尊孟而不贬荀。汪中集前人关于荀子事迹考订之大成,著成《荀卿子通论》,一反宋代以来视荀子为异端之风,积极肯定荀子在经学传授方面的贡献,重新认定荀子为儒学正统。这个时期关于荀学研究的著作十分丰富,后世荀学研究在文本方面的基础,基本上是靠这批著作奠定的,水准之高至今难以超越。

20世纪中叶之后,荀子的历史地位得到了空前的提升。一个重要原因是唯物主义盛行。受此影响,人们普遍认为荀子性恶论属于唯物主义,更为合理,于是远离孟子,更喜欢荀子。而荀子是先秦哲学集大成者的说法,这一时期也颇为流行,广有市场。侯外庐《中国思想通史》荀子一章的标题即为"中国古代思想的综合者——唯物主义思想家荀子"③。冯友兰同样指出:"荀子是先秦诸子中最后一位大师,他不仅收集了儒家的大成,而且可以说是集了百家的大成的。"④周谷城持类似的主张,认为:"荀子是先秦时期伟大的哲学(家)思想家。他集先秦诸子思想之大成。""荀学是综合学,它综合各家各派的学说。"⑤肖萐夫、李锦全主编的《中国哲学史》也说:"荀况作为先秦哲学发展的集大成者,其思想对后世的影响是巨大的。"⑥

---

① (南宋)黎靖德编:《朱子语类》卷一三七,第八册,中华书局1986年版,第3254页。

② 廖名春:《〈荀子〉新探》,中国人民大学出版社2014年版,第3页。

③ 侯外庐、赵纪彬、杜国庠:《中国思想通史》第一卷,人民出版社1957年版,第529页。

④ 冯友兰:《十批判书·荀子的批判》,《郭沫若全集·历史编》第二卷,人民出版社1982年版,第213页。

⑤ 周谷城遗作、林桂榛整理:《荀子的地位不能低估,荀学是综合学也是实学》,《临沂大学学报》2019年第5期。从整理者案语可知,该文是周谷城给郭志坤所著《荀子与荀学研究》所作的序言,但出版时不知何故未采用,手迹遂遂流落于民间书肆。经由林桂榛的发掘和整理才得以见世,殊为不易。

⑥ 肖萐夫、李锦全主编:《中国哲学史》,人民出版社1982年版,第236页。东方朔似乎持同样的看法,认为"不论对荀子本人的思想作何种评判,但许多学者皆认为,荀子批判地继承了先秦各派的思想,同时也是先秦儒家的一个集大成者。"(东方朔:《合理性之寻求:荀子思想研究论集》,台湾大学出版中心2011年版,"导言"第9页注17。)

　　近三四十年来,荀学研究进入一个新的高潮,从事相关研究的人多,著作也多。但之前荀子研究的一些陈旧模式并没有完全消去。一是以经验主义和先验主义划分荀子和孟子,喜欢经验主义,反对先验主义,认为荀子比孟子更为合理。前面所引,荀子性恶论"既没有陷入道德先验论的泥沼,又合理地解释了'人最为天下贵'的根源。……其说较孟子的'善端'说更近于真理"①,是有名的例子。二是认为荀子思想也有性善的成分,特别是其晚年主动吸收了思孟学派的合理因素,学理更为全面。前面所引,"一定程度上突破了情性、知性的二重结构,开始向情性、知性、仁性的三重结构发展"②的说法,可为这一观点的代表。在这种趋势下,不少喜爱荀子的学者甚至提出,荀学在沉沦了两千年之后,终于等到了它光复的时刻,为此而欢欣鼓舞。

　　儒家生生伦理学不以此为然,认为自孔子创立儒学开发"一源"之后,孟子和荀子分别走向了"两流":孟子是一流,走的是仁性的路线;荀子是一流,走的是智性的路线。二人都有贡献,也都有缺失。孟子的贡献是顺着仁性的路线纳仁入心,使儒学由孔子之仁进入孟子之心的阶段,确立了人的道德先在性,缺点是太强调良心的重要,将成德成善的希望全都置于良心之上,忽视了智性的作用。荀子的贡献是顺着智性的路线对礼法问题的关注,特别重视学习认知的重要,对智性有大的发展,缺点是不了解孟子性善论的理论价值,不了解仁性的先在性和逆觉性,造成了事实上的仁性缺位,无法解决知晓礼义法度之后何以自愿而行的问题。孔子之后儒学的这两个发展方向,不是可以简单以先验主义和经验主义判定高下的,经验主义并非很多人想象的那样一钱不值,先验主义也不是不可怀疑的绝对真理。

　　更为重要的是,孟子和荀子学理的缺点对中国社会的发展影响有所不同。尽管孟子丢了智性,学习认知的重要性不能彰显出来,但因为古代社会发展的节拍比较慢,其学理的缺陷只是到了阳明后学才逐渐显现出来。荀子则不同,不管是古代社会还是现代社会,一门道德学说没有仁性作为保障,必然没有动力,最终难免走上重刑重法之途,从儒家立场滑向法家。荀子在宋代之前的地位很高,甚至过于孟子,其后日渐下落,被排出儒家正宗行列,这是根本原因。

---

　　① 廖名春:《〈荀子〉新探》,中国人民大学出版社 2014 年版,第 92 页。
　　② 梁涛:《荀子人性论的历时性发展——论〈修身〉、〈解蔽〉、〈不苟〉的治心、养心说》,《哲学动态》2017 年第 1 期。

因此,我们绝不能说荀子是先秦儒学的集大成者,他只是沿着智性的道路前行,没有能够很好地兼容仁性,没有这个功劳,享受不了这份殊荣。

　　总之,荀子大力发展了智性,但因为不了解孟子性善论的真正意义是强调内在道德根据有其先在性,不了解"反求诸己"才能得到具有先在性的道德根据,最终丢掉了仁性。将这两个方面合并言之,儒家生生伦理学将荀子的历史定位概括为"智性发达,仁性缺位"。"智性发达"是对孔子思想的发展,是其功;"仁性缺位"是从孔子仁智双显格局中脱离了出来,是其过。"智性发达"这一条不会有不同的意见,"仁性缺位"则可能会引发很多争议。但只要无法证明荀子所论道德根据具有先在性和逆觉性,这一道德根据便与孔子之仁、孟子之良心不类,便不是真正的仁性,便无法作为道德本体发挥实际作用,这一点则是确定无疑的。

第四章 "道德即自然"新证

从表面看,本书是以儒家生生伦理学原理对儒学不同学派的判教,梳理其发展脉络,其实它还有一个更深的用心,就是对何为真正的道德作彻底的追问。这个问题在中国文化背景中又有其特殊性。在中国历史上,道德一度又称为"名教",名教与自然的关系是一个重要话题。儒家生生伦理学追求真正的道德,当然不能回避这个问题。考虑到"名教"的说法有较强的历史痕迹,特代之为更加明确的"道德"。于是,这里讨论的便不再是"名教"与"自然",而是"道德"与"自然"的关系,以证明道德何以本身就是自然的。

第一节 名教与自然关系的历史之争

先秦是儒学发展最辉煌灿烂的时光,经过不温不火的汉代后,进入到了魏晋玄学时期。魏晋玄学以有无问题为中心,而有无的落脚处则在自然与名教的关系。中国哲学在先秦主要有儒、道、墨三家。后来墨家失传,只剩下儒家和道家,这两家分别代表着中国文化的两个不同方向。儒家重道德之教化,道家贵自然之发展。因此,一般以名教代表儒家系统,以自然代表道家系统。儒家重有,故名教又称为"有";道家重无,故自然又称为"无"。因为先秦尚未形成大一统的政治格局,这两家分别按照自己的方向发展。秦汉建立了统一的政治机构后,如何处理这两家的关系,就成了重要的问题。汉代先是崇尚黄老,后又独尊儒术,其实质是挑选一种适合自己政权形式的意识形态。魏晋时期,这种情况变得十分严峻。在司马氏集团与曹魏政权的斗争中,名教成了斗争和打击异己的手段。如何合理处理儒道之间的矛盾,随即成为魏晋人士关注的中心话题。

王弼是这一思潮的开创者。王弼的立场为道家,所以特别重视老子、庄子。在道家系统中,道即是自然,自然即是"无",这个"无"既指"无形""无名",又指"无为""无执"。王弼秉持这一立场,认为道是万物的本源,在自然而然之中衍生万物,万物由此得以有序地生存和发展。就其源头说,是"无形""无名",就其过程说,是"无为""无执"。名教的出现打破了这种状态,破坏了自然,社会出现了许多问题。王弼在《道德经》第三十二章注中这样写道:

> 始制,谓朴散始为官长之时也。始制官长,不可不立名分以定尊卑,故始制有名也。过此以往,将争锥刀之末,故曰"名亦既有,夫亦将知止"也。遂任名以号物,则失治之母也,故"知止可以不殆"也。①

王弼认为,社会不可能没有官长名分,名教最初是秉承自然的,后来随着人为因素的逐渐增多,"争锥刀之末",渐渐背离了自然,"失治之母",出现了种种混乱的局面。

为了挽救这种状况,王弼提出了"崇本息末"的主张:

> 《老子》之书,其几乎可一言以蔽之。噫!崇本息末而已矣……故竭圣智以治巧伪,未若见质素以静民欲;兴仁义以敦薄俗,未若抱朴以全笃实;多巧利以兴事用,未若寡私欲以息华竞。故绝司察,潜聪明,去劝进,剪华誉,弃巧用,贱宝货。唯在使民爱欲不生,不在攻其为邪也。故见素朴以绝圣智,寡私欲以弃巧利,皆崇本以息末之谓也。②

自然与名教属于本末关系。所谓"崇本息末",即是坚守自然无为的精神,停息名教秩序的"胡作非为"。王弼提出这一主张,意在告诫统治者应该秉持"自然无为"的理念,减少官府在治理社会中的妄为,化解社会的混乱,回于本,归于静。

当然,王弼不是一概反对名教,他还提出过另一个说法,叫作"崇本举末":

> 用夫无名,故名以笃焉;用夫无形,故形以成焉。守母以存其子,崇本以举其末,则形名具有而邪不生,大美配天而华不作。故母不可远,本不可失。仁义,母之所生,非可以为母。形器,匠之所成,非可以为匠也。舍

---

① 楼宇烈:《老子道德经注校释·三十二章》,中华书局2008年版,第81页。
② 楼宇烈:《老子道德经注校释·老子指略》,中华书局2008年版,第198页。

其母而用其子,舍其本而适其末,名则有所分,形则有所止。虽极其大,必有不周;虽盛其美,必有患忧。功在为之,岂足处也。①

这里虽然仍然强调自然的重要,但也看到了名教的作用,承认仁义、名教有其意义。理想的做法是"守母以存其子,崇本以举其末",做到"形名具有而邪不生,大美配天而华不作"。这等于说,名教同样源于自然,如果秉承自然的精神,"崇本举末"二者并不矛盾。

王弼这种既"崇本"又"举末"的态度,为后世的发展打开了空间。嵇康首先顺着"崇本"的方向发展,提出了"贵无"的主张,对"名教"进行了尖锐的批评。到竹林时期,曹氏与司马氏的政治斗争已致白热化,司马氏代魏的目的路人皆知,而这些又是打着名教的旗号进行的。嵇康对这种状况极为不满,提出了"越名教而任自然"之说:

> 夫称君子者,心无措乎是非,而行不违乎道者也。何以言之?夫气静神虚者,心不存乎矜尚;体亮心达者,情不系于所欲。矜尚不存乎心,故能越名教而任自然;情不系于所欲,故能审贵贱而通物情。物情顺通,故大道无违;越名任心,故是非无措也。②

名教违背自然本性,是对大道的陵迟。"六经"兴盛,百家繁荣,表面看是进步,实则是对人的自然本性的违逆。天下都在追求君子,但君子多虚假不实。理想的做法是,不在意社会之是非,将行为完全归于道。做到"气静神虚",心就可以不存矜持;不存矜持,就能越名任心,不计较名教;越名任心,不计较名教,就可以不受世俗的拘束了。

嵇康"越名教而任自然"的主张完全否定了名教,带来了很多社会问题。一些人标榜自然,非礼毁法为自然,裸体、纵酒、放荡,不一而足。裴頠对此提出了严厉的批评,顺着"举末"的方向往前走,提出了"崇有"的主张:

> 是以立言借于虚无,谓之玄妙;处官不亲所司,谓之雅远;奉身散其廉操,谓之旷达。故砥砺之风,弥以陵迟。放者因斯,或悖吉凶之礼,而忽容止之表,渎弃长幼之序,混漫贵贱之级。其甚者至于裸裎,言笑忘宜,以不惜为弘,士行又亏矣。③

---

① 楼宇烈:《老子道德经注校释·三十八章》,中华书局 2008 年版,第 95 页。
② (三国)嵇康:《释私论》,《嵇康集校注》,中华书局 2015 年版,第 368 页。
③ 《晋书·裴頠传》,中华书局 1974 年版,第 1041 页。

大家争着讲虚无,讲玄妙,讲雅远,讲旷达,弄得社会既不讲长幼之序,又不讲贵贱之级,甚至还有人以"裸裎"为荣耀,言笑忘宜。有责任感的人,看到这种局面一定会有所警觉,提出校正之法。裴頠在这方面做了很多工作。值得重视的是,裴頠没有因事论事,而是将问题上升到有无的高度。贵无派的思想基础是无,认为无是道的本性,是世界的本源,有由无产生。裴頠不同意这种看法,认为世界的本源只能是有,"有"才能济"有"。这样,裴頠就以"崇有"的立场,重新阐发了"有"相对于"无"的决定作用,形成对"越名教而任自然"的一种反动,为保留名教作出了自己的努力。

魏晋玄学有无之争从正始时期的王弼开始,中经竹林时期嵇康的"贵无",到元康时期裴頠的"崇有",各自走向了极端。如果按嵇康的办法讲自然,等于取消了社会的规范,无法克服当时非礼毁法、放荡不羁的乱象。如果按裴頠的做法讲名教,又无法纠正假仁义假道德的时弊。只有着眼于二者的融合,找到一种合乎自然的名教,或者合乎名教的自然,才能从根本上解决问题。从理论发展的内在逻辑来说,此时需要出现一个人物,将两个方面综合起来。这个人果然也应运而生了,他就是郭象。郭象承认名教的必要性,但也看到"无"的问题无论如何绕不过去,理想的办法是将两个方面综合起来,于是一方面赞成"无不能生有"的主张,认为"有"并非由"无"而生,否定了"贵无论";另一方面又不赞成"济有者皆有也"的"崇有"观点,认为"有"既不能生"无",也不能生"有"。为达到这一目的,他提出了一种新观念,这就是"自生"。他说:

> 然则生生者谁哉? 块然而自生耳。自生耳,非我生也。我既不能生物,物亦不能生我,则我自然矣。自己而然则谓之天然。天然耳,非为也,故以天言之。以天言之,所以明其自然也,岂苍苍之谓哉![①]

在郭象看来,万物不能由"无"而生,也不能由"有"而生,而是"自生"。"自生"即是万物自己产生,自己存在。而这个过程就是自然,即"自己而然",不待他物而然。

郭象进而指出,名教的发展同样为"自生",是秩序内部的各个部分分工有序和谐相处的结果:

---

① (西晋)郭象注,(唐)成玄英疏:《庄子注疏·齐物论》,中华书局 2011 年版,第 26 页。

　　夫工人无为于刻木,而有为于用斧;主上无为于亲事,而有为于用臣。臣能亲事,主能用臣;斧能刻木,而工能用斧。各当其能,则天理自然,非有为也。若乃主代臣事,则非主矣;臣秉主用,则非臣矣。故各司其任,则上下咸得而无为之理至矣。①

　　工人之用斧,君上之用事,不是破坏自然,而是"各当其能",是社会组织结构自然运作的结果。郭象力图构建的名教秩序,是一种人人各司其职、严格遵循上下等级秩序的社会组织模式。依据郭象的解释,这种秩序是"天理自然,非有为也"。

　　由此出发,郭象提出了一些非常有价值的说法:

　　　　夫仁义者,人之性也。②

　　　　故知君臣上下,手足外内,乃天理自然,岂真人之所为哉!③

　　　　牛马不辞穿落者,天命固当也。敬当乎天命,则虽寄之人事而本在乎天也。④

　　此处特别值得关注的是"仁义者,人之性"这一表述,它说明,仁义不是从外面强加进来的,而是人原本就有的,就是人之性。由此而言,伦理纲常、君臣上下、尊卑贵贱等有关的等级秩序,本身即是"天理自然"。即使马被烙,牛被穿,也是自然的一个部分,是天命如此。圣人只要顺着本性,哪怕是"戴黄屋,佩玉玺""历山川,同民事",也不会改变其自然无为的本性。历史上人们一般认为,郭象在一定程度上已经认识到了名教与自然的关系,并将这方面的思想概括为"名教即自然"。

　　这样,郭象就在其可能的范围内,在一定程度上调和了名教和自然的关系。但有所不足的是,他缺少"名教即自然"的直接表述,对于名教在何种意义上出于自然也少有系统的说明。郭象能够成为魏晋玄学讨论有无问题的最后代表性人物,主要还是源于历史的因素。司马氏政权倒台后,人们关注的中心问题发生了重大的转变,有无问题已经没有了太强的现实意义。后来虽然还有张湛、僧肇等人从不同角度谈论,但这个问题再没有能够回到学术舞台的中心。

---

①　(西晋)郭象注,(唐)成玄英疏:《庄子注疏·天道》,中华书局2011年版,第252页。
②　(西晋)郭象注,(唐)成玄英疏:《庄子注疏·天运》,中华书局2011年版,第281页。
③　(西晋)郭象注,(唐)成玄英疏:《庄子注疏·齐物论》,中华书局2011年版,第30页。
④　(西晋)郭象注,(唐)成玄英疏:《庄子注疏·秋水》,中华书局2011年版,第321页。

第二节 以道德根据证明"道德即自然"

古人无力完成这一任务,与其无法对道德根据加以合理说明有直接关系。儒家生生伦理学在这方面有自己的优势。儒家生生伦理学的核心特征是三分法,认为孔子心性之学有智性、欲性、仁性三个要素。这三个要素中,智性和欲性与西方的理性和感性能够大致对应起来,孔子思想最为独特的地方,是多了仁性这个部分,而仁性就是传统所说的道德本体。仁性既有先天的因素,又有后天的因素,先天的因素为生长倾向,后天的因素为伦理心境,仁性的本质是建立在生长倾向基础上的伦理心境。以生长倾向和伦理心境解说仁性,解说道德本体,为证明"道德即自然"打开了方便之门。

先说生长倾向。生长倾向是人天生具有,不需要外力强迫,自己就能生长能发展的倾向。这种倾向不仅决定人可以成为自己而不是其他,而且有利于人这个类的绵延而不是相反。生长倾向是道德根据最初的底子。将这个基础确定下来可以帮助我们明白,人自来到这个世间的那一瞬间起就不是一张白纸,上面早就有了内容,具有生长和发展的倾向,而这种倾向完全是自然的。儒家所说道德的很多内容都可以从这个角度加以说明。如孔子讲的爱人:

樊迟问仁。子曰:"爱人。"①

子曰:"道千乘之国,敬事而信,节用而爱人,使民以时。"②

子曰:"弟子入则孝,出则弟,谨而信,泛爱众,而亲仁。行有余力,则以学文。"③

此三章针对性不同。第一章是直接回答樊迟问仁,第二章是讲如何治国,第三章是教导弟子如何做人。虽有不同,但都不离爱人。爱人于是成了德性的一项重要内容。问题在于,爱人作为一种德性来自何处?儒家生生伦理学认为,它就源于人的生长倾向。如果将世界作为一个整体看待的话,不难注意到,在动物界存在着大量同类相爱的现象。动物没有人类社会所具有的社会教育,其同类相爱的现象完全来自天生。这种天生的同类相爱的现象其实就

---

① (南宋)朱熹:《四书章句集注》,中华书局1983年版,第139页。
② (南宋)朱熹:《四书章句集注》,中华书局1983年版,第49页。
③ (南宋)朱熹:《四书章句集注》,中华书局1983年版,第49页。

是一种生长倾向。人不是从天上掉下来的,是从其他动物一点点演化过来的。既然其他动物有生长倾向,人当然也有生长倾向。人作为一种有生命的物来到世间,原本就有生长倾向,而爱人就是这种生长倾向的具体表现。

孟子论不忍之心也是同样道理:

> 人皆有不忍人之心。先王有不忍人之心,斯有不忍人之政矣。以不忍人之心,行不忍人之政,治天下可运之掌上。所以谓人皆有不忍人之心者,今人乍见孺子将入于井,皆有怵惕恻隐之心。非所以内交于孺子之父母也,非所以要誉于乡党朋友也,非恶其声而然也。①

每个人都有不忍之心,先王有不忍人之心,所以先王可以行不忍人之政。这是孟子劝说齐宣王行王道仁政的重要材料,而他为此提供的证明便是"今人乍见孺子将入于井,皆有怵惕恻隐之心"。小孩子要掉到井里了,每个人都不愿意看到这种情况,说明每个人都有不忍之心。这种不忍之心,孟子说是"我固有之",而按照儒家生生伦理学的理解,它就是一种自然生长的倾向性。这种倾向性其他动物有,人同样有。这个问题有助于促使我们对传统的人禽之辨加以新的思考。人禽之辨是儒家学理的重要内容。儒家严格区分人禽之不同,旨在说明人有道德,禽兽没有。要成为真正的人,完善自己,必须坚守道德,努力修身,否则便无异于禽兽。但如果细细观察不难发现,实际情况并非如此。在动物族群中,雌性动物有爱护子女的天性,为此可以不惜冒生命危险与外敌拼杀;动物个体之间亦有惺惺相惜的情况,同类受到伤害会表现出哀悯之情。这些特点完全是天生的。因此,仅就生长倾向而言,人与禽兽没有原则的不同。② 人如果不能成德,从大处说,是无法成就自己;从小处说,是对于自己生长倾向的不负责任。反之,如果人能够成德,当然是完善和成就了自己,但也是顺应了生长倾向的发展。这充分说明了,道德行为的根基原本就是自然的。

再说伦理心境。生长倾向只是道德根据的底子,道德根据最重要的部分是伦理心境(狭义)。虽然伦理心境来自社会生活和智性思维对内心的影响,但这种影响并非与生长倾向毫无关系,从总体上说就是顺着生长倾向

---

① (南宋)朱熹:《四书章句集注》,中华书局 1983 年版,第 137 页。

② 参见杨泽波:《儒家生生伦理学引论》第四十三节"新人禽之辨",商务印书馆 2020 年版,第 296—299 页;另见杨泽波:《新人禽之辨》,《云南大学学报》2017 年第 3 期。

的方向走的,是对生长倾向的进一步发展。《中庸》论诚,即可以由此加以解释:

> 诚者,天之道也;诚之者,人之道也。诚者不勉而中,不思而得,从容中道,圣人也。诚之者,择善而固执之者也。

天是最高的境界,为"诚者",人达不到这个层次,为"诚之者"。"诚者"不需要勉强努力,人则必须努力坚持。这里同样面临着上面的问题:诚来自何处?从儒家生生伦理学的角度考察,诚一定有生长倾向的基础,儒家重视诚的问题,正是对这种倾向的进一步强化。动物生长习性中已经具有了诚的某些原始的因素。比如,为了繁衍后代,很多动物必须不畏辛苦、长途迁徙;动物的交配活动,必须在自己的群内进行;雄性动物在群中争得了交配权之后,必须对自己群的成员责任:这些都可以视为诚的原始基础。狗能够成为家庭的宠物,很重要的原因,是它有忠诚于主人的特性。儒家重视诚,将诚作为道德学说的重要内容,有着深厚的生长倾向的基底。

儒家很多道德原则,都可以从这个角度理解。"一本"也是如此:

> 夫夷子,信以为人之亲其兄之子为若亲其邻之赤子乎?彼有取尔也。赤子匍匐将入井,非赤子之罪也。且天之生物也,使之一本,而夷子二本故也。盖上世尝有不葬其亲者。其亲死,则举而委之于壑。他日过之,狐狸食之,蝇蚋姑嘬之。其颡有泚,睨而不视。夫泚也,非为人泚,中心达于面目。盖归反虆梩而掩之。掩之诚是也,则孝子仁人之掩其亲,亦必有道矣。①

墨者夷之反对爱有差等,提倡爱无差等。孟子批评墨家的这种主张,质疑他们是否真能做到,即"信以为人之亲其兄之子为若亲其邻之赤子乎"。儒家主张爱有差等有现实生活的基础。"孝子仁人之掩其亲,亦必有道"一句大有讲究,它说明,儒家对父母讲孝是有其道的,这个道就是"一本",就是"施由亲始"。上古之时,父母过世了,将尸体扔到山沟里了事。日后从那里经过,看到尸体被狐狸吃,被蚊蝇咬,不忍直视,才找来工具加以掩埋。亲人离自己最近,所以孝亲必从最亲的人开始,然后再逐级向外扩大。因此,儒家提倡的"一本"原则,完全是人性的自然显现。夷之提倡爱无差等,不符合人性的自

---

① (南宋)朱熹:《四书章句集注》,中华书局1983年版,第47—48页。

然原则,故为"二本"。

当然,这不是说伦理心境都直接源自生长倾向。伦理心境尽管以生长倾向为基础,但毕竟包含了社会生活的内容,不再是生长倾向能够完全覆盖了的。社会生活是一个复杂的机体,如果将其规范完全归为生长倾向的直接对应物,就过于简单了。为此可以孝悌为例。《论语》中关于孝悌的论述非常多,"子游问孝""子夏问孝""孟懿子问孝""孟武伯问孝"不一而足,其中有子的话人们最爱引用:

> 其为人也孝弟,而好犯上者,鲜矣;不好犯上,而好作乱者,未之有也。
> 君子务本,本立而道生。孝弟也者,其为仁之本与![1]

儒家特别重视孝悌,乃至直接将其上升为仁的根本,但孝悌的基础需要认真分析。孝的对象是父母,在母系社会中,子女只知其母不知其父,很难谈得上对父亲的情感。即使在父系社会,与子女最亲近的仍然是母亲。儒家讲孝将父母连着讲,又以父亲为先,不能单纯从生长倾向的角度来理解。悌的对象是兄长,这方面的情况更复杂。在动物界中很少能见到悌的情况,即使有也绝没有达到儒家所强调的程度。儒家如此重视孝悌,与周文化礼乐制度密不可分。周代实行分封制和嫡长子继承制,父亲掌管着最高的权力,长兄是权力的合法继承人。这种制度对于孝悌观念的形成有直接的影响。在一些西方国家,人们当然也有对家庭的爱,但并没有如儒家这样的孝悌观念。这足以说明,孝悌观念是社会文化的产物,不能简单归因于生长倾向。

因此,要证明道德即自然,不能只谈生长倾向,还必须谈伦理心境。虽然伦理心境必须以生长倾向为底子,但它并不是生长倾向的简单强化,一定包含新的内容。我们应该以辩证的眼光看待这些新的内容。人类社会生活最明显的特点是"既与"。我们每个人自出生那一刻起,就生活在其中。每个具体的社会都有既定的行为规范,这些规范是祖祖辈辈在实际生活中一点点形成的,是人类自己加给自己的,即使它以天或神的面目出现,这种天或神也是由人创造出来的。这个道理有点类似于西方的"自律"概念。在西方,"自律"这一概念最初用于政治学之中。政治学研究发现政治运作中有一个矛盾:政治团体

---

① (南宋)朱熹:《四书章句集注》,中华书局 1983 年版,第 262—263 页。

中的个体必须服从团体制定的法律,但这些个体同时又必须保持自由。为此,卢梭提出了一个解决办法。他强调,共和国的法律建立在社会契约之上,共和国接纳每一个成员,将其作为全体中不可分割的一个部分,与此同时,每个人又必须将自己置于共同意志的指导之下。在这种格局下,共和国的成员保持着双重的身份:既是主权者,又是服从者。因此,共和国的每一个成员都是自由的,他们服从的法律其实是自己制定的。① 这个道理告诉我们,社会生活中的行为规范是人类在长期发展过程中基于生长倾向自己制定的,社会生活就是生活在社会中的每一成员自己学习、掌握、遵循这些规范的过程。如果将"自然"取"自生""自然而然"之义,服从这些规范也就是遵从自然。虽然这个过程也难免出现问题,但切不可将服从既与的社会规范与不自然直接画等号,得出道德即是不自然的结论。

第三节　以道德境界证明"道德即自然"

证明"道德即自然",还可以从境界的角度进行。这里说的"境界",特指完成道德的一种状态,亦即是执着造作的,还是自然而然的。这方面的内容儒家很早就有涉及。孔子对自己一生的总结是一份很好的材料:

> 吾十有五而志于学,三十而立,四十而不惑,五十而知天命,六十而耳顺,七十而从心所欲,不踰矩。②

在这个表述中,需要细细品味的是"七十从心所欲不踰矩"。"不踰矩"是指行为合于道德规范。"从心所欲"是指道德行为无不与心相合,不需要强行把持,一言一行皆可为善。

子路、曾皙、冉有、公西华侍坐章与这个问题密切相关。孔子分别询问子路、曾皙、冉有、公西华的志向。子路说,他的志向是治理拥有一千辆兵车的国家,治理三年,使人民勇敢善战,懂得礼义。冉有说,他的志向是治理一个国土纵横六七十或五六十里的小国家,使人民丰衣足食。公西赤说,他的志向没有那么高远,能在举行宗庙祭祀或者诸侯相会时,穿着礼服戴着礼帽,做一个小

---

① 参见李明辉:《儒家与康德》,台湾联经出版公司1990年版,第15页。
② (南宋)朱熹:《四书章句集注》,中华书局1983年版,第54页。

傧相,就可以了。孔子最后又问曾点,曾点回答道:

> 莫春者,春服既成。冠者五六人,童子六七人,浴乎沂,风乎舞雩,咏而归。①

暮春三月,春服既成,和五六个成年人,六七个少年人相伴,在沂水中洗洗澡,在舞雩上吹吹风,一路高高兴兴唱着歌回来。曾点的回答得到孔子高度的首肯,喟然叹曰:"吾与点也"。孔子为什么赞赏曾点的主张,历来有不同的理解。但根据上面的分析,从境界角度加以解释是一个相当可取的思路。孔子教导人成德成善,但成德成善不是强行把捉,不是做苦行僧,最高境界是要遵从自然。一旦达到这种境界,成德就完全归于了自然。孔子在讲"志于道,据于德,依于仁"之后,一定要补上"游于艺"②,或因于此。

孟子对这个问题的论述更为具体:

> 其为气也,至大至刚,以直养而无害,则塞于天地之间。其为气也,配义与道;无是,馁也。是集义所生者,非义袭而取之也。行有不慊于心,则馁矣。我故曰,告子未尝知义,以其外之也。必有事焉,而勿正心③,勿忘,勿助长也。无若宋人然:宋人有闵其苗之不长而揠之者,芒芒然归。谓其人曰:"今日病矣!予助苗长矣!"其子趋而往视之,苗则槁矣。天下之不助苗长者寡矣。以为无益而舍之者,不耘苗者也;助之长者,揠苗者也。非徒无益,而又害之。④

孟子非常重视养气问题,批评了当时两种不好的做法:一是"不耘苗者",即认为养气没有用处而不去做;二是"揠苗者",即养气不靠"集义而生",人为助长。前者与此处主题无关,这里只谈"揠苗者"。在孟子看来,养气是一个自然过程,不能造作,像宋人揠苗助长那样,就叫作"正心"。心原本就是正的,不需要硬性把捉,强行为正,否则,固于执着,强行相助,只能事与愿违,"非徒无益,而又害之"。"勿助"涉及的其实就是道德

---

① (南宋)朱熹:《四书章句集注》,中华书局1983年版,第130页。

② (南宋)朱熹:《四书章句集注》,中华书局1983年版,第94页。

③ 我认为,此处当以"正心"连读,在"正心"与"勿忘"之间留一个稍大的停顿,读为"必有事焉,而勿正心,勿忘,勿助长也"。这里的"正"字与《孟子》中其他的"正"字一样,也是一般性动词,义为"使正"。"正心"就是使心故意为正,造作助长。[参见杨泽波:《孟子性善论研究(再修订版)》,上海人民出版社2016年版,第56—57页。]

④ (南宋)朱熹:《四书章句集注》,中华书局1983年版,第231—232页。

境界问题,孟子强调,真正的道德行为必须是"勿助",没有任何执着,没有任何造作。

孔孟虽然很早就有这方面的论述,但儒家相关思想一直隐而不彰,直到佛教传入,情况才有了好转。佛教强调缘起性空,空是根本观念。但这个观念过于高超,一些人很难理解,刻意追求空,于是空也成了不空。《金刚经》特别重视这个问题,凸显了一个无相的观念,要求布施应"不住于相","若菩萨有我相、人相、众生相、寿者相,即非菩萨"。这一思想传入中国后,经过吸收消化,中国僧人很好地把握住了这个道理。僧肇所著《般若无知论》即提出般若无知说,意在强调般若之知是无相之知。真正的无相既要去掉有相,又要去掉无相。将无相去掉的无相,才是真正的无相。这就叫作"圣人无无相"。《般若无知论》第六难中对这个问题作了极为精妙的阐发:"圣人无无相也。何者? 若以无相为无相,无相即为相。舍有而之无,譬犹逃峰而赴壑,俱不免于患矣。"①

佛教这一思想对儒学产生了深刻的影响。明道明显已开始关注这个问题。他说:

> 今学者敬而不见得,又不安者,只是心生,亦是太以敬来做事得重,此"恭而无礼则劳"也。恭者私为恭之恭也,礼者非体之礼,是自然底道理也。只恭而不为自然底道理,故不自在也。须是恭而安。今容貌必端,言语必正者,非是道独善其身,要人道如何,只是天理合如此,本无私意,只是个循理而已。②

明道强调,要成德成善必须做好敬的工夫,但敬的工夫不能强力把捉,天理本当如此,本无私意,只要顺着这个道理发展就可以了。否则,为恭而恭,为礼而礼,"太以敬来做事得重",只能落得不自在。敬须是"天理合如此",不能勉力强为。

由此出发,明道对孟子"勿助"的论述也作出了自己的解释,指出:

> 今志于义理而心不安乐者,何也? 此则正是剩一个助之长。虽则心操之则存,舍之则亡,然而持之太甚,便是必有事焉而正之也。亦须且恁去如

---

① (东晋)僧肇:《肇论校释》,中华书局 2010 年版,第 98 页。
② (北宋)程颢、程颐:《河南程氏遗书》卷二上,《二程集》第一册,中华书局 1981 年版,第 34 页。

此者,只是德孤。"德不孤,必有邻",到德盛后,自无窒碍,左右逢其原也。①

孟子谓"必有事焉,而勿正,心勿忘,勿助长。"正是著意,忘则无物。②

根据儒家学理,在理想情况下,志于理义心中就会安乐。但现实情况可能正好相反,志于理义了内心却并不能体会到安乐。明道认为,其因即在于工夫不得法,多了一个助长之心。操心于道德是必需的,但操心不能持之太甚,否则便是孟子批评的"必有事焉而正之"。操心于道德还不是道德的最高境界,必须再进一步,去除执着之心,自无窒碍,才能左右逢其原。孟子所说"勿助",其精意即在不要着意。不着意即是忘,忘即是无物。③

阳明的严滩问答也可以置于这个背景下理解:

先生起行征思、田,德洪与汝中追送严滩,汝中举佛家实相幻相之说。先生曰:"有心俱是实,无心俱是幻;无心俱是实,有心俱是幻。"汝中曰:"有心俱是实,无心俱是幻,是本体上说工夫;无心俱是实,有心俱是幻,是工夫上说本体"。先生然其言。洪于是时尚未了达,数年用功,始信本体工夫合一。但先生是时因问偶谈,若吾儒指点人处,不必借此立言耳!④

阳明有两个相近但所指不同的说法:"有心俱是实,无心俱是幻;无心俱是实,有心俱是幻。"龙溪认为,前一句"是本体上说工夫",后一句"是工夫上说本体"。所谓"本体上说工夫"是指道德本体可以创生事与物,有了道德本体的创生,万事万物才有了道德性,这种道德性就是实;没有道德本体的创生,万事万物便没有道德性,这种没有道德性就是幻。所谓"工夫上说本体"是说

① (北宋)程颢、程颐:《河南程氏遗书》卷二上,《二程集》第一册,中华书局1981年版,第42页。

② (北宋)程颢、程颐:《河南程氏遗书》卷十一,《二程集》第一册,中华书局1981年版,第132页。

③ 明道这一思想不容易把握,朱子在这方面实有差距。他说:"孟子'必有事焉','勿忘'是论集义工夫,'勿正'与'勿助长'是论气之本体上添一件物事不得。若是集义,便过用些力亦不妨,却如何不着力得? 苗固不可揠,若灌溉耘治,岂可不尽力。今谓克治则用严,养气则不可助长,如此,则二事相妨,如何用功!""'必有事焉',只消此一句,这事都了。下面'而勿正,心勿忘,勿助长',恰似剩语。却被这三句撑拄夹持得不活转,不自在。"[(南宋)黎靖德编:《朱子语类》卷五十二,第四册,中华书局1986年版,第1268页。]将朱子这些论述与明道相比照,可知明道智慧之高实远非他人可比。

④ (明)王守仁:《传习录下》,《王阳明全集》,上海古籍出版社1992年版,第124页。

通过工夫以见本体,最高的工夫没有执着,全凭自然,故为实;差一级的工夫难免为执着所困,难免造作,故为幻。由此可知,就成德而言,最高的境界是以无心,而非有心的方式进行,而这也就是孟子说的"勿助"。① 无心即是没有执着心,没有执着心以成德,是一种自然而然的成德;有心即是有执着心,有执着心以成德是一种造作的成德。

近代以来,牟宗三十分关注这个问题。在他看来,道德之心决定道德善行,当以"无"的方式进行。在评论明道相关思想的时候,他有这样一段文字:

> 此"无"亦如"无有作好无有作恶"之无,亦如程明道《定性书》所谓"天地之常以其心普万物而无心,圣人之常以其情顺万事而无情"语中之无。"以其心"是表示存有层上肯定有心,"普万物而无心"是说其普遍于万物而为其体不是有意造作如此也,意即是以"无心"之方式而普也。"圣人之常以其情顺万事而无情"亦同此解。"以其情"是有情,"而无情"是无意于情。"无有作好,无有作恶"亦同此解。好恶是有的,然不要有意造作地去好,亦不要有意造作地去恶。此亦如禅家所谓"即心是佛,无心为道"也。②

明道的名言"天地之常以其心普万物而无心,圣人之常以其情顺万事而无情"讲了"以其心"和"无心"、"以其情"和"无情"的关系。"以其心"是说确实有这样一个心,"普万物而无心"是说这个心普万物而为其体是"无心"而为,不是有意造作。同理,"以其情"是说确实有这样一个情,"顺万事而无情"是说这个心普万物是"无情"而为,不是有意造作。这里的"无心""无情"都和"无"相关。

牟宗三进而将这个问题提升至"无相"的高度:

---

① 虽然阳明对孟子这一说法持肯定态度,但似乎并不特别重视。在回答他人有关提问时这样讲道:"我此间讲学,却只说个'必有事焉',不说'勿忘勿助'。必有事焉者,只是时时去集义。若时时去用必有事的工夫,而或有时间断,此便是忘了,即须勿忘。时时去用必有事的工夫,而或有时欲速求效,此便是助了,即须勿助。其工夫全在必有事焉上用,勿忘勿助只就其间提撕警觉而已。若是工夫原不间断,即不须更说勿忘;原不欲速求效,即不须更说勿助。"[(明)王守仁:《传习录中》,《王阳明全集》,上海古籍出版社1992年版,第83页。]

② 牟宗三:《圆善论》,《牟宗三先生全集》第22卷,台湾联合报系文化基金会、联经出版事业公司2003年版,第308页。

显"伟大"相即显出道德之"道德相"。显道德相即显紧张相,胜利相,敌对相,令不若己者起恐惧心,忌惮心,厌憎心,甚至起讥笑心,奚落心,而日趋于放纵恣肆而不以为耻,此如苏东坡之于程伊川,小人之视道学为伪学。此皆由于道德相(伟大相)未化除之故也。故孟子必说"大而化之之谓圣"。圣境即化境。此至不易。人需要"大",既大已,而又能化除此"大",而归于平平,吉凶与民同患,"以其情应万事而无情",不特耀自己,望之俨然,即之也温,和蔼可亲,此非"冰解冻释,纯亦不已"者不能也。到此境便是无相原则之体现。此为第三关,即"无相"关(佛家所谓无相禅)。①

道德共有三种境界,逐级上进,须闯"三关":首先是"克己复礼"关;其次是"有光辉"关;最后是"无相"关。"克己复礼"关是指将"大体"挺立起来;"有光辉"关是指进一步彰显其崇高和伟大,有所光辉,显出一种"大相";"无相"关是指把"大相"化掉,做到大无大相。三关当中,最难理解和把握的是"无相"关。所谓"无相"关,意即道德达到一定高度后,把一切道德之相化掉,达到一切皆是自然,皆是平平的境界,以避免形成紧张和敌对。

牟宗三这一思想有很高的学理价值。如上所说,人有生长倾向,有伦理心境,仁性是建基于生长倾向之上的伦理心境,以仁性为基础成就道德本身就是一件自然的事情,不是人为强加的。但在此过程中,还要注意做到无执。牟宗三对明道"无心""无情"诠释的意义正在这里。这种"无心""无情"我称为"道德而无道德之相"②。所谓"道德而无道德之相",是指人达到一定高度后,道德没有道德的样子,一切都以自然的状态显现。要达到这种境界,必须做到无执。无执就是"无相",没有一丝刻意,没有一丝做作,没有一丝拧巴,一任自然,一任平平。达到了"无执",达到了"无相",也就做到了"道德即自

---

① 牟宗三:《康德〈判断力之批判〉》,《牟宗三先生全集》第16卷,台湾联合报系文化基金会、联经出版事业公司2003年版,第81—82页。

② 需要注意,"道德而无道德之相"不同于"存有之无相"。"道德而无道德之相"是指成就了道德却完全没有道德的样子;"存有之无相"是指道德之心创生存有也是"无相",即所谓物自身。牟宗三没有注意到这里的问题,直接以"道德而无道德之相"证明"存有之无相",以此证明道德之心创生的存有不再是现相,而属于了物自身(即所谓"物自身的存有"),造成了重大的理论失误。(参见杨泽波:《贡献与终结——牟宗三儒学思想研究》第五卷,上海人民出版社2014年版,第86—131页。)

然"。孔子的"七十从心所欲不踰矩""吾与点也",孟子的"勿正心""勿助长",明道的"天地之常以其心普万物而无心,圣人之常以其情顺万事而无情",阳明的"无心俱是实,有心俱是幻",都是对这一境界的表达。在这种境界中,成德完全归于了自然,无心为善而成善,无心为德而成德,从心所欲皆是无执,丝毫显不出人为努力的样子。达到了"道德而无道德之相"的境界,也就做到了"道德即自然",一种与道德根据之自然不同的自然。

第四节 善的异化与重回自然

上面从道德根据和道德境界两个角度有效证明了"道德即自然",但这并不意味着道德不会产生问题,出现违背自然的情况。为了说明这个道理,这里需要提出一个新的概念,这就是"善的异化"。

"异化"是文艺复兴以来西方哲学逐渐形成的一个说法。社会契约论最早涉及这个问题,用以说明一种损害、放弃或转让个人权利的活动。霍布斯和洛克没有明确使用过这个说法,但表达过相似的思想。卢梭将异化概念赋予了新的含义,特指人的活动及其产品日益变为异己之物,人成了自己制造物的奴隶,在人与社会、人与自然的两重关系上,深化了这一概念的内涵。德国古典哲学首次将异化问题上升到了哲学的高度。费希特所说自我外化为非我,使原来与自我同一的东西变成异己的东西,已经包含了异化的含义。黑格尔的异化思想最初表现在对于基督教实证性的批判中,用以揭示人与人的异化关系。在他看来,基督教原本是人创造的,后来却变成了一种僵化的压迫人的异己力量。在《精神现象学》中,异化理论达到了高峰,成了说明自然、社会、历史等辩证发展的核心概念。现在人们使用异化概念更多是受到了马克思的影响。从马克思的观点看,异化是人的物质生产与精神生产的过程及其产品变成异己力量,反过来统治人的一种社会现象。异化离不开私有制,离不开社会分工的固定化,伴随着阶级一同产生,反映的是人们的生产活动及其产品反对人们自己的一种特殊关系。在异化活动中,人丧失了能动性,遭到异己的物质力量或精神力量的奴役,个性不能全面发展。在资本主义社会里,异化达到了最严重的程度。只有消灭私有制和阶级,消灭僵化的社会分工,异化问题才能得到真正的解决。

儒家生生伦理学引用"异化"的说法,提出"善的异化"的概念,是想说明这样一种情况:儒家学说的目的是求善,但在一些情况下,受各种因素的影响,这种善也可能从自身中脱离出去,变为不善,成了一种异己的力量。善的异化根据三分法可分为两种情景。

第一种情景可称为"仁性异化"。仁性是道德本体,仁性作为本体能够异化,实由其内部生长倾向和伦理心境的关系所致。仁性以生长倾向为基础,这种倾向受社会生活和智性思维的影响,会逐渐发展为伦理心境。这种发展就一般情况来说,都是正面的。但有的时候,如果社会生活和智性思维不正常,也可能导致仁性出现问题。前面第二章第七节"孟子达成的只是伦理之善"中讲过,这些问题可分为三类,即仁性失当、仁性保守、仁性遮蔽。仁性失当是指仁性本身不够合理的一种情况。社会生活是伦理心境的重要来源。如果社会生活是健康的,作为伦理心境的结晶物一般来说也是健康的;如果社会生活本身有问题,作为伦理心境的结晶物也可能出现失当的情况。仁性保守是指仁性流于守旧的一种情况。伦理心境来自社会生活对内心的影响,社会生活中的一项重要内容是社会习俗。社会习俗有一定的惰性,容易落后于社会生活的步伐。而伦理心境一经形成,也具有了一定的惰性,不仅要落后于社会生活,而且要落后于社会习俗。这两种情况是造成仁性保守的主要原因。仁性遮蔽是指仁性扭曲,产生变形,受到遮盖的一种情况。除社会生活外,伦理心境还有智性思维的来源,而智性思维不能脱离特定的社会背景。一旦社会环境出了问题,人们的智性思维也会受到影响,别人向左也随之向左,别人向右也随之向右,别人说黑也随之说黑,别人说白也随之说白,盲目跟着潮流走,进而出现在所谓正确的旗号下作出错误甚至犯罪行为的情况。

仁性失当、仁性保守、仁性遮蔽表现不同,但均源于对仁性缺少真正的理解,不明白其来源,不了解其性质。我将这种情况称为"仁性无知"①。要防止仁性异化,克服"仁性无知",一个有效的途径便是大力启动智性,来一个智性的大发展。智性和仁性都是道德的根据,但作用不同。仁性的作用是遵从内

① 参见杨泽波:《儒家生生伦理学引论》第三十九节"内识是杜绝心学流弊的根本之法",商务印书馆 2020 年版,第264—274页。

心,遵守既有的社会生活规则,其本质是伦理之善。智性的作用是运用人的认知能力对外和内两个方面加以认知,对外叫"外识",对内叫"内识"。外识是对与成德相关的外部对象的认识,内识是对仁性自身的认识。与外识相比,内识更重要也更难掌握。借助内识,不仅可以对仁性加以彻底的再认识,而且可以检查其是否合理。如果发现有不合理之处,就需要加以调整,使其回到正确的方向上来。这一步工作不再属于伦理的范畴,而上升到了道德的层次,成为了道德之善。因此,求善不能仅仅满足于仁性,还要大力发展智性,时刻用智性对仁性加以再认识。只有智性得到了充分的发展,才能纠正失当、保守、遮蔽的问题,预防"仁性无知",克服仁性异化,使之重新回到正确的道路上来,复归于自然。

启动智性可以克服仁性异化,但智性不是万能的,在一些情况下同样会出问题。如果智性出了问题,会造成另一种异化,这就是"智性异化"。动用智性克服仁性的问题,其本质是以智性对仁性加以调整,使之趋于合理。这一步工作十分复杂,庆幸的是,儒家在这方面有一种高超的智慧,这就是经权。我将经权问题引进来,是想说明这样一个道理:仁性是对社会既有规范的服从,此为经(反经);智性是发现这种行为规范不尽合理后,对其进行调整,此为权(行权)。反经固然重要,行权更为困难。儒家对行权有很高的要求,要求必须出于良好的动机,必须充分预估其效果。将这两个方面的内容合并起来,就是我所说的"第二良心"①。这里说的良心与孟子的不同。孟子讲的良心是天生的,是良知良能,这里讲的良心主要表现为以智性对于仁性调整过程中的良好动机以及对于后果的充分预估。

我刻意提出"第二良心"这个说法,主要是出于对现实生活中的一些乱象的担忧。存在主义曾是西方的一种重要思潮,"存在先于本质"是其标志性口号,这一思潮对中国也产生了很大的影响。存在主义鼓吹,人生没有本质,本质是由人自己选择的,人应该勇于打破各种束缚,大胆运用理性选择自己喜欢的生活方式,做自己希望成为的那种人。存在主义这一理论最大的问题,是不了解人在运用理(智)性选择自己的生活方式之前,其实早就有了本质。根据

① "第二良心"是我在《儒家生生伦理学引论》中首次提出的重要概念。(参见杨泽波:《儒家生生伦理学引论》第四十二节"将内识置于经权范式之下",商务印书馆2020年版,第287—296页。)

儒家学理,人生而有善性,从理论上分析,这其实就是说人在面对新的伦理道德问题之前内心并不是空白的,里面早就有了内容,这种"早就有了"就是先在性,而这种先在性就是人的本质。这种先在性的本质有两个具体所指:一是生长倾向,这可以说是"原生性本质";二是伦理心境,这可以说是"次生性本质"。此外,人还有理(智)性,有权利选择自己理想的生活方式,这种理想的生活方式也是一种本质,可以叫作"标的性本质"。但必须清楚地看到,人在运用理(智)性选择"标的性本质"之前已经有了"原生性本质"和"次生性本质",所以绝不能说"存在先于本质",只能说"本质先在存在"。存在主义缺乏慧根,看不到"原生性本质""次生性本质",无力处理这两种本质与"标的性本质"的辩证关系,一味鼓励大家勇敢去选择,造成了诸多的社会乱象。① 这些乱象其实也是一种善的异化,一种由智性失控所造成的异化。

儒家历史上所说的不当行权,与这种异化密切相关。荀子曰:

> 凡人之取也,所欲未尝粹而来也;其去也,所恶未尝粹而往也。故人无动而不可以不与权俱。衡不正,则重县于仰而人以为轻;轻县于俛而人以为重,此人所以惑于轻重也。权不正,则祸托于欲而人以为福,福托于恶而人以为祸,此亦人所以惑于祸福也。道者,古今之正权也,离道而内自择,则不知祸福之所托。②

人皆有所取,亦皆有所去,但所取和所去不一定能够完全实现。因此,处事必须讲权衡。如果权衡做不好,表面看似乎是好事,是人之福,实则很可能是坏事,是人之祸。道是最大的权,最正的权,离开道而随意选择,其结果不知是福还是祸。荀子两千多年前的这一论述,在今天一点都没有过时。20世纪在道德领域出了那么多问题,陷在相对主义、庸俗主义的烂摊子里难以收场,一个重要原因就是过分相信自己的理(智)性,胆子太大,缺乏敬畏之心,就是小人随意行权。要解决这些问题,依据儒家生生伦理学的判断,必须在仁性和智性的辩证关系上着力,反省"存在先于本质"这一理论的荒谬之处,检讨理(智)性自大造成的种种乱象,使社会重新回到善的道路上来。我不畏风险提

---

① 参见杨泽波:《"存在先于本质"还是"本质先于存在"——儒家生生伦理学对存在主义核心命题的批评》,《道德与文明》2018年第6期。

② (清)王先谦:《荀子集解·正名》,中华书局1988年版,第430页。

出"拒萨庄"①的口号,强调警惕"小人行权",认为这是当前最重要的任务,就是以此为出发点的。这项工作做好了,克服了智性异化,道德仍然可以回归自然,在更高层次实现"道德即自然"。

第五节 重新证明"道德即自然"的理论意义

厘清道德与自然的关系,对于正确处理儒家和道家关系,意义重大。在中国文化系统中,儒家以讲道德为根本宗旨,强调一个人必须有德,其生活才有意义,一个国家必须有德,其治理才算是完善。与此相反,道家强调自然是最高原则,人只有遵从自然才能与天地万物保持一致,做到"天地与我并生,万物与我为一"。

自墨家失传后,对中国文化发展有实质影响的只有儒道两家。儒家倡导道德,道家赞赏自然,形成了各自不同的学理系统。魏晋玄学虽然讨论了道德与自然的关系,但没有能够从根本上解决问题,远未达到有效证明"道德即自然"的程度。在这种两相对立的格局下,儒家论道德很难讲到道家式的自然,道家论自然也很难讲到儒家式的道德,儒道两家各吃各的饭,各说各的话,各干各的事,大有老死不相往来的态势。

如果上面关于"道德即自然"的证明可以成立的话,那么我们完全有理由用这个框架融合双方学理,以儒家为基础吸收道家自然学说的合理因素,或以道家为基础吸收儒家道德学说的合理因素,形成一个新的理论形态,结束儒道两家不通不联、互为分割的局面。这种新的理论可名之为"自然道德学"或"道德自然学"。这种努力的意义十分深远,对于中国哲学整体发展而言,是无论如何评价都不为过的。

---

① 参见杨泽波:《儒家生生伦理学引论》第四十二节第三小节"拒萨庄",商务印书馆 2020 年版,第 295—296 页。我提出这一说法后引来一些学者的担心,以为我又在搞什么"罢黜百家,独尊儒术"。在今天的条件下像汉代那样"罢黜百家"已经根本不可能了。我这样说,只是想提醒人们警惕西方存在主义的负面影响,而不能一味鼓吹,盲目跟着走。据我观察,这种影响是现在社会诸多乱象的重要根源。

第五章 二程:宋明儒学的实际创立者

第一节 宋明儒学的时代课题及其称谓选定

宋明儒学的产生,与任何一门新学说一样,有内外两个方面的原因。从外部看,是为了应对佛教和道教的挑战。佛教擅长思辨,义理繁复,传入中国后,很快捕获了大量信众,建寺造像,祭祀礼拜,追求因果报应,以超脱六道轮回,影响越来越大。道教与儒家的关系较为微妙。两家一段时间甚至结成同盟,共同对抗外来的佛教,但学理基础毕竟不同,也分流了一部分民众。从内部看,是为了补救汉代儒学的弊端。两汉之后,儒学作为传统文化主要支柱的地位没有根本改变,在确立王道政治和宗法制度方面的作用没有消失,但以"天人感应"为代表的理论形态大大限制了人们的思想,以章句注疏、名物训诂为特征的经学方式也封死了治学的路径。面对上述情况,儒家必须对外排斥佛老二教,夺回儒家原有的阵地,重建一种新的意识形态,对内抛弃粗疏的汉代经学,从训诂之学解放出来,为这种新的意识形态寻求可靠的理论基础。

这一努力在中唐即开始崭露头角。韩愈以古文运动为契机发出了儒学再造的呼声。士大夫积极酝酿改革,范仲淹、欧阳修等政界重要人物与文坛盟主合作,将古文运动推向高潮。受古文运动的影响,传统经学得以迅速复苏。以胡瑗、孙复、石介为代表的经学名家,积极宣传道统,为儒家培养了大批人才。这些人物赞成韩愈之说,将尧、舜、禹、汤、文、武、周公、孔、孟甚至董仲舒、扬雄、韩愈一系的发展,确定为儒家道统,重整伦理纲常,以确立儒家思想的统治地位。在这种努力中,儒学迎来了复兴,进入到了宋明儒学的阶段。

这一时期儒学的称谓一直处于混乱状态,难得统一。称"道学"者有之，称"理学"者有之，称"Neo‐Confucianiam"（新儒学）者亦有之。"道学"之称最符合宋代的实际情况。① 当时程朱派学者频繁使用"道"字，宣称代表道统真传，引起一些人的反感，讽刺他们溺于道之空谈，是"道学"②。相关人员却欣然接受了这个说法，原本贬义的说法反倒成了褒义，乃至《宋史》中专门辟有《道学传》。称"理学"亦有依据。唐宋之前，辞章考据训诂之学盛行，在义理方面难有推进。至南宋始有"理学"之名，朱子曾言"理学最难"③，象山亦说"惟本朝理学，远过汉唐，始复有师道"④。"理学"的说法较好地表达了学理的这个特点。称"Neo‐Confucianiam"同样有其道理。这个名称最早是在华耶稣会士起的，起源很早，据日本学者吾妻重二考证，甚至可以追溯到著名传教士库普勒（汉名：柏应理）。1687 年他献给法国国王路易十四的《孔子：中国之哲人》中已有"Neoterici Interpretes"一词，意为"新时代的解释家们"，专指二程与朱子等人。⑤ 其后，"Neo‐Confucianiam"这一用语在海外广为流行，20 世纪后，经过狄百瑞等人的努力，影响更大。

　　但是，以"道学""理学""Neo‐Confucianiam"称谓宋明时期的儒学，都有缺陷。"道学"虽最符合历史原貌，但内涵较窄，仅指濂溪、横渠、二程兄弟等人。及至南宋，随着学理分化，又仅适用于南宋的理学一派，不包括心学及其

---

　　① 1983 年，冯友兰曾呼吁在历史原有意义上使用"道学"这一概念，就像它在 11、12 世纪被使用那样。他还建议放弃"理学"的用法，因为这个概念并非当时就有，是后起的，遮盖了"道学"这一概念的光彩。（参见冯友兰：《略论道学的特点、名称和形式》，中国哲学史学会编：《宋明理学》，浙江人民出版社 1983 年版，第 37—56 页。）田浩在这方面也做了大量工作，见其论文《儒学研究中的一个新指向：新儒学与道学之间差异的检讨》，田浩编：《宋代思想史论》，社会科学文献出版社 2003 年版，第 77—97 页。

　　② 刘子健指出："有些学者被他们频繁使用'道'这个词所激怒，讽刺地送给他们'道学'这个绰号，暗讥他们沉溺于'道'的空谈。但这些以道德自诩的超越道德主义者们并不介意。出乎发明这一绰号的人们的意料，它后来竟成了一个含有敬意的名称。"（刘子健：《作为超越道德主义者的新儒家：争论、异端和正统》，田浩编：《宋代思想史论》，社会科学文献出版社 2003 年版，第 236 页。）

　　③ （南宋）黎靖德编：《朱子语类》卷六十二，第四册，中华书局 1986 年版，第 1485 页。

　　④ （南宋）陆九渊：《与李省干》，《陆九渊集》，中华书局 1980 年版，第 14 页。

　　⑤ 吾妻重二指出："我们可以断定，17 世纪以来传教士的了解与说法，就是今日西方世界广泛通用的'Neo‐Confucianiam'概念的原型"。（［日］吾妻重二：《美国的宋代思想研究——最近的情况》，田浩编：《宋代思想史论》，社会科学文献出版社 2003 年版，第 13 页。）

他学派。"理学"原本专指义理之学,与辞章考据训诂之学相对应,内涵不够严格。明代之后,这一名称又指称宋代以来的学术体系,内含伊川与朱子以"理"为核心概念的理学以及象山、阳明以"心"为最高范畴的心学,于是,这个概念就有了广义和狭义之分:狭义的理学仅指程朱学派,广义的理学则又包括心学。① "Neo-Confucianiam"原本是在华传教士为介绍宋明时期儒学新拟的一个名称,不仅近年来在海外多有争议,②而且也容易与表示现代新儒学的"New-Confucianiam"相混淆。更为麻烦的是,儒学发展一定还有第四代、第五代,届时不知英文还有什么更好的前缀加以限定。

有鉴于此,我认为宜跳出时代的局限,从儒学发展的整体视野出发,直接以时间划分,将宋明时期的儒学称为"宋明儒学",不叫"道学",不叫"理学",也不叫"Neo-Confucianiam"。这样做的好处是内涵和外延都很清楚。宋明儒学即指宋明时期的儒学,内部包括以程朱为代表的理学,以象山、阳明为代表的心学以及其他一些派别(如气学、事功学)。这种做法还有较强的对应性,进而可以与先秦儒学、汉代儒学、宋代儒学、明代儒学、现代儒学相对应,在逻辑上不会造成混乱。

第二节　儒家道德形上根据的确立

一、"太虚即气"之"即"当为"是"义考论③

研究宋明儒学,分析儒家道德形上根据的确立,当首推濂溪④,濂溪之外

① 参见陈来:《宋明理学》,辽宁教育出版社 1992 年版,第 9—11 页。
② 吾妻重二在详细回顾了道学和新儒学在海外使用的情况,特别是田浩和狄百瑞的争论后指出:"他们的主张都值得倾听,可是我认为,关于这个问题还是田浩的意见有妥当之处。"([日]吾妻重二:《美国的宋代思想研究——最近的情况》,田浩编:《宋代思想史论》,社会科学文献出版社 2003 年版,第 10 页。)
③ 杨少涵和李宗宜对这一小节的若干表述分别提出了很好的意见,避免了一些不够准确的地方,在此表示感谢。
④ 钱穆十分重视濂溪,认为濂溪的太极图说对宋儒形上理论的建构影响很大,其中也包括朱子:"朱子论理气,实本之周濂溪太极图说,至少可谓朱子乃凭借濂溪太极图说以证成其理气论之体系。要之朱子之宇宙本体论,其有得于濂溪太极图说之启悟者实多,此则断无可疑。"[钱穆:《朱子新学案》(上),巴蜀书社 1986 年版,第 181 页。]

还有一个绕不开的人物这就是横渠。① 横渠有一个争议很大的命题叫作"太虚即气"。横渠《正蒙·太和》于此有两段重要文字：

> 知虚空即气，则有无、隐显、神化、性命通一无二，顾聚散、出入、形不形，能推本所从来，则深于《易》者也。

> 气之聚散于太虚，犹冰凝释于水，知太虚即气，则无无。②

这里集中谈了太虚和气的关系。太虚与虚空，用词和所指微异，但性质无别。③ 气在中国哲学传统中属于物质范畴。④ 横渠将太虚与气联系起来，用一个"即"字表达二者的关系，于是，如何把握这个"即"，就成了理解太虚的中枢环节。

历史上，虽然也有一些例外，但一般均将这个"即"解读为"是"。这种情况一直延续到近代。张岱年在其20世纪30年代写成的《中国哲学大纲》中指出：

> 张子的宇宙本根论，实可谓宏大而丰富。其最主要之义，在于以一切形质之本始材朴之气，解释一切，认为宇宙乃一气之变化历程；以为空若无物之太虚，并非纯然无物，而乃气散而未聚之原始状态，实乃气之本然；气涵有内在的对立，是气之能动的本性，由之而发生变化屈伸。一切变

---

① 冯友兰在《中国哲学史新编》中提出了"谁是道学的创立者"的问题，指出道学真正的奠基者不是濂溪，而应该是横渠与二程。（参见冯友兰：《中国哲学史新编》第五册，人民出版社1988年版，第50—52页）我与冯友兰的看法略有不同，认为在横渠和二程之间，二程对宋明儒学创立的贡献远高于横渠，是他们成功建立了天理的概念，开创了宋明儒学研究的新范式，横渠尚未达到这个高度。由此可知，我将二程作为宋明儒学的实际创立者，明显是哲学的方法，而不是思想史的方法。如果采用思想史的方法，一定要讲横渠、濂溪，讲宋初三先生。但如果采用哲学的方法，则不必如此大费周章，因为哲学看重的不是历史是如何一步步走过来的，而是看谁能提供带有根本性的新思想，谁能彻底解决时代提出的重大问题。
② （北宋）张载：《正蒙·太和》，《张载集》，中华书局1978年版，第8页。
③ 杨少涵将气分为三层涵义，即浑沌太虚之气，气质客形之气，以及二者过程变化的气化之气，亦可作参考。（参见杨少涵：《虚气即心性——"横渠纲领"的现象学疏解》，《"东亚儒学的问题与方法"全国学术研讨会论文集》，2020年。）
④ 气在一定场合也有精神的属性，如孟子所说的"浩然之气"，但这种气不具有宇宙本源的意义。从宇宙本源意义上讲的气是物质性的。另外，常见一些学者以西方质料与形式的关系为据，不同意将气理解为物质性的。我不同意这种看法。质料与形式的区分是古希腊哲学的重要做法，中国哲学从没有这种意识，中国哲学的气本身就有动力，从这个意义上说它自身就包含着形式，但我们不能因此而否认气的物质特性。

化,乃缘于气所固有之能变之性。①

张岱年认为,中国哲学很早就有气本论②的传统,以气作为万事万物的本根,横渠所要表达的正是这一思想。太虚并非无物,是气散而未聚之原始状态,宇宙间的任何事物,都源于气的屈伸变化。张岱年的研究虽然使用了西方哲学的术语,有明显的历史烙印,但认为横渠是以气解释宇宙之生成的,无疑是传统理解的延续。

这种情况到 20 世纪 60 年代有一个重要的转向。牟宗三在《心体与性体》中对横渠这一命题提出了完全不同的训释:

> "虚空即气",顺横渠之词语,当言虚体即气,或清通之神即气。言"虚空"者,乃是想以一词顺通佛老而辨别之也。虚体即气,即"全体是用"之义,(整个虚体全部是用),亦即"就用言,体在用"之义。既可言虚体即气,亦可言气即虚体。气即虚体,即"全用是体"之义,亦即"就体言,用在体"之义。是以此"即"字是圆融之"即"、不离之"即"、"通一无二"之"即",非等同之即,亦非谓词之即。③

牟宗三认为,横渠义理中的虚空是一个道德的创生实体,可名为虚体或清通之神。这种创生实体离不开气,需要通过气发挥作用,但不等同于气。如果等同于气,创生实体也就无法成立了。也就是说,"太虚即气"的"即"不是谓词,不是 is,而是"圆融之即""不离之即",意即太虚不能离开气,需要借助气发挥作用,但其本身不是气。④

自从牟宗三对"太虚即气"作出新的解读后,尽管坚持传统理解的人仍有

---

① 张岱年:《中国哲学大纲》,《张岱年文集》第 2 卷,清华大学出版社 1990 年版,第 81 页。

② 需要特别注意,此"本"是本根本源之"本",而非 ontology 之"本",不能以西方的 ontology 来理解中国的本体论。

③ 牟宗三:《心体与性体》第一册,《牟宗三先生全集》第 5 卷,台湾联合报系文化基金会、联经出版事业公司 2003 年版,第 481 页。

④ 陈政扬在《张载思想的哲学诠释》中将对"太虚即气"的理解分为三种:一是以大陆学者为代表的唯物论,二是以牟宗三为代表的体用圆融论,三是以唐君毅为代表的虚气不二论。(参见《张载思想的哲学诠释》,中华书局 2020 年版,第 27—64 页。)根据我的理解,唐君毅的观点虽然偏重虚气不二,但总体仍然没有脱离第一类的范畴。因此,对这个问题的理解其实只有两类,一是将"即"理解为"是",这是传统的观点,一是将"即"理解为"不离",这是牟宗三的观点。关于"太虚即气"的争论主要是由牟宗三引起来的,他以一己之力搅动了整个宋明儒学研究,可见其能量之大。

不少,但采信其说的却有增多的趋势。① 我在长期从事牟宗三儒学思想研究过程中一直十分关注这个话题,但因为它涉及既宽又深,力有不逮,所以只是梳理了牟宗三的思路,未能给出自己的结论性意见。② 近年来在以儒家生生伦理学原理重新梳理儒学发展脉络的进程中,对其进行了全方位的思考,进而有了自己的结论。我认为,"太虚即气"的"即"当训释为"是",牟宗三的解读属于"六经注我"性质,结论并不可取。

1. 用字习惯的证明

字词有自身的含义,每个人使用字词又都有自己的习惯。有的多用这个含义,有人多用那个含义。当无法确定某个人所用某个字的具体含义时,考察其用字的习惯,是一个有效的方法。对横渠"太虚即气"之"即"的研究也可以这样做。

即,会意字,始见于商代。即字的甲骨文左边是一只盛食物的高脚器皿,右边是一个站立或跽坐的人,面对着食器,准备吃东西。本义为就食。《周易·鼎卦》"鼎有实,我仇有疾,不我能即",就是此义。因此,即的基本义是接近、靠近,与离相反。如:《诗经·卫风·氓》"匪来贸丝,来即我谋"。《史记·吴王濞列传》"乃益骄溢,即山铸钱,煮海水为盐"。又引申为是,表示判断,如:《左传·襄公八年》"民死亡者,非其父兄,即其子弟。"由即的基本义又衍生出到达、迎合、符合、寻求、立刻、即使、则、乘、趁、当等义项,适用范围极广。由此可知,接近义和是义,为即字最重要的含义:接近义为不即不离、若即若

---

① 牟宗三在台湾和香港影响很大,跟随其观点的人非常多。朱建民的情况很有说服力。朱建民是牟宗三在台大 70 年代末期的学生,其硕士论文是在牟宗三指导下完成的,主题即是关于横渠思想的研究。他回忆说:"虽然近身从学,但我之所以选择张载作为研究主题,一开始却是想要提出有别于牟先生的看法。只不过,反复寻思各种可能论点之后,还是无法完全脱离牟先生对张载诠释的影响。所幸,从选题开始,牟先生一直给我很大的自由度。他也看出我在理路上的挣扎,但在一章一章地批阅过初稿后,还是宽容我的难以受教,未加勉强。"(朱建民:《张载思想研究》,中华书局 2020 年版,第 5 页。)这种情况在大陆也很严重。大陆学者较早正面系统处理这个问题的是丁为祥。他虽然非常尊重冯友兰、张岱年、陈俊民等前辈学者,但受牟宗三的影响更大。他将"太虚即气"从本体论和宇宙论两个方面进行分析,认为太虚是就本体论而言,气则是对宇宙论而言;本体论离不开宇宙论,宇宙论必须以本体论为基础。因此,太虚与气当是一种相即不离的关系,这就叫作"虚气相即"。(参见丁为祥:《虚气相即——张载哲学体系及其定位》,人民出版社 2000 年版。)林乐昌撰写的一系列文章总的思路与丁为祥相近,但不赞成其将本体论和宇宙论分开处理。与此不同,杨立华坚守张岱年的立场,不同意丁为祥的观点,但他特别重视神化问题,似乎也受到了牟宗三的影响(参见杨立华:《气本与神化——张载哲学述论》,北京大学出版社 2008 年版)。

② 参见杨泽波:《〈心体与性体〉解读》,上海人民出版社 2016 年版,第 44—65 页。

离;是义表示判断,相当于英语的 is,这一含义有时又称为"即是"。

为了了解横渠用字的习惯,我对《张载集》中《正蒙》《横渠易说》《经学理窟》《张子语录》四个部分中的"即"字作了统计,情况如下表:①

	即字次数	引用典籍	即是连用	可确定为是	接近	其他	待定
正蒙	5	1	0	2	0	0	2
横渠易说	42	8	13	12	0	8	1
经学理窟	23	0	9	2	1	11	0
张子语录	17	0	6	7	1	3	0
合计	87	9	28	23	2	22	3

在此表中,"即字次数"指"即"字分别出现于《正蒙》《横渠易说》《经学理窟》《张子语录》中的次数;"引用典籍"指"即"字出于其他典籍的次数,因是引用他人,其含义不作为考证的材料;"即是连用"指"即"与"是"作为复合词出现的次数,因为是复合词,含义比较确定;"可确定为是"指根据文脉可认定"即"字为"是"义的次数;"接近"指"即"字为"接近"的次数;"其他"指其他较为一般含义的次数,如至、到达、迎合、寻求、立刻、即使、则、就等;"待定"指尚有争议,无法确定具体含义的次数。

在上面的统计中有三种情况值得注意。一是"即是"连用的次数较多,凡 28 次,较重要的有:"所行即是道""以其善世即是化也""即是直也""即是无然畔援""其大即是天也""乐则得其所乐即是乐也""整齐即是如切如磋也""则虽接人事即是实行""合者即是圣言""改得一字即是进得一字""即是养心之术也""大凡能发见即是气至""合此理者即是圣人之制""惟其受教即是学也"。二是"可以确定为是"的次数也不少,凡 23 次,如"龙即圣人之德""礼即时措时中见之事业者""神即神而已""见于事实即礼义是也""无形迹者即道也""有形迹者即器也""礼即天地之德也""无差等即夷子之二本也""偏见之者非病即伪""凡有形之物即易坏""大率时措之宜者即时中也"。这些即字根据上下文只能读为"是"。三是明确为"接近"义的次数非常少,依据我的阅读,只有 2 次,分别为《经学理窟》中的"凡某人有不善即面举之"和《张子语录》中的"即道也不可妄分"。

---

① 参见本节末尾所附《张载集》'即'字引得"。

在分别确定上面这些情况后，留下来暂时不能确定含义的只有三段材料，分别是《正蒙》中的"知虚空即气，则有无、隐显、神化、性命通一无二""知太虚即气，则无无"以及《横渠易说》中的"知太虚即气则无有有无"。对此可有两种处理方式。第一，考虑一般人用字的习惯，既然横渠主要在"是"的意义上使用"即"字，那么这三处的"即"字也当解释为"是"。第二，按照牟宗三的做法，将这种"即"字解读为"不离之即"。如果仅就"即"字有"接近"义，这样做当然也通，但明显缺乏说服力。我们很难想象横渠通常在"是"的意义上所用"即"字，在这几处突然改用"接近"的含义，以凸显"不离之即"的意思。[1]

为了说明问题，举两个例子。横渠论述中有一些内容相近但用字不同的情况。如：

> 天道即性也，故思知人者不可不知天，能知天斯能知人矣。[2]
> 存心之始须明知天德，天德即是虚，虚上更有何说也！[3]

这里分别讲"天道即性也""天德即是虚"。这两处所讨论的都是天道与性，天德与虚的关系，内容相近。但前一句使用的是"即"字，后一句使用的却是"即是"。因为内容相近，依照后一句，前一句显然不能训读为"不离之即"。既然如此，将"知虚空即气""知太虚即气"这些待定句子中的"即"字断为"是"，"太虚即气"等于说"太虚"就是"气"，就不是轻率之言了。[4]

---

① 陈政扬已经注意到这个问题。他说："在《正蒙》中，'即'字共出现5次，除'虚空即气'与'太虚即气'之'即'可以解释为'圆融不离之即'外，其余三者皆无此义。"（陈政扬：《张载思想研究》，中华书局2020年版，第49页。）当然，陈政扬并未对《张载集》做全面的统计，结论的可靠性尚显薄弱。

② （北宋）张载：《横渠易说·说卦》，《张载集》，中华书局1978年版，第234页。

③ （北宋）张载：《经学理窟·气质》，《张载集》，中华书局1978年版，第269页。

④ 李存山指出："宋代熊节编《性理群书句解》，熊刚大对这句话的注解是'空虚之中，初无形体，乃气化本然之体段'，这个注解是正确的。按'体段'一词，犹如说模样或性状，'太虚无形'是表示'气'之本然的性状，而不是超越于'气'之上的西方哲学意义上的'本体'。'太虚'本是指广大无垠的空间，因为气'弥沦无涯''希微不形''充满太虚'，所以张载说'太虚即气'或'虚空即气'。'太虚'并非超越时空，并非超越于气之上。"又说："张载为什么不能说'气即太虚'呢？因为气有聚散，这是'变化之客形'，'有来有往谓之客'，气聚而有形，这就不是气化之本然的'体段'，所以不能说'气即太虚'。气之聚散从本原上说都是本于'太虚无形'之气，所以张载的哲学思想可以说是气本论。"（许宁、李存山、徐洪兴、丁为祥、常新：《张载的世界》，《光明日报》2020年9月12日。）这一表述简洁质朴，极有力度，是其多年来一以贯之的观点。（另见李存山：《"先识造化"——张载的气本论哲学》，《中国哲学史》2009年第2期。）据作者附识所言，该文的前身《"先识造化"与"先识仁"——略论关学与洛学的异同》（《人文杂志》1989年第5期）曾得到张岱年的充分肯定，认为"很久没有见到这样好的文章了"。

2. 学理目的的证明

将"太虚即气"之"即"界定为"是",还可以从横渠理论的目的得到佐证。哲学家提出自己的理论都有确定的目的,或是为了说明某种现象,或是为了反驳某种学说,或是为了证成某种理论。横渠之学主要是针对佛教和道教而发的,这是学界共识。北宋年间,孔孟之学中断千年有余,异学兴起,释老尤为兴盛。二教之说与儒家六经并行,儒家亦自认为自己的学理赶不上人家,信其书,宗其道,天下莫不相随。横渠以极大的气魄,挺身而出,力辩二教之非。范育《正蒙序》对此有清晰的说明:

> 子张子独以命世之宏才,旷古之绝识,参之以博闻强记之学,质之以稽天穷地之思,与尧、舜、孔、孟合德乎数千载之间。悯乎道之不明,斯人之迷且病,天下之理泯然其将灭也,故为此言与浮屠老子辩,夫岂好异乎哉? 盖不得已也。①

横渠悯道之不明,以命世之宏才,旷古之绝识,借孔孟之言,穷天地之思,与佛道二教相辩。这并非横渠天性而为,与孟子相同,实受环境迫不得已所致。

横渠与二教相辩,首先表现在对宇宙本源的看法上:

> 若谓虚能生气,则虚无穷,气有限,体用殊绝,入老氏"有生于无"自然之论,不识所谓有无混一之常;若谓万象为太虚中所见之物,则物与虚不相资,形自形,性自性,形性、天人不相待而有,陷于浮屠以山河大地为见病之说。此道不明,正由懵者略知体虚空为性,不知本天道为用,反以人见之小因缘天地。明有不尽,则诬世界乾坤为幻化。②

道家以无为宗,认为无能生有。横渠批评这种学说是"体用殊绝",也就是体与用无法沟通,相互隔绝。佛家主张万物皆空,天地皆幻。横渠批评这种学说是"物与虚不相资",也就是形与性相分离,山河大地完全落于幻化。为此他以太虚作为武器,强调宇宙的本源是太虚,太虚不是无,而是气的一种状态,其聚其散形成万事万物。了解了这个道理,自然就会明白宇宙的本源既不是无,也不是空,从而与二教相分离。

横渠与二教相辩,还表现在对人生的态度上:

---

① (北宋)范育:《正蒙序》,《张载集》,中华书局1978年版,第5页。

② (北宋)张载:《正蒙·太和》,《张载集》,中华书局1978年版,第8页。

太虚不能无气,气不能不聚而为万物,万物不能不散而为太虚。循是出入,是皆不得已而然也。然则圣人尽道其间,兼体而不累者,存神其至矣。彼语寂灭者往而不反,徇生执有者物而不化,二者虽有间矣,以言乎失道则均焉。①

道教重视长生久世,将理论的重点置于追求感性之躯的不朽。佛教则一意追求寂灭,把万象看成是凭空起见,幻妄不实。横渠对此提出批评,认为这些皆源于不了解太虚即气的道理。如果明白了这个道理,气之聚散才有宇宙万物,人之生死完全是正常的自然现象,既不需要求长生,更不需要求寂灭。

由此不难看出,横渠反驳二氏之学完全是站在儒家立场上的,离不开"道学"这一大背景。② 儒家自先秦孔子创立后,经过孟子和荀子的发展,到汉代进入了一个新的阶段。汉代儒学的一个重要特点是讲天人感应,将天神圣化、人格化。这一学说在董仲舒那里表现得尤为明显。在董仲舒看来,天是"百神之大君",是"人的曾神父",谴告谶纬之说由此大为盛行。横渠对这种理论极为不满。《宋史·张载传》有"以为知人而不知天,求为贤人而不求为圣人,以秦、汉以来学者大蔽也"③的说法,可以代表横渠对当时天论的基本态度。这里说的"不知天"即是对天的理解有误,将其神圣化、人格化,丢失了天的本来意义。如果不能从这种模式中解脱出来,儒家根本无法回应二教的挑战。横渠为此作出了巨大努力,而他找到的武器就是"太虚即气",以此对天做了积极的改造,以彻底消除天的神圣化、人格化。

明白了这个背景,对于正确理解"太虚即气"有直接的帮助。在横渠那里,"太虚"就是"气",就是宇宙的本源。有了这个基础,就可以对释老反戈一击了。就宇宙之生成而言,因为气是宇宙的本源,气不是无,所以无不能生有。这叫"知虚空即气,则无无"。因为气是宇宙的本源,气是真实的,其聚其散而万物生灭,所以宇宙不是幻象。套用上面的说法,这叫"知气之聚散,无虚妄"。就人生态度而言,有了气论,道教追求长生不死就没有了意义,因为万

---

① (北宋)张载:《正蒙·太和》,《张载集》,中华书局1978年版,第7页。

② 吴震近来撰文指出:"张载哲学的理论性质应归属于道学,其思想对于宋代道学具有重要的型塑意义。"(吴震:《张载道学论纲》,《哲学研究》2020年第12期。)我赞成吴震这种看法,横渠哲学确实是在"道学"大背景下展开的,但对其反对将横渠定性为气本论持不同意见。在我看来,承认横渠是气本论并不意味着否认其终极目的是达到性与天道的合一,问题不在能否认定其为气本论,而在具体分析气论能不能达到这个目的。

③ (元)脱脱:《宋史·张载传》,中华书局1977年版,第12724页。

物由气聚而成,气散而死,生死是自然之事,这叫"不惧生死"。佛教追求寂灭以超脱轮回,同样就失去了价值,因为生是气之聚,死是气之散,一切都是气之聚散屈伸。这叫"不惧轮回"。①

反之,如果不把太虚训释为气,那么横渠手中有什么武器可以反驳释老呢?难道要像汉儒那样以神圣化、人格化的天,或以神秘莫测的神体为武器吗?果真如此的话,横渠一定会面对道教的批评,说天或神都是有,都不是究竟本源之物。同样道理,横渠也一定会面对佛教的指责,说天或神本身就是幻象,是心的诈现,根本靠不住。对于这种责难,横渠是很难回答的。这种情况告诉我们这样一个重要道理:以气作为武器,一个是"则无无",一个是"无虚妄",一个是"不惧生死",一个是"不惧轮回",作用直接而有效,有利于反驳二氏之说。如果将这个武器变为天或神,不仅无助于达到目的,反而会给自己造成新的麻烦。横渠清楚地意识到了这个问题的严重性,所以才以"太虚"而不是天或神为首出概念,直言"太虚即气",对佛道二教进行有力的反击。②

---

① 横渠这方面的思想也不无商榷之处。"气之为物,散入无形,适得吾体;聚为有象,不失吾常。"(《正蒙·太和》,《张载集》,中华书局1978年版,第7页。)按照横渠的说法,气散而为物,气聚而归太虚。人之生是气散为物,人之死是气聚为复归太虚。人的自然生命可以死,但"吾常"仍然在。朱子不认可横渠这种讲法,认为其"说聚散处,其流乃是个大轮回"(《朱子语类》卷九十九,第七册,中华书局1986年版,第2533页),批评像横渠这样讲生死,虽然摆脱了小轮回,但又陷入到大轮回之中,论说并不彻底。

② 这是我不赞成当下横渠研究中一些学者抬高天道的原因。林乐昌不同意将气视为张载哲学的最高概念,而是凸显天的重要,指出:"张载以道家'太虚'概念释'天',是为了纠正秦汉以来儒者'知人而不知天'的'大蔽',重建儒家'天'观。""可见,'气'并不是处在'天''道''性''心'四大概念序列首位的根本概念或最高的中心范畴。实际上,'天'或'太虚'才是张载概念序列之中首要的、最高的概念,而'气'只是处在'天''道''性''心'四大概念序列之外的概念。"(林乐昌:《论张载的理学纲领与气论定位》,《孔学堂》2020年第1期。)丁为祥也着力阐发横渠"天道本体"的思想,认为横渠面对佛教的理论冲击,对形上问题进行了多重探索,经过这种探索最后建立了以太虚为核心的形上系统,而这个太虚就是"天道本体"。以太虚为核心的天道本体,虽然不能离开气,但绝对不能等同于气,"'太虚'作为天道本体,其与'气'始终是一种不一而又不异之所谓超越又内在的关系。"(丁为祥:《张载对"形而上"的辨析及其天道本体的确立》,《哲学研究》2020年第8期。)这些观点与我的致思方向有很大不同。我并不否认横渠也有天的论述,翻检其著作,这方面的论述并不少。但从逻辑上看,天只是由太虚决定的一个概念,即所谓"由太虚,有天之名"。横渠关于天具有道德含义的一些说法只是其思想的支流,不是其学说的主脉。为此可以提供一个反证。如后文所说,牟宗三诠释横渠的一个主要目的是阐发"天道性命相贯通"的主张,但奇怪的是,他并没有以天为抓手,在这方面做文章,而是围绕"神"字下了很大功夫,很可能是意识到了横渠的天并不是一个首出的概念,至少其作用要小于"神"。

陈来在这方面的一个看法很有力量，他说：

"太虚即气"的意义是由前一句"气之聚散于太虚，犹冰凝释于水"和后一句"则无无"所规定了的。故"太虚即气"的意义即是指气与太虚的关系犹如冰与水的关系，所谓"气之本体"的意义亦由此冰水之喻可见；而肯定太虚即气，其目的乃是为了彻底在宇宙和人生上反对"无"的虚无主义世界观，强调虚空不是虚无，无形的虚空仍然是气的实在。因此，张载的太虚即气说或虚空即气说所针对的乃是以无为本的世界观，在他看来，为了反对佛道的虚无主义世界观，必先确定宇宙为实有，才能肯定人生、伦理、人性和价值的实有。①

"太虚即气"不是一句空头的话，既有"气之聚散于太虚，犹冰凝释于水"之前提，又有"则无无"之结论。这充分说明，横渠这样做的目的是在宇宙和人生两个方面反对道教以无以及佛教以空为中心的世界观。这个目的只有通过气论才能达到，而气论也有这种优势，足以达到这个目的。② 要之，从横渠的理论目的来看，将"太虚即气"之"即"解读为"是"，顺畅而无阻隔，是有充足根据的。

3. 历史阶序的证明

哲学史是一个流动的过程，每个哲学家都有其贡献，也都有其不足，后人弥补了这些不足，哲学史就前进了一步。这就是历史的阶序。横渠讲"太虚即气"，以气作为宇宙本源，阐发人生道理，有效回应了释老的挑战，但在如何解说性的问题上，也遇到了很大的困难。横渠的努力集中体现在下面这一表述之中：

①　见于陈来为杨立华《气本与神化——张载哲学述论》（北京大学出版社 2008 年版）一书所写的序。

②　丁为祥从另一个角度提出了一个相反的证明。他梳理了横渠之前邵雍、濂溪的太极思想，认为无论是邵雍的"太极既分，两仪立矣"，还是濂溪"太极动而生阳……静而生阴"，其太极都是阴阳五行之始、宇宙万物之源，都属于气。"如果说张载哲学就是'气本论'，那么他就正好可以从邵雍、周敦颐所共同认定的'太极'出发，而完全无须通过对所谓'形而上者'的反复辨析来确立儒家的天道本体。"（丁为祥：《张载对"形而上"的辨析及其天道本体的确立》，《哲学研究》2020 年第 8 期。）我不认为这种证明有太强的力度。即使如丁为祥所说邵雍、濂溪的太极属于气，也不代表横渠不能以气作为自己学理的基础。邵雍、濂溪也讲气，但他们所讲之气并没有达到太虚的高度。横渠拈出太虚这个概念，在学理系统性上大大超过了他们，而这完全可以成为横渠立论的基础。

合虚与气，有性之名；合性与知觉，有心之名。①

合，一般理解为"整合""统合"②，有的则释为"贯通"③，其实二者没有原则性的区别，都是指将两个方面合起来，即所谓"性其总，合两也；命其受，有则也"④。虚指太虚，指无象无形之气，气指有象有形之气。将两个方面合起来，便有了性。⑤ 将性和知觉合起来，便有了心。有学者认为"知觉"中的觉为衍字，"合性与知觉"当为"合性与知"⑥，有可取之处，但于义理的理解无本质的改善。

横渠此处讲性，实包括万物之性，并非单指人性而言。这可由下面两则材料为证：

感者性之神，性者感之体。在天在人，其究一也。惟屈伸、动静、终始之能一也，故所以妙万物而谓之神，通万物而谓之道，体万物而谓之性。⑦

天下凡谓之性者，如言金性刚，火性热，牛之性，马之性也，莫非固有。⑧

前一段讲感是性之神，性是感之体，在天在人其实是一样的。最重要的是要做到感通，妙万物为神，通万物为道，体万物为性。这里明确以万物讲性。后一段讲"金性刚，火性热"，又讲"牛之性，马之性"，这些也是指

---

① （北宋）张载：《正蒙·太和》，《张载集》，中华书局 1978 年版，第 9 页。

② 林乐昌：《太和之道·虚气关系·理学纲领——〈正蒙·太和篇〉第一、二、十二章新注新评》，《中共宁波市委党校学报》2020 年第 4 期。

③ 杨立华在张岱年解说的基础上提出"'合'是贯通义"（参见杨立华：《中国哲学十五讲》，北京大学出版社 2019 年版，第 221 页）。

④ （北宋）张载：《正蒙·诚明》，《张载集》，中华书局 1978 年版，第 22 页。

⑤ 常见一些学者对"合虚与气，有性之名"提出批评，认为太虚是气，气也是气，二者是同质的，"合虚与气"等于说合气与气，这便是一个矛盾。这种批评并不可取。事物因参照对象不同可有不同的质。冰和水的分子式都是 H_2O，但可以不同质，冰是冰，水是水。儿子和老子都是男人，但可以不同质，儿子是儿子，老子是老子。在横渠那里，太虚和气的质都是气，太虚是有象无形之气，气是有象有形之气，二者可以不同质，太虚是太虚，气是气，为什么不能谈合？

⑥ 杨少涵认为："我们完全有理由做如此推测：'合性与知觉'本作'合性与知'，'觉'字可能为衍出之字。"（杨少涵：《虚气即心性——"横渠纲领"的现象学疏解》，《"东亚儒学的问题与方法"全国学术研讨会论文集》，2020 年。）

⑦ （北宋）张载：《正蒙·乾称》，《张载集》，中华书局 1978 年版，第 63—64 页。

⑧ （北宋）张载：《性理拾遗》，《张载集》，中华书局 1978 年版，第 374 页。

万物。这些论述明确告诉读者,横渠的视野很宽,他探讨的是万物之性,意在对世界上各种存在作出理论的说明。虽然这里也包括人之性,但并非局限于此。

万物皆有性,人是万物之一,当然也有性,但人之性与其他物之性又有不同,这个不同就是知:

> 凡物莫不有是性,由通蔽开塞,所以有人物之别,由蔽有厚薄,故有智愚之别。塞者牢不可开,厚者可以开而开之也难,薄者开之也易,开则达于天道,与圣人一。①

世界上所有的存在物都有性,性是标志一物与另一物不同的特质。人与物之不同,即在"通蔽开塞""智愚之别"。塞者为愚,开者为智。智者之极与圣人同,可达于天道。横渠如此论人之性,显然是就认知能力而言的。

这方面可以举出很多材料:

> 太虚无形,气之本体,其聚其散,变化之客形尔;至静无感,性之渊源,有识有知,物交之客感尔。客感客形与无感无形,惟尽性者一之。②

> 湛一,气之本;攻取,气之欲。口腹于饮食,鼻舌于臭味,皆攻取之性也。知德者属厌而已,不以嗜欲累其心,不以小害大、末丧本焉尔。③

太虚是气的原初状态,本身至静无感,这便是性的渊源。因为人有性,而这个性是"智"之性,所以才能做到"有识有知"。"湛一"是对太虚的形容,为气之本。除此之外还有气之欲,即所谓"口腹于饮食,鼻舌于臭味"。知德者不以此为足,不以小害大,所以能做到不丧其本。这里的"知德"讲的同样是知的问题。

知分为两种,即见闻之知和德性之知:

> 见闻之知,乃物交而知,非德性所知;德性所知,不萌于见闻。④

见闻之知和德性之知之分,在《张载集》中仅此一见,但却成了后世一对重要范畴,贡献极大。"见闻"又叫"闻见",可以互文,无次序义。所谓见闻,从字义看,与耳目相关。耳目与物相交,可以得到相应的知,这种知即为见闻

---

① （北宋）张载:《性理拾遗》,《张载集》,中华书局1978年版,第374页。
② （北宋）张载:《正蒙·太和》,《张载集》,中华书局1978年版,第7页。
③ （北宋）张载:《正蒙·诚明》,《张载集》,中华书局1978年版,第22页。
④ （北宋）张载:《正蒙·大心》,《张载集》,中华书局1978年版,第24页。

之知。横渠强调,见闻之知与德性之知不同,德性之知不萌于见闻。①

认清横渠着重以知谈性,对于梳理横渠的思路十分重要。横渠以太虚为最高概念说明宇宙之生成,而"太虚即气",意即太虚的本质是气,气的聚散可以衍生万物,所谓"由太虚,有天之名;由气化,有道之名"。气在发展过程中聚集为万物,万物因此有了各自的性,即所谓"合虚与气,有性之名"。人也属于物,但又不同于一般的物,因为人有智,即有认知能力,这种认知能力的载体是心,即所谓"合性与知觉,有心之名"。从这一言说的逻辑来看,由气说明人之性,进而说明性中有知,没有理论的阻隔。

但在这个过程中,横渠对性的梳理不够仔细,不明白人的善性是不能完全通过气来说明的。且看他是怎么说的:

> 易一物而三才备:阴阳气也,而谓之天;刚柔质也,而谓之地;仁义德也,而谓之人。

> 一物而两体者,其太极之谓欤!阴阳天道,象之成也;刚柔地道,法之效也;仁义人道,性之立也;三才两之,莫不有乾坤之道。《易》一物而合三才,天地人一,阴阳其气,刚柔其形,仁义其性。②

> 阴阳者,天之气也,亦可谓道。刚柔缓速,人之气也。亦可谓性。生成覆帱,天之道也;亦可谓理。仁义礼智,人之道也;亦可谓性。③

在横渠看来,阴阳属于天,刚柔属于地,仁义属于人。这些说法的共同特点是将阴阳、刚柔、仁义合在一起说。但细细思量,会发现这里有一个很大的盲点。阴阳可以以气来说,刚柔也可以以气来说,因为它们都是自然属性的。但仁义不可以直接以气来说。人之所以有仁义,根据儒家生生伦理学的一贯看法,首先是因为人有生长倾向,这种倾向完全是自然属性的,可以归因于气,

---

① 此段中与"见闻之知"相对的是"德性所知",而非"德性之知"。丁为祥认为,历史上人们常混淆"德性所知"和"德性之知","令人扼腕"。在他看来,"德性所知"之"所"字蕴含着外向的认知义,其基础是德性,而其所知的对象是客观的天德天道。(参见丁为祥:《虚气相即——张载哲学体系及其定位》,人民出版社 2000 年版,第 142—143 页。)杨少涵的长文《虚气即心性——"横渠纲领"的现象学疏解》(《"东亚儒学的问题与方法"全国学术研讨会论文集》,2020 年)在余英时、张岱年等人研究的基础上,对"德性所知"与"德性之知"的关系进行了详细的梳理,认为历史上"将'德性所知'与'德性之知'的混同使用是完全正确的"。近年来一些学者在这方面的努力的成果并不可取,"只有将'所'训为'之','德性所知'即'德性之知',才是正解。"

② (北宋)张载:《横渠易说·说卦》,《张载集》,中华书局 1978 年版,第 235 页。

③ (北宋)张载:《张子语录·语录中》,《张载集》,中华书局 1978 年版,第 324 页。

因为它就是自然界在长期发展过程中自己长出来的。但仅此还不够，人之所以有仁义，更重要的是受社会生活和智性思维的影响，内心有了结晶物，即所谓伦理心境。因为伦理心境来自社会生活和智性思维对内心的影响，是社会属性的，所以不能简单归因为气。按照这种解读，横渠上述讲法的缺陷就暴露出来了：生长倾向是自然属性的，可以用气加以说明，但伦理心境是社会属性的，只能通过社会生活和智性思维才能说得明白，仅仅讲一个气，哪怕使用"继继""勉勉""存存"等美好用语，也无济于事。

为了说明问题，再引《张子语录》中的几段材料：

　　虚者，仁之原。

　　虚则生仁，仁在理以成之。

　　静者善之本，虚者静之本。静犹对动，虚则至一。

　　气之苍苍，目之所止也；日月星辰，象之著也；当以心求天之虚。大人不失其赤子之心，赤子之心今不可知也，以其虚也。

　　天地以虚为德，至善者虚也。虚者天地之祖，天地从虚中来。[1]

在这里，横渠直接将虚作为仁的根源，这个说法有很大问题。气之苍苍、日月星辰，这些皆源于气，源于太虚，整个天地都是从太虚而来的，这对于解释宇宙万物的生成没有困难。困难在于，为什么人的善性也是由太虚决定的呢？具体而言，为什么虚是仁之原？为什么虚能生仁？为什么赤子之心由太虚而来？为什么静是善之本？这里的"仁""善""德""赤子之心"照儒家生生伦理学的理解，虽然有生长倾向的底子，但其主干部分无疑的伦理心境，具有强烈的社会属性，而在横渠的论述中，这些社会属性的内容似乎可以直接从自然属性的气中生发出来，这就不能不成为一个严重的理论问题了。

二程敏锐地抓住到了这个问题，对横渠提出严厉的批评，其中的一个核心点，便是认为横渠所言只是形而下，尚未说到形而上，无法真正说明善的来源问题：

　　"形而上者谓之道，形而下者谓之器。"若如或者以清虚一大为天道，则乃以器言而非道也。[2]

---

① （北宋）张载：《张子语录·语录中》，《张载集》，中华书局1978年版，第325—326页。
② （北宋）程颢、程颐：《河南程氏遗书》卷十一，《二程集》第一册，中华书局1981年版，第118页。

子厚以清虚一大名天道,是以器言,非形而上者。①

离阴阳则无道。阴阳,气也,形而下也。道,太虚也,形而上也。②

以气明道,气亦形而下者耳。③

二程兄弟思想虽有差异,但对横渠的批评则无二致,都认为横渠以清虚一大言天道的路数有误。清虚一大是器,器属于气,是形而下者,而道是形而上者,以形而下者论形而上者,在学理上有很大缺陷。

朱子延续了二程的思路,《朱子语类》卷九十九,反复谈到这个问题:

《正蒙》说道体处,如"太和"、"太虚"、"虚空"云者,止是说气。④

渠初云"清虚一大",为伊川诘难,乃云"清兼浊,虚兼实,一兼二,大兼小"。渠本要说形而上,反成形而下,最是于此处不分明。

又问:"横渠云'太虚即气',乃是指理为虚,似非形而下。"曰:"纵指理为虚,亦如何夹气作一处?"⑤

在朱子看来,横渠讲道体的很多说法,如太和、太虚、虚空,都只是说气。横渠原意是要说形而上,是要解决善的来源问题,但把焦点集中到了气上,说成了形而下,以这种思路无法建构儒家的形上系统。

二程、朱子对于横渠的上述批评并非没有问题。横渠对形而上、形而下有自己的理解,他所说的太虚就是形而上,而非形而下。"形而上者,得意斯得名,得名斯得象;不得名,非得象者也。"⑥"形而上者,得辞斯得象,但于不形中得以措辞者,已是得象可状也。"⑦形而上是有象而无形,我们可以得其意,进而可以以语言来表达。如果不能以语言来表达,也就无法得其象。按照横渠的理解,形而上最重要的特征就是有象而无形,有象无形的太虚就是形而上。二程、朱子对于横渠所说只是气,只是形而下的批评,是从自己的立场出发的。

---

① (北宋)程颢、程颐:《河南程氏粹言》卷一,《二程集》第四册,中华书局 1981 年版,第 1174 页。

② (北宋)程颢、程颐:《河南程氏粹言》卷一,《二程集》第四册,中华书局 1981 年版,第 1180 页。

③ (北宋)程颢、程颐:《河南程氏粹言》卷一,《二程集》第四册,中华书局 1981 年版,第 1182 页。

④ (南宋)黎靖德编:《朱子语类》卷九十九,第七册,中华书局 1986 年版,第 2533 页。

⑤ (南宋)黎靖德编:《朱子语类》卷九十九,第七册,中华书局 1986 年版,第 2538 页。

⑥ (北宋)张载:《正蒙·天道》,《张载集》,中华书局 1978 年版,第 15 页。

⑦ (北宋)张载:《横渠易说·系辞下》,《张载集》,中华书局 1978 年版,第 231 页。

要而言之,横渠心目中的形而上,非二程、朱子心目中的形而上。

但从另一个方面看,二程和朱子的批评也说明,他们都认为,气无法解决儒家学理的根本问题,无法真正说明善的来源。为了弥补这个缺陷,明道正式提出天理的概念。"天理二字却是自家体贴出来"①这一表述的重要性,由此得到了完全的展现。也就是说,明道提出天理概念在哲学史上之所以意义重大,就在于他清楚地意识到,从气的角度无法有效建构儒家学理的形上系统,必须以天理取而代之。朱子同样意识到了这个问题的意义,顺着二程的话头大讲天理,天理因此成了朱子学理的核心概念。从大的视野考察,横渠与二程、朱子的根本区别,就在于一个以气为基础,一个以理为基础。这就是历史的阶序。如果横渠"太虚即气"之"即"不是"是",而是"不离之即",太虚本身就是道体,就是神体,或在太虚之上另有本体,那么二程、朱子的努力就完全没有意义了。这个问题换一个说法可能更易理解:如果横渠"太虚即气"的中心不是气,而是道德性的形上根源,那么二程、朱子顺着横渠的路子走岂不更加便当? 为什么非要费那么大的气力,重新以天理为核心建构儒家学说的形上系统呢? 从历史发展的大格局看,从横渠的"气"论到二程、朱子的"理"论,是一个极为重要的迈进,这个阶序是不能轻易否定的。

横渠思想有此缺陷,源于其对于孔子仁的认识并未达到二程的高度。明道云:

> 自古元不曾有人解仁字之义,须于道中与他分别出五常,若只是兼体,却只有四也。且譬一身:仁,头也;其他四端,手足也。至如《易》,虽言"元者善之长",然亦须通四德以言之,至如八卦,《易》之大义在乎此,亦无人曾解来。②

在明道看来,仁字难解,自古不曾有人了解其义。为此他以极高的悟性建立了以识仁为特征的学理系统。"学者须先识仁"成为了其学理的重要标志。按照明道的理解,仁就在自己身上,要成德成善必须首先找到它,这就叫"识仁"。识仁不是一般意义的认知,而是向内的反求。只要反求就能找到自己

_____

① (北宋)程颢、程颐:《河南程氏外书》卷十二,《二程集》第二册,中华书局 1981 年版,第424 页。

② (南宋)程颢、程颐:《河南程氏遗书》卷十一,《二程集》第一册,中华书局 1981 年版,第154 页。

的仁,就能以此为根据成德成善,进而体验到成德的快乐。仁既然如此重要,其来源问题当然就必须解决,而根据儒家的思想传统,这个根据就是天,这也就是《中庸》所说的"天命之谓性"。在这方面,横渠有所不足。如上所说,横渠所谈"合虚与气,有性之名",并非专指人之善性,而是要说明万物之性。"合性与知觉,有心之名"所谈之心也并非专指以良心为代表的道德本心,而是以认知即所谓"智"为落脚点的,很少有明道"识仁"的意思,更不强调反求。① 从气的角度说明"智"的来源没有困难(荀子不从道德性的天出发,同样可以说明心有征知),但却无法说明善性的来源。横渠并没有意识到这里的重要区别,从气一路讲下来,似乎问题很圆满,实则困难重重。这种困难说穿了其实就是气论的困难,因为气论无论做多大的努力,都无法有效说明道德善性的来源,这就是历史的局限。如果不顾这种局限,强行将"太虚即气"之"即"训读为"不离之即",认为太虚本身是道德的创生实体,以此解决善的来源问题,主观动机虽然美好,但既失了横渠之真,也不能正视二程、朱子的进步,与历史阶序相差过远,其可信度当然就难免大打折扣了。

4."六经注我"之得失

前面分别从用字习惯、理论目的、历史阶序三个方面证明了"太虚即气"之"即"应该断为"是",意思是说"太虚"就是"气",将横渠学理定性为气本论没有违和感。既然如此,牟宗三为什么要将其训释为"不离之即"呢?这个问题不解决,我们的考论工作就仍然留有缺口。

这要从牟宗三儒学思想的整体特点讲起。我们知道,黑格尔对孔子的评价不高,认为他只是一位洞悉世事的智者,思想缺少超越性。受此影响,学界不少人也跟着批评孔子不具备超越意识,自惭形秽。牟宗三很早就对这种理解不满,强调儒学同样有超越性,借以纠正人们对儒家文化的错误认识。牟宗三强调,儒学的超越性主要表现在天道和性体方面。天是儒家学理的形上根据,是一个道德性的创生实体,是一切事物的总根源。由天禀赋的那个部分为人之性,亦即性体。除此之外,人还有心,心为心体。性体代表客观性,是客观之主,心体代表主观性,是主观之主。因为性体来源于天,有超越性,一旦心体

---

① 张载著作中也经常出现"反"字,如"性于人无不善,系其善反不善反而已。""形而后有气质之性,善反之则天地之性存焉。"(《正蒙·诚明》,《张载集》,中华书局1978年版,第21、22页。)这些"反"字并不具有孟子"反求诸己"的意思。

走偏了方向，可以以性体加以克治。以性体保障心体的客观性，是牟宗三的中心思想，也是其写作《心体与性体》的重要初衷。

以此为基础，牟宗三将《论语》《孟子》《中庸》《易传》《大学》五部经典做了区分。《论语》《孟子》《中庸》《易传》为一大组，其中《论语》《孟子》代表主观面，《中庸》《易传》代表客观面，《大学》单独为一组。先秦儒家由《论语》《孟子》开始，逐渐发展至《中庸》《易传》，建立了儒家学理的形上系统。这一思想后来为宋明儒学所继承。濂溪的思想明显源于《中庸》和《易传》。横渠对于《中庸》和《易传》理解亦极为精透，同时也能够注意《论语》和《孟子》。明道更进了一步，通《论语》《孟子》《中庸》《易传》而一之。此时尚未分系，分系始于伊川和朱子。伊川、朱子由《大学》而来，以认知讲道德，走偏了方向。五峰、蕺山走的是由《中庸》《易传》回归《论语》《孟子》的路子，以心著性而成性，以明心性之所以为一。象山、阳明则完全从《孟子》而来，只是一心之朗现，一心之遍润。伊川、朱子，五峰、蕺山，象山、阳明由此各为一系，于是有了三系之分。在三系中，五峰、蕺山一系既重性体，又重心体，思想最为全面，学理价值最高。

因为当时尚未分系，所以横渠在三系中不占位置，但牟宗三划分三分的基本思路已贯穿在对横渠思想的梳理之中了。《心体与性体》讨论横渠这一章题目为"张横渠对于'天道性命相贯通'之展示"，非常清楚地表明这一用心：

> 天道性命相贯通乃宋、明儒共同之意识，亦是由先秦儒家之发展所看出之共同意识，不独横渠为然。兹所以独于横渠如此标题者，乃因横渠作品中有若干语句表现此观念最为精切谛当，亦是濂溪后首次自觉地如此说出者。①

"天道性命相贯通"是宋明儒学的共同意识，也是历史发展的必然。横渠在这个过程中居于重要地位，因为他是首次明确意识到这个问题之重要且能"自觉地如此说出者"。

为了阐发横渠"天道性命相贯通"的思想，牟宗三特别重视"太和"这一概念，疏解《太和篇》开篇伊始就这样写道：

> "太和"即至和。太和而能创生宇宙之秩序即谓为"道"。此是总持

---

① 牟宗三：《心体与性体》第一册，《牟宗三先生全集》第 5 卷，台湾联合报系文化基金会、联经出版事业公司 2003 年版，第 437 页。

地说。若再分解地说,则可以分解而为气与神,分解而为乾坤知能之易与简。此是《太和篇》之总纲领,亦是《正蒙》着于存在而思参造化之总纲领,其余皆由此展转引生。①

牟宗三特别重视以太和来规定道。在他看来,太和就是至和,太和能"创生宇宙之秩序"而为之道。道是宇宙万物的总根源,太和即是道,所以太和同样可以创生宇宙万物之秩序。这是"《正蒙》着于存在而思参造化之总纲领",其他内容都是从这里引申出来的。

紧接着又说:

> 依此,"太和所谓道"一语,是对于道之总持地说,亦是现象学之描述地指点说,中含三义:一、能创生义;二、带气化之行程义;三、至动而不乱之秩序义(理则义)。由此三义皆可说为道,有时偏于一面说。三义俱备,方是"道"一词之完整义。②

太和作为道,有三方面的含义:即"能创生义""带气化之行程义""至动而不乱之秩序义"。其中第一点,即"创生义"和第三点"至动而不乱之秩序义"含义较为直接。前者是说太和能够创生宇宙万物之存在,后者是说太和能够给宇宙万物带来秩序。较为曲折的是"带气化之行程义"。牟宗三强调,太和即是道,是一个形而上的道德性创生实体。但是光有这一点还不够,还必须有气的参与。气负责道创生宇宙万物的自然属性,没有气,不可能有宇宙万物之自身。因此,道必须带着气化来说,这就叫"带气化之行程义"。牟宗三对于"太虚即气"的诠释,完全是从这种考量出发的。在他看来,太虚是道德性的创生实体,不能将其直接等同于气,否则就成了气本论,但这个创生实体创生宇宙万物又不能离开气。为了解决这个问题,牟宗三便将这个"即"解释为"不离之即",而"不离之即"就是"带气化之行程义"。

由此不难看出,认定太虚本身就是道,就是道德性的创生实体,是牟宗三对太虚诠释的基本立场。但牟宗三这一步工作有很大的难度,因为横渠关于太虚的论述严格说来缺乏这方面的明确内容。为了解决这个问题,牟宗三抓

---

① 牟宗三:《心体与性体》第一册,《牟宗三先生全集》第5卷,台湾联合报系文化基金会、联经出版事业公司2003年版,第459页。

② 牟宗三:《心体与性体》第一册,《牟宗三先生全集》第5卷,台湾联合报系文化基金会、联经出版事业公司2003年版,第462页。

住横渠关于"神"的说法大做文章,视其为"神体",与太虚并称,创立了一个特殊的概念,这就是"太虚神体":

> 横渠此处顺清气直线地说通说神,只能算作领悟太虚神体之引路。就清气之质性,可对于太虚神体之清通得一经验的征验。而经验的征验究不是太虚神体本身也。对此太虚神体之先天的、超越的征验,惟在超越的道德本心之神。至此,则太虚神体之非可视为气之质性全部明朗。如果作为清气之质性的通与神与太虚神体划不开,而将气之观念直线地,一条鞭地直通于太虚神体之神,结果便是神属于气,心亦属于气。①

"太虚神体"的说法在横渠那里并不存在,是牟宗三对横渠思想的诠释。所谓"太虚神体"意思是说,太虚虽然离不开气,但不等于气,其本身就是神,就是道德性的本体,是创生一切存在的大本大源。按照这种理解,横渠所讲之气不过是导向太虚神体的引子而已。通过气可以引向神体,但绝不能将太虚神体等同于气,也就是不能"将气之观念直线地,一条鞭地直通于太虚神体之神"。一句话,太虚是道德创生之实体,本身就是神体。

牟宗三不仅讲"太虚神体",更将其上升到"宇宙心"的高度:

> 此"离明"之词即克就神体之虚明照鉴而言也。"离"即坎离之离。于卦,坎为水,离为火。火即光明之象征。"离明"为同意之复叠词。……神之充塞无间即明之充塞无间。此言离明是"本体、宇宙论地"言之(onto-cosmologically)。此是言"心"之"本体、宇宙论的"根据,而此神体之明亦可以说即是"宇宙心"也。②

此处以离为火作出说明。牟宗三强调,这里的火是象征之意,指代神体之虚明照鉴。神充塞无间,即是明充塞无间。在这种意义上,心的意义特别重要。心是本体宇宙论的根据,作为本体宇宙论根据的神体之虚明照鉴之心,又可以称为"宇宙心"。有了这个"宇宙心",宇宙万物才有意义,能生长。在牟宗三儒学思想系统中,"宇宙心"又叫"天心",即所谓"心即天心也"③。不管

① 牟宗三:《心体与性体》第一册,《牟宗三先生全集》第5卷,台湾联合报系文化基金会、联经出版事业公司2003年版,第500页。
② 牟宗三:《心体与性体》第一册,《牟宗三先生全集》第5卷,台湾联合报系文化基金会、联经出版事业公司2003年版,第490页。
③ 牟宗三:《心体与性体》第三册,《牟宗三先生全集》第7卷,台湾联合报系文化基金会、联经出版事业公司2003年版,第84—85页。

是"宇宙心"还是"天心",都是指那个道德性的超越的创生实体。

牟宗三"太虚神体""宇宙心"的说法,在学界影响很大,应者众多。[①] 然而,在全面考量牟宗三儒学思想,反复阅读横渠著作之后,我否定了这些说法。此处先说"神体"。按照我的理解,横渠使用的"神"字没有本体的意思,不能视为"神体":

> 散殊而可象为气,清通而不可象为神。[②]

> 地,物也;天,神也。物无逾神之理,顾有地斯有天,若其配然尔。[③]

> 神化者,天之良能,非人能;故大而位天德,然后能穷神知化。[④]

> 神,天德,化,天道。德,其体,道,其用,一于气而已。[⑤]

第一段是说,太虚散殊而为可见之气,清通而不可见为神。这是指太虚的变化形态。第二段与第一段有内在关联。太虚变化而成地,地之所成源于天,天之变化莫测故为神。第三段讲到神化,神化是天之功能,非人力所能及,故而称天德,人达到了天德的高度,方可穷神知化。第四段有"德,其体也"的说法,容易误以为神就是体。但结合上下文尤其是紧接着的"一于气而已"一句不难明白,这里讲的神和化是指气的作用之高超与微妙,故可以称为天德、天道,而将天德称为体,无非是强调其根源性,切不可解为本体,好像是说天德是神体一样,否则"一于气而已"便无法落实了。

---

① 丁为祥将神分为两种,一是实体义的神,二是作用义的神:"从提出角度来看,有的是实体义的神;有的是作用义的神;有的是从太虚角度提出的神,有的则是从气的角度提出的神。显然,所谓从气的角度提出的神正是作用义的神,而从太虚角度提出的神则是实体之神。""所以,神作为天德也就是天道的本体。"(丁为祥:《虚气相即——张载哲学体系及其定位》,人民出版社2000年版,第82—83页。)这明显是沿着牟宗三的思路走的。杨立华与丁为祥的思路不同,但在批评牟宗三"太虚神体"这个概念的同时,也把神视为太虚之上的一个层面,指出:"无论是有形之气,还是太虚之气,都贯通和体现着神化的不息的作用,因此,如果能正确地体察,就会发现其实它们都是神化作用的体现。正是在这个意义上,'糟粕煨烬,无非教也'这一论断,才有了具体的指向:正因为'天地法象'都是神化作用的体现,所以,即使是最物质化的层面,也有精神和价值贯注其中。"(杨立华:《气本与神化——张载哲学述论》,北京大学出版社2008年版,第67页;另见杨立华:《宋明理学十五讲》,北京大学出版社2015年版,第142页。)也就是说,横渠思想结构有三个层面,最上是神,中间是太虚,最下是气和万物。这种将神独立为一个层面的看法在我看来大有商榷余地。

② (北宋)张载:《正蒙·太和》,《张载集》,中华书局1978年版,第7页。

③ (北宋)张载:《正蒙·参两》,《张载集》,中华书局1978年版,第11页。

④ (北宋)张载:《正蒙·神化》,《张载集》,中华书局1978年版,第17页。

⑤ (北宋)张载:《正蒙·神化》,《张载集》,中华书局1978年版,第15页。

横渠讲神甚至还多与鬼相对,这可以作为上述理解的一个佐证:

鬼神者,二气之良能也。

天道不穷,寒暑也;众动不穷,屈伸也;鬼神之实,不越二端而已矣。①

鬼神,往来、屈伸之义,故天曰神,地曰示,人曰鬼。神示者归之始,归往者来之终。②

神与鬼相对,都是二气之良能。此处之"良能"非孟子原义,而是功能义。无论是"天道"还是"众动",寒暑屈伸,皆不出于二端。"至之谓神,以其伸也;反之为鬼,以其归也。"③神为伸,鬼为归。神与鬼并称无论如何都不能解为本体。

细读横渠文本,可以清楚地看到,神只是气化的一种神奇作用而已:

圣者,至诚得天之谓;神者,太虚妙应之目。④

存心之始须明知天德,天德即是虚,虚上更有何说也!⑤

"目"的字形像人的眼睛,外边轮廓像眼眶,里面像瞳孔。本义指眼睛,用作动词,引申表示看。目也指从大项分出来的小项,或按顺序开列的目录、名目。"神者,太虚妙应之目"这一表述说明,神只是气化的具体展开,是其妙用,不能训释为体。"虚上更有何说"一句更需要细细品味,它告诉人们,天德就是虚,虚是最高层面的东西,在其上面再没有存在物了。即使不再列举其他材料,仅凭这两段文字也足以证明,横渠所讲之神只是就气化之神秘莫测而言,是妙用义,而不是实体义。

再看"宇宙心"。牟宗三大讲宇宙心是从道德形上学角度进入的。牟宗三在这方面有一个特别有意思的说法:

他根据儒家"维天之命,於穆不已"之根源智慧,一眼看定这整个宇宙即是一道德的创造。⑥

为什么说横渠"一眼看定这整个宇宙即是一道德的创造"?要明白这个

---

① (北宋)张载:《正蒙·太和》,《张载集》,中华书局1978年版,第9页。
② (北宋)张载:《正蒙·神化》,《张载集》,中华书局1978年版,第16页。
③ (北宋)张载:《正蒙·动物》,《张载集》,中华书局1978年版,第19页。
④ (北宋)张载:《正蒙·太和》,《张载集》,中华书局1978年版,第9页。
⑤ (北宋)张载:《经学理窟·气质》,《张载集》,中华书局1978年版,第269页。
⑥ 牟宗三:《心体与性体》第一册,《牟宗三先生全集》第5卷,台湾联合报系文化基金会、联经出版事业公司2003年版,第448页。

道理,首先需要了解牟宗三的道德存有论。道德存有论是牟宗三继承熊十力新唯论发展而来的一套理论,其核心是说道德之心不仅可以决定道德之践行,还可以影响宇宙万物之存在,将自己的道德价值和意义赋予其上,使其染上道德的色彩。这种存有论与西方的存有论不同。西方的存有论主要是在认知意义上讲的,儒家的存有论主要是在道德意义上讲的。但在道德意义上讲的存有论,也是一种存有论,即所谓道德存有论。①

虽然道德存有论意义深远,但将这一义理用于横渠,至少有两个问题需要细加分辨。首先,横渠是否有了道德存有论的思想?应该说,横渠已经初步具有了这方面的意识。比如,"大其心"的说法就可以做这种理解。横渠认为,将心立起来,便可以充塞宇宙,这其实就是一种道德存有论。但横渠这方面的意识还只是初步的,远未成形,道德存有论是经过明道、阳明,直到近代的熊十力才正式完成的。不注意这个历史过程,将横渠直接拉入道德存有论行列,认为其已经有了成形的道德存有论的思想,并不客观。其次,更为重要的是,道德存有论的创生主体究竟是什么?是人心,还是天心?牟宗三反复回答说,人心即是天心,天心即是人心,两者一般无二,总归是一本。但在我看来,这种说法存在明显瑕疵,因为一旦进一步追问,不难发现,创生道德存有的主体只能是人心,不能是宇宙心或天心。这个问题可以在横渠那里找到明确的材料:

> 天无心,心都在人之心。一人私见固不足尽,至于众人之心同一则却是义理,总之则却是天。故日天日帝者,皆民之情然也,讴歌讼狱之不之焉,人也而以为天命。②

> 大抵天道不可得而见,惟占之于民,人所悦则天必悦之,所恶则天必恶之,只为人心至公也,至众也。民虽至愚无知,惟于私己然后昏而不明,至于事不干碍处则自是公明。大抵众所向者必是理也,理则天道存焉,故

---

① 道德存有论是牟宗三思想中极有价值的部分,其重要性甚至超过了三系论,更不要说坎陷论了。但因其义理高深,难以理解,学界有关的研究成果不多。目前牟宗三研究多集中于坎陷论、三系论,极少涉及存有论,这是非常不应该的。如果不能准确理解存有论,牟宗三儒学思想中很多内容都不可能得到好的消化,而他解读横渠中隐含的问题也不可能被发现和纠正。关于道德存有论,我在《贡献与终结——牟宗三儒学思想研究》(上海人民出版社 2014 年版)第三卷用了整卷的篇幅作了详细分疏,敬请参阅。

② (北宋)张载:《经学理窟·诗书》,《张载集》,中华书局 1978 年版,第 256 页。

欲知天者,占之于人可也。①

这两段的重点都在说明治国的道理,但也可以看出横渠对于天的态度。横渠此处明言"天无心,心都在人之心",强调天上并没有一个心,所谓的心其实义都在人心。又言"天道不可得而见,惟占之于民",意即天道尽在民心,治国之吉凶不必占之天,而应看民心之得失。其实横渠这方面的论述还有很多:"天则无心无为,无所主宰。"②"天惟运动一气,鼓万物而生,无心以恤物。圣人则有忧患,不得似天。"③"天本无心,及其生成万物,则须归功于天,曰:此天地之仁也。"④这些论述角度不同,但都阐明了一个道理:天没有心,横渠根本不相信天上有一个心。牟宗三弃这些论述于不顾,反而将宇宙心、天心这些概念加在横渠身上,不仅于文本上失据,而且极易引生误解。⑤

上面对"神体"和"宇宙心"两个概念的分析说明,牟宗三将"太虚即气"解读为太虚不离气,是基于这样一个基本理念:儒家学理有一个至上的道德创生实体,这一实体既可以赋予人以道德的根据,使人成德成善,又可以创生宇宙万物的存在,使山河大地具有道德的意义。这个创生实体就是天道、道体。他在阐发这一思想的时候不够细致,未能充分注意到,儒家这一思想是逐渐成熟的,横渠尽管有了这方面的意识,但思想尚不特别明确。更为重要的是,即使在这些有限的论述中,基于气本论的立场,横渠也不可能以天道、道体作为道德存有的创生主体。从表面看,这似乎是横渠的缺陷,其实恰恰是其思想的合理之处。⑥ 牟宗三未能照顾这些方面,一方面强调横渠非常重视"天道性命

---

① (北宋)张载:《经学理窟·诗书》,《张载集》,中华书局 1978 年版,第 256—257 页。

② (北宋)张载:《横渠易说·复》,《张载集》,中华书局 1978 年版,第 113 页。

③ (北宋)张载:《横渠易说·系辞上》,《张载集》,中华书局 1978 年版,第 185 页。

④ (北宋)张载:《经学理窟·气质》,《张载集》,中华书局 1978 年版,第 266 页。

⑤ 林乐昌赞成牟宗三的观点,并作出了自己的说明,认为"张载是明确肯认天地有心的;认为张载否认天地有心,与张载的宇宙生成论思想不合。"他列出三个理由。第一,"天地"是宇宙创生万物的根源性力量。第二,作为宇宙创生根源性力量的"天地"是有目的的。第三,"天地之心"作为目的论是自然目的与道德目的的统一。(参见林乐昌:《为天地立心——张载"四为句"新释》,《哲学研究》2009 年第 5 期)这种看法与我的理解有原则性的不同。

⑥ 这个问题涉及极深,影响极大,一旦了解了这个道理,将会明白,道德存有的真正创生主体不能是天,只能是人,从而对儒家天人关系的传统观念有一个彻底的转变。(参见杨泽波:《贡献与终结——牟宗三儒学思想研究》第三卷第四章第二节"不能以天作为存有论的创生主体",上海人民出版社 2014 年版,第 94—149 页。)

相贯通",似乎早已完成了道德形上学的建构工作,另一方面又以"神体""宇宙心"作为道德存有的创生主体,导致将太虚与"神体""宇宙心"同等处理。这种做法使其面临着很大的困难:既不能说太虚就是气,不能将其定为气本论,否则道德性的创生实体就无法落实了,又不能不谈气,否则宇宙万物便没有了形体。两面夹击之下,只能有一个办法,这就是将"太虚即气"的"即"训释为"不离之即"。① 这就是为什么牟宗三力破传统旧说对"太虚即气"作出全新诠释的根本原因。

行笔至此,问题已经比较清楚了。牟宗三对于横渠的疏解属于"六经注我"的性质,是把自己的思想强加到了他的身上。这种做法的优点,是有利于把自己心中理想的理论图式展现出来。缺点也很突出,就是主观性太强,难免扭曲成意。② 有学者对这种做法提出过尖锐的批评:"牟宗三在《心体与性体》中每以所谓'滞辞'立言,这种做法不是要依某一思想原本的脉络加以诠释和展开,倒似要教导古人应该如何道说。正是这种缺乏自觉的高调姿态,造成牟氏对先儒的见解多有偏失,往往不可据信。"③这一批评巧妙道破了牟宗

---

① 这个问题的核心是把横渠理解为一层唯气论还是两层超越论,参见林乐昌《张载两层结构的宇宙论哲学探微》(《中国哲学史》2008 年第 4 期)。杨少涵《虚气即心性——"横渠纲领"的现象学疏释》(《"东亚儒学的问题与方法"全国学术研讨会论文集》,2020 年)一文提出了一种新的一层超越论,既不同于一层唯气论,也不同于两层超越论。他自信地认为,"横渠哲学更为圆融的诠释路向应该是'一层超越论'。'一层'是说心与气为同质同层,浑沌太虚即德性之知即天地之性,客气客形即见闻之知即气质之性。'超越'是说本心或德性之知为生生不息、流行不已的自我超越者,不断地构造、又不断地超越所构造的客气客形、宇宙万象。总之,虚气即是心性,太虚即客气即心即性。"

② 这里举一个例子。在牟宗三看来,儒家言性,根本目的是要建立道德创造之源,所以当从天道、道体言性。"言性,即为的是建立道德创造之源,非是徒然而泛然之宇宙论也。气化之道亦必由道德创造来贞定、来证实。故性字必偏就虚体言,所以立本也。是以由'体万物'而言性,胜于由'合虚与气'而言性多多矣。"(牟宗三:《心体与性体》第一册,《牟宗三先生全集》第 5 卷,台湾联合报系文化基金会、联经出版事业公司 2003 年版,第 514 页。)横渠不同,他讲"合虚与气,有性之名",以气的方式谈性,层次较低,问题较多。但如上所说,横渠"合虚与气,有性之名"这一说法原本是一套系统,尽管内部也有瑕疵,但自成体系,后人不能将其打断,借横渠说自己的话。牟宗三恰恰是这样。他将自己的思想强加到横渠头上,先把太虚讲成"神体",讲成"宇宙心",接着又批评"合虚与气,有性之名"的说法不当。在牟宗三的梳理下,明显有两个横渠,一个是讲"太虚神体"的横渠,这是牟宗三虚构的横渠,一个是讲"合虚与气"的横渠,这是实际的横渠。牟宗三以前一个横渠批评后一个横渠,造成了很大理论的混乱。《心体与性体》横渠章难读难解,在"太虚即气"的"即"上纠缠不清,多是由此造成的。

③ 杨立华:《气本与神化——张载哲学述论》,北京大学出版社 2008 年版,第 56 页。

三诠释横渠"六经注我"的性质。因此，如何解读"太虚即气"表面看是如何理解横渠的问题，其实质则是如何消化和处理牟宗三的问题。牟宗三相关的论述，应该作为理解牟宗三思想的材料，而不能误认为横渠思想原本就是这个样子。如果先入为主，强行以牟宗三的解读理解横渠，认为这便是横渠思想的原貌，表面看在学理上有了很大进步，其实远不及 20 世纪 30 年代的解说清楚明白。[①]

哲学史上，一个人对某个问题提出了新的理解，如果其地位重要，很容易引发激烈争论，但随后常会发现这些争论有的其实并无太强的意义，于是事态渐渐又归于了平静；正如一段时间以来，将西方的某些范式引入中国哲学研究引起了众多争辩，经过一番折腾后，这些争辩今天已没有了任何意义一样。相信历史会证明目前关于横渠"太虚即气"的争论也属于这种情况。

附：《张载集》"即"字引得

说明：本引得依照原哈佛燕京学社所做各种引得制成。8/1 中"8"代表《张载集》（中华书局，1978 年）的页数，"1"代表该页的行数；"（）"代表引用古籍的原文。

●正蒙
知虚空即气 8/1
知太虚即气 8/14
（众臣杖不以即位）61/4
感即合也 63/12
所谓性即天道也 63/14
●横渠易说
所行即是道 71/3
以 其 善 世 即 是 化 也 73/10
即是直也 76/2

即是无然畔援 76/3
其大即是天也 77/11
言乃位即是实到为己有也 77/14
龙即圣人之德 79/7
（即鹿无虞）84/1
（即鹿无虞）84/1
（复即命渝）89/1
（复即命渝）89/1
故适尽即生 113/4
要下即下 121/10

险乱即解 139/8
（不利即戎）143/4
（不利即戎）143/7
即大人虎变 153/12
（不我能即）155/1
（旅即次）164/13
即次之义 165/1
易即天道 181/12
成 性 即 道 义 从 此 出 192/3
礼即时措时中见之事

[①]　陈来在为杨立华《气本与神化——张载哲学述论》（北京大学出版社 2008 年版）所写的序中指出："事实上，如果我们从五六十年代的流行模式及其反弹，返回到 30 年代平实的理解，应该说更接近张载哲学思想的特质。"

业者 192/10

知太虚即气则无有有无 200/2

神即神而已 200/11

四象即乾之四德 204/4

有谓心即是易 206/6

无形迹者即道也 207/7

有形迹者即器也 207/7

见于事实即礼义是也 207/7

气之生即是道 207/11

但妄意有意即非行其所无事 215/9

化即达也 216/7

豫即神也 217/7

若尽性则即是入神 217/11

由末即至于本 223/6

少不顺即有变矣 231/3

若是者即是随文耳 231/9

不穷理尽性即是戕贼 234/7

天道即性也 234/10

有谓心即是易 242/11

即是道是易 243/1

●经学理窟

即愿得之 260/7

乐则得其所乐即是乐也 261/9

即知因身而定 263/1

礼即天地之德也 264/3

礼即时措时中见之事业者 264/8

如气质恶者学即能移 266/1

记不得时即休 267/8

整齐即是如切如磋也 268/5

天德即是虚 269/5

则虽接人事即是实行 272/6

合者即是圣言 272/9

即且志之纸笔 275/13

改得一字即是进得一字 275/14

凡某人有不善即面举之 282/12

其清时即视明听聪 284/1

即是养心之术也 284/13

即是私己 285/7

即便劄记 286/3

用利即身安 286/12

大凡能发见即是气至 291/3

即并合上世一齐向之而已 295/10

及其已作主即不用且 298/6

何不即焚埋之 301/9

●张子语录

无差等即夷子之二本也 311/4

性即天也 311/11

即智之于贤者不获知也 311/14

众见之即是理也 314/6

偏见之者非病即伪 314/6

偏见者即病也 314/6

己即说无 314/11

即道也不可妄分 321/6

凡有形之物即易坏 325/11

离兑即金火也 326/6

合此理者即是圣人之制 327/2

不合者即是诸儒添入 327/2

大率时措之宜者即时中也 328/2	惟其受教即是学也 330/10	去 330/12
穷理即是学也 330/8	解 缠 绕 即 上	上 去 即 是 理 明 矣 330/12

二、"天理二字是自家体贴出来"

上面用了较大篇幅证明了横渠尽管付出了巨大努力,但以气为首出要素的做法无法为儒学建立一套可靠的形上系统。明道敏锐地看到了这个问题的严重性,明确指出:

> 系辞曰:"形而上者谓之道,形而下者谓之器"。又曰:"立天之道曰阴与阳,立地之道曰柔与刚,立人之道曰仁与义。"又曰:"一阴一阳之谓道。"阴阳亦形而下者也,而曰道者,惟此语截得上下最分明,元来只此是道,要在人默而识之也。[1]

明道思想最精密之处,是严辨形上形下。道为形上,器为形下。虽然"器亦道,道亦器",道与器、形上与形下不能完全分开,但二者毕竟不同,道才是万物的总根源,器无法担负这个责任。由此出发,明道不满意横渠的理论,认为横渠仍是以器言,不是以道言,讲的是形下,不是形上。

为了弥补这一不足,明道作出了一个根本性的改变,这就是提出了天理的观念。明道对此十分自豪,以至于下面的论述早已成为了名言佳句:

> 吾学虽有所受,天理二字是自家体贴出来。[2]

> 天理云者,这一个道理,更有甚穷已?不为尧存,不为桀亡。人得之者,故大行不加,穷居不损。这上头来,更怎生说得存亡加减?是佗原无少欠,百理俱备。[3]

---

[1] (北宋)程颢、程颐:《河南程氏遗书》卷十一,《二程集》第一册,中华书局 1981 年版,第118 页。

[2] (北宋)程颢、程颐:《河南程氏外书》卷十二,《二程集》第二册,中华书局 1981 年版,第424 页。

[3] (北宋)程颢、程颐:《河南程氏遗书》卷二上,《二程集》第一册,中华书局 1981 年版,第31 页。未注明谁语。明道多有与此相近的说法,如"天则不为尧存,不为桀亡。""君子所性,虽大行不加焉,虽穷居不损焉,不为尧存,不为桀亡者也。用之则行,舍之则藏,皆不累于己尔。"(参见程颢、程颐:《河南程氏遗书》卷十一,《二程集》第一册,中华书局 1981 年版,第119、130 页。)

"天理"二字首见于《庄子·养生主》,次见于《礼记·乐记》,并非二程首创。邵雍著作中也有了天理的说法,①横渠更是多次使用了这个概念。② 但明道说"是自家体贴出来"也不为过,因为他最先体会到了天理二字的形上内涵,将其赋予了形上的意义,以此来统贯自己的学理系统。③ 在他看来,天理既是自然的普遍法则,又是人类社会的当然法则,大行不加,穷居不损,不为尧存,不为桀亡,原无少欠,百理俱备。人的善性即由此而来,虽然现实中的人或许有不善,但不代表他不具有这个善性,不具有这个理。这样明道便克服了前人的缺点,一举建立起了以天理为核心的一元论哲学本体论。

在先秦典籍中,明道最重视《易传》,明言"圣人用意深处,全在《系辞》"④。《系辞》有"一阴一阳之谓道,继之者善,成之者性"的说法,明道借此来说明人何以有良心善性:

> "生生之谓易",是天之所以为道也。天只是以生为道,继此生理者,即是善也。善便有一个元底意思。"元者善之长",万物皆有春意,便是"继之者善也"。"成之者性也",成却待佗万物自成其性须得。⑤

---

① 邵雍指出:"能循天理动者,造化在我也。""得天理者不独润书,亦能润心。不独润心,至于性命亦润。"[(北宋)邵雍:《观物外篇下》,《邵雍全集》,上海古籍出版社 2015 年版,第 1223、1224 页。]

② 横渠相关论述不少。兹将其中较为重要的列举如下:"徇物丧心,人化物而灭天理者乎! 存神过化,忘物累而顺性命者乎!"(《正蒙·神化》,《张载集》,中华书局 1978 年版,第 18 页。)"上达反天理,下达徇人欲者与!""穷理尽性,则性天德,命天理。""所谓天理也者,能悦诸心,能通天下之志之理也。"(《正蒙·诚明》,《张载集》,中华书局 1978 年版,第 22—23 页。)"今之人灭天理而穷人欲,今复反归其天理。古之学者便立天理。"(《经学理窟·义理》,《张载集》,中华书局 1978 年版,第 273 页。)

③ 牟宗三在《心体与性体》中罗列了横渠关于天理的材料后指出:"横渠之言理或天理已不少矣,而且又能紧扣道体、性体或性命而言之也。是则理或天理即道体性体之实,亦即性命之为理也。是故当吾人见到明道云:'吾学虽有所受,天理二字却是自家体贴出来',决不可以为'天理'二字以及此二字所指之实皆是明道所始创也。即明道自己亦决不会如此寡闻而自居。然则此语之实意只表示他真能理会这道理,并真能由此道理体会出'天理二字'之亲切,而即以此二字说此道理(道体、性体、性命之理)也。"(牟宗三:《心体与性体》第一册,《牟宗三先生全集》第 5 卷,台湾联合报系文化基金会、联经出版事业公司 2003 年版,第 69 页。)意思是说,天理这一概念横渠早就提出来了,并非明道的创造,只不过明道对此的体会更为深刻而已。考之于原文,横渠关于天理的论述多是与人欲相对而言,远不像明道那样直接以此作为道德的形上根据来得干脆利索。横渠与二程讲天理的这个差别不能忽视。

④ (北宋)程颢、程颐:《河南程氏遗书》卷二上,《二程集》第一册,中华书局 1981 年版,第 13 页。

⑤ (北宋)程颢、程颐:《河南程氏遗书》卷二上,《二程集》第一册,中华书局 1981 年版,第 29 页。

复者反本也，本有而去之，今来复，乃见天地之心也，乃天理也，此贤
人之事也。①

生生为易，这是上天之道。天只以生为道，人从天那里禀赋的这个道理，
即是善，这就是"继之者善也"。"成之者性也"，因为人的性来自上天之理的
赋予，所以良知良能是天定如此，固然如此的。为人最为重要的是复其本，复
其本则可以见天地之心。这些说法言辞不同，用意无别，都是从天理的高度讲
人之善性，将人的道德根据落实在天理身上。

顺着这个路子，明道还非常看重《中庸》。《中庸》开篇即讲"天命之谓性，
率性之谓道，修道之谓教"，明道同样以此来说明良心善性的来源：

"天命之谓性，率性之谓道"者，天降是于下，万物流形，各正性命者，
是所谓性也。循其性而不失，是所谓道也。此亦通人物而言。循性者，马
则为马之性，又不做牛底性；牛则为牛之性，又不为马底性。此所谓率性
也。人在天地之间，与万物同流，天几时分别出是人是物？"修道之谓
教"，此则专在人事，以失其本性，故修而求复之，则入于学。若元不
失，则何修之有？是由仁义行也。则是性已失，故修之。"成性存存，道
义之门"，亦是万物各有成性存存，亦是生生不已之意。天只是以生
为道。②

盖上天之载，无声无臭，其体则谓之易，其理则谓之道，其用则谓之
神，其命于人则谓之性，率性则谓之道，修道则谓之教。③

"天命之谓性"首言天降性于万物。天既降性于人，人最重要的便是顺其
性去发展，循其性而不失，这就叫"率性之谓道"。"天只是以生为道"这一表
述蕴含极深，意在强调天的责任是生，万物的存在均由天之生来决定。"上天
之载"即是天道，即是天理，天道、天理无形无象，无声无臭，变化无穷，神秘莫
测，其体则叫作易，其理则叫作道，其用则叫作神。人最重要的是不违逆于它，

---

① （北宋）程颢、程颐：《河南程氏外书》卷十，《二程集》第二册，中华书局1981年版，第
404页。

② （北宋）程颢、程颐：《河南程氏遗书》卷二上，《二程集》第一册，中华书局1981年版，第
29—30页。

③ （北宋）程颢、程颐：《河南程氏遗书》卷一，《二程集》第一册，中华书局1981年版，
第4页。此条未注明谁语。《近思录》卷一、《宋元学案》卷十三，牟宗三均认为当为明
道语。

顺此而行,修养此道。①

伊川在这方面的思想与其兄并无二致,同样将阴阳与道严格区分了开来:

"一阴一阳之谓道",道非阴阳也,所以一阴一阳者道也,如一阖一辟之谓变。②

离了阴阳更无道,所以阴阳者是道也。阴阳,气也。气是形而下者,道是形而上者。③

伊川强调,对于古语"一阴一阳之谓道"须做细致的区分,不能说阴阳是道,只能说"所以一阴一阳"是道。阴阳属气,属于形而下,阴阳的道理才是道,属于形而上。

《伊川易传》所论更为详尽:

至微者理也,至著者象也。体用一源,显微无间。④

和靖尝以《易传序》请问曰:"'至微者理也,至著者象也。体用一源,显微无间',莫太泄露天机否?"伊川曰:"如此分明说破,犹自人不解悟。"⑤

理至微,象至著。理是体,象是用。体用本为一源,显现精微无间。这一表述义理深刻,代表着儒家形上本体观念的正式形成。弟子对这一说法十分重视,甚至认为它泄露了天机。历史上,王弼很早就开始以本体的观念诠释《周易》,从而有了本末、一多等一系列概念。但这套理论有两个不足,致使其不足以成为儒家学理的形上系统。首先是本与末、体与用的分离。王弼以道家的无为本、为体,以儒家的有为末、为用。这种做法无法合理说明无形、无象、无为之体何以导致儒家自强不息、厚德载物之用,二者之间有严重的罅隙。其次是一理和众理的分裂。王弼认为诸多的卦爻各有不同的义理,这些义理都可以统归于"无""太极""一"。然而,这个"一"如何能够统管这些"多",王

---

① 这里补充一个材料。司马光作《中庸解》,有些问题不懂,去问明道。"明道笑曰:'由自得里,将谓从天命之谓性处便阙却?'"[(北宋)程颢、程颐:《河南程氏外书》卷十二,《二程集》第二册,中华书局1981年版,第425页。]意思是批评他从《中庸》的头一句"天命之谓性"就没有看懂。明道如此批评司马光,可从一个侧面看出其对"天命之谓性"这一思想的重视。

② (北宋)程颢、程颐:《河南程氏遗书》卷三,《二程集》第一册,中华书局1981年版,第67页。

③ (北宋)程颢、程颐:《河南程氏遗书》卷十五,《二程集》第一册,中华书局1981年版,第162页。

④ (北宋)程颢、程颐:《周易程氏传》,《二程集》第三册,中华书局1981年版,第689页。

⑤ (北宋)程颢、程颐:《河南程氏外书》卷十二,《二程集》第二册,中华书局1981年版,第430页。

弥未能给出合理的说明。① 伊川通过天理有效地解决了这两个问题。在他看来,天理是天地万物的终极根据,同时也是道德规范的形上来源。天理与万物是体用关系,有天理之体,必然有天理之用,从而保障了形上之体与形下之用的结合。另外,天理虽然是一,但其必然发用为万物,万物虽然各有不同,但终归要回到天理,回到一。"天下之理一也,涂虽殊而其归则同,虑虽百而其致则一。虽物有万殊,事有万变,统之以一,则无能违也。"②有了这种学理模式,一理和众理的矛盾也就不存在了。

　　总起来说,宋明儒学面临的任务十分艰巨。儒学讲孝悌、讲仁义固然有其意义,但偏重于日用,无法与佛道二教庞大的理论体系相抗衡。宋明儒学必须吸取各方面的资源,建立自己的形上体系,才能争得自己的话语权。二程提交的答卷,就是以天理为代表的一整套学说。《说文解字》:"理,治玉也,从玉里声。"戴震认为"理者,察之而几微必区以别之名也,是故谓之分理;在物之质,曰肌理,曰腠理,曰文理;得其分则有条而不紊,谓之条理。"③据此,一般认为理与治玉相关,引申为肌理、文理、条理。但也有学者认为,这并非先秦古义。在古代文献中,理字始见于《诗经》,意指为土地划分疆界。《论语》和《老子》均没有出现,或许与此有关。理字最早作为道理、义理是从墨子开始的。④ 战国时期,理字已普遍见于各种文献之中。理字由最初划分土地疆界,渐渐衍生为道理、义理,其因在于划分田地是为了使土地条理化、秩序化。这种条理化、秩序化的表现就是礼。在礼的保障下,各得其所,社会才能治理好,合于道理。由分到礼再到理,有严密的逻辑关联。⑤ 在二程之前,理就有了道理、义理的

----

① 朱汉民:《〈伊川易传〉的宋学精神》,陈义初主编:《二程与宋学——首届宋学暨程颢程颐国际学术讨论论文集》,华东师范大学出版社 2013 年版,第 35 页。

② (北宋)程颢、程颐:《周易程氏传》,《二程集》第三册,中华书局 1981 年版,第 858 页。

③ (清)戴震:《孟子字义疏证·理》,中华书局 1961 年版,第 1 页。

④ 墨子有"取舍是非之理","不义之处,非理不行,务兴天下之利,曲直周旋,利则止,此君子之道也"等说法(见《墨子·非儒下》)。

⑤ 郭晓东对此有详细的分疏。他说:"划分田地,实际上就是要使土地有条理化,因而自然会产生条理、秩序之义,但它还可以引申出更深的一层意思。土地问题是古代社会的一个根本性的问题,孟子就称仁政要从'正经界'开始,而在划分田地的过程中,每家每族应划分多少,这就涉及一个'分'的问题。""同时,'理'字作为土地划分的疆界,也正具体地体现了这样的一种'分',从而它就间接地表达出了一种人与人之间的关系,古人以'礼'、'理'互训,实在是意味深长。"(郭晓东:《识仁与定性——工夫论视域下的程明道哲学研究》,复旦大学出版社 2006 年版,第 51 页。)

含义,二程的贡献是进一步围绕《易传》《中庸》以天来论理。① 天在传统思维模式中有形上性、超越性。将理与天联系在一起,直言天理,大大加强了理的形上意义和超越意义。这个意义一言以蔽之即为:

> 良能良知,皆无所由,乃出于天,不系于人。②

良知良能是人的道德根据,这一根据完全来自于天。二程将天理作为自家学说的核心概念,把道德问题归到天上,直接以天讲理,较之横渠大大向前迈进了一步,一举解决了道德根据的终极来源问题。至此,儒家学理具有了完备的形上性、超越性,儒家建构道德形上学的工作终告完成。论说二程对儒学发展的贡献必当从"天理"二字说起。

三、"明道论性章"解读

二程以天理为核心建构儒家学说形上系统,说明人性何以为善的思想主旨明确而清晰,但他的有些论述并不易理解,常有争议,下面一章最为典型:

> "生之谓性"[1],性即气,气即性,生之谓也[2]。人生气禀,理有善恶[3],然不是性中元有此两物相对而生也。有自幼而善,有自幼而恶,是气禀有然也。善固性也,然恶亦不可不谓之性也。盖"生之谓性"、"人生而静"以上不容说,才说性时,便已不是性也[4]。凡人说性,只是说"继之者善"也,孟子言人性善是也。
>
> 夫所谓"继之者善"也者,犹水流而就下也。皆水也,有流而至海,终无所污,此何烦人力之为也?有流而未远,固已渐浊;有出而甚远,方有所浊。有浊之多者,有浊之少者。清浊虽不同,然不可以浊者不为水也。如此,则人不可以不加澄治之功。故用力敏勇则疾清,用力缓怠则迟清,及

---

① 朱高正一段话讲明了此意:"因为孔子在《论语》中很少提到'性与天道'的问题,而有关孔子对'性与天道'的见解大部分收录在《易传》和《中庸》里面。也就是说,他们是以孔孟思想为基础,吸收佛、道两家之长,而完成儒学的第一次复兴。譬如说佛家里头的'月印万川',来到伊川这里就变成'理一分殊',在龟山那里被广泛应用,而'理一分殊'到朱子则大放光彩,成为新儒学的重要范畴。而原来在道教界广为流传的太极图,经由濂溪的《太极图说》,就被改造为儒家安身立命的理论基础,深刻影响尔后一千年东亚文明圈的宇宙观、人生观和价值观。"(朱高正:《期待儒学的第二次复兴——今人对程朱理学与〈近思录〉应有的认识》,陈义初主编:《二程与宋学——首届宋学暨程颢程颐国际学术讨论论文集》,华东师范大学出版社2013年版,第8页。)

② (北宋)程颢、程颐:《河南程氏遗书》卷二上,《二程集》第一册,中华书局1981年版,第20页。

其清也,则却只是元初水也[5]。亦不是将清来换却浊,亦不是取出浊来置在一隅也。水之清,则性善之谓也。故不是善与恶在性中为两物相对,各自出来。

此理,天命也。顺而循之,则道也。循此而修之,各得其分,则教也。自天命以至于教[6],我无加损焉,此舜有天下而不与焉者也。①

《程氏遗书》未注明此段文字为谁语,但学界一般认为出自明道。② 因其集中论性,又称为"明道论性章"。这一章是"明道言性之重镇"③,历来认为难解,朱子曾多次说其"难说""极难看"④。此章难点较多,为便于理解,分拆为六项,依次用数字标出加以说明。

第一,如何理解"生之谓性"?"生之谓性"的说法出自告子,是以生而具有的自然资质为性的意思。明道时有顺他人话头阐发自己思想的例子。如后文所说,他对孟子"万物皆备于我"的解说即是实例。⑤ 此处也属于这种情况。上面讲了,《易传》《中庸》是明道论性重要的思想资源,其论性无不源于这个背景。如:

"天地之大德曰生","天地絪缊,万物化醇","生之谓性",万物之生最可观,此元者善之长也,斯所谓仁也。⑥

"民受天地之中以生","天命之谓性"也。"人之生也直",意亦如此。⑦

---

① (北宋)程颢、程颐:《河南程氏遗书》卷一,《二程集》第一册,中华书局 1981 年版,第10—11 页。原文为一章,为便于梳理,仿效牟宗三,将其细分为三个自然段。

② 这段文字未注明谁语。《朱子语类》卷四、卷九十五,作明道语,《宋元学案》卷十三也作明道语,冯友兰、牟宗三亦持同样看法。于此学界少有异议。

③ 牟宗三:《心体与性体》第二册,《牟宗三先生全集》第 6 卷,台湾联合报系文化基金会、联经出版事业公司 2003 年版,第 172 页。

④ 朱子云:"'生之谓性'一条难说,须仔细看。""此一段极难看。但细寻语脉,却亦可晓。"《朱子语类》卷九十五,第六册,中华书局 1986 年版,第 2425、2426 页;郭晓东《识仁与定性——工夫论视域下的程明道哲学研究》(复旦大学出版社 2006 年版)第三章第一节"所谓'生之谓性'"对此进行了详细分疏,见该书第 88—102 页。

⑤ 参见本书第五章第四节"道德存有路线的展开"(第 205—218 页)。

⑥ (北宋)程颢、程颐:《河南程氏遗书》卷十一,《二程集》第一册,中华书局 1981 年版,第120 页。

⑦ (北宋)程颢、程颐:《河南程氏遗书》卷十二,《二程集》第一册,中华书局 1981 年版,第135 页。

在明道看来,天地最大的功能是生,万物都由此而来。万物之生最可观,其源头即是善,即是仁。民从上天得到禀赋,才得以生,才有善性,这就叫作"天命之谓性"。由此可知,明道相关思想的基本出发点是以上天禀赋论人之善性,与告子以自然资质论性是两个完全不同的路子,明道如此说不过是借用告子的话头而已,切不可将两人思想混为一谈。这个问题历史上曾有不同理解,但经过多年的消化,现在已经少有争议了。

第二,如何理解"性即气,气即性,生之谓也"? 这是"明道论性章"争议最大的问题。结合后文"人生气禀"的说法,这里的"气"无疑是就气禀而言。上面讲了,明道借告子话头讲"生之谓性"的背景是儒家"天命之谓性"的传统,以阐明性善论的道理,但他也必须对性的现实状况作出说明。现实中的人性是分善恶的,有贤人,也有恶人。如何解释这种现象是一项重要的工作。明道采取的办法是以气作出说明。天理赋予人以善性,这是基础,这是根本,但这个过程必须有所凭借,这个凭借之物就是气。气有清浊厚薄,受此影响,现实中的人也就会有善恶之别。

牟宗三对此有这样一个说明:

> "性即气,气即性,生之谓也",此不是"体用圆融"义,乃只是性气滚在一起之意,说粗一点,是性气混杂、夹杂在一起,因而不相离也。盖就个体之成说性,性体之实固就"於穆不已真几"而立,然而一有个体,即不能无"气禀"之殊。①

此处"性气滚在一起"的说法十分形象。在牟宗三看来,性由天理禀赋而生,在这个过程中必有气的参与。因为有气的参与,所以性和气总是混合、夹杂在一块,不能分离,这就叫"性气滚在一起"。又因为"性气滚在一起",受其影响,性自然会有个体的差异,这就叫"气禀之殊"。

牟宗三继而解释"气禀之殊"说:

> 故天命生德必带着气化以俱赴,因而成个体,此乃是形而上地必然的。有气化而成之个体,即有由气之结聚而成之种种颜色,如所谓清浊厚薄、刚柔缓急之类,此即所谓"气禀"也。此亦是形而上地必然者。

---

① 牟宗三:《心体与性体》第二册,《牟宗三先生全集》第 6 卷,台湾联合报系文化基金会、联经出版事业公司 2003 年版,第 175 页。

"气禀"者即气方面的禀受,或禀受于气,言此种种颜色皆禀受于气而然也。①

天命生德,离不开气化。气有清浊厚薄、刚柔缓急,人性因而也会各有不同。简言之,气禀即是禀受于气,气有不同,性因此也有不同。

牟宗三以气禀解释"性即气,气即性"没有太强的理论难度,但因为明道这一说法与横渠的"太虚即气"十分相近,其解说又很容易造成混淆。上文讲过,牟宗三认为,横渠的太虚是一个道德性的创生实体,这个实体离不开气,但不等同于气,所以将"太虚即气"之"即"训读为"不离之即"。我用了很大力量证明了太虚的本质是气,并非是道德性的创生实体,"太虚即气"当理解为"太虚就是气"。因为否认"太虚即气"之"即"为"是",牟宗三在梳理明道"性即气,气即性"时同样不将这个"即"字解读为"是",只是说"不离",强调"只是性气滚在一起之意"。经过反复斟酌,多方对比,我认为,牟宗三的解读并不可取,"性即气,气即性"之"即"同样应解读为"是"。性由天理禀赋而生,在生成过程中因为有气的参与,就此而言可以说"性气滚在一起"。但"性气滚在一起"的气就是性,而"性气滚在一起"的性也就是气。因此,"性即气,气即性"之"即"当训释为"是",意即"性就是气,气就是性"。当然,这里的气专指气禀而言,不能理解为气之本身,否则性就不成其为性了。因此,确切地讲,"性即气,气即性"就是"性就是气禀,气禀就是性"之意。牟宗三诠释"性即气,气即性"只讲"不离",只讲"滚在一起",不讲"是",不是究竟之法,反倒把问题弄得复杂难解了。

"性即气,气即性"之"即"完全可以而且应当解读为"是",可引阳明为证:

> "生之谓性","生"字即是"气"字,犹言气即是性也。气即是性,人生而静以上不容说,才说气即是性,即已落在一边,不是性之本原矣。孟子性善,是从本原上说。然性善之端须在气上始见得,若无气亦无可见矣。恻隐羞恶辞让是非即是气。程子谓"论性不论气不备,论气不论性不明",亦是为学者各认一边,只得如此说。若见得自性明白时,气即是

---

① 牟宗三:《心体与性体》第二册,《牟宗三先生全集》第6卷,台湾联合报系文化基金会、联经出版事业公司2003年版,第175页。

性,性即是气,原无性气之可分也。①

阳明在解释明道"生之谓性"时强调,"性善之端须在气上始见得,若无气亦无可见矣",意即性善必须有气才能落实,否则性只能是空的,正因于此,恻隐、羞恶、辞让、是非也是气。这个道理前面已经讲过。需要注意的是,阳明在这里多次明言"气即是性""性即是气",这足以说明"性即气,气即性"之"即"完全可以训读为"是"。牟宗三讲"不离",讲"滚在一起",义理虽大体不误,但并不到位。我时常想牟宗三为什么不肯在这里落一个"是"字呢?思来想去只有一种可能,那就是受之前对横渠"太虚即气"诠释的影响,故意绕开了这个敏感的字眼儿。②

第三,如何理解"人生气禀,理有善恶"?此处的"理"不能理解为天理之理。天理之理是纯善无恶的,否则"天命之谓性,率性之谓道,修道之谓教"这一重要传统就完全不能成立了。③"理有善恶"之"理"是现实情况之理。人虽然禀得天理而有善性,但现实生活中这个过程离不开气,气有清浊厚薄,人性因此便有了差别,有的善多一点,有的恶多一点。但这只是就气禀而言,"不是性中元有此两物相对而生",不能因此而怀疑人性的本源是善的。另外,"有自幼而善,有自幼而恶"也不能理解为有的自小天生就善,有的自小天生就恶,而是说受气的影响,有的自小善就多一点,有的自小恶就多一点,有的善表现得早一点,有的恶表现得早一点。这些差别是受到气的影响所致,决定于后天而不决定于先天。气有差别,性因而也有差别,这也是定然的。这种情况可以说也是一种理,即现实之理。这种理不能理解为天理之理,否则恶便有

---

① (明)王守仁:《传习录中》,《王阳明全集》,上海古籍出版社1992年版,第61页。

② 郭晓东指出:"牟宗三先生认为,'即'字在这里不能作判断词'是'解,如伊川所说的'性即理';而应当作'不分离'解,如我们平常所说的'不即不离'之义。因此,我们不可以把'性即气,气即性'理解作'性'就是'气'、'气'就是'性',而只能理解为天命之性与气质气禀的不可分离性,即所谓'性气滚在一起','性气混杂、夹杂在一起'。牟先生此说在其哲学体系内自然有着他独立的意义,这一点不容否认。但是我们认为,如果这样来理解明道,恐怕也未必能尽明道之旨。"(郭晓东:《识仁与定性——工夫论视域下的程明道哲学研究》,复旦大学出版社2006年版,第93页。)

③ 劳思光的理解可供参考。他认为,明道此说"盖所取者非根源意义,而是状态意义。若就根源意义说,则'善恶'不是性中'元有此两物';盖所谓'恶'者只是丧失本来方向之意,故非另一相对而生之物。"(劳思光:《新编中国哲学史》三卷上,广西师范大学出版社2005年版,第153页。)

了独立的来源，便把恶坐实了。① 简要而言，现实中人的善恶难免各有不同，这些不同源于受到了气的影响，这种情况可以说是一种特殊之理，这就叫作"理有善恶"。

第四，如何理解"才说性时，便已不是性"？这与道德形上根据的纯粹性有关。明道坚持主张天理纯善无恶，只是因为在赋予人的过程中必须借助于气，所以现实中的性才有了善恶。这种现实中的性都是就"继之者善"而言的，而不是讲天理的原本状态。天理原本状态无法言说，即所谓"'人生而静'以上不容说"。"人生而静"之语出于《乐记》的"人生而静，天之性也。感于物而动，性之欲也。""不容说"是说不得的意思，意即天理是最高的善，纯真的善，无法用语言表述，我们能说的只是现实中的性。但只要一开口，现实中的性便不再是天理的那个性了。后来朱子于此解说道：

> "人生而静以上"，即是人物未生时。人物未生时，只可谓之理，说性未得，此所谓"在天曰命"也。"才说性时，便已不是性"者，言才谓之性，便是人生以后，此理已堕在形气之中，不全是性之本体矣，故曰"便已不是性也"，此所谓"在人曰性"也。②

"人生而静"是说人物未生时。人物未生时无性可言，只能说理。一旦有了生，有了性，便堕在气中，不再是性之本体了。朱子这一解说很好地诠释了明道这一思想。需要强调的是，明道作出这种区分，有着很深的用意。性是由天理禀赋于人的那个部分，尽管在这个过程中必然受到气禀的影响，从而有善有恶，但其总的源头不能说善恶，只有这样才能保障儒家学理形上系统的纯粹性，杜绝将恶的源头独立化。这一用心在下面将要讲到的元初水、清水、浊水的比喻中表达得更为明确。

第五，如何理解"及其清也，则却只是元初水也"？这是由上一个问题引申出来的。明道认为，"继之者善"犹水流之就下。既然是流水，就有了不同

---

① 陈来指出："这样看来，程颢所谓'性'是指人生而具有的现实属性。气禀善，则性善，气禀恶则性恶，不能只说先天决定的善是性，而不承认先天决定的恶也是性，正如清水是水，浊水也是水，善性是性，恶性也是性。"（陈来：《宋明理学》，辽宁教育出版社1992年版，第89页。）此处"先天决定的恶"一句值得细细推敲。明道虽然讲"人生气禀，理有善恶"，但只是强调人性必有气禀，这个气禀是后天的，不是先天的，绝对不能将恶的根源先天化，否则一定会出现将恶坐实的危险。

② （南宋）黎靖德编：《朱子语类》卷九十五，第六册，中华书局1986年版，第2430页。

的情况。"有流而至海,终无所污",这是说有的始终不会受恶的影响,一直保持善的本性。"有流而未远,固已渐浊;有出而甚远,方有所浊",这是说有的比较容易受到恶的影响,有的则不太容易受到恶的影响。"有浊之多者,有浊之少者",这是说即使同是受到污染,有的浊多一些,有的浊则少一些。对此必须加以澄治之功,用力缓,慢慢变清,用力大,很快变清。将水变清,不是另将清水换却浊水,也不是将浊水取出来放在一边,仍然只是元初水。①

明道以水喻性,涉及三个不同的说法,即元初水、清水、浊水。浊水和清水好理解,浊水是受到污染的水,清水是没有受到污染的水。元初水则需要当心。学界一般将元初水等同于清水,意在说明人性原本就是善的,恰如水原本就是清的。这种理解原则上不为错,但不严格。前面讲过"'人生而静'以上不容说"是一个重要的思想。明道引用《乐记》这一说法,是要指明人的性是由天赋予的,性可以用言语表达,而天无法用言语表达,所以谈不上是善是恶,是清是浊。我们日常生活中所说的善,只能对已经成为的性而言,无法对其最初的源头而言。这种最初的源头,即为元初水,元初水是比清水更根本的东西。明道在清水、浊水之上辟出一个元初水,意在凸显道德形上根据的至上性,与其立出的天理概念直接相应,具有重要的学理价值。②

第六,如何理解"自天命以至于教,我无加损焉"? 以"天命之谓性"说明人的善性来源,是明道的基本原则。既然如此,自天命以至于教便不是从外面强加给我的,而是原本如此。一个人成德成善,只是遵从了天命,并没有增加

---

① 牟宗三认为,这里列出了两种不同的情况,即"尧舜性之也,汤武反之也"或"自诚明谓之性,自明诚谓之教"。"自然呈现而不失其纯之善的表现(清水)即'尧舜性之也',亦即'自诚明谓之性'。此是'由仁义行','何烦人力之为也?'但一般人常无此气禀之善,故不免有不善或恶的表现,此如浊水,故须'加澄治之功'以复其初,此即'汤武反之也',亦即'自明诚谓之教'。"(牟宗三:《心体与性体》第二册,《牟宗三先生全集》第6卷,台湾联合报系文化基金会、联经出版事业公司2003年版,第179页。)

② 徐波对这个问题做了很好的梳理。他说:"笔者是把'继之者善'的性善论视为一种人之所以为人的性善(应然层面),也就是孟子所言,仁义礼智'命也,有性焉,君子不谓命也'之性善层面。从这个意义上讲,'生而知之'圣人境界的那种'有流而至海,终无所污,此何烦人力之为也'的清澈之水只是理想状态,而'学而知之'以下的普罗大众所指代的则是'有浊之多者,有浊之少者'的浊水才是世间常态(实然层面)。而无论是理想状态,还是世间常态,清水浊水都有一个共同的形上依据'元初水',而且它的属性是不能够用形下之清、浊来形容的。"(徐波:《由湍水之喻到幽暗意识:理学视域下的人性善恶论新探》,上海三联书店2020年版,第53页。)

或减损任何东西。这就叫"无加损焉"。为此可参考明道的另一段话:

> 盖上天之载,无声无臭,其体则谓之易,其理则谓之道,其用则谓之神,其命于人则谓之性,率性则谓之道,修道则谓之教。……彻上彻下,不过如此。形而上为道,形而下为器,须著如此说。器亦道,道亦器,但得道在,不系今与后,己与人。①

说到底只是"天命之谓性",彻上彻下,不过如此。有了这个道,有了这个性,不系今与后,己与人,全在自己身上。"舜有天下而不与焉者也"讲的就是这个道理。

通过上面的梳理,素称"难看""难说"的"明道论性章"脉络就清楚多了,不那么难解了。此章是明道顺告子的话头对现实人性状况的说明,中心思想是强调天理赋予人以善性的过程会受到气禀的影响,致使现实的人性善恶程度千差万别。但这些并不能作为否认天理的理由,承认天理,强调天理的赋予是人性的根本源头,是明道牢不可破的原则,用他的话说这就叫"此理,天命也"。天理概念对宋明儒学建构其学理的形上系统意义之大,由此可知一二。

四、由"从下往上说"到"从上往下说"

通过上面的分析可以看出,虽然在儒学系统中将道德根据上归于天是一个老传统,但具体讲法有很大不同。牟宗三指出:

> 大抵先秦后期儒家通过《中庸》之性体与道体通而为一,必进而从上面由道体说性体也。此即是《易传》之阶段,此是最后之圆成,故直下从"实体"处说也。此亦当作圆满之发展看,不当视作与《论》、《孟》为相反之两途。盖《论》、《孟》亦总有一客观地、超越地言之之"天"也。如果"天"不向人格神方向走,则性体与实体打成一片,乃至由实体说性体,乃系必然者。此与汉人之纯粹的气化宇宙论不同,亦与西方康德前之独断形上学不同。此只是一道德意识之充其极,故只是一"道德的形上学"也。先秦儒家如此相承相呼应,而至此最后之圆满,宋、明儒即就此圆满亦存在地呼应之,而直下通而一之也:仁与天为一,心性与天为一,性体与

---

① (北宋)程颢、程颐:《河南程氏遗书》卷一,《二程集》第一册,中华书局 1981 年版,第4 页。

道体为一,最终由道体说性体,道体性体仍是一。①

在牟宗三看来,《论语》《孟子》偏于主观面,但也隐含着一个客观的、超越的天,顺此发展,必然达至《中庸》《易传》,归于最后之圆成。由《论语》《孟子》到《中庸》《易传》为"从下往上说"的思路;反过来,由《中庸》《易传》到《论语》《孟子》则可以说是"从上往下说"的思路。到了宋明,二程径直提出了天理概念,将这种从上往下说的思路进一步贯彻到底,这就叫作"道德意识之充其极"。

钱穆也注意到了这个问题,在论说朱子思想的时候这样写道:

> 谓性有知觉,即是说性必有感。在此气化之中,人物相互间各有感,即是各有知觉,各有性,亦即是各有一相互共通之理。由上向下说,则是有理后有性,而有相互间知与感之心。由下向上说,则因其有感有知有心,而见其各自之性与其共通之理。然不能谓宇宙大自然由心与感来,只能说宇宙大自然由理与气来。而究极推论,则又理在气先。②

这里明确道出了朱子学理的特点是"由上向下说"。钱穆认为,这种致思方式有其合理性,因为直接将天作为了善性的形上根源,人的善性也就得到了落实,不再有任何的怀疑。

虽然牟宗三和钱穆的立场不同,但都注意到了儒家历史上这种思路的变化。先秦儒学发展初期是"从下往上说",即首先讲心,然后再顺着先前天论的传统,将心上挂到天上。这样讲的天虽然也很重要,但并不是学理的首出因素。这种致思方式到宋代有了明显的变化,改为"从上往下说",即以天为首出因素,首先讲天,再以天讲良心讲善性。这个变化意义不可小觑。孟子也讲天,但这种讲法首先是讲人,然后再讲天。根据前面的分析,这样做法属于"借天为说"的性质,是顺着先前天论思维的惯性,将道德根据上挂到了天上。虽然因为有强大的天论传统,人们愿意以"认其为真"的

---

① 牟宗三:《心体与性体》第一册,《牟宗三先生全集》第5卷,台湾联合报系文化基金会、联经出版事业公司2003年版,第38页。牟宗三后来对其《现象与物自身》一书的写作方法有更为明确的交代,指出:"我现在这部书不是从下面说上去,乃是从上面说下来。"(牟宗三:《现象与物自身》,《牟宗三先生全集》第21卷,台湾联合报系文化基金会、联经出版事业公司2003年版,第6页。)由此可知,"从上而说下来"是牟宗三儒学思想的一个重要特点。

② 钱穆:《朱子新学案》(上),巴蜀书社1986年版,第307页。

方式来对待它,但这种天很难说是形上实体。宋代为了更好地建构儒家学理的形上系统,暗中改变了孟子的致思模式,首先讲天,然后讲人,直接将天定性为形上实体。这种致思模式的变化对儒学其后的发展造成了极为深远的影响。①

第三节　道德践行路线的裂变

儒学是一门践行性很强的学说,由此展开的路线我称为"道德践行路线",这是儒学发展的一条主线。如果说二程在确定道德形上根据方面基本一致的话,在道德践行路线上则有很大差异。这种差异对后世影响巨大,宋明儒学的裂变就是由此开始的。

首先注意到这个问题的是冯友兰。冯友兰在回顾自己学术生涯时讲,他早年写的《中国哲学史》有两点特别重要:一是将历史上统而不分的"合同异""离坚白"分为两派,一派为"合同异",以惠施为首领;一派为"离坚白",以公孙龙为代表。与此相比,冯友兰认为第二点更有意义:"程颢和程颐两兄弟,从来都认为,他们的哲学思想是完全一致的,统称为'程门'。朱熹引用他们的话,往往都统称'程子曰',不分别哪个程子。我认为他们的哲学思想是不同的,'故本书谓明道乃以后心学之先驱,而伊川乃以后理学之先驱也。兄弟二人开一代思想之两大派,亦可谓罕有者矣。'"②历史上一般将明道和伊川称为"二程",引用其语统称"程子曰",不再具体区分。冯友兰发现,二程的思想并不一致,这种不同对后来的影响极为深远,明道开出了后来的心学,伊川开出了后来的理学。冯友兰非常看重自己的这两个发现,强调"这两点我认为

---

① 劳思光看到了这里的玄妙,指出"宋儒虽皆以归向孔孟为宗旨,但宋儒对孔孟学说之了解,乃有一最大疏误。此即不深辨'心性论'之特性,而与形上学及宇宙论混为一团。于是,北宋儒者自极早时期起,即致力于形上学或宇宙论系统(或二者混合之系统)之构造,而欲将孔孟所言之'心性问题',安置于此种系统中。由此,宋明儒学之理论,自始即与孔孟立说之本旨有一根本距离。……此种距离,就理论意义说,不能视为一种发展或进步。因此建立之系统,不论为'天道观'一型或'本性论'一型,内部之困难皆极为严重,其理论效力实不如以'主体性'为主之'心性论'。"(劳思光:《新编中国哲学史》三卷上,广西师范大学出版社2005年版,第57页。)

② 冯友兰:《三松堂全集》第一卷,河南人民出版社1985年版,第209—210页。

都是发前人之所未发,而后来不能改变的"①。

牟宗三写作《心体与性体》分析二程时,间接提到了这一点:

> 世或谓明道开象山,伊川开朱子。此自非全无是处,特只笼统言之,仿佛嗅到一点气味之同异,而未能真明其所以。此非只由表面之风光与某方面之情调各有相似,即可明此学派之分立也。此中煞有义理之关键,而历来多不能深切著明之,此甚足令人困惑也。朱子实开自伊川,而象山却并不由明道开出,象山②亦不自以为学出明道也。③

牟宗三承认之前有学者看到了明道和伊川思想的差异,但没有提冯友兰的名字,只用了"或谓"两字。这可能与其不认可冯友兰的学理和人格有关。当然,牟宗三又强调,之前学者的看法有诸多不足,说伊川开出朱子可以,但不能说明道开出象山。象山之学并非来自明道,而是直接源于孟子。

一、明道开启了心学的方向

就道德践行而言,明道偏向于心学,走的是心学的路子,这个看法早已为学界普遍接受。我们在阅读《二程集》明道相关材料时,很容易注意到,他的很多话头,初看起来比较混沌,但置于心学视域之下,都可以得到合理的解释。《识仁篇》云:

> 学者须先识仁。仁者,浑然与物同体。义、礼、智、信皆仁也。识得此理,以诚敬存之而已,不须防检,不须穷索。若心懈则有防,心苟不懈,何防之有?理有未得,故须穷索。存久自明,安得穷索?④

这段话最值得关注的是头一句"学者须先识仁",这一句因此也成了明道最具代表性的言语。学者必须首先认识仁。识得了仁才能成为仁者,仁者浑

---

① 冯友兰:《三松堂全集》第一卷,河南人民出版社1985年版,第210页。在哲学史研究中能够有新的发现,留下一些东西,而这些东西后人很难甚至无法改变,实在不易。就此而言,尽管我不看好冯友兰自己的哲学思想,却高度赞扬其在中国哲学史研究中的这两个重要发现。研究哲学史的人如此之多,有这等分量发现的能有几人呢?

② 此字全集本误为"出",据文义改。

③ 牟宗三:《心体与性体》第二册,《牟宗三先生全集》第6卷,台湾联合报系文化基金会、联经出版事业公司2003年版,第5—6页。

④ (北宋)程颢、程颐:《河南程氏遗书》卷二上,《二程集》第一册,中华书局1981年版,第16—17页。

然与物同体。义、礼、智、信,都属于仁。明白了这个道理,以诚和敬存之,不需要再行防检穷索。只有心松懈了,才需要那样做。明道通过上述说法讲明了这样一个道理:要成德成善必须首先找到自己的道德根据,这个道德根据就是自己的仁,找到自己道德根据的工作即为"识仁"。

识仁的"识"字不能理解为一般的认知,而是一种觉:

医书言手足痿痹为不仁,此言最善名状。①

医家以不认痛痒谓之不仁,人以不知觉不认义理为不仁,譬最近。②

医家将不知痛痒、手脚痿痹叫作"不仁",人以不知觉、不认义理叫作"不仁",二者所指对象不同,但道理无异。此处"觉"字最为吃紧。"觉"不是逻辑性的认知,而是一种直觉。通过这种直觉可以发现自己的道德根据。明道清楚意识到,找到自己道德根据的途径不是"穷索",不是一般说的学习,而是"觉"。这是非常了不起的,孟子之后从没有人这样讲过,足见明道智慧之高。

通过觉,识到了仁,还有一个如何对待的问题,这就是诚:

道之浩浩,何处下手? 惟立诚才有可居之处,有可居之处则可以修业也。③

大道浩荡,只有做到了诚才有可居之处,有了可居之处才能修业进德。诚的本义是信实、不欺骗。通过觉,识到了仁,也就找到了自己的道德根据,但仅此还不够,还要对自己的道德根据保持诚的态度,不欺骗它。它指示你向左,你就向左;它指示你向右,你就向右;它告知你这是是,你就以此为是;它告知你这是非,你就以此为非。诚是维持自己内在之仁不可或缺的一环。

明道讲诚又和敬连在一起:

学要在敬也、诚也,中间便有一个仁。④

"居处恭,执事敬,与人忠",此是彻上彻下之语,圣人原无二语。⑤

---

① (北宋)程颢、程颐:《河南程氏遗书》卷二上,《二程集》第一册,中华书局 1981 年版,第15 页。

② (北宋)程颢、程颐:《河南程氏遗书》卷二上,《二程集》第一册,中华书局 1981 年版,第33 页。

③ (北宋)程颢、程颐:《河南程氏遗书》卷二上,《二程集》第一册,中华书局 1981 年版,第 2 页。

④ (北宋)程颢、程颐:《河南程氏文集》卷十四,《二程集》第一册,中华书局 1981 年版,第141 页。

⑤ (北宋)程颢、程颐:《河南程氏遗书》卷二上,《二程集》第一册,中华书局 1981 年版,第13 页。

为学最重要的是敬,做到了诚,才能做到敬,才能把握自己的仁。明道常常将诚和敬连着讲,强调这是"彻上彻下之语",圣人除此之外,不需要再讲其他。

明道讲道德践行还有一个字不可少,这就是"乐":

> 中心斯须不和不乐,则鄙诈之心入之矣。此与"敬以直内"同理。谓敬为和乐则不可,然敬须和乐,只是中心没有事也。①

人心本是快乐的,如果有了鄙诈之意,便无法体验到这种快乐。尽管不能直接将敬等同于快乐,但敬本身就内含着快乐。明道年轻时学于濂溪,濂溪"每令寻颜子、仲尼乐处,所乐何事"②,经过努力渐渐有了体会,尝言"自再见周茂叔后,吟风弄月以归,有'吾与点也'之意"③。这种"吾与点也"就是一种快乐,一种摆脱了世俗名利,追求道德生活的快乐。他的一些诗句很好地表达了这种境界:

> 退安陋巷颜回乐,不见长安李白愁。
>
> 两事到头须有得,我心处处自悠游。④
>
> 云淡风轻近午天,望花依柳过前川,
>
> 旁人不识余心乐,将谓偷闲学少年。⑤

一个有德的人,不管物质生活状况如何,内心都是快乐的,而这种快乐往往不为他人所了解。孔颜之乐,就是典范。"退安陋巷颜回乐,不见长安李白愁","旁人不识余心乐,将谓偷闲学少年",正是对这种状况的生动描述。明道的这两首诗我很早就知道,但很长时间只是了解字句,无法体会其

---

① (北宋)程颢、程颐:《河南程氏遗书》卷二上,《二程集》第一册,中华书局1981年版,第31页。《宋元学案》作明道语。

② (北宋)程颢、程颐:《河南程氏遗书》卷二上,《二程集》第一册,中华书局1981年版,第16页。

③ (北宋)程颢、程颐:《河南程氏遗书》卷三,《二程集》第一册,中华书局1981年版,第59页。

④ (北宋)程颢、程颐:《河南程氏文集》卷三,《秋日偶成二首》,《二程集》第二册,中华书局1981年版,第482页。

⑤ (北宋)程颢、程颐:《河南程氏文集》卷三,《春日偶成》,《二程集》第二册,中华书局1981年版,第476页。朱子对明道此诗颇有微词:"明道诗云:'旁人不识予心乐,将谓偷闲学少年。'此是后生时气象眩露,无含蓄。""或问明道五十年犹不忘游猎之心。曰:'人当以此自点检。须见得明道气质如此,到五十年犹不能忘。在我者当益加操守方是,不可以此自恕。'"[(南宋)黎靖德编:《朱子语类》卷九十三,第六册,中华书局1986年版,第2360页。]朱子心境与明道尚有距离由此可知。

真义。随着儒学研究的不断深入，通过生命体悟儒学，将自己的生命与儒学义理和合为一，对此才有了自己的了解。"旁人不识余心乐，将谓偷闲学少年"由此也成了我最喜欢的诗句，常常挂在嘴边，成了我努力追求的人生境界。

上面是对明道思路的简单概括。这一思路的心学特征非常明显："学者须先识仁"是其学理的基础，而"识仁"就是察识自己内在的仁；"识仁"后必须做一番诚敬的工夫，不能欺骗它；诚敬工夫做好了，就能体会到孔颜乐处。学界将明道归宗于心学，其义理莫出于此。明道这一思路最为微妙的部分是"识仁"，这是一个价值度很高的话题，在今天仍有很强的教育意义。任何一个行道，从最高层面看，都是求那个事业的道。政治有政治之道，经济有经济的道，化学有化学之道，数学有数学之道，体育有体育的道。儒学与其他行业不同，它求的是人之道。从事儒学研究的人非常幸运，他的事业刚好就是自己追求的人生方向。一旦通过学习和研究明白了人生的道理，就可以老老实实按照这个道理去做，将求道与行道合并为一，实现有意义的人生。而要达到这个境界必须满足一个前提条件，这就是能够通过直觉体悟到自己的仁。受明道"以觉识仁"思想的启发，多年来，我带学生要求他们首先体悟何为良心，坚守的就是这个道理。所谓"体悟何为良心"不是指知晓孟子、象山、阳明关于良心讲过什么，而是通过生命体验，通过"内觉"把握住自己的良心，感受到体内那股活泼泼、不容已、有血有肉、遇事呈现的巨大力量。多年的实践证明，这是一个好办法，是一条成功的经验，也是我建构儒家生生伦理学特别重视"内觉"的一个重要原因。①

---

① 我的《儒家生生伦理学引论》出版后，一些学者提出批评，认为我以"我觉故我在"作为这门新学说的逻辑起点是故作高深，违背了儒学重践行的基本精神。这里我希望为自己做一个辩白。我以"内觉"作为儒家生生伦理学的逻辑起点，是为了祛除独断的因素，将这门新学说从哲学高度建构起来，能够成为一门真正的哲学(康德语)。但与此同时我也指明了应该将学说的建构和具体的践行区分开来，强调儒学尤其是其中心学一系，是一门践行性很强的学说，按照这种学说的要求，成德成善的具体生活不是始于新的学习，更不是始于建构一门新的学说，而是始于通过"内觉"发现自己内在的道德根据，即所谓仁性。在这个意义上，我与传统心学并无不同。

二、伊川创立了理学的方向

与其兄不同,伊川走的是理学的路线。要证明这一点,首先要从"性即理"这一表述说起。在儒学史上,伊川最大的贡献是提出"性即理"的观念:

> 又问:"性如何?"曰:"性即理也,所谓理,性是也。天下之理,原其所自,未有不善。喜怒哀乐未发,何尝不善? 发而中节,则无往而不善。凡言善恶,皆先善而后恶;言吉凶,皆先吉而后凶;言是非,皆先是而后非。"①

> 问:"人性本明,因何有蔽?"曰:"此须索理会也。孟子言人性善是也,虽荀、杨亦不知性。孟子所以独出诸儒者,以能明性也。性无不善,而有不善者才也。性即是理,理则自尧、舜至于塗人,一也。"②

头一段指明天下之理未有不善。喜怒哀乐未发皆为善,发而中节亦是善。因为善是天下之理,所以论善恶必先言善,论吉凶必先言吉,论是非必先言是。从这种讲法看,伊川讲性即理,意在强调天下之理是善的,性是理,所以性是善的。次一段进一步解释,人性因何而有蔽。伊川认为,要了解这个问题必须知性明性。孟子之伟大即在于能够知性明性。性是理,理为善,尧舜与百姓皆然。但理必须通过"才"得以落实,"才"禀于气,气有清浊,禀于清者为贤,禀于浊者为愚。

"性即理"的说法在《程氏遗书》中仅上引两见。对于伊川的这种说法学界有不同理解。钱穆认为:"伊川性即理也之语,主要在发挥孟子性善义,只就人生界立论,而朱子则用来上通之于宇宙界。亦可谓朱子乃就其自所创立有关宇宙界之理气论而来阐申伊川此语之义。要之伊川言性理,偏重于人生界,朱子言性理,则直从宇宙界来,此乃两人之所异。"③意思是说,伊川没有从宇宙论的高度讲性即理,其论说偏重于人生界,朱子则直接从宇宙论进入,进

---

① (北宋)程颢、程颐:《河南程氏遗书》卷二十二上,《二程集》第一册,中华书局1981年版,第292页。

② (北宋)程颢、程颐:《河南程氏遗书》卷十八,《二程集》第一册,中华书局1981年版,第204页。

③ 钱穆:《朱子新学案》(上),巴蜀书社1986年版,第32页。

一步发展了伊川的思想。不少学者受此影响都沿用此说。① 但在我看来，这个问题似乎还可以讨论，因为检查伊川"性即理"的相关说法，不难看出，其中明显已经包含了从宇宙论高度为性寻找形上根据的意思。如：

> 在天为命，在义为理，在人为性，主于身为心，其实一也。心本善，发于思虑，则有善有不善。若既发，则可谓之情，不可谓之心。譬如水，只谓之水，至于流而为派，或行于东，或行于西，却谓之流也。②

伊川强调，命、理、性、心，其实为一。从天的角度讲命，从义的角度讲理，从人的角度讲性，从主于身的角度讲心。心是落实之处。心为善，发于思虑则有善有不善。尽管如此，但不能说心不善，不能说性不善。"在天为命，在义为理，在人为性"这些说法最要紧。在传统的观念中，天具有形上的意义。天是善的，理是善的，所以性也是善的。这些说法明显已经有了从宇宙论角度为善性寻求形上根据的意思，只不过不如朱子那样明确而已。

伊川讲"性即理"的同时也讲气。因为在他看来理要落实在人身上，必须依靠气，否则理便没有着落之处：

> 性出于天，才出于气，气清则才清，气浊则才浊。譬犹木焉，曲直者性也，可以为栋梁、可以为榱桷者才也。才则有善与不善，性则无不善。③

> 才禀于气，气有清浊。禀其清者为贤，禀其浊者为愚。④

性来自天，才来自气。由此人可以分为两个方面，一是出自天的性，一是出自气的才。性无不善，孟子所说之性善，即指此而言。孟子有大贡献，独出诸儒，就在于能够明此性。另外，人还有气禀的方面，禀得清者为贤，禀得浊者

---

① 蒋国保即认为："伊川'性即理'说的主旨在于以'理'善定'性'善，而朱熹对伊川'性即理'说的阐述，就其主旨讲，当是用'天'的概念来确定'理'的客观性。'理'本是观念，是主观的设定，如何将这种主观的设定又变成人性的本源，所谓'性本乎理'，是朱熹所侧重要解决的问题。为了解决这个问题，他使用了程颢首创的'天理'范畴（这个范畴，程颐在论'性即理'时，未见使用）。朱熹使用'天理'这个范畴，目的很明确，就是要以'天'的客观性来定'理'的客观性。"（蒋国保：《"性即理"与"心即理"本义辨析》，《江南大学学报》2011年第5期。）
② （北宋）程颢、程颐：《河南程氏遗书》卷十八，《二程集》第一册，中华书局1981年版，第204页。
③ （北宋）程颢、程颐：《河南程氏遗书》卷十九，《二程集》第一册，中华书局1981年版，第252页。
④ （北宋）程颢、程颐：《河南程氏遗书》卷十八，《二程集》第一册，中华书局1981年版，第204页。

为愚,这个方面也不可忽略。

因为人除了性之外还有才,而才不一定为善,所以要成德成善,必须有一种敬的态度。伊川将"敬"解说为"闲邪":

> 敬是闲邪之道。①

> 如何是闲邪? 非礼而勿视听言动,邪斯闲矣。②

> 只为诚便存,闲邪更着甚工夫? 但惟是动容貌、整思虑,则自然生敬,敬只是主一也。③

"闲邪"的说法出自《易传》。"闲"指防备、禁止,"闲邪"就是防备、禁止邪恶的念头和行为。在伊川看来,因为有气,有才,所以心之所发有善有不善,要保证心之所发为善不为恶,必须摒弃不善的念头,防止邪念侵扰,非礼勿视,非礼勿听,非礼勿言,非礼勿动。这步工作就是"闲邪",而"闲邪"就是"敬"。

从这个意义上说,敬和诚相通,并无不同:

> 敬是闲邪之道。闲邪存其诚,虽是两事,然亦只是一事。闲邪则诚自存矣。天下有一个善,一个恶。去善即是恶,去恶即是善。譬如门,不出便入,岂出入外更别有一事也?④

> 闲邪则诚自存,不是外面捉一个诚将来存着。今人外面役役于不善,于不善中寻个善来存着,如此则岂有入善之理? 只是闲邪,则诚自存。故孟子言性善,皆由内出。⑤

敬为闲邪之道,而闲邪即是存其诚,二者只是一事,而非二事。伊川这样说,意在表明,敬和诚用字虽有不同,但都是强调内心须有一种为善去恶的力量。为善就是去恶,去恶就是为善。要而言之,伊川讲的敬主要指一种收敛的态度,敬就是"主一",用心于一事,不三心二意。

① (北宋)程颢、程颐:《河南程氏遗书》卷十八,《二程集》第一册,中华书局1981年版,第185页。

② (北宋)程颢、程颐:《河南程氏遗书》卷二上,《二程集》第一册,中华书局1981年版,第26页。

③ (北宋)程颢、程颐:《河南程氏遗书》卷十五,《二程集》第一册,中华书局1981年版,第149页。

④ (北宋)程颢、程颐:《河南程氏遗书》卷十八,《二程集》第一册,中华书局1981年版,第185页。

⑤ (北宋)程颢、程颐:《河南程氏遗书》卷十五,《二程集》第一册,中华书局1981年版,第149页。

伊川强调,要成德成善仅有敬还不够,还必须明理。这步工作就是"知",即所谓"进学在致知"。格物、致知的说法来自《大学》。伊川十分重视《大学》,认为这是初学者的"入德之门":

> 格,至也,如"祖考来格"之格。凡一物上有一理,须是穷致其理。①

> 格犹穷也,物犹理也,犹曰穷其理而已也。穷其理,然后足以致之,不穷则不能致也。②

> 又问:"如何是格物?"先生曰:"格,至也,言穷至物理也。"③

伊川训"格"为"至",如"祖考来格"之"格"。所谓"至"即是"至物理",也就是与物理相接。简单的至还不行,还必须至到底,这就是"穷"。进而伊川直接将"格物"解释为"穷理",即所谓"穷至物理"。顺此思路发展,伊川常常将格物与穷理连在一起,称为"格物穷理",意在强调通过对物的考察以穷其理。

世界上的物有多种,伊川对于格物穷理的对象也有规定:

> 君子之学,将以反躬而已矣。反躬在致知,致知在格物。④

> "致知在格物",格物之理,不若察之于身,其得尤切。⑤

儒家学理特别关注个人成德的问题。伊川所说格物的对象指的是道德,其所穷之理是德性之知,而非闻见之知。切不可将伊川讲的"致知在格物"理解为对宇宙万物的认知,否则,他就不是一个道德学家,而是一个自然科学工作者了。

当然,因为这个问题属于初起,可资借鉴材料不多,伊川相关论述有不少含混之处:

> 问:"格物是外物,是性分中物?"曰:"不拘。凡眼前无非是物,物物

---

① (北宋)程颢、程颐:《河南程氏遗书》卷十八,《二程集》第一册,中华书局1981年版,第188页。

② (北宋)程颢、程颐:《河南程氏遗书》卷二十五,《二程集》第一册,中华书局1981年版,第316页。

③ (北宋)程颢、程颐:《河南程氏遗书》卷二十二上,《二程集》第一册,中华书局1981年版,第277页。

④ (北宋)程颢、程颐:《河南程氏遗书》卷二十五,《二程集》第一册,中华书局1981年版,第316页。

⑤ (北宋)程颢、程颐:《河南程氏遗书》卷十七,《二程集》第一册,中华书局1981年版,第175页。

皆有理。如火之所以热,水之所以寒,至于君臣父子间皆是理。"①

问,"观物察己,还因见物,反求诸己否?"曰:"不必如此说。物我一理,才明彼即晓此,合内外之道也。语其大,至天地之高厚;语其小,至一物之所以然,学者皆当理会。"又问:"致知,先求之四端,如何?"曰:"求之性情,固是切于身,然一草一木皆有理,须是察。"②

若只格一物便通众理,虽颜子亦不敢如此道。须是今日格一件,明日又格一件,积习既多,然后脱然自有贯通处。③

如上所说,伊川讲"致知在格物"主要对象是道德问题,但他在阐发这一主张时反复以"火之所以热,水之所以寒""物我一理,才明彼即晓此,合内外之道也""一草一木皆有理""今日格一件,明日格一件"举例,有将对象泛化的倾向,使人们难以了解格物致知对成就道德的真正意义。

总之,伊川思想的重点与明道明显不同。明道重在以觉识仁,伊川重在致知格物,而致知格物的核心是学习认知。学界将伊川视为理学的创立者,当是不易之论。

三、造成二程分歧的两个原因

明道、伊川思想不同,学界分别将他们纳入心学和理学系统,这已成为现在的共识。但奇怪的是,伊川当时并没有意识到这种差别,反而认为他与其兄思想是一致的。他这样讲过:

我昔状明道先生之行,我之道盖与明道同。异时欲知我者,求之此文可也。④

伊川认为,他的思想与明道相同,后人要了解他,只要参照其兄的思想即可。是哪个环节掩盖了这种差异,致使伊川完全没有意识到他与明道的

---

① (北宋)程颢、程颐:《河南程氏遗书》卷十九,《二程集》第一册,中华书局1981年版,第247页。

② (北宋)程颢、程颐:《河南程氏遗书》卷十八,《二程集》第一册,中华书局1981年版,第193页。

③ (北宋)程颢、程颐:《河南程氏遗书》卷十八,《二程集》第一册,中华书局1981年版,第188页。

④ (北宋)程颢、程颐:《河南程氏遗书》附录,《二程集》第一册,中华书局1981年版,第346页。

不同呢？

首先要考虑的是学说的出发点不同。透过上面的梳理，明道思想的核心可以提炼为两个字，即"觉"和"诚"。明道特别重视"学者须先识仁"，强调成德成善首先要"识"得自己的道德根据。这种"识"又叫"觉"。觉到了自己内在的仁，老老实实按它的要求去做，这就是"诚"（或"敬"）。由觉到诚构成一个完整的链条，其前提是觉。觉之所以重要，是因为它指明了一个基本方向，这就是向内而不是向外。伊川思想则可以概括为另两个字，即"敬"和"知"。敬指对于内心的修养，收敛思虑而不分散，知则指致知格物。因为敬只是一种收敛的态度，是"主一"，本身没有实在的根据，所以还必须进一步讲致知格物。"涵养须用敬，进学在致知"非常准确地概括了伊川思想的这一特点。

伊川没有意识到与其兄的不同，可能与二人都讲诚和敬有关。诚和敬字义相近，但内涵并不完全相同。诚是对于内在道德根据的信实不欺，敬则偏重于收敛心思，使之不分散。更为重要的是，明道讲诚之前，还有一段工夫，这就是觉，通过觉体悟自己的仁。"学者须先识仁"最重要的意义就在这里。这一步工作，伊川并无深切的体会。与之相反，因为敬本身不能解决道德根据问题，他必须再讲致知格物。这一步工作明道并不重视，因为在他看来，只要通过觉找到自己的仁，忠实按其要求去做，就可以成德成善了。兄弟二人思路的这种不同，客观上构成"中间合两头分"的现象。"中间合"是指二人都讲诚讲敬。虽然都讲诚和敬，但具体含义差别很大。因此，明道在此之前必须再讲一个觉，以找到自己的仁。伊川在此之后还要再讲一个知，以格物穷理作为成德成善重要的途径。这就是"两头分"。特别重要的是，因为在明道那里，觉又叫作"识"，这个"识"与伊川所说"致知"之"知"字义相近，致使伊川没有注意到兄弟二人在这个问题上存在的重大不同。

"中间合两头分"最重要的是"两头分"，而"两头分"最重要的又在"前头"不同。这个"前头"具体说就是诚和敬之前的部分。明道认为，讲诚和敬是必要的，但此前一定还有工夫，这就是觉，以此体验自己内在的仁。如上所说，仁就是仁性，仁性有明显的先在性。通过觉体验仁性，最大的意义在于发现自己的这种道德的先在性，而这也正是孟子创立性善论的最大贡献。这个贡献启迪我们明白了这样一个道理：现实生活中具体的道德行为不是从学习善的原则，而是从发现自己的内心开始的。明道强调"学者须先识仁"讲的就是这个道理。伊川就不同了,他不重视诚和敬之前的工夫,将重点放在了之后的格物致知之上。格物致知属于学习认知,也就是儒家生生伦理学所说的智性。智性本身没有错,但它必须以仁性为基础,单纯的智性无法直接决定成德成善。伊川没有注意到"识"与"知"内涵实有不同,没有意识到诚和敬之前还有觉一段工夫,只重视诚和敬之后的学习认知,意味着他无法发现和重视人的道德先在性,而这正是其兄学理最具价值的地方。由诚和敬向前走,可以走上心学之路,由诚和敬向后走,可以走上理学之途。伊川不了解诚和敬之前一段工夫之重要,一味向后走,终于走上以格物致知为核心的理学道路。

对恶的看法不同是造成二程分歧的另一个原因。在二程的学理中,天理是善的总根源,自身纯善无恶。得到天理之赋予为个人之性,因此性自然是善的。但现实中毕竟有恶存在,如何解释这种现象,说明其来源,就成了一个无法回避的问题。对此二程的看法略有差异。

前面在梳理"明道论性章"时讲过,明道对告子"生之谓性"的说法作了自己的说明,强调"人生而静"以上不能说,才说性时已不是性了。人们谈的性,只是就"继之者善"而言的。孟子性善论所言之善,即是此意。"继之者善"可以用水流作喻。最终源头为"元初水","元初水"流经过程中没有受到污染为清水,受到污染为浊水。对于浊水必须加以澄治之功,用力大者疾清,用力弱者缓清。无论是何种工夫,都不是另找一些清水来换掉浊水,也不是将浊水取出来单独放于一处。在阐述这一思想的时候,明道有两句特别重要的话:一句是"有流而至海,终无所污";一句是"不是善与恶在性中为两物相对,各自出来"。这两句之所以重要,是因为它说明在明道看来,不仅水的源头没有污染,是元初水,即使现实中可能受到污染,也不能认为性中有善和恶两个相对立的成分。明道这一思想透露出一个非常有价值的内容:浊水是受到后天污染的结果,在性中并没有独立的源头。这些说法很好地继承了孟子恶没有独立来源只是善的缺乏的思想,守稳了善一本论的基本立场。

伊川的看法就不同了。按其学理系统,天理落实在人身上必须通过气禀进行,而通过气禀落实的部分是人之才。才与情相通,因为人不可能只得清气,不得浊气,所以才和情同时兼具善恶。现实中的人同时具有两个不同的部分,一个是出自理的性,一个是出自气的才和情。性无不善,但才和情有善恶。伊川这样做,自然是为了解释社会中恶的现象,但他没有想到,这种说法与其兄恶没有独立来源的思想已经分道扬镳了。换言之,二程都讲气禀,但具体讲法实有差异。在明道那里,气是天理落实在人身上的一种渠道,但气不是恶的最终本源。伊川缺乏其兄的领悟力,同样强调理落实在人身上必须借助气禀进行,从而使人有了才和情,但因为气有清浊,人不可能只得清气,不得浊气,所以才和情就成了恶的源头。一个认为恶没有独立的来源,一个以受气禀影响而成的才和情为恶的来源。这两种思路的差异非常微妙,但影响极大,造成了兄弟二人思想的重大不同。二程之后宋明儒学的发展,尽管受多种因素影响,但始终没有离开过这个问题,这个环节事实上成为了宋明儒学在道德践行问题上裂变的重要原因。

第四节　道德存有路线的展开

一、三个相关概念：本体、本根、存有

第一章第四节"儒学发展一主一辅两条线索"中讲过,儒学发展除道德践行之主线外,还有一条道德存有的辅线。这条辅线是宋代受到佛教影响后逐渐形成的。二程尤其是明道对这条辅线的展开大有其功。要确认儒家道德存有这条辅线,首先要对本体、本根、存有这三个概念加以界定和区分。本体原是中文字,用于翻译 ontology 后,鸠占鹊巢,反倒带有了浓厚的西方哲学的色彩,好像原本就是一个西方的概念似的。① 在西方哲学中,ontology 由 onta 与logy 两个部分组成。On 在希腊文中指存在、存有、是,onta 为复数形式。Logy从希腊文 logos 演化而来,意为学说。两个部分合在一起,ontology 现一般界定为"关于诸存在物的存在的科学"或"关于作为存在的存在的科学",过去译为"本体论",现多译为"存在论""存有论""是论",其中尤以前者为多。虽然这些译法准确了不少,但之前的译法仍有较大影响。

中国哲学讲的本体与西方哲学的 ontology 不同。不管"本体"这一用语始

---

① 这类现象并不罕见。"上帝"原本也是中国自己的术语,在先秦时期就有了,但后来用来翻译西方的 God 之后,反而成了西方的概念,以至很多人误以为它好像原本就来自于西方似的。

于汉代还是更早,它都是本根的意思。《庄子·知北游》有"惛然若亡而存,油然不形而神,万物畜而不知,此之谓本根"的说法。此处的"本根"即是中国哲学意义的本体。换言之,本体在中国哲学系统中特指本根,即那个"最究竟者"。儒家特别关注道德问题,本体专指道德的本根,亦即道德的根据、道德的终极根源。本书凡在中国哲学意义上讲的本体,均指本根,这是必须再三强调的。

儒家意义的本体有两个作用,一是可以决定人成德成善,二是可以将自身的价值和意义影响宇宙万物。前者为道德践行之用,决定人成德成善,由此而有道德践行之主线。后者为道德存有之用,由此而有道德存有之辅线。而要了解道德存有,当先明白何为存有。牟宗三对"存有"这个概念有专门的说明:

> 西方的存有论大体是从动字"是"或"在"入手,环绕这个动字讲出一套道理来即名曰存有论。一物存,存在是虚意字,其本身不是一物,如是,道理不能在动字存在处讲,但只能从存在着的"物"讲。一个存在着的物是如何构成的呢?有些什么特性、样相、或征象呢?这样追究,如是遂标举一些基本断词,由之以知一物之何所是,亚里士多德名之曰范畴。范畴者标识存在了的物之存在性之基本概念之谓也。存在了的物之存在性亦曰存有性或实有性。讲此存有性者即名曰存有论。[1]

西方哲学以"是"或"在"作为切入点,分析物是如何存在的,相应的理论就是存有论。中国哲学的重点不在就一物的存在分析其存在性,而在明一物所以存在的存在之理。这种存在之理离不开道德的基础。在儒家学理中,道德之心一点都不安分,总要对外部对象指指点点,表达自己的看法,将原本没有道德意义的外部对象染上道德的色彩。这种染上道德色彩的对象也属于"存有",相应的学说也可以称为"存有论"。西方的 ontology 与儒家的存有论都涉及存有问题,这是其同;西方的 ontology 多是认识意义的,儒家的存有则是道德意义的,这是其异。为了表明这种区别,儒家的存有论前面须以道德二字加以限定,即为"道德存有论"(moral ontology),即使为了行文的简便省略

---

① 牟宗三:《圆善论》,《牟宗三先生全集》第 22 卷,台湾联合报系文化基金会、联经出版事业公司 2003 年版,第 327 页。

"道德"二字,这种存有也只能在道德的意义上理解。

在这个问题上,学界的做法尚不统一。一些学者对相关的内容不采纳"存有"的说法,而是以"境界"称之。陈来曾引用王国维"有我之境"和"无我之境"的说法阐发这个道理:"王国维在《人间词话》中曾经提出'有我之境'与'无我之境'作为审美的基本范畴。事实上,可以把'有我之境'与'无我之境'看成把握整个中国哲学中关于精神境界的基本范畴。""只要看程颢的《定性书》就可明白,张载表现的是有我之境,而程颢主张的是无我之境。"①其后的《仁学本体论》仍然坚持这种做法。②

境界是一个重要的道德现象。孔子五十知天命是一个境界,六十而耳顺是一个境界,七十从心所欲不逾矩又是一个境界。冯友兰将人分为自然境界、功利境界、道德境界、天地境界,也是这个道理。道德之心与宇宙万物发生关系,将其价值和意义影响宇宙万物,进而由"有我之境"达至"无我之境",确实有境界之分,境界的说法有其道理。但这个说法的重点在于标明人通过努力可以达到的相应程度,而不在于说明道德之心为什么可以影响宇宙万物的存在,不利于将道德存有这条辅线清晰地揭示出来。

有鉴于此,我更愿意采纳牟宗三的做法,将相关内容称为"存有论"或"道德存有论"。道德之心如何影响宇宙万物,使其具有道德的价值和意义,成为道德存有,是一个价值度极高的话题。牟宗三自早年受教于熊十力,接受新唯识论的义理后,一生都在为阐明这一主张而努力。虽然这方面的工作(特别是在智的直觉这一概念的使用上)有一些瑕疵,但他指明儒家思想包含道德存有的内容,直接标之为"存有论",则功劳极大。将儒家学理相关的内容称为"存有论",而非"境界",优势多多。其一,有利于把之前隐而不彰的内容发掘出来,梳理成一套完整的义理。儒家学理原本就含有道德存有论的内容,但这方面的内容过去一直处于隐而不发的状态,未能引起人们足够的关注。将这方面的内容以"存有论"或"道德存有论"相称,彰显出来,明了这方面的义理,可以帮助人们了解,道德存有论是儒家学理不可缺少的内容,而这方面的内容同样涉及有无问题,而且是一种更深刻的有无。其二,可以与西方哲学相

---

① 陈来:《有无之境——王阳明哲学的精神》,人民出版社 1991 年版,第 235 页。
② 陈来:《仁学本体论》,生活·读书·新知三联书店 2014 年版,第 262 页。

比照,以凸显儒家学理之所长。西方哲学和中国哲学都涉及存有问题,但二者又有不同。西方学理的根基是认知,由此而成的是"认知存有论";儒家学理的根基是道德,由此而成的是"道德存有论"。将儒家相关思想概括为道德存有论,就有了与西方哲学相比照的资本,可以更好地显现儒家学理的特色。其三,更为重要的是,便于分疏道德存有论这一路线,将其视为儒学发展的一条辅线,以展现儒家学理一主一辅两条线索的整体格局。儒家生生伦理学认为,两千多年儒学发展实际有主辅两条线索,主线是道德践行问题,辅线是道德存有问题,主辅两条线索内部有一个复杂的互动关系。了解这种互动关系,对于儒家学理的诸多内容,特别是天人关系,会有全新的认识。而要达到这一目的,前提是必须确定"道德存有"这一称谓,并将其视为一条相对独立的线索,这是"境界"这一说法难以达到的。

由此说来,本体、本根、存有是三个称谓相近,内涵有别的概念。本体(ontology)是西方的概念,虽然中国很早就有这一说法,但这种本体是本根的意思,特指事物的总根源,与 ontology 不是一回事。本根指事物的总根源,这种总根源在中国哲学中有两种发用:一是道德践行意义的发用,以成就具体的善行,展开道德践行之主线;二是道德存有意义的发用,以成就道德意义的存有,展开道德存有之辅线。这里讲的存有特指道德意义的存有,道德意义的存有也是存有,于是存有与 ontology 又有了关联。因为道德存有的根据是儒家意义的道德之心,不是西方哲学的认知之心,所以前面须用"道德"二字加以限定,名为"道德存有"(moral ontology),不能与 ontology 等同视之。

二、"仁者浑然与物同体"的道德存有论解读

道德存有之辅线虽然是宋代受佛教影响后逐渐形成的,但其基本义理先秦儒学已经有所涉及了。"岁寒,然后知松柏之后凋也。"①孔子这句话字面看是天冷了才知道松柏是最后凋落的意思,其实这里面已经包含了道德存有论的意思。松柏没有道德的属性,人才有道德的属性,因为人在道德层面上有不畏困难的品性,从这个视角看,松柏在严寒中生存似乎也包含了不畏困难的寓意。有德之人以自己的道德品性观察松柏,就是以自己的道德之心影响松柏,

---

① (南宋)朱熹:《四书章句集注》,中华书局 1983 年版,第 115 页。

使松柏具有道德的意义。这其实已经包含道德存有论的最基本要素了。

这个问题正式进入儒家视野，成为一种理论形式，是在佛教传入之后。佛教唯识思想的核心是心外无境、三界唯心。依据这一思想，宇宙万物的存在只是心的显现，没有心就没有境，没有世界。佛教这一思想传入中原后，经过长时间的消化，儒家渐渐明白了这个道理。但儒家的立场与佛教并不相同。佛教的立场是空，重因缘，儒学的立场是实，重心性。在儒家看来，道德之心是一个活泼泼的创生实体，这种创生包含两个方面的内容：一是可以决定具体的道德善行，使人成德成善；二是可以赋予宇宙万物以道德的价值和意义，创生道德存有。换言之，在儒家学理系统中，道德之心有强大的兴发力，不仅可以产生道德善行，而且总要对外部对象表明自己的态度，将一切外部对象收揽在自己的视野之下，将自己的价值和意义赋予其上。这种将一切外部对象收揽在道德之心视野之下，使原本苍白没有血色的外部对象染上道德的价值和意义的理论，就是儒家的道德存有论。

宋代不少人已经掌握了这个道理，横渠是一个重要代表。他的名言"民胞物与"，即可置于这个视角来理解：

> 乾称父，坤称母；予兹藐焉，乃混然中处。故天地之塞，吾其体；天地之帅，吾其性。民吾同胞，物吾与也。①

在横渠看来，天为父，地为母，人禀受天地之气而生，生存于天地之间。天地之塞是我的体，天地之帅是我的性，天地的意义完全由我的体、我的性决定。"民吾同胞，物吾与也"的说法更为精彩，旨在讲明，天下的人都是我的同胞，天地间的物都是我的同辈。"物与"不能从物理学、生物学的意义，只能从道德存有的意义上理解，意即宇宙万物都在我心的影响之下，因为我心的存在，宇宙万物才有了道德的意义，才能成为我的党与侪辈。

明白了这个道理，就可以明白横渠为什么有"大心说"了：

> 大其心则能体天下之物，物有未体，则心为有外。世人之心，止于闻见之狭。圣人尽性，不以见闻梏其心，其视天下无一物非我，孟子谓尽心则知性知天以此。天大无外，故有外之心不足以合天心。②

---

① （北宋）张载：《正蒙·乾称》，《张载集》，中华书局1978年版，第62页。
② （北宋）张载：《正蒙·大心》，《张载集》，中华书局1978年版，第24页。

人做到了"大其心"便能体天下之物,做到心外无物。心的体量巨大,能够包容一切,否则便不是"大其心",便不足以合天心。对横渠的这一说法,过去争议很多,但如果站在存有论的高度,其内在义理并不是特别难以把握,其意无非是说道德之心能够赋予宇宙万物以价值和意义罢了。顺着这个思路走,"横渠四句"中的"为天地立心"的意义自然也就通顺了:天地没有心,人才有心,因为人有心,所以可以为天地立心,通常所说的天地之心,完全得益于人心的显现。①

在这方面,明道更进了一步。仁学是明道学理的根本,而"万物一体""与物同体"又是明道论仁的重要内容。"一体""同体"说法不同,意义则一,都是强调人与万物的一致。这种一致内部有两个不同的维度。

首先是道德践行的维度:

> 医书言手足痿痹为不仁,此言最善名状。仁者,以天地万物为一体,莫非己也。认得为己,何所不至?若不有诸己,自不与己相干。如手足不仁,气已不贯,皆不属己。故"博施济众",乃圣之功用。仁至难言,故止曰"己欲立而立人,己欲达而达人,能近取譬,可谓仁之方也已。"欲令如是观仁,可以得仁之体。②

明道以手足痿痹讲不仁,强调仁者如果不痿痹,气血贯通,就能与天地万物为一体。这里讲的与天地万物为一体偏于"博施济众"而言。"博施济众"涉及的明显是道德践行问题,意即一方面自己成德,另一方面将自己的德推广出去,将天下治理好。儒家学理不是束之高阁的空理论,有很强的践行性。明道以"博施济众"讲万物一体很好地体现了这一特点。以"博施济众"讲万物一体,是儒家的固有功课。

其次是道德存有的维度:

> 学者须先识仁。仁者,浑然与物同体。……此道与物无对,大不足以

① 林乐昌在《"为天地立心"——张载"四为句"新释》(《哲学研究》2009 年第 5 期)一文中对此提出了批评,认为学界关于天地没有心,人才有心的看法"是严重的误解",认为"为天地立心"的实义"是人(通常指儒家圣人)具有领悟'天地之仁'的能力,并以'天地之仁'的价值意蕴作为宇宙论根据,从而为社会确立仁、孝、礼等价值系统。"我的理解与这种看法完全不同。

② (北宋)程颢、程颐:《河南程氏遗书》卷二上,《二程集》第一册,中华书局 1981 年版,第 15 页。

名之,天地之用皆我之用。孟子言"万物皆备于我",须反身而诚,乃为大乐。若反身未诚,则犹是二物有对,以己合彼,终未有之,又安得乐?《订顽》意思,乃备言此体。以此意存之,更有何事?①

"仁者"指有德之人,有德之人为什么能够"浑然与物同体"? 因为有德之人必然以自己的道德之心观察万物,从而将自己的道德价值和意义影响万物,创生道德的存有。明道继而以孟子的"万物皆备于我"阐发这个道理。孟子此说原是道德根据我全具有的意思,②明道对此做了自己的发挥,强调顺着仁体发展,即可以实现万物一体,与物无对,物就是我,我就是物,进而体验到"天地之用皆我之用"的莫大快乐。

由此出发,明道对于横渠的《订顽》(《西铭》)予以了很高的评价,指出:

> 《订顽》一篇,意极完备,乃仁之体也。学者其体此意,令有诸己,其地位已高。到此地位,自别有见处,不可穷高极远,恐于道无补也。③

> 《订顽》言纯而意备,仁之体也;充而尽之,圣人之事也。子厚之识,孟子之后,一人而已耳。④

明道认为,《西铭》文字立意极其完备,已达仁之体。学者能够体会此意,实际施行,地位已高,不必再寻其他。明道甚至认为,横渠讲到这一步,是孟子之后第一人。根据前面的分析,明道这样讲还是借助对孟子"万物皆备于我"的独特诠释,凸显仁之体充而尽之即可达万物一体之境。这种万物一体明显不是道德践行意义的,而是道德存有意义的。

与此相关,有一个重要概念,这就是"感":

> "寂然不动,感而遂通"者,天理具备,元无欠少,不为尧存,不为桀亡。父子君臣,常理不易,何曾动来? 因不动,故言"寂然";虽不动,感便

---

① (北宋)程颢、程颐:《河南程氏遗书》卷二上,《二程集》第一册,中华书局 1981 年版,第16—17 页。

② 自我从事孟子研究以来,一直坚持强调"'万物皆备于我'只是'良心本心我全具有,道德根据就在我心中,除此之外毋需外求'的意思。"[杨泽波:《孟子性善论研究》(再修订版),上海人民出版社 2016 年版,第 187 页。]

③ (北宋)程颢、程颐:《河南程氏遗书》卷二上,《二程集》第一册,中华书局 1981 年版,第15 页。

④ (北宋)程颢、程颐:《河南程氏粹言》卷一,《二程集》第四册,中华书局 1981 年版,第1203 页。

通,感非自外也。①

　　子曰:圣人感天下之心,如寒暑雨旸,无所不通,无所不应者,正而已矣。正者,虚中无我之谓也。以有系之私心,胶于一隅,主于一事,其能廓然通应而无不遍乎?②

"感"的说法来源甚早。《易传》"天地感而万物化生,圣人感人心而天下和平。观其所感,而天地万物之情可见矣",即是这个概念。许慎《说文解字》释"感"为"动人心也,从心咸声"。由此可见,感最重要的是"动人心"。按照明道的理解,人之一身,天理具备,元无少欠。但仅此不够,还必须有感。感由心发,而"非自外",有感便可通,无感便不通。"感"既可以从道德践行的角度讲,又可以从道德存有的角度讲。前者是说,在道德境遇中,有事必有感。恰如见孺子入井,皆有怵惕之心。这层意思讲的人很多。后者是说,道德之心与外部对象相接,一定要将自己的价值和意义影响它们,这种影响不是逻辑的,而是直觉的,这种直觉也是一种"感"。这层意思包含的道理较深,牟宗三反复讲的智的直觉其实就是这个道理。③

有了这个基础,下面一段话就不难理解了:

　　天地之间,只有一个感与应而已,更有甚事?④

天地之间有人,人有道德之心,道德之心有感的能力。感发自内心,有感必有应。"感"是道德之心影响外部对象的存在,"应"是因道德之心的影响外部对象成为一物。说到底,无非是道德之心影响宇宙万物,创生道德的存有而已。一个是"感",一个是"应",天地之间除此之外,再无他事。

明道的《秋日偶成》将这个道理表达得十分形象有趣:

　　闲来无事不从容,睡觉东窗日已红。

---

① (北宋)程颢、程颐:《河南程氏遗书》卷二上,《二程集》第一册,中华书局1981年版,第43页。未注明谁语,《宋元学案》卷十三作明道语。

② (北宋)程颢、程颐:《河南程氏粹言》卷一,《二程集》第四册,中华书局1981年版,第1212页。

③ 牟宗三的解说义理极为缠绕,理解起来非常困难。我曾以"胡塞尔现相学意向性的直接性"作解,亦曾以是中国文化的"兴"作解。(参见杨泽波:《贡献与终结——牟宗三儒学思想研究》第三卷第五章第四节"'觉他':牟宗三儒学思想之谜",上海人民出版社2014年版,第202—245页。)

④ (北宋)程颢、程颐:《河南程氏遗书》卷十五,《二程集》第一册,中华书局1981年版,第152页。

万物静观皆自得,四时佳兴与人同。

道通天地有形外,思入风云变态中。

富贵不淫贫贱乐,男儿到此是豪雄。①

《秋日偶成》有两首,这是第二首,其中的三四句最值得玩味。"万物静观皆自得"是说,有德的人通过静观,可以得到万物的意义,而这种静观的思维方式不是逻辑,而是直觉。"四时佳兴与人同"是说,有德的人通过直觉体悟到万物的意义后,因为人有道德性,万物也就有了道德性,这两种道德性是相同的,人与万物由此便达成了一致,上升到了浑然与物同体的境界。②

明道"仁者,浑然与物同体"的思想有很高的学理价值。在儒家生生伦理学看来,明道所说之仁即是仁性,仁者即是有仁性,时时按仁性行事之人。仁性的思维方式是直觉,这种直觉既指向仁性自己,又指向外部对象。指向自己,意在发现仁性自身,从而找到自己内在的道德根据;指向外部对象,意在将仁性的价值和意义赋予万物,创生道德存有。这里特别需要注意的是后一种情况。人总是要与外物相接的,一旦与外物相接,因为仁性有先在性,其思维方式又是直觉,定会率先显现自身,于智性发挥作用之前,在刹那之间施加自己的影响,将自己的道德内容影响宇宙万物,使其染上道德的色彩,成为道德存有的对象。牟宗三常说仁有"觉"的特性,觉不能人为设定一个界限,其极必是"以天地万物为一体",即指此而言。③ 要实现这一目的,必须保持仁的敏锐性,不能痿痹。不痿痹便是能觉,能觉便能不安、不忍,便有恻隐之感。觉至何处,就能使何处有生命之洋溢,温暖之贯注。

---

① （北宋）程颢、程颐:《河南程氏文集》卷三,《秋日偶成二首》,《二程集》第二册,中华书局 1981 年版,第 482 页。

② 杨立华对明道此诗前几句是从君子小人之别的角度解读的。他说:"闲来无事的时候,所有的事情都安排得非常从容。大凡君子和小人的区别,一般不看他如何处忙,而看他如何处闲。睡醒了之后发现,东边的窗户已经微微泛红了,天明即起,毫无怠惰之气;静观万物,皆能自得其意,皆能有自己的体会;虽然'万物静观皆自得',虽然是个了不起的哲学家,但是再了不起,每一个季节的美好的兴致,其实和普通老百姓没有什么不同,这就是'极高明而道中庸'。"(杨立华:《宋明理学十五讲》,北京大学出版社 2015 年版,第 91 页。)这种解读取义略浅,暂不取。

③ 牟宗三指出:"仁心之觉润、觉润之所在即是存在之所在:觉润之即是存在之。此是本体创生直贯之实体。仁体遍润一切而为之体,故就其为我之真体言,即可说'万物皆备于我'。"(牟宗三:《心体与性体》第三册,《牟宗三先生全集》第 7 卷,台湾联合报系文化基金会、联经出版事业公司 2003 年版,第 260 页。)虽然此处牟宗三对"万物皆备于我"的解释是从道德存有论的角度展开的,不合孟子之原意,但论述十分形象有趣。

因此,"仁者,浑然与物同体"的说法初看起来难以把握,究其实无非是说,仁性通过直觉将自己的价值和意义赋予宇宙万物后,宇宙万物便有了道德性,不再是一个独立的外部存在。换言之,人有仁性,有道德性,人以道德性观物,物因此也染有了道德的色彩,人与物便有了一致性。王国维《人间词话》引"泪眼问花花不语,乱红飞过秋千去""可堪孤馆闭春寒,杜鹃声里斜阳暮"的诗句,说的正是这种情况。此为"有我之境"。此处的"有我之境"实是"以我观物,故物我皆著我之色彩"的意思。不仅如此,人还会由此进至"无我之境"。此处的"无我之境"实是"以物观物,故不知何者为我,何者为物"的意思。① "采菊东篱下,悠然见南山""寒波澹澹起,白鸟悠悠下"的诗句,说的正是这种境界。在此境界下,我看青山婀娜多姿,妩媚靓丽,青山看我亦是多恣婀娜,靓丽妩媚。人是物,物是人,人欣赏物,物欣赏人,人在物中,物在人中,人与物打通为一,浑然不分,没有了彼此的间隔——这便是儒家孜孜追求、向往不已的"万物一体"的天人合一之境了。

三、"物不能推,人则能推"的深层内涵

对于明道的道德存有论,学界多有不同理解,而分歧的焦点之一,是如何界定创生道德存有的那个主体的性质。这里所说的性质,专指主观抑或客观,主观指心,客观指天。也就是说,明道道德存有论的主体究竟是主观的心,还是客观的天,学者的看法有所不同。陈来似乎主张前者,由此认定明道思想尚有不足。他在分析明道以仁论万物一体思想时这样写道:

> 就宋代的仁说来看,仁作为万物一体的概念,主要显现在主观的方面,而不是显现为客观的方面。就是说,仁作为万物一体主要被理解为作为人心的目标的境界,人的一切修养功夫所要达到的仁的境界就是万物一体的精神境界。这还没有强调把仁的万物一体从客观的方面来把握,从实体的方面来把握。或者说没有把仁作为实体的意义从万物一体去理解去呈现。当然,万物一体的仁学,在这里虽然显现为主观的,但在这一话语的形成和这个话语在道学内部造成的重大影响,为从客观的方面去

---

① 王国维:《人间词话》卷一,江苏凤凰文艺出版社 2018 年版,第7—8页。

把握万物一体之仁准备了基础,而从客观方面来把握仁体的代表,便是朱子。[1]

陈来区分了两种不同的仁,一是精神境界的仁,二是宇宙原理的仁。前者只是就精神境界而言,是主观的。后者则是宇宙生成的原理,是客观的。尽管二者有紧密关联,但宋儒(包括明道)"还没有强调把仁的万物一体从客观的方面来把握,从实体的方面来把握"。也就是说,明道以仁讲万物一体,偏于主观面,未能上升到客观面。正因于此,后来的朱子从客观方面讲万物一体才显得特别重要。

牟宗三则认为,明道既重心又重天,主观面和客观面兼备:

> 至明道,正式提出"学者须先识仁,仁者浑然与物同体"之义,则仁之提纲性已十分挺立矣。"只心便是天,尽之便知性,知性便知天,当处便认取,更不可外求。"则主观面之心性天为一之义亦十分挺立而毫无虚欠矣。故由濂溪、横渠,而至明道,是渐由《中庸》《易传》而回归落实于《论》《孟》,至明道而充其极。然明道究非如象山之纯为孟子学也。象山云:"夫子以仁发明斯道,其言浑无罅缝。孟子十字打开,更无隐遁。"象山乃纯以《论》《孟》为提纲,《中庸》《易传》之境已不言而喻矣。(虽原则上可不言而喻,然象山于此终欠缺。)明道毕竟犹处于濂溪、横渠北宋开始时先着眼于《中庸》《易传》之学风。故明道究非纯以《论》《孟》为提纲者也。天道性命客观面之提纲犹十分饱满而无虚歉,此则为象山所不及,而妙在主客观两面之提纲同样饱满而无虚歉,所以圆顿之智慧成其"一本"之论,此明道之所以为大,而为圆顿之教之型范也。[2]

此段中"明道究非如象山之纯为孟子学"是一个重要的判断。孟子讲心,象山顺着孟子的路线也讲心,这是一条主观的路线。明道与此不同,不仅讲心,而且也讲天讲性,思想全面而完整。"只心便是天,尽之便知性,知性便是天,当处便认取,更不可外求。"这里的天和性都代表客观面。因此,明道既重主观面,又重客观面,真正落实了"一本",堪称"圆顿之教之型范"。

① 陈来:《仁学本体论》,生活·读书·新知三联书店2014年版,第303页。
② 牟宗三:《心体与性体》第二册,《牟宗三先生全集》第6卷,台湾联合报系文化基金会、联经出版事业公司2003年版,第20页。

对于上述两种不同意见,我均有不同的理解。首先,我与牟宗三的看法不同。牟宗三讲的主观面指心,即所谓仁心,这方面没有问题,问题在于客观面。客观面指天,明道于此有一个重要的观念,这就是天理。无论是道德践行,还是道德存有,天理均指事物的形上根据。就道德践行而言,这一形上根据可以在"借天为说"和"认其为真"的意义下成为一种信仰,加强学理的信念力量,①但天在道德存有问题上有什么意义,起什么作用,则必须详加分析。明道在这方面有一个说法值得高度重视,这就是"物不能推,人则能推":

> 所以谓万物一体者,皆有此理,只为从那里来。"生生之谓易",生则一时生,皆完此理。人则能推,物则气昏,推不得,不可道他物不与有也。人只为自私,将自家躯壳上头起意,故看得道理小了佗底。②

在明道看来,宇宙万物皆由天理而生,"只为从那里来"。这就是所谓的"生生之谓易"。这个"生"是一切的生,万物皆因此而生,因此而完具此理。但人与物毕竟有别,物禀得气昏,推不得,人则不同,禀得气清,可以推。

另一段也是此意:

> "万物皆备于我",不独人尔,物皆然。都自这里出去,只是物不能推,人则能推之。虽能推之,几时添得一分? 不能推之,几时减得一分? 百理具在,平铺放着。几时道尧尽君道,添得些君道多;舜尽子道,添得些孝道多? 元来依旧。③

前面讲过,明道对孟子"万物皆备于我"做了自己的解释,认为这里的"万物"兼人与物两类。人与物"都自这里出去",意即都由心决定,只是物不能推,人则能推。但即使人能推,也没有多添几分,事物本来就是如此。

"物不能推,人则能推"这个判断当从两个方面理解。一方面,从本源角度看,人与物只有一个来源,即"只为从那里来";另一方面,从人与物的区别看,人与物又不同,"人能推""物不能推"。人能推,可以起道德的创造。物不能推,不能起道德的创造。明道将天理视为儒家学理的最高范畴,但同时又讲

---

① 参见本书第二章第三节"'形上幻相':从'借天为说'到'认其为真'"(第35—41页)。
② (北宋)程颢、程颐:《河南程氏文集》卷二上,《二程集》第一册,中华书局1981年版,第33页。
③ (北宋)程颢、程颐:《河南程氏文集》卷二上,《二程集》第一册,中华书局1981年版,第34页。

"物不能推,人则能推",这实际表明了这样一个道理:尽管天理是万事万物的形上源头,人的善性也来自它的禀赋,但真正完成创生道德存有这项具体工作的,只能是人,不能是天。只有人,只有具有道德之心的人,才能创生道德的存有,不仅是物,即使是天,都没有这个能力。这样一来就出现了一个严重的问题:虽然明道既讲心又讲天,将二者打并为一,持"一本论"的立场,但如果深入分析,又不难看出,天并不是创生道德存有的真正主体,这个主体只能是心。

　　以此为基础,我也不完全赞成陈来的看法。陈来批评明道尚未达到客观面,与其着力建构仁学本体论有关。仁体或仁学本体是陈来极为看重的观念。在他看来,仁体不仅是主观的,同时也是客观的。这种具有客观性的仁体即是天地之心。由此出发,陈来非常重视朱子的《仁说》,这样写道:

　　　　《仁说》之作,从一开始就坚持在开首阐明'天地以生物为心',作为天道论的核心刻画,力图给予仁说最坚定的宇宙论的支持。在伦理学上,朱子仁说的主要倾向显然是,主张从爱来推溯、理解仁。……朱子重建了仁与爱、仁与天地之心的关联。天地之心元包四德,人之为心仁包四德,天地之元与人心之仁相对应,后者来自于前者。朱子的作法使得先秦儒与汉儒的仁说得以延续在新的仁说讨论中,其意义相当重要。①

　　　　这里已经明确把"生意"和"仁"、"元"联结一体,不是只关注仁的实践意义,仁的伦理意义了,而向宇宙论去展开,把仁和宇宙论的生命问题、根源问题结合起来,赋予仁以更广大的意义。仁是天地生物之心,表示仁是宇宙生生不息的真几与根源。②

　　《仁说》是朱子思想成熟后的标志性成果。陈来认为,在这篇文献中,朱子直接从"天地以生物为心"出发,凸显了仁的宇宙论意义,强调仁既是仁体,又是天地生物之心,这一生物之心不仅可以决定人的道德行为,决定爱,决定仁义礼智,更是宇宙万物的总源头,是生生不息的真几和根源。明道虽然也讲"仁者浑然与物同体",但思想偏于主观面,朱子进一步将仁规定为"天地生物之心",规定为"宇宙生生不息的真几与根源",思想扩展到客观面,是对明道思想的重要推进。

---

① 陈来:《仁学本体论》,生活·读书·新知三联书店 2014 年版,第 310—311 页。
② 陈来:《仁学本体论》,生活·读书·新知三联书店 2014 年版,第 314—315 页。

我对陈来的看法略有疑义,主要基于两个方面的考量。第一,按照牟宗三的理解,明道并非只重主观面,不重客观面,其客观面就是天理。如果判定明道只重主观面,不重客观面,需要对牟宗三的判断加以回应,这一步工作非常重要,轻忽不得。当然,这还不是最重要的,最重要的是,第二,即使按照陈来的分疏,朱子特别重视"天地以生物为心",直接从客观面进入,仁学本体论才可以建成,但根据上面的分析,道德存有的真正主体只能是人,是仁心,不是天,不是天心。既然如此,特别彰显朱子"天地以生物为心"的思想,突出其客观面,能有多大的理论价值呢?

这个话题之所以如此重要,是因为它涉及如何准确理解天人关系的问题。在儒家学理系统中,既要讲人,又要讲天。二程提出天理概念后,天更成了不可动摇的形上根据。但这种做法内部自始就蕴含着这样一个矛盾:真正的主体是人还是天? 人们可能说,既是人,又是天,天人本不相分。但既然有人有天,无论如何辩解,终究是二,而不是一。这个问题追究到底,合理的答案只有一个,即只能是人不能是天。明道处理这个问题的方式极为巧妙,值得细细思量。他一方面讲天理,另一方面又讲"人才能推",其间蕴含着一个十分微妙的道理:我们既不能因为明道讲天理,就把创生道德存有的主体归给天,也不能因为明道重视"人才能推",就认为其思想客观面不足,进而寄希望于朱子的"天地以生物为心"。陈来看到了明道思想中偏重主观面的事实,这本是有意义的,但又强调其思想客观面不够,希望借朱子学理将仁上升为真正的宇宙本体。与之不同,牟宗三看到明道既讲仁,又讲天,思想全面,对其"一本"思想评价极高,但没有深入分析这里的复杂关系,造成了人与天的矛盾。这两种理解虽有不同,但都是传统的以天说人的思维方式的延续。能否破除这种方式,不再以天说人,而是以人说天,直接关系到能否合理处理儒家天人合一思想传统的大问题。对这个问题的进一步探讨已超出了本章的范围,将在本书的后续部分具体展开。①

第五节　天理:二程开启的儒学思想新范式

综上所述,二程对儒学发展作出了多方面的贡献。

---

① 这个问题将在本书结语部分第三节"两条线索的相互影响与完美闭环"(第 474—476 页)中详述。

完善了儒家学理的形上体系,是其一。在"儒门淡泊,收拾人心不住"的大背景下,经过二程的努力,儒家基本上建成了以天理为核心的形上系统,有了与佛教和道教相抗衡的资本。天理概念的建立,随即成为了宋明儒学的重要标志。这一义理经过朱子的努力,更上升为一套基本的话语系统,除非找到新的理念,否则很难逾越。

将儒学引入践行,成为一门可以践行的学说,是其二。儒学原本就是一门重视践行的学说。有宋以来,学者在这方面多有努力,但理论尚显单薄。经过二程的奋斗,儒学的这一特点得到了大大的加强。加上二程思想存有差异,走向了两个不同的方向,分别导出了心学和理学两大流派,更使这个问题的意义完全彰显了出来。

开启了道德存有的路线,是其三。二程吸取佛教唯识思想提出的"仁者,浑然与物同体""仁者,以天地万物为一体"的思想,将道德存有问题正式引入了儒家的视野。儒家原本有一条道德践行的主线,经过二程的努力,在这条主线之外,又开启了道德存有的辅线。虽然这套系统直到近代熊十力才真正完善起来,但二程这方面的思想对后人的影响十分巨大,不容忽视。

这三个方面不是孤立的,第一条最为重要。从儒学发展整体看,二程最大的贡献是创立了以天理为代表的一套新的思想范式。如果说孔子开启的礼仁相合的思想是儒家学理第一个范式的话,那么二程提供的天理则可以说是儒家学理的第二个范式。濂溪、横渠在这方面当然也有贡献,但他们只是先驱,只是前奏,宋明儒学这一宏大交响乐的主旋律是二程奏响的。这一新范式影响深远,不仅开启了理学和心学的不同路径,而且撑开了道德践行和道德存有主辅两条线索的总体格局,其后儒学一千年的发展总体上没有离开过这个模式。明道、伊川兄弟二人有同有异,携手并进,作出如此大的贡献,在儒学发展史上再无其例,堪称一大奇观,令人感佩之至。①

---

① 朱高正对二程兄弟的贡献有类似的看法,他说:"程颢(明道)、程颐(伊川)两人不仅是中国儒学史上最杰出的兄弟档,无疑的,也是世界文明史上,绝无仅有的兄弟档。"(朱高正:《期待儒学的第二次复兴——今人对程朱理学与〈近思录〉应有的认识》,陈义初主编:《二程与宋学——首届宋学暨程颢程颐国际学术研讨会论文集》,华东师范大学出版社 2013 年版,第 7 页。)

第六章　朱子历史地位重估

　　梳理儒学谱系,对各个派别加以判教,有两点最难:一是辨明孔子与孟子的关系,二是确定朱子的历史地位。前者几乎无人正式涉及,我则力证了孔孟思想并不完全一致,这种不一致影响极其深远,是儒学发展的头等重大事件。后者研究成果虽然众多,但不同观点并存其间,学理更为复杂,争议更大,势如水火,难以调和。本章即来处理这个问题。

第一节　朱子思想形成的曲折过程

一、第一阶段:体验未发气象

　　二程的影响开始主要在北方,至其高弟谢良佐(上蔡)和杨时(龟山)开始向南传播。上蔡开湖湘一系。黄宗羲说:"程门高弟,予窃以上蔡为第一。"[①]上蔡兼师二程,但更近于明道,学理特重"以觉识仁"。《上蔡语录》云:"心者何也? 仁是已。仁者何也? 活者为仁,死者为不仁。今人身体麻痹,不知痛痒,谓之不仁。桃杏之核,可种而生者,谓之仁,言有生之意。推此,仁可见矣。"[②]明道曾以不能知觉为不仁,上蔡则进一步以能知觉说仁。心即是仁,仁的一个重要特征即是活。活者为仁,死者为不仁。如桃杏之核皆可种而生,即是有生意。由此生意即可见仁。

　　龟山开道南一脉。龟山天资甚高,拜师明道后,深得明道喜欢,及其归,明

---

　　① (清)黄宗羲:《宋元学案·上蔡学案》,《黄宗羲全集》第四册,浙江古籍出版社 1999 年版,第 162 页。

　　② (清)黄宗羲:《宋元学案·上蔡学案》,《黄宗羲全集》第四册,浙江古籍出版社 1999 年版,第 163 页。

道言"吾道南矣",对发展传播洛学起到了重要作用。龟山喜《中庸》,其学说最大的特色在于体认未发。《龟山语录》有这样的记载:"《中庸》曰:'喜怒哀乐之未发谓之中,发而皆中节谓之和。'学者当于喜怒哀乐之际,以心体之,则中之义自见。执而勿失,无人欲之私焉,发必中节矣。发而中节,中固未尝忘也。"①未发已发是《中庸》的重要思想,到宋明后更成为学者必讲的话题。龟山尤其喜欢谈论喜怒哀乐之未发,强调在喜怒哀乐未发之际见其中义。

龟山门人有罗从彦(豫章),罗从彦门人有李侗(延平)。朱子早年受其父之命,学于刘胡三先生,即刘勉之(白水)、刘子翚(屏山)、胡宪(籍溪),但少有所得,后转投延平。钱穆《朱子新学案》有"朱子从游延平始末"章,章末从三个方面总结了延平对朱子的影响:

> 盖朱子之所获于延平者有三大纲。一曰须于日用人生上融会。一曰须看古圣经议。又一曰理一分殊,所难不在理一处,乃在分殊处。朱子循此三番教言,自加寻究,而不自限于默坐澄心之一项工夫上,则诚可谓妙得师门之传矣。②

"须于日用人生上融会",是告诫为学切忌空泛,当明白道无玄妙,必须在日用间著实做工夫,理会道理。"须看古圣经议",是要求多读儒家经典,勿使心思外移。"理一分殊",是强调儒学不同于异端,不在理一,而在分殊,理一分殊之难亦不在理一,而在分殊。

牟宗三则根据朱子所记,将延平对朱子的影响概括为四个方面,即"默坐澄心,体认天理";"洒然自得,冰解冻释";"即身以求,不事讲解";"理一分殊,始终条理":

> 以上四点约略可窥延平学之路数。虽是"开端示人,大要类此",然却是精要中肯者。彼虽无多解说,亦不必能博洽贯通,然潜修自得,能说出此等精要语,亦实不容易。南渡后,龟山在闽再传而得此人,上蔡在楚再传而得胡五峰,皆以其简洁精要,能摄聚北宋学脉不坠。虽不必能为弘法之龙象,然要皆有实得而非浮泛者,且皆能精练集中而开出确定之工夫入路,如延平从"致中和"开,胡五峰从孟子"求放心"开,皆其精练集中

① (清)黄宗羲:《宋元学案·龟山学案》,《黄宗羲全集》第四册,浙江古籍出版社1999年版,第205页。
② 钱穆:《朱子新学案》(中),巴蜀书社1986年版,第762页。

处也。此亦此学于南渡时过渡期之特征也。①

牟宗三强调,上述四点即为延平之学的基本路数,虽只是"开端示人,大要类此",然而却是精要中肯。延平不重讲解,而是即身以求,反对浮泛而说。南渡以后,龟山经豫章传延平,弘扬其学,延平实有所得。

钱穆和牟宗三关于延平对朱子影响的表述,是重要的研究成果,学界沿用者众多。但除此之外,我认为还有两点尚须一提。一是延平改变了朱子对佛教的态度。朱子幼年时学于刘胡三先生,三先生亦很看重年幼的朱子。三先生的学问如何,虽可再议,但其中有一点不得不说,这就是统统喜佛:"初师屏山籍溪。籍溪学于文定,又好佛老;以文定之学为论治道则可,而道未至。然于佛老亦未有见。屏山少年能为举业,官莆田,接塔下一僧,能入定数日。后乃见了老,归家读儒书,以为与佛合,故作《圣传论》。"②佛教在当时影响很大,三先生喜佛在情理之中,但这至少说明其学理非醇。朱子受教于延平后,这种情况有了根本性的改观。《朱子语类》云:

> 某少时未有知,亦曾学禅,只李先生极言其不是。后来考究,却是这边味长。才这边长得一寸,那边便缩了一寸,到今销铄无余矣。毕竟佛学无是处。③

朱子受学于延平后,受其影响,方知老释之非,从此走上排斥佛老的道路。朱子后来对佛学极为敏感,动辄讥人为禅,与此当有直接关系。朱子由喜佛老到排佛老,认识到其学理"无是处",延平实有其功。

延平教朱子以静坐体验未发气象,是另一个需要注意的问题。上面讲过,龟山喜谈未发已发问题。在他看来,《中庸》所说的"喜怒哀乐未发谓之中"的"中"即是《尚书》"允执厥中"的"中"。《尚书》所"执"之"中"是道心,未发之中的"中"也应作道心解。道心惟微,指道心隐蔽精微,难以把握,因此须在喜怒哀乐未发之际体验。在这种体验中,应最大限度地保持平静,思想和情绪处于相对静止的状态。因此,在龟山学理中,静是一项重要内容。作为龟山的弟子,延平深受影响,于是"默坐澄心"体认未发之中,便成了其教学最突出的特

---

① 牟宗三:《心体与性体》第三册,《牟宗三先生全集》第7卷,台湾联合报系文化基金会、联经出版事业公司2003年版,第12页。
② (南宋)黎靖德编:《朱子语类》卷一百四,第七册,中华书局1986年版,第2619页。
③ (南宋)黎靖德编:《朱子语类》卷一百四,第七册,中华书局1986年版,第2620页。

点。历史上对此一直颇为重视，称为"道南指诀"。然而，朱子于此路线一直不契合，而学界一般多是批评朱子未能真正把握延平的思想。

牟宗三即如此。他说：

> 于中和问题，朱子自谓延平当时"论此最详"，然彼"当时既不领略，后来又不深思（因'后来所见不同，遂不复致思'），遂成蹉过，孤负此翁耳。"然则朱子与延平间实有距离也。延平虽供给朱子一入路，一题目，而文章却是朱子自己作。当延平在时，其所开说，朱子并不领略。及延平没，朱子自己用心时，却又走向继承伊川之纠结而前进，未能由其师之超越体证而悟入也。彼虽博洽贯通，超迈前辈，成为弘法之龙象，然却走上另一系统，非复先秦儒家之所开发，北宋濂溪、横渠、明道之所妙悟之旧也。[1]

延平治学于中和问题最为用心，然而朱子当时并不能领略，后来又加深思，自称"孤负此翁耳"。这说明，朱子和延平的路数不同，延平给了题目，文章却是朱子自己做的。老师在时，朱子尚不能领会；老师不在时，朱子才开始用心，但心思已偏，难以挽回。

钱穆的观点有所不同：

> 朱子早年学禅，及时再见延平，折而归于儒学之正途。其时本领，则端在此心源工夫上，与其先所耽玩之禅说，洵所谓差毫厘而别千里。即其于延平默坐澄心之教，亦不相契。故曰触目风光不易裁，又曰无奈檐花抵死香也。越后又谓延平默坐澄心即易近禅。[2]

> 而朱子于延平默坐澄心，观喜怒哀乐未发前气象之教，则转不深契。此非朱子忽视心地工夫，乃是朱子于此工夫上别自有见，亦即延平之所谓渐能融释也。惟与道南一脉龟山豫章延平之所传，则自有出入，此乃研讨朱子心学一绝大应注意之点。[3]

朱子早年学禅，对禅理有一定了解，学于延平后，才折归儒学正途。此时他已明白，儒学可贵之处在于肯在心源上下工夫，与禅家之说迥然不同。一旦朱子感觉与延平默坐澄心之教法不相契，很容易将这种教法与禅联系在一起，

---

①　牟宗三：《心体与性体》第三册，《牟宗三先生全集》第7卷，台湾联合报系文化基金会、联经出版事业公司2003年版，第12页。

②　钱穆：《朱子新学案》（中），巴蜀书社1986年版，第761页。

③　钱穆：《朱子新学案》（中），巴蜀书社1986年版，第757页。

有所警惕。

　　牟宗三和钱穆的看法各有道理,当相互参读,不宜彼此对立。这个环节之所以重要,是因为它涉及体验未发之中是否必须静坐的问题。未发之中是道德本体尚未接事待物的一种状态。道德本体平时不显现自己,处于隐默状态,这就是未发之中。因为处于隐默状态,所以很难体验。受佛教和道教的影响,宋儒也多讲静坐。延平"默坐澄心,体认天理"正是此路。然而,依照我的理解,静坐并不是体验未发之中的绝对必要条件。正确的途径,当是在道德本体遇事接物显现自身即所谓当下呈现时,通过自身的内觉能力,体验它的存在。延平是否真的通过静坐把握住了自己的道德本体,不得而知,但他的这种教法对朱子有负面影响,则是必须注意的。① 过去我们往往将朱子未能领会喜怒哀乐未发之旨归咎其领悟力不够,跟不上延平的思路。② 但换一个角度,延平在这个环节上是否有失当之处,也是一个不得不考虑的因素。③ 可能正是因

---

　　① 吾妻重二将静坐分为四种:"作为精神安定手段的静坐","寻求内心自觉乃至自我觉醒的静坐","作为道教养生术的静坐","佛教的禅观、坐禅"。([日]吾妻重二:《朱子学的新研究——近世士大夫思想的展开》,傅锡洪等译,商务印书馆 2017 年版,第 281—283 页。)认为朱子的静坐属于第一种。对此我有不同的理解。朱子确实有这方面的论述,如:"(静坐)只收敛此心,莫令走作闲思虑,则此心湛然无事,自然专一"。(黎靖德编:《朱子语类》卷十二,第一册,中华书局 1986 年版,第 215 页。)但他受教于延平时,延平所教主要是以默坐澄心以体验未发之中。这似乎不能简单归类于"作为精神安定手段的静坐"。

　　② 丁为祥在分析延平对朱子影响的时候这样写道:"当时的情况是,一方面,当延平还健在时,朱子确实没有吃透延平的教旨,所以对于延平的教诲,他总有一种跟不上的感觉;另一方面,总结自己的为学经历,朱子也确实感到自己并没有形成足以自立的思想。"又说:"可惜朱子一路读书走来,因而对于这样的话头,他只能以所谓'文理'或'学理'来推究,而不能反身体究,这真是一场让人颇感遗憾的学术公案。"(丁为祥:《学术性格与思想谱系——朱子的哲学视野及其历史发生学考察》,人民出版社 2012 年版,第 67—68、69 页。)

　　③ 这个问题甚至影响到三百年后的阳明。龙溪和德洪对阳明"教三变"有不同表述,但其中都有静坐之变,这充分说明静坐在阳明龙场悟道中起到了重要作用,而这也成了其后来教学的一个重要环节。从徐阶、周汝登、李贽的记述看,阳明收龙溪后,皆是首教收敛静定,"为治静室,居之逾年,遂悟虚灵寂通"。(张昭炜:《阳明学发展的困境及出路》,中国社会科学出版社 2017 年版,第 73 页。)但这个问题并非没有讨论余地。上蔡即不主张静坐。他人问"一日静坐,见一切事平等,皆在我和气中,此是仁否?"上蔡答道:"此只是静中之工夫,只是心虚气平也。须于应事时有此气象,方好。"(黄宗羲:《上蔡学案》,《宋元学案》卷二十四,中华书局 2013 年版,第 924 页。)象山同样不主张静坐,但他对本心的体悟一点不弱于他人。参见本书第八章第六节第五小节"象山、阳明优劣谈"(第 389—392 页)。就我自身的体会而言,我自己对于内在道德根据的把握,"体悟何为良心",便没有通过静坐这个环节,因此静坐并非是体悟本心的绝对必要条件,不通过静坐同样可以达到这个目的,过分强调静坐反而有将人引向危险方向之忧。

为延平教法不当,朱子对内求之路才有了忌讳,以至于后来见到他人讲内求即生反感,便有反弹。为师之不易,择师之重要,由此可知一二。研究朱子,特别是了解其何以对五峰一系学理极为敏感,这个因素当引起足够的重视。

二、第二阶段:心为已发,性为未发

延平过世后,朱子始见张栻(南轩)。南轩曾拜师五峰,虽只一见,但深得赞赏。南轩将其对于中和问题的理解告于朱子,但朱子未能理解。乾道二年丙戌(1166年),朱子思想发生了重要变化,史称"丙戌之悟"。关于丙戌之悟的背景,朱子这样写道:

> 余蚤从延平李先生学,受《中庸》之书,求喜怒哀乐未发之旨,未达而先生没。余窃自悼其不敏,若穷人之无归。闻张钦夫得衡山胡氏学,则往从而问焉。钦夫告余以所闻,余亦未之省也,退而沉思,殆忘寝食。一日,喟然叹曰:"人自婴儿以至老死,虽语默动静之不同,然其大体莫非已发,特其未发者为未尝发尔。"自此不复有疑,以为《中庸》之旨果不外乎此矣。①

朱子自言早年受延平之教,求喜怒哀乐之未发,始终未达,自惭形秽。后闻南轩得五峰之学,往而问学。南轩当时所告,朱子未能领会。后退而不断省思,废寝忘食。一日突然有所悟,方知人自生至死,虽语默动静不同,但都属于已发,所谓未发不过是指其尚未发用罢了。自此不再有疑。

在与南轩的书信中,朱子全面说明了自己的观点,其中自注"此书非是"的一封最为有名:

> 人自有生即有知识,事物交来,应接不暇,念念迁革,以至于死,其间初无顷刻停息,举世皆然也。然圣贤之言,则有所谓未发之中,寂然不动者。岂夫以日用流行者为已发,而指夫暂而休息,不与事接之际为未发时耶?尝试以此求之,则泯然无觉之中,昏暗郁塞,似非虚明应物之体,而几微之际,一有觉焉,则又便为已发,而非寂然之谓。
>
> 盖愈求而愈不可见,于是退而验之于日用之间,则凡感之而通,触之

①　(南宋)朱熹:《中和旧说序》,《朱子全书》第二十三册,上海古籍出版社、安徽教育出版社2010年版,第3634页。

而觉,盖有浑然全体应物而不穷者。是乃天命流行、生生不已之机,虽一日万起万灭,而其寂然之本体则未尝不寂然也。所谓未发,如是而已,夫岂别有一物,限于一时,拘于一处,而可以谓之中哉?

然则天理本真,随处发见,不少停息者,其体用固如是,而岂物欲之私所能壅遏而梏亡之哉? 故虽汩于物欲流荡之中,而其良心萌蘖,亦未尝不因事而发见。学者于是致察而操存之,则庶乎可以贯乎大本达道之全体而复其初矣。不能致察,使梏之反覆,至于夜气不足以存而陷于禽兽,则谁之罪哉?

周子曰:"五行,一阴阳也;阴阳,一太极也;太极,本无极也。"其论至诚,则曰:"静无而动有。"程子曰:"未发之前更如何求,只平日涵养便是。"又曰:"善观者,却于已发之际观之。"二先生之说如此,亦足以验大本之无所不在、良心之未尝不发矣。①

照朱子此时的理解,人自有生,即有知识,无论语默动静,心的作用从未停止。对一个现实的人而言,无论何时,都是心体流行。即使睡眠或无所思虑时,心的活动也没有停止,也是心体流行。因此,心无时不在已发之中。既然如此,就应该以未发为性,已发为心。这一义理朱子后来表述为"心为已发,性为未发"②。因为性是未发,始终隐藏着,无法用功,能用功之所只能是心,而在心上用功的方式即是察识。这与湖湘学"致察而操存"的主张正相契合。③

朱子此时对于中和问题的理解,史称"中和旧说"。如何看待这个问题,是"朱子论心学先后过程中一大关节"④。钱穆这样评论说:

此书所云人自初生即有知识,即旧说序中所谓人自婴儿以至老死云云也。书中所论,不外序文所谓人心大体莫非已发之一语,与延平所主默

---

① (南宋)朱熹:《与张钦夫》,《朱子全书》第二十一册,上海古籍出版社、安徽教育出版社2010年版,第1315—1316页。此书朱熹自注云:"此书非是,但存之以见议论本末耳。"

② 朱子后来回忆中和旧说时讲:"《中庸》未发、已发之义,前此认得此心流行之体,又因'程子凡言心者,皆指已发而言',遂目心为已发、性为未发。"[(南宋)朱熹:《与湖南诸公论中和第一书》,《朱子全书》第二十三册,上海古籍出版社、安徽教育出版社2010年版,第3130页。]

③ 参见陈来:《朱熹哲学研究》,中国社会科学出版社1988年版,第98页。

④ 钱穆:《朱子新学案》(上),巴蜀书社1986年版,第447页。

坐澄心以观大本之说相距实远,而与朱子从游延平时自所启悟,则颇为接近。如曰万紫千红总是春,又曰为有源头活水来,皆与此书消息相通。即其长沙临别诗亦云:惟应酬酢处,特达见本根,此皆主从已发处察识也。湖南之学,本主察识先于存养,南轩承其师五峰之说,而于延平默坐澄心之教则不谓然。①

这是说,受南轩的影响,朱子此时的理解与湖湘学较为接近。湖湘之学一贯主张察识先于涵养,南轩承五峰之说自是如此。朱子似乎接受了湖湘之学的这一主张,他的一些诗句可以为证。"源头活水"即是大本,"万紫千红"即是达道。对于大本,对于达道,首先要察识,然后才讲得上涵养。虽然这一主张与湖湘学较为接近,但与延平默坐澄心的路数不相吻合,由此留下后来反悔的伏笔。

牟宗三同样认可朱子此时的思想。在他看来,"中和旧说"的核心是以"天命流行,生生不已之机"为未发之中体。这个中体是天理本身,又是本心和良心。确定这样一个中体,对于道德学说有重要意义。这种意义体现在本体和工夫两个方面。从本体方面看,"中和旧说"肯定了中体,也就肯定了道德本体,道德因此有了形上根据。牟宗三强调,一定要确保有一个最高的创生实体,这个最高的创生实体就是"天命流行,生生不已之机",就是"维天之命,於穆不已"之道体,其真实内容则是心。换言之,"天命流行之体"作为一个创生之体,实际起作用只能是心,"天命流行之体"的真实意义只能理解为心是"创生之实体"。从工夫方面看,"中和旧说"确认了察识的重要,使涵养有了前提。察识和涵养的关系,是一个重要问题。二者相比,察识无疑更具基础性。只有察识了道德的本体,才谈得上涵养,否则涵养只能是空的。明道才高,特重"学者须先识仁",对其弟子有直接的影响,上蔡、龟山无不以此为圭臬。南轩曾学于五峰,于此亦不例外。朱子在与南轩的交往中,必然涉及这方面的内容,重视"致察而操存之"自有渊源。

由此说来,"中和旧说"的思路本无不妥,后来朱子断其"非是",一定要立"新说",其因亦当从本体和工夫两个方面分析。在本体方面,朱子对于天命流行之体的体会不真。"中和旧说"虽然也讲天命流行之体,也讲寂感真几,

---

① 　钱穆:《朱子新学案》(上),巴蜀书社 1986 年版,第 451 页。

但并没有真实的体会,只有一个笼统的影像。后来与人争辩,始发现自己以前的讲法有问题,于是提出了一套新的讲法。这套新讲法的核心是将天命流行之体拆散,理气二分,心、性、情三分。这种做法最严重的后果,是与天命流行之体不相应,丧失了"旧说"讲天命流行之体,讲寂感真几的基本规模。在工夫方面,朱子对孟子义的本心缺乏深切的体会。孔子创立仁学的时候虽然没有具体说明仁究竟是什么,但毕竟开出了仁这个路向。孟子通过超强的悟性,真切体悟到自己内在的仁和良心,以此为据建立了性善论。对内在的仁和良心的体悟不是一件简单的事情。朱子对此没有真切的体悟,只是浮泛而说,并不真正了解本心作为道德本体的意义。朱子这一缺陷致使其在涵养和察识关系问题上发生了根本性的动摇。

牟宗三对此有一个总结,十分简明:

> 明透否之关键只在以下三点:
>
> 一、对于"天命流行之体"是否能明澈地知其为是理、是心、亦是神?
>
> 二、中体、性体、本心是否能一?
>
> 三、喜怒哀乐未发已发之发与本心发见之发不同,如是,是否能明澈地知"先察识后涵养"在实践工夫上之真切的意义与本质的意义?
>
> 若能,则是纵贯系统,若不能,则必向中和新说所表示之静涵静摄系统走,无可逃也。①

对于"中和旧说"当着重从三个方面理解。首先,能否对"天命流行之体"有透彻的理解?天命流行之体既是理、也是心、也是神。心表示其活动性,性表示其客观性,神表示其灵现性。其次,中体、性体、心体本身是否为一?中体、性体、心体是本体的不同表现,但天下最终只能有一个本体,不能有多个本体,否则就成了二本或多本。最后,喜怒哀乐"已发未发"之"发"与本心之"发见"之"发"是否不同?这两个"发"有原则之别,"中和旧说"属于本心发见之"发",但朱子后来看到《中庸》是就喜怒哀乐之情说"发",才下定决心否定了"旧说"。

---

① 牟宗三:《心体与性体》第三册,《牟宗三先生全集》第7卷,台湾联合报系文化基金会、联经出版事业公司2003年版,第110页。

三、第三阶段：心为已发，亦为未发

朱子虽然对中和问题有了一定理解，但这种理解因为无法与延平之教相吻合，一开始就不够稳定。延平治学的一大特点是"默坐澄心，体认天理"，通过涵养静观以验喜怒哀乐未发之气象。在数年的学习过程中，朱子对这一教法缺少真切体会，后来才转投了南轩。但朱子对此始终有内疚感，觉得未能将延平教学特点融入其中，有愧于师。

随着朱子与湖湘学人交往的增多，发现了更多的问题，更加重了之前的担忧。在一封书信中他这样写道：

> 钦夫见处，卓然不可及，从游之久，反复开益为多。但其天资明敏，从初不历阶级而得之，故今日语人亦多失之太高。湘中学子从之游者，遂一例学为虚谈，其流弊亦将有害。比来颇觉此病矣，别后当有以救之。然从游之士，亦自绝难得朴实头理会者，可见此道之难明也。胡氏弟子及它门人亦有语此者，然皆无实得，拈槌竖佛，几如说禅矣；与文定合下门庭大段相反，更无商量处。[①]

朱子对南轩的评价还较客气，赞其"卓然不可及""反复开益为多""天资明敏""从初不历阶级而得之"，但也指出其有"语人亦多失之太高"之病。[②]对于其他湖湘学人的评议就非常直接了，批评其学理多为虚谈，流弊甚重，甚至直接指责其"皆无实得，拈槌竖佛，几如说禅"。这段材料说明，朱子此时对湖湘之学的弊端已有了高度的警觉。前面讲过，朱子最早跟随刘胡三先生学习，三先生皆喜佛。后来听从延平的教导，方知佛老之非，并由此对佛老之说抱排斥态度。"旧说"之后，朱子发现湖湘学子"几如说禅"，不重涵养，不能不引起高度警惕。于是重新考虑涵养之事，如何在其学说中为涵养安排一个合适的位置，就成了朱子不得不考虑的重大问题。

受上述两个因素的影响，其后不久，于己丑之年，朱子对中和问题又有了

---

① （南宋）朱熹：《答石子重》，《朱子全书》第二十二册，上海古籍出版社、安徽教育出版社2010年版，第1922—1923页。

② 曾亦认为，朱子对南轩之评语"似褒实贬"。"观朱子平日用语，'失之太高'正是其批评胡氏子弟语，故此处朱子用在南轩身上自难说是好语。""在朱子看来，明敏之人其病往往在好高而不能笃实用功。"（曾亦：《本体与工夫——湖湘学派研究》，上海人民出版社2007年版，第219页。）

新的理解,此即"中和新说",又称"己丑之悟":

> 乾道己丑之春,为友人蔡季通言之,问辨之际,予忽自疑,斯理也,虽吾之所默识,然亦未有以告人者。今析之如此其纠纷而难明也,听之如此其冥迷而难喻也,意者乾坤易简之理,人心所同然者,殆不如是;而程子之言出其门人高弟之手,亦不应一切谬误,以至于此。然则予以所自信者,其无乃反自误乎?则复取程氏书,虚心平气而徐读之,未及数行,冻解冰释,然后知情性之本然、圣贤之微旨,其平正明白乃如此。而前日读之不详,妄生穿穴,凡所辛苦而仅得之者,适足以自误而已。至于推类究极,反求诸身,则又见其为害之大,盖不但名言之失而已也。①

在与蔡季通的交往中,朱子发现自己之前的想法存在瑕疵。复读程子之书"未及数行,冻解冰释",痛感之前读书不详,妄生穿穴,危害很大。

随后一段时间,朱子反复与湖湘学人沟通,介绍自己的新理解。《与湖南诸公论中和第一书》表达得最为集中,其核心段落如下:

> 《中庸》未发、已发之义,前此认得此心流行之体,又因程子"凡言心者,皆指已发而言",遂目心为已发、性为未发。然观程子之书,多所不合,因复思之,乃知前日之说,非惟心、性之名命之不当,而日用功夫全无本领,盖所失者不但文义之间而已。

> 按《文集》、《遗书》诸说,似皆以思虑未萌、事物未至之时,为喜怒哀乐之未发。当此之时,即是此心寂然不动之体,而天命之性,当体具焉。以其无过不及,不偏不倚,故谓之中。及其感而遂通天下之故,则喜怒哀乐之性发焉,而心之用可见。以其无不中节,无所乖戾,故谓之和。此则人心之正,而性情之德然也。

> 然未发之前不可寻觅,已发之后不容安排,但平日庄敬涵养之功至,而无人欲之私以乱之,则其未发也,镜明水止,而其发也,无不中节矣。此是日用本领工夫。至于随事省察,即物推明,亦必以是为本。而于已发之际观之,则其具于未发之前者,固可默识。故程子之答苏季明,反复论辨,极于详密,而卒之不过以敬为言。又曰:"敬而无失,即所谓中。"又曰:

---

① (南宋)朱熹:《中和旧说序》,《朱子全书》第二十四册,上海古籍出版社、安徽教育出版社 2010 年版,第 3634—3635 页。

"人道莫如敬,未有致知而不在敬者。"又曰:"涵养须用敬,进学则在致知。"盖为此也。

　　向来讲论思索,直以心为已发,而日用工夫,亦止以察识端倪为最初下手处,以故缺却平日涵养一段工夫,使人胸中扰扰,无深潜纯一之味,而其发之言语事为之间,亦常急迫浮露,无复雍容深厚之风。盖所见一差,其害乃至于此,不可以不审也。①

此前根据程子之言,确定心为已发,性为未发,后观程子之书方知实为不妥。"乃知前日之说非惟心性之名命之不当,而日用工夫全无本领",这一表述十分吃紧。其意是说,旧说以心为已发,性为未发,原则上没有错,但命名不当,在日用工夫上有所不足。为此,当据《文集》《遗书》以思虑未萌、事物未至之时为未发。未发时,"天命之性当体具焉",心性一致,心寂然不动,无过不及,不偏不倚,故谓之中。然而心又不可以不与物相接,一旦与物相接,感而遂通,便为已发。此时无不中节,无所乖戾,故谓之和。因为未发之前不可寻觅,已发之后不容安排,所以庄敬涵养就成了平日必不可少的工夫。有了这个基础,还需要随事省察,即物推明。伊川"敬而无失,即所谓中","入道莫如敬,未有致知而不在敬者","涵养须用敬,进学则在致知",讲的都是这个道理。"旧说"以心为已发,重点放在察识端倪之上,缺少了平日涵养的工夫,必然造成胸中扰扰,急迫浮躁,无深潜纯一之味,无复雍容深厚之见的毛病。

　　综上所论,"新说"与"旧说"之不同,可见下图:

由上图可知,"旧说"心属于已发,性属于未发,而"新说"将心前移,既为已发,又为未发。具体言之,"旧说"的义理可概括为"心为已发,性为未发",

　　① （南宋）朱熹:《与湖南诸公论中和第一书》,《朱子全书》第二十三册,上海古籍出版社、安徽教育出版社 2010 年版,第 3130—3131 页。

也就是以心论已发,以性论未发。因为性不可捉摸,无用功处,所以只能在心上讲察识。这种做法合于湖湘之学的路数,但无法为延平重视的涵养工夫找到合适的位置。"新说"的核心可简称为"心为已发,亦为未发",意即心虽然必须遇事接物,属于已发,但作为已发的心"天命之性当体具焉",与性一致,所以同时又为未发。尽管性不可捉摸,不可察识,但心性相通,心可以涵养,于是延平重视的涵养工夫便有了落实之所。朱子认为,"新说"既保留了延平重涵养的所长,又吸取了湖湘学人重察识的优点,两面兼顾,优越明显,心情大喜,感叹"独恨不得奉而质诸李氏之门,然以先生之所已言者推之,知其所未言者,其或不远矣"①。

然而,朱子这种努力并没有得到湖湘学者的普遍认可。于是,朱子又与南轩反复通信,阐明自己的立场。在《答张钦夫》的长信中,朱子开门见山亮明自己的观点:

> 诸说例蒙印可,而未发之旨又其枢要,既无异论,可慰如之! 然比观旧说,却觉无甚纲领,因复体察,得见此理须以心为主而论之,则性情之德、中和之妙,皆有条而不紊矣。然人之一身,知觉运用,莫非心之所为,则心者,固所以主于身,而无动静语默之间者也。然方其静也,事物未至,思虑未萌,而一性浑然,道义全具,其所谓中,是乃心之所以为体而寂然不动者也。及其动也,事物交至,思虑萌焉,则七情迭用,各有攸主,其所谓和,是乃心之所以为用,感而遂通者也。然性之静也而不能不动,情之动也而必有节焉,是则心之所发寂然感通、周流贯彻而体用未始相离者也。②

未发已发问题不应如"旧说"那样以性为未发,心为已发,而应全部落到心上说,即所谓"须以心为主而论之",心即是已发,又是未发。人之一身,无不在知觉运用之中,但有动静之不同。事物未至,思虑未萌,寂然不动为静,静时"一性浑然,道义全具",这就是中。事物交至,思虑已萌为动,动时七情迭用,各有仪主,必有节焉,这就是和。

---

① (南宋)朱熹:《中和旧说序》,《朱子全书》第二十四册,上海古籍出版社、安徽教育出版社 2010 年版,第 3635 页。

② (南宋)朱熹:《答张钦夫》,《朱子全书》第二十一册,上海古籍出版社、安徽教育出版社 2010 年版,第 1418—1419 页。

接着,朱子谈了敬的问题:

> 然人有是心而或不仁,则无以著此心之妙;人虽欲仁而或不敬,则无
> 以致求仁之功。盖心主乎一身而无动静语默之间,是以君子之于敬,亦无
> 动静语默而不用其力焉。未发之前,是敬也固已立乎存养之实;已发之
> 际,是敬也又常行于省察之间。方其存也,思虑未萌而知觉不昧,是则静
> 中之动,复之所以见"天地之心"也;及其察也,事物纷纠而品节不差,是
> 则动中之静,艮之所以"不获其身,不见其人"也。有以主乎静中之动,是
> 以寂而未尝不感;有以察乎动中之静,是以感而未尝不寂。寂而常感,感
> 而常寂,此心之所以周流贯彻而无一息之不仁也。然则君子之所以"致
> 中和,而天地位、万物育"者,在此而已。盖主于身而无动静语默之间者,
> 心也;仁则心之道,而敬则心之贞也。此彻上彻下之道,圣学之本统。明
> 乎此,则性情之德、中和之妙可一言而尽矣。①

虽然从理论上说,通过心的努力,可以达到中和,但现实是残酷的,"人有
是心而或不仁""人虽欲仁而或不敬"。要防止这种情况,必须做好敬的工夫。
未发之前要敬,以立乎存养之实,已发之际要敬,以常行于省察之间。无论动
静语默都要用心做工夫,而心离不开敬。这是彻上彻下之道。明白了这个道
理,性情之德,中和之妙,可一言而尽。这样便与延平静中涵养的工夫联系了
起来,尽管朱子讲的敬与延平讲的静尚不完全一致。

随后又讲到察识与涵养的关系:

> 又如所谓"学者先须察认端倪之发,然后可加以存养之功",则熹于此
> 不能无疑。盖发处固当察识,但人自有未发时,此处便合存养,岂可必待发
> 而后察、察而后存耶? 且从初不曾存养,便欲随事察识,窃恐浩浩茫茫,无
> 下手处,而毫厘之差、千里之谬将有不可胜言者。此程子所以每言孟子才
> 高,学之无可依据;人须是学颜子之学,则入圣人为近,有用力处。其微意
> 亦可见矣。且如"洒扫应对进退",此存养之事也,不知学者将先于此而后
> 察之耶,抑将先察识而后存养也? 以此观之,则用力之先后判然可观矣。②

---

① (南宋)朱熹:《答张钦夫》,《朱子全书》第二十一册,上海古籍出版社、安徽教育出版社
2010年版,第1419页。
② (南宋)朱熹:《答张钦夫》,《朱子全书》第二十一册,上海古籍出版社、安徽教育出版社
2010年版,第1420页。

先察识后涵养是湖湘之学的宗旨。朱子此时对此有了不同的理解。在他看来,在已发之时当然可以讲察识,但人还有未发之时,这个时候就应该讲涵养。如果不讲涵养,只讲察识,必然浩浩茫茫,无下手处。朱子还引伊川之说为证。伊川常言孟子才高,学之无依据,难以把捉。就一般人而言,当学颜子,更有抓手,更易得力。

朱子进而谈了静和敬的关系:

> 来教又谓言静则溺于虚无,此固所当深虑。然此二字如佛者之论,则诚有此患。若以天理观之,则动之不能无静,犹静之不能无动也;静之不能无养,犹动之不可不察也。但见得一动一静,互为其根,敬义夹持,不容间断之意,则虽下一"静"字,元非死物,至静之中盖有动之端焉。是乃所以见天地之心者。而先王之所以至日闭关,盖当此之时,则安静以养乎此尔,固非远事绝物,闭目兀坐而偏于静之谓。但未接物时,便有敬以主乎其中,则事至物来,善端昭著,而所以察之者益精明尔。伊川先生所谓"却于已发之际观之"者,正谓未发则只有存养,而已发则方有可观也。周子之言主静,乃就中正仁义而言。以正对中,则中为重;以义配仁,则仁为本尔。非四者之外别有主静一段事也。①

南轩疑虑朱子讲敬和静有落于佛学之虞。朱子辩解说,儒学讲静与佛学不同。儒学讲静必须结合中正仁义进行,不是远事绝物,闭目兀坐。尚未接物为静,一旦接物为动。静中有动,动中有静,一动一静互为其根。既然接物为动,则必有未接物之时,此时做好存养的工夫就是必不可少的了。

综合而论,"旧说"与"新说"之不同在于一个是"心为已发,性为未发",一个是"心为已发,亦为未发",而其中的关键又在于察识与涵养的关系。先察识后涵养抑或先涵养后察识,是两个完全不同的路向。这个不同关系甚大。从大处看,前者是心学的路子,后者是理学的路子。从儒家生生伦理学的立场分判,心学一定要讲先察识,是因为只有通过直觉体悟到自己的道德本心,成德成善才能有根据,不至于沦为空谈。心学的基础是孔子之仁、孟子之良心,即所谓仁性,而仁性本质上是伦理心境。伦理心境具有先在性(不管是生长

---

① (南宋)朱熹:《答张钦夫》,《朱子全书》第二十一册,上海古籍出版社、安徽教育出版社2010年版,第1420—1421页。

倾向的"先天而先在",还是狭义伦理心境的"后天而先在"),在处理伦理道德问题之时早已存在了。这种先在性决定仁性遇事接物时一定要显现自身,而人同时又有直觉的能力,可以知道它在显现。这两个因素加在一起,就构成了内觉。有了内觉,才能体察把握自己的道德根据。这是湖湘之学顺明道"学者须先识仁"一路发展,强调先察识后涵养最深厚的理论基础。朱子不明白这个道理,对湖湘学风不满,直斥为禅,一定要遵从延平的教导,在自己的学说中补上涵养一段工夫,特别重视敬的问题,就是出于这种警觉。"旧说"与"新说"之不同,表面看仅仅是察识与涵养的顺序,改先察识后涵养为先涵养后察识,实则是要不要首先发现自己先在的道德根据的问题,是能不能接受心学学理基础的问题。

四、第四阶段:撰写《仁说》

"中和新说"之后,朱子的一个重要成果便是《仁说》。《仁说》较长,其中最重要的内容可分为四个段落。

第一段:

> 天地以生物为心者也,而人物之生,又各得夫天地之心以为心者也。故语心之德,虽其总摄贯通无所不备,然一言以蔽之,则曰仁而已矣。请试详之。

这是讲天地以生物为心,而人物又各得天地之心以为心。天地的使命是创生宇宙万物,人与物均来自天地之创造,即所谓"得夫天地之心以为心",而这种"以为心"之"心"就是道德本心。因此,人所具有的道德本心与天地贯通为一,毫无缺欠。如若细问道德本心是什么,那只有一个回答,这就是仁。

第二段:

> 盖天地之心,其德有四,曰元亨利贞,而元无不统。其运行焉,则为春夏秋冬之序,而春生之气无所不通。故人之为心,其德亦有四,曰仁义礼智,而仁无不包。其发用焉,则为爱恭宜别之情,而恻隐之心无所不贯。故论天地之心者,则曰乾元、坤元,则四德之体用不待悉数而足。论人心之妙者,则曰'仁,人心也',则四德之体用亦不待遍举而赅。

"天地之心,其德有四",即是元亨利贞,元亨利贞分别对应春夏秋冬,其中春无所不通。"人之为心,其德亦有四",即是仁义礼智,其中仁无所不包,其发用即为爱恭宜别,而恻隐之心无所不贯。朱子如此讲,意在将仁心与天地之心联系在一起,证明仁心为四德之体,无所不包。

第三段:

> 或曰:若子之言,则程子所谓"爱,情;仁,性;不可以爱为仁"者非欤?曰:不然。程子之所诃,以爱之发而名仁者也。吾之所论,以爱之理而名仁者也。盖所谓情性者,虽其分域之不同,然其脉络之通,各有攸属者,则曷尝判然离绝而不相管哉!吾方病夫学者诵程子之言而不求其意,遂至于判然离爱而言仁,故特论此以发明其遗意,而子顾以为异乎程子之说,不亦误哉!

朱子进而讲了如何理解仁的问题。伊川有"爱情仁性,不可以爱为仁"的说法。朱子认为,他"以爱之理而名仁",与伊川的讲法并不矛盾。"以爱之理而名仁"由此成为了朱子代表性的思想,也是理解《仁说》的一个关键。

第四段:

> 或曰:程氏之徒,言仁多矣,盖有谓爱非仁,而以万物与我为一为仁之体者矣。亦有谓爱非仁,而以心有知觉释仁之名者矣。今子之言若是,然而彼皆非与?曰:彼谓物我为一者,可以见仁之无不爱矣,而非仁之所以为体之真也;彼谓心有知觉者,可以见仁之包乎智矣,而非仁之所以得名之实也。观孔子答子贡博施济众之问,与程子所谓觉不可以训仁者,则可见矣。子尚安得复以此而论仁哉!①

这里继续设问,讲了两个问题。一是万物与我为一的问题。有人以"万物与我为一"释仁。如果此说成立,朱子的理解就有问题了。朱子解释说,"万物与我为一"恰恰说明仁无有不爱,以证自己的理解不误。二是"以觉释仁"的问题。有人以觉训仁。如果此说成立,朱子的理解同样就有问题了。朱子解释说,仁已包乎智,伊川早就讲过"觉不可以训仁",所以自己的理解是有道理的,并非有误。

写作《仁说》时,朱子思想已经基本成熟,因此这部文献在其整个思想发展过程中占据核心位置。《仁说》的文字表面看文通字顺,义理彰然,但牟宗

---

① (南宋)朱熹:《仁说》,《朱子全书》第二十三册,上海古籍出版社、安徽教育出版社 2010 年版,第 3279—3281 页。

三认定,有严重的理论缺陷,其中两点最为重要。

先看第一点:

> "人物之生又各得夫天地之心以为心",天地之心既虚脱,则人物之生又如何能得夫天地之心以为心?又毕竟是如何得法?人(不要说物)确有心觉作用。然此心觉又如何是从天地之心得来?此亦只是行文时如此说而已。恐并无实义可言也。顺孟子而言本心或良心本体者不言此本心或良知本体是得天地之心以为心者,乃是由道德自觉当下体证而肯认之。本体宇宙论地说的天心即是於穆不已之天命诚体,此亦是由道德自觉通过此本心或良知本体之肯认而直下体证而肯认之,此所谓尽心知性知天也。但顺《中庸》《易传》之路先客观地即本体宇宙论地说天命诚体神体者,则可以实说"得夫天地之心以为心",因在此路,"天地之心"一词语虽亦可有时是虚说,而心之实并未虚脱,而人之"心体即性体"之心体亦并未虚脱。"得夫天地之心以为心"即得夫本体宇宙论地说的天命诚体神体以为吾人之性体,而此性体即心体也。本体性的心体之实并未从性体中脱落也。但在朱子,则此语并无实义。①

这是批评朱子对天地之心的体悟不够。朱子一方面讲,人能够得到天地之心是因为有心觉,另一方面对心觉如何从天地之心得来,如何具体发挥作用等问题又缺乏具体的说明。按照牟宗三的理解,在这个问题上有两条不同的路线:一是孟子的路线,即所谓"顺孟子而言本心或良心本体者不言此本心或良知本体是得天地之心以为心者"。如果顺着孟子的思路,直接讲自己的良心本心,由道德自觉当下体证而肯认之,不重视心与天的关联。二是《中庸》《易传》的路线,即所谓"顺《中庸》《易传》之路先客观地即本体宇宙论地说天命诚体神体者"。如果顺着《中庸》《易传》的路子走,需要先本体宇宙论地说一个天命诚体,然后再由此说"得夫天地之心以为心",将道德之心落在天道诚体之上,重视心与天的关联。朱子属于后者。这个思路并不为错,濂溪、横渠、明道也是这种讲法。但濂溪、横渠、明道的讲法可以落实在心上,有真实的着落之处,朱子虽然也讲於穆不已之天道诚体,但对于心体体会不深,终至脱

---

① 牟宗三:《心体与性体》第三册,《牟宗三先生全集》第7卷,台湾联合报系文化基金会、联经出版事业公司2003年版,第265—266页。

落,心体在性体中的作用无法保障。

再看第二点:

> 此正是开辟创造之源、德行之本者。故由其指点与启发而可总谓此体之本质实性曰觉曰健,以感通为性,以润物为用。是以其"纯亦不已"(觉与健)正是其"所以为体之真",其感润无方而无窒滞亦正是其"所以为体之真"。"浑然与物同体","以天地万物为一体",正是由浑然一体而无隔以示仁体之无外,此正表示真心仁体之觉健与无窒滞,此正是"仁之所以为体之真"。"与物同体"、"以天地万物为一体",是相应真心仁体之实性而说者。如此说仁(见仁之体)是内容的说法,不是外延的说法,正是说仁之质(所以为体之真),不是说"仁之量"(仁之无不爱)。而朱子却认为此是"仁之量","非仁之所以为体之真",其未能顺孔子之指点与启发而悟入亦明矣,其只顺伊川之胶着与局限而未能明透并提不住亦显然矣。①

这一段指明朱子对"以觉训仁""仁者浑然与物同体"等问题体会不透。这里分别提到了"觉"和"健"。在牟宗三看来,道德本心有两个属性,一为觉,一为健。二者相比,觉更为重要。觉以感通为性,以润物为用。以道德之心对宇宙万物加以滋润,即为觉。这种意义的觉涉及的是道德存有问题,也就是道德之心如何影响宇宙万物,使之具有道德意义的问题。朱子于此缺乏深刻体会,只是将仁理解为"爱之理",看不到仁有觉润宇宙万物的功能。为了表达这一思想,此段还提出了另外两个说法,这就是"仁之质"和"仁之量"。"仁之质"是讲仁的本质,而仁的本质一定含有存有论的意义,涵盖乾坤而后已。"仁之量"则是讲仁无所不爱。朱子于此体会不透,只以"仁之量"解"仁之质",终于造成学理的缺失。

牟宗三最后有一个小结:

> 如是,依朱子之义理间架,仁之名义可修改如下:

> 仁是爱之所以然之理,而为心知之明之所静摄(心静理明)。常默识其超越之尊严,彼即足以引发心气之凝聚向上,而使心气能发为"温然爱

---

① 牟宗三:《心体与性体》第三册,《牟宗三先生全集》第7卷,台湾联合报系文化基金会、联经出版事业公司2003年版,第278页。

人利物之行"(理生气)。久久如此,即可谓心气渐渐摄具此理(当具),以为其自身之德(心之德,理转成德)。

简言之,即是:仁者爱之所以然之理而为心所当具之德也。①

按照朱子的学理,仁只是所以然之理,要成德成善必须通过心知之明对之加以静摄涵养,久而久之,即可引发心之凝聚向上,使心气渐渐摄具此理。牟宗三进而将朱子这套讲法概括为"仁者爱之所以然之理而为心所当具之德也"。这个概括包含两项内容:其一,仁是爱之所以然之理;其二,仁是心之"当具"(所当然之具),而非"本具"(本然之具)。这种理解与心学系统全然有别,故而引起牟宗三的强烈不满。

第二节　心统性情:朱子学理的逻辑间架

《仁说》之后,朱子学理已经成形,此后再无原则性的更改。这套成形的思想有一个核心概念贯穿其间,这就是"心统性情"。这个说法出于横渠,朱子指出:

后来看横渠"心统性情"之说,乃知此话有大功,始寻得个"情"字着落,与孟子说一般。孟子言:"恻隐之心,仁之端也。"仁,性也;恻隐,情也,此是情上见得心。又曰:"仁义礼智根于心",此是性是见得心。盖心便是包得那性情,性是体,情是用。"心"字,只一个字母,故:"性"、"情"字皆从"心"。②

朱子十分认同横渠"心统性情"的说法,认为这一说法大有其功,虽然横渠对此缺少详细的解说。朱子在这方面做了极大的发挥。在他看来,"心统性情"这一说法最大的好处是全面,既讲了性,又讲了情,还讲了心。心是一个字母,一边连着性,一边连着情。性是体,情是用,性能否发出好的情,由心负责。

在"心统性情"的框架中,首先是性:

---

① 牟宗三:《心体与性体》第三册,《牟宗三先生全集》第7卷,台湾联合报系文化基金会、联经出版事业公司2003年版,第271页。

② (南宋)黎靖德编:《朱子语类》卷五,第一册,中华书局1986年版,第91页。

> 伊川'性即理也',自孔孟后,无人见得到此。亦是从古无人敢如此道。①

朱子对伊川"性即理"的说法评价极高,明言孔孟之后没有人能够讲到这个地步。朱子讲性完全是顺着伊川这一思路走的。性之所以重要,是因为性源于理。理即天理,是善的总根源。每个人从理中禀得一部分,即为个人之性。这个性就是个人成德成善的根据。

其次是情:

> 性不可说,情却可说。所以告子问性,孟子却答他情。善谓情可为善,则性无有不善。所谓"四端"者,皆情也。仁是性,恻隐是情。恻隐是仁发出来底端芽,如一个谷种相似,谷之生是性,发为萌芽是情。所谓性,只是那仁义礼智四者而已。四件无不善,发出来则有不善,何故?残忍便是那恻隐反底,冒昧便是那羞恶反底。②

在朱子看来,仁义礼智之性为善,其所发为情。情有好坏之分,恻隐是好的情,与之相反是坏的情。好的情由仁而发,不好的情是好的情的反面,即所谓"残忍便是那恻隐反底,冒昧便是寻羞恶反底"。情有善有恶,有好有不好,是朱子论情的核心。

最后是心。既然性可以发出不好的情,那么就需要有一个力量来管控。这种管控的力量就是心:

> 性,其理;情其用。心者,兼性情而言;兼性情而言者,包括乎性情也。③

> 性以理言,情乃发用处,心即管摄性情者。④

> 性,本体也,其用情也;心则统性情、该动静而为之主宰也,故程子曰心一也。⑤

> 仁、义、礼、智,性也,体也;恻隐、羞恶、辞逊、是非,情也,用也;统性

---

① (南宋)黎靖德编:《朱子语类》卷五九,第四册,中华书局1986年版,第1387页。

② (南宋)黎靖德编:《朱子语类》卷五九,第四册,中华书局1986年版,第1380—1381页。

③ (南宋)黎靖德编:《朱子语类》卷二十,第二册,中华书局1986年版,第475页。

④ (南宋)黎靖德编:《朱子语类》卷五,第一册,中华书局1986年版,第94页。

⑤ (南宋)朱熹:《孟子纲领》,《朱子全书》第二十四册,上海古籍出版社、安徽教育出版社2010年版,第3584页。

情、该体用者,心也。①

在这些不同论述中,朱子反复使用了"兼""管""该""统"等字眼儿,其意无非是强调心有重要作用,可以兼着性和情,管着性和情。朱子这样讲,是因为在他看来,性虽然本善,但如果不加涵养,也会受到干扰,昏蔽天性,失去本体,发出不好的情。此时需要心发挥作用,保障情不离善的轨道。

将性、情、心联合起来讲,就叫"心统性情":

> 心之全体湛然虚明,万理具足,无一毫私欲之间;其流行该遍,贯乎动静,而妙用又无不在焉。故以其未发而全体者言之,则性也;以其已发而妙用者言之,则情也。然"心统性情",只就浑沦一物之中,指其已发、未发而为言尔;非是性是一个地头,心是一个地头,情又是一个地头,如此悬隔也。②

心之全体,万理具足,此为性。其流行该遍,贯乎动静,此为情。未发而全体者为性,已发而妙用者为情。既是已发,则有善恶之分。心一边包着性,一边包着情,构成一个整体。这个整体的架构概括言之即为"心统性情"。这一重要表述中除一个"统"字外,涉及心、性、情三个概念。这些概念内涵丰富,涉及问题既多又深。以下分别对这三个概念的内涵及其得失进行分析。

第三节 朱子性论之得与失

一、"性即理"与天理的实体化

上面讲了,二程对儒学发展最大的贡献,是创立了以天理为核心的新范式,他们的很多论述都是在这个背景下展开的。伊川的"性即理"即是如此。朱子对伊川这一思想予以了极高的评价:

> 伊川说话,如今看来,中间宁无小小不同? 只是大纲统体说得极善。

---

① (南宋)朱熹:《答方宾王》,《朱子全书》第二十三册,上海古籍出版社、安徽教育出版社2010年版,第2660页。

② (南宋)黎靖德编:《朱子语类》卷五,第一册,中华书局1986年版,第94页。

如"性即理"一语,直自孔子后,惟是伊川说得尽。这一句便是千万世说法之根基![1]

伊川学理细处不乏可商榷之处,但大本大纲说得极好。"性即理"是一个典范。这一表述自孔子后,只有伊川说得透,此前没有人这样讲过,实是千万世说法的根基,意义非凡。

伊川虽有天理的观念,也讲"性即理",但没有直接讲"性即理"之"理"就是天理。朱子大大加强了这方面的内容:

> 性者,浑然天理而已。[2]

> "生之谓性",是生下来唤做性底,便有气禀夹杂,便不是理底性了。前辈说甚"性恶"、"善恶混",都是不曾识性。到伊川说"性即理也",无人道得到这处。理便是天理,又那得有恶! 孟子说"性善",便都是说理善;虽有就发处说,然亦就是理之发处说。[3]

朱子在这里直接讲"性者,浑然天理","理便是天理",将"性即理"之"理"规定为"天理",大大强化了"性即理"这一表述的形上意涵。

由此出发,朱子特别重视"继之者善"的说法:

> "继之者善,成之者性。"这个理在天地间时,只是善,无有不善者。生物得来,方始名曰"性"。只是这理,在天则曰"命",在人则曰"性"。[4]

> "继之者善",方是天理流行之初,人物所资以始。"成之者性",则此理各自有个安顿处,故为人为物,或昏或明,方是定。若是未有形质,则此性是天地之理,如何把做人物之性得![5]

继之者善,成之者性,是儒家的老传统。天理高高在上,无有不善,但需要落实在人的身上才有意义。人得到了天理,也就有了善性。得到天理,即为"继",从天理那里得到的部分,即为"性"。

朱子又说:

> 性只是理,万理之总名。此理亦只是天地间公共之理,禀得来便为我

① (南宋)黎靖德编:《朱子语类》卷九十三,第六册,中华书局1986年版,第2360页。
② (南宋)黎靖德编:《朱子语类》卷九十五,第六册,中华书局1986年版,第2427页。
③ (南宋)黎靖德编:《朱子语类》卷九十五,第六册,中华书局1986年版,第2425页。
④ (南宋)黎靖德编:《朱子语类》卷五,第一册,中华书局1986年版,第83页。
⑤ (南宋)黎靖德编:《朱子语类》卷七十四,第五册,中华书局1986年版,第1897页。

所有。天之所命,如朝廷指挥差除人去做官;性如官职,官便有职事。①

　　譬如一条长连底物事,其流行者是天道,人得之者为性。《乾》之"元亨利贞",天道也,人得之则为仁义礼智之性。②

　　盖人之性皆出于天,而天之气化必以五行为用。故仁、义、礼、智、信之性,即水、火、金、木、土之理也。木仁、金义、火礼、水智,各有所主。独土无位而为四行之实,故信亦无位而为四德之实也。③

理是总称,人的性由天理禀赋而来。就像长长的链条,源头是天道,尾处是人性。天之气化需要通过五行来显现,人因此也就有了仁义礼智信之性,而仁义礼智信之性也就是水火金木土之理。

在上面的说法中,理和性都讲到了:理是天理,是一切事物的终极根源,性是天理禀赋在人身上的部分。理和性双讲,保障了儒家道德根据的形上性。也就是说,一旦将道德根据上归到天理,儒家学说便有了可靠的形上保障。朱子非常清醒地意识到这个问题的意义,由此出发其至对孟子也略有微词:

　　孟子不曾推原原头,不曾说上面一截,只是说"成之者性"也。④

　　孟子亦只是大概说性善。至于性之所以善处,也少得说。须是如说"一阴一阳之谓道,继之者善也,成之者性也"处,方是说性与天道尔。⑤

学问必须推至源头,必须说到一阴一阳之谓道,继之者善,成之者性,才算到家,才算完满。孟子只强调人人都有良心善性,只说成之者性,没有多讲继之者善,不大关注终极源头,即所谓"不曾说上面一截""至于性之所以善处,也少得说"。这便是不足。朱子接续伊川"性即理"的话头,大讲天理,就是要补齐"上面一截",弥补孟子思想的不足,将儒家学理的形上根据夯实。

因是之故,朱子以"性即理"确定儒家学理的形上根据,特别突出一个"实"字,要求这个形上根据一定是实的:

　　当初释迦为太子时,出游,见生老病死苦,遂厌恶之,入雪山修行。从

――――――――――

① (南宋)黎靖德编:《朱子语类》卷一百一十七,第七册,中华书局1986年版,第2816页。

② (南宋)黎靖德编:《朱子语类》卷二十八,第二册,中华书局1986年版,第725页。

③ (南宋)朱熹:《答方宾王》,《朱子全书》第二十三册,上海古籍出版社、安徽教育出版社2010年版,第2658—2659页。

④ (南宋)黎靖德编:《朱子语类》卷四,第一册,中华书局1986年版,第70页。

⑤ (南宋)黎靖德编:《朱子语类》卷二十八,第二册,中华书局1986年版,第726页。

上一念,便一切作空看,惟恐割弃之不猛,屏除之不尽。吾儒却不然。盖见得无一物不具此理,无一理可违于物。佛说万理俱空,吾儒说万理俱实。从此一差,方有公私、义利之不同。①

盖如吾儒之言,则性之本体便只是仁义礼智之实。如老佛之言,则先有个虚空底性,后方旋生此四者出来;不然亦说性是一个空虚底物,里面包得四者。令人却为不曾晓得自家道理,只见它说得熟,故如此不能无疑。又才见此四者为性之体,便疑实有此四块之物磊块其间,皆是错看了也。②

释迦牟尼创立佛教,源于对于苦的思考,遂提出了空的观念。儒家与之不同,其学理完全建立在实的基础上。"吾儒说万理俱实""只是仁义礼智之实",这里多次出现的"实"字,意在表明理是实的,不是虚的、空的。无一物不具此理,无一人不具此理。因为理是实的,是一个实体,所以人的道德才是实的,才能成德成善。朱子借助这种做法保障了儒家学理的形上性,天理实体化由此成为了其学理的核心特征。③

二、天理实体化引出的两个问题及其历史影响

朱子天理实体化的做法固然保障了儒家学理的形上性,但在理论上也引出了诸多麻烦,其中之一便是理气先后的问题。在朱子学理系统中,理是最高的形上根据,但理的落实离不开气。理是形而上之道,是生物的资本;气是形而下之器,是生物的形具。人和物一定要禀得此理,才能有其性,一定要禀得

---

① (南宋)黎靖德编:《朱子语类》卷十七,第二册,中华书局1986年版,第380页。

② (南宋)朱熹:《答林德久》,《朱子全书》第二十三册,上海古籍出版社、安徽教育出版社2010年版,第2935页。

③ 牟宗三关于朱子之天理是实还是虚的论述需要细加分析。他说:"就此超越的实体说,此实体(道、天道、天命流行之体)究竟还有'心'之义否? 此'心'之义是实说的实体性的心,非虚说的虚位字之心。当朱子说'天地之心',以及说'人物之生又得夫天地之心以为心'时,此心字是实说。但在天地处,此实说之心却又为其分解的思考弄成虚脱了。无心是化之自然义,有心是理之定然义。心融解于化之自然义,固已无心之义,即融解于理之定然义之'有心',心被吞没于理,心成虚说,亦无心义。是以在朱子,超越的实体只成理,而心义与神义俱虚脱。"(牟宗三:《心体与性体》第三册,《牟宗三先生全集》第7卷,台湾联合报系文化基金会、联经出版事业公司2003年版,第289页。)细读原文可知,牟宗三不否认朱子的天理是"超越的实体",只是批评在其天理中没有实体性的心,心成了虚位字,失去了活动性。一个是天理本身是不是实体,一个是天理中有没有心义,能不能活动,这是两个不同的问题,不能因为没有心义不能活动而认定朱子的天理不是实体。

此气,才能有其形。既然既有理又有气,在理论上便有一个谁先谁后的问题。朱子强调,就此而言,只能说理在先气在后:

> 所谓理与气,此决是二物。但在物上看,则二物浑沦,不可分开各在一处,然不害二物之各为一物也;若在理上看,则未有物而已有物之理,然亦但有其理而已,未尝实有是物也。大凡看此等处须认得分明,又兼始终,方是不错。①

> 或问:"必有是理,然后有是气,如何?"曰:"此本无先后之可言。然必欲推其所从来,则须说先有是理。然理又非别为一物,即存乎是气之中;无是气,则是理亦无挂搭处。"②

理和气的性质不同。在各个具体物上,既有理又有气,二者不可分离。但如果从理上看,在没有具体物之前,一定先有理。先有的这个理尚不是具体有形之物,但理一定是存在的。朱子反复讲,理气原则上无先后可言,但如果一定要分先后,只能说理先而气后,即所谓"然必欲推其所从来,则须说先有是理"。朱子再三强调,这样讲并不是说理是另外一个不同之物,理就在气中,离了气,理没有挂搭处,然而究极而论,最后的结论也只能是理先气后。

理气先后是朱子学理中的重要问题,《朱子语类》卷一讨论的就是这个问题,相关论述极多:

> 问:"先有理抑先有气?"曰:"理未尝离乎气。然理形而上者,气形而下者。自形而上下言,岂无先后! 理无形,气便粗,有渣滓。"③

> 问:"有是理便有是气,似不可分先后?"曰:"要之,也先有理。只不可说是今日有是理,明日却有是气,也须有先后。且如万一山河大地都陷了,毕竟理却只在这里。"④

朱子讲理先气后有其逻辑上的考量。既然理是事物的形上根源,那么就一定不能认为气先理后,也不能认为理气同时在先,而必须承认理在先,气在后。否则,将理作为事物形上根源在逻辑上就立不住了。

---

①　(南宋)朱熹:《答刘叔文》,《朱子全书》第二十二册,上海古籍出版社、安徽教育出版社2010年版,第2146页。

②　(南宋)黎靖德编:《朱子语类》卷一,第一册,中华书局1986年版,第3页。

③　(南宋)黎靖德编:《朱子语类》卷一,第一册,中华书局1986年版,第3页。

④　(南宋)黎靖德编:《朱子语类》卷一,第一册,中华书局1986年版,第4页。

朱子这一思想生前就有不同的理解,学生不断提问,朱子也不得不反复作出说明。朱子殁后,更是受到持气论立场学者的广泛批评。罗钦顺认为:

> 盖通天地,亘古今,无非一气而已。气本一也,而一动一静,一往一来,一阖一辟,一升一降,循环无已。①

王廷相亦指出:

> 天地之间,一气生生,而常而变,万有不齐,故气一则理一,气万则理万。世儒专言理一而遗万,偏矣。天有天之理,地有地之理,人有人之理,物有物之理,幽有幽之理,明有明之理,各各差别。统而言之,皆气之化,大德敦厚,本始一源也。②

在气论学者看来,气是万事万物的总根源,天地古今,无非是气。气是本是一,世间所有的变化,动静往来,阖辟升降,包括人伦日用,事物成败,皆源于气。理不是另有一物,必须附于气而立,附于气而行,离了气既无物,更无理。气有发展,所以理有变化,气有不同,所以理有差异。世界上根本没有一个统而为一的理,那种以天理解说宇宙万物,作为宇宙万物总根源的说法,实为大误。

理的固化,是天理实体化引出的另一个问题。先秦儒学讲道德不直接从天理的角度进入,其学说固然有其不足,但总的看鸢飞鱼跃,充满生机,并不死板。宋代之后,儒学提出了天理的概念,大大提升了儒家学理的形上性,但也带来了天理固化的问题。"天不变,道亦不变"是中国人普遍认可的观念。天不变,天理自然不变。于是,天理成了那个绝对者,那个固态的存在。这个变化对儒学发展造成了极大的负面影响。社会生活不断变化,生生不息,道德原则也应随之不断调整改变。如果天理固化了,成了那个绝对者,不能变化,由此而来的道德原则自然也不能变化,从而使道德行为落后于社会生活,阻碍社会生活的发展。

这个问题随着时间的推移显得越来越严重,清代戴震批评儒学"以理杀人"就是由此而来的:

> 尊者以理责卑,长者以理责幼,贵者以理责贱,虽失,谓之顺;卑者、幼者、贱者以理争之,虽得,谓之逆。于是下之人不能以天下之同情、天下所

---

① (明)罗钦顺:《困知记》,中华书局 2013 年版,第 5—6 页。
② (明)王廷相:《王廷相集》,中华书局 1989 年版,第 848 页。

同欲达之于上;上以理责其下,而在下之罪,人人不胜指数。人死于法,犹有怜之者;死于理,其谁怜之!①

在戴震看来,理高高在上,是尊者、长者、贵者的特权,是卑者、幼者、贱者的"桎梏"。如果人违反法律而被处罚,尚可得到同情,如果因理而死,则无人怜悯。戴震对宋明理学的这种批判在当时引起了强烈的反弹,被批评为"丑詈程朱,底侮董韩",但另一方面也说明了,宋明儒学天理实体化的负面作用在清代已经非常明显了,不容小视。

为了解决这个问题,清儒进而提出了"以礼代理"的主张。凌廷堪利用考据学方法证明"六经无理字",强调凡"理"皆虚,唯"礼"最实。宋明儒学虽然也强调"礼",但更重视"理",从而导致了"礼"与"理"的价值标准的失重。他曾以《礼器》为例讲述这个道理:

> 《礼记·礼器》曰:"礼之以少为贵者,以其内心者也。德产之致也精微,观天下之物,无可以称其德也,如此,则得不以少为贵乎?是故君子慎其独也。"此即《学》、《庸》慎独之正义也。慎独指礼而言。礼之以少为贵,《记》文已言之。然则《学》、《庸》之慎独,皆礼之内心精微可知也。后儒置《礼器》不观,而高言慎独,则与禅家之独坐观空何异?②

依据凌廷堪的理解,"慎独"之说源于《礼记》中的《礼器》,原文为"慎其独"。按照《礼器》,慎独之"慎"是谨慎,"独"是"少",慎独即君子行礼应该谨慎地用少礼体现内心的德性。宋明儒学不考虑《礼器》之原意,将《大学》《中庸》中的"慎独"推衍为人的一种道德修养方法,强调在修身养性中不能自欺其心,不能有丝毫的放松,曲解了经书的原意,距佛家相差不远了。朱子继承伊川思想,大讲"性即理",在加强儒家学理形上性的同时也将道德终极根源固化了,成了那个不变的绝对者,这或许是朱子万万未曾想到的。

虽然明清儒学对宋儒天理实体化的问题提出了严厉批评,但受思维方式的局限,这个问题并没有得到根本性的解决,其影响至今仍在,以至于将天理规定形上实体,以实体化的天理论说人的善性,在当下儒学研究中仍然非常普遍。这里仅以牟宗三为例。牟宗三在《心体与性体》中特别强调,儒家讲的天

---

① (清)戴震:《孟子字义疏证·理》,中华书局1961年版,第10页。
② (清)凌廷堪:《校礼学堂文集》卷十六《慎独格物说》;参见陈居渊:《凌廷堪"慎独格物说"的礼学诠释》,《复旦学报》2009年第2期。

理必须是实的,是一个实体:

> 就统天地万物而为其体言,曰形而上的实体(道体 metaphysical reality),此则是能起宇宙生化之"创造实体"。①

> 此无声无臭之帝、天、天道、天命,既转为道德的、形而上的创生实体,寂感真几(creative reality,creative feeling),则就易之穷神知化以明天道言,此天道之"体"即是"易"。②

这些论述中最值得重视的是"实体"一词,如"形而上的实体""创生实体""形而上的创生实体"。按照这种说法,天、天道是整个宇宙万物的形上根据,这个根据是一个创生实体。这个实体是活动的,不断创生,世界才有意义,人们才有善性。

在《圆善论》中,牟宗三再次重申了这一主张:

> "天"是超越意义的天,是个实位字,即天道之天,天命不已之天,与天爵之天完全不同。天爵之天是个虚位的形容词,落实于仁义忠信上说天爵,说良贵,天即定然义。说天理、天伦亦是如此。说"此天之所与我者"亦是如此,即固有义,凡固有而定然如此者即说为是天——以天形容之。③

天是超越意义的,是实位字。所谓"实位字"意即是实的,不是虚的。天理、天伦以及孟子说的"此天之所与我者",都是这个意思,都是以天形容那个定然如此者。《心体与性体》和《圆善论》分别是牟宗三中期思想和后期思想的重要作品,相隔近二十年,但都强调天或天理是形上实体。可见,将天或天理视为形上实体,是牟宗三一以贯之的思想,未曾有过根本性的变更。④

---

① 牟宗三:《心体与性体》第一册,《牟宗三先生全集》第 5 卷,台湾联合报系文化基金会、联经出版事业公司 2003 年版,第 43 页。

② 牟宗三:《心体与性体》第二册,《牟宗三先生全集》第 6 卷,台湾联合报系文化基金会、联经出版事业公司 2003 年版,第 26 页。

③ 牟宗三:《圆善论》,《牟宗三先生全集》第 22 卷,台湾联合报系文化基金会、联经出版事业公司 2003 年版,第 130 页。

④ 刘述先也是如此。他说:"天道流行,人得之以为性,天德和人的仁义礼智之性有一种互相对应的关系。性和天道的内容则又要通过理的观念来规定。论语性与天道章集注云:性者,人所受之天理。天道者,天理自然之本体。其实一理也。朱子可谓充分发挥了伊川性即理也一路的思想。"(刘述先:《朱子哲学思想的发展与完成》,吉林出版集团有限责任公司 2015 年版,第 200 页。)这里直接将天道、天理规定为本体,对朱子继承伊川"性即理"的思想予以充分的肯定,与牟宗三属于同样的思路。

三、儒家生生伦理学为破除天理实体化所做的努力

"性即理"之"理"果真应该界定为形上实体吗？人的善性果真来自于天理的禀赋吗？这是一个重大学理问题。从语源学的角度看，性字源于生字。古人所说性善，原本即有生而为善的意思。朱子将天理规定为形上实体，目的就是以天理作为万事万物尤其是人的善性的终极源头，从而保障儒家学理的形上性。如果人的善性真的来自于上天的赋予，那么从逻辑上说，天理自然是一个形上实体。然而，本书在分析孟子性善论的过程中分别从良心的来源问题、时间问题、空间问题三个方面分别对这个问题进行了反思，认为将良心视为上天禀赋实为"形上幻相"，进而给出了否定的答案。①

以此为突破口，儒家生生伦理学进一步对善性的来源作出了自己的解读，认为人之所以有善性是因为有良心，而人之所以有良心，一是因为有生长倾向，二是因为有伦理心境。生长倾向是人作为有生命的类的一员天生具有的，是良心之端倪，伦理心境则来自社会生活和智性思维对内心的影响，是良心之主干。生长倾向和伦理心境不能截然分割，生长倾向必然要发展为伦理心境，伦理心境也必须以生长倾向为基础。良心说到底是建基于生长倾向这个平台之上的伦理心境。生长倾向和伦理心境的来源不同，一个是先天，一个是后天，但在面对新的伦理道德问题的时候都已经在了，具有明显的先在性，所不同的仅在于一个是"先天而先在"，一个是"后天而先在"而已。正是这种先在性，保障良心可以成为道德本体。我们通常所说的良心是道德本体，就是在这个意义上讲的。

上述对于善性的解读，对于重新思考道德根据与天的关系具有颠覆性的意义。按照这种解读，人的善性首先来源于生长倾向。如果将天取自然之义的话，生长倾向与这种意义的天有一定关联，因为生长倾向原本就是自

---

①　参见本书第二章第三节"'形上幻相'：从'借天为说'到'认其为真'"（第35—41页）。这个问题之前就有有识之士提出过质疑。谢遐龄曾撰文指出：程朱"性即理"和阳明"心即理"的论断是宋明儒学道德形上学的基础，但"现代人不可能接受这样的说法"，所以"必须从根基处重新阐释"。根据谢遐龄的理解，天理并非源于天命，而是来自客观地存在于文化中的意义世界。这种意义世界也是一种"我"，只不过不是"小我"，而是"大我"而已。（谢遐龄：《"心即理"辨》，《云南大学学报》2008年第4期。）这是一个非常有价值的观点，可惜作者未能给出更为具体的论证，而学界也很少有人能够接受。

然界在长期发展过程中自己长出来的,孟子所说"孩提之童无不知爱其亲"即属此类。因此,我不反对在这个意义上使用"天理"这一概念,但强调在这个意义上讲天理,只是为了凸显生长倾向也是自然的一部分,这个意义的天理,不能主动赋予人以善性,也不是什么形上实体。换言之,即使在自然的意义上讲天理,也只是为了凸显人的善性原本就是自然的,与朱子"性即理"之天理完全不同。更为重要的是,生长倾向只是伦理心境的底子,伦理心境才是善性的主要部分。伦理心境来自社会生活和智性思维对内心的影响,无论是社会生活还是智性思维,与天都没有直接关系,不能理解为上天的赋予。

问题在于,既然善性的主要部分是伦理心境,与天没有直接关系,古人为什么要将善性与天联系在一起并认为是上天的赋予呢?这里的原因非常复杂。为了将这个问题阐述清楚,我分别提出过两个不同的概念,这就是"以德论天"和"以天论德"。周人建立自己的政权后,提出了"皇天无亲,惟德是辅"的说法,以天证明其政权的合法性。"皇天无亲"的"天"仍然带有明显的原始宗教意味。周人把德和天联系起来的做法即为"以德论天"。西周末年,"怨天""疑天"思潮渐起,社会出现了大动荡。在这种思潮的冲击下,天很快走向了衰落。但因为之前天的思想太强大了,此时仍有很强的惯性,并没有完全退出历史舞台,当儒家必须为道德根据寻找形上来源的时候,仍然是人们手中非常有用甚至是唯一可用的思想资源。"性自命出,命自天降"(《性自命出》),"此天之所与我者"(《孟子》),"天命之谓性"(《中庸》),"乾道变化,各正性命"(《易传》),都是沿着这个路线发展的。先秦儒家将道德根据上挂到天上的这种做法即为"以天论德"。①

厘清由"天德论天"到"以天论德"的脉络有助于我们明白这样一个道理:先秦儒家将道德根据归到天上,不过是借用先前强大的思想惯性,以天说事而已,这种天并不是实体。我借用戴震的用语,将这种现象称为"借天为说"。虽然"借天为说"以"借"字开头,只是顺着天论的习惯说事,但因为中国天论的思想传统十分强大,天在各个方面都有巨大的影响,将道德根据归到天上,足以保证人们对此抱有信任的态度,从而大大增强人们的信念,确保相关理论

① 参见本书第二章第三节第二小节"从'借天为说'到'认其为真'"(第36—41页)。

的形上性。为了阐明这个道理,我又引进康德"认其为真"①的说法,强调先秦儒家将道德根据与天联系在一起并不知道它是不是真的,但在当时的背景下宁愿相信它是真的。这些都足以说明,先秦儒家作为道德形上根据的天,只能从信念的角度而不能从实体的角度来理解。简言之,先秦儒家作为人的善性终极根源的天,只是信念,不是实体。②

遗憾的是,宋儒未能准确把握这里的环节,在方法上暗中有了一个重要的转变。孟子将道德根据上挂到天上,是"从下往上说",即从人说到天,这种天不是实体,只是信念,否则必然与当时"怨天""疑天"的时代精神不和。到了宋代,从二程开始直到朱子,则改为了"从上往下说",即从天说到人,首先建立天理的概念,再将天理作为人的善性的终极根源。宋儒之所以这样做,当然与受历史条件所限不能真正了解善性的来源有关,但更为重要的是,面对佛道二教的挑战,不得不急着为儒家学理确定形上根据,而在当时的背景下,这个形上根据只能是天,只能是天理。这个转变影响极为深远,直接决定了天理的实体化。这里的逻辑关系十分清楚:一旦以天或天理作为善性的终极来源,那么这个来源就不可能是虚的,只能是实的。宋儒刻意将天理规定为形上实体,根本原因即在于此。由此可以清楚看出,孟子与宋明儒学讨论道德根据形上来源的思路实不相同。孟子是"从下往上讲",宋明儒学是"从上往下说"。孟子首先讲心,然后顺着先前天论的惯性,将心上挂到天上。这种意义的天只是一种借用,不是实体。宋明儒学则劈头立出一个天理,然后以天理作为形上根据再来讲心。这种意义的天不再只是信念,而转换为了实体。

因为明确意识到二者的差别,儒家生生伦理学对于道德根据与天的关系

---

① 康德认为,就道德理论而言,信念、信仰虽然不是"事实的事",无法加以确证,但可以用"认其为真"的方式来对待它:"这种信念是一种自由的认其为真,不是对于在其上可以为理论上规定性的判断力找到独断的证明的东西,也不是对于我们有责任去维护的东西,而是对于我们为了某种按照自由法则的意图所假定的东西,而认其为真;但毕竟又不是像某种意见那样没有充分的根据,而是被当作在理性中(虽然只是就其实践的运用而言)对于理性的意图来说有充分的根据的;因为没有这种根据,道德的思想境界在违反理论理性对(道德客体的可能性)证明的要求时就不具任何坚定的持存性,而是在实践的命令和理论的怀疑之间摇摆不定的。"([德]康德:《判断力批判》,邓晓芒译、杨祖陶校,人民出版社2002年版,第334页。)

② 参见杨泽波:《信念的还是实体的?——儒家生生伦理学关于德性之天与仁性关系的思考》,《孔子研究》2018年第1期。

的诠释,有意向孟子回归。换言之,这门新学说的出发点不是天,而是人,不是由天说人,而是由人说天,坚决排除把"性即理"之"理"规定为形上实体的可能。这一步转变带来的理论效应是惊人的。前面讲过,朱子"性即理"的思想固然大大强化了道德根据的形上性,但也带来了理气先后和天理固化两个严重问题。如果重新回到孟子的思路,将天视为信念,而不是实体,这两个问题自然也就化解了。这是因为,既然人的善性并非出于天理的禀赋,天理只能从信念的意义来理解,那么道德根据与理气的关系,就必须重新加以考虑,以便将其置于一个更为稳固的基础之上,而不仅仅是为理气关系求得逻辑上的圆满。更为重要的是,既然人的善性并非来自上天的禀赋,而是来自生长倾向和伦理心境,无论是生长倾向还是伦理心境都有明显的时间性和空间性,是一个生生不息的流动过程,由此决定的道德原则也应是不断流动变化的,①那么由天理固化导致的理论弊端,自然也就无处遁身了。

从一定意义上说,儒家生生伦理学与传统的气论有一定的相似性。因为按照这种新的理解,人的道德根据离不开生长倾向,而生长倾向是人作为一种有生命的类在长期的自然发展过程中自己生长出来的,这个过程其实就是气的发展过程。另外,人的现实存在一定会受到社会生活和智性思维的影响,从而使生长倾向发展为伦理心境,究极而论,社会生活和智性思维也离不开气,也是在气的发展过程中衍生出来的。尽管生长倾向和伦理心境都与气有关联,但儒家生生伦理学又不是简单的气论。气论最根本的特点,是不仅以气作为世界的本源,而且以气作为自己学说的起点。儒家生生伦理学虽然重视气的作用,但并不以气作为这门新学说的起点。儒家生生伦理学的逻辑起点不是气,而是内觉。② 气是由内觉这一始发点用智性一点点推出来的,就此而言,儒家生生伦理学与传统气论有原则上的不同。

如此一来,儒家生生伦理学便否定了朱子将"性即理"之"理"规定为形上

---

① 强调道德原则有时间性和空间性,是一个变化的过程,并不会使其落入相对主义的泥潭。因为有时间性和空间性,道德原则一定是变化的,但这种变之中又有不变。如何理解变中有不变,不变中有变,需要有极高的智慧,不易把握,但绝不能因为有这种困难而醉心于天理固化的陈旧模式,甚至在今天仍然执意要回到这条老路上去。

② 参见杨泽波:《儒家生生伦理学引论》第一、二、三章,商务印书馆 2020 年版,第 21—64 页。

实体的做法,为破除天理实体化作出了自己的努力。① 当然,破除天理实体化的工作不仅要从心性论角度进行,更要从宇宙论角度进行,而宇宙论涉及的问题更为复杂,将在后面的论述中具体展开。

第四节　朱子心论之得与失

一、"心者气之精爽者"

在朱子心统性情的架构中,除了性之外,另一个重要因素是心,而又以心为枢要。心是一个中介,一个统领,一头连着上面讲的性,一头连着下面讲的情。在这个基本架构中,性和心都是道德根据,但二者归属不同,性由理讲,心由气讲。钱穆认为:"性属理,心属气,必先明白了朱子之理气论,始能探究朱子之心性论。"②陈来持不同看法,认为要理清这个问题,需要区分两个不同问题:一是朱子是否说过心是气,是否认为心属气;二是后人研究朱子的学理结构,心在逻辑上是否应该纳入气的范畴。他检索了全部《朱文公文集》《朱子语类》,发现没有一条材料直言心即是气的。然而,他似乎也不反对后人根据朱子学理的逻辑关系,将心纳入气的范畴。③ 刘述先的态度则较为和缓,这样写道:

> 朱子讲心性情,最后都得要销融到理气这两个基本概念来了解。性

---

① 最近读到陈乔见《朱子对孟子性善论的"哥白尼倒转"及其伦理学差异》(《杭州师范大学学报》2019 年第 6 期)一文。作者发现孟子与朱子论说思路实有不同:孟子通过不忍、恻隐、羞恶、愉悦等情感体验来指示人心中的善端,朱子则一变而从天理之善论定人性之善。朱子性善论自有其极高之价值与意义,但孟子性善论较少形而上学的预设,更为融贯一致。"时过境迁,如今,这种超越性的本体论或本体意识是否还具有七八百年前那样的震慑力和吸引力,恐怕无需多言,而且,如前述,所谓超验性其实是从经验中所提取;或如前引徐复观所言:'超经验的特性,依然是由经验之心所认取。'本着'奥卡姆剃刀'的'如无必要,毋增实体'的哲学理论建构原则,如果我们无需预设一形而上学的实体就能很好地解释性善与伦理之根基,那么,笔者以为,回到孟子性善论似更为平实可取。"这种观点再次证明,检讨宋儒以天论性思路的合理性,是一个重要的理论问题,也是一个必然的趋势。

② 钱穆:《朱子新学案》(上),巴蜀书社 1986 年版,第 31 页。

③ 陈来:《朱子哲学中"心"的概念》,曾振宇主编:《国际孔孟学刊》第一辑,社会科学文献出版社 2018 年版。

是理,情才是气,这不成问题,心的地位又是如何呢? 就其为一经验实然之心而言,心肯定是气,因为在朱子的思想中,理不能有作为,而心有作为,故心不可能是理。但心是气所形成的一样极其特殊的东西。心具众理,也即心的知是以理为内容。同时心又有主宰义。从这个角度说来,心又可以说为理与气之间的桥梁。但这当然是一较松弛的说法,因为心本身属气,若理气之间真有一桥梁,应为一不同于理气之第三者,但朱子的着眼点是,只有心能够依理御气,此地所言之气显指气之粗重者而言,朱子的意思并非不可晓,故我们可以不必以词害意……①

朱子学理有一个理气两分的总体格局。在这个格局中,性属于理,情和才属于气,这是非常明确的。不管是否有朱子原文的支持,将朱子的心归属于气,不会有原则上的不当。

心虽然属于气,但又不是一般的气,而是一种灵的气。《朱子语类》卷五这方面的论述非常多:

> 问:"灵处是心,抑是性?"曰:"灵处只是心,不是性。性只理。"

> 问:"知觉是心之灵固如此,抑气之为邪?"曰:"不专是气,是先有知觉之理。理未知觉,气聚成形,理与气合,便能知觉。"

> 所觉者,心之理也;能觉者,气之灵也。

> 心者气之精爽。②

这些不同说法都是一个意思:心是气之灵、气之精爽。这种灵的气,精爽的气与其他气之所以不同,就在于它有知觉。

朱子讲心为气之灵,主要是强调心有知觉,以凸显认知的重要:

> 圣贤所谓博学,无所不学也。自吾身所谓大经、大本,以至天下之事事物物,甚而一字半字之义,莫不在所当穷,而未始有不消理会者。虽曰不能尽究,然亦只得随吾聪明力量理会将去,久久须有所至,岂不胜全不理会者乎! 若截然不理会者,虽物过乎前,不识其名,彼亦不管,岂穷理之学哉!③

---

① 刘述先:《朱子哲学思想的发展与完成》,吉林出版集团有限责任公司 2015 年版,第 225—226 页。

② (南宋)黎靖德编:《朱子语类》卷五,第一册,中华书局 1986 年版,第 85 页。

③ (南宋)黎靖德编:《朱子语类》卷六十四,第四册,中华书局 1986 年版,第 1589 页。

这个道理，精粗小大，上下四方，一齐要着到，四边合围起理会，莫令有些子走透。少间方从一边理会得，些小有个见处，有个入头处。若只靠一边去理会，少间便偏估了，寻捉那物事不得。①

圣贤无所不学。近至自身之道德根据，远至天下之事事物物，都在当穷之列。人的力量虽然有限，但用自己的力量去穷，时间长了，总会有所得。"随吾聪明力量理会将去，久久须有所至"言此最明。与此相关的思想，即为认知，亦即"穷理之学"。

在朱子学理中，穷理之学又称为"格物致知"，在答江德功的信中，朱子对这一思想有详尽的说明：

> 格物之说，程子论之详矣。而其所谓"格，至也，格物而至于物，则物理尽"者，意句俱到，不可移易。熹之谬说，实本其意，然亦非苟同之也。盖自十五六时知读是书，而不晓格物之义，往来于心，余三十年。近岁就实用功处求之，而参以他经传记，内外本末，反复证验，乃知此说之的当，恐未易以一朝卒然立说破也。夫"天生蒸民，有物有则"，物者形也，则者理也，形者所谓形而下者也，理者所谓形而上者也。人之生也固不能无是物矣，而不明其物之理，则无以顺性命之正而处事物之当，故必即物以求之。知求其理矣，而不至夫物之极，则物之理有未穷，而吾之知亦未尽，故必至其极而后已，此所谓"格物而至于物，则物理尽"者也。②

朱子自述，二程格物致知之说不易把握，他十五六岁起便用心于此，三十多年后方真正了解其义。天生万物，有其形，亦有其理。形为形而下，理为形而上。人之生不能离开物，必须明其理，否则不可能顺性命之理将事物处理妥当。明理不能浅尝辄止，必须达至其极而后已。这就叫作"格物而至于物则物理尽者也"。

如何理解朱子格物致知的思想，历史上一直多有争议。一段时间以来，受西方文化的冲击，有人提出，朱子格物致知的思想已经接近了西方的科学主义。近年来，学界已经改变了这种看法，认识到朱子格物致知的重点不是科学问题，而是道德问题，切不可将其理解为科学认识论。虽然有了这种进步，但

---

① （南宋）黎靖德编：《朱子语类》卷一一六，第七册，中华书局1986年版，第2802—2803页。

② （南宋）朱熹：《答江德功》，《朱子全书》第二十二册，上海古籍出版社、安徽教育出版社2010年版，第2037—2038页。

朱子在道德意义上讲的认知,其确切含义为何,理论意义为何,仍然不够清楚,有待深入挖掘。

二、透过三分法看"因其已知之理而益穷之"的重大意义

从学理背景看,朱子重视格物致知,直接原因是不赞成湖湘之学的主张。① 五峰是湖湘之学的重要代表,其《知言》中有"心以成性"的说法。朱子不以为然,反驳说:

> 《大学》之序言之,则尽心知性者,致知格物之事;存心养性者,诚意正心之事;而夭寿不贰,修身以俟之者,修身以下之事也。此其次序甚明,皆学者之事也。然程子"尽心知性不假存养,其唯圣人乎"者,盖惟圣人则合下尽得此体,而用处自然无所不尽,中间更不须下存养扩充节次功夫。然程子之意,亦指夫始条理者而为言,非便以尽心二字就功用上说也。今观此书之言尽心,大抵皆就功用上说,又便以为圣人之事,窃疑未安。②

在朱子看来,《大学》讲学次第分明,首先是格物致知,其次是诚意正心,再次是修身齐家治国平天下。圣人智慧高,可以不依此而行,但一般人必须遵循这个顺序。五峰《知言》"心以成性"之说破坏了这个次第,问题很多。要做好学问必须按照大学的路子走,先从格物致知做起。

在与吕祖谦的信中,朱子又从小学与大学之分的角度阐发这个道理:

> 然窃意此等名义,古人之教,自其小学之时已有白直分明训说,而未有后世许多浅陋玄空、上下走作之弊,故其学者亦晓然知得如此名字,但是如此道理,不可不着实践履。所以圣门学者皆以求仁为务,盖皆已略晓

----

① 曾亦特别强调朱子与湖湘学人交往的重要性,指出:"朱子与湖湘学者的交往,不论对于朱子本人,还是对于湖湘学者,都具有极其重要的意义。就朱子本人而言,南渡初湖湘学术的显赫地位及朱子一生中主要时间与湖湘学者的交往,对朱子思想的形成与发展的影响都是不可忽视的。而对湖湘学者而言,正是出于对朱子批评的回应,从而对五峰学术作了进一步的阐发。这种阐发使湖湘学术之性格得以充分凸显出来,也使湖湘学术得到进一步发展。""后人撇开湖湘之学,而仅从朱陆之争去考察朱子之学术性格,其差谬不言自明矣。"(曾亦:《本体与工夫——湖湘学派研究》,上海人民出版社2007年版,第196、325页。)

② (南宋)朱熹:《胡子知言疑义》,《朱子全书》第二十四册,上海古籍出版社、安徽教育出版社2010年版,第3555—3556页。

其名义,而求实造其地位也。若似今人茫然理会不得,则其所汲汲以求者,乃平生所不识之物,复何所向望爱说而知所以用其力邪?①

朱子对当时人们只讲反求,不重学习的风气非常不满,认为这不合古人教学之法。古人教学自其小学开始,即重白直分明训说,不像当时很多人那样浅陋玄空、上下走作。如果这种风气不加克治,谈何用力成德。

在答吴晦叔的信中朱子重申了这一主张:

> 盖古人之教,自其孩幼而教之以孝悌诚敬之实;及其少长,而博之以《诗》《书》《礼》《乐》之文,皆所以使之即夫一事一物之间,各有以知其义理之所在,而致涵养践履之功也。(此小学之事,知之浅而行之小者也。)及其十五成童,学于大学,则其洒扫应对之间、礼乐射御之际,所以涵养践履者略已小成矣。于是不离乎此而教之以格物以致其知焉。致知云者,因其所已知者推而致之,以及其所未知者而极其至也。是必至于举天地万物之理而一以贯之,然后为知之至。而所谓诚意、正心、修身、齐家、治国、平天下者,至是而无所不尽其道焉。(此大学之道,知之深而行之大者也。)②

古人教学,孩幼时教之以孝悌诚敬,稍大一点,博之以《诗》《书》《礼》《乐》,这些都是小学之事,知之浅而行之小。到了15岁,对于洒扫应对、礼乐射御,已较为熟悉,略有小成,再进至大学,教之格物、致知、诚意、正心、修身、齐家、治国、平天下,以尽道之大全。此为大学,知之深而行之大。

朱子《大学章句》始终贯穿这一精神,其《序》言:

> 三代之隆,其法浸备,然后王宫、国都以及闾巷,莫不有学。人生八岁,则自王公以下,至于庶人之子弟,皆入小学,而教之以洒扫、应对、进退之节,礼乐、射御、书数之文;及其十有五年,则自天子之元子、众子,以至公、卿、大夫、元士之适子,与凡民之俊秀,皆入大学,而教之以穷理、正心、修己、治人之道。此又学校之教、大小之节所以分也。③

---

① (南宋)朱熹:《答吕伯恭》,《朱子全书》第二十一册,上海古籍出版社、安徽教育出版社2010年版,第1442—1443页。

② (南宋)朱熹:《答吴晦叔》,《朱子全书》第二十二册,上海古籍出版社、安徽教育出版社2010年版,第1914—1915页。

③ (南宋)朱熹:《大学章句序》,《四书章句集注》,中华书局1983年版,第1页。

三代之时,无论是王公还是庶民,莫不有学。人自 8 岁开始,即入小学,学以洒扫应对进退之节,礼乐射御书数之文。到了 15 岁,又进大学,学习穷理正心、修己治人之道。小学大学之别,不可不知。①

朱子这一思想最精辟的表述,莫过于"格物致知补传":

> 所谓致知在格物者,言欲致吾之知,在即物而穷其理也。盖人心之灵莫不有知,而天下之物莫不有理,惟于理有未穷,故其知有不尽也。是以《大学》始教,必使学者即凡天下之物,莫不因其已知之理而益穷之,以求至乎其极。至于用力之久,而一旦豁然贯通焉,则众物之表里精粗无不到,而吾心之全体大用无不明矣。此谓物格,此谓知之至也。②

"补传"凡 134 字,用字精炼,内涵深刻,除最后一句是结语外,可细分四层意思。其一,"所谓致知在格物者,言欲致吾之知,在即物而穷其理也",这是对格物致知的总说明,意在指明,格物致知就是要即物而穷其理。其二,"盖人心之灵莫不有知,而天下之物莫不有理,惟于理有未穷,故其知有不尽也",这是说人心皆有知,天下之物皆有理,理没有穷尽,认知不可终止。其三,"是以大学始教,必使学者即凡天下之物,莫不因其已知之理而益穷之,以求至乎其极",这是说大学教人,旨在使人明白,凡天下之物,都必须"因其已知之理而益穷之",最终达至其极。其四,"至于用力之久,而一旦豁然贯通,则众物之表理精粗无不到,而吾心之全体大用无不明矣",这是说格物致知必须用力持久,用力久了,便会豁然贯通。这四层意思中,第二层和第三层尤为重要。第二层意思是说,人心都有认知的能力,可以认识万物,这是朱子一贯

---

① 郭晓东十分关注朱子小学大学之分的思想,指出,在朱子学理系统中,格物工夫须以其"端绪"为前提,此"端绪"即本心之体的发见处。此"端绪"非本能呈现,有赖于小学涵养履践工夫的培养。小学与大学工夫相辅相成,无小学则大学工夫无根本,无大学则小学工夫难以圆满。(参见郭晓东:《因小学之成以进手大学之始:浅谈朱子之"小学"对于理解其〈大学〉工夫的意义》,《中国哲学史》2019 年第 4 期。)与之不同,曾亦特别重视下学与上达的区别,认为"朱子主敬是一种静时的存养功夫,其目的是要在事至物来时,使情之发而中节,是以朱子言静或敬,只具有一种下学的意义。湖湘学者则不同,强调要在'动中见静',在动中去体会天地之心,是以静为上达本体之功夫也。"(曾亦:《本体与工夫——湖湘学派研究》,上海人民出版社 2007 年版,第 176 页。)这些看法都有所见,值得重视,而与其不同之处在于,我不再只谈小学与大学、下学与上达之分,而是进一步将其纳入三分法仁性和智性的系统之中加以分析,认为这可能是更有潜力的方向。

② (南宋)朱熹:《四书章句集注》,中华书局 1983 年版,第 6—7 页。

的思想,自不成问题。特别需要关注的是第三层意思,在这里朱子增加了一个重要的内容,这就是"莫不因其已知之理而益穷之"。朱子这一说法旨在阐明这样一个道理:人心之中早就有了"已知之理",格物致知是对这些"已知之理"进一步加以认识,不断穷尽,以达至其极。由此说来,在朱子看来,"人心之灵莫不有知"的认识过程,必须先承认心中有一个"已知之理",只是这个"已知之理"还不足够,还要对其加以更深的认识,即所谓"益穷之"。换言之,朱子完全看到了心中有"已知之理",但并没有止步于此,而是要求在此基础上对其加以进一步的认识,最终达到"众物之表理精粗无不到""吾心之全体大用无不明"的程度。

这种理解在朱子文本中可以找到很多材料作为支撑,《语类》云:

> 人谁无知?为子知孝,为父知慈。只是知不尽,须是要知得透底。且如一穴之光,也唤做光,然逐旋开划得大,则其光愈大。物皆有理,人亦知其理,如当慈孝之类,只是格不尽。但物格于彼,则知尽于此矣。①

> 凡人各有个见识,不可谓他全不知。如"孩提之童,无不知爱其亲;及其长也,无不知敬其兄",以至善恶是非之际,亦甚分晓。但不推致充广,故其见识终只如此。须是因此端绪从而穷格之。未见端倪发见之时,且得恭敬涵养;有个端倪发见,直是穷格去。亦不是凿空寻事物去格也。②

人原本就有知,为子知孝,为父知慈,孩提之童知爱其亲。但只此不够,还必须推致充广,对其加以再认识。恰如一穴之光也是光,但需要将其打开,将光全部透出来。换言之,格物致知必须有个端倪发见处,这个端倪发见处,就是自己原有的那个知。顺着这个知进一步寻其理,是格物致知最重要的道理。

又如:

> "大学之道,在明明德",谓人合下便有此明德。虽为物欲掩蔽,然这些明底道理未尝泯绝。须从明处渐渐推将去,穷到是处,吾心亦自有准则。穷理之初,如攻坚物,必寻其罅隙可入之处,乃从而击之,则用力为不

---

① (南宋)黎靖德编:《朱子语类》卷十七,第一册,中华书局1986年版,第291页。
② (南宋)黎靖德编:《朱子语类》卷十七,第二册,中华书局1986年版,第403页。

难矣。孟子论四端，便各自有个柄靶，仁义礼智皆有头绪可寻。即其所发之端，而求其可见之体，莫非可穷之理也。①

"大学之道，在明明德"，这个说法本身即意味着人原本就有"明德"，尽管有时被物欲遮蔽了，但"明德"并未泯灭，始终都在。为学最重要的，是顺着这些"明德"推出去，一直推到不能推的边界为止。

又如：

> 凡看道理，须要穷个根源来处。如为人父，如何便止于慈？为人子，如何便止于孝？为人君，为人臣，如何便止于仁，止于敬？如论孝，须穷个孝根原来处；论慈，须穷个慈根原来处。仁敬亦然。凡道理皆从根原处来穷究，方见得确定，不可只道我操修践履便了。多见士人有谨守资质好者，此固是好。及到讲论义理，便偏执己见，自立一般门户，移转不得，又大可虑。②

朱子特别强调，道理须要穷到根原处。恰如为人父不能止于慈，为人子不能止于孝，为人君，为人臣，不能止于仁，止于敬，一切都要穷到"根原来处"。而格物致知的根本目的是要对父慈子孝这些"已知之理"进行再认识。

又如：

> 万理虽具于吾心，还使教他知，始得。今人有个心在这里，只是不曾使他去知许多道理。少间遇事做得一边，又不知那一边；见得东，遗却西。少间只成私意，皆不能尽道理。尽得此心者，洞然光明，事事物物无有不合道理。③

> 如知得君之仁，臣之敬，子之孝，父之慈，是知此事也；又知得君之所以仁，臣之所以敬，父之所以慈，子之所以孝，是觉此理也。④

朱子强调，万理具于心中，这只是一个开头，还必须对其有所知，了解背后的许多道理。平日遇事接物，往往只是暗中去做，不明白其间的道理。必须再往前走一步，对心中的这些道理加以再认知，以使事事物物皆合道理。且如君之仁，臣之敬，子之孝，父之慈，这些人们都知道，但这只是"知此事"，还必须

---

① （南宋）黎靖德编：《朱子语类》卷十五，第一册，中华书局 1986 年版，第 289 页。
② （南宋）黎靖德编：《朱子语类》卷一百一十七，第七册，中华书局 1986 年版，第 2815 页。
③ （南宋）黎靖德编：《朱子语类》卷六十，第四册，中华书局 1986 年版，第 1425 页。
④ （南宋）黎靖德编：《朱子语类》卷十七，第二册，中华书局 1986 年版，第 383—384 页。

对其进一步认识,以了解君之所以仁,臣之所以敬,父之所以慈,子所以孝,即所谓"觉此理",才算达到完备。

由此说来,朱子论格物致知,当然包括一般性的学习认知,即我所说的"外识"。这种意义的学习认知,早在孔子讲学礼学乐学诗时就已经确定了。其后荀子的"学不可以已""虚壹而静""知道、守道"坚守的也是这个方向。朱子同样非常重视这个问题,相关论述非常多,内容明确,争论较少。但需要注意,除此之外,朱子还提供了一个新的内容,这就是对心中"已知之理"加以再认识。如上面所引的材料,人心无不有知,为君而知仁,为臣而知敬,为子而知孝,为父而知慈,但成德成善不能满足于此,还必须对这些"知"背后的道理有所了解。为君而知仁,为臣而知敬,为子而知孝,为父而知慈,是其"然",了解为君而知仁,为臣而知敬,为子而知孝,为父而知慈背后的道理,是其"所以然"。为学不能止步于"然",必须进至"所以然"。因此,朱子反复强调,对事物不能只是粗知一二,否则充其量只能成为乡曲之常人。只有按照《大学》格物致知正心诚意的路线发展,忠恕孝悌才是活物。"格物致知补传"中"因其已知之理而益穷之"的表述,极为精练地概括了朱子这一用心,而这一表述也成了打开朱子格物致知思想殿堂大门的钥匙。

我特别重视朱子"因其已知之理而益穷之"之说,对其详加诠释,与儒家生生伦理学对于道德根据的理解有关。儒家生生伦理学与时下儒学研究的一个很大的不同,是不再笼统以理性作为道德根据,而是将其划分为仁性和智性两个部分,由此建成了三分法。既然道德根据既有仁性又有智性,围绕二者的辩证关系,就有希望做成一篇极有趣的大文章。① 仁性即是通常所说的道德本体,最大的特点是具有先在性,遇事必然呈现,为人们提供是非标准,加之人有内觉的能力,可以知道这种呈现,从而了解何者为是,何者为非。仁性虽然可以觉知自己,但因为思维方式是直觉,是遮诠,是非分别说,是负的方法,不具有逻辑的能力,所以不能对自身加以再认识。智性就不同了。智性的思维方式是逻辑,是表诠,是分别说,是正的方法,借助逻辑的力量可以对仁性加以追问,以了解其来源、性质、特征,甚至检查其合理性,一旦发现不够合理,还可以对其加以调整,使之归为合理。这种情况就是我反复强调的"内识"。"因

---

① 参见杨泽波:《儒家生生伦理学引论》"辩证篇",商务印书馆 2020 年版,第 227—328 页。

其已知之理而益穷之"这一表述实际上已经包含了这层意思。"已知之理"是我们心中早已存在的理,这种早已存在即是一种先在性,而能够具有这种先在性的只能是仁性,不能是智性。因为仁性只能发现自己,不能认识自己,只有智性才能担负这项工作,所以"益穷之"的主体只能是智性。由此可以明白,从三分法角度看,"已知之理"是仁性,"益穷之"是智性的再认识,"因其已知之理而益穷之"即是运用智性对仁性加以再认识。运用智性对仁性加以再认识,最重要的价值是可以保证整个学说处于开放状态,始终向未来敞开,而不是把自己拘死在一个狭小的范围之内。在儒学发展史上,这个道理是朱子第一次提出来的,意义非凡。但因为朱子没有三分法,很难把这个道理真正讲清楚,历史上人们也很难真正了解这一思想的重要意义。如今有了三分法,情况有了根本性的改观。三分法是一面宝镜,在它的映照下,朱子相关思想的意义一下就显现了出来,再不会藏在深山无人知了。

这还与如何正确看待儒学是为己之学有关,这个问题前面已有所涉及。①儒学有强烈的践行特点,是为己之学,孔子回答弟子问仁特别重视将其引向自身的体悟,而不是智性的了解,这是明显的事实。然而,这并不是儒学的全部。从道德哲学的角度看,人成德成善当然首先要通过生命体验找到自己作为道德根据的仁性,并按照它的要求去做,为己而非为人。但我们不能止步于此,因为这还只是知其"然",而未达到知其"所以然",要知其"所以然",必须动用智性对自己的道德根据加以再认识,而这样做是为了更好地为己。更为重要的是,仁性并非人们想象的那样神秘,也会出现问题。要防止这种情况,唯一有效的办法,就是动用智性对仁性再认识,以了解其来源、性质、特点,必要时对其加以调整。哲学的使命是对一切问题做刨根问底的追问,问到不能问的那一点为止。如果只满足于成己之学,不对仁性做刨根问底的追问,不能达到哲学的高度,在特殊情况下,仁性很可能会将自己带偏。孔子之时这些问题尚不突出,但随着历史的发展,其重要性逐渐显现了出来。朱子"因其已知之理而益穷之"的重要表述,反映的正是这个问题。以儒学是为己之学为由,不对仁性做哲学式的追问,绝非究竟之法。正因于此,我带学生除了要求他们首先通过生命体验找到自己的良心,体验到自己体内充满活力的道德根据,即所

---

① 参见本书第三章第一节第二小节"为什么要对良心加以新的解读"(第24—25页)。

谓"体悟何为良心"①之外，还要求他们"明白何谓良心"，也就是进一步从理论上真正了解良心的来源、性质、长处、短处等等，对其有哲学层面的理解。"体悟何为良心"是起步，是入其门，"明白何谓良心"为终点，是达其成。学习和研究儒学当依此而行，缺一不可，切不可因为儒学是为己之学，只做第一步，不做第二步。

三、透过三分法看朱子反对"以心识心"的深层原因

当然，朱子格物致知的思想也有缺陷，其中尤为重要的是其不承认人可以"以心识心"。"以心识心"的思想渊源可以上溯到明道。前面多次讲过，"学者须先识仁"是明道的重要思想。在明道看来，成德必须首先识仁，识得了仁，以诚敬存之，不须防检，不须穷索，即可成德成善。湖湘学者尤其重视识仁，就是由此而来的。五峰《知言》记载：

> 彪居正问："心无穷者也，孟子何以言尽其心？"曰："惟仁者能尽其心。"居正问为仁，曰："欲为仁，必先识仁之体。"曰："其体如何？"曰："仁之道，弘大而亲切，知者可以一言尽，不知者虽设千万言，亦不知也。能者可以一事举，不能者虽指千万事，亦不能也。"

> 他日，某问曰："人之所以不仁者，以放其良心也。以放心求心，可乎？"曰："齐王见牛而不忍杀，此良心之苗裔因利欲之间而见者也。一有见焉，操而存之，存而养之，养而充之，以至于大。大而不已，与天同矣，此心在人，其发见之端不同，要在识之而已。"②

五峰接续明道的思路，强调成德最重要的是"先识仁体"。这步工作说容易也容易，说艰难也艰难。良心在人，操则存，舍则失，遇事必然发见。在良心发见处加以察识，是成德的首要工作。明白个中道理，可一言而尽，不明白个中道理，讲再多也没有用处。

然而，朱子不同意这种理解，指出：

> "欲为仁，必先识仁之体"，此语大可疑。观孔子答门人问为仁者多

---

① 参见本书第五章第三节第一小节"明道开启了心学的方向"（第194—197页）。
② 引自朱熹：《胡子知言疑义》，《朱子全书》第二十四册，上海古籍出版社、安徽教育出版社2010年版，第3560—3561页。

矣,不过以求仁之方告之,使之从事于此而自得焉尔,初不必使先识仁体也。又"以放心求心"之问甚切,而所答者反若支离。夫心操存舍亡,间不容息,知其放而求之,则心在是矣。今于已放之心,不可操而复存者置不复问,乃俟异时见其发于他处而后从而操之,则夫未见之间,此心遂成间断,无复有用功处。及其见而操之,则所操者亦发用之一端耳。于其本源全体,未尝有一日涵养之功,便欲"扩而充之,与天同大"。愚窃恐其无是理也。①

朱子反对"必先识仁之体"这一说法。在他看来,孔子答门人问仁,多告之以求仁之方,一步步具体做起,而不是要求门人先识仁体。"求放心"属于同样道理。操存舍亡,知道心放失了,就应该去求,以了解心就在那里。不能放着这段工夫不做,专等另一个时间心发用了,以讲察识扩充。

《语类》中另一段材料可互为参考:

如湖南五峰多说"人要识心"。心自是个识底,却又把甚底去识此心!且如人眼自是见物,却如何见得眼!故学者只要去其物欲之蔽,此心便明。如有用药以治眼,而后眼明。②

五峰经常教导弟子识心,朱子认为不妥,强调心是认知的途径,怎么能够以这个途径认识自己呢?正确的做法是去除物欲之蔽,果如此,心自然会明。恰如以药治眼,眼疾自然会愈。

由此可知,朱子反对五峰"先识仁体"的说法,关键在于他不认可"以心识心"。在答王子合的信中,他力陈这一主张:

至所谓可识心体者,则终觉有病。盖穷理之学,只是要识如何为是、如何为非,事物之来,无所疑惑耳,非以此心又识一心,然后得为穷理也。③

穷理之学,诚不可以顿进,然必穷之以渐,俟其积累之多而廓然贯通,乃为识大体耳。今以穷理之学不可顿进,而欲先识夫大体,则未知所谓大体果何物耶?……心犹镜也,但无尘垢之蔽,则本体自明,物来能照。今

---

① (南宋)朱熹:《胡子知言疑义》,《朱子全书》第二十四册,上海古籍出版社、安徽教育出版社2010年版,第3561页。

② (南宋)黎靖德编:《朱子语类》卷二十,第二册,中华书局1986年版,第477页。

③ (南宋)朱熹:《答王子合》,《朱子全书》第二十二册,上海古籍出版社、安徽教育出版社2010年版,第2250页。

欲自识此心,是犹欲以镜自照而见夫镜也。既无此理,则非别以一心又识一心而何? 后书所论"欲识端倪,未免助长"者,得之矣;然犹曰"其体不可不识",似未离前日窠臼也。①

此处"以此心又识一心"的说法需要细细思量。在朱子看来,成德必须做好穷理工夫,识得何为是,何为非,而不是以此心识得此心。为学切不可追求顿进,只有逐步积累,然后方可识其大体。当时人们急于先识大体,不重视穷理之学,实有助长之弊,而其弊端即在希望"以一心又识得一心"。

朱子进而将这种"以心识心"的说法与佛教捆在一起,专门撰有《观心说》阐明其依据:

> 或问:佛者有观心说,然乎? 曰:夫心者,人之所以主乎身者也,一而不二者也,为主而不为客者也,命物而不命于物者也。故以心观物,则物之理得。今复有物以反观乎心,则是此心之外复有一心而能管乎此心也。然则所谓心者,为一耶,为二耶? 为主耶,为客耶? 为命物者耶,为命于物者耶? 此亦不待校而审其言之谬矣。②

> 大抵圣人之学,本心以穷理,而顺理以应物,如身使臂,如臂使指,其道夷而通,其居广而安,其理实而行自然。释氏之学,以心求心,以心使心,如口吃口,如目视目,其机危而迫,其途险而塞,其理虚而其势逆。盖其言虽有若相似者,而其实之不同盖如此也。然非夫审思明辨之君子,其亦孰能无惑于斯耶?③

佛家有观心之说,朱子以为不可。在他看来,心是主,不是客。心有认识的功能,以心观物,可以得到物之理。但切不可又以心作为认识的对象,否则以心观心,等于承认心外还有一个心。成德之教最重要的是以心穷理,顺理应物,恰如以身使臂,以臂使指。佛家不然,要求以心求心,以心使心,这种义理如同以口吃口,以目视目,矛盾明显。湖湘学者不明此理,其识仁之说,与佛教之理陷入同一误区,而不自知。

---

①　(南宋)朱熹:《答王子合》,《朱子全书》第二十二册,上海古籍出版社、安徽教育出版社2010年版,第2257页。

②　(南宋)朱熹:《观心说》,《朱子全书》第二十三册,上海古籍出版社、安徽教育出版社2010年版,第3278页。

③　(南宋)朱熹:《观心说》,《朱子全书》第二十三册,上海古籍出版社、安徽教育出版社2010年版,第3279页。

如何看待"以心识心"是一个严肃的话题。在儒家生生伦理学系统中,与成德成善相关的要素有智性、欲性、仁性,其中除欲性外,智性和仁性都是成德的根据。智性负责学习认知,内含外识和内识两项内容。仁性则是孔子之仁,孟子之良心,也就是我说的"伦理心境"。伦理心境建立在生长倾向这个平台上,主要来自社会生活和智性思维对内心的影响。仁性作为一种结晶体,有先在性,遇事一定会呈露自身,表现自己,而仁性同时又有直觉的能力,可以知道自己正在呈露,正在表现。一个是仁性的呈露和表现,一个是仁性对自己有直觉,二者合在一起,共同构成"内觉"这个环节。内觉是一个非常重要的概念,其最大的意义是可以帮助我们明了,仁性完全可以识得自己,体悟自己的存在。识得自己,体悟自己的存在,其思维方式主客为一,能指所指为一。套用佛教的话说就是,手可以指月,也可以指自己,灯可以照别人,也可以照自己。"以心识心"不是佛教的专利,儒家学说同样可以这样讲,只是义理的基础不同而已。遗憾的是,朱子对这个道理不甚了了,以不能以口吃口,以目视目为由,批评湖湘学人以心求心,以心使心,走偏了道路。这种批评问题很大。我一再强调,现实生活中的道德践行不是从读书学习以建构或认识道德原则开始的,而是始于发现自己内心的道德根据。这个活动的主体是仁性,对象也是仁性,两方面合起来就叫"以心识心"。如果按朱子所说不能"以心识心",我们如何发现自己的仁性呢?如果不能发现自己的仁性,道德践行如何具体展开呢?朱子反对"以心识心"明白无误地告诉我们,朱子对于仁性的了解有欠深透,对心学义理的把握比较有限,而这正是朱子反对湖湘之学,学理中仁性部分薄弱,重点落于智性的根本原因。一言以蔽之,不明白仁性的思维方式是直觉,不承认可以"以心识心",是朱子始终迈不过去的一道槛,由此构成其学理的最大缺陷。

朱子在这个问题上的失误,溯其根源,与延平教法不当不无关系。前面讲过,默坐澄心是延平教学的特点,这种教法的合理性有待商榷。体验喜怒哀乐未发之中,从理论上分析,无非是找到自己的仁性,体认自己的本心而已。仁性在没有遇事接物时处于隐默状态,不显现自己,即使静坐也很难发现它的存在。正确的做法是在仁性遇事接物呈现自身时,通过内觉体验到它。① 延平是否通过默坐澄心找到了自己的仁性,限于材料,无法得知。但这种教法确实

---

① 参见本书第八章第四节第三小节"'隐默说'"(第357—364页)。

不适合朱子,待其发现这种做法与禅学无异后,更生忌讳,见到湖湘学者谈识仁,就批评其落入了禅家陷阱,以不能"以心识心"之名拒之门外。关于朱子学于延平的经历,学界大多批评朱子未能跟上延平的思路,"孤负此翁",殊不知从严格的意义上说,延平教法本身即有不当之处。先生教学欠妥,对学生影响之大,此为一有力案例。

第五节　朱子情论之得与失

一、性是体,情是用

情是朱子心统性情理论架构中的第三个要素。在朱子学理中,未发已发这对概念主要在性和心的关系上使用(心性何为未发,何为已发),但也用于性和情的关系。朱子在《答张钦夫》的信中明确指出:

> 然方其静也,事物未至,思虑未萌,而一性浑然,道义全具,其所谓中,是乃心之所以为体而寂然不动者也。及其动也,事物交至,思虑萌焉,则七情迭用,各有攸主,其所谓和,是乃心之所以为用,感而遂通者也。然性之静也而不能不动,情之动也而必有节焉,是则心之所以寂然感通、周流贯彻体用未始相离者也。①

在朱子看来,性是静的,道义全具,为寂然不动之体,此为中;性随时发用,其发为情,情动有节,"各有攸主",此为和。这里同样讲到了未发和已发,但其所指不是性和心,而是性和情,是以性为未发,情为已发。②

在《朱子语类》中,以性为未发,情为已发的材料极多:

> 有这性,便发出这情;因这情,便见得这性。因今日有这情,便见得本来有这性。③

---

① (南宋)朱熹:《答张敬夫》,《朱子全书》第二十一册,上海古籍出版社、安徽教育出版社2010年版,第1419页。

② 这个问题早有学者指明。陈来指出:"己丑之悟所谓未发已发包含两个方面的意义,一是指心的未发已发,一是指性情的未发已发。这两个方面并不是一回事。"(陈来:《朱熹哲学研究》,中国社会科学出版社1988年版,第115页。)

③ (南宋)黎靖德编:《朱子语类》卷五,第一册,中华书局1986年版,第89页。

情者,性之所发。①

性是根,情是那芽子。②

仁是根,恻隐是根上发出底萌芽。③

这些都是讲性是根本,其所发用为情。形象地说,性是根,情是这个根发出来的芽子。有性自然有情,有情可以返观于性。

朱子进而将这种情况规定为体用关系:

情之未发者,性也,是乃所谓中也,天下之大本也;性之已发者,情也,其皆中节,则所谓和也,天下之达道也。④

后来看横渠"心统性情"之说,乃知此话有大功,始寻得个"情"字着落,与孟子说一般。孟子言:"恻隐之心,仁之端也。"仁,性也;恻隐,情也,此是情上见得心。又曰"仁义礼智根于心",此是性上见得心。盖心便是包得那性情,性是体,情是用。⑤

性来自天理的禀赋,故为体,为天下之大本。情是性在具体环境下的具体表现,故为用。恰如孟子言恻隐之心为仁之端,这是性,性是体,具体之恻隐则为情,情是用。

因为性是体,情是用,所以性不可说,情却可说:

性不可言。所以言性善者,只看他恻隐、辞逊四端之善则可以见其性之善,如见水流之清,则知源头必清矣。四端,情也,性则理也。发者,情也,其本则性也,如见影知形之意。⑥

性不可说,情却可说。所以告子问性,孟子却答他情。盖谓情可为善,则性无有不善。所谓"四端"者,皆情也。仁是性,恻隐是情。恻隐是仁发出来底端芽,如一个谷种相似,谷之生是性,发为萌芽是情。⑦

性是形上根据,不可言说。情则不同,情是性之用,有其形象,故可言说。

---

① (南宋)黎靖德编:《朱子语类》卷五十九,第四册,中华书局1986年版,第1380页。
② (南宋)黎靖德编:《朱子语类》卷一一九,第七册,中华书局1986年版,第2867页。
③ (南宋)黎靖德编:《朱子语类》卷一一九,第七册,中华书局1986年版,第2869页。
④ (南宋)朱熹:《太极说》,《朱子全书》第二十三册,上海古籍出版社、安徽教育出版社2010年版,第3274页。
⑤ (南宋)黎靖德编:《朱子语类》卷五,第一册,中华书局1986年版,第91页。
⑥ (南宋)黎靖德编:《朱子语类》卷五,第一册,中华书局1986年版,第89页。
⑦ (南宋)黎靖德编:《朱子语类》卷五十九,第四册,中华书局1986年版,第1380页。

如同谷种一般,谷之生是性,发出来的芽子为情。性必然发为情,而情也一定表现为性,恰如见影即可知形一般。

既然性是体,情是用,情是性发出来的,所以情有重要意义,必须认真对待。朱子说:

> 孟子道性善,性无形容处,故说其发出来底,曰:"乃若其情,可以为善",则性善可知。"若夫为不善,非才之罪也",是人自要为不善耳,非才之不善也。情本不是不好底。李翱灭情之论,乃释老之言。程子"情其性,性其情"之说,亦非全说情不好也。①

> 情不是反于性,乃性之发处。性如水,情如水之流。情既发,则有善有不善,在人如何耳。才,则可为善者也。彼其性既善,则其才亦可以为善。今乃至于为不善,是非才如此,乃自家使得才如此,故曰"非才之罪"。②

情是性的发用,不是有意与性相反。性好比水,情好比水之流。水是清的,其流可能有浊而有恶情,但不能因此而否认情。李翱提出灭情之说,与佛老无异,因此受到朱子的批评。

二、善性导出恶情的原因在于气禀

性既然来自天理,纯真至善,为什么会发出不好的情呢? 换言之,性是好的,自然可以发出好的情,但世间也有不好的情,这些情也是由性发出来的,为什么会有这种情况呢?③ 朱子常用"偏"字作答:

> 恶不可谓从善中直下来,只是不能善,则偏于一边,为恶。④

---

① （南宋）黎靖德编:《朱子语类》卷五十九,第四册,中华书局1986年版,第1381页。

② （南宋）黎靖德编:《朱子语类》卷五十九,第四册,中华书局1986年版,第1381页。

③ 刘述先指出:"这样谈性必形成一有趣的吊诡:因为人物未生之时根本不可以谈性,但此理堕在形气之中,却又不全是性之本体矣! 又无法抽离地谈性之在其自己。由此可见,朱子并不相信有一离存的性之本体,它是因气质而见,却又不与气质相杂,与之形成一种不离不杂的微妙关系"(刘述先:《朱子哲学思想的发展与完成》,吉林出版集团有限责任公司2015年版,第201页。)陈来亦认为:"这样一来,在朱熹哲学的心性论中就有一个较大的问题了,按照朱熹哲学,'性发为情,情根于性',这个理论,若特殊地看,即四德与四端相对应,固可自圆其说。然而按照朱熹说,七情也都是性之发(如《中庸章句》)按才思即是已发说,许多具体思虑也都是性之发。不管七情是否配属四端,人总还有发而不善的情感念虑,这些情究竟是否也发自本然本性? 如果说这些情也是四德之性所发,则善之性发为不善之情,体用便无法一致,这显然是一个很大的矛盾。"(陈来:《朱熹哲学研究》,中国社会科学出版社1988年版,第149页。)

④ （南宋）黎靖德编:《朱子语类》卷五十五,第四册,中华书局1986年版,第1308页。

问:"人之德性本无不备,而气质所赋,鲜有不偏。将性对'气'字看,性即是此理。理无不善者,因堕在形气中,故有不同。所谓气质之性者,是如此否?"曰:"固是。但气禀偏,则理亦欠阙了。"①

首段是说,恶不是由善直接来的,只是偏向了一边。"偏于一边"这个说法非常形象,意在表达天理是善的,但如果不能尽是天理,偏到了一边,也就有了恶。次段是回答他人的提问。他人根据朱子之前的说法,提出理无不善,但理落实在人身上必须借助气禀,从而有了气质之性,向朱子请教能否这样理解。朱子给予了肯定的答复,并进一步补充说,气禀总是有偏的,所以落实在人身上的理一定会有所欠缺,这种欠缺就是恶的原因。

从上面的引述可以清楚看到,朱子是以气禀来论偏论恶的。这个思路特别值得重视。从中国哲学整体看,各个要素逐级上推,最后只能剩下两个东西,一个是理,一个是气。气的思想渊源甚远,伯阳甫很早便以阴气阳气的关系解说地震了。《管子》中关于气的论述更为具体,对后世影响很大。孟子也讲气(如"夜气""浩然之气"),但并不把气作为心性的基础。汉代王充建立了以气为核心的理论,用气禀说明万事万物的产生以及相互之间的区别。到了宋代,情况有了大的转变。横渠首提气质之性,认为人和万物都由气凝聚而成,气有阴阳清浊,人与物由此也就有了千差万别。二程受此影响既讲天命之性又讲气质之性,正式将气纳入心性之学之中。朱子对此予以了极高的评价:

某以为极有功于圣门,有补于后学,读之使人深有感于张程,前此未曾有人说到此。如韩退之《原性》中说三品,说得也是,但不曾分明说是气质之性耳。性那里有三品来! 孟子说性善,但说得本原处,下面却不曾说得气质之性,所以亦费分疏。诸子说性恶与善恶混。使张程之说早出,则这许多说话自不用纷争。②

孟子创立性善论功劳很大,但因为没有讲到气质之性,很多问题无法解释。后来的性善性恶相混说,同样无法达到目的。韩愈的性三品说虽不无道理,但远不及横渠、二程的气质之性来得深刻明白。如果横渠、二程的气质之说先行问世,这些问题早就不存在了。

---

① (南宋)黎靖德编:《朱子语类》卷四,第一册,中华书局1986年版,第71页。
② (南宋)黎靖德编:《朱子语类》卷四,第一册,中华书局1986年版,第70页。

朱子重视气质之性的目的有三。

一是说明天命之性何以能够落实到人的身上。他说：

> 天命之性，若无气质，却无安顿处。且如一勺水，非有物盛之，则水无归着。①

> 性离气禀不得。有气禀，性方存在里面；无气禀，性便无所寄搭了。②

天命之性要落实，必须有气质之性，如一勺水，须有个物盛着，否则水便没有了着落。因此，天命与气质不能相离，没有气禀，性便没有寄搭之处。

二是解释人与物或人与人为什么有所不同：

> 或说："人物性同。"曰："人物性本同，只气禀异。如水无有不清，倾放白碗中是一般色，及放黑碗中又是一般色，放青碗中又是一般色。"③

> 人物之生，天赋之以此理，未尝不同，但人物之禀受自有异耳。如一江水，你将杓去取，只得一杓；将碗去取，只得一碗；至于一桶一缸，各自随器量不同，故理亦随以异。④

人和物都禀于理，但这个过程离不开气。气有不同，人与物或人与人便有不同。正如都是水，置于白碗、黑碗、青碗表现一定各有不同一样。

三是说明恶的来源，这一点最为重要。朱子说：

> 才只是一个才，才之初，亦无不善。缘他气禀有善恶，故其才亦有善恶。孟子自其同者言之，故以为出于性；程子自其异者言之，故以为禀于气。大抵孟子多是专以性言，故以为性善，才亦无不善。到周子程子张子，始说到气上。要之，须兼是二者言之方备。只缘孟子不曾说到气上，觉得此段话无结杀，故有后来荀扬许多议论出。韩文公亦见得人有不同处，然亦不知是气禀之异，不妨有百千般样不同。故不敢大段说开，只说"性有三品"。不知气禀不同，岂三品所能尽耶？⑤

> 气质之性，古人虽不曾说着，考之经典，却有此意。如《书》云："惟人万物之灵，亶聪明，作元后"，与夫"天乃锡王勇智"之说，皆此意也。孔子

---

① （南宋）黎靖德编：《朱子语类》卷四，第一册，中华书局1986年版，第66页。
② （南宋）黎靖德编：《朱子语类》卷九十四，第六册，中华书局1986年版，第2381页。
③ （南宋）黎靖德编：《朱子语类》卷四，第一册，中华书局1986年版，第58页。
④ （南宋）黎靖德编：《朱子语类》卷四，第一册，中华书局1986年版，第58页。
⑤ （南宋）黎靖德编：《朱子语类》卷五十九，第四册，中华书局1986年版，第1383—1384页。

谓"性相近也,习相远也"。孟子辨告子"生之谓性",亦是说气质之性。近世被濂溪拈掇出来,而横渠二程始有"气质之性"之说。此伊川论才,所以云有善不善者,盖主此而言也。如韩愈所引越椒等事,若不着个气质说,后如何说得他! 韩愈论性比之荀扬最好。将性分三品,此亦是论气质之性,但欠一个"气"字耳。①

这里从才说起。朱子明白,孟子论才专就本性而言,性之所发无有不善,所以才为善,与恶没有关系。但他又认为,这种讲法无法说明恶的来源,并不圆满。伊川就不同了,特以气质说才。古人虽未直接这样讲,但意思早就有了。孔子所说性相近,习相远,孟子与告子辩生之谓性,都已经包含了这个意思。后来濂溪、横渠始有气质之性的说法,伊川讲才就是顺着这个方向走的。既讲天命之性,又讲气质之性,"兼是二者言之方备",恶的问题才能得到合理解说。

朱子由此对孟子也提出了批评:

> 孟子已见得性善,只就大本处理会,更不思量这下面善恶所由起处,有所谓气禀各不同。后人看不出,所以惹得许多善恶相混底说来相炒。程子说得较密。因举"论性不论气,不备;论气不论性,不明,二之则不是"。须如此兼性与气说,方尽此论。盖自濂溪《太极》言阴阳、五行有不齐处,二程因其说推出气质之性来。②

在朱子看来,孟子讲性善,只是从大本处立论,没有讲气禀,没有更多讨论现实中具体的善恶现象。后人不明此理,又引出很多不同说法,如善恶混之类。程子不同,直接讲气,讲气质之性。"论性不论气不备,论气不论性不明"这一说法最为吃紧,至此恶才有了归属。虽然朱子强调不能将气和性完全分离开来,"二之则不是",但毕竟讲到了气,讲到了气质之性,恶的问题由此才得到了说明。

朱子不满意于象山之学理,同样与此有关:

> 陆子静之学,看他千般万般变,只在不知有气禀之杂,把许多粗恶底气都把做心之妙理,只合恁地自然做将去。……看他意,只说儒者断得许

---

① (南宋)黎靖德编:《朱子语类》卷五十九,第四册,中华书局1986年版,第1386页。
② (南宋)黎靖德编:《朱子语类》卷五十九,第四册,中华书局1986年版,第1386页。

多利欲,便是千了百当,一向任意做出都不妨。不知初自受得这气禀不好,今才任意发出,许多不好底,也只都做好商量了。只道这是胸中流出,自然天理,不知气有不好底夹杂在里,一起滚将去,你道害事不害事。①

人有气禀之私,固有善恶之别。找到了气,也就找到了恶的原因。象山不明白这个道理,不讲气禀之私,问题很大,十分害事。"人之气皆善,然而有生下来善的,有生来恶的,此是气禀不同"这一说法,非常清楚地道出了这层意思。朱子如此讲,实是基于这样一个基本的逻辑结构:性来自天理的禀赋,其载体为心,而天理禀赋于心的过程必须借助气进行;气有清浊,禀于清者为善,由此流出的是善情,禀于浊者为恶,由此流出的是恶情。象山不明白这个道理,不讲气禀之私,只讲胸中流出自是天理,不知有不好的气夹于其中,十分害事。

要而言之,依照朱子的理解,要解释善性恶情的矛盾,必须认清气禀的重要。天理是善的形上源头,天理禀赋于人无有不善。天理禀赋于人的载体是心,这个过程必须借助于气,气有清浊,禀于清气的心可以引出善情,禀于浊气的心可以引出恶情。一言以蔽之,善性引出恶情其因皆在气禀。

三、朱子情论最大的失误是将恶坐实了

朱子以气禀解说善性何以导出恶情的矛盾,表面看方方面面都照顾到了,十分全面,实则隐含着将恶坐实的风险。且看朱子是如何说的:

> 心譬水也;性,水之理也。性所以立乎水之静,情所以行乎水之动,欲则水之流而至于滥也。才者,水之气力所以能流者,而其流有急有缓,则是才之不同。伊川谓"性禀于天,才禀于气",是也。只是性是一定,情与心与才,便合着气了。②

在朱子看来,性是水之静,欲是水之动,才是有气力能流者,这些都由心统管。问题在于,才来自气禀,气禀得好,自然为善,气禀得不好,也就有了恶。这就是说,性一定是好的,情和心却不能这样说,因为情和心都源于气。但是,既然理落实为性,性落实为心,其过程一定要通过气禀进行,而气有清浊,无人可免,禀得清气自然可以为善,禀得浊气则只能为恶了。

---

① （南宋）黎靖德编:《朱子语类》卷一百二十四,第八册,中华书局1986年版,第1277页。

② （南宋）黎靖德编:《朱子语类》卷五,第一册,中华书局1986年版,第97页。

另一段也有助于这个问题的理解：

> 问性、情、心、仁。曰："横渠说得最好，言：'心，统性情者也。'孟子言：'恻隐之心，仁之端；羞恶之心，义之端。'极说得性、情、心好。性无不善。心所发为情，或有不善。说不善非是心，亦不得。却是心之本体本无不善，其流为不善者，情之迁于物而然也。"①

"恻隐之心，仁之端；羞恶之心，义之端"，孟子这种讲法虽然很好，但只说到善，没有说到恶。横渠讲心统性情就好多了，按照这种说法，性无不善，心所发为情，情迁于物，则可以有不善。朱子之所以赞赏横渠"心统性情"这一命题，就是因为在他看来这一命题可以有效说明恶的来源。然而他没有预料到的是，如果将恶的原因归为气禀，因为没有人可以离开气禀，气禀中一定有浊气，所以没有人可以避免恶，其结果只有一个——将恶彻底坐实。

对这个问题思考可以参考梁漱溟对熊十力的批评。熊十力在建构自己学说系统的过程中，客观上也受到了朱子的影响，从而以乾阳坤阴论善恶。这方面的论述很多，如："人皆有是心，而不幸甚易为形气的独立体所锢蔽；独立体既成，便自有权能，故其锢蔽仁心也甚易，而仁心之发露颇难。"又如："余以为人生丧失乾道，至于下坠，或陷于滔天罪恶，而寻其恶根，无非随顺躯壳起念而已。躯壳坤也，随顺躯壳即随顺坤阴。……人之惑也，皆以身躯为小己，惟顺承坤阴，逞其迷乱耳。"再如："人皆执此坤阴之身躯以为自我，所谓小己是也。人之有私欲、私意、私见，造无量罪恶而不自觉，试求其故，无非阳明先生所云'随顺躯壳起念'而已。"②。梁漱溟对此提出了严厉批评：

> 熊先生自矜创获，其实并不高明，曾不出乎"心为形役"那句老话。甚且毋宁说是个失败。何言乎失败？熊先生以乾阳坤阴说明人生善恶之所从来，虽自称非二元论，却明明说本体性质复杂非一，岂不坐实了人生之有其恶的一面？恶非实有，你坐实了它，宁非失败？③

---

① （南宋）黎靖德编：《朱子语类》卷五，第一册，中华书局1986年版，第92页。
② 上引熊十力语具见梁漱溟：《读熊著各书后》，《熊十力全集》附卷上，湖北教育出版社2003年版，第756页。
③ 梁漱溟：《读熊著各书后》，《熊十力全集》附卷上，湖北教育出版社2001年版，第757页。

　　梁漱溟上述批评的核心理据,是强调不能以阴阳讲人之善恶。阴阳是固定的对子,相互依存,缺一不可,以这种方式论善恶,必然要把恶坐实,陷入二元论。梁漱溟这种批评是针对熊十力而发的,话语不多,但极为深刻,同样适用于朱子。朱子顺着伊川的思路将气引入心性之学,强调"论性不论气不备,论气不论性不明",目的是以气作为恶的来源。这种做法必定造成心与性的实际不为一:性是极本穷源之善,心则既有善又有恶,以善心发为善情,以恶心发则为恶情。从性的角度看恶情,当然可以说这是情走偏了,从心的角度看则不能这样说,因为心禀受浊气,本身就有恶的因子,由这种因子发出来的只能是恶情。朱子这种做法表面看是对善性恶情的问题做了说明,对恶的来源有了交代,弥补了孟子、象山的不足,但因为心中同时有善有恶,心也失去了作为道德本体应有的崇高感,不再是一个可以信赖的对象。如此一来,我们完全有理由借用梁漱溟的表达方式批评朱子:"恶非实有,你却以气坐实了它,宁非失败?"

　　朱子有此失误,以气之清浊说明情之善恶,与未能注意二程兄弟之间的差异不无关系。我们知道,明道对告子"生之谓性"的说法做了自己的诠释,强调"人生而静"以上不能说,人们谈的性只是就"继之者善"而言的。"继之者善"可以以水流为喻:最终源头为元初水,元初水流经过程没有受到污染为清水,受到污染为浊水。明道在阐述这一思想的时候特别强调,尽管人性容易受到污染,但这不是必然的。这实际上是说,虽然可以以气论性,但气不是恶的源头。伊川就不同了。他认为,天理落实在人身上需要借助气禀,人不可能只得清气,不得浊气,所以现实中的人必然同时具有两个不同的部分,既有清气形成的善,又有浊气形成的恶,性无不善,但情有善有恶。这种理解实际上背离了其兄的思想。由于当时大程小程常常合并而说,朱子未能察觉到这里的微妙差异,加上与伊川的思想更为贴近,顺着他的思路走,以气禀清浊讲善恶,直接导致人心同时有了善和恶两种力量,最终将恶坐实了。

四、儒家生生伦理学对恶的问题的理解

　　如何处理恶的来源,是一个难度极大的哲学问题。孟子这方面的思路有很强的借鉴意义。上面讲过,孟子思想中有一个非常重要的概念,这就是

"才"。才是草木初生之质,泛指事物发展的最初源头。人的道德生命同样离不开才,这个才就是善的端倪。有的人后来变得不好不是因为没有才,而是才没有得到好的发展。换言之,在孟子看来,人人都有善的端倪,将这些端倪扩充开来,按其要求去做即为善,不按其要求去做即为恶。孟子这一思想最合理的地方,是不将恶的原因归于气。

朱子也论才,但其思路与孟子不同。《朱子语类》卷五十九有这样一段:

> 孟子所谓才,止是指本性而言。性之发用无有不善处。如人之有才,事事做得出来。一性之中,万善完备,发将出来便是才也。……伊川论才,却是指气质而言也。气质之性,古人虽不曾说着,考之经典,却有此意。如《书》云"惟人万物之灵,亶聪明,作元后",与夫"天乃锡王勇智"之说,皆此意也。孔子谓"性相近也,习相远也"。孟子辨告子"生之谓性",亦是说气质之性。近世被濂溪拈掇出来,而横渠二程始有"气质之性"之说。此伊川论才,所以云有善不善者,盖主此而言也。①

朱子清楚地看到,孟子论才是就本性而言,由本性而发无有不善。伊川不同,他是以气质之性论才,而这样做的根本目的是要解说人性何以有善有不善。

《朱子语类》卷五十九下面一段,亦是此意:

> 孟子之说自是与程子之说小异。孟子只见得是性善,便把才都做善,不知有所谓气禀各不同。如后稷岐嶷,越椒知其必灭若敖,是气禀如此。若都把做善,又有此等处,须说到气禀方得。孟子已见得性善,只就大本处理会,更不思量这下面善恶所由起处,有所谓气禀各不同。后人看不出,所以惹得许多善恶混底说来相妙。程子说得较密。②

孟子只讲到性善,把才都作为了善,不知有气禀之不同,理论并不完善。伊川不同,在濂溪、横渠之后,开始讲气质之性,"说得较密",有了很大进步。尽管朱子极力推崇伊川这一思想,但他没有想到这种做法弊端很多。按照朱子的理解,天理是善性的形上根源,天理将善性落实在人心上必须有气的参

① (南宋)黎靖德编:《朱子语类》卷五十九,第四册,中华书局1986年版,第1385—1386页。

② (南宋)黎靖德编:《朱子语类》卷五十九,第四册,中华书局1986年版,第1386页。

与,于是心的内部便有了两种不同的力量,既有清气形成的善,又有浊气形成的恶。由清气形成的善是人的道德根据,可以成善,这没有问题,但既然恶由浊气而成,而现实中没有人可以完全离开浊气,于是恶就成了铁定的事实。①

有鉴于此,儒家生生伦理学对恶的理解,没有顺着朱子的路子走,而是坚守孟子的基本原则。我诠释善性首先讲一个生长倾向,生长倾向就是孟子说的"才",二者具有相同的意义。就来源而言,生长倾向与气有一定的关联,因为它就是自然界在长期生长过程中自己长出来的。但我这样做并不是以气作为恶的源头。生长倾向有两个基本所指,一是决定人可以成为自己,二是顺此方向发展,人这个类可以有效绵延。有了生长倾向并不代表不能产生恶,这些恶恰恰是生长倾向没有得到好的发展的结果,是对生长倾向的违逆和破坏。生长倾向中没有恶的因子,恶是对生长倾向的违逆和破坏,这是儒家生生伦理学坚守不变的原则。一旦放弃了这个原则,我们必然要面对善的因子与恶的因子是什么关系,为什么恶的因子无法战胜善的因子等一系列难题,而社会上那些不行善偏行恶的人也就多了一个借口,申辩自己行恶是生长倾向中恶的因子所致,不决定于自己,等等。果真如此,这门新的道德学说的根基就完全崩塌了。

当然,生长倾向只是善性的底子。在现实生活中,生长倾向还要受到社会生活和智性思维的影响,进一步发展为伦理心境。善性的主要部分是伦理心境,在儒家生生伦理学系统中,伦理心境实际承担着道德本体的功能。需要注意的是,与一般看法不同,儒家生生伦理学认为,有了道德本体不代表不会出现恶。恶的本质是失德。"失德"这个说法是我在《儒家生生伦理学引论》中首次提出来的②,并列举了它的三个具体表现:

一是知而不行。人人都有道德本体,道德本体遇事必然呈现,人通过内觉

---

① 劳思光将这种情况叫作"理管不住气":"依此,则'人'作为一类看,是得'气之正'者,故有实现共同之理之能力——此能力亦即是人之'性'或'理'(此是'殊别'与'共同'合一处);但人作为个别存在看,则人虽有此能力,仍未必能充足实现此能力;其实现或不实现,又仍归在'气'上。总之,仍是'理'管不住'气'也。"(劳思光:《新编中国哲学史》三卷上,广西师范大学出版社 2005 年版,第 223—224 页。)

② 参见杨泽波:《儒家生生伦理学引论》第四十二节第二小节"小人行权是现代社会的一大病灶",商务印书馆 2020 年版,第 291—293 页。

可以觉察到自己的道德本体。人除了道德本体,还有物欲,除了大体,还有小体。在一般情况下,大体与小体不构成矛盾,在某些场合中,二者又会有冲突,无法兼得。这个时候就必须选择大体,放弃小体,否则就会出现恶。孟子"先立乎其大"思想的重要意义就在这里。也就是说,当大体小体发生矛盾的时候不能放弃小体,选择大体,是恶的主要原因。在现实生活中,绝大多数的恶都是这样产生的,而历史上人们也主要在这个意义上讨论恶。

二是仁性无知。仁性无知是一个非常值得重视的现象,然而历史上很少有人关注这个问题。仁性是道德本体,这种道德本体在日常生活中非常管用,但在某些情况下也会出现问题。如果对仁性没有真正的了解,一切盲目按其要求去做,同样会导致恶。为此我举过缠足和割礼的例子。缠足最初是为了求美,这种美随之也成了一种善,缠足成了好女子的标准。如果人们不明其故,一切以此为准,盲目跟着走,自然会出现不利于身心健康的情况。割礼的情况更为明显。据说这样做是为了去除肮脏、邪恶,但从现代文明的角度看,这无疑是对女性身体和心灵的巨大伤害。① 在现实生活中,类似的情况并不少见。在一些特殊条件下,仁性无知所造成的不良影响会以更为极端的形式出现。在重大政治运动和宗教活动中,受强大的社会舆论的影响,人们很容易裹挟其中,无形中被彻底洗脑,沦为乌合之众的一员,作为一个一个的"零",跟在别人后面随而往、随而来,一边做着十足的恶事,一边却在"正确"的大旗下享受着内心的骄傲和自豪。这些人不是没有良心,而是良心受社会环境的影响变了形,由于不善于思想,没有反思的能力,一切处于懵懂之中。在这种情况下,恶不是因为人的心地坏,而是因为人的心智蠢,蠢与恶只有一纸一隔,但危害更大更深更可怕。这些人数目众多,一旦形成一种趋势,非常容易被人利用,对社会造成极大的伤害,而行为者最终也只能沦为替罪的羔羊。

三是不当行权。如果说历史上关注仁性无知的不多,关注不当行权的就更少了。每个人都有自由意志,都有选择的权利,但这种选择必须置于经权范式之下。如果没有好的动机,不能充分预估后果,没有"第二良心",随意选择,胡乱行权,同样会出现恶的情况,危及社会的正常发展。我严厉批评萨特

① 参见杨泽波:《儒家生生伦理学引论》第四十一节"'本质先于存在'隐含的问题同样不容忽视",商务印书馆 2020 年版,第 281—287 页。

"存在先于本质"的口号,将诸多社会乱象的原因归为"小人行权",提出必须旗帜鲜明地"拒萨庄",就是以此为基础的。① 这种情况虽不及前两种情况普遍,但危害同样很大,不容忽视。

从失德这个特殊角度出发,儒家生生伦理学对于恶,尤其是情和恶的关系就有了自己的理解。儒学历来重情,既讲恻隐、羞恶、辞让、是非之四情,又讲喜、怒、哀、惧、爱、恶、欲之七情。按照三分法的划分,情有两种不同的类型:首先是仁性之情。人有伦理心境,有道德欲求感,由此而发而有恻隐、羞恶、辞让、是非之情。此即为仁性之情。仁性之情只是善,不是恶,属于一个独立的层面。其次是欲性之情。人既有道德要求,又有物欲要求,物欲要求同样会产生情,此即为欲性之情。七情中的某些内容即属于欲性之情。欲性之情本身不是恶,只有任其发展,不遵守道德根据的要求,才是恶。因此,人之所以有恶,应该主要从欲性和仁性、仁性和智性的关系加以考量,不能直接以气作为其原因,对于因仁性无知和不当行权而造成的恶,更应如此处理。以气论恶的时代已经过去了。遗憾的是,现在仍有一些人不明白这个道理,依旧沿用朱子的说法,将恶归因于气,既不合理,更不可信,简单得近于可笑了。

第六节 天理范式对朱子的决定性影响

在分别梳理朱子性论、心论、情论之得失后,可以清楚地看出,朱子学理的这些问题都与天理概念有关。先秦儒学的重点在人,人有仁和良心,仁和良心是成德成善的内在根据。虽然孟子也讲"天之所与我者",但致思方向是由人讲天,即所谓"从下往上说"。到了宋代从濂溪、横渠开始,情况有了很大的转变,二程更是以"天理"概念作为自己学说的基础,直接从天讲人,即所谓"从上往下说"。天理就是天之理或在天之理。在中国人的思维习惯中,天有至上性,将理与天联系在一块,理就具有了至上性,成为了儒家学理的形上根据。从大的历史视域看,二程对儒家学理最大的贡献,就是创立了以天理为核心的一套新范式,而这个范式对儒学后来的发展有着统治性的影响。朱子顺着二

① 参见杨泽波:《儒家生生伦理学引论》第四十二节"将内识置于经权范式之下",商务印书馆2020年版,第287—296页。

程的思路,特别重视伊川"性即理"的说法,展开了自己全部的思想,极大地完善了这一思想范式。经过朱子的努力,天理已经成为了儒家学理最为重要的根基,牢不可破,坚不可摧了。

但这套范式也给朱子带来了很多麻烦,其学理中的主要问题都与此有关。早年在未发已发问题上犹豫不决,先是以性为未发心为已发,其后又另立新说,改心为未发亦为已发,即是这一问题的具体表现。后来在理气关系上遇到的各种困难,也离不开这个背景。中国文化既讲理,又讲气,理是形而上者,气是形而下者。为了与佛道二教相抗衡,朱子必须把天理规定为实体。以实体性的天理作为事物的形上根据,从逻辑上说,只能肯定理在先,气在后,从而引起诸多争议,朱子不得不反复申辩,左右圆说。另外,中国人有"天不变道亦不变"的观念,以天理作为道德的形上根据,儒家学说由此也完全被讲死了,不能很好地适应社会的发展。更为麻烦的是,在朱子学理中,性属于理,心属于气,禀得清气为善,禀得浊气为恶。于是,心中便有了善恶两种力量,善心发出来的是好的情,恶心发出来的是恶的情。这种说法看似全面,解决了善性何以导出恶情的矛盾,但心不再纯粹,从而极大地动摇了心作为道德本体的地位。

这种现象迫使我们不得不对天理这一范式的合理性加以反思。我这样说意在表明,朱子学理遇到的问题都是由天理这个范式引出来的,他为此作出的所有努力都是在这个范式内的一种理论设计,以求尽可能达到逻辑上的圆满,把这个圈画圆。虽然这种理论在当时有其合理性,但因为隐含着严重的缺陷,直接引起后来气一元论的反弹。这种历史现象告诉我们,一种思想范式建立后,如果本身有问题,那么由此引出的所有具体问题,都很难彻底解决。西方中世纪道德学说以肯定上帝存在为前提,所有讨论无不围绕这个中心展开,而这些讨论事后证明都存在难以克服的困难。近代以来中国哲学研究引入了西方唯物唯心的范式,因为这个范式本身不适合中国哲学,那么多人用了那么多的精力做了那么多的工作,仍然矛盾百出,一无所得,也是这个道理。思想范式正确与否对于理论研究的重要性由此可见一斑。有鉴于此,我们在充分肯定天理概念历史意义的同时,一刻也不能忽视其内在缺陷带来的负面影响。儒家生生伦理学的一个重要努力方向,它的一个艰巨使命,就是对宋代以来以天理为核心的思想范式加以反省,既肯定其历史作用,又检讨其理论痼疾,进而以一套新的范式代而替之,扬而弃之。

第七节 朱子的历史定位:兼容并蓄与暗中偏斜

一、关于朱子历史地位的两个相反判断

朱子拥有很高的声誉,乃至有孔子之后第一人的美称。武夷山朱子纪念馆门口蔡尚思写的一首诗,很好地表达了这个意思:"北方有北岳,南方有武夷,中华文明事,孔子与朱熹。"刘述先的看法也得到学界的普遍认可,他说:"在儒家思想发展的过程中,朱子是孔孟以后一人,这恐怕是任何人都不能否认的公论。"①虽然大家都承认朱子有大的贡献,但对其在儒学发展史中的具体地位仍有不同的意见,分歧很大。

牟宗三历时十年,撰成了《心体与心体》,后来又补写了《从陆象山到刘蕺山》,作为前者的续集。这部著作的一个重要目的,是打破陈见,把朱子从正宗的宝座上拉下来,定为旁出。牟宗三这样做,源于其对儒学发展脉络的基本判断。在他看来,宋明儒学的源头在先秦,而先秦儒学最重要的文献,又在《论语》《孟子》《中庸》《易传》《大学》。这五部著作中,《论语》《孟子》《中庸》《易传》为一组,《大学》为另一组。宋代之后,人们对这五部经典有了不同的理解,进而有了派系之别。大宗以《论语》《孟子》《中庸》《易传》为中心,唯独伊川、朱子以《大学》为中心。在大宗中,五峰、蕺山与象山、阳明的学理又有不同,可分为两个小系。这样就有了三个不同的派系:一是五峰、蕺山系。这一系客观地讲性体,以《中庸》《易传》为主,主观地讲心体,以《论语》《孟子》为主,特别提出以心著性,以明心性所以为一,在工夫方面强调逆觉体证。二是象山、阳明系。这一系以《论语》《孟子》摄《中庸》《易传》,而以《论语》《孟子》为主,只是一心之朗现,一心之伸展,一心之遍润,在工夫方面同样是强调逆觉体证。三是伊川、朱子系。这一系以《中庸》《易传》与《大学》合,而以《大学》为主,将《中庸》《易传》的道体、性体收缩为本体论的存有,将孔子之仁只视为理,在工夫方面强调后天之涵养以及穷

---

① 刘述先:《朱子哲学思想的发展与完成》,吉林出版集团有限责任公司2015年版,第617页。

理之认知。

以此为依据,牟宗三直接将朱子打为旁出:

> 吾人所以不视伊川、朱子学为儒家之正宗,为宋、明儒之大宗,即因其一、将知识问题与成德问题混杂在一起讲,既于道德为不澈,不能显道德之本性,复于知识不得解放,不能显知识之本性;二、因其将超越之理与后天之心对列对验,心认知地摄具理,理超越地律导心,则其成德之教固应是他律道德,亦是渐磨渐习之渐教,而在格物过程中无论是在把握"超越之理"方面或是在经验知识之取得方面,一是皆成"成德之教"之本质的工夫,皆成他律道德之渐教之决定的因素,而实则经验知识本是助缘者。①

朱子学理表面看细密而完整,但内部有两个根本性的失误:一是将知识与成德混杂在一起,二是将超越之理与后天之心相互对待。这两个失误都是致命性的,直接影响了其学理在成德成善过程中的有效性。正因如此,牟宗三将其从正宗的位置上拉了下来,断为旁出。判定朱子为旁出由此成了牟宗三儒学思想的一个显著标志。

牟宗三这一判断在学界有很大的影响,从者众多,但也有不同声音,钱穆是重要代表。钱穆推崇朱子,在牟宗三《心体与性体》问世后,用了5年之力,撰成《朱子新学案》。虽然都是研究朱子,用的材料没有原则上的不同,但二人的结论却全然有异。钱穆认为朱子学理最为全面,不同意定其为旁出:

> 朱子理想中之广大心知,当与心之仁相配合,不仅与心之孝弟相配合。论语仁智并言,此下儒家中最富有重智精神,能真达到孔子仁智并重之教者,实当推朱子为第一人。②

孔子仁智并讲,开创了儒家学统。千余年后,真正能够继续这种仁智并重路线的,非朱子莫属。"能真达到孔子仁智并重之教者,实当推朱子为第一人"的说法,非常清楚地表达了这个用意。

更有意思的是,针对有人批评朱子没重心、不讲心的看法,钱穆专门辟出朱子论心的部分,经过细密分析,得出结论说:

---

① 牟宗三:《心体与性体》第一册,《牟宗三先生全集》第5卷,台湾联合报系文化基金会、联经出版事业公司2003年版,第54页。

② 钱穆:《朱子新学案》(上),巴蜀书社1986年版,第82页。

理学家中善言心者莫过于朱子。①

后人又称理学曰性理之学，依照上引语，可见性理之学正即是心学。一切对性与理之认识与工夫，将全靠心。若抹去了心，将无性理学可言。②

故纵谓朱子之学彻头彻尾乃是一项圆密宏大之心学，亦无不可。③

对性和理的认知离不开心，抹去了心，必无性理学可说。朱子不是不重心，其学理基础就是心，甚至可以将朱子之学直接视为心学。"纵谓朱子之学彻头彻尾乃是一项圆密宏大之心学，亦无不可"，遂成为钱穆关于朱子研究最具代表性的表述。④

牟宗三和钱穆，一个偏重于哲学，一个偏重于历史，都是学术大家，都研究朱子，得出的结论却刚好相反。这种情况在学界引起了很大震动，其后的研究无不受此影响。⑤ 刘述先的重要著作《朱子哲学思想的发展和完成》，沿用的基本上是牟宗三的路子。他认为："朱学虽在事实上被奉为儒学之正统，但仔细审查之以宋儒心性论、天道论的标准，朱子的正统地位却是相当有问题的。……这一层烟雾一直到最近才为牟宗三先生所穿透，而为朱子断定了其'别子为宗'的地位。仔细审查朱子的书、文、语录的直接证据，我不能不支持牟先生这一前无古人的论断。"⑥更有学者对人们不能理解牟宗三表示了极大

---

① 钱穆：《朱子新学案》（上），巴蜀书社 1986 年版，第 34 页。

② 钱穆：《朱子新学案》（上），巴蜀书社 1986 年版，第 34—35 页。

③ 钱穆：《朱子新学案》（上），巴蜀书社 1986 年版，第 361 页。

④ 钱穆这些观点明显有其所指。牟宗三的《心体与性体》分别出版于 1968 年和 1969 年。在此之前与之相关的单篇文章多已发表（如《朱子苦参中和之经过》发表于 1961 年）。钱穆写作《朱子新学案》实际起步于 1971 年，即《心体与性体》出版后的第二至三年。从时间上看，钱穆对于牟宗三的观点当有所了解。如果我们将钱穆"纵谓朱子之学彻头彻尾乃是一项圆密宏大之心学，亦无不可"的结论视为对牟宗三的直接批评，无论在时间上还是在学理上都是合理的，只不过因辈份高，不愿意公开指名道姓而已。

⑤ 劳思光对朱子也提出过批评。在他看来，"朱熹之学，以其综合系统为特色，此即后世推崇者所谓'集大成'之意。但若取严格理论标准及客观历史标准衡度之，则朱氏此一综合工作究竟有何种正面成就，则大为可疑，盖就理论说，朱氏之说不代表儒学真实之进展；就历史说，则朱氏只是糅合古今资料，造出一'道统'，亦非真能承孔孟之学。"（劳思光：《新编中国哲学史》三卷上，广西师范大学出版社 2005 年版，第 245 页。）由于劳思光的学术影响力不及钱穆和牟宗三，这种看法往往不被人们重视。

⑥ 刘述先：《朱子哲学思想的发展与完成》，吉林出版集团有限责任公司 2015 年版，第 457 页。

的遗憾,打抱不平式地批评道:"批评一定要以理解为前提;而真正的批评则一定要以真正足够的理解为前提。即如牟宗三的朱子研究而言,他并不是从实际作用的角度来对朱子进行历史性研究与历史性评价的,而是从民族精神之应然追求与未来走向的角度对朱子哲学进行'裁定性'的研究与批评性的'定位'的。从这个角度看,与其说他是在批评历史中的朱子,不如说他主要是从民族精神之未来走向的角度指出朱子哲学之'不足'。惜乎这一点并没有得到人们足够的理解。"①总体看,学界偏向牟宗三的人更多一些,但钱穆的判断也是重要的材料,不能轻易否定。② 于是,如何处理牟宗三和钱穆的不同意见,给出自己的判断,便成了儒学研究绕不开的话题。

二、朱子学理的性质:以智性追求道德

要破解这个问题,全面理解朱子"心具万理"这一命题的内涵,是一个有力的突破口。"心具万理"是朱子的重要思想,相关论述比比皆是:

> 人生天地间,都有许多道理。不是自家硬把与它,又不是自家凿开它肚肠,白放在里面。③

> 一心具万理。能存心,而后可以穷理。④

> 心包万理,万理具于一心。不能存得心,不能穷得理;不能穷得理,不能存得心。⑤

> 理不是在面前别为一物,即在吾心。人须是体察得此物诚实在我,方可。⑥

> 又问:"《孟子集注》言:'心者,具众理而应万事',此言'妙众理而宰万

---

① 丁为祥:《学术性格与思想谱系——朱子的哲学视野及其历史发生学考察》,人民出版社 2012 年版,第 87 页。

② 陈来的态度较为中和,更强调不同派系之间的互补性,认为"不仅历史发展的自身已表明陆学存在的理由,从宋明理学的整体观点来看,气学、理学、心学都是这一整体结构的必要环节,朱熹哲学作为宋明理学主流派固然发扬了孔子开创的中国文化的基本精神,然而,良心和义务、感性和理性、直觉和理智、体验和认识、内省和博学、尊德性和道问学等等,不都是互补的吗?"(陈来:《朱熹哲学研究》,中国社会科学出版社 1988 年版,第 355 页。)

③ (南宋)黎靖德编:《朱子语类》卷九,第一册,中华书局 1986 年版,第 154 页。

④ (南宋)黎靖德编:《朱子语类》卷九,第一册,中华书局 1986 年版,第 154 页。

⑤ (南宋)黎靖德编:《朱子语类》卷九,第一册,中华书局 1986 年版,第 155 页。

⑥ (南宋)黎靖德编:《朱子语类》卷九,第一册,中华书局 1986 年版,第 155 页。

物'，如何?"曰:"'妙'字便稍精彩,但只是不甚稳当。'具'字便平衡。"①

"心具万理"又叫"心包万理""心者具众理",其意无二。在朱子看来,心不是空的,万理都在里面。这个理不是从外面取得来的,就在自己心里。圣人教人不是从外面寻一些道理塞到你的心里,你的心里原本就有这些道理,只是未曾把它发掘出来而已。这种情况就叫作"具"。

牟宗三不认可朱子的上述说法,认为这里"具"并非"本具",只是"当具":

> 德,从心说,是爱人利物之心,是心气之一属性;从行说,是爱人利物之德行。此时,心即为仁德之心,行即为仁德之行。此即朱子所谓"心之德"之义。德不同于仁义礼智之为理,乃是通过心气之认知地与实践地摄具此理,而由理而转成者。德者得也。理能认知地与实践地被得于心,方谓之德。但无论是认知地具或实践地具,就心气自身言,总是"当具",而不是"本具"。②

在牟宗三看来,朱子讲德,若从心上说,是爱人利物之心,若从行上说,是爱人利物之行。朱子讲的德不是孟子所谓的原本固有的仁义礼智之德,而是需要通过心认知摄具之德。心有认知能力,但本身是中性的。心通过认知能力,可以把握仁义礼智之理,使心具此理。这个"具"不是"本具",即不是原本具有,而是"当具",即应当具有。虽然在"当具"的指导下,时间久了也可以将仁义礼智变为自身之德,但"本具"与"当具"毕竟有原则之别。

由于牟宗三地位重要,不少学者都采纳这一说法。③ 我一度也是如此,但阅读了更多材料,有了更深的思考后,态度有所改变,认识到朱子所说的"具"也应理解为"本具"。且看朱子是如何说的:

> 自天之所命,谓之明命,我这里得之于己,谓之明德,只是一个道理。人只要存得这些在这里。才存得在这里,则事君必会忠;事亲必会孝;见孺子,则怵惕之心便发;见穿窬之类,则羞恶之心便发;合恭敬处,便自然

---

① (南宋)黎靖德编:《朱子语类》卷十七,第二册,中华书局 1986 年版,第 382—383 页。

② 牟宗三:《心体与性体》第三册,《牟宗三先生全集》第 7 卷,台湾联合报系文化基金会、联经出版事业公司 2003 年版,第 272—273 页。

③ 刘述先即是如此。他说:"朱子所谓存心显然也非孟子原义,存心是存此心知之明,不使其昏昧,乃可以发挥穷理的作用。理之在心,是认知地具,涵摄地具,关联地具,不是孟子仁义内在之本具。"(刘述先:《朱子哲学思想的发展与完成》,吉林出版集团有限责任公司 2015 年版,第 236 页。)

会恭敬;合辞逊处,便自然会辞逊。须要常存得此心,则便见得此性发出底都是道理。若不存得这些,待做出,那个会合道理!①

上天禀赋为命。禀赋于我,即为我之德。这个德无非是一些道理,就存在于我的心里。既然存在于我的心里,遇事就会发用,事君会忠,事亲会孝,见孺子入井而感怵惕,见穿窬之行而感羞恶。前提是必须有这个心,心中必须有这个理。否则,一切都是空谈。换言之,在朱子那里,理是善的终极来源,理禀赋于人而为人之性,这个禀赋必须有安顿之所,而这个安顿之所就是心,这一义理结构决定了心中一定原本就有理。

将“具”理解为“本具”,与朱子整体思想上下贯通,在逻辑上没有矛盾,没有障碍:

> 古人制字,亦先制得“心”字,“性”与“情”皆从“心”。以人之生言之,固是先得这道理。然才生这许多道理,却都具在心里。且如仁义自是性,孟子则曰“仁义之心”;恻隐、羞恶自是情,孟子则曰“恻隐之心,羞恶之心”。盖性即心之理,情即性之用。今先说一个心,便教人识得个情性底总脑,教人知得个道德存在处。若先说性,却似性中别有一个心。②

心字较性字更早,性和情都从心,所以心更加重要。由于性有生的含义,心来自性,性来自理,由此推论,人自来到这个世上的那一刻起,心里就有了许多道理,即“这许多道理却都具在心里”。先说一个心,好处是可以让人明白性和情的“总脑”在哪里,明白自家道德的那个“存在处”。如此说来,按照朱子学理的逻辑结构,性来自理,落实处为心,这就决定了心中一定有理、心一定具万理。这个“具”不是一种可能,而是一种现实,不是“当具”,而是“本具”。

虽然朱子肯定心中原本就有理,但他并不以此为满足,强调必须对心中的这些理加以进一步的认识。在这方面朱子有一个非常重要的表述,这就是《大学》“格物致知补传”中的“因其已知之理而益穷之”。朱子这一说法旨在表明,人心之中早就有了“已知之理”。上天禀赋人以善性,人生即具有善之“才”,具有恻隐、羞恶、辞让、是非之心的端倪。在此基础上自幼教之以孝悌诚敬,稍长学之以诗书礼乐。因此,人的内心不可能是空的,早就有了理,这个

---

① (南宋)黎靖德编:《朱子语类》卷十七,第二册,中华书局1986年版,第386页。

② (南宋)黎靖德编:《朱子语类》卷五,第一册,中华书局1986年版,第91页。

理就是"心具万理"的那个"理"。然而,成德成善不能止步于此,否则只是小学之法,不是大学之道,成为乡间善士没有问题,但不可能成圣成贤。理想的办法,是对心中这些"已知之理""益穷之"。上面讲过,朱子这一思想蕴含着深刻的道理。依照儒家生生伦理学的理解,人天生即有生长倾向,受社会生活和智性思维的影响,这种生长倾向又会发展为伦理心境,伦理心境虽然主要来自后天,但又具有先在性,所以人的内心早就有了东西,这种东西就是"心具万理"的那个"理",也就是"已知之理"的那个"理",而所有这些都可归为仁性。但除仁性外,人还有智性。智性既可以认识与成德成善相关的外部对象,又可以对仁性加以再认识,以了解其起源、性质、特点,乃至在其不合理的时候对其加以调整,使之归为合理。在一门完整的道德学说中智性是绝对不可缺少的,而智性发展的程度也是检验这门道德学说是否完善的重要尺度。有了这样一个角度,"因其已知之理而益穷之"的意义也就清楚了,它无非是说必须以智性对心中作为"已知之理"的仁性加以进一步认识而已。

朱子这一思想意义极为深远。智性是孔子心性之学的重要组成部分。在孔子那里,智性的内涵还比较简单,只是学礼学乐学诗,但有着很强的扩展潜力。荀子在建构性恶论的过程中,强调圣人可以通过认知之心制定礼义法度,进一步丰富了智性的内涵。朱子沿着同样的方向发展,强调人的学习认知能力有对"已知之理"再认识的功能。按照儒家生生伦理学的分判,这其实就是说智性可以而且必须对仁性加以再认识。这种再认识,从小处说,可以明白"已知之理"的所以然,由盲目上升到自觉;从大处说,可以发现"已知之理"的缺陷乃至不合理处,加以调整,使之归于合理。尽管朱子尚未讲得如此分明,但他"因其已知之理而益穷之"的论述明显已经包含了这方面的内容,则是断无可疑的。在儒学发展史上,朱子第一次认识到了这个问题的重要并有专门的说明,意义之大不可轻视。朱子学理尽管多有争议,但其历史地位始终难以动摇,这是一个重要原因。

这个问题之所以重要,还涉及伦理和道德的区分。在儒家生生伦理学系统中,伦理偏重于人伦之理,指对人际关系中既有的行为规范的服从;道德偏重于人与道的关系,指从道中得到的那个部分。伦理是在实然层面上尊重社会既有的规范;道德是在应然层面上作出自己的选择。伦理与仁性相应,因为仁性本质上属于伦理心境,伦理心境来自社会生活和智性思维对内心的影响,这就决定了仁性的性质是服从社会生活既有的规范,表现为一种实然性。道德与智性相应,因为智性除外识外,更重要的是内识,内识的一个重要任务,是对仁性加以再认识,思考与成德成善相关的根本道理,从而作出自己的选择,表现为一种应然性。就成人而言,在现实生活中的任何一个时间断面,总是首先从仁性出发遵从既有的社会规范,这就是伦理;随着思虑的成熟,再利用智性对这些规范加以再认识,从不自觉达到自觉,运用自由意志作出选择,这就是道德。① 以这个独特的视角重新审视朱子,不难看出,朱子要求必须由小学进至大学,重视“因其已知之理而益穷之”,真正的用意是说,因为“心具万理”,心中早就有了“已知之理”,这是成德成善的根底;尽管这些根底十分重要,但它只属于仁性,由此成就的只是伦理之善;我们切不可以此为满足,还必须利用智性对心中的这些“理”加以再认识,对仁性有一个理论层面的透彻了解,由伦理之善达至道德之善。在这个复杂过程中,担负对“已知之理”“益穷之”这项重要工作的,就是智性。以智性对仁性加以再认识,由伦理进至道德,是朱子学理最重要的特征,也是其学理最有价值的部分。

三、朱子学理的软肋:仁性绵软无力

然而,只承认“心具万理”,只承认人有“已知之理”,只看到人有仁性远远不够,要让其发挥作用,还必须把它找出来,否则仁性作为道德根据只是潜存,不能实际发挥作用。把自己身上的仁性找出来是门大学问。前面在分析朱子心论得失的时候讲过,朱子在这方面有明显的缺失。② 受延平默坐澄心之教而不得其门而入后,朱子一直不认可湖湘之学先察识后涵养的思路,批评其是“以心识心”,与佛家无异。为帮助理解,再引朱子分别与廖子晦和方宾王书信中的两段材料:

> 所论近世识心之弊,则深中其失。古人之学所贵于存心者,盖将即此而穷天下之理;今之所谓存心者,乃欲持此而外天下之理。其得失之弊,于此亦可见矣。③

---

① 参见杨泽波:《儒家生生伦理学引论》第五十四节“三分法理论效应三则”,商务印书馆2020年版,第343—356页。

② 参见本书第六章第四节第三小节“透过三分法看朱子反对‘以心识心’的深层原因”(第263—267页)。

③ (南宋)朱熹:《答廖子晦七》,《朱子全书》第二十二册,上海古籍出版社、安徽教育出版社2010年版,第2088页。

心固不可不识,然静而有以存之,动而有以察之,则其体用亦昭然矣。近世之言识心者则异于是,盖其静也初无持养之功,其动也又无体验之实,但于流行发见之处认得顷刻间正当底意思,便以为本心之妙不过如是,擎夯作弄,做天来大事看,不知此只是心之用耳。此事一过,此用便息。岂有只据此顷刻间意思,便能使天下事事物物无不各得其当之理耶?所以为其学者,于其功夫到处,亦或小有效验,然亦不离此处,而其轻肆狂妄、不顾义理之弊已有不可胜言者。此真不可以不戒。然亦切勿以此语人,徒增竞辩之端也。①

近世学者识心之弊不可不察。古人教学只是让人存心穷理。近世学者却让人在流行发见处识得此心,以明此心之妙。这种教法或可小有效验,但难免有轻肆狂妄,不顾义理之弊,与禅无别。世人常常生发无谓的争辩,皆因不明白此中道理所致。正确的做法,当依《大学》的方向,走由小学到大学的路子,沿着格物致知诚意正心的次第展开。

朱子这些说法问题很大。必须清醒地看到,现实生活中人的一个个具体善行并非始于学习认知,以掌握行为规范、道德原则,而是始于发现自己内在的道德根据。这个内在的道德根据就是孔子说的仁,孟子说的良心,也就是儒家生生伦理学所说的仁性。仁性一方面来自生长倾向,另一方面来自社会生活和智性思维对内心的影响,二者共同构成伦理心境。生长倾向是天生的,所以一定具有先在性。伦理心境(狭义)虽然来自社会生活和智性思维的影响,是后天的,但同样具有先在性。先在性是仁性最重要的特征。仁性因为是先在的,遇事接物一定会表现自己,告知何者为是,何者为非。特别奇妙的是,仁性还有自知的能力,可以知晓自己正在表现。这两方面的因素决定了人们遇事不需要新的学习,就可以知道应该如何去做。在实际的道德生活中,特别重要的是眼光向内,体悟自己内在的仁性。在这个过程中,仁性既是主,又是客,既是能指,又是所指,这种思维方式就是"以心识心"。只有承认"以心识心",做到"以心识心",具体的道德活动才能成为现实。遗憾的是,朱子对这个环节缺乏深刻的了解,坚决反对湖湘学人"以心识心"的思路。面对朱子的这种态度,我

---

①　(南宋)朱熹:《答方宾王四》,《朱子全书》第二十三册,上海古籍出版社、安徽教育出版社 2010 年版,第 2660 页。

们完全有理由提出这样的疑问:不首先发现自己的道德根据,具体的道德活动如何展开? 遇事接物难道都必须先学习认知一番,以了解先圣之典籍,古人之教法,才能成德成善吗? 朱子自己日常生活中的道德活动难道是这样进行的吗?

正因如此,牟宗三对朱子反对"以心识心"的主张提出了严厉批评,特别强调了儒佛两家在这个问题上的同与异:

> 禅学所继承以言其"即心是佛"的心原是如来藏自性清净心,其所言之性仍是"诸行无常,诸法无我"的空性,其所言之"无心为道"乃是般若,其所言之"作用见性"乃是诡辞为用(般若之用)的"当下即是"之圆顿之教。儒家的心乃是"仁义内在"之道德的心,性乃是"心即理"之道德的性,合而言之,这一实体是道德创造之实体,是本体宇宙论的实体,是即活动即存有之实体。两家根本有异,此所谓刚骨基体不同也。①

此段指明了一个重要道理:儒家和佛教都讲心,但所说内容实有不同。儒家的心是仁义内在的道德本心,佛教的心是如来藏自性清净心,儒家的心是道德创造实体,佛教的心只重缘起性空,一句话,儒学的心是实,佛学的心是空。朱子不认可"以心识心",一见他人讲悟,讲直觉,便生忌讳,是一个很大的错误。

又说:

> 此种作用义之无心之境界所代表之精神与风格是共法,不可把它同一于佛教,视为佛家之专利品。若把它同一于佛教,则凡表现有此精神与风格者,吾人皆可视之为禅,而非圣人之道;凡言圣人之道者,即不许有此精神与风格;如是,凡胜义皆推之于佛老,儒者只应处于低下,而美其名曰平实,实则只是借口平实而下委,此于弘扬儒学乃大不利者。②

当人达到一定境界后,归于朴实之途,任凭道德本心如如呈现,没有一点作意和执着的时候,便会有一种风格出现,在这种风格下,人们无心为善却已为善,无心为道却已为道。这就是所谓禅的风格。这种风格是一种共法,佛教有,儒学也有,不能因为佛教有这种风格,就把这种风格视为佛教的专利。

---

① 牟宗三:《心体与性体》第三册,《牟宗三先生全集》第7卷,台湾联合报系文化基金会、联经出版事业公司2003年版,第121页。

② 牟宗三:《从陆象山到刘蕺山》,《牟宗三先生全集》第8卷,台湾联合报系文化基金会、联经出版事业公司2003年版,第12页。

朱子在这个环节上的失误有很大的负面作用。智性和仁性都是道德根据，但二者作用有别。智性的作用是认知，既有外识，又有内识。仁性的作用是充当道德本体，以体发用。这一差异决定了在智性和仁性的关系中，只有仁性才能提供动力，智性没有这种能力。因为朱子对直觉的思维方式理解不透，不了解"以心识心"的重要意义，无法真正体悟到自己的仁性，仁性必然薄弱，必然无力。这种情况就是牟宗三说的"只存有而不活动"：

> 关于此点，吾已随处屡言之，此即实体之为"即存有即活动"与"只存有而不活动"之别。依朱子对于"存在之然"所作的"存有论的解析"，其由存在之然推证其所以然之理，其如此把握的实体（性体、道体）只能是理，而不能有心义与神义，此即实体只成存有而不活动者，因此，即丧失其创生义。①

性体能否有实际创生义最为关键。如果有这种创生义，其性体即为"即存有即活动"，反之，则为"只存有而不活动"。朱子也讲性体，但其讲法有问题，只是就存在之然推求其所以然，求那个存在之理，这样求来的理是死的，没有活动性。

这个问题朱子生前在一定程度上已经意识到了。他看到，虽然象山有不读书之病，但确有得力之处，而自己在这方面则多有不足：

> 看今世学者病痛，皆在志不立。尝见学者不远千里来此讲学，将谓真以此为事。后来观之，往往只要做二三分人，识些道理便是。不是看他不破，不曾以此语之。夫人与天地并立为三，自家当思量，天如此高，地如此厚，自家一个七尺血气之躯，如何会并立为三？只为自家此性元善，同是一处出来。②

象山教学固然有缺陷，但动力十足，可以直接由道德之知进至道德之行。朱子教学尽管条理细密，但缺乏动能，不少弟子"只要做两三分人，识些道理便罢"，全无气力。朱子意识到了这个问题后，为了让弟子好好做人，想了很多办法。如区分真知和假知，深知和浅知。他对学生说，只有真的被老虎咬了才能说是真知，有了真知，才会由知到行。又如强调克己。有弟子将"克"字

---

① 牟宗三：《心体与性体》第三册，《牟宗三先生全集》第7卷，台湾联合报系文化基金会、联经出版事业公司2003年版，第531页。

② （南宋）黎靖德编：《朱子语类》卷一百一十八，第七册，中华书局1986年版，第2837页。

解为治,克己即为治己。朱子不同意,强调一定要解为胜,治字太缓。见到不好的东西一定要把它杀了,就是胜。再就是大讲立志。学者必须以立志为本,立志必须做个好人,做个圣人,立志的一项重要内容,就是由知变为行。因为朱子不重视直觉,对于直觉多有忌讳,反对"以心识心",这些办法也就只能治表,不能治里了。对于直觉缺乏正确的理解,没有意识到它的重要,致使仁性绵软无力,是朱子学理的最大软肋。

四、兼容并蓄中的暗中偏斜

有了前面的铺垫,儒家生生伦理学就可以回应牟宗三和钱穆的不同判断,进而对朱子加以新的定位了。

牟宗三判定朱子为"旁出",是因为朱子致思的重心在《大学》,重视格物致知,与孔孟之学的基本精神不合。儒家生生伦理学不同意这种判断。孔子思想既有仁性,又有智性。由仁性而有后来的《孟子》,由智性而有后来的《大学》。《大学》固然与《孟子》有异,但同样是由孔子的智性发展而来的。虽然朱熹的视线过多地偏向于认知,被陆王心学诟病,但其重视《大学》,尤其是重视"因其已知之理而益穷之",同样源于孔子,同样是对孔子思想的发展。我一再强调,孔子心性之学仁智双修,立论全面。孟子沿着仁性一路发展,开出后来的心学,代表人物是象山、阳明,荀子走的是智性的路线,后来的理学亦是如此,代表人物是伊川、朱子。将仁性和智性有机结合起来,才是好的理论,两者缺一不可。如果说由《大学》而来的朱子不合孔子的仁性,是旁出的话,那么读《孟子》自得于心的象山以及其后的阳明也同样不合于孔子的智性,也未必不是旁出。严格说来,这不是一个如何判教的问题,而是承不承认孔子心性学说中有一个独立的智性,承不承认学习认知在成就道德过程中的作用,尤其是需不需要动用智性对内心"已知之理"加以再认识的问题。从这个意义上说,朱子无论如何都不是旁出。

钱穆判定朱子为"庞大精密的心学体系",是因为朱子也讲心,而且论说细密完整。儒家生生伦理学同样不接受这种看法。心作为道德根据,可以分作两端,既有仁性之心,又有智性之心。仁性之心是道德本心,智性之心是道德认知之心。朱子所重之心主要是智性认知之心,虽然于此有大的推进,但不宜因此将朱子称作"心学"。在儒学史上,"心学"有其固有的内涵,专指由孟子开创,象山、阳明继承以仁性为学理基础的系统。朱子作为学问大家,不可能不讲仁性,但因为他不了解仁性的思维方式是直觉,看不到"以心识心"的可能性和必要性,所以对其把握不够到位,正如荀子也讲仁,但他讲的仁没有先在性和逆觉性,其理论有明显的缺陷一样。① 牟宗三认定朱子为"旁出"固然有失偏颇,但他指出朱子不了解孔子之仁,孟子之心,对仁性缺乏透彻的把握,其学理缺乏活动性,则是不刊之论,极有意义,极难反驳。钱穆在这方面的弱势就显现出来了,作为史学家的他虽然在《朱子新学案》中罗列了朱子那么多关于心的材料,但都不足以证明朱子属于"心学体系"。

综合言之,朱子既讲仁性,又讲智性,立志全面继承孔子的学说。由小学必须进至大学,"因其已知之理而益穷之",这些思想在儒学历史上第一次正式触及以智性对仁性加以再认识这一重要问题,学理价值极高。遗憾的是,他对仁性体悟不透,不了解仁性的思维方式是直觉,反对"以心识心",致使仁性绵软无力,思想重心偏向了智性,道德动力不足。兼容并蓄是其志,暗中偏斜是其实,朱子未能很好地承接孔子仁智双全的思想架构——这便是儒家生生伦理学对朱子的历史定位。② 承接孔子仁智双全思想架构,以此综合心学和理学(包括孟子和荀子)这一艰巨任务,还有待后人完成,而无论谁做成了这件事情,都是完成了前无古人的大事业。

---

① 荀子和朱子走的都是智性路线,但二人的思路又有不同。出于反对孟子性善论的立场,荀子完全不承认人有善性,不承认人是先在的道德存在,将思想的重点全部放在学习认知礼义法度之上。而朱子接受孟子的立场,承认人性为善,认可人心有"已知之理",只是受到与湖湘之学对抗的影响,不了解"以心识心"对于成德成善的重要意义,思想偏向了格物致知一面。切不可因为荀子和朱子都是沿着智性道路发展的,而混淆了二人之间的这种差异。

② 以"兼容并蓄中的暗中偏斜"确定朱子的历史地位,是我在《孟子性善论研究》中首次提出来的。虽然当时的分析还有欠详尽,但基本格局已经有了。(参见杨泽波:《孟子性善论研究》,中国社会科学出版社 1995 年版,第 216—230 页。)后来,我始终坚持这种理解,该书修订版(中国人民大学出版社 2010 年版)和再修订版(上海人民出版社 2016 年版)都完整地保留了这一说法。

第七章 "因读《孟子》而自得之"的象山

第一节 "因读《孟子》而自得之"

《语录下》有这样两段材料：

> 某尝问："先生之学亦有所受乎？"曰："因读《孟子》而自得之。"①
>
> 自得，自成，自道，不倚师友载籍。②

这是关于象山学术渊源最直接的记载，也是研究象山学术背景最重要的材料。依据这一说法，象山没有明确的师承，其学问源于读《孟子》自得于心，故曰"自得，自成，自道"。宋人治学极重师承。朱子继延平，延平继豫章，豫章继龟山，龟山继二程，一脉相传。象山则没有明确的师承脉络。朱子讲象山"天资也高，不知师谁"③，表面看是褒奖，实则是微辞，亦见象山之不易。

《孟子》字义并不特别困难，把握其真精神却不容易。象山能够靠自己读《孟子》而弘扬心学，的确聪颖过人。据《宋史·陆九渊传》载：象山4岁时，一天问父亲："天地何以无穷际"，父亲笑而不答，象山为此苦思而忘寝忘食。到13岁时，见"天地上下曰宇，往古来今曰宙"的说法后，突然有所省悟，援笔书曰：

> 宇宙内事乃己分内事，己分内事乃宇宙内事。
>
> 宇宙便是吾心，吾心便是宇宙。东海有圣人出焉，此心同也，此理同也。西海有圣人出焉，此心同也，此理同也。南海北海有圣人出焉，此心同也，此理同也。千百世之上至千百世之下，有圣人出焉，此心此理，亦莫

---

① （南宋）陆九渊：《语录下》，《陆九渊集》卷三十五，中华书局1980年版，第471页。
② （南宋）陆九渊：《语录下》，《陆九渊集》卷三十五，中华书局1980年版，第452页。
③ （南宋）黎靖德编：《朱子语类》卷一百二十四，第八册，中华书局1986年版，第2969页。

不同也。①

这些话表达了两个意思。一是人与宇宙的关系问题。宇宙非在我心外，就在我心内，我的心就是宇宙，宇宙就是我的心。二是心的相同性问题。圣人之心无异，东海西海圣人出，此心绝非有二。以13岁之小小年龄，即可悟到如此深刻道理，岂止一个奇字了得。

另一则材料说：

> 复斋因读《论语》，命先生近前，问云："看《有子》一章如何"。先生曰："此有子之言，非夫子之言。"复斋曰："孔门除却曾子，便到有子，未可轻议。"先生曰："夫子之言简易，有子之言支离。"②

五哥子寿（复斋）读《论语》，问象山对"有子"一章有何看法，象山说，"非夫子之言"。五哥大为惊讶，指出孔门弟子除曾子外，就数有子了。象山则道，夫子之言简易，有子之言支离，故敢断言有子与夫子之言不同。

《年谱》又说：

> 闻人诵伊川语，自觉若伤我者。
>
> 伊川之言，奚为与孔子孟子之言不类。③

象山明言，伊川的话与孔孟实有不同，读之"若伤我者"。这与早年定有子为支离属同样情况。由此可知，象山后来判朱子之学为支离，其学理标准早在年幼时即已确定，难以动摇了。

四哥子美对其弟有这样的感叹：

> 子静弟高明，自幼已不同，遇事逐物皆有省发。尝闻鼓声振动窗棂，亦豁然有觉。其进学每如此。④

象山聪慧，自幼便与他人相异，遇事常有独特的体会，即使闻到鼓声与窗棂产生共鸣，也能有所感悟，进步飞速。世上最伟大的创造都由天才人物完

---

① （南宋）陆九渊：《年谱》，《陆九渊集》卷三十六，中华书局1980年版，第483页。象山此言并非首创，明道早有此意。其言曰："是以仁者无对，放之东海而准，放之西海而准，放之南海而准，放之北海而准。"[（北宋）程颢、程颐：《河南程氏遗书》卷十一，《二程集》第一册，中华书局1981年版，第120页。]

② （南宋）陆九渊：《年谱》，《陆九渊集》卷三十六，中华书局1980年版，第483页。

③ （南宋）陆九渊：《象山先生行状》，《陆九渊集》卷三十三，中华书局1980年版，第388页。

④ （南宋）陆九渊：《年谱》，《陆九渊集》卷三十六，中华书局1980年版，第482页。

成,世上所有行当的最高端都由天才人物占据,哲学同样需要特别适合它的人。这些人的智慧在其他方面不一定突出,但对哲学有天然的领悟力,时时处处超脱他人。从事哲学事业而有突出成就的人大多如此,象山无疑就属于这种情况。

象山有其成就,除个人悟性强劲之外,与兄弟相衬、相互影响也有密切关系。象山名九渊,字子静,兄弟六人。大哥九思,字子疆,少年时中过举人,受封为从政郎。因父亲不善治理生计,生母早逝,遂放弃学业,操持整个大家庭的内外事务。二哥九叙,字子仪,为人正直,善持家,经营手工制药作坊,维持全家生计。三哥九皋,字子昭,以文助家,授徒家塾,补贴家用,因教学需要,编次《大学》作为教材,著述颇多,对其弟多有影响。四哥九韶,字子美,一生不事科举,与兄弟共讲古学,首言《太极图说》非儒家正统,挑起朱陆无极太极之辩。五哥九龄,字子寿,号复斋,登进士第,授迪功郎、湖南桂阳军军学教授、江西兴国军军学教授、全州州学教授。为学"稽百氏异同之论,出入于佛、老,反复乎孔子、子思、孟子之言,潜思而独究之,焕然有明焉"[1]。《行状》称其"文辞近古,有退之子厚之风,道学造微,得子思孟轲之旨"[2]。由此可知,五哥复斋治学路数与象山一致,同为心学。陆家六子中,老大、老二、老三务于生计,不得不从事工商贸易,维持家业。老四、老五、老六志于道德学问,复明古人之学宗旨。兄弟之间联成梯队,彼此帮衬,互为师友,构成了传统大家庭的一幅美妙图画。若没有兄长的帮助,老四、老五、老六无力持学问道;没有老四、老五、老六的治学,陆家之名不可能传于后世。在做学问的三个兄弟中,四哥子美质疑《太极图说》非儒家正统,五哥子寿治学路数亦为心学,这当对象山有一定影响。这也说明,象山之学虽然是自读而成,但兄弟之间形成一个小的学术团体,相互影响,也是一个不可忽视的因素。中国传统社会历来有耕读传家的传统,在一个大家庭之中,兄弟之间经济上相互支持,学问上相互促进,直至出现象山这样一位伟大学者,堪称模范,实为美谈。

---

① (明)黄宗羲:《与章彦节》,《宋元学案》卷五十七,中华书局2013年版,第1872—1873页。

② (南宋)陆九渊:《全州教授陆先生行状》,《陆九渊集》卷二十七,中华书局1980年版,第313页。

第二节　鹅湖之辩的焦点:"悟得本心"
与"读书讲论"

一、"悟得本心"与"读书讲论"

象山小朱子 9 岁,中进士时已颇有声名,朱子在鹅湖之会前曾多次谈到陆氏兄弟。《朱子文集》卷三十三云:"陆子寿闻其名甚久,恨未识之。子澄云其议论颇宗无垢,不知今竟如何也?"①昱年又云:"陆子静之贤,闻之盖久,然似闻有脱略文字、直趋本根之意,不知其与《中庸》学问思辨然后笃行之旨又如何耳。"②由这些记载可知,当时朱子已闻得陆氏兄弟之名,同时也知道其学问的特点是脱略文字,直指本心。

借由吕祖谦(伯恭)的好意,双方答应在鹅湖相会,共同讨论为学之道。鹅湖之会的详细记载,仅见于象山《年谱》和《语录》,不见于《朱子文集》和《朱子语类》。据《朱子语录》所记,陆氏兄弟动身之前于此有过商议:

> 吕伯恭为鹅湖之集,先兄复斋谓某曰:"伯恭约元晦为此集,正为学术异同,某兄弟先自不同,何以望鹅湖之同。"先兄遂与某议论致辩,又令某自说,到晚罢。先兄云:"子静之说是。"次早,某请先兄说,先兄云:"某无说,夜来思之,子静之说极是。"方得一诗云:"孩提知爱长知钦,古圣相传只此心。大抵有基方筑室,未闻无址忽成岑。留情传注翻蓁塞,着意精微转陆沉。珍重友朋相切琢,须知至乐在于今。"某云:"诗甚佳,但第二句微有未安。"先兄云:"说得凭地,又道未安,更要如何?"某云:"不妨一面起行,某沿途却和此诗。"③

从这段材料看,兄弟二人商议的过程似以象山为主。思想统一后,子寿还

---

① （南宋）朱熹:《答吕伯恭》,《朱子全书》第二十一册,上海古籍出版社、安徽教育出版社 2010 年版,第 1445 页。

② （南宋）朱熹:《答吕子约》,《朱子全书》第二十二册,上海古籍出版社、安徽教育出版社 2010 年版,第 2190 页。

③ （南宋）陆九渊:《语录上》,《陆九渊集》卷三十四,中华书局 1980 年版,第 427 页。

赋诗一首。于此象山基本赞同,只是觉得第二句"微有不安"。至于何处不安,并未讲明。

到了鹅湖各方见面后,子寿赋诗。才至前四句,朱子便对伯恭讲道:"子寿早已上子静船了"。赋诗罢,象山云:

> 途中某和得家兄此诗云:"墟墓兴哀宗庙钦,斯人千古不磨心。涓流积至沧溟水,拳石崇成泰华岑。易简工夫终久大,支离事业竟浮沉。"举诗至此,元晦失色。至"欲知自下升高处,真伪先须辩只今",元晦大不怿,于是各休息。翌日二公商量数十折议论来,莫不悉破其说。继日凡致辩,其说随屈。伯恭甚有虚心相听之意,竟为元晦所尼。①

象山此时方才亮出自己的和诗。此前象山感觉其兄之诗的第二句"古圣相传只此心"略有不妥,而他和诗的第二句"斯人千古不磨心"直接道明了自己的看法。在他看来,"只此心"的说法尚不彻底,更彻底的说法当是"不磨心"。所谓"不磨心"就是此心千古不变。因为此心千古不变,成德成善最重要的就是向内找到它,这种工夫简约易行。朱子的方法是读书讲学,与自家易简工夫相比,自然是支离事业,自然是要浮沉的。象山举诗毕,朱子面有不悦之色。双方商议数十回合,力证自己正确,对方有误,但均未说服对方。随后数日的情况大致如此。

鹅湖之会双方之不同,历来多以简约还是支离、尊德性还是道问学加以概括。关于前者,朱享道当时即有明确的记录:

> 鹅湖之会,论及教人。元晦之意,欲令人泛观博览,而后归之约。二陆之意,欲先发明人之本心,而后使之博览。朱以陆之教人为太简,陆以朱子教人为支离,此颇不合。②

鹅湖之会,朱子强调要成德成善,须泛观博览而后归约。二陆之意则要求先发明本心。在朱子看来,二陆教法太简,在二陆眼中,朱子教法支离。由此形成对立,颇为不和。朱陆这种简约与支离的不同,在象山的和诗中已经点出。朱享道的记录并非无据。

尊德性与道问学的说法则是后来朱子的概括:

---

① (南宋)陆九渊:《语录上》,《陆九渊集》卷三十四,中华书局 1980 年版,第 427—428 页。
② (南宋)陆九渊:《年谱》,《陆九渊集》卷三十六,中华书局 1980 年版,第 491 页。

大抵子思以来,教人之法惟以尊德性、道问学两事为用力之要。今子静所说,专是尊德性事,而熹平时所论,却是问学上多了。所以为彼学者多持守可观,而看得义理全不子细,又别说一种杜撰道理遮盖,不肯放下。而熹自觉虽于义理上不敢乱说,却于紧要为己为人上多不得力,今当反身用力,去短集长,庶几不堕一边耳。①

尊德性和道问学是成德成善的两项重要工作。朱子认为,陆氏兄弟专讲尊德性,过于狭窄,自己平时所论则是道问学上多了。象山弟子持守有道,但看义理全不仔细,朱子弟子义理方面下的工夫多,但在操守为人方面多不得力。

上述两种说法在历史上流传很广,但都有局限。简约与支离之说只是为学方法的特点,未能点出问题的本质。尊德性与道问学之说且不说是后来的概括,其本身也有含混之处,因为很难说象山尊德性而朱子不尊德性。如果不局限于这些历史上的说法,我在相关材料中发现了另一对术语,可能更为准确可靠:

子寿兄弟气象甚好,其病却是尽废讲学而专务践履,却于践履之中要人提撕省察,悟得本心,此为病之大者。②

子静近得书。其徒曹立之者来访,气质尽佳,亦似知其师说之误。持得子静近答渠书与刘淳叟书,却说人须是读书讲论,然则自觉其前说之误也。但不肯幡然说破今是昨非之意,依旧遮前掩后,巧为词说。只此气象,却似不佳耳。③

这里分别谈到"悟得本心"和"读书讲论"。前者是朱子对陆氏兄弟主张的概括。在朱子看来,陆氏兄弟教人根本特点就是"提撕省察,悟得本心"。这种办法规模狭窄,容易流于异学。后者是朱子引象山之语,实则代表了朱子自己的主张。朱子认为,鹅湖之会后,象山思想已有变化,"却说人须是读书讲论",认识到读书学习的重要,这自然是其进步处,只是不肯承认之前的错

---

① (南宋)朱熹:《答项平父》,《朱子全书》第二十三册,上海古籍出版社、安徽教育出版社2010年版,第2541页。

② (南宋)朱熹:《答张钦夫》,《朱子全书》第二十一册,上海古籍出版社、安徽教育出版社2010年版,第1350页。

③ (南宋)朱熹:《答吕伯恭》,《朱子全书》第二十一册,上海古籍出版社、安徽教育出版社2010年版,第1493页。

误,前后遮掩,气象不佳。照我的理解,"悟得本心"和"读书讲论"这两个术语内涵更为清楚,明显强于简约和支离、尊德性和道问学。因此,下面我将分别以此来指代象山和朱子为学的特点:象山代表前者,特重"悟得本心",不重"读书讲论";朱子代表后者,特重"读书讲论",不重"悟得本心"。

二、象山"悟得本心"的基础与盲区

鹅湖之会之所以著名,是因为它触及了儒家学理最为关键的何为道德根据的问题,是这个问题在历史上第一次正面展开的论战。① 在这个问题上,朱陆都有所得,也都有所失。

鹅湖之会,象山主张"悟得本心",秉持的是心学的立场,这是没有疑问的。读象山的书可以清楚地看到,他对心学基本原则体会极深,把握极准。下面两段是很好的材料:

> (杨简)问:"如何是本心?"先生曰:"恻隐,仁之端也;羞恶,义之端也;辞让,礼之端也;是非,智之端也。此即是本心。"对曰:"简儿时已晓得,毕竟何是本心?"凡数问,先生终不易其说,敬仲亦未省。②

> 先生问:"何谓本心?"象山曰:"君今日所听扇讼,彼讼扇者,必有一是,有一非,若见得孰是孰非,即决定为某甲是,某乙非,非本心如何?"先生闻之,忽觉此心澄然清明,亟问曰:"止如斯邪?"象山厉声答曰:"更何有也?"先生退,拱坐达旦,质明纳拜,遂称弟子。③

杨简未入象山门之前,听过象山大名,询问何是本心。象山答之以恻隐仁之端,羞恶义之端。这并没有说服杨简,因为这些他从小就知道了,继续追问毕竟何是本心。象山始终不改其说。又一次,杨简再提此问。象山启发他说,你刚才判断扇讼之案,讼者必有是非,你能够当下断定,这不是本心是什么?杨简听此说后,略有所悟,但还不满足,继续追问,遭到象山制止。随后,杨简"拱坐达旦,质明纳拜",正式拜象山为师。

---

① 荀子与孟子的性恶与性善之争也属于这类问题,但因年龄关系,荀子活跃时期,孟子或已不在,二人没有面对面的论辩。

② (南宋)陆九渊:《年谱》,《陆九渊集》卷三十六,中华书局 1980 年版,第 487—488 页。

③ (明)黄宗羲:《宋元学案·慈湖学案》,《黄宗羲全集》第五册,浙江古籍出版社 1999 年版,第 949 页。

这件事有很强的说服力,常被引用。在道德境遇中,不需要新的学习,道德本心会告知我们是非对错,我们的直觉能力可以感知到这种告知,从而知道是非对错,遵其是而行,闻其非而止,即可成德成善。这是心学的基本原则。道德本心如此神奇,有充分的学理基础。根据儒家生生伦理学的一贯理解,人之所以有本心,是因为人天生就有生长倾向,在社会生活和智性思维中这种生长倾向又会发展为伦理心境。伦理心境具有明显的先在性,遇事定会显现自身,人依靠直觉能力,可以觉知到这种标准正在显现。象山以扇讼之例启发杨简,运用的正是这个原理。判定扇讼之前,杨简内心早已有了是非的标准,同时也可以觉知到这个标准,明了是非对错。象山通过这个案例启发杨简,帮助其明白的正是这个道理。有了这种观察问题的角度,象山的很多论述就好理解了:

> 念虑之正不正,在顷刻之间。念虑之不正者,顷刻而知之,即可以正。念虑之正者,顷刻而失之,即是不正。此事皆在其心。①

> 先生所以诲人者,深切著明,大概是令人求放心。其有志于学者,教人相与讲切,无非此事,不复以言语文字为意,令人叹仰无已。②

遇事良心发动,自己知道正与不正。即使有不好的念头出来,自己也清楚明白,知道它为不正。因为这个道理必须自己体悟,语言很难讲述明白,所以弟子评论象山教人"不复以言语文字为意",简约易行,令人感叹不止。将象山学理的这个特点置于仁性的视域之下,无一不通,无一不明。

虽然对仁性把握透彻,但象山不明白仁性还需要提升发展,这是其思想的第一个盲区。仍以上面引证为例。在以扇讼为由启发杨简对自己本心略有所悟后,杨简仍不满足,怀疑本心是否仅仅如此,急忙问"止于斯邪"? 而象山的回答"更何有也"完全否定了任何其他的可能,直接断定这就是本心。这里讲的本心即是道德根据,而象山"更何有也"的回答,实际上是将仁性作为成德成善的唯一根据。尽管杨简深受启发,随即执弟子之礼,但这个问题远没有这样简单。成德成善自然需要以本心为根据,但本心并非足够,还需要对本心加以再认识,必要时甚至还需要对其加以调整,这

① (南宋)陆九渊:《杂说》,《陆九渊集》卷二十二,中华书局1980年版,第270页。
② (南宋)陆九渊:《年谱》,《陆九渊集》卷三十六,中华书局1980年版,第489页。

些都需要动用智性。智性在成德成善过程中具有重要的地位,是断断不可否认的。象山对杨简"更何有也"的回答完全否认了智性的作用,断了这个活路。

另一个例子也能说明问题。据弟子记载,鹅湖之会经过数个回合的争辩后,象山仍没有让步之意:

> 先生更欲与元晦辩,以为尧舜之前何书可读?复斋止之。①

象山的意思是,朱子学理重在"读书讲论",照此推论,尧舜之前并无书可读,可见此法并不是成德的必要条件。象山对这一辩难十分得意,只是碍于其兄之阻止,未能展开。然而象山并不了解,读书是智性,但智性不局限于读书。换言之,读书只是智性的一种方式,即使没有书可读,也不代表成德成善不需要认知。尧舜之前确实无书可读,但这并不妨碍他们通过哪怕最简单的逻辑方式去思考与此相关的问题。这些思考不再是仁性的性质,而属于智性的范畴了。象山以"尧舜之前何书可读"反驳朱子,否认智性在成德成善过程中的作用,在学理上有明显的缺陷。

虽然受其兄阻止,象山没有就此继续发问,但这个念头一直没有放弃。类似的说法非常多:

> 人孰无心,道不外索,患在戕贼之耳,放失之耳。古人教人,不过存心、养心、求放心。②

在象山看来,成德成善的基本工作不过是"存心、养心、求放心"而已。这明显是由孟子"学问之道无他,求其放心而已矣"的说法而来的。孟子这一说法虽然影响很大,但并不准确,是出于孟子而孔子不会讲的四句话之一。③ 根据孔子的思想,成德成善除了"求放心"之外,还需要学习认知。象山顺着孟子的话头讲"存心、养心、求放心"自然有其得力之处,但也忽视了学习认知在成德成善中的作用,从学理规模上说,其实是丢掉了智性。

象山思想的这种不足,不仅表现在理论上,还表现在现实生活中。淳熙四年,二陆母丧,如何操办丧祭礼仪,一时把握不准,写信咨询朱子。朱子不赞成

---

① (南宋)陆九渊:《年谱》,《陆九渊集》卷三十六,中华书局1980年版,第491页。
② (南宋)陆九渊:《与舒西美》,《陆九渊集》卷五,中华书局1980年版,第64页。
③ 参见本书第二章第五节"出于孟子而孔子不会讲的四句话"(第47—49页)。

他们对于祔礼的理解,以自己《仪礼注》为根据,详细谈了这方面的意见。① 这件事情有很强的讽刺意味。二陆兄弟秉持心学立场,主张学问之道无他,仅在求其放心,既然如此,如何做祔礼也应只求放心即可。但他们的相关知识不足,必须向朱子求教。这件事情说明,在现实生活中,就一般情况而言,良心可以提供是非标准,知道应该如何去做,但良心不是无限的,也有不了解的问题,无法事事都能提供现成答案。此时唯一有效的办法,就是去学习,就是去认知。朱子复信告知祔礼相关知识后,二陆兄弟的态度不同,"子静终不谓然,而子寿遂服,以书来谢,至有'负荆请罪'之语"②。这说明,子寿多少已经意识到了这个问题的严重性,对自己之前的主张有所反省。象山则没有反省自己的不足,仍然坚持故说。朱子似乎也没有充分意识到这一事件隐含的重大意义,帮助象山检讨自己的学说立场。假如朱子能够有这方面的意识,牢牢抓住这个契机,督促二陆兄弟反思其学理的根柢,以象山之聪慧,或许会出现一定的转机。历史失去了这个契机,也失去了朱陆汇合的可能,此实为朱陆之争的一大憾事。

象山思想中的这个问题与孟子有直接关系。孟子提出良心概念是一个了不起的创造,由此开创了心学的先河。良心即是仁性。为了替儒家学理寻找确定的形上根据,孟子又将良心的根源归到天上,直言"此天之所与我者",真诚相信仁性来自上天的赋予。然而,根据儒家生生伦理学对儒学谱系的梳理,孟子思想有一个很大的不足:他不了解仁性只是成德成善的一个条件,以此成就的只是伦理之善。除此之外,还需要有智性,以对仁性加以再认识,多问几个为什么,如仁性的真正根源是什么,其性质如何,有什么特点,是否合理等等。对仁性的这种再认识一般会有两种结果:一是认识到仁性没有问题,完全是合理的、正确的,从而使行为更加自觉;二是认识到仁性有瑕疵,有缺陷,进而加以调整,甚至改造,使行为归于合理。只有经过这个环节,人的行动才能在更高的层面上展开,才能由伦理之善上升到道德之善。非常可惜,这些问题完全在象山视野之外,他不明白智性的重要作用,其学理所能达成的只是伦理

---

① (南宋)朱熹:《答陆子寿》,《朱子全书》第二十一册,上海古籍出版社、安徽教育出版社2010年版,第1557—1560页。

② (南宋)朱熹:《答叶味道》,《朱子全书》第二十三册,上海古籍出版社、安徽教育出版社2010年版,第2783页。

之善,而不是道德之善。①

由此不难看出,象山思想的这个不足是由其不了解孔孟心性之学分歧造成的。这是他的第二个盲区。道统意识始于孟子。《孟子》最后一章,列出了一个尧、舜、汤、文王、孔子一脉相传的道统,并以自己作为这个道统的继承人,感叹"由孔子而来至于今,百有余岁,去圣人之世,若此其未远也,近圣人之居,若此其甚也,然而无有乎尔,则亦无有乎尔"②。唐代韩愈作《原道》,正式提出所谓尧、舜、禹、汤、文、武、周公、孔、孟的道统。自此之后,继承道统就成了儒者必须承担的历史责任。明道殁后,伊川将道统正传的桂冠给了明道:"先生出,倡圣学以示人,辨异端,辟邪说,开历古之沉迷,圣人之道得先生而复明,为功大矣。"③朱子则将二程一并尊之:"宋德隆盛,治教休明。于是河南程氏夫子出,而有以接乎孟氏之传。实始尊信此篇而表章之,既又为之次其简编,发其归趣,然后古者大学教人之法、圣经贤传之指,粲然复明于世。虽以熹之不敏,亦幸私淑而与有闻焉。"④

象山极为自信,自然不甘落后,明言:

窃不自揆,区区之学,自谓孟子之后至是而始一明也。⑤

在象山心目中,孟子之后,一千五百年来,只有他才真正读懂了孟子,真正

---

① 在中国哲学研究中,将朱子和象山之学理从道德和伦理的角度加以区分,始于彭永捷。由博士论文扩展而成的《朱陆之辩——朱熹陆九渊哲学比较研究》(人民出版社 2002 年版)是专门讨论朱陆之辩的专著。该书希望对朱陆之辩这一事件做哲学式的而非哲学史或思想史的研究,而其中的一个显著特色是从道德和伦理的角度区分朱子与象山。作者对道德和伦理进行了新的界定。"道德一词采用德国哲学家康德的观点,即将道德看成是主体对于自己的立法,是主体作为个体的内心法则。""伦理采用德国哲学家黑格尔的观点,即把伦理看成是主、客观的统一。"(见该书第 60—61 页)我将儒家不同学派追求的善分为伦理之善和道德之善,最初就是受到了该书的启发,但我的做法与彭永捷刚好相反。他认为"朱子哲学的主体是伦理哲学,象山哲学的主体是道德哲学。"(见该书第 292 页)我则以自己的三分法为依据,将象山哲学定性为伦理,因为象山只是对于现实人伦关系原则的服从,偏重实然,基础在仁性,而将朱子哲学定性为道德,因为朱子要求进一步对上述原则加以再认识,更重应然,基础在智性。(参见杨泽波:《儒家生生伦理学引论》,第五十四节第三小节"三分法视域下伦理与道德的区分",商务印书馆 2020 年版,第 350—356 页。)

② (南宋)朱熹:《四书章句集注》,中华书局 1983 年版,第 376—377 页。

③ (南宋)程颢、程颐:《河南程氏文集》卷十一,《二程集》第二册,中华书局 1981 年版,第 640 页。

④ (南宋)朱熹:《大学章句序》,《四书章句集注》,中华书局 1983 年版,第 2 页。

⑤ (南宋)陆九渊:《与路彦彬》,《陆九渊集》卷十,中华书局 1980 年版,第 134 页。

继承孟子的学脉。象山的弟子亦认可其师的说法,将象山视为道统的正脉:
"孟子殁千五百余年,宋有象山文安陆先生,挺然而兴,卓然而立,昭然而知,
毅然而行。指本心之清明,斯道之简易,以启群心,诏后学。"①"自轲既没,逮
今千有五百余年。学者徇口耳之末,昧性天之真,凡轲之所以诏来世者,卒付
于空言。有能尊信其书,修明其学,反求诸己,私淑诸人,如监承陆公者,其能
自拔流俗,而有功于名教者与。"②这些材料足以说明,当时人们普遍认为,孟
子全面继承了孔子的思想。在此背景下,如果能够自认为读懂了《孟子》,继
承了孟子的思想,从逻辑上说,当然也就是继承了孔子的思想,继承了道统。

问题远没有如此简单。自我从事儒学研究以来,做的一件重要工作,就是
证明了孔子与孟子思想存在着重大分歧,孟子并没有全面继承孔子的思想,孔
孟心性之学分歧是儒学发展的头等重大事件。遗憾的是,象山不明白这个道
理,对孔孟思想的真正关系缺乏全面的把握,反而以孟子之后第一人自居。因
此,对"自谓孟子之后至是而始一明"这一说法,当从两方面来看。一则,象山
对孟子确实有透彻的理解,十分不易,确有实功。二则,象山受传统道统说的
局限,没有对孔孟心性之学的关系做全面的梳理,不了解孔子与孟子思想有原
则性的分歧。这个问题的后果非常严重:象山自认为对孟子有真体会,并以此
反驳朱子,但他未曾想到,孟子只是顺着孔子仁性一路走的,丢失了智性,思想
有严重的不足,他以孟子为依据,思想有所偏失,自然也就无法避免了。

三、朱子"读书讲论"的基础与盲区

与象山不同,朱子重视"读书讲论",秉持的是理学的立场。在儒家生生
伦理学系统中,理学的基础是智性,智性离不开学习认知,所以朱子特别重视
读书博览。上引朱享道所记"鹅湖之会,论及教人。元晦之意,欲令人泛观博
览,而后归之约"的说法,已明确表现出这种倾向。鹅湖之会后,朱子在给吕
祖谦的一封信中这样写道:

> 子静旧日规模终在,其论为学之病,多说如此即只是意见,如此即只
> 是议论,如此即只是定本。熹因与说既是思索,即不容无意见;既是讲学,

---

① (南宋)陆九渊:《年谱》,《陆九渊集》卷三十六,中华书局1980年版,第526页。
② (南宋)陆九渊:《文安谥议》,《陆九渊集》卷三十三,中华书局1980年版,第385页。

即不容无议论;统论为学规模,亦岂容无定本? 但随人材质病痛而救药之,即不可有定本耳。渠却云正为多是邪意见、闲议论,故为学者之病。熹云如此即是自家呵叱亦过分了,须着"邪"字、"闲"字,方始分明,不教人作禅会耳。①

象山始终坚持己说,批评朱子之学只是意见,只是议论,只是定本。朱子反驳说,既然是思索,当然要有意见,既然是讲学,当然要有议论,为学虽然因人而异,但终归要有定本,方才不至于坠入禅门。这段材料说明,朱子对象山坚持本心的路线始终不认可,坚持认为教人必须要有意见,必须要有议论,一句话必须要"读书讲论"。朱子此说并不为错。儒家生生伦理学坚持主张,一个完整的道德学说中,智性是不可缺少的部分。智性有两个功能,一个是外识,一个是内识。外识即是对与成德成善相关的外部对象的认识。外部对象存在着理,古代圣贤在一定程度上掌握了这些理,并通过著述把自己的理解记录下来,因此,"读书讲论"是外识的重要功课。内识则是对仁性的再认识,这项工作虽然不同于外识,有其特殊性,但同样属于认知的范畴,需要在格物致知的背景下展开,同样离不开"读书讲论"。

在为曹立之撰写的墓铭中,朱子重申了这一主张:

自是穷理益精,反躬益切,而于朋友讲习之际,亦必以其所得者告之。盖其书有曰:"学必贵于知道,而道非一闻可悟,一超可入也。循下学之则,加穷理之工,由浅而深,由近而远,则庶乎其可矣。今必先期于一悟,而遂至于弃百事以超之,则吾恐未悟之间,狼狈已甚,又况忽下趋高,未有幸而得之者耶!"此其晚岁用力之标的程度也。②

曹立之早年跟随二程,之后又跟随张栻,再后又跟随象山兄弟,但对象山之学始终没有真切的体会,终于走上了朱子之路。立之死后,他人请朱子为其撰写墓铭。朱子在墓铭中借助回忆立之求学的曲折经历,又一次申明了自己的立场:为学当循下学之则,由浅到深,由近及远,否则,期望先于一悟,一了百了,一定会出现差错,狼狈不堪。这里讲的"循下学之则,加穷理之工,由浅而

---

① (南宋)朱熹:《答吕伯恭》,《朱子全书》第二十一册,上海古籍出版社、安徽教育出版社2010年版,第1515页。

② (南宋)朱熹:《曹立之墓表》,《朱子全书》第二十四册,上海古籍出版社、安徽教育出版社2010年版,第4176页。

深,由近而远,则庶乎其可矣",强调的仍然是"读书讲论",走的仍然是智性的路线。

重视智性是朱子之所长,但这个所长也影响了其对仁性的把握,使其不了解仁性的思维方式是直觉,这是朱子思想的第一个盲区。从儒家生生伦理学的视角看,仁性的本质是伦理心境。伦理心境平时处于隐默状态,并不显现自身,只在遇到相应的情况下,才会当下呈现。这个过程用不着逻辑,语言也难以言明,只能通过直觉把握。这是心学系统特别重视体悟,重视直觉的深层原因。孔子讲"内省",孟子讲"反求",明道讲"以觉识仁",象山讲"体悟本心",无一不是这个道理。

朱子对此始终缺少真切的体会。检查朱子相关的论述,很难看到他对于仁性这种思维方式有深刻的理解,看到的多是批评指责。更为麻烦的是,因为朱子自跟随延平了解佛道之非后,对湖湘学人"以觉识仁"的路线一直极为敏感。在将思想重点转向与象山之争后,看到象山属于同一思路,如遇故敌,更加警觉,直斥为禅。《语类》云:

> 因看金溪与胡季随书中说颜子克己处,曰:"看此两行议论,其宗旨是禅,尤分晓。此乃捉着真赃正贼,惜方见之,不及与之痛辩。其说以忿欲等皆未是己私,而思索讲习却是大病,乃所当克治者。如禅家'干屎橛',等语,其上更无意义,又不得别思义理。将此心都禁遏定,久久忽自有明快处,方谓之得。'此之谓失其本心',故下梢忿欲纷起,恣意猖獗,如刘淳叟辈所为,皆彼自谓不妨者也。"①

朱子看到象山与他人论克己,十分不满,批评这分明是禅,乃是捉得正脏。在朱子心目中,象山此种讲法,与禅家"干屎橛"等话头无异,完全不顾"下梢忿欲纷起",猖狂而无忌惮。朱子还感叹,吕祖谦不看佛家的书,不明白这个道理,识不破。他自己因为之前读过不少这方面的书,下过工夫,明白象山的根据全在于佛,这只要粗粗看一看《楞严》《圆觉》,即可明了。②

① (南宋)黎靖德编:《朱子语类》卷一百二十四,第八册,中华书局1986年版,第2973页。
② 朱子接着讲道:"今金溪学问真正是禅,钦夫伯恭缘不曾看佛书,所以看他不破,只某便识得他。试将《楞严》《圆觉》之类一观,亦可粗见大意。释氏之学,大抵谓若识得透,应千罪恶,即都无了。然则此一种学,在世上乃乱臣贼子之三窟耳!"[(南宋)黎靖德编:《朱子语类》卷一百二十四,第八册,中华书局1986年版,第2973页。]

另一段材料意思相近,更为形象:

　　"子静说话,常是两头明,中间暗。"或问:"暗是如何?"曰:"是他那不说破处。他所以不说破,便是禅。所谓'鸳鸯绣出从君看,莫把金针度与人',他禅家自爱如此。"①

朱子批评心学常说某月某日有一个悟处,从此便觉与他人不同,问他如何悟的,他又不明说,"鸳鸯绣出与人看,莫把金针度于人"。在朱子看来,这种做法与禅没有区别,故而严加斥责。②

朱子一生都没有放弃对象山的这种批评。象山殁后第二年,朱子在一封信中这样写道:

　　世衰道微,异端蜂起,近年以来,乃有假佛释之似乱孔孟之实者。其法首以读书穷理为大禁,常欲学者注其心于茫昧不可知之地,以侥幸一旦恍然独见,然后为得。盖亦有自谓得之者矣,而察其容貌辞气之间、修己治人之际,乃与圣贤之学有大不相似者。左右于此无乃亦惑其说而未能忘耶?夫读书不求文义,玩索都无意见,此正近年释氏所谓看话头者。世俗书有所谓《大慧语录》者,其说甚详,试取一观,则其来历见矣。③

近年来常见有人假借佛释之言混同孔孟学说的情况,这当为学者大忌。如果划不清这个界限,不讲读书穷理,一味追求本心,初看似有所得,实则落入了禅家的圈套。学者读书不求文义,只是讲觉讲悟,与禅宗参话头没有区别。即使不对这个问题做深入研究,哪怕只是将流行的《大慧语录》拿来参读,一眼即知,甚是分明。

朱子思想还有一个盲区,这就是无力讲清"读书讲论"在成德过程中的实际作用。鹅湖之争,朱子出于对佛道二教的警觉,特别强调"读书讲论"之重要。按照上面所说,"读书讲论"属于智性范畴,内含外识和内识两类,其中外识相对比较好懂,内识就非常困难了。朱子尚没有儒家生生伦理学的三分法,更没有明确区分外识和内识,虽力证学习认知对于成德成善之重要,但很难真

----

　　① (南宋)黎靖德编:《朱子语类》卷一百四,第七册,中华书局1986年版,第2620页。
　　② 朱子尊重二程,但对于明道所讲之识仁亦有怀疑,以其是"地位高者之事"为由,拒将《识仁篇》收到《近思录》之中,即是明证。
　　③ (南宋)朱熹:《答许生》,《朱子全书》第二十三册,上海古籍出版社、安徽教育出版社2010年版,第2876页。

正讲清"读书讲论"对于成德成善的实际意义。从朱享道当时的记录看,朱子为学之方的特点是"令人泛观博览",这也是他批评二陆兄弟的主基调。但这样批评,二陆兄弟自然不服。象山后来曾为此辩解道:

> 然某皆是逐事逐物考穷练磨,积日累月,以至如今,不是自会,亦不是别有一窍子,亦不是等闲理会,一理会便会。但是理会与他人别。某从来勤理会,长兄每四更一点起时,只见某在看书,或检书,或默坐。常说与子侄,以为勤,他人莫及。今人却言某懒,不曾云理会,好笑。①

象山抱怨说,别人批评我不读书,这哪里是事实,我何曾不读书。我也是一件事一件事考究磨炼,日积月累,才到今日这个程度的。我历来读书甚勤,长兄四更起床,已是十分勤奋了,谁知我比他起得还早,早就看书了。家人都知道我读书勤奋,他人莫及。现在却有人说我不读书,实在好笑。

对于朱子思想的这个盲区须历史地看。同任何思想家一样,朱子思想有一个不断成熟的过程。鹅湖之会时,朱子46岁。因受延平之教,对于默坐澄心一直没有体会。得知象山之学正是此路后,自然分外敏感,痛斥其不读书,与禅家无异。虽然他早有小学与大学之别,但直到作《大学章句》才以"因其已知之理而益穷之"的方式阐发这个道理,相关思想才得以系统化、条理化。但即便如此,因为没有三分法,不能对仁性和智性做适当的区分,仍然无法合理处理"已知之理"与"益穷之","悟得本心"与"读书讲论"的辩证关系,阐明智性内识对成德成善的重要意义。这就是时代局限的残酷,这就是个人相对于历史的渺小,即使像朱子如此之大才亦不能完全避免。

四、鹅湖之辩的焦点:仁性是否透彻与智性是否必需

自朱陆之争后,相关话题一直不断,近代以来,热度仍然不减,学者们的态度大为不同。牟宗三站在象山一边,批评朱子说:

> 《论》《孟》《学》《庸》之所说皆有其习学程序中自觉地作道德实践之转进。后人取法孔、孟,就其所说而了解内圣之学之途径自不能止于教育程序为已足。朱子欲使人只应限于教育程序之"顺取",而不准人言"逆觉",显混教育程序与本质程序而为一,而不知其有差别,故终于与孔、孟

---

① (南宋)陆九渊:《语录下》,《陆九渊集》卷三十五,中华书局1980年版,第463页。

精神不能相应也。①

这里提出了一对新术语："教育程序"和"本质程序"。"教育程序"又称"习学程序"，指学习教育的过程。"本质程序"又叫"成德程序"，指成就道德的过程。"教育程序"讲究学问思辨，铢积丝累，分寸跻攀，走的是顺取之路。"本质程序"重的是反身逆觉，识得本心，走的是逆觉之途。象山是"本质程序"，抓住了根本。朱子则将"教育程序"混同于"本质程序"，在外面绕圈子。因此，象山是正确的一方，朱子是错误的一方。②

儒家生生伦理学与牟宗三的看法有所不同。我坚持认为，象山坚持孟子的路线，重视"悟得本心"，使孟子学理之精髓彰显天下，自然有其所得。但他不承认"读书讲论"对成德成善的重要作用，见到有人这样做便斥之为支离，从理论结构上说，实际上是以仁性作为成德成善的唯一根据，这又是其所失。朱子正是看到了这个问题的严重性，才力陈反驳，凸显"读书讲论"之重要。在此过程中，朱子既讲仁性，又讲智性。在他看来，人自小就受孝悌诚敬、洒扫应对之教，心中早就有了"已知之理"。这种"已知之理"即是"心具万理"的那个"理"。当然，这还只是小学，还只是粗知，不能满足于此，否则只能成为乡曲之常人，还必须进一步"益穷之"，按格物致知的方式对其加以再认识，求其所以然，如此忠恕孝悌才是活物，才是大学之道。从儒家生生伦理学的角度看，心中"已知之理"即相当于仁性，"益穷之"即相当于智性。朱子重视格物致知，并不是一个教育程序的问题，其中包含着不能止步于仁性，必须进一步

---

① 牟宗三：《心体与性体》第三册，《牟宗三先生全集》第 7 卷，台湾联合报系文化基金会、联经出版事业公司 2003 年版，第 214 页。

② 牟宗三这一看法学界响应者众多。刘述先认为：象山发明孟学，"直标举出心即是理之义，盖心外无物，道外无事，此心此理充塞宇宙，无能逃之。此义实本之于孟子：'万物皆备于我，反身而诚，乐莫大焉。'由孔子之践仁知天，到孟子之尽心知性知天，再进一步之发展则必至于心性与天之合一。象山也自承认气禀之杂害事，人之自蔽可以自绝于道。然既体现本心，则心即是理，无所亏欠。此儒者应可发展出来之圆教体悟也。故吾人若肯定孟子继承孔子为儒学之正统，则自也不能不把象山归之于儒学之正统。"（刘述先：《朱子哲学思想的发展与完成》，吉林出版集团有限责任公司 2015 年版，第 452 页。）丁为祥也是如此。他指出："在笔者看来，朱子建立在生存实在论基础上的哲学并不难理解，也不难进入，任何人一眼都能看出其中所包含的合理性，但象山建立在对人之生命之深入反省基础上的哲学却又极不容易理解，也极不容易进入，所以笔者上面的叙述和分析，也包含着不断向象山之学倾斜的成分（为之疏解），这可能就是所谓心理平衡之使然吧。"（丁为祥：《学术性格与思想谱系——朱子的哲学视野及其历史影响的发生学考察》，人民出版社 2012 年版，第 218—219 页。）

发展智性以对仁性加以再认识的深刻道理。因此,绝对不能说朱子只讲智性,不讲仁性。

钱穆则站在朱子的立场上,努力证明朱子思想之合理,批评象山思想不够全面:

> 朱子所争,乃在知了尊德性以后,还须得道问学,不要尽靠一边。不要尽把一边话来开导他人。此处恐是朱陆两家异见之症结所在。后人或有谓象山实是承接明道,伊川与朱子则走歧途。从极严格之理学传统言,此亦不得谓之全不是。但朱子在理学传统中,意欲恢宏疆宇,廓开道路,把求知精神与博学精神充分加入,则此两家异见,自难调和合一了。①

朱子的根本精神是强调了解尊德性后还必须进一步道问学,不能只靠在一边,讲一边的话,应该在心学基础上加入求知博学的精神。象山没有这个格局,只说一边话,所以引出朱子的不满,双方也无法达成一致。因此,钱穆并不认为朱陆之争中朱子是错误的一方,反倒认为象山"尽靠一边",学理不够全面。

对于钱穆的这种看法,儒家生生伦理学也有一定的保留。朱子关注"读书讲论",不满足于只是尊德性,强调还必须道问学,重视智性对于成德成善的作用,由此批评象山思想有所不足,这固然是正确的,钱穆盛赞朱子"意欲恢宏疆宇,廓开道路,把求知精神与博学精神充分加入",正是此意。但这并不能代表朱子思想没有缺陷。因早年延平默坐澄心之教并非妥当,朱子受教后一直不得其门而入,在与湖湘学人的交往中,对"先识仁体"的思想欠缺同情的理解,担心此举有坠入禅家的危险,即曾与之激烈论辩。湖湘学人虽奋起反驳,但因力量薄弱,未能从根本上校正朱子对这个问题的看法。在与象山接触后,知其走的是"悟得本心"之路,更为警觉,直接讥其为禅。朱子这种做法并不妥当,说明其对仁性的把握不够到家。象山正是抓住了这一点,对其大力攻讦。就此而言,绝对不能说象山没有依据,是无理取闹。

合而观之,鹅湖之会争论的焦点实在两端,即仁性是否透彻与智性是否必需。按照儒家生生伦理学的理解,道德根据既有仁性,又有智性。仁性的思维方式是直觉,表现为"悟得本心"(如明道所说"学者须先识仁",五峰所说"必先识仁体");智性的思维方式是学习认知,表现为"读书讲论"(既有外识,如

---

① 钱穆:《朱子新学案》(上),巴蜀书社1986年版,第99页。

通过读书了解外在的道德规则,又有内识,如通过逻辑的力量对仁性加以再认识)。象山看到了仁性对于成德成善的重要作用,对仁性的体悟极为透彻,扎实有力,这是象山之所得;朱子看到了智性对于成德成善之不可或缺,强调智性之必需,又是朱子之所得。但象山不承认智性对于成德成善的作用,见人讲"读书讲论"便予以反驳,这是象山之所失;朱子反对"悟得本心",对仁性体悟不力,导致仁性不透彻,这又是朱子之所失。要而言之:象山仁性透彻,智性欠缺;朱子智性有力,仁性不透。

朱陆双方各自的缺失,往深处说,都与没有三分法有关。如果有了这种方法,多了这个视角,朱子一定会知晓"悟得本心"之仁性对于成德成善的重要作用,从而认真体悟自己内在的道德根据,使其能够真正发挥作用;象山也一定会了解"读书讲论"之智性对于成德成善的重要意义,不再以孟子传人自居,拘泥于内求简约之途。以这个视角重新审视朱陆之争,双方的边际清晰,关联分明,没有谁是绝对的正确,也没有谁是绝对的错误,后人完全没有必要硬性挑边站队,选择一方而舍弃另一方。将仁性和智性统一起来,把"悟得本心"和"读书讲论"融合为一,方是明智之举,上上之策,而这也正是儒家生生伦理学心心念念,孜孜以求的重要方向。

第三节 "天理人欲之言亦自不是至论"

鹅湖之会朱陆之争主要围绕"悟得本心"还是"读书讲论"展开,其核心是智性是否必需以及仁性是否透彻。这个问题上面已有专门讨论。除此之外,朱陆之争还涉及两个问题,一是义利之辨问题,二是无极太极问题。这两个问题虽为附属性质,但对全面了解朱子与象山思想的差异,同样有重要作用。本节先处理义利之辨问题。

鹅湖之会后,双方态度有所和缓。子寿承认原先的主张有所欠妥,可惜不久即过世了。朱子时为南康守,象山为请朱子为其兄作铭文,专程到访南康。朱子趁此机会,请象山为其弟子讲课。象山专讲"君子喻于义,小人喻于利"。日后,朱子将其讲义刻石,并赋序称此次讲课"切中学者隐微深痼之病",效果极好,"听者莫不悚然动心"。此次讲课取得巨大成功,一个重要原因是突出了"志"的重要:

此章以义利判君子小人,辞旨晓白,然读之者苟不切己观省,亦恐未能有益也。某平日读此,不无所感,窃谓学者于此,当辨其志。人之所喻由其所习,所习由其所志。志乎义,则所习者必在于义,所习在义,斯喻于义矣。志乎利,则所习者必在于利,所习在利,斯喻于利矣。故学者之志不可不辨也。①

朱陆之辨时,天理人欲已成为学界的中心话题。象山讲课不讲天理人欲,只讲义利,讲义利又特别重视"志"的问题,即所谓"志乎义,则所习者必在于义,所习在义,斯喻于义矣","志乎利,则所习者必在于利,所习在利,斯喻于利矣"。

义利之辨首倡于孔子,经孟子的发展,成了儒家学理不可或缺的内容。但历史上对于义利之辨的理解,尤其是宋明儒学将其升格为天理人欲之辨后,混乱之处甚多。要清除这些混乱,根据我的理解,首先必须明了先秦儒家论义利实有治国方略、道德目的、人禽之分三个向度。治国方略意义的义利是其一,主要涉及王道治国还是霸道治国的问题。这种向度的义利属于彼此对立关系,要么要王道,要么要霸道,二者不能兼得。道德目的意义的义利是其二,主要涉及成就道德当以什么为目的的问题。这种向度的义利同样属于彼此对立的关系,要么以道德为目的,要么以功利为目的,二者不能兼得。人禽之分意义的义利是其三,涉及人不能只讲利欲,还必须讲道德,否则与禽兽无异的问题。与前两种向度不同,这种向度的义利不是彼此对立关系,而是价值选择关系。② 价值选择关系有两个要点:一是在一般情况下,二者不相互排斥,可以共存;二是在特殊情况下,二者又会发生矛盾,不可得兼,人当舍弃利,选择义。清理了义利的三个向度,分清了三个向度不同的内在关系,就不难明白象山讲义之高妙了。象山此次讲义利之辨的一个显著特征是突出了"志"字,强调人当以义为最高价值选项,果真如此,则人生目标便在于义,便不会为利而困扰。

① (南宋)陆九渊:《白鹿洞书院论语讲义》,《陆九渊集》卷二十三,中华书局1980年版,第275页。
② 参见杨泽波:《孟子评传》,南京大学出版社1998年版,第225—260页。将孟子义利之辨分疏为治国方略、道德目的、人禽之分三个向度,强调人禽之分向度义利之辨的核心是价值选择关系,以了明宋明儒学何以背离先秦儒学真精神,坠入"去欲主义"陷阱,前人尚未这样做过,是我孟子研究的第三个贡献。(参见杨泽波:《孟子性善论研究》"前言",中国社会科学出版社1995年版。)

这种以"志"为核心的讲法,牢牢把握住了先秦人禽之分义利之辨价值选择关系的精髓,十分难得,十分珍贵。

正确看待科举即是这个道理:

> 科举取士久矣,名儒钜公皆由此出。今为士者固不能免此。然场屋之得失,顾其技与有司之好恶如何耳,非所以为君子小人之辨也。而今世以此相尚,使汩没于此而不能自拔,则终日从事者,虽曰圣贤之书,而要其志之所乡,则有与圣贤背而驰者矣。推而上之,则又惟官资崇卑、禄廪厚薄是计,岂能悉心力于国事民隐,以无负于任使之者哉?①

科举入仕诱惑很大,是很多人的理想,但说到底还是为了功名,与做人乃至成圣成贤相比当在其次。当时很多人不明白这个道理,"汩没于此而不能自拔",虽读圣贤书,"志"却与圣贤相背。这就是弃义而求利,违反了义利之辨的基本原则。

《年谱》傅子渊的一段材料很有说服力:

> 盱江傅子渊云:"梦泉向来只知有举业,观书不过资意见耳,后因困志知反,时陈正己自槐堂归,问先生所以教人者。正己曰:'首尾一月,先生谆谆只言辨志,又言古人入学一年,早知离经辨志,今人有终其身而不知自辨者,是可哀也。'梦泉当时虽未领略,终念念不置。一日,读《孟子公孙丑》章,忽然心与相应,胸中豁然苏醒。叹曰:'平生多少志念精力,却一切着在功利上。'自是始辨其志。虽然如此,犹未知下手处。及亲见先生,方得个入头处。"②

梦泉是象山弟子,过去只关注举业,见到陈正己,亟问先生如何教人。陈正己告知先生最重辨志。梦泉当时并未领悟,后读《孟子》心有所获,开始辨志。后来见到象山,才有了真体会,了解了其中的真义,有了真体会。

以"志"为核心讲义利关系,本质是选择大体还是选择小体的问题。《语录》云:

> 吾之学问与诸外异者,只是在我全无杜撰,虽千言万语,只是觉得他底在我不曾添一些。近有议吾者云:"除了'先立乎其大者'一句,全无伎

---

① (南宋)陆九渊:《白鹿洞书院论语讲义》,《陆九渊集》卷二十三,中华书局1980年版,第276页。

② (南宋)陆九渊:《年谱》,《陆九渊集》卷三十六,中华书局1980年版,第489页。

俩。"吾闻之曰:诚然。①

象山认为,自己讲学与他人不同,关键在于全无杜撰。这里的"全无杜撰"即是完全从人自身出发。如果从人自身出发,自然知道人原本就有道德根据,这是人体。同时又有物欲,这是小体。成德成善没有什么玄妙之处,只在能不能做到先大其大。先大其大,从深处分析,是在大体和小体发生矛盾的时候,必须以大体作为最高的价值选项。这种说法刚好与先秦儒学人禽之分义利之辨的价值选择关系相吻合。象山对儒家义利思想的把握,表现出的惊人的领悟力,实为他人所不及。这或许是朱子感叹自己讲学未能讲到这一步的深层原因。

与象山相比,朱子在这方面的不足就显现出来了。宋儒将义利问题发展为天理人欲问题后,没有认真分辨先秦儒家讨论义利问题的三种不同向度,尤其是不了解治国方略、道德目的义利属于彼此对立关系,人禽之分义利属于价值选择关系,以前两个方面的材料(如《孟子·梁惠王上》第一章)用于人禽之分向度之上,将人禽之分义利之辨的价值选择关系变成彼此对立关系,造成了极为不好的影响。朱子论天理人欲,强调二者只是一个交界处即是如此:

> 天理人欲是交界处,不是两个。人心不成都流,只是占得多;道心不成十全,亦是占得多。须是在天理则存天理,在人欲则去人欲。②

> 况耳目之聪明得之于天,本来自合如此,只为私欲蔽惑而失其理。圣人教人,不是理会一件,其余自会好。须是逐一做工夫,更反复就心上看,方知得外面许多费整顿,元来病根都在这里。这见圣人教人,内外夹持起来,恁地积累成熟,便会无些子渗漏。③

天理人欲不是两个,而是一个交界处。在天理,则存天理;在人欲,则存人欲。因此做事"必须反复就心上看",方能克去私欲,成就天理。朱子虽然主观上并不想把天理人欲视为两个不同的事物,截然对立起来,但这种交界处的讲法,还是难免将天理人欲对立看待。

---

① (南宋)陆九渊:《语录上》,《陆九渊集》卷三十四,中华书局1980年版,第400页。
② (南宋)黎靖德编:《朱子语类》卷七十八,第五册,中华书局1986年版,第2015页。
③ (南宋)黎靖德编:《朱子语类》卷四十六,第三册,中华书局1986年版,第1174页。

再看下面两段材料：

> 以理言之，则正之胜邪，天理之胜人欲，甚易；而邪之胜正，人欲之胜天理，若甚难。以事言之，则正之胜邪，天理之胜人欲，甚难；而邪之胜正，人欲之胜天理，却甚易。盖才是蹉失一两件事，便被邪来胜将去。若以正胜邪，则须是做得十分工夫，方胜得他，然犹自恐怕胜他未尽在。正如人身正气稍不足，邪便得以干之矣。①

> 夫人自有生而梏于形体之私，则固不能无人心矣。然而必有得于天地之正，则又不能无道心矣。日用之间，二者并行，迭为胜负，而一身之是非得失、天下之治乱安危，莫不系焉。是以欲其择之精而不使人心得以杂乎道心，欲其守之一而不使天理得以流于人欲，则凡其所行，无一事之不得其中，而于天下国家无所处而不当。②

以理言之，天理胜人欲甚易；以事言之，天理胜人欲甚难。一件事情没有做好，便被邪胜去了。日用之间，二者并行，迭为胜负。因此，要成圣成贤，必须择其精，不使天理流于人欲。这明显是将人禽之分的义利理解为彼此对立的关系了。

从这个立场出发，朱子反对天理人欲"同体异用"的说法：

> 五峰"同体异用"一句，说得不是，天理人欲如何同得？故张钦夫《岳麓书院记》只使他"同行而异情"一句，却是他合下便见得如此。他盖尝曰："凡人之生，粹然天地之心，道义完具，无适无莫，不可以善恶辩，不可以是非分"，所以有"天理人欲，同体而异用"之语。只如"粹然天地之心"，即是至善，又如何不可分辩？天理便是性，人欲便不是性，自是他合下见得如此。当时无人与他理会，故恁错了。③

"天理人欲同体而异用，同行而异情"之说来自五峰，包含着不将天理人欲截然相分的深刻用意，是一个非常有价值的讲法。朱子对此却极不以为然，认为天理落在人心上为性，而人欲不是性，二者性质不同，根本不能说同体而异用。朱子未能看到五峰不截然分割天理人欲的良好用心，从心统性情的立

---

① （南宋）黎靖德编：《朱子语类》卷五十九，第四册，中华书局1986年版，第1417页。

② （南宋）朱熹：《答陈同甫》，《朱子全书》卷三十六，上海古籍出版社、安徽教育出版社2010年版，第1586页。

③ （南宋）黎靖德编：《朱子语类》卷一百一十五，第七册，中华书局1986年版，第2772页。

场出发加以反驳,客观上必然将天理人欲对立起来,无法彰显人禽之分义利之辨价值选择关系的真谛。

象山敏锐识破了这里的关节,完全不赞成朱子的讲法,反复强调:

> 天理人欲之言,亦自不是至论。若天是理,人是欲,则是天人不同矣。①

> 天理人欲之分论极有病。自《礼记》有此言,而后人袭之。《记》曰:"人生而静,天之性也;感于物而动,性之欲也。"若是,则动亦是,静亦是,岂有天理物欲之分? 若不是,则静亦不是,岂有动静之间哉?②

这些材料字面看似乎没有太深的道理,实则大有文章。象山批评天理人欲之言"不是至论""论极有病",脱离了先秦义利之分的真精神。先秦儒家人禽之分义利之辨本质上属于价值选择关系,不是彼此对立关系。按照这种义理结构,义利在特殊情况下也会有矛盾,此时只能选一个,君子只能选义,不能选利,但在绝大多数情况下二者没有矛盾,选义不影响选利,选利也不影响选义。因此,绝对不能将利等同于恶,必须明了,只有在义利发生矛盾作出错误选择的情况下,利才会成为恶。③ 这样处理义利关系最大的好处是既坚持了道德理想主义,又不会坠入去欲主义④陷阱。宋代之后,义利之辨上升为天理人欲之争,天理人欲变质为彼此对立的关系,从而导致了"存天理灭人欲"的结论,从根本上违背了先秦儒家人禽之分义利之辨价值选择关系的基本原则。以此反观象山以"志"为核心讲义利之辨,就可以知道其领悟力是何等高超,远在他人之上了。

---

① (南宋)陆九渊:《语录上》,《陆九渊集》卷三十四,中华书局1980年版,第395页。

② (南宋)陆九渊:《语录下》,《陆九渊集》卷三十五,中华书局1980年版,第475页。

③ 罗钦顺后来对象山多有批评,其中一个理由就是指责象山以欲为恶。他说:"《乐记》'人生而静,天之性也。感于物而动,性之欲也'一段,义理精粹,要非圣人不能言。陆象山乃从而疑之,过矣。彼盖专以欲为恶也。夫人之有欲,固出于天,盖有必然而不容已,且有当然而不可易者。于其所不容已者而皆合乎当然之则,夫安行而非善乎? 惟其恣情纵欲而不知反,其为恶尔。先儒多以'去人欲','遏人欲'为言,盖所以防其流者不得不严,但语意似乎偏重。"[(明)罗钦顺:《困知记》,中华书局2013年版,第36页。]然而,我观象山相关论述,丝毫看不出他有将利欲视为恶的意思,罗钦顺实是误解了象山。相关讨论可见蔡家和《从整庵批评以见象山之思想特征》(载欧阳祯人主编:《心学史上的一座丰碑——陆象山诞辰880周年纪念》,武汉大学出版社2020年版,第357—369页。)

④ 儒家自始就没有像某些宗教那样主张禁欲,最多是因为理论分疏不精,客观上造成了去欲的效果。因此,我在这方面不说"禁欲主义",而只说"去欲主义"。

第四节　无极太极之辩背后的考量

除义利之辩问题外,在朱陆之争中,还有一个如何看待无极太极的问题。无极太极之辩本是由象山四兄子美引起的。子美致信朱子,对朱子基于濂溪《太极图说》所作《太极图说解》提出批评。根据主要有二:一是坚持以中释极,认为太极即为至中;二是太极已有本源之意,无需再在头上加无极,否则必然构成重叠。据此子美指出,《太极图说》或是濂溪早期不成熟的作品,或是后人的窜入。朱子没有接受子美的批评,着重对第二条加以反驳,指出:"不言无极,则太极同于一物,而不足为万化根本;不言太极,则无极沦于空寂,而不能为万化根本。"①就是说,在太极之上再讲无极,二者并非二物,只是强调太极是有形之物,无极是无形之理,不言无极则太极沦为具体之物,不言太极则无极不能成为万化之根。

淳熙乙巳之后,朱陆双方的矛盾日益严重,朱子也不再称颂象山持守收敛之功,更多地表达了对其狂妄粗率之病的担忧。此时,象山则重新拾起其兄对于朱子《太极图说解》的批评,对朱子无极而太极的思想发起挑战。象山致信朱子,朱子亦回复象山,几经反复,形成了朱陆之争的另一个热点。② 这场争论,从内容上划分,主要围绕三个问题展开。

第一,极字之释义。朱子释极为"至极",认为"夫《大传》之太极者何也,即两仪、四象、八卦之理,具于三者之先,而缊于三者之内者也。圣人之意,正以其究竟至极,无名可名,故特谓之太极。犹曰'举天下之至极,无以加此'云尔,初不以其中而命之也"③。象山则坚持其兄的主张,认为极当训为"中"。在象山看来,依据这种释义,朱子讲的无极就是无中,这当然不通了。

第二,阴阳与道的关系。朱子继承伊川的看法,认为不能将阴阳等同于道,只有阴阳之理才为道。"至于《大传》既曰'形而上者谓之道'矣,而又曰

---

① (南宋)陆九渊:《与朱元晦》,《陆九渊集》卷二,中华书局1980年版,第23页。

② 陈来指出:"由于朱熹把他一、二年来深切意识到的陆学流弊及其对陆门弟子的尖锐批评向陆九渊和盘端出,丁未一年朱陆的争端急剧激化和明朗了,紧接而来的太极之辩中的激词相诋也就毫不突然了。"(陈来:《朱熹哲学研究》,中国社会科学出版社1988年版,第322页。)

③ (南宋)陆九渊:《朱熹答陆九渊书》,《陆九渊集》附录二,中华书局1980年版,第552页。

'一阴一阳之谓道',此岂真以阴阳为形而上者哉?正所以见一阴一阳虽属形而上下者,然其所以一阴而一阳者,是乃道体之所为也。"①象山则认为,阴阳即是道,在阴阳之外另寻一个道,是多此一举。

第三,也是最为重要的,可否在太极之上再讲无极。朱子认为这样做很有必要:

> 故语道体之至极,则谓之太极,语太极之流行则谓之道。虽有二名,初无两体。周子所以谓之无极,正以其无方所,无形状。以为在无物之前,而未尝不立于有物之后,以为在阴阳之外,而未尝不行乎阴阳之中,以为通贯全体,无乎不在,则又初无声臭影响可言也。②

这其实仍然是之前给子美回信中的意见,不言无极则太极沦为具体之物,不言太极则无极不能成为万化之根。象山则认为,太极已是最高者,再在之上寻一个最高者,讲一个无极,就是叠床架屋了。更为重要的是,无极的说法本出于老子,而非出于儒家:"'无极'二字出于《老子·知其雄章》,吾圣人之书所无有也。《老子》首章言'无名天地之始,有名万物之母',而卒同之,此老氏宗旨也。'无极而太极'即是此旨。老氏学之不正,见理不明,所蔽在此。兄于此学用力之深,为日之久,曾此之不能辨,何也?"③意思是说,朱子讲无极而太极入了道家的圈套,失了儒家的血脉。

与此相关,还涉及一个方法问题。象山认为:"二程言论文字至多,亦未尝一及'无极'字。假令其初实有是图,观其后来未尝一及'无极'字,可见其道之进,而不自以为是也。"④无极而太极的说法,前人从未有人讲过。二程言论甚详,文字尤多,亦未涉及无极二字。所以朱子这样讲缺乏依据。朱子则针锋相对地指出:

> 伏羲作《易》,自一画以下,文王演《易》,自乾元以下,皆未尝言太极也,而孔子言之。孔子赞《易》,自太极以下,未尝言无极也,而周子言之。夫先圣后圣岂不同条而共贯哉!若于此有以灼然实见太极之真体,则知

① (南宋)陆九渊:《朱熹答陆九渊书》,《陆九渊集》附录二,中华书局1980年版,第553页。
② (南宋)陆九渊:《朱熹答陆九渊书》,《陆九渊集》附录二,中华书局1980年版,第553页。
③ (南宋)陆九渊:《陆九渊集》卷二《与朱元晦》,中华书局1980年版,第24页。
④ (南宋)陆九渊:《陆九渊集》卷二《与朱元晦》,中华书局1980年版,第24页。

不言者不为少,而言之者不为多矣。何至若此之纷纷哉!①

这是说,不能因为前人没有这样讲,后人就不能这样讲了。伏羲、文王没有讲过太极,孔子却讲了。照此道理,孔子未尝言无极,濂溪自然也可以讲。如果对一个问题有真理解,为什么不能讲前人不能讲的话呢?"知不言者不为少,而言之者不为多。"如果前人没有讲,后人就不能讲,那学理就没有办法发展了。

对于无极太极之辩,学界一般倾向于朱子的立场,认为象山多少有意气成分,朱子在学理上则更胜一筹。特别是朱子以"知不言者不为少,而言之者不为多"为自己辩护,在方法上实有合理之处,更容易得到他人的同情。牟宗三亦是如此。他说:"象山此辩实无可取。纵《太极图说》有可疑,而《西铭》实无可疑。梭山之疑显是幼稚。象山不加简别,概为其兄辩,俨若其兄之所疑无有不是者,此显是意气之争,不及朱子远甚。"②牟宗三虽然对朱子多有责难,但在无极太极问题上,还是站在朱子的立场上,指出象山不知其兄幼稚,整个辩难失于意气之争,不及朱子太多。

但我并不这样认为,在我看来在这场争辩中象山有深刻的理论用心。我们来看象山是如何回复朱子的:

> 今阅来书,但见文辞缴绕,气象褊迫,其致辨处,类皆迁就牵合,甚费分疏,终不明白,无乃为"无极"所累,反困其才耶?……
>
> 周道之衰,文貌日胜,事实湮于意见,典训芜于辨说,揣量模写之工,依放假借之似,其条画足以自信,其习熟足以自安。以子贡之达,又得夫子而师承之,尚不免此多学而识之见。非夫子叩之,彼固晏然而无疑。先行之训,子欲无言之训,所以觉之者屡矣,而终不悟。颜子既没,其传固在曾子,盖可观已。尊兄之才,未知与子贡如何?今日之病,则有深于子贡者。③

这里可以明显看出,象山对朱子的不满,表面看是对无极和太极有不同的

---

① (南宋)陆九渊:《朱熹答陆九渊书》,《陆九渊集》附录二,中华书局1980年版,第552页。

② 牟宗三即认为:"象山此辩实无可取。纵《太极图说》有可疑,而《西铭》实无可疑。梭山之疑显是幼稚。象山不加简别,概为其兄辩,俨若其兄之所疑无有不是者,此显是意气之争,不及朱子远甚。"(牟宗三:《心体与性体》第一册,《牟宗三先生全集》第5卷,台湾联合报系文化基金会、联经出版事业公司2003年版,第443页。)

③ (南宋)陆九渊:《与朱元晦》,《陆九渊集》卷二,中华书局1980年版,第27页。

理解,其实是对朱子治学路线的批评,认为这是"事实湮于意见,典训芜于辨说"。这种做法尽管可以得一时之利,画足以自信,习熟以自安,但终是不见道。之前子贡走的就是这条道路,虽能得孔子直接指点,后来尚不免落于"多学而识"之弊。朱子同样这样做,怎么能保证不重蹈覆辙呢?

该书最后说:

> 夫乾确然示人易矣,夫坤隤然示人简矣,太极亦曷尝隐于人哉? 尊兄两下说无说有,不知漏泄得多少。如所谓太极真体不传之秘,无物之前,阴阳之外,不属有无,不落方体,迥出常情,超出方外等语,莫是曾学禅宗,所得如此。平时既私其说以自高妙,及教学者,则又往往秘此,而多说文义,此漏泄之说所以出也。以实论之两头都无着实,彼此只是葛滕末说。气质不美者乐寄此以神其奸,不知系绊多少好气质底学者。既以病己,又以病人,殆非一言一行之过,兄弟毋以久习于此而重自反也。①

象山再次谈到对朱子教学之法的不满,认为这种做法"以实论之,两头都无着实,彼此只是葛滕",不得孔子之道,实出于禅宗。象山甚至说,这是他的一番好心,"区区之忠,竭尽如此",希望朱子能够明白。

如此说来,对于无极太极之辩,应置于朱陆之争的全局来理解。果真如此,不难看出,象山以无极太极问题为由向朱子发难,其实是对朱子整个思想系统不满。② 这一用心在下面一段材料中表达得十分清楚:

> 近日向学者多,一则以喜,一则以惧。夫人勇于为学,岂不可喜? 然此道本日用常行,近日学者却把作一事,张大虚声,名过于实,起人不平之

---

① (南宋)陆九渊:《与朱元晦》,《陆九渊集》卷二,中华书局 1980 年版,第 30 页。
② 在我接触的材料范围内,劳思光是较早注意到这个问题的学者。他说:"孔孟之说,皆属'心性论'形态,非'天道观'形态。《论语》、《孟子》之文,皆可按也,秦汉以降,《礼记》中之《中庸》及解《易》之综合资料所成之《易传》,托于孔子及子思;自汉以下,学者茫然不加考辨。隋唐官学,固不辨古籍真伪;北宋虽有疑《易传》者(如欧阳修),然举世滔滔,习于伪说。周张二程诸人,莫不力尊《易传》、《中庸》,于是始有以'天道观'为中心之儒学;朱熹更编成'四书',杂收道教图书以解《易》,塑造一全不合历史真象之'道统'。于是孔孟之'心性论'立场反而为此种成说所掩。能脱此牢笼者,在南宋唯陆象山而已。"(劳思光:《新编中国哲学史》三卷上,广西师范大学出版社 2005 年版,第 307 页。)这是说,先秦孔子和孟子主要是心性论,没有浓厚的形上学或宇宙论旨趣,经《易传》和《中庸》后,朱子思想的重点偏向了形上学和宇宙论。象山不同,他没有走这条路,虽然在考证经籍方面似有不足,但接续的是孔子和孟子的思路,体现的先秦儒学的真精神。

心,是以为道学之说者,必为人深排力诋。此风一长,岂不可惧?①

人心向学自然是好事,但象山却深表忧虑,因为儒学本是日用常行之学,朱子却把它弄得极为复杂,张大虚声,名过其实。无极太极问题即是如此。这个问题涉及朱子理气两分的理论结构。如果接受了朱子无极太极这套做法,那么必然认同其理气两分的结构,使理论缠绕纠结,脱离儒家日用常行之学的本质,所以象山才不予接受,大力排斥。前面的分析已经表明,朱子以天理为基础,理气两分、心性情三分的架构,隐含着很多理论困难。象山不同意无极而太极的说法,其实是不赞成朱子以理气二分、心性情三分来建构其学理系统。在他看来,建构这样的理论系统,"事实湮于意见,典训芜于辨说",弊端很多,与其如此,不如砍去那些不必要的东西,老老实实体悟本心,走反求诸己的道路,成德成善。

由此可知,象山围绕无极太极问题与朱子相辩,并非意气之争,无事找事,而是对朱子以"心统性情"为核心的庞大的形上系统的批评。在先秦时期,孔子和孟子讨论道德问题,重心在人,而不在形上学和宇宙论。宋代之后,思想重心有了重要转向,形上学和宇宙论的分量越来越重,趋势越来越明显。朱子在此过程中作用极大,直至将天理规定为形上实体,向下展开全部的学理系统。这种做法虽然有其历史必然性,但与孔孟之学已经有了很大的不同。与之相比,象山仍然保留着先秦孔孟之学的精神特质,其思想看上去似乎浅显粗略,不及朱子严密系统,但这正是其学理特别有价值,特别可贵的地方。今天我们重新思考无极太极之辩,象山这一深刻用意不能视而不见,否则必将辜负先贤的一片苦心。

---

① (南宋)陆九渊:《语录下》,《陆九渊集》,中华书局1980年版,第437页。

第八章 仍属一偏的阳明心学

第一节 阳明思想的渊源

关于阳明早年求学的经历,甘泉有任侠、骑射、辞章、神仙、佛氏"五溺"之说:

> 初溺于任侠之习;再溺于骑射之习;三溺于辞章之习;四溺于神仙之习;五溺于佛氏之习。正德丙寅,始归正于圣贤之学。①

德洪去掉任侠和骑射,而主"三变":

> 少之时,驰骋于辞章;已而出入于二氏;继乃居夷处困,豁然有得于圣人之旨,是三变而至于道也。②

在学术上阻碍阳明归于正轨的,并非任侠和骑射,主要是辞章之学和二氏之学,而后有龙场顿悟,此为"三变"。"三变"较"五溺"更为可信,影响更大。黄宗羲即持此看法:

> 先生之学,始泛滥于词章,继而遍读考亭之书,循序格物,顾物理吾心终判为二,无所得入。于是出入于佛、老者久之。及至居夷处困,动心忍性,因念圣人处此更有何道,忽悟格物致知之旨,圣人之道,吾性自足,不假外求。其学凡三变而始得其门。③

黄宗羲的说法虽与德洪基本相同,但更为详尽。阳明首先执迷于辞章之学,循序格物,直至将物理与吾心分列为两端,其后又出入于佛老,只是居夷处困之后,方才明白了圣人之迹,吾性自足的道理。

---

① （明）湛若水:《阳明先生墓志铭》,《王阳明全集》,上海古籍出版社1992年版,第1401页。
② （明）钱德洪:《刻文录叙说》,《王阳明全集》,上海古籍出版社1992年版,第1574页。
③ （明）黄宗羲:《明儒学案·姚江学案》,《黄宗羲全集》第七册,浙江古籍出版社1999年版,第201页。

这些不同说法表明,阳明悟入正学,坎坷不断,曲折多多。阳明虽天资聪颖,以学圣贤为第一等事,但一直不得要领,空有一腔热情。15 岁出游居庸关,立志投笔从戎,被父亲喝止。婚前一天,到道观里与道士探讨养生学问,以至忘了回家。此后,阳明分别与两个人的交往对其产生了较大的影响。

一是拜见娄谅(一斋)。一斋为吴与弼弟子,淡漠"举子学",热心"身心学",虽也倾向濂溪、明道,但还是以传授程朱格物之学为主。阳明 18 岁时,送新婚妻子从南昌回浙江余姚,路过上饶,拜见一斋。一斋向阳明讲述了朱子格物之学,指出人可以通过学习而成圣成贤。阳明深受启发,"慨然以圣人可学而至"①。回老家后,深悔之前之非,痛改不喜读书之病,一面准备举业,一面搜索六经子史,日夜苦读。《传习录》云:

> 先生曰:"众人只说格物要依晦翁,何曾把他的说去用?我着实曾用来。初年与钱友同论做圣贤,要格天下之物,如今安得这等大的力量?因指亭前竹子,令去格看。钱子早夜去穷格竹子的道理,竭其心思,至于三日,便致劳神成疾。当初说他这是精力不足,某因自去穷格。早夜不得其理,到七日,亦以劳思致疾。遂相与叹圣贤是做不得的,无他大力量去格物了。"②

阳明格竹子学做圣人之事世人皆知,但考虑到此前的经历,这一事件与受一斋的影响当有一定关系。

二是与甘泉相知。此事阳明有这样一段回忆:

> 某幼不问学,陷溺于邪僻者二十年,而始究心于老、释。赖天之灵,因有所觉,始乃沿周、程之说求之,而若有得焉。顾一二同志之外,莫与翼也,岌岌乎仆而后兴。晚得友于甘泉湛子,而后吾之志益坚,毅然若不可遏,则予之资于甘泉多矣。③

甘泉之学出于白沙,白沙治学的特点是不重概念分疏,而重内在精神体验。甘泉受其影响,走的也是这一路线,常不为人理解,甚至目之为禅。弘治十四年,阳明 30 岁,与九华山异人"论最上乘",异人言"周濂溪、程明道是儒

---

① (明)黄宗羲:《明儒学案·姚江学案》,《黄宗羲全集》第七册,浙江古籍出版社 1999 年版,第 200 页。

② (明)王守仁:《传习录下》,《王阳明全集》,上海古籍出版社 1992 年版,第 120 页。

③ (明)王守仁:《别湛甘泉序》,《王阳明全集》,上海古籍出版社 1992 年版,第 231 页。

家两个好秀才",对阳明心思收归儒学传统,寻求安身立命与人生上乘境界,有直接影响。其后,31 岁悟明仙释之非,33 岁授徒讲身心之学,34 岁与甘泉相交,一见如故。① 与甘泉相交对于坚定阳明自 30 岁以来为学方向的转变起到了强化作用。

弘治十八年,孝宗病死,武宗继位,宦官刘谨专权,阳明上疏,因言获罪,廷杖五十,谪贵州龙场做驿丞。地处偏远,条件艰苦。初到之时,无处可居。水土不服,随从皆病。后在附近龙冈山上,寻得一洞,迁入其中。此情此景迫使阳明为自己提出了这样一个问题:"圣人处此,更有何道?"日夜端居默坐,澄心精虑。一天夜里,忽然大悟,仿佛梦中有人言语,"始知圣人之道,吾性自足,向之求理于事物者误也"②。凭借记忆与典籍相印证,终信宋儒格物致知说误人误事,由此确定了一生的学问方向。

第二节 "知行合一"新解读

一、"答徐爱问知行合一章"语义分析

龙场之悟后,阳明找到了属于自己的学术方向,开始了讲学历程。这一历程的最初阶段,就是倡导知行合一。换言之,知行合一是阳明悟道后第一个具有个人特色的思想。阳明提倡知行合一,始于龙场之悟的第二年。这一年,贵州提学副使席书请阳明到贵阳书院讲学,阳明所选内容便是知行合一。这种讲法与当时的流行观点大有不同,人们难以理解,阳明不得不反复作出说明。《传习录上》与徐爱的一段对话比较系统地谈了这方面的问题,十分重要,我称之为"答徐爱问知行合一章"。③

① 陈来认为,在此期间,"湛甘泉一定向阳明介绍了白沙的自得之学,这使得阳明'沿周程求之'的路线在白沙一派得到了印证,而甘泉的'自得'宗旨,也使阳明终于找到了一种确定的形式以理解和把握儒学精神性的特质。"(陈来:《有无之境——王阳明哲学的精神》,人民出版社 1991 年版,第 324 页。)
② (明)王守仁:《年谱》,《王阳明全集》,上海古籍出版社 1992 年版,第 1228 页。
③ 张祥龙指出:"《传习录》第 5 条记载了徐爱和王阳明的一次对话,在我看来,它是这个问题上最关键和清楚的表述。"(张祥龙:《儒家心学及其意识依据》,商务印书馆 2019 年版,第 350 页。)

这一章比较长,可为上下两个部分。徐爱首先提出有人明明知道对父当孝,对兄当悌,但在现实生活中却不能孝、不能悌,这说明知与行分明是两件,先生为什么偏偏要说知行合一呢?阳明回答道:

> 此已被私欲隔断,不是知行的本体了。未有知而不行者。知而不行,只是未知。圣贤教人知行,正是安复那本体,不是着你只恁的便罢。故《大学》指个真知行与人看,说"如好好色,如恶恶臭"。见好色属知,好好色属行,只见那好色时已自好了,不是见了后又立个心去好。闻恶臭属知,恶恶臭属行。只闻那恶臭时已自恶了,不是闻了后别立个心去恶。如鼻塞人虽见恶臭在前,鼻中不曾闻得,便亦不甚恶,亦只是不曾知臭。就如称某人知孝、某人知弟,必是其人已曾行孝行弟,方可称他知孝知弟,不成只是晓得说些孝弟的话,便可称为知孝弟。又如知痛,必已自痛了方知痛;知寒,必已自寒了;知饥,必已自饥了:知行如何分得开?此便是知行的本体,不曾有私意隔断的。圣人教人,必要是如此,方可谓之知。不然,只是不曾知。此却是何等紧切着实的工夫!如今苦苦定要说知行做两个,是甚么意?某要说做一个是甚么意?若不知立言宗旨,只管说一个两个,亦有甚用?①

此段头一句中"知行的本体"的说法极为要紧,点出了整个问题的关键。"本体"是体段的意思,意指知行是一个体段、一回事,原本是紧密相连的,不能截然分割。知中本身就有行的力量,没有知而不行的,知而不行,只是未知。如果真的知了,定会像《大学》所说"如好好色,如恶恶臭",自己就有力量去好去恶。知行原本无法分开,这种无法分开,这就叫"知行的本体"。当然,与此同时,还要防止"被私欲隔断"。虽然知可以直接决定行,不会出现只知不行的情况,但人还有"私欲",会拖累成德成善的过程,出现明明知道当行却不去行的情况。因此,防止"被私欲隔断"是知行合一的重要功课。这是"答徐爱问知行合一章"的上半段,核心是强调知中本身就有行的力量,知而不行是受到了"私欲"的影响。

徐爱接着又问,古人将知行分开说,旨在要人见个分晓,分别明白知的工夫和行的工夫,如此工夫方才有着落,先生却要讲知行合一,道理何在呢?阳

---

① (明)王守仁:《传习录上》,《王阳明全集》,上海古籍出版社1992年版,第4页。

明继续解答,这便有了"答徐爱问知行合一章"的下半段:

> 此却失了古人宗旨也。某尝说知是行的主意,行是知的功夫;知是行之始,行是知之成。若会得时,只说一个知已自有行在,只说一个行已自有知在。古人所以既说一个知又说一个行者,只为世间有一种人,懵懵懂懂的任意去做,全不解思惟省察,也只是个冥行妄作,所以必说个知,方才行得是;又有一种人,茫茫荡荡悬空去思索,全不肯着实躬行,也只是个揣摸影响,所以必说一个行,方才知得真。此是古人不得已补偏救弊的说话,若见得这个意时,即一言而足,今人却就将知行分作两件去做,以为必先知了然后能行,我如今且去讲习讨论做知的工夫,待知得真了方去做行的工夫,故遂终身不行,亦遂终身不知。此不是小病痛,其来已非一日矣。某今说个知行合一,正是对病的药。又不是某凿空杜撰,知行本体原是如此。今若知得宗旨时,即说两个亦不妨,亦只是一个;若不会宗旨,便说一个,亦济得甚事? 只是闲说话。①

这一段增加了一个新的内容,凸显了提倡知行合一的目的,即所谓"对病的药"。阳明强调,古人分开说知说行,是防止两种人:一是只会懵懵懂懂地做,落得个冥行妄作,所以必须说一个知;一是只会茫茫荡荡去思索,全然不肯践行,所以必须说一行。这样分开讲知行,是古人不得已的法子。虽有"补偏救弊"之功,但容易将知行分作两件去做,认为一定要先有了知才能行,重点放在知上,做知的工夫,"不肯着实躬行"。这个问题由来已久,不是小病痛。② 如今立知行合一之说正是"对病的药",目的就是要解决这个问题。

阳明答复徐爱所问上下半段分别谈了知行合一的学理基础和理论目的。所谓"学理基础"即知行本是一体,知中本身就有行的力量,只要不被"私欲"隔断,"未有知而不行者";所谓"理论目的"即反对"不肯着实躬行"的现象,将知真正落在实处,变为实实在在的善行。后来阳明关于知行合一的诸多论述,尽管各有侧重,但原则上均不出这一章的范围。

---

① (明)王守仁:《传习录上》,《王阳明全集》,上海古籍出版社1992年版,第4—5页。
② 在与林司训信中的一段话,很清楚地表达了阳明立知行合一说的目的:"逮其后世,功利之说日浸以盛,不复知有明德亲民之实。士皆巧文博词以饰诈,相规以伪,相轧以利,外冠裳而内禽兽,而犹或自以为从事于圣贤之学。如是而欲挽而复之三代,呜呼其难哉! 吾为此惧,揭知行合一之说,订致知格物之谬,思有以正人心,息邪说,以求明先圣之学,庶几君子闻大道之要,小人蒙至治之泽。"[(明)王守仁:《书林司训卷》,《王阳明全集》,上海古籍出版社1992年版,第282页。]

二、知行合一的行善维度

阳明论知行合一内含行善和止恶两个维度。这两个维度特点不同,最好分开处理。这一小节先来处理行善的维度。历史上关于这个维度讨论极多,近些年来人们更是从不同角度给予了新的说明。

有人以"指导"作答。韦政通指出,阳明讲知行合一不是说知行已然是一个事实了,知行合一其实是一种理想,阳明提倡知行合一,就是要为人们提供这方面的指导。"阳明有时候,虽把知行合一视为事实原则,但他所注重的,确是指导原则。""在知行合一之说中,知与行之所以合一,如前所说,它只是一指导原则,是说在这种意义下的知行是应该合一的。"①意思是说,当时人们忽视了知行关系的问题,阳明提供了一种指导,劝导大家应该按照知去做,达到知与行的实际合一。

有人以"意志"作答。劳思光认为,知行之间有一个意志问题。"判断决定意志如何取向,故是'始';而意志之取向及实践活动,皆属承'良知'之判断而求其实现,故是'知之成'。""阳明主旨总不外指出'良知'与'意志'间应有及本可有之贯通状态,此是知行合一之本旨。"②这是说,决定知与行能否直接相连,不仅决定于判断能力,更决定于此间有一种意志的力量。因为人有这种意志,所以才说知行合一。

有人以"价值"作答。张祥龙将现相学的方法引入阳明研究,指出西方现相学中胡塞尔和舍勒的思路有所不同。胡塞尔是先把一个对象作为一个客体看待,然后再赋予这个客体以价值,舍勒则强调,两者不能截然分开,看待一个对象的同时,其实已经将价值赋予其上了。阳明的态度更接近于舍勒。"按照王阳明的观察,在涉及好恶的经验中,人们(这里首先是指有性别感受力的男子)不是先看到一个价值完全中立的对象,比如既不难看也不好看的女孩子,也不是先闻到一个纯物理性的臭味,然后再产生好恶之感。相反,人们见到那'色'时就已经把它感知为'好色'或'好看的姿色',所以同时就对它产生了'喜好'的价值感受,这个好好色之心(行)已经在那个见好色之看(知)

---

① 韦政通:《中国思想史》(下),上海书店出版社 2003 年版,第 867、872 页。
② 劳思光:《新编中国哲学史》三卷上,广西师范大学出版社 2005 年版,第 331 页。

里边了。"①按照这种解释,人在面对道德对象的时候,本身就具有价值的内容。因为有价值的内容,所以人对于好的事情会自愿而行,这就是阳明讲的,见到"好色"而"自好"了。

有人以"动力"作答。吴震提出,按照知识论的观点,知显然独立于或优先于人的行为,但道德践行并非如此。就此而言,阳明所说的知是良知,所说的行是良知的落实。这里有一个动力问题。恰如见到好色便喜欢,见到恶臭便生厌,这里的"好"和"恶",既指良知的判断能力,也指良知的道德动力。"在阳明看来,良知就是一种直接的源自本心的道德动力,而不是一种静态的有关是非善恶的知识而已。正是在此意义上,'知'与'行'就处在动态的合一过程中,这就叫作'知行本体',此即说②'知行'本来应有的理想状态,因为'良知'不仅是一种关于是非善恶的道德知识,更是一种'发善恶恶'的道德动力,故而必直接地展现为'行',同时,好善恶恶的'行'也意味着道德之'知'的启动。"③

上述意见以"指导""意志""价值""动力"解说知行合一,均有一定启发性,但似乎仍有进一步深化的余地。儒家生生伦理学的重要标志,是打破感性、理性两分的模式,将孔子思想中与道德相关的因素剥离出智性、欲性、仁性三个部分,由此建立了三分法。在三分法中,除欲性外,智性和仁性都是道德的根据,但二者的特点不同:仁性内含充足动能,智性则没有这种能力。因为仁性有动能,所以不仅可以自己决定由知到行,而且可以保障智性具有活力,不沦为死理。《贡献与终结——牟宗三儒学思想研究》第二卷中的一段文字较好地表达了这层意思:

> 由此不难看出,智性(狭义理性)本身是一个懒汉,没有兴发力,必须有一种力量不断督促,不断鞭策,才能具有活力。仁性恰恰是这种督促和鞭策的力量。由于孔子心性之学中有仁性这个重要部分,智性就多了一种督促和鞭策的力量,凡是智性认识到属于正确的,仁性就会迫使人必须按它的要求去行动。④

---

① 张祥龙:《儒家心学及其意识依据》,商务印书馆 2019 年版,第 354 页。

② 此字疑当为"是"。

③ 袁行霈主编:《中华传统文化百部经典·传习录》,吴震解读,国家图书馆出版社 2018 年版,第 43—44 页。

④ 杨泽波:《贡献与终结——牟宗三儒学思想研究》第二卷,上海人民出版社 2014 年版,第 240 页。

这段文字对智性与仁性各自的作用做了明确的区分。智性的任务是认知,既负责外识,又负责内识。尽管外识和内识都不可或缺,但智性本身没有活动性,是一个"懒汉"。要让智性动起来,必须依靠仁性。仁性充满动能,由它督促和鞭策,一个完整的伦理道德学说才能有活力,才能动起来。后来,我在写作《儒家生生伦理学引论》时,进一步将这一思想凝练为"道德动力学",辟有一个小节专门加以讨论。①

仁性有如此神奇的特性,与其构成直接相关。人来到世间的那一刻起,头脑就不是空的,就有特定的生长倾向,随着生活阅历的增长,受社会生活和智性思维的影响,这种倾向又会不断丰富,发展为伦理心境。无论是生长倾向还是伦理心境都具有先在性。因为这种先在性里有丰富的道德内容,所以人是一个先在的道德存在。"人是一个先在的道德存在"是非常重要的判断,它告诉我们一个重要的道理:既然人是先在的道德存在,那么自然就有道德的要求,自然要向道德方向发展。这种情况一点都不神秘。动物有食物的要求,自己就会去寻找,不惜长途跋涉,历经艰险。植物有阳光、水分的要求,叶面自然会向阳光充足的方向发展,根系自然会向土壤肥沃的方向发展。人是物欲的存在,有物欲的要求,自身就有动能,以满足这种要求;人是认知的存在,有认知的要求,自身就有动能,希望能够认识得更多更好;人是道德的存在,有道德的要求,自身就有动能,向道德方向而趋。"道德动力学"所要揭示的正是这个道理。

有了"道德动力学",不仅阳明为什么讲知行合一,就不难理解了,而且学界关于知行合一的诸种解说,如上面列举的"指导""意志""价值""动力",也可以得到进一步的说明。虽然阳明此时尚未使用良知的说法,但知行合一之知一定是良知,属于仁性的范畴,而不是一般性的道德认知或规范性知识。②阳明早年相信朱子的学说,对学做圣人寄以希望,从三分法的视角看,其实就

---

① 参见杨泽波:《儒家生生伦理学引论》第三十二节"'道德动力学':一个有重大学术价值的问题",商务印书馆 2020 年版,第 230—233 页。

② 董平早年曾将阳明所说的"知"界定为"良知",后来否定了这种做法,认为这种"知"当指规范性的知识,"一个最为显著的理由是,如果朱熹的知行观中的'知'是包含知识意义的,那么王阳明的'知行合一'就必然包含知识意义,否则不可能成为'对病的药'。"(董平:《论"知行合一"的四重向度》,《社会科学战线》2019 年第 2 期。)我的理解有所不同。朱子知行观的确包含知识意义,但这并不意味着阳明讲"知"一定指规范性的知识。恰恰相反,因为朱子以规范性知识讲知行有瑕疵,所以阳明才以良知之"知"讲知行合一。

是将思想的重点放在智性之上。因为智性自身不含动能，这条道路很难走得通，这是阳明格竹子感叹圣人做不得的重要缘由之一。龙场顿悟是一个关键转折，经过这场激变，阳明真切把握到了内在的道德根据，体悟到了道德根据的巨大能量，这种动能为知转为行提供了有力的保障，而这也正是他次年开门讲学即讲知行合一的根本原因。由此可以看出，阳明提倡知行合一最大的意义是认识到了朱子以智性讲道德，智性是死的，知行由此分为两截，而仁性蕴含着强大的动能，可以由知变为行，从而重新将道德根据置于仁性之上。这方面有一个材料很有说服力：

> 前在寺中所云静坐事，非欲坐禅入定也。盖因吾辈平日事物纷拏，未知为己，欲以此补小学收放心一段功夫耳。明道云："才学便须知有得力处，既学便须知有得力处。"诸友宜于此处着力，方有进步，异时始有得力处也。①

阳明见诸弟子多有进步，非常高兴，随即引导其静坐。不久又寄书澄清这种静坐的目的是补上收放心一段功夫，有一"得力处"，与禅家入定不同。我非常重视这里"得力处"这一表述。"得力处"的根据自然不是朱子意义的格物致知，只能是心学意义的对于自己内在道德根据的把握。一旦握住了自己道德根据，就会感受到其强大的力量，保证实现由知到行的转换，远离知行为二之痼疾。②

从这个角度出发，我们对"答徐爱问行知合一章"阳明喜欢讲"自好""自恶"就多了一层理解：

> 故《大学》指个真知行与人看，说"如好好色，如恶恶臭"。见好色属知，好好色属行，只见那好色时已自好了，不是见了后又立个心去好。闻恶臭属知，恶恶臭属行。只闻那恶臭时已自恶了，不是闻了后别立个心去恶。如鼻塞人虽见恶臭在前，鼻中不曾闻得，便亦不甚恶，亦只是不曾知臭。③

---

① （明）王守仁：《年谱》，《王阳明全集》，上海古籍出版社1992年版，第1230—1231页。

② 学界关于阳明一生的转变历来有"学之三变"与"教之三变"之分。"学之三变"又称"前三变"，即辞章之学、二氏之学、龙场顿悟之"三变"。"教之三变"又称"后三变"，即"居贵阳时，首与学者为'知行合一'之说；自滁阳后，多教学者静坐；江右以来，始单提'致良知'三字，直指本体，令学者言下有悟。"[（明）王守仁：《刻文录叙说》，《王阳明全集》，上海古籍出版社1992年版，第1574页。]关于"后三变"中第二变有不同理解。陈来不同意将教人静坐作为一个独立的阶段，认为"教人静坐实际上从来不具有教之一变的意义。"（陈来：《有无之境——王阳明哲学的精神》，人民出版社1991年版，第327页。）在我看来，深入了解"后三变"中有"静坐"之变，对于把握阳明思想发展的轨迹有重要意义，不应忽略不计。

③ （明）王守仁：《传习录上》，《王阳明全集》，上海古籍出版社1992年版，第4页。

真知行必如《大学》所说的"如好好色,如恶恶臭",见好色属于知,这个知不是空的,见到好色时已"自好"了,闻恶臭属于知,这个知不是空的,闻到恶臭时已"自恶"了。为什么会有这种神奇的现象?因为人有善性,是一个先在的道德存在,有道德的要求,恰如"好好色""恶恶臭",见到好色自然会"好",闻到恶臭自然会"恶"。

基于这个道理,阳明甚至强调知行之间没有大的间隙。有人提出,知行问题犹如行路,如以大都为目的,便应不辞险阻,决意向前。阳明的回答值得细细品味:

> 此譬大略皆是,但以不辞险阻艰难、决意向前,别为存心,未免牵合之苦,而不得其要耳。夫不辞险阻艰难,决意向前,此正是诚意之意。审如是,则其所以问道途,具资斧,戒舟车,皆有不容已者。不然,又安在其为决意向前,而亦安所前乎?夫不识大都所在而泛焉欲往,则亦欲往而已,未尝真往也。惟其欲往而未尝真往,是以道途之不问,资斧之不具,舟车之不戒。若决意向前,则真往矣。真往者能如是乎?此最工夫切要者。①

阳明认为,以大都为目的讲知行基本可行,但不宜说得过于严重,讲什么"不辞险阻艰难、决意向前"之类。一旦确定了行路的目的,自然会"问道途,具资斧,戒舟车",这些都是"不容已者"。这个"不容已"深有意味,它说明如果确定了前往大都,自然会有力量,这种力量就是前行的动力,有了这种动力,自然可以前行。这才是"工夫切要者"。换用"道德动力学"的表达方式,这其实是说,以仁性为根据,道德是自己的要求,自己就有动能,知行之间没有万里鸿沟,由知可以到行,由知自然到行。

三、知行合一的止恶维度

知行合一不仅讲行善,而且讲止恶。这方面最值得关注的是"一念发动处,便即是行"这一说法:

> 此须识我立言宗旨。今人学问,只因知行分作两件,故有一念发动,虽是不善,然却未曾行,便不去禁止。我今说个知行合一,正要人晓得一

---

① (明)王守仁:《文录一》,《王阳明全集》,上海古籍出版社1992年版,第164页。

念发动处,便即是行了。发动处有不善,就将这不善的念克倒了。须要彻根彻底,不使那一念不善潜伏在胸中。此是我立言宗旨。①

做学问最大的问题,是将知行分作两件,有了不好的念头不去禁止。阳明提倡知行合一,就是针对这个问题而发的,让人们明白"一念发动处,便即是行"。心中有了不好的念头,就将其克倒了,不要在胸中潜伏。这里的重点是如何禁止不善。阳明十分重视这个问题,反复强调这是其"立言宗旨"。

学界普遍认为,阳明此说并非指行善,而是指止恶。如陈来所说:

> 在理学的伦理学中把道德修养分为"为善"和"去恶"两个方面,从这个角度来看,提出一念发动即是行,对于矫治"一念发动虽不是善,然却未曾行,便不去禁止"有正面的积极作用;然而,如果这个"一念发动"不是恶念,而是善念,能否说"一念发动是善,即是行善"了呢?如果人只停留在意念的善,而并不付诸社会行为,这不正是阳明所要批判的"知而不行"吗?可见,一念发动即是行,这个说法只体现了知行合一的一个方面,它只适用于"去恶",并不适用于"为善",阳明的知行合一思想显然是不能归结为"一念发动即是行"的。②

这就是说,阳明"一念发动处,即便是行"的说法旨在告诫人们,有了不好的念头虽尚未行,但必须警觉,不能令其生长。这其实是一种警示,故学界又称其为"警示原则"或"励志原则"③,意即不要因为恶只是一个念头而放松警惕。这种理解是有道理的。从文脉上看,阳明这一说法后面直接讲到"将这不善的念克倒",止恶的意图十分明显;从学理上看,阳明讲知行合一的目的是反对知而不行,如果认为"一念发动处,便即是行"是讲有一个善的念头便即是行,等于承认知的本身就是行,这与其基本立场就相抵牾了。因此,"一念发动处,即便是行"不能用于行善,只能用于止恶。

---

① (明)王守仁:《传习录上》,《王阳明全集》,上海古籍出版社1992年版,第96页。

② 陈来:《有无之境——王阳明哲学的精神》,人民出版社1991年版,第106—107页。

③ "警示"的说法学界常见,"励志"的说法则来自陈立胜。他认为,不宜只是从"警示"的角度来诠释知行合一,更应该从"励志"的角度来理解。"如此,将'一念发动处便即是行'命题解读为一'入圣之机命题'、一'励志'命题,既能体现阳明透过此命题而激发读者成圣之信心与决心这一用意,同时亦能涵括'警示命题''克念功夫命题'解读路径所揭示的对念念不容姑息,斩钉截铁的态度。"(陈立胜:《入圣之机:王阳明致良知工夫论研究》,生活·读书·新知三联书店2019年版,第145页。)

为什么知行合一包含止恶的维度？为什么知行合一可以止恶？这个问题同样值得深思。从宽泛的意义上讲，有两种恶，或者说恶分属两种情况。一是明明知道何者是善而不去做，如人们都知道尊老爱幼，救死扶伤是善，有人却偏偏不去做。二是明明知道何者是恶却偏偏去做，如人们都知道不能偷盗，不能骗取他人钱财，有人却偏偏照做不误。① 二者相比，后一种情况更为复杂。阳明面对的就是这种情况。他清楚地看到，当时很多人有了恶的念头却不去制止，导致社会中恶的行为屡屡发生。他讲知行合一一定要加入止恶的含义，就是告诫人们，知中原本就有止恶的力量，有了恶的念头必须制止，防止其变为实际的恶。

知中有止恶的力量，其中有大文章。如上所说，阳明所说的知其对象特指仁性，仁性的本质是伦理心境，具有明显的先在性，而这种先在性就是是非的标准。因为有是非的标准，所以遇事不需要听从他人教导，不需要新的学习，自己就知道何者为是，何者为非。按照"是"去做，就是善；不按照"是"去做，就是恶。但不管哪一种情况，是行善还是止恶，我们自己都知道，做善事自己知道，做恶事自己也知道，只要老老实实听从仁性的指令，不欺骗它，就可以达到止恶的目的。阳明于此有精彩的说明：

> 本心之明，皎如白日，无有有过而不自知者，但患不能改耳。一念改过，当时即得本心。②

> 良知在人，随你如何不能泯灭。虽盗贼亦自知不当为盗，唤他做贼，他还忸怩。③

本心皎如白日，有了过错，自己其实也知道，"无有有过而不自知者"。即使盗贼也是如此，虽是盗贼，"亦自知不当为盗"，叫他为贼，他还不好意思。由此可见，良知不仅能够知"是"，而且能够知"非"，不仅能够知行为本身之"非"，而且能够知不遵从内心要求偏偏去行恶之"非"。

明明知道何者为善却偏偏去行恶，原因在于没有辨明义利。义利之辨是儒家学理的重要内容，孔子首开其端，孟子继承孔子的思想，对此有进一步的

---

① 这两种情况都可以归并为"知而不行"，是"失德"的三种表现之一。参见本书第六章第五节第四小节"儒家生生伦理学对恶的问题的理解"（第275—279页）。

② （明）王守仁：《寄诸弟》，《王阳明全集》，上海古籍出版社1992年版，第172页。

③ （明）王守仁：《传习录下》，《王阳明全集》，上海古籍出版社1992年版，第93页。

发挥。在孟子那里,义利有多重含义,其中影响最大的是人禽之分的义利。在这方面,义为大体,利为小体。大体和小体在很多情况下并不矛盾,可以兼得,但在一些特殊情况下,二者又会发生冲突,构成排他关系。此时人们需要做的,便是先立其大,以义作为自己最高的价值选项,否则便会有恶,而产生这种恶的原因就是"答徐爱问知行合一章"中说的被"私欲隔断":

> 就如称某人知孝、某人知弟,必是其人已曾行孝行弟,方可称他知孝知弟,不成只是晓得说些孝弟的话,便可称为知孝弟。又如知痛,必已自痛了方知痛;知寒,必已自寒了;知饥,必已自饥了:知行如何分得开? 此便是知行的本体,不曾有私意隔断的。①

有人没有行孝行悌,不是因为不知孝不知悌,而是受到了"私意"的干扰,将知行隔断了。这里的"私意"就是小体。这就说明,现实生活中有恶的行为,既不是人们不知道这是恶,也不是人们不知道自己不应该这样做,而是没有做好价值选择,在义和利发生矛盾的时候,选择了利放弃了义,选择了鱼放弃了熊掌,选择了做小人放弃了做君子。

由此说来,知行合一含有止恶的维度,含有深刻的道理。受生长倾向以及社会生活、智性思维的影响,人原本就有道德的根据。这种道德根据有明显的先在性,这种先在性即是孟子说的"是非之心"。有此是非之心,见到了是便知道其为是,见到了非便知道其为非。更为重要的是,在知其为是、知其为非的同时,内心还会涌现强大的动能,要求是的便去行,非的便去止。阳明借用《大学》"好好色""恶恶臭"的说法所要表达的就是这个意思。"好好色""恶恶臭",一个是"好",一个是"恶",见"好色"已自"好"了,见"恶臭"已自"恶"了,不需要另外的鼓舞支持者。检查我们自己,在日常生活中,随时都可能有不好的念头,这些念头冒出来的时候,我们不仅是知道的,而且内心有强大的力量,要求自己不要去做,不要去行。只要不被物欲引诱,不做小体俘虏,就可以防止这种情况的发生,使其不变成现实,这就是止恶。"道德动力学"不仅可以解释人何为能够行善,同样可以解释人何以能够止恶,阳明知行合一止恶的维度由此也就得到了有效的说明。

---

① （明）王守仁:《传习录上》,《王阳明全集》,上海古籍出版社 1992 年版,第 4 页。

四、知行合一是一种有欠成熟的理论形态

前面说了,知行合一是阳明第一个具有个人特色的思想,蕴含着深刻的道理。但因为这是一个前所未遇的问题,要将其解说明白并非易事,加之阳明在这个过程中的一些说法不够准确,整个学说难免给人一种不够成熟的印象。

例之一"一念发动处,便即是行"。

前面从止恶的角度分析了阳明这一说法,明白了阳明如此说,意在强调一念发动就是行的开始,善的念头如此,恶的念头亦然,不能因为恶的念头未曾行,就不去管它。尽管如此,我们还是无法否认阳明这种说法明显混淆了行的内涵。船山说:"彼非谓知之可后也。其所谓知者非知,而行者非行也。知者非知,然而犹有其知也,亦惝然若有所见也。非者非行,则确乎其非行,而以其所知为行也。以知为行,则以不行为行,而人之伦、物之理,若或见之,不以身心尝试焉。"①这是批评阳明将知变为了行,抹杀了知行的界限,是销行于知。这种批评确有道理,历来受人重视。"一念"只是念头,属于知,尽管是不好的念头,是不好的知,但毕竟没有跨越边界,达到行的领域。正如一个人有了杀人、抢银行的念头,哪怕这些念头再不好再可怕,也只是念头而不是行,法官不能因此判他有罪,否则便是因"念"获罪,因"言"获罪了。

例之二"困知勉行"。

> 问:"圣人生知安行,是自然的,如何有甚功夫?"先生曰:"知行二字即是功夫,但有浅深难易之殊耳。良知原是精精明明的。如欲孝亲,生知安行的,只是依此良知,实落尽孝而已;学知利行者,只是时时省觉,务要依此良知尽孝而已;至于困知勉行者,蔽锢已深,虽要依此良知去孝,又为私欲所阻,是以不能,必须加人一己百、人十己千之功,方能依此良知以尽其孝。圣人虽是生知安行,然其心不敢自是,肯做困知勉行的功夫。困知

---

① (清)王夫之:《尚书引义》,中华书局1976年版,第76页。陈来指出:"阳明哲学中的知与行与宋儒是有差别的。在宋儒,知与行不仅有知识与实践的区别,也可以指两种不同的行为(求知与躬行)。在阳明哲学,知的意义仅指意识或主观形态的知,是一个纯粹主观性的范畴,在这点上其范围要比宋儒来得狭小。相反,行的范畴在阳明哲学则较宋儒的使用来得宽泛,一方面可以用指人的一切行为,另一方面,如后面所要讨论的,还可以包括人的心理行为。"(陈来:《有无之境——王阳明哲学的精神》,人民出版社1991年版,第94—95页。)

勉行的,却要思量做生知安行的事,怎生成得!"①

弟子问圣人生知安行是何等工夫。阳明以尽孝为例,将人分为三等。"生知安行"为第一等,这类人只要依此良知,即可落实尽孝。"学知利行"为第二等,这类人需要时时省察,尽力依此尽孝。"困知勉行"为第三等,这类人亦有良知,但私欲过重,必须尽百倍之力才可以尽孝。阳明如此讲,自然离不开孔子所讲生知学知,孟子所讲先觉后觉的背景,但把人作这样的区分,以凸显"困知勉行"之难,并不是好的做法。人与人固然有差别,但每个人都有良心,都有自知的能力,只要眼光内收,都可以找到自己的道德根据,忠实按照它的要求去做,都可以做到知行合一。过分强调人与人的差别,将人分为不同等级,不仅不利于启发人成德成善的信心,更会大大增加人们理解知行合一的难度。

例之三"知而不行,只是未知"。

> 爱曰:"如今人尽有知得父当孝、兄当弟者,却不能孝、不能弟,便是知与行分明是两件。"先生曰:"此已被私欲隔断,不是知行的本体了。未有知而不行者。知而不行,只是未知。"②

较之前面两种情况,这种情况要严重得多。"答徐爱问知行合一章"讲,人们都知对父当孝,对兄当悌,在实际生活中却不去行,其因在于未了解知行本体,特别强调"未有知而不行者,知而不行,只是未知"。细细推究,这里的问题很大。照此说法,人们在现实生活中不行孝悌,只是不知,如果知了就一定会行。但问题在于,知而不行是不是只是源于未知?审视现实生活,不难看到,现实中一些不道德的行为确实源于未知,但大多数是明明知了,却没有按照自己道德根据的要求去做。没有人不知道红灯停绿灯行,遇事守序排队,但不遵守交通规则,随意插队的现象仍然比比皆是。高智商犯罪的人行为诡秘,但他们也知道那样做是错的,只是为了物欲才照做不误。这怎么能说是"知而未行,只是未知"呢?

人们可能辩护说,你讲的只是一般的知而非真知,阳明讲的知是真知。阳明确实有这种讲法:

---

① (明)王守仁:《传习录下》,《王阳明全集》,上海古籍出版社1992年版,第111页。
② (明)王守仁:《传习录上》,《王阳明全集》,上海古籍出版社1992年版,第3—4页。

知之真切笃实处，即是行；行之明觉精察处，即是知，知行工夫本不可离。只为后世学者分作两截用功，失却知行本体，故有合一并进之说。"真知即所以为行，不行不足谓之知"，即如来书所云"知食乃食"等说可见，前已略言之矣。此虽吃紧救弊而发，然知行之体本来如是，非以己意抑扬其间，姑为是说以苟一时之效者也。①

他还举哑巴吃苦瓜为例：

刘观时问："未发之中是如何？"先生曰："汝但戒慎不睹，恐惧不闻，养得此心纯是天理，便自然见。"观时请略示气象。先生曰："哑子吃苦瓜，与你说不得。你要知此苦，还须你自吃。"时曰仁在旁，曰："如此才是真知，即是行矣。"一时在座诸友皆有省。②

阳明强调，与知行合一相关的知是真知，而不是假知或浅知。一旦有了真知，如哑巴吃苦瓜，真正感知到了苦，就会由此而行。"知之真切笃实处即是行"即是此意。然而，即便承认阳明确有此用意，我们还是不得不看到，在很多情况下，人们确实知道只能如此不能如彼，但就是克服不了自己的物欲，不去行善，偏去行恶。如公务员都知道要廉洁，但仍然有人不这样做，成了受贿者。这些人并不是没有真知，而是没有遵从自己内心的道德要求，选择了小体，丢掉了大体。知行合一的核心是通过"内觉"体悟自己的是非之心，充分尊重它，选择大体，牺牲小体，踏踏实实去做，而不是什么真知假知、深知浅知。

综上所述，阳明提倡知行合一，头一次明确涉及了道德动力问题，校正了朱子将学说重点置于智性带来的诸多弊端，这是其历史的贡献。但因为时间过于急促，来不及细致消化，其中一些表述并不准确："一念发动处，便即是行"的说法模糊了知与行的界限，销行于知；"困知勉行"的说法将大多数人挡在知行合一大门之外，徒增学说的困难；"知而不行，只是未知"的说法更使人在真知还是假知，深知还是浅知打转，将视线引向了错误的方向，不明白由知到行的关键全在遵从内心的要求，甘愿在物欲上作出牺牲。阳明不久也意识到了这里的问题。《年谱》39岁载，阳明经常德、辰州数地，与学者谈悟入之

---

① （明）王守仁：《传习录中》，《王阳明全集》，上海古籍出版社1992年版，第42页。
② （明）王守仁：《传习录上》，《王阳明全集》，上海古籍出版社1992年版，第37页。

功,见不少门人俱能卓立,十分高兴,对之前的教法有所检讨,明确表示:"悔昔在贵阳举知行合一之教,纷纷异同,罔知所入。"①从这一记述看,阳明对龙场顿悟后开讲知行合一,引出诸多纷争,是有所反省的,数年后放弃知行合一的说法而改说致良知,与此不无关系。无论考之于学理的不足,还是验之于阳明自己的评价,认定知行合一是一种有欠成熟的理论形态,当是一个合理的判断。

第三节 "致良知"新解读

50岁后,阳明不再谈知行合一,改说"致良知"。②"致良知"由"致"和"良知"两个概念组合而成。"致"取自《大学》。"致者,至也,如云丧致乎哀之致。《易》言'知至至之','知至'者,知也;'至之'者,致也。'致知'云者,非若后儒所谓充广其知识之谓也,致吾心之良知焉耳。"③阳明对《大学》做了自己的训读,强调"致"不是充广知识,而是"推致",即将道德根据推到践行领域,变为实际的善行。"良知"则取自《孟子》。"吾'良知'二字,自龙场以后,便已不出此意,只是点此二字不出,于学者言,费却多少辞说。今幸见出此意,一语之下,洞见全体,直是痛快,不觉手舞足蹈。学者闻之,亦省却多少寻讨功夫。"④早在龙场之悟的时候,阳明就有了良知的想法,只是提炼不出这两个字。经过诸多曲折后,这个概念才在心中明白起来,成了其学说的基石。综合而言,"致良知"就是将良知推致出去变为具体践行,这一概念由此也成了阳明思想成熟后最具代表性的内容。

---

① (明)王阳明:《年谱》,《王阳明全集》,上海古籍出版社1992年版,第1230页。

② 陈来指出:"在晚年,阳明把良知与致良知纳入知行的范畴,这个理论在出发点上也是强调人把良知所贯彻到行为和实践,而它强调区分良知与致知,于是阳明不能像'知而未行只是未行'一样讲良知不致便不是良知。这样一来,阳明晚年虽然仍然提倡知行合一,但反复强调良知人人本有、只是不能致其良知,他的重点不再强调知行本体的合一,而是强调知行工夫的合一,即知之必实行之。"(陈来:《有无之境——王阳明哲学的精神》,人民出版社1991年版,第182页。)

③ (明)王守仁:《大学问》,《王阳明全集》,上海古籍出版社1992年版,第971页。

④ (明)王守仁:《刻文录叙说》,《王阳明全集》,上海古籍出版社1992年版,第1575页。

一、从伦理心境的特点看"致良知"的四个环节

"致良知"是一个完整的思想系统,内部有四个环节,其中每一个环节都包含重要的学理问题,下面就借助儒家生生伦理学原理对这些环节加以梳理。

1. 良知自知

"良知"之所以能"致",首先是因为良知是道德本体,遇事定会发用,而这种发用自己是知道的。《传习录》云:

> 知是心之本体,心自然会知:见父自然知孝,见兄自然知弟,见孺子入井自然知恻隐,此便是良知不假外求。若良知之发,更无私意障碍,即所谓"充其恻隐之心,而仁不可胜用矣"。①

良知发用,是阳明的重要思想。在阳明看来,人有良知,良知遇事必然发用,提供是非的标准。人善于反身内求,就可以把握住良知,见父自然知孝,见兄自然知悌,见孺子入井自然知恻隐。只要不受物欲阻碍依此而行,即可成德成善。

这一思想在阳明有一个专门说法,这就是"良知自知":

> 良知自知,原是容易的。只是不能致那良知,便是"知之匪艰,行之惟艰"。②

有人以"知之匪艰,行之惟艰"的古语询问现实中知行分离的原因。阳明说,"良知自知,原是容易的",只有不致其良知,才可以说"知之匪艰,行之惟艰"。照此说法,"自知"是良知的重要特性。

阳明这方面的论述非常多,下面一段较有代表性:

> 良知是天理之昭明灵觉处,故良知即是天理。思是良知之发用。若是良知发用之思,则所思莫非天理矣。良知发用之思自然明白简易,良知亦自能知得。若是私意安排之思,自是纷纭劳扰,良知亦自会分别得。盖思之是非邪正,良知无有不自知者。③

---

① (明)王守仁:《传习录中》,《王阳明全集》,上海古籍出版社1992年版,第6页。《年谱》中的一段话,亦是此意。"近欲发挥此,只觉有一言发不出,津津然如含诸口,莫能相度。"〔(明)王守仁:《年谱》,《王阳明全集》,上海古籍出版社1992年版,第1279页。〕

② (明)王守仁:《传习录下》,《王阳明全集》,上海古籍出版社1992年版,第120页。

③ (明)王守仁:《传习录中》,《王阳明全集》,上海古籍出版社1992年版,第72页。

此段中"良知发用之思自然明白简易，良知亦能知得"尤为重要。它是说，良知发用之思，自己原本就知道，人人都会，不需要他人提醒，一想便能得到，一思即有体会，非常直接，十分简易，这就叫作"良知无有不自知者"。

要了解这个道理并不容易，我在这方面的经历颇为曲折，有一个可以戏称为"连攻三垒"的过程。我多次讲过，我接触熊十力讲呈现的材料，是在读研究生期间。当时十分好奇，但不明就里，经过了大约三年的时间，才明白了良知确实是当下呈现的，非常高兴。由此攻破了第一垒。后来，过了十多年，在系统研究牟宗三儒学思想时，看法又有了新的进步，认识到之前的理解过于狭窄了。呈现既有道德践行意义的，也有道德存有意义的，道德之心创生践行的思维方式是呈现，创生存有的思维方式同样是呈现。由此攻破了第二垒。再后来，又过了多年，在将自己对儒学思想的理解系统梳理，以建构儒家生生伦理学过程中，我才发现，虽然之前有这些进步，但相关理解仍然不到位。之前只是了解了道德本心通过呈现创生践行，创生存有，但忽略了我是怎么知道它是呈现的这个重大问题。思考下来，方才明白，良知在呈现的同时，人一定有一种能力可以知道这种呈现。这种特殊的能力，就是"内觉"，也就是阳明讲的"自知"，最终以"我觉故我在"作为了这门新学说的逻辑起点。由此攻破了第三垒。这三垒分别以三部著作为标志，第一垒以《孟子性善论研究》（1995 年）为代表，第二垒以《贡献与终结——牟宗三儒学思想研究》（2014 年）第三卷存有论为代表，第三垒以《儒家生生伦理学引论》（2020 年）为代表，时间前后跨越近三十余年。"连攻三垒"的经历只是我个人的经验，他人未必如此，但它也足以说明，要真正把握良知自知的道理不是一件简单的事情。

良知为什么能够"自知"？这是一个非常严肃的理论问题，理解起来有较大难度。良心和良知是同等概念。多年来，我一直坚持认为，良心也好，良知也罢，说到底不过是建基于生长倾向之上的伦理心境而已。良知是伦理心境，遇事定会呈现，表现自己，但与此同时，我们还必须承认人有一种能力，可以自己知道这个呈现正在进行。这两个方面都不可缺少，从特定意义上说，后一个方面即承认人有"自己知道"的能力，似乎更加重要。因为如果不承认人有这种能力，要么呈现不会有实际作用，要么必须把这种知的能力交给某个更高的存在者，果真如此，一定会造成理论上的极大麻烦。这个问题其他学理系统同样极为关注。唯识宗很早就提出，人既有"见分"，又"相分"，以达成对世界的认识,除此之外,一定还有"自证分",以感知自己正在从事这项活动。近代西方现相学的发展更是有力地证明了,意向必然指向一个对象,与此同时,意向一定还有"自我意识",以感知这种意指活动正在进行。良知也属于这种情况。一是良知遇事呈现自身,一是人有"自知"能力,可以知道这种呈现,二者缺一不可,共同构成"良知自知"的理论基础。①

2. 好善恶恶

做到了"良知自知",会感受到良知内部有一股"好善恶恶"的强大动能,由此形成"致良知"的第二个环节。"答徐爱问知行合一章"将这个道理讲得清楚而明白:

> 故《大学》指个真知行与人看,说"如好好色,如恶恶臭"。见好色属知,好好色属行。只见那好色时已自好了,不是见了后又立个心去好。闻恶臭属知,恶恶臭属行。只闻那恶臭时已自恶了,不是闻了后别立个心去恶。如鼻塞人虽见恶臭在前,鼻中不曾闻得,便亦不甚恶,亦只是不曾知臭。②

阳明以生活中的事例作出说明,举例很简单,道理极深刻。在生活中,见到"好色"时已自"好"了,不是见了后别立个心去"好",闻到"恶臭"已自"恶"了,不是闻了后别立个心去"恶"。这就说明,人的内心有一种倾向,喜欢"好色",讨厌"恶臭",所以见了"好色"自己就有动力去"好",闻了"恶臭"自己就有动力就"恶",不再需要其他的鼓舞支持者。

下面一段讲的也是这个道理,须细细品味:

> 工夫大略亦只是如此用,只要无间断到得纯熟后,意思又自不同矣。大抵吾人为学紧要大头脑,只是立志,所谓困忘之病,亦只是志欠真切。今好色之人未尝病于困忘,只是一真切耳。自家痛痒,自家须会知得,自家须会搔摩得。既自知得痛痒,自家须不能不搔摩得。佛家谓之方便法门,须是自家调停斟酌,他人总难与力,亦更无别法可设也。③

他人请教立志问题。阳明答道,立志是工夫的大头脑处,不可放松,需要

---

① 这个环节涉及问题较深,为避免行文重复,在后面的章节再具体展开。参见本书第八章第四节第三小节"'隐默说'"(第357—364页);第九章第五节第二小节"'道德践行之呈现'何以可能之证明"(第446—448页)。

② (明)王守仁:《传习录上》,《王阳明全集》,上海古籍出版社1992年版,第4页。

③ (明)王守仁:《传习录中》,《王阳明全集》,上海古籍出版社1992年版,第57—58页。

时时提醒。但思想境界纯熟之后，自然真切，意思又会有所不同。恰如自家痛痒，自家自会知晓，自会搔摩，不需要他人提示强迫。"既自知得痛痒，自家须不能不搔摩得"一句，讲的就是这个道理。想象一下，在现实生活中，如果我们身上瘙痒，是不是自己就会去抓去挠？自己去抓去挠，是因为自己不忍瘙痒，有去抓挠的要求，有去抓挠的动力。不忍瘙痒是因，去抓去挠是果，有其因，必有其果，有其果，必有其因。道德问题也是这个道理。人有道德的要求，自己就会追求，好善而恶恶，不需要外力强迫。

学界对"好善恶恶"的问题早有关注，相关成果很多。① 但这些成果中不少只是告知读者良知是"好善恶恶"的，对于良知为什么有这种特点，往往不能给予合理的说明。儒家生生伦理学因为将良知解读为伦理心境，在这方面有自己的优势，可以大大往前推进一步。如上所说，人之所以有良知，首先是因为人有生长倾向。生长倾向不是空的，本身就有特定的方向。虽然生长倾向是自然性的，还不能以善来标注，但它就是后来人们好善恶恶最初的根源。此外，人之所以有良知，还因为人受社会生活和智性思维的影响在心中有某种结晶物，即所谓伦理心境。因为社会生活和智性思维本身就有好善恶恶的内容，在伦理心境形成的过程中，这些内容也带了进来，使人具有了好善恶恶的倾向。这两个方面的因素决定了道德原本对人就有吸引力，而这也就是康德所说人为什么对道德法则感兴趣的答案。我们知道，康德看到了人对道德法则有敬畏之情，但无法解释其中的原因。按照上面的理解，这个问题其实并不难解决。因为道德根据来源于生长倾向和伦理心境，生长倾向和伦理心境都有先在性，从而决定人原本就有道德的属性，是一个道德的存在；既然是道德的存在，那么本身就有道德的要求；既然有道德的要求，那么自然就会对道德感兴趣。孟子所说"理义之悦我心，犹刍豢之悦我口"②，讲的就是这个道理：人喜欢理义，希望做道德的事情，是自己的要求，正如人喜欢美食，希望得到美食，是自己的要求，自己就会追求一样。要而言之，人之所以好善而恶恶一点都不神秘，其因皆在人是一个道德的存在，自身就有道德的要求，不需要外力

---

① 陈立胜对阳明"好"和"恶"字的动词义和名词义做过分析，比较详尽，可以参看。（参见陈立胜：《入圣之机：王阳明致良知工夫论研究》，生活·读书·新知三联书店 2019 年版，第118—119 页。）

② （南宋）朱熹：《四书章句集注》，中华书局 1983 年版，第 330 页。

强迫,自己就会向道德的方向发展。

由此出发,我坚决反对近年来风头很盛的"反对道德绑架说"。① 在社会生活的一些场景中,人们常常希望或要求当事人作出道德的行为。但受一些不正确思潮的影响,有些人会以"别人无权用道德绑架我"为理由,为自己的不道德行为申辩,甚至责骂别人是"道德婊""圣母婊",反唇相讥。这就是所谓的"反对道德绑架"。按照前面的分析,这种辩解是十分低劣的。尽管不排除在特殊情况下社会也会出现一些偏差,但社会对当事人提出道德要求一般来说都在一个正常的域值之内。人是道德的存在,本身就有道德的要求,做道德的事情就是满足自己的这种要求,社会希望和要求当事人做道德之事,是把当事人作为正常人看待的,怎么能说是道德绑架呢? 如果社会不对某些人提出这方面的要求,那并不是什么好事,一点都不值得庆幸,因为社会已经把他们排除在正常人的范围之外了。现在很多人不明此理,"反对道德绑架说"甚嚣尘上,成为一些人做不道德事情的避风港,藏污纳垢,这是必须引起高度警惕的。

3. 诚意不欺

感受到良知有"好善恶恶"的力量,尚不能决定由此就可以成就具体的善行了,此时还有一项工作要做,这就是"诚意不欺"。"诚意"是《大学》三纲八目之一。阳明对《大学》有自己的理解,对诚意也作出了自己的解读:

> 心之发动不能无不善,故须就此处著力,便是在诚意。如一念发在好善上,便实实落落去好善;一念发在恶恶上,便实实落落去恶恶。意之所发,既无不诚,则其本体如何有不正的? 故欲正其心在诚意。工夫到诚意,始有着落处。②

心发动皆为善,但仅有这一步还不够,还必须在此用力,这种工夫就叫"诚意"。如心发出一个好的念头,就老老实实去行,心发出一个恶的念头,就老老实实去止。意之所发无不诚,本体行事无不正。此间的关键全在于"诚

---

① 驳斥"反对道德绑架说"是我在建构儒家生生伦理学过程中特别关注的一个现实问题,认为这种说法混淆是非,颠倒黑白,对社会道德建设负面作用极大,必须坚决批驳。(参见杨泽波:《儒家生生伦理学引论》第三十三节第二小节"驳'道德绑架说'",商务印书馆 2020 年版,第237—238 页。)

② (明)王守仁:《传习录下》,《王阳明全集》,上海古籍出版社 1992 年版,第 119 页。

意",所以阳明又说"著实去致良知,便是诚意。"①

"不欺"与"诚意"紧密相关:

> 是故不欺则良知无所伪而诚,诚则明矣;自信则良知无所惑而明,明则诚矣。明诚相生,是故良知常觉常照。常觉常照,则如明镜之悬,而物之来者自不能遁其妍媸矣。何者?不欺而诚则无所容其欺,苟有欺焉,而觉矣;自信而明则无所容其不信,苟不信焉,而觉矣。②

"不欺"与"诚意"是一物之两面。"诚意"即是"不欺","诚意"即不容有欺。做到了"诚意"也就做到了"不欺",做到了"不欺"也就做到了"诚意"。特别有意思的是,如果欺骗了自己,自己也是知道的,这就叫作"苟有欺焉,而觉矣"。

"致良知"少不了"诚信不欺"这个环节,个中有大学问。伦理心境遇事必然发用,呈现自身,为人提供行为的标准,而人有"自知"的能力,借此可以知道伦理心境正在呈现,从而知道这些标准,这是阳明特别强调良知是一个是非之心的根本原因。从理想状况说,人们体悟到了良知,就能感受到内心好善恶恶的强大力量,只要照此而行就可以成德成善了。但实际情况并非如此简单。现实生活是复杂的,会有各种因素的干扰,其中特别重要的便是物欲。良知对人有要求,物欲同样对人有要求,物欲的这种要求有时甚至更有诱惑力。如果禁不起这种引诱,就可能出现明知是非却偏偏不去行"是"而去行"非"的情况。社会生活中大量恶的行为,都是由此造成的。

然而奇妙的是,即使在这种情况下,良知仍然可以发挥作用,仍然管用。如上所说,良知是是非的标准。这里的"是"好理解,它负责告知我们这就是正确的,应该依此而行。这里的"非"却较为复杂,一方面它指"是"的对立面,如不闯红灯为"是",硬闯红灯为"非",另一方面又指明明知道何者为"是"而偏偏不去做,明明知道何者为"非"而偏偏去做。这样做的人并非不知道是错的,只是没有尊重内在道德根据的要求,没有做到"诚意不欺"。心学一系特别重视诚的问题,《孟子》讲"诚者,天之道也;思诚者,人之道也",《中庸》讲"诚者,天之道;诚之者,人之道也",最根本的道理就在这里。"诚意不欺"是检验能否真正做到"致良知"的试金石,只有顺利过了这一关,良知才能落实,

---

① （明）王守仁:《传习录中》,《王阳明全集》,上海古籍出版社1992年版,第83页。
② （明）王守仁:《传习录中》,《王阳明全集》,上海古籍出版社1992年版,第74页。

变为实际的践行。

4. 自慊快乐

做到了"良知自知",做到了"好善恶恶",做到了"诚意不欺",也就有了成德成善后的满足感。这种满足感阳明叫作"自慊快乐",这是"致良知"的结果,也是其最后一个环节。"自慊"是阳明非常喜欢的用语。如:

> 君子之酬酢万变,当行则行,当止则止,当生则生,当死则死,斟酌调停,无非是致其良知,以求自慊而已。①

> 《大学》言诚其意者,如恶恶臭,如好好色,此之谓自慊。曾见有恶恶臭,好好色,而须鼓舞支持者乎?②

阳明强调,君子处理万事万物,只有四个原则,即:当行则行,当止则止,当生则生,当死则死。而坚守这些原则,无非是求得自慊而已。"慊"是满足,"自慊"是自我满足。"致良知"诚意而不欺,就是要满足内心的要求,做到"自慊"。

与"自慊"相近的说法是"快乐":

> 尔那一点良知,是尔自家的准则。尔意念着处,他是便知是,非便知非,更瞒他一些不得。尔只不要欺他,实实落落依着他做去,善便存,恶便去。他这里何等稳当快乐。此便是格物的真诀,致知的实功。③

良知是自家的本钱,良知是自家的准则。自己时刻想到它,是便为是,非便为非,不要欺骗自己,老老实实按照它的要求去做,便能体会到巨大的快乐。这是格物的真诀,这是致知的实功。

"自慊快乐"与历史上另外一个说法相近,这就是"孔颜乐处"。孔子和颜回的生活条件不好,疏食饮水,曲肱而枕,箪食瓢饮在陋巷,人不堪其忧,但他们却表现出快乐的精神状态。二程小时候跟随濂溪学习,一门重要的功课便是体会什么是"孔颜乐处"。自此之后,寻"孔颜乐处"便成为了宋明理学的重要课题。但"孔颜乐处"的深层原因是什么,学界有不同的理解。近代以来,牟宗三参照康德学理的背景研究儒学,专门撰写了《圆善论》,将这个问题上

---

① (明)王守仁:《传习录中》,《王阳明全集》,上海古籍出版社1992年版,第73页。
② (明)王守仁:《传习录中》,《王阳明全集》,上海古籍出版社1992年版,第73页。
③ (明)王守仁:《传习录下》,《王阳明全集》,上海古籍出版社1992年版,第92页。

升到圆善的高度。牟宗三认为,道德之心是一个活泼泼的创生实体,既可以创生道德践行,又可以创生道德存有。创生道德践行好理解,难理解的是创生道德存有。所谓创生道德存有,是指道德之心可以赋予宇宙万物以意义。这种赋予不仅指将自身的道德价值和意义影响宇宙间的自然之物,而且指为成德成善所做的付出和牺牲染上道德的色彩,改变人们的看法,变苦为乐,变罪为福。我将牟宗三这一思想概括为"赋予说",意即道德之乐是道德之心创生道德存有的过程中赋予出来的。

牟宗三这一思想因为以其存有论为基础,而其存有论中的诸多环节(特别对智的直觉这一概念的理解和使用)有严重失误,理解起来非常困难。我在详细分疏了牟宗三的思想之后,找出了其失误的深层原因,对道德之乐的原因作出了自己的诠释。在我看来,道德之乐或道德幸福并不复杂,其本质是满足道德之心要求后内心的一种感觉。上面曾提到人是道德的存在,原本就有道德的要求,一旦满足了这种要求,内心就会有一种满足感,这种满足感就是道德幸福,就像人有物欲的要求,满足了这种要求,就有物欲的幸福,人有认知的要求,满足了这种要求,就有认知的幸福一样,只不过物欲幸福、认知幸福、道德幸福属于不同层次,一级高于一级罢了。我将这种看法称为"满足说"①。站在这个角度,阳明何以说"致此良知以求自慊,便是致知"②就不难理解了:道德是自己的要求,自己就有满足这种要求的动力,一旦这种要求得到了满足,内心自然会有一种满足感,这种满足感是自己给的不是他人给的,是愉悦不是痛苦,所以是"自慊"。道德幸福是儒家学说题中必有之义,而这也是历史上人们孜孜以求"孔颜乐处"的深层原因。

总之,"良知自知""好善恶恶""诚意不欺""自慊快乐"是"致良知"紧密相连的四个环节,其中"良知自知"又是其逻辑起点,最为重要。以伦理心境解说良知,自然可以明白:良知之"致"是自己之"致",而非他人之"致";是自有动力之"致",而非外力强迫之"致";是诚意之"致",而非欺骗之"致";是快乐之"致",而非痛苦之"致"。这样一来,儒家生生伦理学就对"良知"何以

---

① 参见杨泽波:《"赋予说"还是"满足说"——牟宗三以存有论解说道德幸福质疑》,《河北学刊》2011年第1期;另见杨泽波:《贡献与终结——牟宗三儒学思想研究》第四卷,上海人民出版社2014年版,第105—136页。

② (明)王守仁:《与王公弼》,《王阳明全集》,上海古籍出版社1992年版,第198页。

"致"、如何"致"的问题作出了自己的回答。

二、"致良知"捏合两个不同系统非上上之法

以上是对"致良知"内在环节的梳理。最后再谈谈对"致良知"这一提法的理解。从《大学》中取一个"致",从《孟子》中取一个"良知",将两个方面结合起来,构成"致良知",阳明这种做法固然有重要意义,但也留有很大的风险。

朱子一生重视《大学》,临终前还在修改《大学章句》"诚意正心"章。按照朱子的理解,《大学》的主要内容是三纲(明明德、亲民、止于至善)和八目(格物、致知、诚意、正心、修身、齐家、治国、平天下)。因此《大学》全书可以分为两个部分,一是三纲八目的内容,二是对三纲八目的解说。前一部分为经,后一部分为传。朱子注意到,按照这种理解,传的部分基本是逐条解经,只缺少对于"致知在格物"和"诚其意在致知"的说明,而对于"正心在诚其意"的解说也没有按照八目的顺序,反而出现在传文开始的部分。朱子认为,其因在于原文有"错简"和"阙文"。为此主要做了两个方面的工作,首先是将传文中对诚意的解释移置致知之后,其次是补写了格物致知补传,史称"移其文、补其传"。朱子的《大学章句》大大抬高了这部著作的地位,列入科场程式后,影响很大。

阳明秉持心学的立场,与朱子全然不同。为了与之抗衡,他必须处理朱子对《大学》的这种理解,对其作出自己的诠释。这项工作十分困难,耗用了阳明大量的精力。阳明 47 岁作《大学古本旁释》,力证《大学》古本原本平正,无不可通,既无阙文,亦无错简。不同于朱子的分章、移文、补传,阳明回到了郑玄的用本,以此为据,对一些重要表述加以新的解说,史称"去分章而复旧本,傍之为释"。阳明这样做的一个显著特点,是突出"诚意"的重要。《大学古本序》明确表达了这个用意:"《大学》之要,诚意而已矣。诚意之功,格物而已矣。诚意之极,止至善而已矣。止至善之则,致知而已矣。"①《传习录》中一段话,也是这个意思:

> 《大学》工夫即是明明德;明明德只是个诚意;诚意的工夫只是格物致

① (明)王守仁:《大学古本序》,《王阳明全集》,上海古籍出版社 1992 年版,第 242—243 页。

知。若以诚意为主,去用格物致知的工夫,即工夫始有下落,即为善去恶无
非是诚意的事。如新本先去穷格事物之理,即茫茫荡荡,都无着落处;须用
添个敬字方才牵扯得向身心上来。然终是没根源。若须用添个敬字,缘何
孔门倒将一个最紧要的字落了,直待千余年后要人来补出? 正谓以诚意为
主,即不须添敬字,所以提出个诚意来说,正是学问的大头脑处。①

《大学》最重要的工夫是明明德,而明明德最重要的工夫是诚意。这一步
工作做好了,就不需要像朱子那样先讲什么穷理格物了。因为朱子在这方面
有缺点,没有诚意的基础,所以讲穷理格物必须先着个"敬"字。但这种讲法
"终是没根源",茫茫然没有着落。

阳明去世前一年又一次谈了他对《大学》的理解,由德洪笔录,这就是《大
学问》。这篇文献对格物予以了新的说明:

　　物者,事也,凡意之所发必有其事,意所在之事谓之物。格者,正也,
正其不正以归于正之谓也。正其不正者,去恶之谓也。归于正者,为善之
谓也。夫是之谓格。《书》言"格于上下","格于文祖","格其非心",格
物之格实兼其义也。②

格物之"物"指"事"。意之所发为事,如意之所发为善,这种善即是事。
格物之"格"指正。如古语"格于上下""格其非心"均为此义。因此,格物即
是正事,"正其不正以归于正之谓"。这样,阳明就以心学的立场,抢夺了《大
学》的解释权,将其归到自己的学理系统之中。

虽然"致良知"的说法在历史上有很大影响,但阳明这样做在文本上明显
存在着困难。《大学》文本的顺序是格物然后致知然后诚意,格物在前,重在
致知,诚意排在后面,而在阳明的解释系统中,则是致知然后诚意然后格物,致
知在前,重在诚意,格物排在后面,二者存在着明显的矛盾。③ 这个问题的核

---

① (明)王守仁:《传习录上》,《王阳明全集》,上海古籍出版社1992年版,第38—39页。
② (明)王守仁:《大学问》,《王阳明全集》,上海古籍出版社1992年版,第972页。
③ 正如陈来所说:"在致良知思想形成之后,根据阳明哲学的逻辑,首先应致良知,以辨明意
念的善恶;然后诚其好善恶恶之意;最后即事即物实落为善去恶之事。这个顺序,即致知→诚意→
格物,与《大学》本文的'格物→致知→诚意'的工夫次序有所不合。所以后来罗钦顺指出,若据致
良知说,'审如是言,则《大学》则当言格物在致知,不当云致知在格物,当云知致而后物格,不当云
物格而后知至耳。'(《困知记附录》)这说明,从经典学的立场来看,阳明哲学终究还有一些内在的
难题没有解决。"(陈来:《有无之境——王阳明哲学的精神》,人民出版社1991年版,第159页。)

心是如何处理《大学》和《孟子》的关系。作为先秦两部重要典籍,《大学》和《孟子》本属于两个不同的系统。《大学》虽文本简略,一些表述可作不同的诠释,但总体上无疑走的是认知的路线,《孟子》走的则是内求的路线。如果走认知的路线,认知之心无法提供动力,必然造成学理缺乏活动性的问题。朱子的问题正在这里。反之,走内求的路线虽然可以得到良知,有充分的动能,但因为良知还需要提升,在特殊情况下甚至会出现弊端,如阳明后学滋生的各种流弊那样,不得不引起高度警觉。理想的办法,是承认这两个系统各自的价值,通过合理的方式将两者综合起来,而不是强行将《大学》拉入自己的系统之中。遗憾的是,阳明不是这样,面对朱子的《大学章句》,他完全站在心学的立场上对《大学》加以诠释。因为《大学》与《孟子》原本属于两个系统,这样做势必难以圆满。这就可以解释为什么我们读阳明著作关于《大学》的部分总是感觉牵强了。原本不是自家的,硬抢来放在家里,当然要闹矛盾,生别扭了。总之,"致良知"确实在历史上发挥了重要的作用,但阳明强行捏合《大学》和《孟子》两个不同的系统,延续的仍然是心学的思路,未能摆脱理学心学你争我抢、相执不下的历史窠臼。要彻底解决问题,可以更换思路,不应如此勉强。

第四节 "无善无恶"新解读

嘉靖六年丁亥秋,阳明奉命平定广西思恩、田州少数民族暴乱,起程前就有无问题在越城天泉桥上与龙溪、德洪交谈,史称"天泉证道"。《传习录下》载:

> 是夕侍坐天泉桥,各举请正。先生曰:"我今将行,正要你们来讲破此意。二君之见正好相资为用,不可各执一边。我这里接人原有此二种。利根之人直从本源上悟入。人心本体原是明莹无滞的,原是个未发之中。利根之人一悟本体,即是功夫,人己内外,一齐俱透了。其次不免有习心在,本体受蔽,故且教在意念上实落为善去恶。功夫熟后,渣滓去得尽时,本体亦明尽了。汝中之见,是我这里接利根人的;德洪之见,是我这里为其次立法的。二君相取为用,则中人上下皆可引入于道。若各执一边,眼前便有失人,便于道体各有未尽。[1]

---

[1] (明)王守仁:《传习录下》,《王阳明全集》,上海古籍出版社 1992 年版,第 117 页。

"天泉证道"引出的有无问题现在一般认为主要有两种意见。一是阳明的"四句教",即"无善无恶心之体,有善有恶意之动,知善知恶是良知,为善去恶是格物"。二是龙溪的理解,即"若说心体是无善无恶,意亦是无善无恶的意,知亦是无善无恶的知,物是无善无恶的物矣。"[1]前者后来一般称为"四有",后者一般则称为"四无"。[2] "四句教"之难,难在如何理解第一句以及第一句与后三句的关系。第一句讲无,后三句讲有,于是良知可不可以讲无,无如何能够引出有,便成了整个问题的关键。历史上围绕这个问题的争论极多。[3] 近代以来,有关争议仍然不断,除一部分人持批评态度外,大多数学者都是想办法作出善意的诠释,以求在阳明学理范围内将其解说顺畅。

一、"无滞说"

一些学者从"无滞"的方面作出解答,这可以称为"无滞说"。牟宗三在20世纪50年代发表的《致知疑难》中即有了这方面的用意。他指出:"无善无恶者是'无有作好,无有作恶'之意。善恶相对的谓词俱用不上,只是一自然之灵昭明觉亭亭当当地自持其自己,此即为心之自体实相。"[4]这是说,"无善

---

① （明）王守仁:《传习录下》,《王阳明全集》,上海古籍出版社1992年版,第117页。

② 吴震指出,这场争论中,"德洪所见基本上是重复阳明之意,而王畿的'四无说'才是这场'天泉证道'的主要问题。"(袁行霈主编:《中华传统文化百部经典·传习录》,吴震解读,国家图书馆出版社2018年版,第487页。)邓国元也认为,"在龙溪的语脉中,作为自己'四无'对立面的'四有'就是指阳明的'四句教',而并不存在所谓钱德洪的'四有'问题。"(邓国元:《王门"天泉证道"考辨——以"四句教"、"四有"和"四无"为中心的考察》,《中国哲学史》2015年第3期。)我同意这种看法,但希望进一步强调,切勿因此忽视了阳明与德洪的差异。阳明无论如何还讲一个"无",是"一无三有",德洪对"无"的理解则完全不透,只是重"有",尽管当时没有"四有"的说法。如果把二人同等看待,那就没有办法理解阳明对德洪的批评,也就无法理解阳明思想的复杂性和深刻性了。

③ 陈立胜对这一情况有详细梳理,指出:"四句之中,尤以首句'无善无恶是心之体',而致释者聚讼纷纭。由此而起种种学术辩难竟长达数世纪之久。有积极的张扬者如王龙溪(1498—1583),有谨慎的存疑者如泰州传人方学渐(1540—1615)、清儒李绂(1673—1750),有'曲为回护'者如冯少墟(1556—1627)、刘宗周(1578—1645)、黄宗羲(1610—1695),有激烈的批评者如唐伯元(1535—1592)、王夫之(1619—1692)、吕留良(1629—1683)、张烈(1662—1685)、颜元(1635—1704)、罗泽南(1808—1856)之流。"(陈立胜:《宋明儒学中的"身体"与"诠释"之维》,商务印书馆2019年版,第214—215页。)

④ 后来牟宗三将《致知疑难》作了删节,移入《从陆象山到刘蕺山》之中。以上引文见《从陆象山到刘蕺山》,《牟宗三先生全集》第8卷,台湾联合报系文化基金会、联经出版事业公司2003年版,第195页。

无恶"主要是就"无有作好,无有作恶"而言的,这种"无有作好,无有作恶"就是没有滞碍,没有执着,这种没有滞碍,没有执着就是"无滞"。

陈来1991年出版的《有无之境》对此做了系统的发挥,这样写道:"所谓'无善无恶心之体'所讨论的问题与伦理的善恶无关,根本上是强调心所本来具有的无滞性。"①"至此,阳明四句教'无善无恶心之体'思想的意义已经完全清楚了,它的意义不是否定伦理的善恶之分,它所讨论的是一个与社会道德伦理不同面向(dimention)的问题,指心本来具有纯粹的无执着性,指心的这种对任何东西都不执着的本然状态是人实现理想的自在境界的内在根据。"②这就更加清楚了,"无善无恶心之体"是指心体的无滞性,这种无滞性是没有执着,不强行造作的意思。而这也正是《有无之境》这一书名所要表达的意思。③

以无滞解"无善无恶",在阳明那里可以找到很多材料作为支撑,其中最有代表性的,恐怕要算严滩问答了。天泉证道同年十月,阳明与龙溪、德洪在严滩再次讨论"四句教"。《传习录下》云:

> 先生起行征思、田,德洪与汝中追送严滩,汝中举佛家实相幻相之说。先生曰:"有心俱是实,无心俱是幻;无心俱是实,有心俱是幻。"汝中曰:"有心俱是实,无心俱是幻,是本体上说工夫。无心俱是实,有心俱是幻,是工夫上说本体。"先生然其言。④

严滩问答最值得关注的是"有心俱是实,无心俱是幻;无心俱是实,有心俱是幻"的说法。按照龙溪的解释,"有心俱是实,无心俱是幻"是说本体,意指本体一定是实,不能是幻;"无心俱是实,有心俱是幻"是说工夫,意指工夫一定不能是实,必须是幻。后一个方面与"无善无恶心之体"密切相关,这里的"无心"即指无滞,意即良知推致出去变为善行,不能有一丝执着和滞碍,这就是实,反之,有了执着,有了滞碍,就成了虚。

阳明的无滞思想有两个具体所指。首先是指求得良知的方式。自宣扬良

---

① 陈来:《有无之境——王阳明哲学的精神》,人民出版社1991年版,第204页。
② 陈来:《有无之境——王阳明哲学的精神》,人民出版社1991年版,第212页。
③ 照我的理解,陈来所说的"有"是指良知知是知非,好善恶恶,可以成德成善,所说的"无"是指对于良知的体认以及践行没有造作,没有执念。这或许就是《有无之境——王阳明哲学的精神》这一书名所要表达的中心思想。
④ (明)王守仁:《传习录下》,《王阳明全集》,上海古籍出版社1992年版,第124页。

知以来,这一学说在社会上影响越来越大,但不少人不能体会其真义,不知良知不为物欲遮蔽自然而发即为善的道理,偏偏执着于向内求那个善。阳明为此批评说:

> 良知之体本自宁静,今却又添求一个宁静;本自生生,今却又添一个欲无生;非独圣门致知之功不如此,虽佛氏之学亦未如此将迎意必也。只是一念良知,彻头彻尾,无始无终,即是前念不灭,后念不生。今却欲前念易灭,而后念不生,是佛氏所谓断灭种性,入于槁木死灰之谓矣。①

在阳明看来,良知之体,本自宁静,今人却偏要另外去寻一个求宁静,不仅圣门之学并非如此,即使佛氏之学也未必这样执着。由此不难看出,阳明讲"无善无恶心之体"的意图很明确,就是强调对于良知的把握应遵从自然,不能刻意把捉,否则不仅很难得到良知,而且容易落入将迎意必的陷阱。

其次是指按照良知行事的方式。这方面的材料俯拾皆是:

> 先生尝语学者曰:"心体上着不得一念留滞,就如眼着不得些子尘沙。些子能得几多?满眼便昏天黑地了。"又曰:"这一念不但是私念,便好的念头,亦着不得些子。如眼中放些金玉屑,眼亦开不得了。"②

> 为学工夫有浅深。初时若不着实用意去好善恶恶,如何能为善去恶?这着实用意便是诚意。然不知心之本体原无一物,一向着意去好善恶恶,便又多了这分意思,便不是廓然大公。《书》所谓无有作好作恶,方是本体。③

心体是道德的根据,上面不允许有一念留滞。就如眼睛明亮照人,着不得一点尘沙一样。这里的"尘沙"不仅指杂念,也指好的念头。好的念头如金玉屑,眼睛也睁不开了。为学之初当努力好善恶恶,为善去恶,但如果执着而行,有了执念,有了牵累,也会出问题。只有了解了心之本体原无一物,真正的行善必须没有做好之故意,方是真正的本体。

以无滞解说"无善无恶",因为在阳明那里有明确的学理支撑,响应者众

---

① （明）王守仁:《传习录中》,《王阳明全集》,上海古籍出版社1992年版,第67页。
② （明）王守仁:《传习录下》,《王阳明全集》,上海古籍出版社1992年版,第124页。
③ （明）王守仁:《传习录上》,《王阳明全集》,上海古籍出版社1992年版,第34页。

多,业已成为学界的一种主流观点。①

二、"至善说"

但也有人对"无滞说"提出了质疑,不赞成这种理解。劳思光指出:

> 就"无善无恶"说,若所谓"无善无恶"只指"不作好恶",而"不作好恶"又只是"好恶一循于理"之意,则阳明此说仍不外二程所言之"廓然大公"及"物来而顺应"之意。但若只是此意,则此种境界不必与"心外无理"一基本肯定有关。因纵使顺朱子之观点,先分理气,再在气中说心,亦可以归于此一境界——"好恶一循于理"之境界。则"良知说"之特色于此不能显出。阳明既持"良知说"立教,又谓"四句教"乃自家之宗旨,却依此一般性观点说"无善无恶",则"四句教"中第一句便与"良知"之宗旨无关。②

这是说,如果仅以"不作好恶"之无滞来解"无善无恶",那么阳明和朱子便没有区别了。朱子学理虽然不同于阳明,但同样可以包含这方面的内容,二程所说"廓然大公""物来而顺应"其实已经有了这层意思。在我看来,这种批评是有道理的,须认真对待。好的道德学说必须无滞,这自然是对的,但如果仅以此为据,朱子何尝不是如此呢?佛教何尝不是如此呢?且不说佛教在这方面的论述更加悠远详尽,远非阳明所说可比。阳明既然明言"四句教"是自家宗旨,而其学理基础是"良知说",显然蕴含着更为深刻的内容。以"无滞

---

① 吴震即持此说,他说:"质言之,良知之无表明的是人心本体'无而非无'的存在特性,因此在实践论上就要求我们打破既成的一切陈规,淘空人心中的一切习染,消除意识上的一切执着,最终指向'一过而化'的化境,而向更高层次上的'有'回归。总之,'有只是你自有',无疑是一声棒喝! 在某种意义上可以说,破除'执有'正是阳明整个哲学工作的核心任务,不破'执有'便无以建立一个新的'有',而且四句教的核心命题'无善无恶心之体'也正是为了破除'执有'。"(吴震:《〈传习录〉精读》,复旦大学出版社 2011 年版,第 190 页。)陈立胜也是这样,在他看来:"在阳明这里,以'无知无不知'描述良知之性质,跟以往理学传统中以'无知''无心''无意''无思'描述'本心''心之本体''道体'一样,无非是要凸显良知之无造作、无计度、自然而然之性质。"(陈立胜:《入圣之机——王阳明致良知工夫论研究》,生活·读书·新知三联书店 2019 年版,第 278 页。)杨立华同样如此,他说:"'无善无恶心之体'的正确解释是:无善无恶是心的本来面目、本来状态。心的本来面目是'无善无恶',指的是不执着于善恶。"(杨立华:《宋明理学十五讲》,北京大学出版社 2015 年版,第 268 页。)
② 劳思光:《新编中国哲学史》三卷上,广西师范大学出版社 2005 年版,第 339 页。

说"解说"无善无恶"无法将心学学理的特质彰显出来,这是"无滞说"最大的不足。

由此出发,劳思光认为,当依据阳明"无善无恶是谓至善"[1]的说法,以"至善"加以解读,这就是"至善说"。在他看来,这个问题的关键在于了解何为"至善"。"至善"之"至"当取根源义,这里的根源即指"心之体"。他这样写道:

> 盖以"心之体"作为"善"之究竟根源,则正是断定"善"及与"善"同级之谓词皆由"心之体"而获得意义;如此,则此一层级之谓词,自应不能回头再描述"心之体"。以逻辑推理为喻说,推理思考之能力,为推理之"正误"之根源,但正因此故,便不能再说"推理能力"是"正"或"误"。故推理能力本身即不能以"正或误"描述之。又如视觉为视觉对象之"红"或"不红"等之根源,故吾人不能再说"视觉是红色"或"视觉是不红"。其理亦同。今就"心之体"讲,"心之体"为"善之根源",故是"至善";然正因其为"善之根源",故不能再以"善"或"恶"描述之,故说"无善无恶"。[2]

劳思光特别强调,"至善"是就"心之体"而言的,"心之体"是一种能力,这种能力与其所表现出来的内容,是两个不同层次的东西。没有运用这种能力的时候,这种能力本身并不显出善或恶来,只是在运用这种能力之后,这种能力才会有这种表现。正如人有逻辑推理的能力,但如果不启用这种能力去判定事物,这种能力无所谓正确或错误。又如人的视觉可以看到红,但如果不启用这种视觉去观察外部对象,这种视觉能力并不等于红。

劳思光最后总结道:

> 所谓"心之体"实是一能力,而非"实体"义。换言之,此"体"只是"主体"而非"客体",亦非存有义之"实体"。阳明用此"体"字时,不过指未运行、未发用而言。[3]

这是说,阳明"四句教"中的"心之体"指的是一种能力,而不是存有意义上的实体。因为是一种能力,这种能力运行、发用后,可显现出善恶,但这种能

---

① （明）王守仁:《传习录上》,《王阳明全集》,上海古籍出版社1992年版,第29页。
② 劳思光:《新编中国哲学史》三卷上,广西师范大学出版社2005年版,第340页。
③ 劳思光:《新编中国哲学史》三卷上,广西师范大学出版社2005年版,第340页。

力在未运行、未发用的时候,不会显现出善恶。"无善无恶之心体"当主要从这个意义上来理解。

"至善说"同样有其合理性,阳明曾多次直接以"至善"解说"心之本体":

> 爱问:"'知止而后有定',朱子以为'事事物物皆有定理',似与先生之说相戾。"先生曰:"于事事物物上求至善,却是义外也。至善是心之本体,只是'明明德'到'至精至一'处便是。然亦未尝离却事物,本注所谓'尽夫天理之极,而无一毫人欲之私'者得之。"①

> 然至善者,心之本体也。心之本体,那有不善?如今要正心,本体上何处用得功?必就心之发动处才可著力也。心之发动不能无不善,故须就此处著力,便是在诚意。如一念发在好善上,便实实落落去好善;一念发在恶恶上,便实实落落去恶恶。意之所发,既无不诚,则其本体如何有不正的?②

徐爱问,先生关于"知止而后有定"的说法与朱子不同应如何理解。阳明答道,朱子在事事物物上求至善,那是义外之说。至善是心之本体,必须在心之"明明德""至精至一"处去求。虽然心之本体无有不善,但在本体处无法用功,"必就心之发动处才可著力"。人们需要做的,只是一个诚意的工夫而已。这些论述中"至善是心之本体""至善者,心之本体"中的"本体",与"四句教"中"无善无恶心之体"中的"心之体",没有本质不同。因此,以"至善"来代替"无善无恶",将"无善无恶心之体"理解为"至善是心之体",确有其学理的依据。

"至善说"不像"无滞说"那样只关注成德过程中的有滞或无滞,更加重视心体的特性和状态,由于这个问题有很强的学理意义,在学界同样有着广泛影响。如有学者指出:"我们可以说,四句教'无善无恶心之体'是说心中本无善念恶念,善念恶念是后天生起的,但心中有天赋的善性;而只有在心体无善无恶的状态下,至善无恶的性才能发露。心越空灵,善性越充盈。无善无恶是修养所欲达到的境界,而达到这种境界正是为了天赋善性的显露。"③这是说,天赋善性本身是最高级的善,不能以善恶形容,善恶是后来起的,这种最高的善,

---

① (明)王守仁:《传习录上》,《王阳明全集》,上海古籍出版社1992年版,第2页。
② (明)王守仁:《传习录下》,《王阳明全集》,上海古籍出版社1992年版,第119页。
③ 张学智:《明代哲学史》,北京大学出版社2000年版,第122页。

不表现具体善恶的善,即是至善。因为"至善说"同样有其义理根据,采信者亦不在少数。① 即使主张"无滞说"的一些学者对其也不完全持排斥态度,甚至有将两种说法融合为一的倾向。②

三、"隐默说"

然而,"至善说"同样不无商榷余地。这种观点的核心是将"至善"解读为根源性的善,这种根源性的善不是存有意义的"实体",而是一种能力,能力无所谓善恶,所以才说"无善无恶心之体"。这种说法虽然有利于说明良知作为心之体何以在未发用时是无善无恶的,但也带来了一个问题:在阳明心学中,良知是道德的根据,这个根据一定是一个"实体",而不能仅仅是一种能力,否则向内追求的就不是具有实体意义的良知,而只是一种能力了。这是"至善说"难以回避的问题。

那么,有没有其他处理的方式呢? 儒家生生伦理学为此作出了自己的努

---

① 董平亦认为,"心之体"来自天理,所以其本身即是本原性的价值原在,是"廓然大公"、"无偏无陂"之源,这种意义的善只能以至善来规定,有其绝对性和普遍性。"'致良知'作为大中至正的实现方式,实际上即落实于生活世界中的公平正义的实现。经验世界中的具体事物的中正或正义,总是体现于具体事物的现存结构以及特定的交往关系情境的,因此,'致良知'就必须要'事上磨炼'。'致良知'所实现的'物各付物',既是人本身之存在实性的实现,是天道之大中至正的实现,也是人道之最高正义的实现。'无善无恶,是谓至善',这一观点不仅是对儒学传统思想精髓的创造性继承,极大地丰富了古典儒学关于人性的学说,而且具有深刻的现代性意义。"(董平:《阳明心学的定性及良知的公共性与无善无恶》,《哲学研究》2018 年第 2 期。)

② 吴震将对于无善无恶之"善"的解读分为两种方式,一是伦理学意义的,二是超伦理学意义的。伦理学意义可以讲善,超伦理学意义则不能讲善。阳明的"无善无恶心之体"属于超伦理学意义的。这种超伦理学意义的表述方式,其实就是形上学的遮诠方式。既然是遮诠,自然就不能直接以善来表达,只能说无善无恶。他这样写道:"总体说来,这里的'无善无恶',不是指伦理学意义上的人性讨论,这一点已经非常明确。当阳明说本无善恶,是就心体而言,是心学本体论意义上的一种阐发,就好像说'良知本体原来无有'(见上引 10.1.6 条阳明对钱德洪'有只是你自有'的一句棒喝)那样,是就良知心体的本质状态而言的;另一方面,正是由于超越了一切善恶相对的对峙状态,淘空一切念虑的杂质,排除一切意识的干扰,故说无善无恶乃是真正意义上的终极的善——'是谓至善'。"(吴震:《〈传习录〉精读》,复旦大学出版社 2011 年版,第 194 页。)张昭炜对"无善无恶心之体"提出了"无之两面三层"的说法。"两面"即"遮诠之无"和"表诠之无"。前者指对知识、生灭、意念的否定。后者以中为表诠义,指向未发前的静谧与幽深,虚即虚灵,不动则已,动必虚灵,不发则已,发必中节,具体又含有无之虚、无之空空、无之密三层。(参见张昭炜:《阳明学发展的困境及出路》,中国社会科学出版社 2017 年版,第 229—249 页。)这些做法一方面承认"无滞说"有其道理,另一方面又想把"至善说"的合理因素融合进来,不落一边,明显有综合各方之意。

力,提出了一种新的理解,可称之为"隐默说"。我有这种看法时间很久了。20世纪80年代末期,我在研究孟子时即接触了"四句教",对如何解读"无善无恶心之体"一直不得要领。一次读象山的书,注意到了他的一个说法,这段话很短,是这样说的:

> 我无事时,只似一个全无知能底人。及事至方出来,又却似个无所不知,无所不能之人。①

这是象山对自己的一个描述。意思是说,他不与事相接时,好像什么都不会,无知无能,一旦与事相接,良心发用,好像又什么都会,什么都懂。这种表达对我有很大启发,以此来观察自己,发现自己在具体的道德生活中不正是这样吗:不遇事接物,并没有道德的样子,好像什么都不会,什么都不懂;一旦与物相接,良心自己冒出来,又知善知恶,什么都会,什么都懂。阳明所说"无善无恶心之体"所要表达的不就是这个意思吗?②

有了这种想法后,再来反观阳明,我发现阳明著作中类似的说法很多。比如,阳明常以太虚讲良知:

> 圣人只是还他良知的本色,更不着些子意在。良知之虚,便是天之太虚;良知之无,便是太虚之无形。日月风雷山川民物,凡有貌象形色,皆在太虚无形中发用流行,未尝作得天的障碍。圣人只是顺其良知之发用,天地万物,俱在我良知的发用流行中,何尝又有一物超于良知之外,能作得障碍?③

对于良知,圣人最重视的是任其而行,而不是刻意增加什么。良知是虚的,这个虚便是天之太虚。良知是无的,这个无便是太虚之无形。尽管是虚是无,但日月风雷山川民物全都为其所含,都是它的发用。圣人只是顺着良知之发用而行,果真如此,则天地万物都在其发用之中,不需要再增加什么东西。

《年谱》中一段文字与此相近:

> 德洪请问。先生曰:"有只是你自有,良知本体原来无有,本体只是太虚。太虚之中,日月星辰,风雨露雷,阴霾饐气,何物不有? 而又何一物

---

① (南宋)陆九渊:《语录下》,《陆九渊集》,中华书局1980年版,第455页。
② 参见杨泽波:《孟子性善论研究》(再修订版),上海人民出版社2016年版,第244—245页。
③ (明)王守仁:《传习录下》,《王阳明全集》,上海古籍出版社1992年版,第106页。

得为太虚之障？人心本体亦复如是。太虚无形，一过而化，亦何费纤毫气力？德洪功夫须要如此，便是合得本体功夫。"①

这是关于天泉证道的一段补充文字，不见于《传习录》，价值很高。德洪为"四句教"请益阳明，因持有的立场，对无有所忽视，受到阳明的批评。阳明此处特别强调，"有只是你自有，良知本体原来无有"，意思是说，你重视有，自有道理，但良知本体原来是无，不能因为你重有而忽视了良知无的特性。良知本体的这种无即是太虚。太虚无形，但日月星辰，风雨露雷都包含于其中。人心之本体也应如是观。心之本体也是无形的，这个无形就是无，虽然它无形无迹，但道德的所有内容都含在其中。万万不能因为重有，而不重无，忽视了心之体无的面向。

阳明这方面的论述表达了这样一个重要思想：作为"心之体"的良知一定会发用，但在发用之前处于虚的状态，无形的状态，不表现为善和恶。且看下面两段：

> 目无体，以万物之色为体；耳无体，以万物之声为体；鼻无体，以万物之臭为体；口无体，以万物之味为体；心无体，以天地万物感应之是非为体。②

> 先生曰："无知无不知，本体原是如此。譬如日未尝有心照物，而自无物不照。无照无不照，原是日的本体。良知本无知，今却要有知；本无不知，今却疑有不知，只是信不及耳！"③

头段是说，目本身没有颜色，耳本身没有声音，鼻本身没有味道，口本身没有滋味，只有在与物相接时候，才表现出声色臭味来。同理，心本身没有是非，没有善恶，只有与天地万物相感应，才表现为是非善恶。末段的意思更为精彩。良知是无知不无知的，这个无知无不知并非有心去做，恰如日未尝有心照物。虽然未尝有心照物，但又无物不照。这个无照无不照，就是日的本体。同样道理，良知本无知，但人们偏偏要有知，良知无不知，但人们偏偏又信不过。这里虽然两个方面都讲了，但"良知本无知"显然更加重要，它告诉我们，良知在没有发用之前，没有任何知，因为没有任何知，所以没有任何相。由此不难

---

① （明）王守仁：《年谱》，《王阳明全集》，上海古籍出版社1992年版，第1306页。
② （明）王守仁：《传习录下》，《王阳明全集》，上海古籍出版社1992年版，第108页。
③ （明）王守仁：《传习录下》，《王阳明全集》，上海古籍出版社1992年版，第109页。

明白,在阳明看来,心体在没有遇事接物时,并不显出善恶来,只有在遇事接物时,才能如如呈现,好好色,恶恶臭,是非对错,无所不知。

将上面数段材料综合考量,可以清楚看出,阳明相关论述包含着两个方面的内容。一是行善的方式问题,不管是体悟良知,还是按良知办事,都不能执着,这方面的内容比较清楚,容易理解。二是良知的特性和状态问题,意即良知在没有发用之前没有善恶之相,这方面的内容较为困难,容易被人误解。阳明这些说法旨在告诫人们:良知在没有发用时处于无的状态,既无善相,又无恶相。象山讲的"只似一个全无知能底人"其实就是这种状态。龙溪疏解四句教,特别重视"无善无恶心之体",正是抓住了阳明思想的这一精髓。这种情况对于习惯于逻辑思考的人来说并不容易理解。象山、阳明对良知有真切体会,所以才能说出如此语意精深,意境相通的话来。龙溪悟性远在德洪之上,所以才能看到德洪看不到的地方,了解"心之体"有"无"的特性,这种"无"就是"密藏"。"密藏"者自身隐匿,不显现于外也。

良知有"密藏"一面的问题,近年来已经引起了一些学者的关注。张祥龙研究阳明特别重视有无问题。在此过程中,他使用了一个现相学的表达方式,叫作"在场了的还没有"①。在他看来,道德本体具有"无"的面向,这种"无"不是绝对的"虚无",而是"在场了的还没有"。这种特殊表述一方面是说道德本体一直"在场",一直在起作用,另一方面又强调它"还没有"现身。它是"种根"或"种性",是"随时可能有的还没有",是"随时可以变现的潜意识"。以此为据,张祥龙对陈来的理解提出了商榷:

> 如此看来,陈来先生以下的论断似可商榷:"所谓'无善无恶心之体'所讨论的问题与伦理的善恶无关,根本上是强调心所本来具有的无滞性。"如果按之前讲的,"至善无伪而诚"与"伦理的善恶"毕竟有关,那么心体的无滞性就不是没有伦理善恶之朝向的了。而且,将王阳明讲的心体只说成是"一种本然的情感——心理状态",也是不够的。能够指出王阳明的心体是"本然情感",可谓灼见,惠能绝不会承认他说的自性是情感,不管其本然与否,但将这本然情感仅归为"心理状态"就不那么到位了。②

---

① 张祥龙:《儒家心学及其意识依据》,商务印书馆 2019 年版,第 439 页。
② 张祥龙:《儒家心学及其意识依据》,商务印书馆 2019 年版,第 448 页。

张祥龙认为,以"无滞"解读"四句教"自然有其意义,但缺点是无力彰显阳明心学重视"心之体"这一重要用心。从理想状态说,"心之体"发用成德成善,最高境界当然也是无滞。然而,这只是问题的一个方面,要重视心体,还必须对心体有准确的把握。心体是实实在在的道德根据,这种道德根据在一定意义上可以说是一种潜意识,这种潜意识没有发用时没有任何相,人们甚至不知道它存在,只是在发用后,人们才能觉察到它,似乎无所不知,无所不能。张祥龙以潜意识研究"无善无恶"代表着一个重要的方向,意在说明,心之体是一种潜意识,这种潜意识不是"什么都没有",而是"在场了的还没有",它处于潜存状态,是"密藏",但随时都可能变现,呈露自身,成为"北辰",成为"指北针",指导我们的道德行为。以潜意识解说"无善无恶心之体",是一个重要进步,有很高的学理价值。

但略有遗憾的是,张祥龙没有进而详细解说良知为什么是潜意识,这种潜意识是如何产生的。与其不同,儒家生生伦理学坚持自己的立场,强调无论是孔子讲的仁,还是孟子讲的良心,阳明讲的良知,都是仁性,其本质都是建立在生长倾向之上的伦理心境。如果以伦理心境解释仁、良心、良知,不难明白,伦理心境在形成过程中,随着不断积累,不断反复,作为一种结晶物,会渐渐成为一种潜意识。这种潜意识具有本能的特性,平时处于隐默状态,遇事才表现自己。从这个意义上讲,潜意识也是人的一种本能。这种本能不是天生的,只能称之为"第二本能"①,但它同样具有本能的一般特性。生活中这种情况随处可见。我们生活中很多后天习得的东西,随着频率不断增加,都会渐渐成为潜意识,成为一种本能。潜意识平时隐藏着,我们甚至不知道它存在,一旦遇到相应情况时,它又会呈露自身,表现自己。为此,我常以开车(或骑自行车)为例。开车的技能是后天学习的,没有人天生会开车。但这种技能随着熟练程度的提升,也会成为一种潜意识,具有本能的特性:平时将自己隐藏起来,上了车又会显现自身,转弯、加油、刹车,无所不能。这个道理同样适用于伦理心境。伦理心境主要是后天形成的(这里暂时不谈生长倾向),随着这方面经验的增多,也会具有潜意识的特性,上升为人的一种本能:没有遇事接物时不显

---

① 参见杨泽波:《儒家生生伦理学引论》第二十三节"儒家生生伦理学对仁性的解读",商务印书馆 2020 年版,第 119 页。

现自身,没有善相,也没有恶相,一旦遇事接物又会表现自己,无所不知,无所不能。"无善无恶心之体"指的其实就是这种情况。

伦理心境具有潜意识的特性,平时隐藏起来,并不显现于外,过去称为"密藏",今天则有了一个学术含量更高的专用术语,这就是"隐默",与其相关的知识,即为"隐默之知"。① 这个问题的系统研究是从英国哲学家波蓝尼开始的。他发现,在人类各种文化活动中往往存在着一种我们无法明确表达的"先知",这种"先知"的一个重要特点,是"我们所能知道的,多于我们所能说出的"。② 道德方面这种情况同样存在。康德道德哲学中不少论述都与"隐默之知"有关。如在《道德形而上学的奠基》中,康德讲,即使不教给人们任何新东西,只是注意自己的原则,这些人也能够清楚地知道是非善恶。这其实就是"隐默之知"。有了这个新的视角,良知作为"心之体"何以是"无善无恶"就可以得到合理说明了。良知的本质是伦理心境,是一种潜意识。这种潜意识不遇事接物处于隐默状态,既无善相,也无恶相。这种既无善相又无恶相的情况,就是"无善无恶"。作为心学集大成者,阳明对此有深刻体会。据《天泉证道记》所记,虽然阳明对龙溪和德洪各有肯定,各有提醒,但从"此是传心密藏","今既已说破,亦是天机该必泄时,岂容复秘"③的表述看,他似乎更偏向于龙溪,更看重良知"无"的面向,"密藏"的面向,强调这是心学最机要难解之处。④ 要之,作为伦理心境的"心之体"未遇事接物时处于隐默状态,不表现自己,没有善恶之相,这就是"无善无恶心之体"的真实含义。

---

① 牟宗三称这种情况为"潜隐":"性体纯然至善,人人所固有,只争呈现不呈现耳。善反而复之,则呈现而起用。不能善反而复之,则潜隐而自存。"(牟宗三:《心体与性体》第一册,《牟宗三先生全集》第 5 卷,台湾联合报系文化基金会、联经出版事业公司 2003 年版,第 529 页。)这里讲的"潜隐而自存"其意即大致相当于"隐默",从语义上看或许更为确切一些。但考虑到"隐默"或"隐默之知"现已成为学界的习惯用法,所以不做改动。

② 参见李明辉:《康德伦理学与孟子道德思考之重建》,"中央研究院"中国文哲研究所 1994 年版,第 13—14 页。

③ 吴震编校整理:《王畿集》,凤凰出版社 2007 年版,第 586 页。

④ 这方面张祥龙的一个看法十分有趣,值得重视。他观察到,阳明"晚年似乎特别不甘于只停留在孟子式的'性善',或象山式的'心即理',或他自己的'心体至善无恶'说,以及他的弟子钱德洪式的'四有说',而一定要将良知的源头回溯到'还无善恶可言'的心之体中,也可以理解为潜意识或阿赖耶识那样的完全非定域的(non-local)、非判断的或非观念对象化的原意识中。不然,他会觉得还没有尽性或尽兴。"(张祥龙:《儒家心学及其意识依据》,商务印书馆 2019 年版,第 440 页。)

　　以上就是"隐默说"。"隐默说"不完全排斥"无滞说"。阳明思想中本含有无滞的内容。无滞就是无执。凸显良知没有遇事接事时的隐默状态，同样包含不要执着去求的意思，而在体悟到良知后按其要求去做，也不能有执着之心，否则都会落于滞。但"隐默说"又不同于"无滞说"。"无滞说"虽然也讲本体，但更重方法。"隐默说"不排斥这方面的道理，但更重视对于本体自身的研究，希望对本体未发用之前的样子作出说明，强调这才是四句教首句"无善无恶心之体"最重要的含义。就特定意义而言，"隐默说"属于第一序，"无滞说"则属于第二序，第二序不能取代第一序。同样的道理，"隐默说"也不完全排斥"至善说"。阳明讲"无善无恶"确实包含根源义，这种根源义的善，即为"至善"，而这种根源义的善在没有发用的时候，处于静和定的状态，这种状态就是"隐默"。就此而言，"隐默说"和"至善说"有一定的相通性。但"隐默说"又与"至善说"有所不同。"至善说"突出了"心之体"能力的面向，忽视了"心之体"实体的面向。"隐默说"则强调，良知作为"心之体"确实有能力的含义，但这种能力正是道德本体的发用，只有凸显了良知的本体义，才能更好地理解阳明学说的特质。更加重要的是，儒家生生伦理学是以伦理心境解说良知的，说明良知何以能够主要来自后天而又具有先在性，从而成为道德的本体，这是持"至善说"的学者未能充分关注的。重复言之，"隐默说"同样关注求得良心以及按照良心行事的方式问题，在这一点上与"无滞说"有一致之处，但它强调这种无滞是第二序的，必须将其置于第一序的基础之上，良知未遇事接物时的特质和状态才是"无善无恶心之体"最根本的意指；"隐默说"因为重视良知作为本体的特性和状态，所以与"至善说"有一致之处，但它又强调良知一定是一个实体，不单单是一种能力，否则必然丢失儒家心学的根基，而这种作为实体的良知，其本质只能是伦理心境。

　　与此相关有一个如何研究心学的方法问题。一段时间以来，围绕如何理解阳明的四句教，我看了不少材料。一方面，必须承认这些年的研究取得了非常大的进步，很多成果学术价值很高；另一方面，又不得不感叹其中强做文章的实在不少。儒家心学是生命的学问，孟子、象山、阳明的著作是用生命书写的，今天研究他们思想的著作不少却只是文字的堆砌。心学固然需要理论的研究，以使其更为条理系统，但不能脱离自身的道德践行。要对四句教加以说明，最重要的不是义理多么深刻，逻辑多么圆满，而是能否踏踏实实以自己的生命去体验。如果将这个问题放在自己身上,认真体悟在没有遇事接物时自己的良知是什么样子,结论只能是一个:处于隐默状态,尚未显现自身;进而继续追问,这种处于隐默状态,尚未显现自身的良知是善还是恶,结论又只能是一个:没有善,也没有恶。举例来说,因为我们有良知,有是非之心,见到路上的红灯,见到了一米线,良知呈现,自然知道要等一等,要自觉排队。但在未遇事接物之前,我们良知也是在的,只是因为没有呈现,处在隐默的状态,所以丝毫显现不出善恶的样子。正如前面所说,开车的技能熟练后,在没有车开的时候,这种技能并不显现自身,我们甚至想不到自己有此技能一样。这种情况有很强的说服力,可以说明生活中的很多道理。因此,如果确实把自己摆进去,认真体察自己的道德生活,对自己的道德活动有切身的了解,就会知道"无善无恶心之体"一点都不神秘,由此可以一通百通,但如果只是停留于字面,停留于材料,则要艰难得多,曲折得多,怎么说都难以说圆。①

以上便是儒家生生伦理学以"隐默说"对阳明"无善无恶心之体"的解读。这种做法的基础是将良知作出自己的诠释,强调良知的本质是伦理心境。伦理心境是一种潜意识,具有"第二本能"的特性,平时处于隐默状态,既没有善相,也没有恶相;只是在遇事接物后,才会显现自身,进而有善有恶,知善知恶,为善去恶。而这也就是四句教第一句"无善无恶心之体"与后三句"有善有恶意之动,知善知恶是良知,为善去恶是格物"的内在关联。

第五节 "心外无物"新解读

第五章"二程:宋明儒学的实际创立者"已经说明,儒学两千多年发展的

---

① 儒家心学的代表人物悟性都很强,孟子、象山、阳明无不如此。龙溪也可以纳入此列,所以才能透彻把握阳明的思想,立出"四无说",以凸显心意知物没有遇事接物的特性和状态。德洪的悟性则要弱出很多,重在指明良知遇事接物后的特性和状态。二人境界不同,所论侧重点自然不一。阳明分别称两种教法当针对不同群体,一个适合于"利根之人",一个适合于"中人上下",可谓识人。其他学者,特别是对"四句教"持批评态度的人,就差得更远了。如戴山以阳明只说"至善是心之本体""无善无恶者理之静",判定"四句教"不是阳明原话,"至龙溪先生始云'四有之说,猥犯支离',势必进之四无而后快。"(吴光主编:《刘宗周全集》第5册,浙江古籍出版社2007年版,第523页。)这说明对心学根本义理的体悟对人是一个很大的考验,既涉及方法,也关乎个人悟性之高低。

内部有两条线索,一是道德践行的线索,这是主线,一是道德存有的线索,这是辅线。在道德存有这条辅线中,二程发挥了很大的作用,阳明"心外无物"的思想同样占有非常重要的位置。本节就来处理这个问题。

一、关于"心外无物"理解的历史与现状

《传习录下》"观岩中花树"的对话是一段争议很大的文字:

> 先生游南镇,一友指岩中花树问曰:"天下无心外之物,如此花树,在深山中自开自落,于我心亦何相关?"先生曰:"你未看此花时,此花与汝心同归于寂。你来看此花时,则此花颜色一时明白起来。便知此花不在你的心外。"①

友人问阳明,你说天下无心外之物,花树在深山中自开自落,于我心有何关系呢? 阳明答道:你未看此花时,"此花与汝心同归于寂"。你来看此花时,则"此花颜色一时明白起来",可知此花不在你的心外,此即为心外无物。

阳明这一思想一直伴有争议。这种情况在阳明在世时就有了,阳明第一代弟子顾应祥就有过这样的疑问:

> 愚谓花之颜色初不系人之不看而寂也,亦不系于人之看而明白也。孟子辩告子义外之说曰:"且谓长者义乎? 长之者义乎?"盖谓长在外,而长之者在内也。花在外者,看在我者也。所谓"万物皆备于我"者,谓万物之理皆具于吾心也,若天地万物皆在吾一腔之内,反使学者茫然无下手处矣。②

顾应祥认为,孟子在与告子争辩过程中区分了"长者"和"长之者",长者在外,长之者在内,意即尊敬的对象在外,尊敬的根据在内。岩中花树也当如此看。"花在外者,看在我者"。花是客观的对象,在外,看的人是我,在内。不能因我在内,而得出花在我之内的结论,否则人们便茫然无下手处了。

有人进而批评阳明这样讲是受到了佛教的影响。清儒罗泽南即是如此,他说:

> 岩谷之花自开自落,不以无人看而寂然,不以有人看而感通。阳明谓未看花时,花与人心同归于寂,至看花时,花色便明白起来。果何从见其明白乎? ……盖阳明之学本之释氏,其以天下无心外之物,此《楞严经》

---

① (明)王守仁:《传习录下》,《王阳明全集》,上海古籍出版社 1992 年版,第 107—108 页。
② (明)顾应祥:《静虚斋惜阴录》卷三,《续修四库全书·子部·杂家类》,第 1122 册,第 388 页。

所谓山河大地咸是妙明真心中物也。岩花开落与心无关,则花在心外矣,不得不曲言花色一时明白也。①

岩中花树自开自落,即使没有人也能独立存在,所以不能由此证明心外无物。阳明说未看花时,花与人心同归于寂,来看花时,花色便明白起来,这分明是受到了释氏的影响。《楞严经》讲山河大地都是妙明真心中物,即是此意。阳明没有分辨儒学与佛学,造成了混乱。

这种批评一直延续到近代。钱穆对阳明这一思想大加指谪:

> 有时阳明又曰:"心外无物。"此则又说之更极端,与前说迥殊,而语病更大。《传习录》:先生游南镇,一友指岩中花树问曰:"天下无心外之物,如此花树在深山中,自开自落,于我心亦有何关。"先生曰:"你未看花时,此花与汝心同归于寂。你来看花时,则此花颜色一时明白起来,便知此花不在你心外。"此处竟俨如释氏所称"三界惟心,山河大地尽妙明心中物"矣。此与孟子之言良知又何关?②

阳明常讲,"心之感应谓物","万事万物之理,不外于吾心",这些都有问题。以岩中花树证明"心外无物",更是极端,语病甚大。这种说法与释氏所称三界惟心,山河大地尽是妙明心中之物,已经没有区别了。

不仅如此,钱穆对阳明"我的灵明,便是天地鬼神的主宰"的说法也不满意,明言:

> 此条陈义甚肤,乃似一种极端个人主义的唯心论,亦可谓是一种常识的世俗之见的唯心论,此正阳明自所讥评"从躯壳起念"也。若如上引两条之说,良知生天生地,成鬼成帝,草木瓦石皆有良知,则人之良知,亦只分得了天地鬼神万物良知之一分。而个人的良知,更属于人类良知之一瞥。与物无对的良知精灵,决不尽于我之方寸间,何得谓"离却我的良知,便无天地鬼神万物"乎。此乃阳明夙昔所存"心外无物"之旧意见,而言之更堕落。孟子、象山决不如此说。③

---

① (清)罗泽南:《姚江学辨》卷二,《续修四库全书·子部·儒家类》,第952册,上海古籍出版社2002年版,第487页。

② 钱穆:《说良知四句教与三教合一》,《中国学术思想史论丛》(七),九州出版社2011年版,第173页。

③ 钱穆:《说良知四句教与三教合一》,《中国学术思想史论丛》(七),九州出版社2011年版,第176页。

这是说,阳明这些说法明显是一种极端个人主义的唯心论,或世俗之见的唯心论,孟子、象山绝不会有这种说法。

近数十年来,情况有了很大好转。陈来于1992年撰写的《有无之境》对阳明相关思想予以了新的解释:

> 这个被赋与了高、深诸性质的世界显然不是指一个事实的世界,而是一个价值的、审美的、具有意义的世界,"他的天地万物"就是他经验范围内形成的"生活世界",这个世界离开了他的意识就不成其为他的世界了。胡塞尔的"生活世界"对海德格尔、萨特、庞蒂都有直接影响,阳明的思想也许从这个角度来了解,才是可以被理解的。①

在胡塞尔那里,世界是一个现相的存在,这种现相是由人的意识赋予的。没有人的意识,这个现相世界便不会存在。阳明所说正是这个意思。在阳明看来,良知是世界的本源,没有这个良知,谁去仰天的高,谁去俯地的深,谁去辨鬼神吉凶。从这个意义上说,天地万物都离不开人心,这就叫"心外无物"。学界现在持这种看法的人越来越多,是一个明显的进步。②

但略有遗憾的是,陈来对"有无之境"这一核心概念的界定似乎偏于狭窄了。他是这样说的:

> 在本书及以下讨论的宋明儒学的"有我之境"是指"天地之塞吾其体,天地之帅吾其性"的大"吾"之境,而"无我之境"即自上章以来我们已反复强调的"情顺万物而无情"的无滞之境。③

---

① 陈来:《有无之境——王阳明哲学的精神》,人民出版社1991年版,第60页。

② 杨国荣指出:"在王阳明那里,具有普遍性与个体性之双重规定的心体(良知),同时又是万物的本体。""理即是万物之所以然者,既然心(良知)与理为一,则由此即可逻辑地导出万物依存于心(良知)的结论。"(杨国荣:《王学通论——从王阳明到熊十力》,华东师范大学出版社2003年版,第41页。)吴震也看到了阳明这一思想的意义,指出:"按照阳明的前提设定,这个世界有两种基本状态:一是'寂然不动',二是'感而遂通'。前者是原初世界,处在一片混沌寂静的状态中,当然这样的世界对于我们人类而言,就没有任何意义或价值可言;后者则是现实世界,人类与其他一切存在构成一整体性、关联性的存在结构,这个世界为什么这样存在而不是那样存在的道理、意义以及价值就对我们人类展示了出来。""深山中的花树到底是什么颜色、如何美丽,如果离开了人,那么,我们就无从了解这颗花树的颜色和美丽,但是这样说并不意味着这颗花树作为客体而不存在,而是意味着这颗花树的意义尚未对我们人类敞开。"(袁行霈主编:《中华传统文化百部经典·传习录》,吴震解读,国家图书馆出版社2018年版,第440—441页。)

③ 陈来:《有无之境——王阳明哲学的精神》,人民出版社1991年版,第235—236页。

按照这一界定,"有无之境"分别包括"有我之境"和"无我之境"。"有我之境"是指受道德之心影响之境,也就是"天地之塞吾其体,天地之帅吾其性"的大"吾"之境;"无我之境"是指没有造作、没有执着之境,也就是"情顺万物而无情"的无滞之境。依照我的理解,这种区分可能有两个方面的不足。首先,对"有我之境"而言,陈来虽然有详细的分析,但没有特别关注牟宗三的成果,更没有使用"存有论"这一术语,而是称为"境界"。① 这种做法对学界有很大影响。② 其次,对"无我之境"而言,陈来正确地指出了无滞是无,但没有讲到未受道德之心影响的万物也是一种无,一种更为重要的无。

二、"物"的两种不同所指:"行为物"与"存在物"

因为儒家生生伦理学是顺着"十力学派"的道路走的,所以特别重视牟宗三的思想。牟宗三对阳明"心外无物"思想有详细的分析,这种分析主要从两个角度展开。一是道德践行的角度,这方面的"物"牟宗三称为"行为物":

> 因此,意念之动显然是落在感性的经验层上的。意念在感性的经验层上的活动,因涉及外物,必有其内容。此内容即是阳明所谓"意之所在或所用为物"也。如意在于事亲,事亲便是一物。此物是意念的内容,因

---

① 陈来在《有无之境——王阳明哲学的精神》对于有我之境的讨论,主要是在第三章"心与物"中展开的。这一章中分别讨论了"心与意""意与事""心与物""心物同体"等问题,有重要学理价值,但未能充分关注牟宗三的研究成果,也没有明确使用"存有"的概念,未能将相关问题上升到存有论的高度。

② 陈少明撰有《"心外无物":从存在论到意义建构》(《中国社会科学》2014 年第 1 期)一文,对阳明相关思想进行了详细分析。文章指出,要理解阳明"心外无物"这一命题,必须由存在论转化到意义论。阳明在回答岩中花树提问时,默认了心外无物的存在。"他的答案不是针对花树是否能离开心而存在,而是赋予'心外无物'新的含义。即被观看与不被观看的物,对人而言意义不同,把存在论变成意义论问题。""简言之,'心外无物'中的关键字不是'物',而是'无'。这个'无'不是不存在,而是缺乏意义的存在。换句话说,未被心所关照的物,其意义没有在意识中呈现出来。"按照我的理解,该文看到了意义对于物之存在的重要性,这与陈来的意见是一致的,只是他更强调了"意义建构"的重要。这里讲的"意义建构"涉及的其实就是存有论,但他没有直接使用"存有论"这一术语(该文所说的"存在论"与我说的"存有论"不是同一个概念)。杨立华在《宋明理学十五讲》(北京大学出版社 2015 年版)中说:"我们知道他著名的《西铭》,'乾称父,坤称母;予兹藐焉,乃混然中处'。《西铭》我一般不讲,我写张载哲学那本书对《西铭》一句都没有提到,我不大喜欢讲境界,山脚下的人说不得山顶上的事,还是朴实一点。"(该书第 125 页。)这里所说"我写张载哲学那本书"即指《气本与神化——张载哲学述论》,其中确实没有谈到存有问题。

此,我们名之曰"行为物",亦即所谓"事"也。就"意之所在"说物,那物就是事。①

道德之心的根本任务是创生践行,其发用必须通过意念进行,意念落实在经验层面上,必涉及外物。这种"物"其实就是"事"。"事"即"物","物"即"事",二者没有原则之别。这种由道德之心创生的践行就是"行为物"。

二是道德存有的角度,这方面的"物"牟宗三称为"存在物":

> 在感性层之念上带进正不正之"行为物";在"行为物"中带进天地万物之"存在物"。对此存在物,既须认知地知之,又须存有论地成之;前者吸摄朱子之"道问学",后者仍归直贯系统之创生,如前《王学章》之所说。如此,门庭始广大。若如蕺山诚意慎独之太紧与太狭,则念无交待,而天地万物亦进不来,心谱即不全。②

在牟宗三看来,在感性层次上讲念,念涉及道德行为,故为"行为物"。但如果仅有这一层的话,"天地万物"还没有交代,理论还不完整。理想的情况是,既有道德践行之"行为物",又有天地万物之"存在物"。这里的"存在物"是一个重要提法,所指对象是"天地万物",这种"天地万物"牟宗三有时又形象地称为"山河大地"③"一草一木"④。"天地万物""山河大地""一草一木"这些不同说法,所指不再是道德践行,而是自然界的外部对象。与此相关的物即为"存在物",而这种"存在"也就是"存有"。

为了阐明这个道理,牟宗三将良知概念分为主观、客观、绝对三义。"主观义是指独知知是知非这一活动"。"客观义要通过'心即理'来了解。良知之活动同时是心,同时亦是道德的理。若非如此,道德的理便成外在。阳明说良知本身即天理,同时是活动,同时即是理。良知所知之理,即是它自己决定

---

①　牟宗三:《现象与物自身》,《牟宗三先生全集》第 21 卷,台湾联合报系文化基金会、联经出版事业公司 2003 年版,第 453 页。
②　牟宗三:《从陆象山到刘蕺山》,《牟宗三先生全集》第 8 卷,台湾联合报系文化基金会、联经出版事业公司 2003 年版,第 394 页。
③　牟宗三:《中国哲学十九讲》,《牟宗三先生全集》第 29 卷,台湾联合报系文化基金会、联经出版事业公司 2003 年版,第 305 页。
④　牟宗三:《智的直觉与中国哲学》,《牟宗三先生全集》第 20 卷,台湾联合报系文化基金会、联经出版事业公司 2003 年版,第 246 页。

的,不是外在的。一说到理,良知便是客观的、普遍的及必然的,这才可成为客观义。"绝对义的情况较为特殊。"良知并非只此二义而已。此二者只开道德界,而良知还有一个绝对义(存有论的意义、形而上的意义)。前二义开道德界,这一义开'存有界'。"①在这三义中,主观义和客观义涉及的是道德践行问题,即所谓"行为物","绝对义"涉及的则是存有问题,即所谓"存在物"。②

在说明"存在物"的过程中,牟宗三特别重视良知与天地万物的关系,这样写道:

> 良知感应无外,必与天地万物全体相感应。此即函着良知之绝对普遍性。心外无理,心外无物。此即佛家所谓圆教。必如此,方能圆满。由此,良知不但是道德实践之根据,而且亦是一切存在之存有论的根据。由此,良知亦有其形而上的实体之意义。在此,吾人说"道德的形上学"。这不是西方哲学传统中客观分解的以及观解的形上学,乃是实践的形上学,亦可曰圆教下的实践形上学。因为阳明由"明觉之感应"说物("以其明觉之感应而言,则曰物",见上)。道德实践中良知感应所及之物与存有论的存在之物两者之间并无距离。③

良知既是道德的根据,又是天地万物存有的根据,由前者可以成就道德践行,此为"行为物",由后者可以创生道德存有,此为"存在物"。两者之间有密切的关联,道德善行与道德存有,"行为物"与"存在物"其实是一。将这两个方面打通,就是牟宗三着力建构的"道德的形上学"。如果不从道德意义上立

---

① 牟宗三:《儒家的道德的形上学》,《牟宗三先生全集》第 27 卷,台湾联合报系文化基金会、联经出版事业公司 2003 年版,第 213 页。(参见程志华:《由"真我"到"良知"——牟宗三关于"良知"本体的建构》,《江淮论坛》2010 年第 6 期。)

② 无独有偶,耿宁同样认为阳明的良知有三义,但具体说法不同。在他看来,1519 年之前,阳明的良知主要指一种向善的秉性、向善的倾向以及与之相应的自发的动力。这为良知 Ⅰ。1520 年之后,阳明的良知概念获得了新的含义,同时也指对我的所有意念之善恶的知识,即对意念的道德品格之意识,良知即是自身意识,这为良知 Ⅱ。到了晚年,阳明更加强调良知是本体,这个本体始终是清澈的、显明的、圆满的、不生、不灭,是所有意向作用的起源,也是作为心的作用对象之总和的世界之起源。这为良知 Ⅲ。这种区分中,良知 Ⅰ 和良知 Ⅱ 指道德践行的内容,良知 Ⅲ 则明显指道德存有的意义。(参见[瑞士]耿宁:《人生第一等事——王阳明及其后学论"致良知"》,倪梁康译,商务印书馆 2014 年版,上册,第 87—381 页。)

③ 牟宗三:《从陆象山到刘蕺山》,《牟宗三先生全集》第 8 卷,台湾联合报系文化基金会、联经出版事业公司 2003 年版,第 184 页。

论,也可以讲出一套存有论,但那是西方的做法。儒家讲存有论必须从道德的进路入手。按照这种进路,良知具有绝对的普遍性,其极无外。这样一来,牟宗三就将阳明"心外无物"的思想上升到道德存有论的高度,予以了极高的评价。

由此出发,牟宗三进一步讲到了"无"的问题:

> 良知灵明是实现原理,亦如老子所说"天得一以清,地得一以宁"云云。一切存在皆在灵明中存在。离却我的灵明(不但是我的,亦是你的、他的,总之,乃是整个的,这只是一个超越而普遍的灵明),一切皆归于无。你说天地万物千古见在,这是你站在知性的立场上说,而知性不是这个灵明。①

从现相学的角度看,意识有其意向性,总要指向对象,在这种意向体验中,意识与对象之物发生了关系,深刻地影响着对象之物。如果没有意向体验,对象不成其为对象,这种意义的"对象"其实也就是"无"。牟宗三准确地把握住了这个道理,特别强调,良知灵明是一个创生主体,天地万物皆在其涵盖下生存。没有了这个灵明,天地万物便等于"无",即"一切皆归于无"。这里所说的"无"是道德意义的,不是物理意义的,更不是单纯的无滞无执,意在强调没有了良知的灵明,天地万物便不会有道德的价值和意义。

要之,不仅重视道德践行问题,而且重视道德存有问题,不仅讲"行为物",而且讲"存在物",不仅讲无滞之"无",而且讲没有良知灵明影响的天地万物之"无"。这是牟宗三关于阳明研究的一个十分突出的特点,为我们的研究开辟了一个新的方向。

三、"存在物"与儒家道德存有论

要准确把握牟宗三的上述思想,了解"心外无物"中"存在物"的具体意义,需要再次回到前面对本体、本根、存有这三个概念所做的分疏。② 本体(ontology)是西方哲学的概念,中国哲学所用本体一词实为本根义。这种本根

---

① 牟宗三:《从陆象山到刘蕺山》,《牟宗三先生全集》第 8 卷,台湾联合报系文化基金会、联经出版事业公司 2003 年版,第 187 页。
② 参见本书第五章第四节第二小节"'仁者浑然与物同体'的道德存有论解读"(第 208—214 页)。

有两个方面的发用,既有道德践行的发用,又有道德存有的发用。与前者相应的对象叫"道德践行",与后者相应的对象叫"道德存有"。牟宗三虽然对"存在"和"存有"这两个概念做过区分,但在很多情况下,这两个概念是混着用的。① 因此,与"存在物"对应的理论就是道德存有论。

有了这个视角,"存在物"的问题就不难理解了。《传习录》中阳明关于"存在物"的论述,除上引"观岩中花树"的例子外,还有三处较重要的文字。

一是"天地鬼神之灵明":

> 先生曰:"你看这个天地中间,什么是天地的心?"
> 对曰:"尝闻人是天地的心。"
> 曰:"人又什么教做心?"
> 对曰:"只是一个灵明。"

"可知充天塞地中间,只有这个灵明,人只为形体自间隔了。我的灵明,便是天地鬼神的主宰。天没有我的灵明,谁去仰他高? 地没有我的灵明,谁去俯他深? 鬼神没有我的灵明,谁去辨他吉凶灾祥? 天地鬼神万物离却我的灵明,便没有天地鬼神万物了。我的灵明离却天地鬼神万物,亦没有我的灵明。如此,便是一气流通的,如何与他间隔得!"②

此段由询问天地之心开始。阳明问,天地间什么是天地的心。他人回答,人是天地的心。阳明接着问,人以什么为心。答曰,只是一个灵明。阳明进而阐发说,我的灵明,便是天地鬼神的主宰。天地鬼神看起来高妙无比,但没有我的灵明,谁去仰天的高,谁去俯地的深,谁去辨它的吉凶灾祥。阳明如此说,从哲学层面解释,其实是要阐明这样一个道理:天地鬼神的意义是我的灵明赋予的。

二是"草木瓦石之良知":

> 朱本思问:"人有虚灵,方有良知。若草木瓦石之类,亦有良知否?"
> 先生曰:"人的良知,就是草木瓦石的良知。若草木瓦石无人的良知,不可以为草木瓦石矣。岂惟草木瓦石为然? 天地无人的良知,亦不可

---

① 参见杨泽波:《贡献与终结——牟宗三儒学思想研究》第五卷附录一"牟宗三儒学思想辞典""存有"条,上海人民出版社 2014 年版,第 270—271 页。
② (明)王守仁:《传习录下》,《王阳明全集》,上海古籍出版社 1992 年版,第 124 页。

为天地矣。盖天地万物与人原是一体,其发窍之最精处,是人心一点灵明。风、雨、露、雷、日、月、星、辰、禽、兽、草、木、山、川、土、石,与人原只一体。故五谷禽兽之类,皆可以养人;药石之类,皆可以疗疾;只为同此一气,故能相通耳。"①

有人问,人有虚灵,方有良知,照这种说法,草木瓦石是不是也有良知呢?阳明的答复令人吃惊:人的良知就是草木瓦石的良知。这种说法从字面看很难理解,因为良知只能对人而言,不能对草木瓦石而言。阳明此处却说人的良知就是草木瓦石的良知,此为何意? 阳明下面的讲法做了解答。他说,天地万物原为一体,其发窍处,只在人心的一点灵明。有了这种灵明,风雨露雷、日月星辰、禽兽草木、山川土石即可以合为一体,彼此相通。这种讲法,根据上面的分析,只能理解为因为人有良知,以良知的眼光看天地万物,天地万物便有了意义,从这个角度看,人和天地万物也就和合为一了。由此不难明白,万物合为一体,关键在于人有良知,以此良知观看草木瓦石,草木瓦石也就有了意义。

三是"去花间草":

　　侃去花间草,因曰:"天地间何善难培,恶难去?"

　　先生曰:"未培未去耳。"少间,曰:"此等看善恶,皆从躯壳起念,便会错。"

　　侃未达。

　　曰:"天地生意,花草一般,何曾有善恶之分? 子欲观花,则以花为善,以草为恶;如欲用草时,复以草为善矣。此等善恶,皆由汝心好恶所生,故知是错。"②

一开始薛侃问,社会当中为什么善难存,恶难去。阳明答道,那只是你没有培,没有去而已。过了一会又说,这种善恶如果从躯壳上起念,就会有误。接下来的话就有意思了。阳明说,天地之间的花草原本没有善恶,人来观花,便以花为善,草为恶;反之,如果用草,草就为善,花就为恶了。阳明这一说法表明,世间的花与草原本没有善恶之分,没有道德的意义,人之所以以花为善,

---

① (明)王守仁:《传习录下》,《王阳明全集》,上海古籍出版社1992年版,第107页。
② (明)王守仁:《传习录上》,《王阳明全集》,上海古籍出版社1992年版,第29页。

以草为恶,有了善恶之分,皆由人心对其赋予内容所致。

道德之心可以影响天地万物的存在,有深厚的学理基础。我们知道,牟宗三受教于熊十力,一个重要的转机,是听其讲“当下呈现”。呈现可在两个意义上使用。一是道德之心在道德境遇下,会主动表现自己,向人发布命令,告知应当如何去做,从而创生道德的践行。二是道德之心遇到外部对象,也会主动表现自己,将自己的价值和意义赋予外部对象之上,从而创生道德的存有。这两个方面中,前者已十分困难,后者更为难解。为了阐明这个道理,牟宗三创造了一系列形象的说法,如创生、实现、妙运、神化等等①,其意无非是说,道德之心有一种功能,可以使原本干枯无血色的山河大地、一草一木具有道德的价值。原本没有道德价值,由于道德之心的赋予,变得有了价值,这个过程就叫创生,就叫实现,就叫妙运,就叫神化,其结果就是创生道德的存有。儒家的这种理论与西方的存有论有同有异。存有论(ontology)原是古希腊形成的一门关于“存有(在)之为存有(在)”(being as being)的学问。由于古希腊哲学关注世界的本源,重视认知问题,西方哲学的这种存有论主要是认识论意义的。儒家哲学也有类似的理论,但与西方不同,儒家相关的思想以道德为基础,这方面的理论即为道德存有论,一种不同于西方认知存有论的存有论。换言之,既有认知的存有论,又有道德的存有论,西方哲学擅长于前者,儒家哲学擅长于后者。

为了加深理解,明白个中道理,我在《儒家生生伦理学引论》中以中国人何以喜欢梅兰竹菊为例做了说明:

> 在传统文化中梅兰竹菊并称四君子。从自然的角度看,梅兰竹菊不过是四种植物而已,但受到儒家道德人格的熏陶,人们总是将梅花与剪雪裁冰、一身傲骨联系在一起,将兰花与空谷幽放、孤芳高雅联系在一起,将翠竹与清新澹泊、宁折不弯联系在一起,将菊花与凌霜飘逸、不趋炎附势联系一起。更为重要的是,因为长期生活在这种文化氛围中,人们早已形成了习惯,见到了梅就想到了高洁坚强,见到了兰就想到了清新淡雅,见到了竹就想到了虚心清贞,见到了菊就想到了高风亮节。与此相关,周

---

① 我曾将牟宗三相关的说法总结为十二种,即呈现、朗照、润泽、觉润、痛痒、妙运、神化、创生、生化、成全、实现、价值。(参见杨泽波:《贡献与终结——牟宗三儒学思想研究》第三卷第三章第二节“存有论的思想核心及其意义”,上海人民出版社2014年版,第67—71页。)

敦颐爱莲,是因为莲有"出淤泥而不染""濯清涟而不妖"的品格。但严格说来,这些只是莲的自然特征,并不具有道德的品性。周敦颐之所以爱莲,是因为他直接想到了道德的因素,将人的道德品性赋予到莲花之上。①

道德之心一点都不安分,除了指导道德践行外,总要对外部对象表达自己的态度,指指点点,将自身的价值和意义赋予其上,创生道德存有。梅兰竹菊原本没有任何道德性,但在道德之心的视域下,也会染上道德的色彩,成为道德的存在。这是中国人将梅兰竹菊并称为四君子,喜欢程度远在其他花卉之上的重要原因。推而广之,因为人有道德之心,道德之心自不容已,一定要将自身的价值和意义影响外部对象。这种被道德之心影响的外部对象,即为道德存有,而相关的理论,即为道德存有论。牟宗三接续熊十力的新唯识论,大讲道德之心不仅可以创生道德践行,由此而有"行为物",而且可以创生道德存有,由此而有"存在物",存有论由此成为其思想最为重要的组成部分,一生都在为阐明这方面的道理而努力。明白了这个道理,我们才能真正了解牟宗三的儒学思想,也才能把握阳明"心外无物"的哲学意义。

四、从"存在物"看儒家主辅两条线索的整体格局

虽然儒家也有自己的存有论,相关的思想很早就有,但在先秦时期并未成形,一些论述,如孟子的"万物皆备于我",《中庸》的"不诚无物",表面看好像谈的是这个问题,其实与存有论并没有直接的关系,只是随着佛教的传入,到宋代之后,这个问题才渐渐成为了一个重要话题。宋代儒学很多人都有出入佛门的经历,对佛学万法惟心的思想有相当程度的了解。受其影响,宋代儒学也开始从这个角度考虑问题,有关的论述渐渐多了起来。横渠"为天地立心"的"大其心"思想,明显已经包含了这一用意。二程的作用更大,他们能够成为宋明儒学的实际创立者,不仅在于创立了天理的新范式,为道德践行的路线确定了形上根据,也在于对道德存有问题多有阐发。明道所说"仁者浑然与物同体",只有在这个意义上才能读通读顺。其后,象山的"宇宙便是吾心,

---

① 杨泽波:《儒家生生伦理学引论》,商务印书馆 2020 年版,第 314—315 页。

吾心便是宇宙"更是将这个道理讲得简明而直接。阳明作为心学的集大成者,在这方面同样没有落后,作出了重要贡献,而其标志就是"心外无物"这一命题的正式提出。

由此说来,儒学自创立之始就有一条道德践行的路线,后来受佛教影响,从宋代开始又辟出了一条道德存有的路线。这两条线索中,道德践行路线为主,道德存有路线为辅,主线引出辅线,辅线助力主线,共同构成儒学发展的整体格局。虽然这项工作直到熊十力撰成《新唯识论》才正式完成,但阳明关于"心外无物"的一系列论述已明显包含着这方面的内容,其历史作用绝对不容轻视。这是从历史的角度看。从理论本身看,这个问题也不容有丝毫的轻视。这条辅线涉及很多极有深度的理论问题。比如,为什么道德之心可以创生天地万物的存有?道德之心创生的天地万物是真实的还是虚幻的?这种创生的思维方式是什么?牟宗三为什么将这种思维方式叫作"智的直觉"?[1] 为什么说受到道德之心影响的天地万物是有,未受这种影响的天地万物是无,而这种无不能完全用无滞无执来代替?这种存有与西方的本体论是什么关系?为什么说深入发掘相关义理是彰显儒家学说特色的重要渠道?道德存有对于道德践行有什么影响?为什么说澄清这个关系有助于颠覆人们对于天人关系的传统看法?这些问题都极具意味,代表着很有潜力的发展方向。

从这个角度重新审视阳明"心外无物"的思想,其意义就可以看得更加明白了。尽管"心外无物"在阳明那里主要指道德践行问题("行为物"),但它同时也包含道德之心与天地万物的关系问题("存在物")。道德之心总要对天地万物表明自己的态度,将自己的价值和意义赋予其上,不仅岩中花树如此,一切自然界外部对象都是如此。只有在这个意义上"心外无物"这一重要命题才能得到透彻的说明。因此,将阳明"心外无物"的思想抽离出来,直接标之为"存有论",上升到"道德存有论"的高度,不再只是以无滞无执讲"无",也在道德存有论意义上讲"无",是非常重要的研究方向。果真如此,儒家道德践行之主线与道德存有之辅线的整体格局便可以清楚地展现在我们面

---

① 参见杨泽波:《贡献与终结——牟宗三儒学思想研究》第三卷第五章"无执存有论商榷之一:关于智的直觉",上海人民出版社2014年版,第153—250页。

前,而我们对儒学两千年发展的整体脉络也就有了全新的理解。①

第六节　一个必须警觉的事实:阳明心学仍属一偏

阳明心学在历史上作出了重大贡献,影响远播海外,近年来更是被一些人视为儒学正宗,尊为儒学发展的最高成就,重新升格为显学。儒家生生伦理学对阳明研究中的这种趋向抱谨慎态度。上面反复讲过,与西方理性、感性两分模式不同,孔子思想内部是智性、欲性、仁性的三分结构,其中智性和仁性都是成德的根据。阳明心学只是沿着仁性一路发展,尽管于此多有推进,但未能充分重视智性的作用,本质上仍属一偏。

一、阳明心学的学理基础是仁性

如所周知,阳明心学的核心命题是"心即理":

> 此后世所以有专求本心,遂遗物理之患,正由不知心即理耳。夫外心以求物理,是以有暗而不达之处;此告子"义外"之说,孟子所以谓之不知义也。心,一而已。以其全体恻怛而言谓之仁,以其得宜而言谓之义,以其条理而言谓之理;不可外心以求仁,不可外心以求义,独可外心以求理乎? 外心以求理,此知行之所以二也。②

当时人们广受朱子思想的影响,于心外求理。阳明批评这与告子"义外"

---

① 这方面有一个实际的例子。陈立胜《入圣之机——王阳明致良知工夫论研究》第六章"'心外无物'论:'岩中花树'章新解"充分肯定了牟宗三所说的"存在物",但又有所保留。他说:"本章对'心外无物'之诠释始终扣紧在牟先生所说的'行为物'这一向度上,而对'行为物'语义之疏通亦未越出牟先生之矩矱。本章所谓'新解'之'新'在于,'岩中花树'章亦可在'行为物'上得到疏通。且从'行为物'诠释'岩中花树'章更能彰显'心'与'物'关联之境域生成的'现场'性质,让'心外无物'之论说始终保持着鲜活的工夫践履色彩,'物'即是在道德实践生存境域之中不断构成的。"(陈立胜:《入圣之机——王阳明致良知工夫论研究》,生活·读书·新知三联书店2019年版,第200页。)意思是说,牟宗三讲的"存在物"是对的,但他强调应该将这种"存在物"置于工夫论的视域下。儒学是一门践行性很强的学说,一切都不能离开道德践行这个根基。虽然随着阳明思想的不断丰富,增添了"存在物"这一内容,但不宜将其看得太重。陈立胜的看法自有其合理之处,因为"存在物"的基础仍然是道德,离不开这个根基,但它毕竟是一个不同的领域,包含着极深的意义,将其完全置于工夫论视域下,不仅容易掩盖相关思想的理论价值,而且不利于把握儒学发展的整体格局。

② (明)王守仁:《传习录中》,《王阳明全集》,上海古籍出版社1992年版,第42—43页。

说无异,正确的做法是向内心去求。人只有一个心,以其全体恻怛而言谓之仁,以其得宜而言谓之义,以其条理而言谓之理。切不可外心以求仁,求义,求理,否则必然导向知行为二。阳明立言的根基就在讲明这个"心即理"的道理。

另一段言之更明:

> 诸君要识得我立言宗旨。我如今说个心即理是如何,只为世人分心与理为二故,便有许多病痛。如五伯攘夷狄,尊周室,都是一个私心,便不当理。人却说他做得当理,只心有未纯,往往悦慕其所为,要来外面做得好看,却与心全不相干。分心与理为二,其流至于伯道之伪而不自知。故我说个心即理,要使知心理是--个,便来心上做工夫,不去袭义于义,便是王道之真。此我立言宗旨。①

讲"心即理",根本原因是当时人们将心与理分开了,引出很多问题。如今讲一个"心即理",就是要人们知道心与理本是一个,这个心就是自己成德的根据,有了这个根据,内心就充实了起来,不需要到外面去求。阳明反复强调这是他的"立言宗旨"。

《答顾东桥书》再次阐发了这个道理:

> 夫析心与理而为二,此告子"义外"之说,孟子之所深闢也。务外遗内,博而寡要,吾子既已知之矣。是果何谓而然哉?谓之玩物丧志,尚犹以为不可欤?若鄙人所谓致知格物者,致吾心之良知于事事物物也。吾心之良知,即所谓天理也。致吾心良知之天理于事事物物,则事事物物皆得其理矣。致吾心之良知者,致知也。事事物物皆得其理者,格物也。是合心与理而为一者也。②

此书写于 1525 年,距阳明过世只有 4 年。阳明不同意朱子学说,关键在于"义外"与"义内"之别。在他看来,朱子学理将心与理分离开来,务外而遗内,看上去条理有序,实则是玩物丧志,与孟子思想不合。与此不同,阳明以良知为根基,强调吾心之良知就是天理,致此良知之天理于事事物物,则事事物物皆得其理。致良知于事事物物为致知,事事物物得其理为格物。这种义理

---

① (明)王守仁:《传习录下》,《王阳明全集》,上海古籍出版社 1992 年版,第 121 页。

② (明)王守仁:《传习录中》,《王阳明全集》,上海古籍出版社 1992 年版,第 45 页。

最大的合理之处就在于可以保证心与理和合为一,不再分离。

强调"心即理"是阳明心学的核心,是学界共识,但如何评价这一思想核心,则大有讲究。与时下阳明研究的一般做法不同,自我从事儒学研究伊始直到近年来建构儒家生生伦理学,一直坚持主张孔子思想内部是智性、欲性、仁性三分的结构,并以此为基础提出了一种新的研究方法,这就是三分法。在三分法中,智性大致相当于西方哲学中的(道德)理性,欲性大致相当于西方哲学中的感性,尽管这两个方面儒家思想也有自身的特色,但与西方的(道德)理性和感性大致可以对应起来。儒家学说最特殊的部分是多了仁性。我们过去往往习惯于把仁性和智性混在一起,统称为(道德)理性,但如果细加分析不难看出,二者在内在还是外在,既成还是未成,直觉还是逻辑,包含情感还是不包含情感等方面,有着非常大的不同。因此,我的儒学研究所做的一项基础工作,就是将通常所说的(道德)理性打散开来,根据不同的特点,分为仁性和智性两个部分。这一步工作有着决定性的意义,果如此,我们便会看到,阳明的良知来自于孟子的良心,孟子的良心又来自于孔子的仁,无论是孔子的仁、孟子的良心、阳明的良知,按照三分法的划分,都属于仁性。阳明思想曲折万千,悟道不易,但说到底,无非是在朱子之后,纠正了其学理的偏向,将学理根基重归仁性而已。不再笼统讲阳明心学如何高超玄妙,而是首先将其学理基础定位为仁性,是儒家生生伦理学研究阳明特别着力的始发点。

二、阳明心学中没有智性的位置

证明阳明心学的学理基础是仁性并不困难,难的是证明其学理中没有智性的位置。按照三分法的界定,智性是通过学习认知而成德成善的一种能力。在这方面我们遇到了很大的挑战,因为哪怕做最简单的检索也会看到,阳明并非不讲学习,不讲认知。相关论述随处可见,如:

> 古之教者,教以人伦。后世记诵词章之习起,而先王之教亡。今教童子,惟当以孝弟忠信礼义廉耻为专务。其栽培涵养之方,则宜诱之歌诗以发其志意,导之习礼以肃其威仪,讽之读书以开其知觉。今人往往以歌诗习礼为不切时务,此皆末俗庸鄙之见,乌足以知古人立教之意哉![1]

---

① （明）王守仁:《传习录中》,《王阳明全集》,上海古籍出版社 1992 年版,第 87 页。

问:"读书所以调摄此心,不可缺的。但读之之时,一种科目意思牵引而来,不知何以免此?"先生曰:"只要良知真切,虽做举业,不为心累;才有累亦易觉,克之而已。且如读书时,良知知得强记之心不是,即克去之;有欲速之心不是,即克去之;有夸多斗靡之心不是,即克去之:如此,亦只是终日与圣贤印对,是个纯乎天理之心。任他读书,亦只是调摄此心而已,何累之有?"①

这两段都与读书有关。头一段讲,古人教学主要是教以人伦,所以今天教育儿童,当以教之孝悌忠信、礼义廉耻为首务。由此可见,阳明并不反对读书,只是强调读书须以"开其知觉"为目的罢了。次一段讲只要良知真切,做举业亦无妨,是非都在心内。且如读书,良知自知强记之心不是,即可克之。因此,"任他读书,亦只是调摄此心而已,何累之有",丝毫没有否定读书的意思。

尽管不反对读书,但阳明并不重视读书学习对于成德成善的意义。讲不讲读书学习是一回事,重不重视读书学习对于成德成善的作用是另一回事。这方面特别重要的材料,是阳明对《大学》"格物致知"的解读:

先生又曰:"格物,如《孟子》'大人格君心'之'格',是去其心之不正,以全其本体之正。但意念所在,即要去其不正以全其正,即无时无处不是存天理,即是穷理。天理即是'明德',穷理即是'明明德'。"②

"格物致知"是《大学》的重要思想,按照朱子的理解,"格物"是到事物之中探求事物之理,"致知"是推极自身知识到达极限。阳明不同意朱子的这种理解,认为格物之"物"当指"事",意之所发为事,如意之所发为善,这种善即是事;格物之"格"当指"正",格物即是正事,"正其不正以归于正之谓也"。这样,阳明就将《大学》作出了新的诠释,将其归到了自己的学理系统之中,否定了读书学习对于成德的独立意义。

因为不将读书学习作为成德成善的重要条件,阳明特别喜欢孟子"学问之道无他,求其放心而已矣"的说法,反复申说:

君子学以为己。成己成物,虽本一事,而先后之序有不容紊。孟子云:"学问之道无他,求其放心而已矣。"诵习经史,本亦学问之事,不可废

---

① (明)王守仁:《传习录下》,《王阳明全集》,上海古籍出版社1992年版,第100页。
② (明)王守仁:《传习录上》,《王阳明全集》,上海古籍出版社1992年版,第6页。

者。而忘本逐末,明道尚有"玩物丧志"之戒,若立言垂训,尤非学者所宜汲汲矣。①

"学问之道无他,求其放心而已矣"出自《孟子·告子上》第十一章。孟子强调,仁即是人心,义即是大道。为学最重要的是求其放心,把丢失的道德根据找回来。有人不明白这个道理,放着大道不走,丢了良心不求,这是非常可惜的。孟子这一说法虽然有很高的学理价值,影响很大,但根据儒家生生伦理学的判断,其实并不全面。孔子思想除了仁性外还有智性,除了尊仁外还要重礼,而礼是外在的,不学习就不能知道,怎么能说"学问之道无他,求其放心而已矣"呢②。阳明显然没有意识到这个问题,在他看来,诵习经史虽然也是学问之事,不能废弃,但不能忘本,不能"玩物丧志"。道德根据就在自己内心,如果耽搁于文字,只能做个无知无觉不识痛痒之人,书读得再多也没有用处。

阳明这一立场对其学理有重大影响,致使在两个方面留下了瑕疵。一是未能合理处理见闻之知与良知的关系,否定了见闻之知的意义:

> 良知不由见闻而有,而见闻莫非良知之用,故良知不滞于见闻,而亦不离于见闻。孔子云:"吾有知乎哉? 无知也。"良知之外,别无知矣。故"致良知"是学问大头脑,是圣人教人第一义。……大抵学问功夫只要主意头脑是当,若主意头脑专以致良知为事,则凡多闻多见,莫非致良知之功。盖日用之间,见闻酬酢,虽千头万绪,莫非良知之发用流行,除却见闻酬酢,亦无良知可致矣。③

这里提出了一个根本性的看法:良知不由见闻而有,不滞于见闻,而见闻莫非良知之用,皆由良知而来。照此讲法,见闻之知完全依附于良知之上,没有独立的意义。然而,根据三分法,良知属于仁性的范畴,虽然非常重要,但只是道德根据的一个方面,除此之外,人还有智性。智性是人的学习认知的能力,这种学习认知即与见闻之知相关。如果把见闻之知完全落在良知上,等于取消了智性,这对于成德成善显然是不利的。

二是未能合理处理尊德性与道问学的关系,把道问学完全拉到尊德性系统之中了:

---

① （明）王守仁:《文录二·与黄逸之》,《王阳明全集》,上海古籍出版社 1992 年版,第 192 页。
② 参见本书第二章第六节第一小节"何谓孔孟心性之学的分歧"(第 49—51 页)。
③ （明）王守仁:《传习录中》,《王阳明全集》,上海古籍出版社 1992 年版,第 71 页。

道问学即所以尊德性也。晦翁言"子静以尊德性诲人,某教人岂不是道问学处多了些子",是分尊德性、道问学作两件。且如今讲习讨论,下许多工夫,无非只是存此心,不失其德性而已。岂有尊德性,只空空去尊,更不去问学? 问学只是空空去问学,更与德性无关涉? 如此,则不知今之所以讲习讨论者,更学何事!①

他人问如何看待"尊德性"。阳明的回答很干脆,"道问学即所以尊德性",意即道问学必须置于尊德性的范围之内。阳明由此批评朱子将尊德性、道问学分作两件。正确的做法是将道问学作为尊德性的工夫看待,道问学不能脱离尊德性,一旦脱离了,便是空学问。道问学不能离开尊德性这个基础,这自然是对的,但道问学有没有独立的意义,有没有独立的作用? 这是必须认真对待的。

因为这样处理见闻之知与良知,道问学与尊德性的关系,阳明有下面的说法,就不足为怪了:

良知之外,别无知矣。②

良知之外,更无知;致知之外,更无学。外良知以求知者,邪妄之知矣;外致知以为学者,异端之学矣。道丧千载,良知之学久为赘疣,今之友朋知以此事日相讲求者,殆空谷之足音欤!③

"良知之外,别无知","良知之外,更无知",实是惊人之语。这种说法可做两种解释。一是良知是唯一的道德根据,是唯一的"知",除此之外,不需要其他的"知";二是良知已包含"智性"之知,除此之外,没有其他的"知"。我倾向于第一种解释。从理论角度看,阳明心学的基础是"心即理",这个"心"即是良心或良知。阳明之所以这样主张,就是因为不同意朱子以外在性的读书学习作为成德成善的根据。从历史的角度看,阳明当时的主要任务是反驳朱子,而反驳的理由是嫌朱子学理支离外求,虽然他也必须引用《大学》,但他是将其作为心学来处理的。这两个方面都说明,阳明的良知系统是否认和排斥智性的。这是整个问题的枢纽,一旦这个环节锁定了,阳明学理的问题就可

---

① (明)王守仁:《传习录下》,《王阳明全集》,上海古籍出版社1992年版,第122页。
② (明)王守仁:《传习录中》,《王阳明全集》,上海古籍出版社1992年版,第71页。
③ (明)王守仁:《文录三·与马子莘》,《王阳明全集》,上海古籍出版社1992年版,第218页。

以看得比较清楚了。上面讲过,良知概念来自孟子,是顺着孔子仁的思想发展而来的,属于仁性的范畴。仁性虽然重要,但并不是道德根据的全部要件,除此之外,还必须有智性。"良知之外,别无知","良知之外,更无知"这种说法,明显过分夸大了仁性的作用,将其抬高到一个不适当的位置,否定了智性对于成德成善的重要作用。

三、良知是否具足:阳明心学的死穴

"良知具足"是一个颇有争议的说法,阳明是这样讲的:

> 良知只是一个,随他发见流行处当下具足,更无去求,不须假借。然其发见流行处却自有轻重厚薄,毫发不容增减者,所谓天然自有之中也。虽则轻重厚薄毫发不容增减,而厚又只是一个;虽则只是一个,而其间轻重厚薄又毫发不容增减,若可得增减,若须假借,即已非其真诚恻怛之本体矣。此良知之妙用,所以无方体,无穷尽,语大天下莫能载,语小天下莫能破者也。①

只有一个良知,其发用流行虽有轻重厚薄之分,但当下具足,不容增减,不容假借。如果需要增减,需要假借,那就不是良知了。良知妙用无方体,无穷尽,说其大,天下莫能载,说其小,天下莫能破。

再看一段:

> 若除去了比较分两的心,各人尽着自己力量精神,只在此心纯天理上用功,即人人自有,个个圆成,便能大以成大,小以成小,不假外慕,无不具足,此便是实实落落明善诚身的事。后儒不明圣学,不知就自己心地良知良能上体认扩充,却去求知其所不知,求能其所不能,一味只是希高慕大;不知自己是桀、纣心地,动辄要做尧、舜事业,如何做得!②

成德成善最重要的是尽自己的力量,这种力量与天理相通,人人自有,个个圆成。依此而行,大小皆备,不假外慕,无不具足。后人不明此理,不知在良知上体认扩充,偏偏向外去求,求知其所不知,求能其所不能,令人痛惜。这两段都用到了"具足"二字,意思是说良知本身即已完备,除此之外毋需他求。

---

① (明)王守仁:《传习录中》,《王阳明全集》,上海古籍出版社 1992 年版,第 85 页。
② (明)王守仁:《传习录上》,《王阳明全集》,上海古籍出版社 1992 年版,第 31 页。

上面讲过,在儒家生生伦理学看来,良心、良知这些说法不同,本质则一,都属于仁性,其本质是伦理心境。因为伦理心境一方面以生长倾向为底子,另一方面受社会生活和智性思维的影响,将社会生活和智性思维中的是非标准结晶在内心,所以自有是非的标准。加之人对内心有自知的能力,可以知晓这种标准,所以遇事不需要新的学习,不需要他人告知,就知道应该如何去做,是便为是,非便为非。只要听从它的指令,不欺骗于它,就可以成德成善。

但问题在于,即使承认了这个道理,承认良知在日常情况下比较管用,但除此之外,还需不需要对其加以进一步的认知,以了解其来源、性质、特点呢?徐爱对此有过困惑,怀疑"如事父之孝,事君之忠,交友之信,治民之仁,其间有许多理在,恐亦不可不察"。阳明答复道:

> 此说之蔽久矣,岂一语能所悟!今姑就所问者言之:且如事父不成,去父上求个孝的理;事君不成,去君上求个忠的理;交友治民不成,去友上、民上求个信与仁的理:都只在此心,心即理也。此心无私欲之蔽,即是天理,不须外面添一分。以此纯乎天理之心,发之事父便是孝,发之事君便是忠,发之交友治民便是信与仁。①

阳明认为,事父、交友之理"都只在此心,心即理",这个"心即理"之"理""即是天理,不须外面添一分"。在现实生活中,任凭这个天理之心而发,发之于父为孝,发之于君为忠,发之于交友治民为信为仁,除此之外不需要再做其他工夫,从而否定了徐爱希望寻求孝、忠、信、仁背后之理的想法。

这个问题并非出自徐爱一人,妻姪诸伯阳亦有疑惑,请教说:"致知者,致吾心之良知也,是既闻教矣。然天下事物之理无穷,果惟致吾之良知而可尽乎?"阳明同样答复说:

> 心之体,性也,性即理也。天下宁有心外之性?宁有性外之理乎?宁有理外之心乎?外心以求理,此告子"义外"之说也。理也者,心之条理也。是理也,发之于亲则为孝,发之于君则为忠,发之于朋友则为信。千变万化,至不可穷竭,而莫非发于吾之一心。②

心即是性,性即是理。天下没有心外之性,没有性外之理。一切都是吾心

---

① (明)王守仁:《传习录上》,《王阳明全集》,上海古籍出版社1992年版,第2页。

② (明)王守仁:《文录五·书诸阳伯卷》,《王阳明全集》,上海古籍出版社1992年版,第277页。

之所发。舍此心而求理,便是落于告子"义外"的陷阱。要成德必须讲孝讲信,这个孝和信当然是从心发出来的。但问题在于,除了一般地讲孝讲信之外,还需不需要深入了解这孝这信背后的道理?阳明完全排除了这种可能。在他看来,既然此心就是天理,不须外面添一分,那么进一步了解孝和信背后的道理,当然就没有必要了。

另外,还需要注意的是,社会生活是不断发展的,总要出现新情况、新问题,这些新情况、新问题很可能会超出良知的范围,良知很难给出一个现成的答案,此时必须动脑筋好好想一想,权衡各方面的条件再做决定。这种情况早在孟子就遇到了。"嫂溺援之于手"是《孟子》有名的例子。男女授受不亲属于一般情况,其是非标准早已内化为良知,只要反求诸己,就可以知道应该怎么办。但嫂溺是特殊情况,此时要不要伸手相援,单纯反求诸己,不一定会有明确的答案,还需要进一步思考,以权衡利弊得失。这种思考有时可能较为长久,有时可能非常短暂,但不管时间长短,都要再想一想,这种"想一想"必须动用逻辑的力量,已经进至智性的范畴了。孟子没有看到这里的问题,错失了发现自己学理问题的契机。①

阳明断言良知具足,属于同类情况。请看下面这个例子:

> 夫舜之不告而娶,岂舜之前已有不告而娶者为之准则,故舜得以考之何典,问诸何人,而为此邪?抑亦求诸其心一念之良知,权轻重之宜,不得已而为此邪?武王不葬而兴师,岂武之前已有不葬而兴师者为之准则,故武得以考之何典,问诸何人,而为此邪?抑亦求诸其心一念之良知,权轻重之宜,不得已而为此邪?②

舜不告而娶,武王不葬而兴师,属于生活中的特殊情况。阳明强调,在这些特殊情况下,没有必要"考之何典,问诸何人",只要从一念良知出发,权轻重之宜,就可以了。这个问题恐怕远非如此简单。根据儒家生生伦理学的理解,仁性和智性都是道德根据,但功能大为不同。仁性的本质是伦理心境,伦理心境包含丰富的内容,在一般情况下,只要问问自己的内心,就会得到是非的标准,明白应该如何去做。但伦理心境的这种性质决定了仁性一定有自身

---

① 参见本书第二章第六节第三小节"关于孔孟心性之学分歧需要注意的几个问题"(第52—54页)。

② (明)王守仁:《传习录中》,《王阳明全集》,上海古籍出版社1992年版,第50页。

的局限。如果遇到特殊情况(如不告而娶,不葬兴师)超出了伦理心境的范围,人们很难有一个明确的答案,知道应该如何去做。这时需要做的,是发动智性,分析各个方面的因素,认真想一想,最终选择一个合宜的方案。这项工作已不是仁性可以承担的,必须启动智性,借助逻辑的力量才能完成,哪怕这项工作(即认真想一想)是在极其短暂的时间完成的。阳明此段讨论的就是这个问题,他也意识到了这个问题的复杂,甚至讲到了"权轻重之宜",但非常可惜,他不明白"权轻重之宜"虽然必须在良知的指导下进行(即必须有"第二良心"①),但这种"权轻重之宜"的工作已不再是仁性力所能及的,必须由智性来负责。

这充分说明,良知是否具足是一个极为严肃的问题,蕴含着深刻的道理。根据儒家生生伦理学的理解,道德的根据既有仁性,又有智性。仁性是伦理心境,因为伦理心境建立在生长倾向的基础上,主要由社会生活和智性思维对内心的影响而成,在此过程中,已把生活中一般的是非标准带了进来,有了是非之心。就一般情况而言,这种是非之心比较管用。这是阳明强调良知具足的根本原因。但必须清楚看到,良知并不是具足的。这是因为,第一,即使承认仁性管用,但仁性的层面还不高,还需要对其加以再认识,以了解其来源、性质、特点等,使行动达到自觉的程度。在三分法中,智性起到的正是这个作用,智性有对仁性加以再认识的责任。这项工作孔子尚未讲到,直到朱子才正式提上日程,其"因其已知之理而益穷之"②的著名判断,已经初步涉及了这方面的内容。遗憾的是,阳明将道德根据全都置于仁性之上,这个问题完全不在其视野之内。第二,社会生活是不断发展的,会不断出现新情况,一旦这些新情况超出了伦理心境的范围,良知并不能给予一个现成的答案,必须再认真想一想,权衡利弊,这种思维方式已经超出了仁性的范畴,属于智性的领域了。更为重要的是,随着社会的发展,仁性还会出现失当、保守、遮蔽等问题,走向异化,这时就需要运用智性对其加以调整,使之归于合理。因此,智性不仅负责学习与成德相关的外在法规条例,也包括分析与此相关的所有的新情况新问题,比较各方面的因素,给出一个相对合理的答案,甚至在必要情况下对仁性加以调整。这一步重要工作离开智性,是不可能完成的。

① 参见本书第四章第四节"善的异化与重回自然"(第145—149页)。
② (南宋)朱熹:《四书章句集注》,中华书局1983年版,第7页。

由此可知,阳明主张"心即理",将良知作为成德成善的唯一根据,所以他一定要说"良知具足",否则其理论的可靠性必然要大打折扣。但如果良知真是具足的话,那就不需要智性对其加以再认识,使其不断提高,也不需要考虑特殊情况下如何"权轻重之宜"的问题,从而无法面对社会生活中大量的新情况了。由此说来,良知尽管在日常生活中比较管用,但绝非自足。阳明不明白这个道理,主张"良知具足",不仅扼杀了心学向新的高度发展的可能,而且很多理论问题无法解决。"良知具足"事实上成了阳明心学的死穴。

四、不明孔孟心性之学分歧是阳明陷于一偏的重要原因

阳明心学存在上述问题,深究原因,同象山一样,与其不了解孔子和孟子的真实关系密不可分。《陆象山文集序》是阳明为陆象山文集撰写的序言,是一篇重要的文字,其中这样写道:

> 圣人之学,心学也。尧、舜、禹之相授受曰:"人心惟危,道心惟微,惟精惟一,允执厥中。"此心学之源也。中也者,道心之谓也;道心精一之谓仁,所谓中也。孔孟之学,惟务求仁,盖精一之传也。而当时之弊,固已有外求之者,故子贡致疑于多学而识,而以博施济众为仁。夫子告之以一贯,而教以能近取譬,盖使之求诸其心也。迫于孟氏之时,墨氏之言仁至于摩顶放踵,而告子之徒又有"仁内义外"之说,心学大坏。从孟子辟义外之说,而曰:"仁,人心也。学问之道无他,求其放心而已矣。"又曰:"仁义礼智,非由外铄我也,我固有之,弗思耳矣。"盖王道息而伯术行,功利之徒外假天理之近似以济其私,而以欺于人,曰:天理固如是,不知既无其心矣,而尚何有所谓天理者乎? 自是而后,析心与理而为二,而精一之学亡。①

此段开首"圣人之学,心学也"是一个极为重要的判定。在阳明看来,尧、舜、禹一脉相传,是心学之源。无论是孔子还是孟子,其学惟务求仁。而当时人们不了解这个道理,偏向外面去求,受到孔子批评。孔子之学一以贯之,关键就在能近取譬,求诸其心。后受墨子和告子学说的影响,心学大坏。自孟子起,倡导"学问之道无他,求其放心而已","仁义礼智,非由外铄我也,我固有

---

① (明)王守仁:《文录四·象山文集序》,《王阳明全集》,上海古籍出版社1992年版,第245页。

之",心学方才得以传承,其功甚巨。

隔不远又说:

> 自是而后,有象山陆氏,虽其纯粹和平若不逮于二子,而简易直截,真有以接孟子之传。其议论开阖,时有异者,乃其气质意见之殊,而要其学之必求诸心,则一而已。故吾尝断以陆氏之学,孟氏之学也。而世之议者,以其尝与晦翁之有同异,而遂诋以为禅。夫禅之说,弃人伦,遗物理,而要其归极,不可以为天下国家。苟陆氏之学而果若是也,乃所以为禅也。今禅之说与陆氏之说,其书具存,学者苟取而观之,其是非同异,当有不待于辩说者。①

时至宋代,陆象山出,直接孟子之传,大力鼓励求诸本心,倡导易简工夫,重新弘扬了心学的传统。"陆氏之学,孟氏之学也",这既是阳明对象山之学的界定,也代表着阳明自己的期许。可惜象山之学不为世人理解,常讥之为禅。阳明为之辩白,认为这是一个天大的冤枉。禅不讲人伦,不重物理,不要国家,象山之学与此全不相干,怎么能说是禅呢?

透过上面两则材料可以清楚看到,阳明思想内部有这样一个逻辑关系:孔子思想一以贯之,孟子继承了孔子的思想,象山又继承了孟子的思想,我肯定孟子之学、象山之学,沿着这个路线发展,所以得到了孔门真精神。徐爱的一段文字可为这一逻辑关系作为旁证:

> 爱因旧说汩没,始闻先生之教,实是骇愕不定,无入头处。其后闻之既久,渐知反身实践,然后始信先生之学为孔门嫡传,舍是皆傍蹊小径、断港绝河矣!如说格物是诚意的工夫,明善是诚身的工夫,穷理是尽性的工夫,道问学是尊德性的工夫,博文是约礼的工夫,惟精是惟一的工夫:诸如此类,始皆落落难合,其后思之既久,不觉手舞足蹈。②

由于儒学真精神失传,徐爱最初也是不得其门而入。后听阳明之教,方才明白其中的道理。阳明学说的要义集中体现在六个方面:讲格物必须落在诚意上,讲明善必须落在诚身上,讲穷理必须落在尽性上,讲道问学必须落在尊德性上,讲博文必须落在约礼上,讲惟精必须落在惟一上。因为有了这一体会,"始

---

① (明)王守仁:《文录四·象山文集序》,《王阳明全集》,上海古籍出版社 1992 年版,第 245 页。

② (明)王守仁:《传习录上》,《王阳明全集》,上海古籍出版社 1992 年版,第 10—11 页。

信先生之学为孔门嫡传"。此处"嫡传"二字可见阳明在其弟子心目中的位置。

然而,问题并非如此简单。在分析象山思想时讲过,先秦一般是周孔或孔颜并称,宋代孟子升格运动后,才将孔孟捆绑在了一起。受此影响,人们一般认为孔子和孟子思想完全一致,了解了孟子也就了解了孔子。然而,自我从事儒学研究开始便不认可这种观念,强调孟子虽然继承发展了孔子的仁性,但也不自觉地丢掉了孔子的智性,并将这种现象概括为"孔孟心性之学的分歧"。我一再讲,孔孟心性之学的分歧是儒学发展的头等重大事件,再没有什么事情的重要性能超过它了。① 当然这个问题隐藏得极深,很难被发现,阳明也深受影响。年轻时,阳明笃信朱子格物致知之说,立志学做圣人,龙场顿悟后,方才明白"吾性自足"的道理,接续上了孟子之学的血脉。尽管这个转变十分不易,理论价值很高,有充分理由予以重视,但不容否认的是,阳明在整个过程中并没有意识到孟子与孔子思想的差异。这个缺环影响极大,以至于阳明以为自己对孟子有了真体会便得了孔子真传,不知道孟子思想只是顺着仁性路子走的,事实上丢失了智性,而他以孟子为据,从思想逻辑上说,当然也就只能得孔子之一翼而折其另一翼,难逃一偏了。今天我们有了三分法,知晓了孔孟的真实关系,再不应该对阳明做有失客观的评价,再盲目讲什么圣人之学即是心学,乃至将阳明心学鼓吹为儒学发展的最高成就了。

由此说来,还原一个真实的阳明,将其定位为偏而不是全,明确心学属于儒学,但儒学不等于心学,在儒学整体脉络中为阳明心学寻找一个准确的定位,是负责任的哲学工作者必须承担的历史责任。

五、象山、阳明优劣谈

最后还想对象山和阳明做一个简单比较。象山、阳明都是心学代表,学理基础并无不同,但细细品味仍然能够看出一些差异。阳明对象山"只还粗些"的说法常被人引用:

> 又问:"陆子之学如何?"先生曰:"濂溪、明道之后,还是象山,只还粗些。"九川曰:"看他论学,篇篇说出骨髓,句句似针膏肓,却不见他粗。"先

---

① 参见本书第二章第八节"孔孟心性之学分歧是儒学发展的头等重大事件"(第57—59页);另见杨泽波:《孟子达成的只是伦理之善——从孔孟心性之学分歧的视角重新审视孟子学理的性质》,《复旦学报》2021年第2期。

生曰:"然。他心上用过功夫,与揣摹依仿,求之文义,自不同。但细看有粗处,用功久当见之。"①

在阳明心目中,象山学理固有得力可取处,只是还比较粗,但没有具体说明粗在何处。牟宗三提供了一种解释,认为"这个粗当然不是指知识之多寡与思考之精确与否而言;亦不是就修道工夫之造诣,以圣人为准,而一般地言之"。另外,也不宜从修道工夫角度看,因为以圣人为参照,任何人都不免于粗。牟宗三最后得出结论说,阳明此言当主要从"象山本人当身之风格"而言。因为象山是"非分解"地挥斥指点,并未具体展开。与此不同,阳明是分解地有所立,义理更为精熟。象山之"粗"只宜从这个角度理解。② 受阳明上述说法的影响,现在学界也多认为象山学理较粗,不及阳明。③ 然而,照我的理解,象山学理并不粗。象山不著书,留下的文字不多。仅从这些有限的材料看,其对问题的把握相当精准,很多方面甚于明显强于阳明。

象山曾涉及有无问题,只一句"无事时,只似一个全无知能底人,及事至方出来,又却似个无所不知,无所不能之人",便道破了其中的奥秘。更为重要的是,他的这种体会并非通过静坐而得,而他教育弟子也不以静坐为手段。阳明就不同了,他的四句教义理虽然深刻,但对龙溪、德洪的不同理解以"利根之人"与"中人上下"加以区别,还是把问题弄得过于复杂了,以至于除了龙溪等极少数弟子外,人们很难能够准确把握其中的真义。而其教导弟子又多强调静坐之重要,"教三变"中即有静坐一变,静坐似乎成了体悟心体的绝对必要条件。这对弟子的影响很难说完全是正面的,象山绝不致如此。

义利之辨也很能说明问题。伊川、朱子将义利之辨转换为天理人欲之争,

---

① (明)王守仁:《传习录下》,《王阳明全集》,上海古籍出版社 1992 年版,第 92 页。

② 参见牟宗三:《从陆象山到刘蕺山》,《牟宗三先生全集》第 8 卷,台湾联合报系文化基金联经出版事业公司 2003 年版,第 17 页。

③ 张祥龙采纳陈荣捷的观点,为此提供了一种新的解说:"我个人认为陈荣捷先生的解释比较有道理,即此'粗'与象山还在沿袭'知先行后'说而导致的不够精一有关。他之所以沿袭'知先行后'说,跟他还在沿袭程朱理学的格物致知说也是非常相关的,两者相互映衬。陈荣捷先生在《从〈朱子晚年定论〉看阳明之于朱子》中写道:'山田准(日本学者)谓象山之格物论,先知后行,乃是旧说,故粗。'(《王阳明〈传习录〉详注集评》,268)陆象山讨论格物致知的时候,他用的'知'还是先知后行,'旧说'指北宋程颐到南宋朱子一贯的思路,所以粗。"(张祥龙:《儒家心学及其意识依据》,商务印书馆 2019 年版,第 430 页。)这种解说与我的观点不同。

在社会上造成了不好的影响。象山完全不受影响,主讲《论语》"君子喻于义,小人喻于利",特别强调"志"的重要,体现出对先秦儒家人禽之分义利之辨价值选择关系的精准把握,着实不易。三百年后,阳明未能摆脱朱子的影响,仍然采用流行话语系统,大谈"去人欲、存天理",其本质仍然是将这种意义的义利理解为彼此对立的关系,对于先秦儒家义利之辨精神实质的把握明显不及象山准确。

象山于儒家义理把握精准,还表现在很少说错话上。纵观象山言语,有错的地方很少。即使在无极太极之辩中,表面看处于下风,其实有更深的用意,只是难为人们了解罢了。① 阳明就不同了,经常会冒出一些莫名其妙的话头,如"一念发动处即是行","知而不行,只是未知",等等。而其晚年提倡致良知结合《大学》和《孟子》,将《大学》强行拉入心学系统,花费极大气力从朱子文献中找出材料立出朱子晚年定论说,以证明自家学理正确,都有强行解说之弊,远不如象山截断众流、六经注我,来得干脆利索。

考虑到时代背景,象山境界之高更是非同一般。宋明时期,理学与心学之争是一大事件。理学以伊川、朱子为代表,占据主要阵地,声势日隆。在此情况下,象山与朱子唱对台戏,难度可想而知。象山学理的基础全在孟子。孟子倡言性善,主张通过反求的办法找到自己内在的道德根据。反求的思维方式是直觉,虽然人人都有直觉的能力,但把握起来并不容易。象山年幼时读《论语》,即有简易与支离的判别,感叹有子"非夫子之言"②,说明他当时对心学的路数即有了深刻的体会。13 岁道出"吾心即是宇宙,宇宙即是吾心"这样的奇妙之语,更是惊煞众人。阳明则要曲折得多。受朱子的影响,阳明早年将思想限定在程朱格物致知的格局之中,直到 37 岁,历经千死百难,方才明白了"吾性自足"的道理。此时朱陆之争已有 300 年之久,理学与心学相争最重要的原则都已摆在了桌面上,阳明仍然走了这么多弯路,不能不说是一件遗憾的事情。即使龙场顿悟后,阳明对朱陆之争的核心理解到什么程度,似乎也不无讨论的余地。龙场顿悟后,当地官员曾就朱陆之争询问阳明,阳明没有直接回应,而是大谈知行合一。阳明这样做的原因,材料有限,不得而知。但可以想

①　参见本书第七章第四节"无极太极之辩背后的考量"(第 318—322 页)。
②　(南宋)陆九渊:《年谱》,《陆九渊集》卷三十六,中华书局 1980 年版,第 483 页。

象,如果阳明此时对这个问题有透彻的把握,而这个问题对于阐发知行合一又大有益处,不应避而不谈。因此,完全有理由推测,阳明此时对这个问题的把握仍未到位,至少没有达到一语道破其中关节的程度。

因此,兼读二人,我喜欢象山明显超过阳明。在我看来,仅就对于心学义理体悟之深及把握之准而言,象山实属天才中的佼佼者,远在他人之上,尽管我丝毫不否认阳明的巨大历史作用。

第九章 "十力学派"及其传人牟宗三

第一节 宋明儒学的三大误判及明清之际的检讨

宋明儒学是儒学发展的重要一站,绵延六百余年,经一代又一代人的共同努力,学理水准有了很大提升,但也有一些失误,甚至是严重的误判。明清之际,人们对这些失误进行了检讨,而这些检讨也构成了儒学发展的一个重要环节。

一、天理实体化的检讨:以船山为例

宋明儒学的误判,以重要性排序,当首推天理的实体化。建构儒家学理的形上系统,是宋明儒学面对佛教和道教挑战所做的一项重要工作。由于儒家有源远流长的天论传统,天自然成了人们手中的有力武器。这种努力在濂溪、横渠已见端倪,而真正完成这项任务的,还是当首推二程。明道"吾学虽有所授受,天理二字是自家体贴出来"①这一说法的重要意义,正在于此。这一说法不仅成了二程学说整个大厦的基石,而且开启了一种新的思想范式,影响儒学其后一千年的发展。朱子接续二程思想的衣钵,将天理的思想进一步推向高潮。朱子将理规定为万事万物的总根源,借助理气两分、心性情三分的模式,完成了自己思想体系的建构,极大地满足了人们的形上嗜好,但与此同时,也造成了天理实体化的弊端,带来了理气先后、性善情恶等诸多问题。更严重的是,根据儒家"天不变,道亦不变"的思想传统,以天理作为儒家学理的形上基础,天是不变的,理一定也是不变的,儒家学理从而也固化了,失去了先秦时

① (北宋)程颢、程颐:《河南程氏外书》卷十二,《二程集》第二册,中华书局1981年版,第424页。

期鸢飞戾天、鱼跃于渊的生动气象。

这种情况当时即引起一些人的批评,而批评的武器就是气论。至清代,气论更成为一股强大的思潮。船山是杰出代表,他说:

> 虚空者,气之量;气弥沦无涯而希微不形,则人见虚空而不见气。凡虚空皆气也,聚则显,显则人谓之有,散则隐,隐则人谓之无。①

> 若其实,则理在气中,气无非理,气在空中,空无非气,通一而无二者也。②

宇宙间充满着气,人们一般所说的"虚",所说的"空",是气之微而无形,不是什么都没有。气只有聚散,没有生灭。气聚人可见,气散人不可见。即使气散不可见,也不是不存在,不是无。随着气的运动变化,渐渐有了理。理是气运动中的道理、秩序、律则。理就在气之中,不在气之外,在气外寻理的道路是走不通的。

船山气论最具特色的部分是"气善论"。历史上人们很早就划分了天地之性和气质之性,主张天地之性为理、为善,气质之性为气(严格说,当是气质中的性),可能导致不善。船山不认可这种看法,认为气在本源处即是善的:

> 理即是气之理,气当得如此便是理,理不先而气不后。理善则气无不善;气之不善,理之未善也。人之性只是理之善,是以气之善;天之道惟其气之善,是以理之善。"易有太极,是生两仪",两仪,气也,惟其善,是以可仪也。所以乾之六阳,坤之六阴,皆备元、亨、利、贞之四德。和气为元,通气为亨,化气为利,成气为贞,在天之气无不善。天以二气成五行,人以二殊成五性。温气成仁,肃气为义,昌气为礼,晶气为智,人之气亦无不善矣。③

在天之道,气是善的,理也是善的。人之所以有善性,是因为气善。"两仪,气也,惟其善,是以可仪也",这一表述特别要紧。"两仪"指阴阳,船山认为,阴阳两仪是善的,所以"人之气亦无不善"。

船山还以"变合"讲述这个道理:

> 在天之变合,不知天者疑其不善,其实则无不善。惟在人之情才动而

---

① (清)王夫之:《张子正蒙注·太和》,中华书局 1975 年版,第 8—9 页。
② (清)王夫之:《张子正蒙注·太和》,中华书局 1975 年版,第 9 页。
③ (清)王夫之:《读四书大全说》,中华书局 1975 年版,第 660 页。

之于不善,斯不善矣。然情才之不善,亦何与于气之本体哉!气皆有理,偶尔发动,不均不浃,乃有非理,非气之罪也。①

"变合"是船山重要的说法。在他看来,天之变合,无有不善。人们不懂这个道理,"不知天者疑其不善",才多有怀疑。其实,天之变合本即为善。后来受情和才诱惑产生的不善,不能归于"气之罪"。因为天不断地"变合",所以人的善性也有一个成熟的过程,不是一天形成的,这就叫作"命日受则性日生矣"②。于是,"日生日成"就成了船山最著名的思想。

船山甚至还从气的角度讲诚:

> 若夫有其善,故无其不善,所以者善,则即此为善,气所以与两间相弥纶,人道相终始,唯此为诚,唯此为不贰,而何杞柳、湍水之能喻哉!故曰"诚者天之道"、"立天之道,曰阴与阳"而已;"诚之者人之道"、"立人之道,曰仁与义"而已。又安得尊性以为善,而谓气之有不善哉!③

> 性里面自有仁、义、礼、智、信之五常,与天之元、亨、利、贞同体,不与恶作对。故说善,且不如说诚。唯其诚,是以善;唯其善,斯以有其诚。所有者诚也,有所有者善也。则孟子言善,且以可见者言之。可见者,可以尽性之定体,而未能即以显性之本体。④

这里引"诚者天之道""立天之道曰阴阳"等说法以诚来解释气,证明气即是天道,而天道本身即是诚。既然天道是诚,诚为善,所以世间万物之条理才为善。

在船山看来,性之仁义礼智信与天之元亨利贞同体,这种体是最高层面的东西,也可以说是最高的善。因为处于最高层面,与日常生活中的恶不在同一个层次上,所以谈善必须谈诚。船山此处又区分了"所有者"与"有所有者"。"所有者"指天道,意指天道实体即是诚;"有所有者"指人,意指人通过"诚之"或"思诚"的工夫,使诚得到体现。如果只落在生活层面,只就"有所有者",不就"所有者"谈善,便达不到根底处。必须从最高层面谈诚,这一步工作做好了,才能真正解决善的问题。孟子在这方面亦有不足。因为孟子只是

---

① (清)王夫之:《读四书大全说》,中华书局1975年版,第667页。
② (清)王夫之:《尚书引义》,中华书局1976年版,第64页。
③ (清)王夫之:《读四书大全说》,中华书局1975年版,第662页。
④ (清)王夫之:《读四书大全说》,中华书局1975年版,第659页。

就可以见到的东西谈善,尽管由可见者可以返归显现性之定体,但未能显现性之本体,没有直接从最高层面立论。

船山气论历来为学界重视,但需要注意的是,船山相关思想的意义只有透过对宋明儒学天理实体化检讨这个背景,才能看清楚。船山以气为支点对宋明儒学的批评,不是简单讨论宇宙万物本源是气还是理的问题,真正的目的是要消解宋明儒学实体化的天理。换言之,宋明时期,天理有明显的实体化倾向。明清之际,人们开始反省这一问题,不再将天理视为第一实体,而将其理解为气之条理。船山的气善论即是这个过程中的重要成果,他通过气善的观念保障儒家学理的形上性,最根本的目的就是要打掉那个实体化的天理。①

二、门庭狭窄化的检讨:以蕺山为例

门庭狭窄化是宋明儒学的另一个误判。这个问题与天理实体化密切相关。天理是宋明儒学的最高概念,也是道德的终极根据。这个终极根据禀赋在人的身上,就是人的善性,即所谓"天命之谓性"。但各家对这个问题有不同的理解。一派认为,天命之谓性,性和心并非同一,故只能说"性即理",由此而有了理学。一派则认为,天命之谓性,性和心完全同一,故可以说"心即理",由此而有了心学。这种区分在二程那里已见端倪,致使明道偏向于心学,伊川偏向于理学。朱子顺着伊川的方向走,对其学理有了很大的发展,建构了更为严密的理学系统。象山不认同朱子的方向,主张为学的根本在于"悟得本心",确立大本,而非朱子所说的"读书讲论",由此开启了心学与理学之争。由于朱子力量强劲,加之象山早亡,当时总的趋势是朱强陆弱。三百年后,阳明接续上了心学的血脉,继续与理学抗衡。由于阳明影响力极强,加上朱学后人多迷恋于训诂经纂之风,难以自拔,问题越来越严重,思想的天平又倒向了心学。

随着心学日益隆盛,问题也渐渐暴露了出来,明末蕺山之时越发严重。按

---

① 陈来的一个判断较为客观,值得关注:"在经历了元明理学在'理'的理解上的去实体化转向之后,理不再是首出的第一实体,而变为气的条理,因此人性的善和理本身的善,需要在气为首出的体系下来重新定义,气善论在这个意义上正是为人性和理的善提供了一个新的终极的保证。这使得北宋前期以来发展的气本论,作为儒家思想的体系,终于获得了其完整的意义。"(陈来:《诠释与重建——王船山的哲学精神》,北京大学出版社2004年版,第194页。)

理说,心学源自孟子,以心即理为核心,学理自有渊源。但人除了良知之外还有物欲之杂。如果将物欲之杂混同在良知之中,就会走向流弊,这叫"猖狂者参之以情识"。另一方面,如果将良知无限推高,达到不应有的层面,专讲"圆而神"的本体,不知切于日用,也会出现弊端,这叫"超洁者荡之以玄虚"。蕺山清楚地看到了这个问题,自觉承担起了救治之责,力倡慎独之说,指出:

> 夫道一而已矣,学亦一而已矣。《大学》之道,慎独而已矣;《中庸》之道,慎独而已矣;《论》、《孟》、《六经》之道,慎独而已矣。慎独,而天下之能事毕矣。①

> 慎独是学问第一义。言慎独,而身、心、意、知、家、国、天下一齐俱到。故在《大学》为格物下手处,在《中庸》为上达天德统宗、彻上彻下之道也。②

道一以贯之,这个一以贯之的道,简略言之,就是慎独。《大学》讲的身、心、意、知、家、国、天下,均落实在慎独之上。《大学》《中庸》讲慎独,《论语》《孟子》同样讲慎独。"《论》《孟》《六经》之道,慎独而已矣"即是此意。

蕺山晚年思想重点有所转移,更加重视"诚意"。"诚意"之说主要相对于"念"而言。蕺山以"今心为念"。"念"因感于外物而起,属于"心之余气",故为"心祟",如苗有莠。蕺山如此做,意在表明,当时陷入流弊的是"念"。与"念"相对的是"意"。"意"源于《大学》的"诚意正心"。蕺山之时,"意"的地位不高。朱子以心发出来的东西为"意"。阳明同样释"意"为"心之所发","四句教"中第二句"有善有恶是意之动",即指此而言。蕺山不同意这种解说,指出:

> 意者,心之所存,非所发也。朱子以所发训意,非是。《传》曰:"如恶恶臭,如好好色",言自中之好恶,一于善而不二于恶。一于善而不二于恶,正见此心之存主有善而无恶也,恶得以所发言乎?如意为心之所发,将孰为所存乎?如心为所存,意为所发,是所发先于所存,岂《大学》知本之旨乎?③

---

① (明)刘宗周:《学言上》,《刘宗周全集》第 2 册,浙江古籍出版社 2007 年版,第 396—397 页。

② (明)刘宗周:《读大学》,《刘宗周全集》第 4 册,浙江古籍出版社 2007 年版,第 418 页。

③ (明)刘宗周:《学言上》,《刘宗周全集》第 2 册,浙江古籍出版社 2007 年版,第 390 页。

如果把意解释为"心之所发",那么学者便会以动念为意,一切行为随念而转,没有了把捉处,失去了根基。于是蕺山重新界定了意。"意者,心之所存,非所发也"的表述很关键,旨在强调意不是心之所发,而是心之所存。如此一来,意就成了道德的本体,成了克治念的根据。

蕺山进而提出了"意根最微"之说:

> 意根最微,诚体本天;本天者,至善者也。以其至善,还之至微,乃见真止;定、静、安、虑,次第俱到,以归之得,得无所得,乃为真得。此处圆满,无处不圆满;此处亏欠,无处不亏欠。故君子起戒于微,以克完其天心焉。[①]

意是根,这个根最为微妙。天是最高的善,即所谓至善。这个善至微至妙。对此必须戒慎诚敬,以彻尽自己的这个根据。蕺山以心之所存为意,强调意一定是善的,以此可以决定人之向善,恰如指南针一定指向南一样。区分意和念,根本目的是以意治念,化念归意。社会上出现那么多麻烦,是念有了问题。要克服这个问题,必须以意来纠正。这就叫作"意根最微"。由此可知,蕺山早期重慎独,晚期重诚意,提法不同,但目的都是希望在阳明后学抬得过高的良知之上,找出一个更为基础的东西,为其把定方向,不走向弊端。

蕺山这些努力,其本质是对心学内在问题加以校正。正因如此,在此过程中他明显有融合朱子和阳明的用意。在《论语学案》中,他对孔子思想作出了新的解释:

> "学"之为言"效"也,汉儒曰"觉",非也。学所以求觉也,觉者心之体也。心体本觉,有物焉蔽之,气质之为病也。学以复性而已矣。有方焉,仰以观乎天,俯以察乎地,中以尽乎人,无往而非学也。学则觉矣,时时学则时时觉矣。时习而说,说其所觉也;友来而乐,乐其与天下同归于觉也;人不知而不愠,不隔其为天下之觉也。故学以独觉为真,以同觉为大,以无往而不隔其所觉为至。此君子之学也。说学不愠,即是仁体。孔门学以求仁,即于此逗出。[②]

学习是《论语》的重要内容。朱子《论语集注》说:"学之为言效也。人性

① (明)刘宗周:《学言下》,《刘宗周全集》第2册,浙江古籍出版社2007年版,第453页。
② (明)刘宗周:《论语学案》,《刘宗周全集》第1册,浙江古籍出版社2007年版,第270—271页。

皆善,而觉有先后,后觉者必效先觉者之所为,乃可以明善而复其初也。"蕺山的上述注解明显取自朱子,认为学的实义为"效",后儒将学训"觉",以觉心之体,理解有误。心体本觉,受物欲所蔽,难免有病,但通过"学",通过"效",可以发明心体,复其本性。虽然此处的主旨仍然是彰显心体,未离心学的基础,但也强调了学习的重要性。刘汋指出:"道统之传,自孔、孟以来,晦蚀者千五百年。有宋诸儒起而承之,濂溪、明道独契圣真,其言道也,合内外动静而一致之。至晦庵、象山而始分,阳明子言良知,谓即心即理,两收朱、陆,毕竟偏内而遗外,其分弥甚。至先君子复合。"①这种说法虽出于为其父撰写的年谱中,但在学界得到了广泛的认可。这充分说明,蕺山在坚持心学立场的基础上,确有融合朱子思想合理之处,超脱门庭狭窄化的用心。

蕺山这种致思取向在当时有较大影响力。清代前期,学界的主流是批评王学。李颙(二曲)则不同,以肯定王学为主,但也承认朱子学理的内在价值,指出:"必也以致良知明本体,以主敬穷理、存养省察为工夫,由一念之微致慎,从视听言动加修,庶内外兼尽,姚江、考亭之旨,不至偏废,上学下达,一以贯之。故学问两相资则两相成,两相辟则两相病。"②既要致良知,又要主敬穷理,两方面应相互兼尽,上学而下达。两方面相兼顾则两方面相成全,两方面相攻击则两方面相病痛。这种为学不偏向一边,兼取两面的主张,在当时颇有市场。清儒大多有合阳明与朱子为一的倾向,希望将两方面融合起来,这种趋势已是暗流涌动,难以阻挡了。

三、人欲污名化的检讨:以戴震为例

宋明儒学的第三个误判,是人欲的污名化。在宋明儒学系统中,天理是善的终极源头,但社会生活中还有恶。善和恶这对概念有多种表达方式,天理和人欲也是其中之一。宋明儒学中最先讨论天理人欲问题的是横渠。他认为,"所谓天理也者,能悦诸心,能通天下之志之理也",而人欲则是"气之欲""攻取之性"③。虽然横渠对天理人欲作了这种区分,但他并不把人欲等同于恶。

---

① (明)刘宗周:《刘宗周全集》第 6 册,浙江古籍出版社 2007 年版,第 176 页。
② (清)李颙:《二曲集》卷十五《富平问答》,中华书局 1996 年版,第 129 页。
③ (北宋)张载:《正蒙·诚明》,《张载集》,中华书局 1978 年版,第 22—23 页。

"上达反天理,下达殉人欲者与。"①"烛天理如向明,万象无所隐;穷人欲如专顾影间,区区于一物之中尔。"②这些说法表明,在横渠那里,人欲本身不是恶,只有"殉人欲""穷人欲"才是恶。

人欲污名化始于伊川。分辨道心与人心,是伊川的重要工作。他认为,心能体道,完全合道,即为道心;物质欲望,则为人心:

> "人心",私欲也;"道心",正心也。③

> 人心私欲,故危殆;道心天理,故精微。④

在这种分判中,公与私是一个重要因素。"义与利,只是个公与利也。"⑤天理道心为公心,人欲人心为私心。由于人欲人心等同于私,等同于偏,天理道心等同于公,等同于正,人欲人心当然就等同于恶了。伊川这一思想是一个严重的失误。人在社会中生存离不开物欲,必须有衣食住行等条件,而这些条件无疑是私。如果以公私划分天理人欲、道心人心,在逻辑上必然得出物欲为恶而不能求的结论。从历史上看,在宋明儒学天理人欲的争论中,伊川是一个转折点,学理开始向不正确的方向发展。

朱子推崇伊川,但在天理人欲问题上并没有完全跟着走。在他看来,人心不全是人欲,不能把人心等同于人欲。为此他有这样的说法:

> 人自有人心、道心,一个生于血气,一个生于义理。饥寒痛痒,此人心也;恻隐、羞恶、是非、辞让,此道心也!⑥

人只有一个心,这就是知觉之心,并没有两个心。道心人心原本为一,知觉得义理的是道心,知觉得物欲的是人心。人心尧舜不能无,道心桀纣不能无。由此出发,朱子进一步肯定了人欲。"若是饥而欲食,渴而欲饮,则此欲亦岂能无? 但亦是合当如此者。"⑦"天理本多,人欲便也是天理里面做出来。

---

① (北宋)张载:《正蒙·诚明》,《张载集》,中华书局 1978 年版,第 22 页。

② (北宋)张载:《正蒙·大心》,《张载集》,中华书局 1978 年版,第 26 页。

③ (北宋)程颢、程颐:《河南程氏遗书》卷十九,《二程集》第一册,中华书局 1981 年版,第 256 页。

④ (北宋)程颢、程颐:《河南程氏遗书》卷二十四,《二程集》第一册,中华书局 1981 年版,第 312 页。

⑤ (北宋)程颢、程颐:《河南程氏遗书》卷十七,《二程集》第一册,中华书局 1981 年版,第 167 页。

⑥ (南宋)黎靖德编:《朱子语类》卷六十二,第四册,中华书局 1986 年版,第 1487 页。

⑦ (南宋)黎靖德编:《朱子语类》卷九十四,第六册,中华书局 1986 年版,第 2414 页。

虽是人欲,人欲中自有天理。"①饮食男女,虽是生于形气,但形气中自有天理,若无形气,人无法生存,天理也失去了意义。所以宇宙之中皆是天理,皆是善,不能说这个宇宙、这个人性不是天理,不是善,人欲只是天理在复杂变化中的不恰当处,只是危,不是恶。这样,朱子就在一定程度上纠正了伊川学理的偏失,肯定了人欲的历史地位。

然而,朱子的这一工作做得并不彻底。在他的论述中,人欲有两种含义:一是合于天理的人欲,一是流为邪恶的人欲,而朱子常常把流于邪恶的人欲也直接称为人欲。这方面的论述比比皆是:

> 学者须是革尽人欲,复尽天理,方始是学。②
> 圣贤千言万语,只是教人明天理,灭人欲。③

按照朱子的原意,"灭人欲"是灭除流为邪恶的人欲的意思,但由于"合于天理"的人欲与"流为邪恶"的人欲混而不分,人们往往不把"灭人欲"理解为灭除流为邪恶的人欲,而误解为灭除人欲本身了。

朱子学理的这种情况对后世影响很大,阳明也未能幸免。阳明与朱子学术立场不同,但对人欲的看法却没有原则的不同:

> 心一也,未杂于人谓之道心,杂以人伪谓之人心。人心之得其正者即道心;道心之失其正者即人心:初非有二心也。程子谓人心即人欲,道心即天理,语若分析而意实得之。今曰道心为主而人心听命,是二心也。天理人欲不并立,安有天理为主,人欲又从而听命者?④

只有一个心,没有杂于人的叫"道心",杂以人的叫"人心"。人心得其正叫"道心",失其正叫"人心"。尽管阳明此处强调不能将人心和道心截然分割,但"人心即人欲,道心即天理","天理人欲不并立"这些说法,仍然把人欲和天理对立看待。在这种两分对立的格局下,天理为善,人欲只能为恶了。

清儒对宋明儒学检讨的一项重要内容,就是为人欲正名。戴震是其主将,他说:

> 圣人治天下,体民之情,遂民之欲,而王道备。人知老、庄、释氏异于

---

① （南宋）黎靖德编:《朱子语类》卷十三,第一册,中华书局 1986 年版,第 224 页。
② （南宋）黎靖德编:《朱子语类》卷十三,第一册,中华书局 1986 年版,第 225 页。
③ （南宋）黎靖德编:《朱子语类》卷十二,第一册,中华书局 1986 年版,第 207 页。
④ （明）王守仁:《传习录下》,《王阳明全集》,上海古籍出版社 1992 年版,第 7 页。

圣人,闻其无欲之说,犹未之信也;于宋儒,则信以为同于圣人;理欲之分,人人能言之。故今之治人者,视古贤圣体民之情,遂民之欲,多出于鄙细隐曲,不措诸意,不足为怪;而及其责以理也,不难举旷世之高节,著于义而罪之。①

圣人治天下,最重要的是体民之情,遂民之欲。道家佛家持无欲之说,人们尚多有怀疑,对于宋儒的"存天理灭人欲"之说,却打马虎眼,不敢指正其错误,这是非常不应该的。这一表述说明,戴震已清楚看出宋儒天理人欲之说背离了儒学的真精神。

戴震希望通过他的努力改变人们对于物欲的错误理解:

天下之事,使欲之得遂,情之得达,斯已矣。惟人之知,小之能尽美丑之极致,大之能尽是非之极致。然后遂已之欲者,广之能遂人之欲;达己之情者,广之能达人之情。道德之盛,使人之欲无不遂,人之情无不达,斯已矣。②

"遂欲达情"是戴震的理想。戴震希望人们的物欲都能够合理地满足,情感都能够充分地表达。道德之盛的标准,无非是"人之欲无不遂,人之情无不达"而已。

戴震进而对宋明儒学提出了严厉批评:

古之言理者,就人之情欲求之,使之无疵之为理;今之言理也,离人之情欲求之,使之忍而不顾之理。此理欲之辨,适以穷天下之人尽转移为欺伪之人,为祸何可胜言也哉!③

古人言理,必因于人之情欲,而后人言理,却要脱离人之情欲。这种做法必然造成既不敢求欲而言理又不成的尴尬局面,祸端甚大,直至出现以理杀人的问题。宋明儒学在这方面对社会的危害,远甚于申韩。

戴震认为,虽然人欲必须肯定,但也不能没有限度,理想的办法是节欲:

后儒视为人欲之私者,而《孟子》曰"性也",继之曰"有命焉"。命者,限制之名,如命之东则不得而西,言性之欲之不可无节也。节而不过,则依乎天理;非以天理为正,人欲为邪也。天理者,节其欲而不穷人欲也。

---

① (清)戴震:《孟子字义疏证·理》,中华书局1961年版,第9—10页。
② (清)戴震:《孟子字义疏证·才》,中华书局1961年版,第41页。
③ (清)戴震:《孟子字义疏证·权》,中华书局1961年版,第59页。

是故欲不可穷,非不可有;有而节之,使无过情,无不及情,可谓之天理乎![1]

《孟子》并不否定人欲,而是以"性"和"命"作出解释。既然是"性",自然就是合理的,只是受"命"的限制,不可不节。因此,切不可以为天理是正,人欲是邪,将二者截然对立起来。正确的做法不应是"穷人欲",而应是"节其欲"。"节"既指"无过情",又指"无不及情"。这样做了,就合于了道。较之宋明"灭人欲"的口号,戴震这种说法无疑是一个巨大的进步,这也是后人对其多有肯定的重要原因。戴震这一努力颠覆了宋明儒学对于人欲的态度,清理了当时加在人欲头上的不正确看法,在清除人欲污名化道路上迈出了扎实的一步。

四、明清之际的检讨尚未真正完成

上面以船山、蕺山、戴震为代表,梳理了明清之际对宋明儒学天理实体化、门庭狭窄化、人欲污名化的检讨。这些工作对于推进学理发展无疑有重要作用,但今天回头来看,仍有一些问题未能解决。

船山以气论反驳宋明儒学天理实体化涉及两个问题。一是气如何产生理?这个问题不大。既然理是气之条绪节文,气在自身运动发展过程中自然会有其条绪节文,这就是理。二是气如何产生道德根据?这个问题就比较麻烦了。气为自然属性,而道德根据,即通常所说的良心善性,主要为社会属性。自然属性的气,无法直接产出社会属性的道德根据。为了解决这个问题,船山提出了"气善说"。然而问题在于,自然属性的气如何是善的?这个问题船山并没有能够给予有力的说明,而这个问题不解决,以气善说明道德根据的努力很难说是成功的。[2]

门庭狭窄化的检讨同样存在不足。明清之际,随着心学流弊的逐渐显现,人们已不再满意于心学,希望对心学的学理基础加以补充修正。这一步工作

---

① (清)戴震:《孟子字义疏证·理》,中华书局1961年版,第11页。

② 为了凸显这个问题难度之高,我将其誉为"气论的卡夫丁峡谷"。[参见杨泽波:《儒家生生伦理学引论》第三十节"自然之天的新解读",商务印书馆2020年版,第211—224页;另见杨泽波:《跨越气论的卡夫丁峡谷——儒家生生伦理学关于自然之天(气)与仁性关系的思考》,《学术月刊》2017年第12期。]

自然离不开借鉴理学的思想资源。于是,清代有明显的向理学回归的趋向。在这个过程中,不少人都意识到了理学与心学之争的局限,希望走综合的道路,将双方的优势结合起来。蕺山虽然在这方面做了很多工作,但相关论述还比较粗略,远没有找到一个适宜的办法。这个问题在其后的李二曲身上同样存在,所不同的只是程度不同而已。

人欲污名化的问题也是如此。戴震力图肯定人欲,对校正人欲污名化问题确有功绩,在历史上书写了精彩的一笔。戴震在当时争议很大,但始终占据重要的历史地位,与此不无关系。但遗憾的是,戴震的落脚点只是节欲。从表面看,这种说法已经是对宋明儒学"存天理灭人欲"这一命题的有力批判了,但究极而论,仍然不够到位,未能点到儒家义利思想的关节点。人们完全可以质疑说,如果人欲是正常的,为什么要节? 如果人欲是不正常的,节又有何用? 如此说来,戴震检讨人欲污名化的工作,距离其目的仍有一步之遥。

第二节　儒学第三期发展的两个不同趋向

20 世纪后,随着社会的剧烈变化,儒学也进入到第三个发展时期,即所谓现代新儒学时期。[①] 儒学第三期发展的中心任务,是回应西方文化对中国文化的冲击,正如第二期发展是回应佛教的挑战一样。这种特殊背景虽然有不得已的因素,但也打断了明清以来对宋明儒学失误检讨的进程,开辟了一个与之前完全不同的局面。这个局面有两个明显的不同趋向,一个是以西释中的趋向,一个是文化固守的趋向。

一、以冯友兰为代表的以西释中的趋向

1. 冯友兰的两个代表性思想

冯友兰早年到美国哥伦比亚大学学习,回国后到燕京大学任教,分别于1931 和 1934 年出版了《中国哲学史》上下卷。与胡适《中国哲学大纲》(上)

---

① 关于儒学发展的分期,历来有不同观点。牟宗三、杜维明提倡三期说,孔子、孟子是第一期,宋明是第二期,近现代是第三期。李泽厚认为三期说有两大偏误。一是以心性—道德理论来概括儒学,失之片面。二是抹杀了荀学,特别是以董仲舒为代表的汉代儒学。因此,主张将汉代儒学独立出来,由此而成四期说。我仍然采取牟宗三、杜维明的观点,主张三期说。

一样,该书也是按照西方哲学的方式写的。西方有认识论、有辩证法、有形而上学,就从中国文献中找出相关的材料,放在认识论、辩证法、形而上学一个个小抽屉里面。这种做法虽然非常新鲜,广受欢迎,但也受到了多方面的批评。此后,冯友兰不再满足于只当一个哲学史家,希望能够成为一个哲学家,利用七年时间(1939—1946年),相继写作了《新理学》《新世论》《新事训》《新原人》《新知言》《新原道》,史称"贞元六书",集中表达了自己的哲学思想。

冯友兰的哲学思想大致可分为两块。首先是真正的形上学。西方近代以来,维也纳学派一度影响很大。这一学派主张,科学概念必须经得起分析。命题无非有分析和综合两类。分析命题和事实无关,如逻辑、数学等。综合命题则是关于事实的命题,必须用事实来证明。形上学的命题既关涉事实,但又无可证实性,所以没有意义,必须拒斥。冯友兰在美国学习的时候,对于这一思潮有一定的了解,但没有完全接受这一主张,仍然要建立形上学。在他看来,维也纳学派拒斥的是坏的形上学,而他要建立的是好的形上学。坏的形上学之所以要不得,是因为它既积极肯定事实,又不能对其加以证明。比如,唯心论的"一切都由心生",唯物论的"一切都由物生",这些命题都无法用经验证实,所以要不得。但这并不影响冯友兰建立好的形上学的努力。按照他的理解,好的形上学、真正的形上学,不需要经验的证明,是不着实际的。

为此他区分了实际和真际。实际是事物实实在在的存在,真际是事物本然的道理。有实际必有真际,但有真际不必有实际。科学研究的对象是实际,哲学研究的对象是真际,这种真际不着实际,是"一片空灵"。但这种空并非没有意义,它要解决的是人生和社会的最根本的问题。冯友兰继而分疏了理、气、道体、大全四个概念,以此构成其新理学的骨架。理是某种事物之所以为某种事物的根据。事物都有事物之理,不需要有具体事物也可以有理。除了理之外,事物的存在还需要有气。气分为两种,一种是相对意义的气,这是科学研究的对象;二是绝对意义的气,这是哲学研究的对象。道体是从流行上说的,这种流行即为道体。大全是一切有的别名,总一切的有,谓之大全。形而上学的工作是对一切事物作形式的解释。在这之前,人们所见的一切是实际中的一切,在工作将完成时,形而上学发现了理的世界,所见的不再只是实际,也包括真际。这就是大全,大全是包括了实际和真际的一切。因此,大全又称为一,一即一切,一切即一。

冯友兰哲学思想的另一块内容是境界说。在写作《新理学》之后，冯友兰受到了多方面的批评。来自中国传统方面的批评说，这根本不叫中国哲学；来自西方哲学的批评则说，西方早就不讲形上学了，如此建构形上学完全不合时宜。经过反省，冯友兰于1943年又写作了《新原人》。这部著作改变了之前的思路，开始考虑人生问题，提出了四境界说。冯友兰晚年多次讲过，境界说是他的哲学中最有价值的部分。人生境界共有四个层次，即自然境界、功利境界、道德境界、天地境界。人生之所以有这些不同的境界，根源在于"觉解"。人之所以异于禽兽，正在于人有"觉解"。"觉解"到不同的层次，人生便达到不同的境界。

自然境界的特点是顺性而为。在这一境界中，人对其所从事的活动缺乏清楚的了解，只是根据个人的习惯或社会习俗而行。在功利境界中，人对所从事的行为开始有了比较清楚的了解，但行为常常是为了自己的利。功利境界与自然境界之所以不同，是因为自然境界中人对自己的存在缺少明确的自觉意识，而在功利境界中开始自觉到"我"的存在。功利境界中人关心的主要是自己的利，虽然其行为在客观上也可能有利于他人和社会，但出发点是自己，作用较为有限。道德境界的特点是行义。功利境界只是认识到有我，道德境界则进一步认识到人是社会的一员。在道德境界中，人已经认识到个人只有在社会中才能发展，已经扬弃了个人与社会的对立。所以道德境界是认识到了个人与社会的关系，并自觉将个人与社会相融合，为社会做贡献的一种境界。功利境界与道德境界的不同非常明显：在功利境界中，人是一种为己的存在，在道德境界中，人则是一种为他的存在。天地境界是人的最高境界。在这个境界中，人不仅意识到自己是社会的一员，也认识到自己是宇宙的一员，应当在宇宙之间堂堂正正地做一个人。天地境界并非完全脱离道德境界，而是对道德境界的一种超越。在道德境界中，行义表现为一种有意的选择，在天地境界中，行义则是一种自然的过程，遵循道德规范已经不再有任何的勉强。一旦达到这一境界，便超越了人与己、内与外、物与我的对立，与天相同，与理相同。

2. 冯友兰哲学的双重缺憾

尽管冯友兰为建构自己的哲学付出了很大的努力，但他的思路与宋明理学的精神明显不合，这是其哲学的一大缺憾。冯友兰说他的哲学是接着宋明理学讲的，是"新理学"，其实二者差距很大。宋明理学讲的理是道德的终极根源,这个终极根源是道德的基础,由此可以决定道德的善行。冯友兰就不同了,他建构"好底形上学"把理规定为共相,是由概念一级级抽象出来的最大概念。这种做法看似条理有绪,实则路数完全不对。从总体看,冯友兰的"新理学"很难说是成功的。

未能重视负的方法,与此也有一定的关联。冯友兰将哲学方法分为两种,即正的方法和负的方法。正的方法即是逻辑的方法,负的方法即是直觉的方法。冯友兰认为,西方哲学在逻辑方面对中国哲学有重大贡献,这种方法为正的方法,他建构新理学所利用的就是这种方法。他对负的方法的理解一直较弱,认为直觉顿悟等神秘经验虽有价值,但不必混入哲学方法之内。后来,冯友兰对此有所检讨,意识到负的方法也很重要,一个完全的形上学系统,应当始于正的方法,终于负的方法。虽然有了这种转变,但他对负的方法的重视程度远有不及,相关的论述和分析也很难说得上深刻。

境界说也是一样。冯友兰受西方需要层次理论的启发,提出人生有不同的境界,当然有意义。但他把人从较低境界到较高境界发展的力量归为"觉解",意即人认知到了自然境界就达到了自然境界,认识到功利境界即达到了功利境界,认识到道德境界即达到了道德境界,认识到天地境界即达到了天地境界。这种讲法并不得当。人们可以追问这样一个问题:我确实认识到了道德境界、天地境界的重要,但为什么非要向这个境界而趋呢? 在我看来,决定人生境界高低的根本,不是"觉解",而是"需要"。人生在世有各种各样的需要,有物欲的需要、事功的需要、道德的需要、天地的需要,满足了这些不同的需要,人生就达到了相应的层次,同时也就得到了相应层次的满足感。这一切都是非常自然的,自然中产生,自然中上升,自然中完成。在这个过程中,认知当然有作用,但作用不是无限的。生活就是生活,生活离不开认知,但认知不是生活的全部,也不是生活的最终目的。一个把问题归结为生命的需要,一个把问题归结为认识的"觉解",二者的进路完全不同。

这个差别影响很大。我们读古人的书,总会有生命的感动,因为古人的书中有个活生生的人。冯友兰的书不同。他的哲学(比如《新理学》)主要是一套逻辑符号系统,不重视负的方法,不能体悟自己的本心,很难打动人。中国哲学尤其是儒学有一个根本特点,就是人与理和合为一。一个人建立了一套理论,自己首先要实践这套理论。他的人就是他的理论,他的理论就是他的人。冯友兰的书，字是通的，句是顺的，义理表述也很清楚，但读下来总觉得缺点什么，细细想来，就是缺一个活生生的人。熊十力批评冯友兰把良知当作假说，即与此有关。近代以来外出求学的人很多。在外面学习，自然可以学到西方先进的思想，但也很难不受其影响，从而以西释中，方枘圆凿，两不相接。

除此之外，冯友兰哲学还有一重缺憾，这是关于其人生经历的。冯友兰原本推崇孔子，后来却改变了立场，投入到批孔的时代大潮之中，做了不少错事，造成了人生的重大悲剧。个中原因须细细思量。按照三分法，道德根据可细分为仁性和智性两个部分。仁性的本质是伦理心境，来自社会生活和智性思维对内心的影响，既然如此，仁性一定会随着社会生活和智性思维的变化而变化。如果社会生活和智性思维正常，仁性的变化不会有大问题，反之，仁性就会出现大的麻烦，情况严重的时候甚至会导致仁性遮蔽。在那个特殊的年代，人人都处在迷狂之中，完全丢失了自己的判断力，从而作出很多后人难以理解的事情。冯友兰的人生悲剧正是由此造成的。

检查冯友兰的一生，最大的感受就是"可惜"二字。冯友兰很聪明，又到西方学习过，哲学思维不成问题。但在20世纪初西方文明明显强于中国的情况下，他难免要受到西方哲学模式的影响。他名义上是接着宋明讲，但诠释朱子的方式明显不合中国传统的路子。20世纪下半叶，受特殊政治环境的影响，他又不得不加入思想改造的行列中，加上人格有弱点，未能做到"修辞立其诚"，坚守个人的学术主张。假如情况不是这样，以其才智，他很可能会成为一个不错的哲学家，成就至少比现在要高出得多。这充分说明，在强大的社会势力面前，个人是极其渺小的，"运会"真的很重要。

二、以梁漱溟为代表的文化固守的趋向

除了以西学释中学之外，儒学第三期发展还有一个趋向，可以称为文化固守。梁漱溟是这个趋向的代表性人物。梁漱溟的情况与冯友兰有很大不同。他没有出国学习的背景，14、15岁到19岁，受父亲的影响较多，相信实用主义。20岁到28、29岁，归为佛家，一心想当和尚。1921年出版《东西文化及其哲学》，开始转向儒家，而他写作该书的目的，便是"为孔子为释迦说个明白，出一口气"。梁漱溟并不完全排斥西方的东西，但有明显的文化固守倾向，其

思想中很多问题都非常值得研究。

1. 梁漱溟的两个代表性思想

中国是一个伦理本位的社会,这是梁漱溟十分重要的判断。梁漱溟对中国社会的观察非常深刻,表现出很强的文化自觉。中西文化比较,是 20 世纪上半叶的热门话题,梁漱溟也积极参与其中。在他看来,每个民族都有自己的生活样式,这种生活样式就是文化。文化发展的根本动因不在自然环境,不在经济因素,而在意欲。因为意欲有不同的方向,所以世界上有不同的文化。梁漱溟把这些不同文化分为三个类型,即西方文化、中国文化、印度文化。

西方文化的根本精神是意欲向前,此为第一路向。所谓意欲向前,就是奋力争取,尽可能满足自己的需要,由此表现出三个特征。一是征服自然。征服自然就是与自然斗争,就是改造环境为自己所用,其结果是物质文明高度发达。二是科学方法。在与自然斗争的过程中,西方发展出了科学。西方用科学方法把许多零碎的经验和知识结合成专门的学问,有专业的研究。三是民主精神。与自然斗争是每一个人的事情,大家都有参与的权利,在这个过程中自由个性也得到了保障。在西方,大家都是一个个的人,谁也不附属于谁,相互之间需要协商,协商不了就订契约,结果就有了平等,有了自由。

中国文化的根本精神是意欲持中,此为第二路向。所谓意欲持中,就是遇到问题不去解决,而是调整心态求得内心的满足。屋小而漏,第一路向是要求换一个房间,第二路向则只是变换自己的意欲,随遇而安。中国人往往就是以这种办法来调和折中自己意欲的,表现出安分、知足、寡欲的特点。这一特点构成中西文化多方面的不同。比如,西方文化是征服自然,中国人不这样想,不会出现军舰、电器,只是安于小木船、煤油灯下的怡然自得。

印度文化的根本精神是意欲向后,此为第三路向。沿着这个路向走的人,遇到问题想的是从根本上取消这些问题和要求,对于欲望保持禁止的态度。由于有这种精神,印度文化在物质文明方面没有太多的成就,社会生活不发达,不仅赶不上西方,甚至连中国也不如,但在精神方面却特别发达,宗教尤为昌盛。梁漱溟指出,世界上没有哪个民族的宗教精神能超过印度。印度人为了寻求解脱,什么法子都想到了,饥饿不食,自投烈焰,到路上等车轧死,上山让老虎吃掉,足见其宗教精神达到了何等狂热程度。

在正常情况下,人类文明应从与自然界的关系开始,慢慢进入到人与人的关系,越问越高,直至追问宗教问题。可是,中国文化没有按照正常的顺序走,在没有充分解决物质问题之前,就直接关注于社会生活问题,走了第二个路向。这种情况即为"文化早熟"。梁漱溟将其原因归为中国人的理性早启。在梁漱溟那里,理性和理智不同,理性大致相当于通常说的道德理性,理智大致相当于通常说的理论理性。就一般情况而言,人类应该先发展理智,再发展理性。中国文化不然,理智尚未充分发展,便先发展了理性。这就叫"理性早启"。理性早启是造成中国文化早熟的直接原因。

文化早熟决定中国从一开始就走上了一条与西方不同的道路。在梁漱溟看来,中国古代社会与西方希腊罗马社会原本相差不大,后来西方文化有了基督教为中心的宗教,中国则有了非宗教的周孔教化。于是两种文化向不同的方向演化,西方发展为轻家庭重团体的社会,中国则发展为重家庭的伦理型的社会。在伦理型社会中,家庭的作用非常重要。在中国,人一生下来便与父母、兄弟生活在一起,始终不能离开这种关系。此种关系即为伦理。家人是天然的基本关系。父母总是最先有的,然后才有兄弟姊妹。稍长,则有夫妇,有子女,宗族戚党亦由此而生。出来到社会上,于教学则有师徒,于经济则有东伙,于政治则有君臣官民。这些皆是伦理关系。伦理关系即是情谊关系,伦理之理,即于此情与义上见之。正因如此,居住在这个社会中的每一个人对于四面八方的伦理关系,都负有相当的义务;同时,四面八方与他有伦理关系之人,也都对他负有责任。全社会之人,不期而辗转连锁起来,无形中成为一种组织。总之,中国是一个伦理本位的社会,与西方完全不同。

从这一基点出发,梁漱溟认为中国不适合走西方民主的道路。第一,中国人在生活上奉行安分守己的态度,政治上崇尚消极无为,缺乏西洋人的主动积极争取的精神;第二,中国人崇尚谦德,尊敬他人,佩服他人,缺乏西洋人的竞争传统;第三,中国人性善论发达,信任人,对人至诚无二,尊尚贤智,西洋人以性恶为依据,人与人之间不相信任;第四,中国人的态度不在欲望的满足,而在追求人生之理,西洋民主政治是欲望本位的政治,在于保障人权,维护个人的欲望。20世纪中叶,学习西方民主是大趋势,梁漱溟不畏压力,力排众议,旗帜鲜明地站出来,指明民主制度不适合中国社会的特质。梁漱溟坚信,在人类已有的三种文化类型中,西方文化正当其时,下一步将重走中国文化的老路。别看西方文化现在很强大,将来一定要回归到中国文化发展的路向上来,而中国文化在不久的将来一定会复兴,取代西方文化。以此为据,梁漱溟对当时盛行的全盘西化之风持根本否定态度,批评此风完全要不得,同样也不认可佛教的道路,预言如果佛化大兴,中国一定会大乱不已。尽管这些看法在当时饱受批评,但今天回过头来重新审视,不得不佩服其思想之敏锐,眼界之高远。当前政治学提出的很多话题,产生的很多争论,其实早在近一个世纪之前梁漱溟就说过了,点破了。梁漱溟堪称 20 世纪中国政治的先知,文化自觉之高,社会观察之准,令人叹为观止。

"道德代宗教"是梁漱溟的另一个著名观点。他认为,宗教都以超越精神为背景,孔子则不语怪力乱神,不追求出世;宗教皆舍其自信而信他,弃自力而靠他力,儒家则完全从理性出发。因此,绝不可将儒学混同于宗教。但梁漱溟同时也承认,儒学又具有类似宗教的功能,事实上以道德代替了宗教。儒学能够有这种功能,家庭是一个重要原因。在中国,家人在社会中地位的升降,能给予家庭以极大的鼓励作用。第一,他们在共同的努力中,熙熙融融,协力合作,最能使人心境开阔,纵然处境艰难,也会因乐而忘苦。第二,所努力者,不是一己之事,而是为了老少全家,乃至为了先人,为了后代。或者是光大门庭,显扬父母;或者是继志述事,无坠家声;或者是积德积财,以遗子孙。这其中可能有严肃、隆重、崇高、正大、深浅之不同,但都包含一种神圣的义务感。第三,在他们面前都有一远景,以鼓励他们的工作。当其厌倦于人生之时,总能在这里重新取得活力,奋勉下去。越是家贫业薄、寡母孤儿的境遇,越能自觉于祖宗责任之重,以努力光复其家业。梁漱溟认为,人生考虑问题不出两个方面,一面是从躯壳起念,一面是超脱于躯壳。宗教代表后一种倾向。宗教能够具有稳定人心的作用,就因为它能够超越现实,超越躯壳,不使人生局限于浅近狭小的方面。儒学在客观上能够替代宗教,关键即在能够给中国人的家庭伦理生活以情志方面的安慰勖勉,使人的精神有所寄托。

梁漱溟关于儒学不是宗教而具有宗教作用,客观上代替了宗教的判断,有很高的学术价值。近年来我注意到了一个有趣的现象:自轴心时代之后,各个大的文化系统,都走上了宗教的道路,唯独中国文化始终沿着人文的大道阔步向前。基督教、伊斯兰教、佛教是当今世界的三大宗教。这些宗教一般有这样一些特点:一是相信一个人格神,二是信奉一个最高的教主,三是有一个专职的僧侣阶层。当然这是笼统而说,具体还要分析,如第一条就不适用于佛教。

但说宗教一般具有这些特点,不会有原则性的失误。以此来观,儒学很难说是宗教,因为它既不信一个人格神,也没有一个最高的教主,更没有一个专职的僧侣阶层。为什么唯独中国文化没有走宗教道路,为什么儒学不是宗教却可以起到类似宗教的作用,这是一个很大的谜,有极强的理论意义,有待深入发掘。

2.对梁漱溟思想的两点补充

梁漱溟的思想有很强的前瞻性,内在价值很高。但限于当时的条件,有些论述不够彻底。随着时间的推移,我们可以对其加以适当的补充。

比如,梁漱溟关于中国是一个伦理社会的分析,就过于简单了。在他看来,中国之所以是一个伦理本位的社会,没有走西方的道路,只是出了非常的天才,没有什么别的缘故。这些非常的天才中,周公和孔子作用最大。中国文化流传到现在,主要得益于周孔之力。以今天的眼光考察,梁漱溟这种看法未免失之于粗略。中国是一个伦理本位的社会,其因不能简单归于先贤个人之聪慧,更应着重从中国文化的特殊背景来考量。中国文化产生的地理条件决定了先民生存的适宜方式是农耕。在农业生产方式中,为了生存先民必须开垦土地,因土地不能移动,先民祖祖辈辈不得不环绕着开垦的土地,生活在方圆不大的地域之上,形成一家几代人都生活在一起的情况。这是造成中国文化特别重视家庭,重视血缘联系的根本原因。由于重视家庭,每个人都必须依靠家庭才能生存,所以每个人都必须作为家庭的一员而存在,无法成为一个独立的个体。在中国,家庭直接影响着国家,国家是家庭的扩大版,家庭是国家的缩小化。这种情况与西方完全不同。在以古希腊为代表的西方文明中,城邦是人们生存的基础。在城邦中,每个人都是独立的存在。为协调好各方面的关系,大家选出自己相信的人,与之订立契约,让其代表自己的利益。中国古代文化因为以家庭为基础,全然没有这种观念,最大的希望是出一个好皇帝,由他带领大家过好日子。中国自古即为伦理本位的社会有深刻的原因,绝不是周公、孔子个人能够确定得了的,周公、孔子不过是这种深刻原因的"执行人"而已。

又如,梁漱溟关于"道德代宗教"的观点,也可以进一步加以强化。中国没有走宗教的道理,其原因主要不在个人,而应从先秦思想发展的特殊理路考量。我曾以"早期启蒙说"解释这种奇特的现象。启蒙运动是欧洲17到18世纪继文艺复兴后,在欧洲历史上出现的第二次伟大的思想解放运动,核心特征是启迪人们的理性,反对宗教的蒙昧。有趣的是,先秦时期中国文化天论的发展与此有相近的性质。周克殷后,周人提出了"皇天无亲,惟德是辅"的说法。这种说法在当时起到了很好的作用,但后来周代统治者虽然很难保证自身的德性,却并没有受到上天的处罚,结果引生了声势浩大的"怨天""疑天"的思潮。孔子就生活在这个特殊时期,一方面,先前原始宗教传统的遗迹仍在,另一方面,"怨天""疑天"思潮带来的冲击又十分巨大。在此背景下,孔子个人的生活虽然仍有浓厚的信仰成分,但其思想中更有意义的是对先前天论传统的冷静态度。看不到先前原始宗教传统遗迹的巨大影响,就不能了解孔子个人的精神世界;看不到孔子对先前天论传统的冷静态度,也不能了解中国文化何以会有早期启蒙的现象,不能了解儒学为什么没有像其他文化那样走宗教的道路。

儒学不是宗教,在客观上却起到了类似宗教的作用,原因更为微妙。这首先当从儒学的内在性说起。内在性是孔子仁学的重要特征。孔子讲"为仁由己",孟子讲"反求诸己",都是为了彰显这个特性。仁是一种很奇妙的东西,遇事必然呈现自身,人通过直觉即可以觉知到它。一旦有了这种觉知,就能够感受到巨大的力量,要求必须按它的指令去行。这种力量大得不得了,一点瞒不了它。我把这一特点概括为"当下呈现,鞭策有力"。更为有趣的是,自孔子创立仁学,孟子倡导良心以来,儒家必须为仁和良心寻找终极的根源。虽然经过了"怨天""疑天"思潮的洗礼,但天仍有巨大的惯性,儒家不得不将道德的根据上挂到天上,顺着天的惯性说事;在当时的条件下,人们又真诚地愿意相信自己的道德根据来自上天的禀赋,从而保证了儒家学理的超越性。在这种模式下,成德成善不再是个人的事,同时也是上天的事,是个人对于上天要求的一种满足,道德因此也具有了超越性。这种义理大大加强了儒家学说的力量感。我将这种情况简称为"上通天道,至于超越"。一方面是"当下呈现,鞭策有力",另一方面是"上通天道,至为超越",儒家道德虽是内在的,但又有其超越性,在客观上替代了宗教。这样一来,梁漱溟留下来的那个谜团就得到了有力的说明。

三、一个有趣的比较

将冯友兰与梁漱溟放在一起比较,是一个有意思的话题。中国国门被西方的坚船利炮打开后,西方文化全面进入了中国。因为西方文化处于强势地位,政治、经济、体育、绘画、音乐、医药,包括哲学,都比中国强,为了迅速赶上西方,中国人努力向西方学习。受此影响,哲学研究套用西方模式,也就成了必然趋势。这种现象尤以出国留学人员为甚。冯友兰是较早踏出国门的留学生,他在西方受到系统教育后,自然免不了以西方的方法来研究中国哲学。这种做法的好处,是使中国哲学一下子变得较为系统有致,但缺点是容易丢失中国哲学原本的精神,沦为西方哲学的镜像。与此不同,那些没有机会跨出国门的人,尽管也注意吸取西方哲学的营养,但因为受西方哲学的影响比较少,反倒能够在一定程度上保留中国哲学之真。梁漱溟是一个范例。他对中国社会、中国文化、中国哲学的观察牢牢扎根于自己的土地之上,沐浴着雨露的滋润,吸吮着泥土的芳香,显得更为亲切可信。这再次说明,中国文化是有根、有地气的,有它的生命、它的血脉、它的热度。向西方学习当然是好事,也很必要,但如果不注意,很容易离开了这个根,断了这个地气。哲学问题如此,文化问题如此,政治问题亦如此。这是为什么梁漱溟学术背景不耀眼,思想看起来比较保守,远不及冯友兰辉煌前卫,在一些人眼中甚至有几分土气,但后人却常常可以从中得到有力的启示,收获远比从冯友兰那里得到的多得多的重要原因。

第三节 "十力学派"的思想内核:"一体两现"

上面讲了,在儒学第三期发展中,冯友兰代表的是以西释中的趋向,梁漱溟代表的是文化固守的趋向,除此之外,还有一个趋向,这就是以熊十力为代表的"收摄创新"的趋向。这样划分不是说冯友兰、梁漱溟没有创新,而是强调熊十力在这方面的特点更为明显,提供的新内容要大于其他人物。正因如此,熊十力不仅自成一家,而且创立了自己的学派,即所谓"十力学派",在儒学第三期发展中占据的位置特别重要,需要专门讨论。

一、"十力学派"及其思想内核

"十力学派"这个概念,是我受他人启发在《儒家生生伦理学引论》中正式提出来的。① 这里说的"十力学派"特指由熊十力创立,唐君毅、牟宗三继承发

① 参见杨泽波:《儒家生生伦理学引论》第一节"'十力学派'传承中遗留的一个问题",商务印书馆2020年版,第2—7页。

展的一个学术门派。① 我使用这个概念是想说明,在现代新儒家第一代代表人物中,熊十力有幸创建了自己的学派,其他人,如冯友兰、梁漱溟,都没有这份幸运。冯友兰受西方哲学的影响,对中国哲学的理解不合于原本的理路,加之受政治环境的影响,当时很难有人主动继承他的思想(现在似乎有学者有意继承这条路线,其效果如何,尚有待观察)。梁漱溟的思想价值很高,但重心在文化不在哲学,加之不是职业哲学家,长期不在学校,同时也是受政治因素的影响,没有人愿意自觉接续他的思想。熊十力就不同了,他的思想有新东西,在学校时间长,带出了一些有影响的学生。学生努力,成绩斐然,扩大了其师思想的影响力,师带徒,徒助师,形成了前后相继、影响日盛的学术门派。

　　熊十力思想能够独立一派,离不开到南京支那内学院学习唯识论的机缘,这段经历使他有机会了解和掌握唯识思想,从而将其引入儒家思想系统之中。《新唯识论》是熊十力的代表作,他写作该书的直接动因是不赞成佛家唯识思想的立场,这单从《成唯识论》与《新唯识论》对于"唯""识"二字的不同解释即可明了。窥基在《成唯识论述记序》中说:"唯遮境有,执有者丧其真;识简心空,滞空者乖其实。"熊十力《新唯识论》引用了这段话,解释说:"唯字,是驳斥的意思,对执外境实有的见解加以驳斥,因为如世间所执有那样有的意义,是不合真理的。识字,是简别的意思,对彼执心是空的见解而加以简别,即是表示与一般否认心是有的这种人底见解根本不同。"②熊十力没有沿用这种含义,给出了新的界定:"识者,心之异名。唯者,显其殊特。即万化之原而名以本心,是最殊特。言其胜用,则宰物而不为物役,亦足证殊特。《新论》究万殊而归一本,要在反之此心,是故以唯识彰名。"③这就是说,"唯"字在旧唯识学是驳斥的意思,在熊十力则是殊特、主宰的意思;"识"字在旧唯识学是简别的意思,在熊十力则是心之别名。熊十力写《新唯识论》根本的目的是要说明万物之源,万有之本,都在此心,我的心是宇宙万物的乃至宇宙大化的本体,是其

---

　　① 刘又铭《一个当代的、大众的儒学——当代新荀学论纲》(中国人民大学出版社 2019 年版)同样关注熊十力到牟宗三一脉的发展,但将其称为"熊牟学派"(见该书第 1 页)。这一称谓似可商量,因为这里有一个如何看待唐君毅的问题。唐君毅同样是熊十力的学生,出道甚早,在很长一段时间中,其学术名望远高于牟宗三。所以,我认为这一学派还是以其师立名更为合理。
　　② 熊十力:《新唯识论》,《熊十力全集》第 3 卷,湖北教育出版社 2001 年版,第 23—24 页。
　　③ 熊十力:《新唯识论》,《熊十力全集》第 3 卷,湖北教育出版社 2001 年版,第 3—4 页。

根本原因。这就是"唯识"这一概念的含义。

由此不难看出,熊十力能够建立自己的学派,绝非偶然。在哲学发展进程中,哪怕有一点点推进,都不是一件容易的事情,不仅要求对前人的思想有深入的理解,不能只靠个人的冥思空想,更要提供新的东西,在前人的基础上有所进步,有学术增量。有幸的是,这两方面熊十力都做到了:一方面,他对佛家唯识思想以及儒家心学义理有较为深入的理解,另一方面,又将唯识的基本精神转移到儒家心学的立场上来,为儒家学理提供了新的内容。这种在学术内容交叉方面的优势,为熊十力创立自己的学派打下了良好的基础。梨园行过去有句老话叫"手中的玩意儿要好"。一个人要在梨园立得住,手中的"玩意儿"必须好,也就是戏必须好。这个道理普遍适用。无论什么人,演员、球员、企业家、政治家,能不能成事,关键看你手中有没有好东西,有没有真本事。哲学研究也是如此,你能不能对哲学思想有所推进,关键看你能不能提供新东西,有没有学术增量。社会不会轻易埋没一个真正的人才,只要你手中的"玩意儿"好,好到无人可以小看,无人可以轻视。

如何概括"十力学派"的学术主张学界尚无定论。经过反复思量揣摩,我将其思想内核凝练为"一体两现"①。所谓"一体"即道德本体,所谓"两现"一是"道德践行之呈现",二是"道德存有之呈现"。抓住了"一体两现",也就抓住了熊十力思想的根本,抓住了"十力学派"最有价值的部分。

二、"一体"的意义与内在隐患

熊十力处在一个内忧外患的时代。一方面,国家命运面临严重危机,整个民族处在生死存亡的关口;另一方面,革命党人尤其是军阀、政客道德败坏,革命成为牟利的手段和工具。熊十力认为,要挽救这种状况,必须重建国人的道德意识,而要做到这一点必须"重立大本,重开大源",以明白宇宙和人生的根源和价值。反之,如果不从建本立极处努力,不以本体论统摄宇宙论、人生论、道德论、知识论,人必将堕落为无水之萍、无根之木。因此,熊十力特别重视本

---

① 将熊十力思想的核心概括为"一体两现"是我多年来一直坚持的做法,这一提法最早见于《〈心体与性体〉解读》(上海人民出版社 2016 年版,第 6 页),后在《儒家生生伦理学引论》(商务印书馆 2020 年版,第 4 页)中又有新的发展。

体的建设,而他一生讲得最多的话恐怕就是"吾学贵在见体"①了。虽然熊十力非常重视本体,但因为这是儒学最高端的问题,相关论述多有变化②,其中两个问题最为重要。

本体是"变"还是"常",这是首当其冲的问题。在这方面熊十力思想前后多有变化。1923 年,他写成《唯识学概论》第一种后,"忽盛疑旧学,于所宗信极不自安",于是重新书写。1926 年仲春,写成《唯识学概念》第二种,纠正了之前的想法。在这之后,1926 年秋冬至 1927 年初春,又撰写了第三种讲义,改名为《唯识论》。在该书《功能》章完成后,着手续写《色法》章时,其思想有了很大变化,突然意识到他长期坚信的佛教轮回说以及众生"交遍"说都有严重问题,而他曾经反对的儒家"同源"说反倒更有道理。这种变化主要反映在《尊闻录》之中。为了解决这些问题,熊十力提出了一种非现成的本体概念,他称之为"明智"。在他看来,"明智"最初只是一丝"残余的萌蘖",并非充实具足。"成能"方能"成性",而"成能"即是积极地利用此"萌蘖"努力实现并发展自己的天性能力。这一步工作,即为"创性"。经过这样一番调整,熊十力的思想有了很大变化,主张本体流行不息,下决心毁弃之前的《唯识论》而着手写作《新唯识论》。③

然而,熊十力的这一思想受到了马一浮的严厉批评。1929 年,马一浮与熊十力初次相识时,就曾围绕本体究竟是"变"还是"常"的问题有过激烈的讨论。马一浮将熊十力立场概括为"主变",而将自己的立场概括为"主变中见常"。在他看来,熊十力的主张"非究竟了义",必须于迁流中见不迁流,于生灭中见不生灭,方是究竟之谈。马一浮特别强调,熊十力所说的"明智"只是本体之用,不是本体,本体恒常具足无亏欠,根本不能说"创性",只能说"复性"。受到马一浮的批评后,熊十力的立场有了动摇,最后请马一浮改定《明心》章,"从之不疑",放弃了原先的看法。综合来看,马一浮的批评对熊十力产生了较大的影响,不仅从"主变"转向"主变中有常",而且不再强调本体自

---

① 熊十力:《十力语要》卷一,《熊十力全集》第 1 卷,湖北教育出版社 2001 年版,第 5 页。

② 参见李祥俊:《熊十力思想体系建构历程研究》第一章"因果与体用:熊十力'新唯识论'体系建构探秘",北京师范大学出版社 2013 年版,第 15—103 页。

③ 参见李清良:《马一浮对熊十力〈新唯识论〉中〈明心〉章之影响》,《湖南大学学报》2009年第 5 期。

身生生不息,而是着重阐述本体流行发用不息。要之,经过这样一番曲折,熊十力由"主变"的立场转向了主"变中见常"的立场,从非现成性本体论转向了现成性本体论。①

马一浮与熊十力关于本体的这场讨论是一件大事,关涉到如何理解本体的问题,具体说就是本体究竟是"变"还是"常"的问题。熊十力主张"变",不仅本体发用是"变",本体自身也是"变"。马一浮则主张"常",本体发用可以为"变",但其根基只能是"常",不能是"变"。经过讨论,熊十力基本放弃了之前"变"的立场,改信了马一浮的看法。本体究竟是"变"还是"常"? 依据程朱理学的理解,一定是"常"而不是"变",但依据船山"日生日成"的看法,又一定是"变"而不是"常"。对于熊十力的这种转变应多加小心,因为根据儒家生生伦理学的理解,本体一定是"变"的,是一个生生不息的过程,"变"中有"常","变"中有"不变"。熊十力建构新唯识论时,更多受到的是佛家义理的影响,对儒家心性之学的了解尚欠功力,受到马一浮的批评后,放弃了自己之前的立场,错失了一个重要的学术契机。这也说明,在争辩双方中名家并不一定是正确的一方,如果这个关系处理不好,盲目尊信,一些很有价值的思想很可能被扼杀在摇篮之中。

本体是"一"还是"二",这是熊十力本体思想争议较大的另一个问题。这个问题涉及面更广,影响更大。为了重建本体,加强本体的作用,熊十力强调本体一定是一:"前见某文,言中国哲学以'一'或'本根'、'本原'等词,为本体之代语,此皆有据。但于此等字,似尚欠训释。'一'者,绝对义,显无分别相。'本根'等者,则尅就现象而推原其实相之词。(实相犹云本体。)此等处,大是困于言说,却须善会。若错解时,便将现象本体打成二片,便成死症。"②本体按其"本根""本源"的含义而言,是绝对的,无分别相,一定是一,不能是二,否则难称本体。对于这个问题须多加体会,方可无误。

这个"本根""本源"究竟是什么? 熊十力的说法有一定的矛盾。在《新唯识论》中,熊十力曾明以仁或本心来论本体:

---

① 李清良:《马一浮对熊十力〈新唯识论〉前半部之影响》,《湖南师范大学学报》2009 年第 6 期。

② 熊十力:《十力语要·与张君》,《熊十力全集》第 4 卷,湖北教育出版社 2001 年版,第 33 页。

真宰者,本心之异名。以其主乎吾身,而视听言动一皆远于非理,物众不得而干,故说为真宰。①

仁即本心。而曰本心之仁者,为措词方便故。以为万化之原、万有之基。即此仁体,无可以知解向外求索也。②

在熊十力看来,本心非常重要,既是自身的主宰,又遍为万物之主。这种本心即为本体,可简称为"本心本体"。《新唯识论》语体本"印行记"有"《新论》究万殊而归一本,要在反之此心,是故以唯识彰名"之语,即指此意。

但另一方面,熊十力又以《易》来论"本根""本源":

吾平生之学,穷探大乘,而通之于《易》。尊生而不可溺寂,彰有而不可耽空,健动而不可颓废,率性而无事绝欲,此《新唯识论》所以有作,而实根柢《大易》以出也。(上来所述,尊生、彰有、健动、率性,此四义者,于中西哲学思想,无不包通,非独矫佛氏之偏失而已。王船山《易外传》颇得此旨。)③

熊十力非常重视《周易》,认为自己平生所学,撰成《新唯识论》,最重要的即在穷探其义,通于《周易》。《周易》尊生、彰有、健动、率性四项,不仅可校正佛教之失,更可以贯通中西哲学。船山《易外传》在这方面实有所得,这也是熊十力特别尊重船山的一个重要原因。

这种以《易》为本体的情况到其晚年尤为严重。在《体用论》中,熊十力特别强调了该书的中心思想是体用,而其来源即在《周易》。宇宙实体,简称"体"。实体变动成宇宙万象,简称"用"。这一切均源于《周易》。《周易》重在一个变字,以阐明变化之道。晚周群儒及诸子,无不继承《周易》,深究体用,而他的《体用论》的根基也全在于此。顺着《周易》的文脉,熊十力尤其重视"乾元"的说法:

乾元一词,当释以三义:一、乾不即是元。(譬如众沤各各有自相,[相,读相貌之相。]不即是大海水。)二、乾必有元。不可说乾是从空无中幻现故。(空者,无所有之谓,空即是无。故以空无二字合用为复词。譬如众沤不是凭空幻现,必有大海水为其本原。)三、元者,乾之所由成。元

---

① 熊十力:《新唯识论》,《熊十力全集》第3卷,湖北教育出版社2001年版,第18页。
② 熊十力:《新唯识论》,《熊十力全集》第3卷,湖北教育出版社2001年版,第398页。
③ 熊十力:《读经示要》,《熊十力全集》第3卷,湖北教育出版社2001年版,第916页。

成为乾,即为乾之实体。不可说乾以外,有超然独存于外界之元。(譬如大海水完全变成众沤,故大海水即是众沤的自身。不可说众沤以外,有超然独存的大海水。)夫惟乾以外,无有独存的元,故于乾而知其即是元。所以说乾元。①

乾元有三义,第一,乾不等于是元,即不能将乾与元画等号;第二,乾必有元,即乾里面有元;第三,元是乾的创生主体,乾来自于元。由此三义而说乾元。一句话,乾元即是本体。

在熊十力那里,更有"乾元实体"的说法:

> 乾坤同一乾元实体,譬如众沤同一大海水,不得言二元。乾坤两方面,虽有相反之性,而乾实统御坤,(即心统御物。)相反所以相成,正是全体流行之妙,而可言二元乎?②

乾与坤不能分离,同为本体,即"乾元实体",恰如众沤同一于海水。虽然乾与坤性质相反,但乾可以统领坤,而坤也必然受乾之统领。乾与坤的不同,形成了事物不同之面相。

熊十力因为此时特别重视以"乾元"讲本体,甚至提出他的早期作品《新唯识论》也可以尽数丢弃了:

> 《新论》语体本草于流亡中,太不精检。前所以印存者,则以体用不二之根本义存于其间耳。今得成此小册,故《新论》宜废。余之学宗主《易经》,以体用不二立宗。就用上言,心主动以开物,此乾坤大义也。与佛氏唯识之论,根本无相近处。《新论》不须存。③

前期著作《新唯识论》提出了"体用不二"的思想,但当时的思想受唯识学影响很重,具有浓厚的佛学色彩,不过是一种新型唯识学罢了。到了后期,熊十力才意识到自己真正的思想根源并不是佛家唯识学,而是儒家的《周易》。于是,在《乾坤衍》中直接借鉴《周易》乾坤二卦,导出一元流变的实体,说明乾元与坤元只是一元本体。

检查熊十力的这些论述可以清楚地看到,其内部明显存在着双重本体的矛盾。他既以本心为本体,此为"本心本体",又以易为本体,此为"乾元本

---

① 熊十力:《乾坤衍》,《熊十力全集》第7卷,湖北教育出版社2001年版,第523页。
② 熊十力:《明心篇》,《熊十力全集》第7卷,湖北教育出版社2001年版,第271页。
③ 熊十力:《体用论》,《熊十力全集》第7卷,湖北教育出版社2001年版,第7页。

体"。这样就出现了一个问题:作为本体的那个根据究竟是一还是二,是本心还是乾元? 这个问题很早就有人注意到了,后来不断被人提及。梁漱溟的意见特别值得重视:

> 必从其本体是复杂性之说,而拒斥阳明之说良知,拒斥宋明儒之说仁,(均见前)祇凭后来意见推度,竟自背弃当初实悟之真。①

> 由是而良知非本体,仁亦非本体,——大约心亦非本体,因心包不得物,不够复杂不能成变化——过去自己会得的竟尔抛弃不顾,还斥之曰"大谬",曰"甚失孔子之旨"……呜呼岂不痛哉!②

梁漱溟批评熊十力后期所论心不是本体,仁不是本体,还必须在道德本心之外另立一客观的"於穆不已"的宇宙本体,这分明已经失去了儒家心学的宗旨。熊十力这种在良知之上再安宇宙本体的做法,分明是"头上安头",实有双重本体之过,失之太甚,令人惋惜。③

熊十力思想中的这两个问题,原因值得深究。如前所说,如何理解道德本体一直是儒家学说中最为尖端的问题。自孔子创立仁的学说,以仁作为道德内在根据后,孟子进一步提出性善论,以性的方式对这个问题加以说明。宋明时期的一个重大变化,是提出了"天理"的概念,以天理作为道德的形上根据。这种做法在满足了人们形上嗜好的同时,也带来了天理实体化、固态化的问题。明清之际人们开始反省并解决这个问题,其中一个重要思路便是气论。船山以"气善论"为武器对此加以说明,是其杰出代表。因为气是变化的,所以由气生成的善性也是变化的,这就叫"日生日成"。这本是一个潜力很大的方向,但由于受社会环境的影响这个趋向被打断了,后来的人们没有很好接续上这个话头。熊十力以"变"讲本体,本来是很有价值的想法,但因为尚属初

---

① 梁漱溟:《读熊著各书书后》,《熊十力全集》附卷上,湖北教育出版社 2001 年版,第774 页。

② 梁漱溟:《读熊著各书书后》,《熊十力全集》附卷上,湖北教育出版社 2001 年版,第771 页。

③ 这个问题一直受到学者的重视。如曾海龙认为,熊十力混淆了本体和本源论。大乘讲真如本体,空一切法相,这应当是本体论;有宗讲赖耶缘起,讲一切物的根源,这应当是本源论。"性空"是本体论,"缘起"是本源论。但熊十力将本体与本源都说成本体,还批评有宗有"二重本体之过"。可实际上,熊十力一面讲本体是宇宙本体,一面又说本体是良心本心,"真正有'二重本体之过'的正是熊十力自己的本体论"。(曾海龙:《唯识与体用:熊十力哲学研究》,上海人民出版社 2017 年版,第 112 页。)

创,没有能力对这个根本性问题进行彻底地思考,受到马一浮批评后,又退了回去,这不能不说是一个很大的遗憾。

双重本体的问题也应如是看。前面讲了,将天理规定为形上实体是宋明儒学的一大误判。按照这种理解,天理是一个实体,天不仅是人的道德根据的源头,也是万事万物之存在的源头。熊十力的新唯识论关注的中心是道德本体赋予宇宙万物以价值和意义,使其成为存在的问题。在这个过程中,他看到了心的作用,但因为心的来源是天,这样一来,究极而言,道德本体究竟是心还是天,就成了一个躲避不开的问题。熊十力早年比较重视"本心本体",到了晚年则更重"乾元本体",造成"本心本体"与"乾元本体"的矛盾,就是由此形成的。这再次说明,接上明清之际的思路,对天的问题进行新的解读是多么重要了,否则不可能从根本上化解双重本体的矛盾。

三、"两现"的内涵与思想意义

在中国哲学传统中,体与用紧密相关。熊十力认为,讲体必然讲用,反之亦然。"余尝默然息虑,游心无始,而知体用毕竟不可分为二片。使其可分,则用既别于体而独存,即是用有自体。不应于用之外更觅一物说为本体。又体若离于用而独存,则体为无用之体,不独是死物,亦是闲物。往复推征,体用毕竟不可分,是事无碍。"①体必然显现为无量无边的功用,用是体的显现,是相状,千差万别。体是用的体,用是体之用。无体即无用,离用即无体。体不可说,用却可说。

熊十力在阐发体用关系时,借用佛教术语区分了两种不同的思维方式,即性智和量智。"性智者,即是真的自己的觉悟。此中真的自己一词,即谓本体。在宇宙论中,赅万有而言其本原,则云本体。即此本体,以其为吾人所以生之理而言,则亦名真的自己。即此真己,在《量论》中说名觉悟,即所谓性智。此中觉悟义深,本无惑乱故云觉,本非倒妄故云悟。申言之,这个觉悟就是真的自己。离了这个觉悟,更无所谓真的自己。"②性智特指一种觉悟,用于证会本体,这种证会不是逻辑的,而是直觉的。"量智,是思量和推度,或明辨

---

① 熊十力:《新唯识论》,《熊十力全集》第 3 卷,湖北教育出版社 2001 年版,第 238—239 页。
② 熊十力:《新唯识论》,《熊十力全集》第 3 卷,湖北教育出版社 2001 年版,第 15—16 页。

事物之理则,及于所行所历,简择得失等等的作用故,故说明量智,亦名理智。"①量智就是思量和推度,用今天的话说,就是逻辑推论、理(智)性分析。把握道德本体,必须用性智,不能用量智。

　　熊十力在这个意义上经常讲"呈现"或"当下呈现"。相关说法因为牟宗三的追述而广为人知。"是以三十年前,当吾在北大时,一日熊先生与冯友兰氏谈,冯氏谓王阳明所讲的良知是一个假设,熊先生听之,即大为惊讶说:'良知是呈现,你怎么说是假设!'吾当时在旁静听,知冯氏之语的根据是康德。(冯氏终生不解康德,亦只是这样学着说而已。至对于良知,则更茫然。)而闻熊先生言,则大为震动,耳目一新。吾当时虽不甚了了,然'良知是呈现'之义,则总牢记心中,从未忘也。今乃知其必然。"②冯友兰认为良知是一种假设,受到熊十力的批评,强调良知是呈现,不是假设。自此之后,"良知是呈现"已上升为一个重要的学术问题,而熊十力与冯友兰的对话也成了20世纪著名的学术典故。

　　呈现又叫显现、诈现、呈露、显露,说法不同,意义无二。《新唯识论》是从佛教唯识宗发展而来的,唯识宗关注心与境的关系,熊十力常在这个意义上讲呈现。因为它涉及的是道德存有问题,我称之为"道德存有之呈现":

　　　　盖此明觉,即道心呈现,舍此无所谓本体。吾人所以生之理,即此明觉昭显是;宇宙所以形成之理,亦即此明觉昭显者是。何以故?就明觉的本体言,吾人与宇宙无内外可分故。此明觉凭吾人之官能而发现,以感通乎天地万物;天地万物待此明觉而始显现,足徵此明觉为一切形物之主宰。所以说,明觉即是吾心与万物之本体,非可舍吾心而别寻造物主也。③

　　心能生境,其思维方式同样属于性智,不是量智,是呈现,不是逻辑,即所谓"盖此明觉,即道心呈现"。有了这种呈现,才可以做到无内外之分,才可以做到感通天地。道德本体的发展没有限度,如果不受形气的影响,其极必然是

　　① 熊十力:《新唯识论》,《熊十力全集》第3卷,湖北教育出版社2001年版,第16页。
　　② 牟宗三:《心体与性体》第一册,《牟宗三先生全集》第5卷,台湾联合报系文化基金会、联经出版事业公司2003年版,第184页。
　　③ 熊十力:《十力语要·答马格里尼》,《熊十力全集》第4卷,湖北教育出版社2001年版,第221页。

流行充塞宇宙。

又如：

> 他是依据恒转而起的。而这种势用上说，便说是依据恒转而起。若
> 就恒转上说，便应说这种势用是恒转的显现，但恒转元是冲虚无为的，而
> 其现为势用，却是有为的。由此，应说这种势用难以恒转为体，而毕竟不
> 即是恒转，如说冰以水为体，而却不即是水，这个势用，是能健以自胜，而
> 不肯化于翕的。（即是反乎翕的。）申言之，即此势用，是能运于翕之中而
> 自为主宰，于以显其至健，而使翕随己转。（己者，设为辟之自谓。）这种
> 刚健而不物化的势用，故名为辟。①

熊十力常以翕辟成变说体用，这种用即是一种"显现"。辟是流行的本
源，相当于精神，翕是流行的结果，相当于物质。辟是本体的开发，翕则是与之
相反的收敛。辟与心同性，翕与物同性。以心说辟，以物说翕，都是为了说明
宇宙大化流行的道理。本体之流行表现为用，用即是本体之"显现"。本体必
然表现为用，恰如有海水一定有众沤。

除此之外，熊十力还在道德践行意义上讲呈现，这种意义的呈现我称为
"道德践行之呈现"：

> 中人的修养是从其自本自根，自明自了，灼然天理流行，即是实相显
> 现。而五行百常，一切皆是真实，散殊的即是本原的，日用的即是真常的。
> 如此，则所谓人与人相与之际，有其妥当的法则者，这个法则底本身元是
> 真真实实，沦恰于事物之间的，可以说事物就是由他形成的，若反把他看
> 作是从人与人的关系中构成的，那法则便是一种空虚的形式。这等义外
> 之论是不应真理的。②

在牟宗三看来，中人的修养必须从自己的根据出发，必须是自明自了，一
切皆是天理流行。而这一义理，即是"实相显现"。实相显现既必须又必然，
否则道德便成了"空虚的形式"，与义外之论没有区别了。换言之，道德修养
必须依据自己的根本，自明自了，将自身的天理发挥出来，自然流行，这些都必
须依靠实体的"显现"。

---

① 熊十力：《新唯识论》，《熊十力全集》第3卷，湖北教育出版社2001年版，第99页。
② 熊十力：《十力语要·卷一》，《熊十力全集》第4卷，湖北教育出版社2001年版，第
109页。

又如：

> 实证者何？就是这个本心的自知自识。换句话说，就是他本心自己
> 知道自己。不过，这里所谓知或识的相状很深微，是极不显著的，没有法
> 子来形容他的。这种自知自识的时候，是绝没有能所和内外及同异等等
> 分别的相状的，而却是昭昭明明、内自识的，不是混沌无知的。我们只有
> 在这样的境界中才叫做实证。而所谓性智，也就是在这样的境界中才显
> 现的，这才是得到本体。①

这里谈的是实证问题。熊十力强调，儒家所说的实证属于性智，是本心的
自知自识，是本心自己知道自己。这种自知自识，即属于性智。"所谓性智，
也就是在这样的境界中才显现的"一句尤为重要，它清楚说明，本体发用的思
维方式是性智，而性智是一种"显现"。

熊十力既讲"道德存有之呈现"又讲"道德践行之呈现"，并不奇怪。重视
本体，强调有体必有用，是熊十力思想的重要特点。由于受佛家唯识宗的影
响，熊十力赞成万法唯识的思想，主张境由心造。由心造境属于体用关系，这
个过程是通过呈现进行的。这种意义的呈现即为"道德存有之呈现"。然而，
熊十力的立场毕竟是儒家，不可能不重视道德践行问题。孔子创立儒学，重要
目的是劝导人们成德成善。成德成善的根据是仁，仁也就是仁体。仁体不是
空的，必有其用，而这种用的一项重要内容就是成德成善。重要的是，这个过
程同样需要以呈现来完成，这种呈现即为"道德践行之呈现"。

准确把握熊十力讲的"呈现"不是一件容易的事情。此前讲过，我最
初接触"呈现"或"当下呈现"的说法，是在读研究生的时候，当时只是好
奇，并不了解其真实的含义。后来不断摸索，通过生命体验，方才明白了
"当下呈现"是什么意思。因为当时主要从事孟子研究，思想聚集在道德践
行问题上，所以了解的只是"道德践行之呈现"。随着研究的不断深入，道
德存有问题渐渐进入视野，我才发现道德存有同样可以讲呈现，这就是"道
德存有之呈现"，而自己之前的理解过于狭窄了。"道德践行之呈现"前人
早有涉及，熊十力的功劳是在心学传统断裂后，重新接上了这个传统，但严
格来说并没有增加太多新的内容。"道德存有之呈现"就不同了，这是熊十

---

① 熊十力：《新唯识论》，《熊十力全集》第 3 卷，湖北教育出版社 2001 年版，第 21—22 页。

力引进佛家唯识思想解说儒家学理带来的新内容。它告诉我们,本体发用,不仅可以成德成善,而且可以创生道德存有,这种思维方式同样是"呈现"。后来,我又发现仅有这两步还不够,要全面把握熊十力的呈现思想,还必须明了在呈现的同时,人有"内觉"的能力,可以觉知呈现正在进行,否则呈现也是白呈现,没有意义,而这个环节把握起来更为困难。这些内容合并起来就是我所说的"连攻三垒"。①

一是"道德存有之呈现",二是"道德践行之呈现",合而言之即为"两现"。"两现"的意义不同。由"道德践行之呈现"开出的是儒家道德践行的路线,这条路线自孔子创立儒学时就有,是儒家发展的一条主线。由"道德存有之呈现"开出儒家道德存有的路线,这条路线是宋代受佛教影响后,渐渐形成的一条辅线。在此之前,横渠、二程、象山、阳明都涉及了这个问题,但相关思想一直不够系统完整。直到熊十力径直引入佛家唯识思想,撰成《新唯识论》后,这个问题才真正明朗起来。由此说来,在儒家原有道德践行这条主线之外,新辟出道德存有这条辅线,撑开儒家一主一辅两条线索的总体格局,是熊十力最大的理论贡献。虽然熊十力这方面的工作没有做完,一些问题,比如道德本体为什么可以有这两种形式的呈现,在理论上尚未得到合理的说明,但他在这方面提供了新的思想,有重要的学术增量,必须加以正视。而这也是我特别重视"十力学派",自觉沿着这一方向向前迈进的重要原因。

第四节 "一体"的传承

一、熊十力对牟宗三的影响

牟宗三与熊十力的交往很早。据他回忆,20 世纪 30 年代,他就读于北大哲学系,从别人那里知道了熊十力有一部著作叫《新唯识论》,一个晚上就读完了,对"黄冈熊十力"产生了浓厚的兴趣。一次,北大哲学系老师在公园办吃茶会,他在一边旁听。猛然间听到熊十力把桌子一拍叫了起来:"当今之

---

① 参见本书第八章第三节第一小节第一目"良知自知"(第340—342页)。

世,讲晚周诸子,只有我熊某能讲,其余都是混扯。"在座老师只是呵呵一笑,牟宗三却觉耳目一振。他回忆说,当时的名流教授多是随风气,趋时势,恭维青年,笑面相迎,熊十力完全不是这样,凸显出鲜明的特色,由此感叹终于见到真人,始嗅到了学问与生命的意味。"我当时好像直从熊先生的狮子吼里得到了一个当头棒喝,使我的眼睛心思在浮泛的向外追逐中回光返照,照到了自己的'现实'之何所是,停滞在何层面。这是打落到'存在的'领域中之开始机缘。"①从此认定熊十力,下决心追随其学。

在牟宗三与熊十力交往的过程中,有一事特别有意义,这就是前面讲到的听熊十力讲呈现。这件事对牟宗三影响极大,后来多次提及此事。"良知是真实,是呈现,这在当时,是从所未闻的。这霹雳一声,直是振聋发聩,把人的觉悟提升到宋明儒者的层次。"②"而闻熊先生言,则大为震动,耳目一新。吾当时虽不甚了了,然'良知是呈现'之义,则总牢记心中,从未忘也。"③到了晚年,牟宗三常常回忆他与熊十力交往的经历。1993年1月11日,牟宗三在台大医院对学生谈及他当年侍师的情形:"侍师亦不简单,既要有诚意,又不能太矜持。当年我服侍熊先生……那时没有一个人能服侍他,只有我……他脾气那么大,许多学生都怕他,唐(君毅)先生也不敢亲近他……其实,我并不聪明伶俐,也不会讨巧……"遂哽咽不能言。久之,又云:"熊先生一辈子就想我一个人能传他的道,我的聪明智慧都不及他甚多,但他知道自己有见识而学力不及。我所知虽只一点点,但要到我这程度也不容易,其他的人更差多了。熊先生知道我可以为他传……"又哽咽,悲泣,掩面叹息,久之方止。④ 牟宗三公开承认,他一生之中熊十力对他的影响最大:"假定没有抗战这大事出现在中华民族身上,又假定我没有遇见熊先生,我究竟是不是现在这个我,是很难说的。恐怕我从北大毕业出来后,也和其他人一样,很自然地便跑到'中央研究院'的系统里去了。由于有抗战这件大事,那是民族的生死斗争;但这还只是客观

---

① 牟宗三:《五十自述》,《牟宗三先生全集》第32卷,台湾联合报系文化基金会、联经出版事业公司2003年版,第76—77页。

② 牟宗三:《五十自述》,《牟宗三先生全集》第32卷,台湾联合报系文化基金会、联经出版事业公司2003年版,第78页。

③ 牟宗三:《心体与性体》第一册,《牟宗三先生全集》第5卷,台湾联合报系文化基金会、联经出版事业公司2003年版,第184页。

④ 蔡仁厚:《牟宗三先生学思年谱》,台湾学生书局1996年版,第85页。

的因素,光是这个并不够,还是要碰见熊先生,我才是现在这个我。"①这显然是说,没有熊十力便不会有后来的牟宗三,有了熊十力才有了后来的牟宗三。余英时在《追忆牟宗三先生》的文章中讲,"我敢说,如果熊先生没有这两大弟子,他的哲学今天大概只有极少数的专门学者才略有知,而海外也不会有'新儒学'的兴起了。唐、牟两先生之于熊先生,正符合了禅宗所谓'智过其师,方堪传授'。(此所谓'智过其师'并不是说'智力'超过老师,而是说在某些问题的理解方面突破了老师的范围。读者幸勿误会。)"②验之于历史,这种讲法实不为过。

我讲这段历史,主要是想再次说明师承的重要。古人学手艺,必须拜师。比如你想当一个工匠,学做风筝,学做瓷器,学音乐,都必须拜师。拜师很重要。各个行当都有自己的窍门,这些窍门,一个人在外面摸索,可能几十年也摸索不到。一旦进了师父的门,通过言传身教,潜移默化的影响,一下子就能把你带到这个窍门的中心点。只要你努力,有悟性,很快便能踏进这个圈子的门槛。学术也是一样。图书馆现在非常普及,网上随时都可以找到材料,为什么读研究生还要拜师?因为好的老师对他那个行当有自己的特殊理解,有独门之功。这个独门之功是别人没有或不擅长的。你拜他为师,他会通过自己的方式把这种工夫教给你,把握住老师的思想内核,少走弯路,顺利进入学术研究领域的前沿,踏上学术的正轨。读硕士也好,读博士也罢,如果能找到一个好的老师,学术就成功了一半。当然,历史上也有一些不需要师承,或其老师的影响没有起到直接作用,而独立建立一个门派的,如陆象山。但大多数人不具备这种资质,比较简捷的办法是找一个自己比较喜欢、能够接近学术前沿的老师,通过他的指引踏进学术的大门。历史上师承一直发挥着重要作用,20世纪中叶之后,这个传统在大陆中断了。因为那段时间全国只有一个学派,所有的老师,都是对这一个学派的解说,谈不上有自己的思想,自己的学派,当然也就谈不上真正学术意义的师承了。现在的情况有了很大的改变,老师不仅可以有自己的独立思想,而且力量足够的话还可以建立自己的学派,师承问题

① 牟宗三:《时代与感受·熊十力先生追念讲话》,《牟宗三先生全集》第23卷,台湾联合报系文化基金会、联经出版事业公司2003年版,第281页。
② 该文见于《历史学家余英时微信精品文章集(60篇)》,原载《中国时报》1995年。

自然也就重新提了出来。这是一个历史的趋势,随着时间的发展,这个趋势将会越来越明显。

现在不少学生读研究生,只是为了求一个学位。读硕士,三年以后把硕士论文写出来就行了,读博士,三年或四年以后把博士论文写出来就行了。至于怎样学习老师的做人,怎样继承老师的思想,一般不大管。这只是求学,不是求道。多年来我一直讲我有两个老师。一个是潘富恩先生,他把我领入复旦大门,让我有机会走上了学术研究的道路,我非常尊敬他,感谢他;另一个是牟宗三先生,我无缘见他的面,但喜欢他的学问,视自己为他的私淑弟子。因为是私淑,未入其门,离得远,有些问题反倒容易看得比较清楚,讲话也没有太多障碍,可以深入讨论一些问题,提出一些批评,不像亲炙弟子那样有太多压力。但正因如此,牟门一些弟子对我多有指责。其实他们不了解,我这样做恰恰是为了继承"十力学派",把这一学派的学理和精神弘扬光大。这是我的历史定位,也是我的历史责任。当然,这只是我的主观设定,至于能否实现或在多大程度上实现这个目标,就要看个人的造化了。

二、心体与性体:天道性命相贯通

重体是熊十力思想的明显特点。牟宗三受熊十力的影响,在这方面做了很多工作,其基本精神可概括为一句话,这就是天道性命相贯通:

> 寂显通而为一,统曰理或天理,它是本体宇宙论实体,同时亦即是道德创造(道德行为之纯亦不已)之创造实体(creative reality)。此寂显(寂感)通而为一统曰理的天理亦得曰天道,此则就其自然之动序说;亦得曰天命,此则就其渊然有定向而常赋予(於穆不已地起作用)说;亦得曰太极,此则就其为极至而无以加之者说(无称之言,穷极之辞);亦得曰太虚,此则就其无声无臭清通而不可限定说;亦得曰诚体,此则就其为真实无妄纯一不二说;亦得曰神体,此则就其生物不测妙用无方说;亦得曰仁体,此则就其道德的创生与感润说;亦得曰中体,此则就其亭亭当当而为天下之大本说;亦得曰性体,此则就其对应个体而为其所以能起道德创造之超越根据说,或总对天地万物而可以使之有自性(making thing as thing-in-itself)说;亦得曰心体,此则就其为明觉而自主自律自定方向以具体而真实地成就道德行为之纯亦不已或形成一存在的道德决断说。总

之,是寂感真几:寂然不动,静而无静;感而遂通,动而无动,而为创生觉润之实体,亦即"於穆不已"之奥体。①

理或天理是本体宇宙论的实体,这个实体可以有不同的名称。比如道体,这是从天道来说,上天为道,本身即为体,即为道体;又如性体,道体赋予个人以内容,个人从道体禀得的部分,即为性体;又如心体,性体虽然重要,但本身不能活动,真正能活动是个人的良心,良心也是一种体,即为心体。除此之外,又可以称仁体、诚体、神体、易体、中体、敬体、直体、忠体、义体、知体、奥体、真体、觉体、寂体、密体、妙体,等等。② 这些说法虽有不同,其义则一,都是指於穆不已、纯亦不已之创生实体,只是侧重点略有差异罢了。

牟宗三关于本体的这些称谓,从主观和客观角度看,可分为大类。主观面为心体:

> "心"以孟子所言之"道德的本心"为标准。孟子言心具体而生动,人或以 heart 一词释之。此若以诗人文学家之笔出之,亦未尝不可;然就学名言,则决不可。故孟子所言之心实即"道德的心"(moral mind)也。此既非血肉之心,亦非经验的心理学的心,亦非"认识的心"(cognitive mind),乃是内在而固有的、超越的、自发、自律、自定方向的道德本心。③

心体之心不是血肉之心,不是经验的心理学之心,也不是认知之心,而是道德之心。这一道德之心,内在而固有,可以自发、自律、自定方向,是一道德的本心。这个道德的本心是主观的,故为主观原则。

客观面为性体:

> 说"性体",乃自其为固有而无假于外铄,为自然而定然者而言,故象山云:"在天者为性,在人者为心。"而蕺山亦云:"性本天者也,心本人者也。"(《易衍》第八章,见下)此所谓"在天"或"本天",即自然而定然义。

---

① 牟宗三:《心体与性体》第二册,《牟宗三先生全集》第6卷,台湾联合报系文化基金会、联经出版事业公司2003年版,第21—22页。

② 关于牟宗三对本体的这些不同表述方式,参见杨泽波:《贡献与终结——牟宗三儒学思想研究》第二卷第二章第一节"形著:三系的标准之一"(上海人民出版社2014年版,第19—32页)。

③ 牟宗三:《心体与性体》第一册,《牟宗三先生全集》第5卷,台湾联合报系文化基金会、联经出版事业公司2003年版,第44—45页。

吾亦说性体与道体是客观地言之,即就其为自然而定然者而客观地言之也。①

性体源于道体。从总体上说道体,从个体上说性体。道体落实在个体身上为性体。道体是客观的,性体也是客观的。因此,性体是客观性原则,即所谓"性体与道体是客观地言之,即就其为自然而定然者而客观地言之也"。

既有心体,又有性体,二者通过形著可以合并为一:

形著之即是具体而真实化之为一创造实体也。盖此本心亦是实体性的"即活动即存有"者。故对"於穆不已"之性体言,此心即为"主观性原则"(principle of subjectivity),亦曰"形著原则"(principle of concretion,realization,or manifestation)。此形著是通过心之觉用而形著,不是在行为中或在"践形"中形著。是故性之主观地说即是心,心之客观地说即是性;性之在其自己是性,性之对其自己是心;心性为一,而"无心外之性"也。②

心体与性体不同,但彼此不能分离。性体是万物之存有性原则、客观性原则,是本体宇宙论的生化之源,是生物不测的创生实体。但性体必须借助心体的作用才能彰显,所以心是主观性原则或形著原则。性只有通过心才能真正发挥作用,没有心,性只能是潜存,但是如果没有性,心也不能得其客观性,容易出问题。

牟宗三划分心体与性体,源于对儒家道德本体思想的深度思考。在他看来,儒学两千多年的发展,在本体方面有两个不同的思路,分别由《论语》《孟子》和《中庸》《易传》为代表。《论语》的贡献是创立了仁的学说,《孟子》讲性善讲良心即是这个路子。《中庸》《易传》则进一步讲天讲性,如"天命之谓性","乾道变化,各正性命"。时至北宋,濂溪特重天道,重太极,对于诚体、神体有深切感受,但对于《论语》《孟子》的重视程度略有欠缺。横渠思想最重要的内容是"天道性命通而为一",除重视《中庸》《易传》外,对《论语》《孟子》也有了一定的关注,是一个重要进步。明道思想最全面,既讲性,重

---

① 牟宗三:《从陆象山到刘蕺山》,《牟宗三先生全集》第 8 卷,台湾联合报系文化基金会、联经出版事业公司 2003 年版,第 398 页。

② 牟宗三:《心体与性体》第二册,《牟宗三先生全集》第 6 卷,台湾联合报系文化基金会、联经出版事业公司 2003 年版,第 546 页。

《中庸》和《易传》，又讲心，重《论语》《孟子》，两方面都照顾到了，达到了一个高峰。

到了南宋，五峰是第一个真能全面总结北宋三家，继承由《中庸》《易传》回归于《论语》《孟子》之圆满发展的学者。五峰即讲性，又讲心，性是《中庸》《易传》之性，心即是孔子之仁，孟子之良心，然后以心著性，以明心性所以为一。五峰之后，过了三百年，又出了一个蕺山，其思路与五峰相近，都是既讲性，又讲心。象山不同，他没有对北宋前三家多下工夫，也没有顺《中庸》《易传》回归《论语》《孟子》路子走，而是读《孟子》自得于心，直接从《孟子》切入。因此，象山纯是孟子学，只是一心之朗现，此心即是性，此心即是天。阳明与象山相通，同样只是重视心，只是一心之朗现，不大关注性与天的问题。

无论是五峰、蕺山，还是象山、阳明，都以《论语》《孟子》《易传》《中庸》为依据，是一个圆圈的两个部分：自《易传》《中庸》回归于《论语》《孟子》圆满起来，是一个圆圈；自《论语》《孟子》上达至《易传》《中庸》圆满起来，还是一个圆圈。这个圆圈即为纵贯系统。所谓"纵贯"，简单说就是从上面直接贯下来的意思。《易传》《中庸》讲天讲性，这为上；《论语》《孟子》讲仁讲心，这为下。从《易传》《中庸》下贯到《论语》《孟子》，或从《论语》《孟子》上达于《易传》《中庸》，将两个不同路向联系起来的方式，即为形著。"形著"的说法出于《中庸》的"诚则形，形则著，著则明"，原是有了诚心就会表现于外，表现于外就会日渐显著，日渐显著就有光辉发越之盛的意思。牟宗三引用这个概念，旨在说明，性和心都很重要，只有通过性才能使心保持正确方向，只有通过心才能使性的意义显现出来。合而言之，即是天道性命相贯通。五峰、蕺山既重性，又重心，刚好合于形著的原则，故而得到牟宗三的器重，将其视为与象山、阳明不同的一个派系，其学理价值甚至在象山、阳明之上。

三、心体与性体的划分是熊十力双重本体之误的变形

牟宗三打破心学理学两分的传统格局，单独立五峰、蕺山为一系，目的是为克治心学流弊寻找办法。明代末年，阳明心学渐渐陷入重重流弊之中。蕺山清楚地看到了问题的严重性，提倡慎独，区分意念，自觉承担起救治之责。牟宗三高度赞赏蕺山的努力，认为其学理意义重大：

象山、阳明、五峰、蕺山皆如此理解也。唯阳明虽亦如此分说性与心两字眼,然彼与象山同,亦是特重心体、知体,且只就良知说,而且亦是一说便说到极,并不分别地特说性天之尊,性天只是捎带着说,终于良知即是性,心体即是天(重看前第四章丙中之第三辩),此其所以为心学,亦为显教也。但蕺山归显于密,则必先特设性天之尊,分设心性,以言形著关系以及自觉与超自觉之关系,以"见此心之妙,而心之与性不可以分合言",而总归是一也。及其总归是一,则与心学亦无以异矣。故吾在《心体与性体》中总说此两系为同一圆圈之两来往,而可合为一大系也。虽可合为一大系,而在进路上毕竟有不同,是故义理间架亦不同,一为显教,一为归显于密也。①

象山、阳明只重心体,只说良知,不重性体,不重"性天之尊"。蕺山不同,首先设立"性天之尊",特别重视性体与心体的关系,既讲性又讲心,既讲心又讲性,最后通过形著将两个方面打并为一,形成了一种独特的义理间架。在牟宗三看来,这种学理有很强的合理性。

牟宗三认可蕺山的学理,说明他虽然也持心学的立场,但具体看法与传统心学已有所不同。他的心学是经过改良的,可以说是一种"改良的心学"。传统的心学以孟子、象山、阳明为代表,以良心为基础,尽管也讲天讲性,但一切以良心为根本。牟宗三同样重心,但鉴于明末心学走向流弊的事实,吸取五峰、蕺山学理的特长,又重视性的作用。按照他的理解,天和道体代表客观性,性由天和道体而来,因而也具有客观性。心体虽然重要,但代表主观性,容易走偏方向,流于弊端。心体一旦出现问题,必须借助性体加以克服,因为性体是客观性的代表。我将牟宗三哲学定性为"改良的心学",就是要凸显其学理的这个特点。

将性体与客观性挂钩,将心体与主观性挂钩,是牟宗三"改良的心学"的核心特征。他说:

性为客观性原则、自性原则。莫尊于性。性也者,所以为气变之"客观之主"也。但如果只有自性原则,而无形著原则,则性体亦不能彰显而

---

① 牟宗三:《从陆象山到刘蕺山》,《牟宗三先生全集》第 8 卷,台湾联合报系文化基金会、联经出版事业公司 2003 年版,第 370 页。

真实化而具体化。心是形著原则。心也者,所以为体现性体之"主观之主"也。①

心是主观性原则,形著原则,言性惟因心之觉用而始彰显形著以得其具体化与真实化。心为物宰是因其为性之"形著之主"(见前段),心性合一,而为物之宰也。宰物即是主持、导节而纲纪之之谓也。心乃永物物而不物于物者。前段言"莫久于心",故心永恒常在,无生无灭,顺通死生昼夜幽明而无尽,而亦永不失其灵昭之自体者也,故言"宰物不死"。②

牟宗三将性规定为客观性原则,自性原则,将心规定为主观原则,形著原则。性最为重要,莫尊于性,所以性又为客观之主。但光有性还不行,还需要有心彰显其作用,所以心又为主观之主。客观性原则、自性原则、客观之主,这些都是描述性体的用语;主观性原则、形著之主、主观之主,这些都是描述心体的用语。

虽然有此分别,但牟宗三强调心性总体是一致的:

是故性与心之别只是同一实体之客观地言之与主观地言之之别耳。客观地言之之性即是"心之所以为心",言心虽活动而不流也,流则驰而逐于感,即非心也,是则性即是心之客观性,即活动即存有也。主观地言之之心即是性之所以得其具体而真实的意义者,言性虽超绝而客观而却不荡也,荡则空洞而不知其为何物也,即非性矣,是则心即是性之主观性,即存有即活动也。是故"心性不可以分合言",而总归是一也。③

讲心是主观地言之,讲性是客观地言之。客观讲的性,是心之所以为心,意在强调心虽活动而不流向弊端。主观讲的心,是性之所以得其具体而真实,意在表明性虽客观而不空荡。总体上看,心是性之心,性是心之性,二者为一,天道性命相贯通,不可截然分开。

① 牟宗三:《心体与性体》第二册,《牟宗三先生全集》第6卷,台湾联合报系文化基金会、联经出版事业公司2003年版,第455页。

② 牟宗三:《心体与性体》第二册,《牟宗三先生全集》第6卷,台湾联合报系文化基金会、联经出版事业公司2003年版,第456页。

③ 牟宗三:《从陆象山到刘蕺山》,《牟宗三先生全集》第8卷,台湾联合报系文化基金会、联经出版事业公司2003年版,第400—401页。

牟宗三天道性命相贯通的思想在学界影响很大,除少数人有不同意见外,几乎成了宋明儒学研究的一种固定模式,其入门弟子尤其如此,采信、引述、诠释者众多。① 但我对这个问题的理解有很大不同。我想提出这样一个问题:分别以主观性和客观性划分心体和性体的做法真的合理吗? 上面多次讲过,牟宗三高度评价蕺山学理,目的是要解决心学的流弊问题,而采取的办法就是把心体与性体区分开来,以心体为主观原则,为主观之主,以性体为客观原则,为客观之主,最终用性体保障心体的客观性。这个动机自然是好的,理论境界远高于现在只是对心学一味鼓吹,高唱赞歌的那些学者。但问题在于,性体真的是客观性代表,可以克治心学的流弊吗? 蕺山之时人们有这种看法并不奇怪。因为在传统的思维方式中,良心善性来自上天禀赋,如果心体出了问题,当然只能寄希望于上天。但我的研究已经证明,良心善性并非真的来自上天的赋予,人们之所以有这种看法,属于"借天为说"的性质,只能在"认其为真"的意义上理解。明末,经过蕺山的努力,学风虽然确实有所好转,但如果真的以为道体、性体代表客观性,有克治心体流弊的功能,就会为"形上幻相"所困,在理论上难以有本质性的推进。在今天我们几乎无法想象心学一旦出了问题,像蕺山或牟宗三那样劝人挺立"性天之尊"会有多大的实际作用。② 正因如此,我才说:"我对牟宗三的形著论一直感到难以理解,不明白为什么时

① 卢雪崑即是如此。她积极为牟宗三辩护,这样写道:"依愚见,王学之不足处在把握'尽心知性知天'之道德的形上学时,对于本心仁体之客观的普遍必然性如何充尽至'性'、'天'缺乏充足说明。蕺山为补王学流弊,提出'性天之尊',实在是与心体同尊,并没有将'心宗'与'性宗'二分。蕺山的贡献就在于对'尽心知性知天'作周全之说明。"(卢雪崑:《牟宗三哲学——二十一世纪启蒙哲学之先河》,台湾万卷楼图书公司2021年版,第402页。)我承认蕺山在这方面作出的重要贡献,经过他的努力,人们已经逐渐明白,讲良知不可以如天马行空一般不加限制,还要讲意,还要讲性,学风由此日趋健实。但必须清楚看到,蕺山的这种办法只能治表不能治里,因为天并不是良心的真正根源,抬出一个"性天之尊"不可能从根本上克治心学流弊。(参见杨泽波:《贡献与终结——牟宗三儒学思想研究》第二卷,上海人民出版社2014年版,第121—123页。)

② 杜保瑞对此也有不同理解,进而对牟宗三提出了批评。他说:"牟先生以心体与性体意旨全同合一的做法,说其为同一实体的主客两面的说法,其实没有理论实义,只是学者的漂亮话头,装饰光景,好为惊人之语,说得诡谲相即,但却是实义不明,理论功能不显,没有实际用处。"(杜保瑞:《牟宗三儒学平议》,新星出版社2017年版,第516页。)我和杜保瑞的思路不同,对宋明儒学的理解也有一定差异,但都不认可牟宗三分立心体与性体的做法,可见这个问题有一定的普遍意义,并非一人之想。

至今日他仍然沿用如此陈旧的思想方式解决如此重要的理论问题"①。更为麻烦的是,如果把心体与性体分开来讲,一个为主观原则,一个为客观原则,心体性体之间必然存有罅隙,从而出现心性实际不为一的矛盾。要而言之,在牟宗三学理框架中,心性和性体一个是主观的,一个是客观的,哪怕再三强调"心性不离""心性为一",终究无法摆脱心性实际不为一的矛盾。这是需要特别引起警惕的。

追根寻源,这个问题仍与熊十力有关。熊十力一方面以道德本心为本体,即所谓"本心本体";另一方面又以大易为本体,即所谓"乾元本体",存在双重本体的问题。他似乎也意识到了这里的问题,为了化解其中的矛盾,到了晚年特别强调乾元实体的重要,甚至提出早年的《新唯识论》可以弃而不用。这些问题的根源离不开宋明儒学天理实体化的误判。为了与佛教和道教对抗,宋明儒学不得不以天作为宇宙万物的终极根源。这种做法固然有其历史作用,但也产生了天理实体化的弊端。明清之际的儒者深刻检讨了这些问题,将思想的方向拉回到气论的基础上。但是,20世纪受政治因素的干扰,儒学第三期的发展没有接续上这个话头,完全是从一个新的方向开始的,致使天理实体化的倾向没有得到彻底的清理,仍然以各种方式顽强地残存着。熊十力以《易》之乾元作为最终本体,正是这一问题的延续。牟宗三虽然不再像其师那样大讲乾元实体,但仍然将天视为道德的终极根据,将天理视为形上实体,将克服心体流弊的希望寄托在性体之上,从而造成心性不一的问题。也就是说,牟宗三以主观性和客观性分立心体与性体,其根源仍在熊十力,是其师双重本体之误后遗症的"发作"。

有鉴于此,我没有接受牟宗三区分心体和性体的做法,坚持对心性作出自己的说明。照我的理解,心体的基础是孔子之仁,孟子之良心,即所谓仁性,其本质是建立在生长倾向基础之上的伦理心境。从生长倾向和伦理心境的角度解读心体,解读仁性,是儒家生生伦理学的基本功。有了这个基础,儒家生生伦理学对于性体也就有了不同的理解。"性"字原为"生"字,说性其实就是说生。儒家发现了仁、发现了良心,以此作为道德根据,自然要说明其来源,而这

---

① 杨泽波:《贡献与终结——牟宗三儒学思想研究》第二卷,上海人民出版社2014年版,第151页。

也是孟子建立性善论的根本原因。在经历了"怨天""疑天"思潮的冲击后,天的力量大为减弱,但仍然有着很强的惯性。当儒家必须为仁和良心寻找形上根源的时候,不得不借用这个思想资源。因此,儒家将仁和良心的根据归到上天,与天联系在一起,不过是"借天为说",以满足人的形上要求罢了。这里的"借"字十分微妙:因为是"借",所以天不是一个形上实体;因为先前天论传统的影响还在,人们又愿意以"认其为真"的方式看待它,相信仁和良心真的来自上天的赋予,所以其意义又不可低估。在这个理解系统中,心是自己的良心,性是自己良心的形上来源。心和性的不同,仅在于一个侧重从内在根据讲,一个侧重于从形上来源讲,而这个形上来源又只能从"借天为说"和"认其为真"的角度理解,绝对不能界定为形上实体。因此,心既是主观的,又是客观的;性既是客观的,又是主观的。心和性原本就是一个东西,不是两个东西,绝不能强行以主观性和客观性加以区分,进而将克治心学流弊的希望寄托于道体、性体之上,否则必然重复熊十力双重本体之误,陷在"形上幻相"之中,在牟宗三心性实际不为一的泥潭之中难以脱身。

四、杜绝心学流弊的希望不在性体而在智性

否定了性体代表客观性、心体代表主观性,等于否定了牟宗三天道性命相贯通,以性体保障心体不流向弊端的基本思路。但这也给我们提出了更高的要求,要求我们能够提供一种更为合理的办法,以替代牟宗三的方案。解决旧有问题最根本的办法是跳出固有的模式。儒家生生伦理学在这方面有自己的优势,因为它有三分法,立足于这个新维度,可以突破旧的范式,在仁性和智性的辩证关系上动脑筋、想办法。

上面讲了,牟宗三认为,心学出现流弊源于不重"性天之尊",心体缺少客观性。但依据儒家生生伦理学的三分法判断,心学流弊的根本原因不是缺少客观性,而是对仁性缺乏真正的了解。在三分法系统中,孔子之仁、孟子之良心统称为仁性,而仁性的本质是在生长倾向这个平台上渐渐形成的伦理心境。在长期形成过程中,伦理心境成为了潜意识,具有了"第二本能"的特性,平时处于隐默状态,遇事则当下呈现,人通过自身的直觉能力,可以觉知到这种呈现。一个是呈现,一个是觉知,这两个方面决定了人原本就有是非之心,原本就有道德的根据。这是仁性之所长。但仁性也有其所短,因为它的

思维方式是直觉,没有逻辑能力,只能发现自己,不能真正认识自己。心学后来出现弊端,就是由仁性的这个根本缺陷导致的,而这就是我所说的"仁性无知"。① 因此,与当下很多学者一味抬高心学的做法不同,儒家生生伦理学强调,心学在一般情况下固然可以救天下,但在特殊情况下也可能误天下,这是必须引起高度警觉的。

明末心学的流弊,按照蕺山的划分,主要有两类,一是"猖狂者",二是"超洁者"。"猖狂者"以泰州学派为代表。泰州学派追求平常、自然、洒脱、快乐的风格。这种风格与孔子"吾与点也"之语有直接关系,本身并没有什么不对,但一味追求,又会落于玩弄光景的境地。如果对良知没有真的体会,只是追求自然洒脱,就可能出现"参之以情识"之病痛。颜山农在讲会之中,满地打滚,如驴一般,口中念念有词"试看吾良知",可以说是典型的例子。"超洁者"属于另一种情况。这些人一般悟性很强,如龙溪倡言"四无",对阳明学说的把握较一般人要深刻得多。"四无"本身并不错,但如果过分强调"无"的一面,又容易使人产生趋易避难的想法。受此影响,当时不少人心无旁骛、津津乐道于良知体悟,一旦有所悟,悠然乐哉,将这种情况过分抬高,说得云山雾罩,既脱离人伦日用,又令人不知所云,流向"荡之以玄虚"之弊端。

由此说来,心学流弊的原因不是心体缺少客观性,而是"仁性无知",要防止这种情况,必须在智性和仁性的辩证关系上想办法、动脑筋。智性和仁性都是道德根据,但作用不同。仁性的作用是听从良心的命令,其本质是遵从既有的社会生活规则,做好"常人",属于伦理的性质。智性的作用是认知,其中既有外识,又有内识。外识是对与成德成善相关的外部对象的认知,内识则是对仁性自身的认知。二者相比,内识更为重要,也更为复杂。利用内识,不仅可以对仁性加以再认识,一旦发现仁性有问题,出现了异化,还可以对其加以调整,回到正确的轨道上来。这时的善已不再是"常人"之善,而是"本真"之善,脱离了伦理,进至了道德的范畴。智性在儒家生生伦理学系统中最重要的意义就在这里。这一步工作做好了,"猖狂者""超洁者"的问题就难以立身了。因为良知自是良知,情识自是情识,天底下不可能有满地打滚的良知,而"无

---

① 参见本书第四章第四节"善的异化与重回自然"(第 145—149 页);第六章第五节第四小节"儒家生生伦理学对恶的问题的理解"(第 275—279 页)。

善无恶心之体"也无非是说良知没有发用前处于隐默状态,不表现自身,既无善相,又无恶相而已,没有必要说得玄之又玄,好像只有"上根"之人才能把握似的。

从这个角度出发,朱子学理的意义就完全彰显出来了。朱子格物致知补传中"因其已知之理而益穷之,以求至乎其极"的著名论述,已经初步蕴含了这层意思。按照这种理解,朱子格物致知的思想说到底,无非是强调,人心都有"已知之理",但只此远远不够,还必须在此基础上启动智性"益穷之",直至达到其极方可为止。这个思路的合理性借助康德学理可以得到有力的证明。康德非常关注社会生活中存在的普通伦理理性,指出有了这种理性即使不教给人们新东西,人们也知道如何去做。但普通伦理理性容易出问题,面对复杂的情况容易陷入"自然辩证法"。必须对其加以哲学反思,抽象提升,使之上达到哲学的形而上学层面,成为一门真正的科学。非常明显,我上面提到以智性对仁性的再认识以杜绝心学流弊的方法,与康德的这种思路有一定的相似性:在现实生活中,因为有仁性,即使不需要新的学习,人们也知道应该如何去做;但光有这一步还不够,还必须对其做抽象提升的工作。这种抽象提升,用康德的话说,即是将普通伦理理性上升到哲学的形而上学的高度,用儒家的话说,即是"因其已知之理而益穷之",通过智性对仁性加以再认识,对仁性有一个真正的理论层面的把握。

这个问题还与启蒙密切相关。此前我曾讲过"早期启蒙"是中国文化非常奇特的现象。欧洲启蒙运动的根本精神是大胆启动理性,从宗教的束缚下解放出来。虽然文化背景不同,但类似的运动,中国早在先秦时期就大致经历过了。周灭殷后,面临的最大问题是如何解释其政权的合法性,为此周人提出了一个影响极为深远的说法,这就是"皇天无亲,惟德是辅"。后来因为统治者无法保证自身的德性却未能及时受到上天的处罚,这个说法受到了强烈的质疑,出现了声势浩大的"怨天""疑天"的思潮。这个特殊背景对孔子有直接的影响。虽然孔子个人仍然保有浓厚的信仰成分,但其思想的主流是受"怨天""疑天"思潮影响而带来的对天的冷静态度。"敬鬼神而远之"[1]这话很短,但意味深长。一方面,孔子同样敬鬼神,有很强的敬畏精

---

① (南宋)朱熹:《四书章句集注》,中华书局1983年版,第89页。

神;另一方面,他对于鬼神的态度又是敬而远之,远而离之,不以其为重点。由于这个特殊的背景,加上孔子的定位作用,中国文化早在两千多年前就从原始宗教中解脱了出来,完成了早期的启蒙,而这也是中国文化在轴心时代之后没有像其他文明那样走向宗教,始终沿着人文大道阔步向前的根本原因。

当然,这次启蒙还不够彻底。这次启蒙只是从原始宗教中解脱了出来,断了走宗教道路的可能,但宗教精神仍然没有完全消失。这在道德问题上表现得尤为明显。为了替复周礼找到可靠的思想基础,孔子创立了仁的学说。孔子讲仁的重点始终在人而不在天。这种情况到孟子有了一个明显的变化。为了说明仁的来源,孟子提出了性善的理论。为了说明善性的来源,孟子又不得不借用先前强大的天论传统,强调良心是"天之所与我者"。在这种模式下,成德成善不再是个人的事,同时也是上天的事,因为天是超越的,道德因此也具有了超越性。这种做法虽然大大加强了儒家学说的力量感,但也隐藏着很大的危险,以至于宋代之后天理成了形上实体,儒学整体上陷入到僵死的模式之中,出现了各种问题。前面所说,"猖狂者""超洁者",都是典型的例子。这时最需要做的,就是动用智性对于作为道德根据的仁性加以再认识,多问几个为什么,了解其来源、性质、优点、缺点,明白其与天的真正关系,一旦发现有问题,必须对其加以调整和改进,以期达到更好的状态,取得更好的效果。这一步工作也是启蒙,因为我们早在两千年前已完成了一次启蒙,所以这一次最好称为"二次启蒙"。只有认真完成了这次启蒙,儒家学说才能进入一个新的历史阶段,上升到一个新的历史高度。

特别需要注意,必须对儒家的这种二次启蒙与西方近代的启蒙加以严格的区别。从现象上看,这种区别是很清楚的。西方近代的启蒙是从宗教束缚下解脱出来,儒家的二次启蒙不涉及宗教问题,只是对于具有类似宗教作用的仁性的再认识,变盲从为自觉。另外,更为重要的是,西方近代启蒙虽然取得了巨大的成就,为社会带来了诸多进步,但其弊端也渐渐显现了出来。其中一个重要教训,便是没有充分意识到理性的局限性,好像只要动用理性,一切问题都可以解决,一切选择都是合理似的。儒家的二次启蒙必须认真吸取这个教训,而解决这个问题的一个有效方法,便是将经权智慧引入其中,强调智性对仁性的认识和调整,必须以经权的方式展开,必须有良好的动机,必须充分预估其后果,一句话,必须有"第二良心"。这一步工作非常重要,只有这样才既可以收获启蒙之功,使社会精神面貌大为改观,又可以避免重蹈西方启蒙运动的覆辙。

由此说来,牟宗三注意到阳明后学出现的重重流弊,设法加以解决,说明他的眼光尖锐,思想先进,远非今天高喊以心学救天下的高明哲学家们可以比拟的。他沿用天道性命相贯通的思想传统,采取分立心体与性体的做法,也说明他所坚持的已不再是传统的心学,而是"改良的心学"。但他的这种做法存在不少缺陷。这不仅是因为这必然在理论上造成心性的实际不为一,从现实上说也无法真的保障心体不流向弊端。这种情况置于明末尚可理解,蕺山就是这样做的,经过他的努力,学风确实有所改善。但在三百年后,仍然固守这种办法,讲性体,讲形著,就显得落伍了。如果今天有人在这方面犯了错误,他人对其指点说,这是你心体的错,不是你性体的错,拿出你的性体,重视"性天之尊",这些问题就可以化为乌有了。我们很难想象这种说法现在能有多大效用,甚至有权利怀疑他是不是在说梦话。正因如此,我对牟宗三的形著论一直感到难以接受,进而希望借助儒家生生伦理学的三分法,以智性对仁性加以再认识的方式,解决这一重大理论问题。

一言以蔽之,我坚持主张,杜绝心学流弊的希望不在天道,不在性体,而在智性。因此,时至今日,我们不宜再延续牟宗三的思路,刻意分割心体与性体,造成心性的实际不为一。理想的办法是回到孔子的思想结构,依据三分法区分智性与仁性,将以智性对仁性再认识这篇极具潜力的大文章做足做透。

第五节 "道德践行之呈现"的传承

一、逆觉体证与"道德践行之呈现"

除"一体"外,牟宗三对熊十力思想的继承还表现在"两现"(即"道德存有之呈现"与"道德践行之呈现")方面。这一节先处理"道德践行之呈现"。读牟宗三的著作很容易感受到,他受熊十力的影响,特别重视逆觉体证:

> 此时是要停一停。停一停即是逆回来,此时正是要安静,而不要急

迫。停一停逆回来,此不安之感即自持其自己而凸现,不顺着物欲流混杂在里面滚下去而成为流逝而不见。自持其自己而凸现,吾人即顺其凸现而体证肯认之,认为此即吾人之纯净之本心使真正道德行为为可能者。此种体证即曰"逆觉的体证",亦曰"内在的逆觉体证",即不必离开那滚流,而即在滚流中当不安之感呈现时,当下即握住之体证之,此即曰"内在的逆觉体证"。①

遇到道德问题,需要"停一停"。这种"停一停"就是要"逆回来",不再顺着物欲之流一路滚下去,而是将眼光回收,找到自己内在的道德根据。这步工作即为"逆觉体证"。牟宗三特别重视逆觉,认为这是言道德践行的本质关键。"言道德践履决不能外此'逆觉体证'之切要工夫、本质的关键,而别有更切要之工夫、更本质的关键也。"②逆觉体证是道德践行的切要工夫、本质关键,没有比它更切要的工夫、更本质的关键了。

懂得了逆觉体证,也就了解了"道德践行之呈现"。牟宗三这样写道:

> 如恻隐之心呈现,吾即可依恻隐之痛觉中之觉明而知其恻隐之心。如羞恶之心呈现,吾即可依善恶之耻觉中之觉明而知其为善恶之心。恭敬之心呈现,吾即可依恭敬之让觉中之觉明而知其为恭敬之心。是非之心呈现,吾即可依是非之察觉中之觉明而知其为是非之心。此种知皆融于各该心之自己而自知,并不形成另一个心。自知者实即各该心自己呈现时之振动而自醒。③

恻隐之心遇事定会呈现自身,人通过自身之"觉明"而知其存在;羞恶之心遇事定会呈现自身,人通过自身之"觉明"而知其存在;恭敬之心遇事定会呈现自身,人通过自身之"觉明"而知其存在;是非之心遇事定会呈现自身,人通过自身之"觉明"而知其存在。这四个排比句内部包含两个内容,一是"四心"之呈现,二是自己之"觉明"。"四心"遇事一定会呈现自身,这种呈现是就道德践行而言的,所以叫作"道德践行之呈现";人有"觉明"的能力可以知道

① 牟宗三:《心体与性体》第三册,《牟宗三先生全集》第7卷,台湾联合报系文化基金会、联经出版事业公司2003年版,第373页。
② 牟宗三:《心体与性体》第二册,《牟宗三先生全集》第6卷,台湾联合报系文化基金会、联经出版事业公司2003年版,第500页。
③ 牟宗三:《心体与性体》第三册,《牟宗三先生全集》第7卷,台湾联合报系文化基金会、联经出版事业公司2003年版,第369页。

442

"四心"在显现,从而牢牢把握住它。掌握了这两个环节,也就掌握了逆觉体证,掌握了"道德践行之呈现"。

围绕这个问题牟宗三有很多十分精彩的论述,下面两段文字尤为重要:

> 人在此可问:真有那样一个自发自律自定方向不受任何条件制约的本心吗? 茫茫生命海,波涛汹涌,何处寻觅此纯净的本心? 汝能指证之乎? 汝所说之真正的道德行为真可能吗? 当人作如此问时,吾人必须有一答复。如果茫然不能回答,即示对于道德本性无所知,而于真正的道德行为亦信不及。而吾人当有这样真正的道德行为之理想时,亦实感到这样滚下去之不安,迫切地期望有这样道德行为之出现。但如何能肯认那纯净的本心而指证与人看,使人信得及,并使自己信得及呢? 如果不能指证、肯认,则理想只是空想,永不能落实,而期望只是期望,无论如何迫切,亦攀援不着,永远挂在半空中。说到此,当知此不是推求寻觅之事。"众里寻他千百度,蓦然回头,那人却在,灯火阑珊处"。这里似乎也当有这种转机方可。

> 但转机①要靠一种朕(征)兆,一种消息。如完全无朕兆,无消息,转机亦不可能。此不能问旁人,亦不能问上帝,亦不能问外界,只问自己之存在的不安之感而已。(在此顺不安之感说,亦可借其他消息说,如恻隐之心之类。)感到顺着官觉感性制约交引滚下去不安,此不安之感即是一朕兆,一消息。此即是转机之所在。孟子即在此指证给吾人。但你不要问孟子。孟子也是在其存在的不安之感中说出这消息,指点给吾人。所以你要问他,他必打回来让你自己去问你自己是否有此存在的不安之感。若有之,即在你自己身上。若无之,问我亦无用。②

人受物欲的引诱,眼看就要堕落下去了,在这个关节点上,不能问上帝,不能问外界,只能问自己,问自己心之安与不安。此时问一问自己的内心:自己真的愿意这样堕落下去吗? 内心一定会发出一种声音,告诫自己不能这样,不能自甘堕落。向内心发问,得到了内心的回答,就做到了逆觉体证,就找到了自己的良心本心。所有这些都不超出"道德践行之呈现"的范围,都可以通过

---

① 全集本此处误为"机转",据单行本改。

② 牟宗三:《心体与性体》第三册,《牟宗三先生全集》第 7 卷,台湾联合报系文化基金会、联经出版事业公司 2003 年版,第 372 页。

"道德践行之呈现"加以说明。恰如辞家所说,众里寻她千百度,蓦然回首,那人却在灯火阑珊处。我非常喜欢出自《心体与性体》的这两段文字,认为它是"《心体与性体》中最为华彩的乐章"①。只有对道德本心有深切把握,才能写出如此生动活泼的文字,而这是那些只对儒学做对象性研究,只是堆砌文字强做文章的人难望其项背的。

不仅如此,牟宗三还将这个问题上升到了智的直觉的高度。写完《心体与性体》后不久,牟宗三发现未能充分注意康德智的直觉的问题,是该书的一大缺憾。于是付出了极大的气力,先后写作了《智的直觉与中国哲学》《现象与物自身》,对这个问题加以系统地探讨。在他看来,康德提出了智的直觉的概念,但认为人类不可能有这种能力,将其归给了上帝,极不合理。在中国哲学的传统中,人完全可以有这种能力。如果能够证明这个问题,那就可以说明中国哲学比康德哲学更为合理。他这样写道:

> 知体明觉神感神应,亦即自由自律。吾何以能知此"知体"本身耶?即依此知体明觉在随时呈露中(如乍见孺子入井,人皆有怵惕恻隐之心),其自身之震动可以惊醒吾人,遂乃逆觉而知之。其震动之惊醒吾人,如海底涌红轮,并不是感性的。因此,此逆觉而知之之"逆觉"乃即是其自身之光之返照其自己,并不是以一个不同于其自身之识心感性地、被动地来认知其自己而又永不能及于其自己之本身也。因此,此逆觉而知之,是纯智的,不是感性之被动的。此种逆觉之知即是该知体明觉之光所发的智的直觉之自照。②

道德本心(牟宗三此处称为"知体明觉")随时呈现,恰如乍见孺子将入于井,怵惕恻隐之心必然跳将出来,惊醒自己,海底涌红轮,照亮一切,想阻挡也阻挡不住。这种呈现的过程,就是切身内反的过程,也就是古人说的逆觉的过程。逆觉是向内心之觉,这种觉不是去认知孺子入井这一行为,也不是对此事进行概念的思考,而是对道德本心的逆觉之知。这种逆觉就是康德所不承认人可以有的智的直觉。这样一来,牟宗三就首次

---

① 杨泽波:《贡献与终结——牟宗三儒学思想研究》第二卷,上海人民出版社 2014 年版,第 38 页。

② 牟宗三:《现象与物自身》,《牟宗三先生全集》第 21 卷,台湾联合报系文化基金会、联经出版事业公司 2003 年版,第 105 页。

将儒家意义的"道德践行之呈现"与康德的"智的直觉"联系在了一起,而这也成了牟宗三儒学思想的最大的特色之一。在西方哲学史上,智的直觉问题有着悠久的历史,但康德对这个问题作出了自己的解释。他预设了智的直觉,但不承认人可以有这种能力。这一做法引起了很大的争议。康德之后,不管是费希特,还是谢林,都没有顺着康德的路子走。胡塞尔从现相学的角度更是将这个问题提升到了一个新高度。他不同意人只能用感官感知个别的实在的东西,其他东西需要通过思想来把握这种一般的看法,强调人不仅能够直觉到实在的东西,而且能够直觉到本质。海德格尔进一步将这个问题与"此在"联系起来。"此在"是海德格尔的中心概念,如果人们对于"此在"没有直觉,那么其理论就会形成严重的矛盾,一定程度上承认了人们对于"此在"可以有智的直觉。牟宗三关注智的直觉,与西方哲学的这一趋势刚好有相应的一面,有很高的学术含量,已引起学界的广泛注意。①

逆觉体证是儒家心学的核心内容。孔子在创立儒家学派的时候,明确提出成德成善必须做到"内省不疚",已经涉及了这个问题。孟子建构性善论,以良心为根基,良心在内不在外,要得到良心必须"反求诸己"。孔孟这些主张最重要的意义是开辟了内求的道路,将人们的视线引向内心。但这一思想在当时很难被人真正理解,经过近千年的空置,到宋代才彰显出特有的光彩。明道所言"以觉识仁"之所以为人们看重,就是因为接上了这个血脉。象山讲"悟得本心",阳明讲"吾性自足",将这个问题推向了前所未有高度。20世纪后,牟宗三大讲逆觉体证,不仅接续上了心学的语脉,更将其上升到"智的直觉"的高度。由此说来,在儒学发展两千年的历程中,"内省不疚"(孔子)、"反求诸己"(孟子)、"以觉识仁"(明道)、"悟得本心"(象山)、"吾性自足"(阳明)、"智的直觉"(牟宗三)这六个说法一线贯通,了解了这六个说法,也就了解了儒家心学的核心特征,而这一核心特征的主旨即在"道德践行之呈现"。

---

① 参见杨泽波:《贡献与终结——牟宗三儒学思想研究》第三卷第五章第三节"'自觉'的思想意义",上海人民出版社2014年版,第184—202页。

二、"道德践行之呈现"何以可能之证明

但是，受传统思想方式的局限，牟宗三的工作到此就为止了，未能对"道德践行之呈现"的原因加以充分的说明。这其实也是熊十力的问题。熊十力非常重视"道德践行之呈现"，但没有对其中的原因做进一步的分析，致使读者无法了解人为什么会有这种呈现。牟宗三绍述其师相关思想做了很多工作，但严格来说只是论述更为具体详尽而已，未能在理论上有新的突破。

牟宗三的工作有此不足，是因为他对道德本心的理解仍然是传统的，不明白其真正的来源。儒家生生伦理学有条件在这方面做一些补充。道德本心无非是孔子说的仁、孟子说的良心，在儒家生生伦理学三分法系统中统称为"仁性"。要了解仁性为什么可以通过呈现创生道德践行，首先要明白仁性究竟是什么。历史上关于孔子之仁、孟子之良心的论述不计其数。这些论述一般只是强调仁或良心是道德的本体，非常重要，甚至引用孟子的"天之所与我者"，《中庸》的"天命之谓性"来加强其力量，但这些很难算得上是对仁性的真正理论说明。换言之，历史上人们关于孔子之仁、孟子之良心的说明多是描述性的，未能上升到哲学的层面。儒家生生伦理学的一个最大不同，是不再局限于这种陈旧的方法，希望对以孔子之仁、孟子之良心为代表的仁性加以真正的理论阐释，从而得出了仁性是建基于生长倾向之上的伦理心境这一重要结论。按照这种诠释，仁性首先要有一个天生的基础，这就是生长倾向。在现实生活中，这种生长倾向又要受到社会生活和智性思维的影响，进而形成一种结晶物，这就是伦理心境。包含生长倾向是伦理心境之广义，不包含生长倾向是伦理心境之狭义。无论是广义还是狭义，仁性都只能从天生的生长倾向以及后天的社会生活和智性思维的角度来理解，舍此无法对其在理论层面得到彻底的掌握。这是儒家生生伦理学不可变更的原则。

以伦理心境解读仁性，对于说明"道德践行之呈现"有直接的帮助。这个说明须从两个步骤展开。第一个步骤是证明仁性为什么可以呈现。为此我引用了潜意识这个概念。因为伦理心境主要受社会生活和智性思维影响而成，随着这种影响的反复进行，同人的很多其他能力一样，也会渐渐衍变为一种潜意识。潜意识的最大特点是平时处于隐默状态，遇事才会表现自己。正因如

此,潜意识作为一种能力,又具有本能的特性,这种本能因为不是天生的,只能称为"第二本能"。潜意识一旦成为本能,同其他本能一样,遇事不需要想一想,自己就会冒出来,这种自己冒出来就叫呈现;呈现极其迅速,用佛教语言表达,可称刹那,用我们日常语言表达,即为当下。生活中的道德行为绝大多数都属于这种情况。见到红灯,仁性当下会告知要等一等;见到水龙头没有关好,仁性当下会告知要把它关上;见到一米线,仁性当下会告知要自觉在后面排队。这些都不是出于智性的思考,只能用本能加以解释。阳明"见父自然知孝,见兄自然知悌"的名言,讲的就是这个道理。这里的"知"不是朱子意义的格物致知之"知",而是仁性的呈现,是仁性的自己告知。见到父亲,不需要启动智性去想一想,仁性自己会冒出来,告知应当去孝。见到了兄长,不需要启动智性去想一想,仁性自己会冒出来,告知应当去悌。这个特点与认识论中的"前见""前结构"有一定的相似性。在认识领域中,时空和范畴属于"前见""前结构"。时空和范畴在认识某物的那一瞬间自己就启动了,从而使认识事物成为可能。在道德领域,同样有"前见""前结构",仁性担负的就是这种功能。仁性因为有这种特性,一旦与外物相接,一定会冲在最前面,表明自己的态度,提供是非的标准,从而使成德成善有其依据。

第二个步骤是证明人有"内觉"的能力,可以知道仁性正在呈现。"内觉"是人的一种能力,有了这种能力,人无论做什么自己都知道。吃饭的时候知道自己在吃饭,开车的时候知道自己在开车,想问题的时候知道自己在想问题,同样道理,道德本心呈现的时候也知道它在呈现。阳明心学特别强调"良知自知",其实就是说,良知在发动的时候自己是知道的,不需要他人告知,不需要他人提醒。要证明人有"内觉"能力,能够觉知仁性在呈现,可以从两个方面着手。从理论上看,人必须有"内觉"的能力,才能认识自己。认识自己是人的终极理想,但在此之前必须了解自己是存在的。这种了解不能靠他人告知,也不能将其归于某个更高的存在者,否则其基础就不牢固。从现实上看,人必须有这种能力,能够觉知到自己的道德根据,道德才能成为可能。现实生活中时时处处都有道德行为,这些道德行为绝大部分是真实的,不是编造出来的。我们自己也做过大大小小的善事,我们能够这样做,说明我们对于自己的内在道德根据是有直觉能力的,可以把握住良心本心,听到它的指令。如果连这些都不承认,那么生活中那么多道德行为就完全无法解释了。这个道理也可以得到佛教唯识宗和西方现相学的证明。唯识宗很早就看到,人除了有"见分"和"相分"以达成对世界的认识外,一定还有一种"自证分",以感知自己正在从事这项活动。现相学也注意到,意向必然指向一个对象,而人一定还有一种"自我意识",可以感知这种意指活动正在进行。仁性同样属于这种情况。人必须有"内觉"能力,可以觉知仁性的呈现,否则不可能有自觉的道德行为。

要之,儒家生生伦理学的一项基础性的工作,是将仁性解读为伦理心境,这种解读为说明"道德践行之呈现"何以可能创造了良好的条件。仁性是在生长倾向基础上形成的伦理心境,在其形成过程中渐渐成为了潜意识,具有了本能的特性。像人的其他本能遇到相应情况一定会表现自己一样,仁性作为"第二本能"在道德场景中也一定会呈现自己,与此同时,人还有"内觉"的能力,可以知道这种呈现正在进行,从而把握住自己的道德根据。一个是仁性属于潜意识,具有本能的特性,遇事接物定会呈现自身;一个是人有"内觉"的能力,可以觉知这种呈现。这两个方面合起来,即是"道德践行之呈现"何以可能的深层原因。这样,儒家生生伦理学就在熊十力、牟宗三的基础上对这个问题作出了自己的说明,将相关研究往前推进了一步。

三、门庭狭窄化的延续

牟宗三不仅对"道德践行之呈现"有深刻的体会,而且进一步以此作为判教的标准,以评判不同学派的高低上下。牟宗三对朱子的诸多不满,说到底是嫌朱子在这方面做得不好,不懂逆觉体证:

> 若原则上认定"先有见"即是如此,而根本反对此"先有见"之本质的转进,且断定其即为"禅家之说",则大不可也。夫此义理间架乃先秦儒家所本有,中国佛家喜言真常心而成为华严、禅,乃根本是中国心灵之反映,是孟子灵魂之再现于佛家,此则吾已言之矣。今朱子久失故物,认非本有,全推给禅家,此亦不幸之甚矣![1]

---

[1] 牟宗三:《心体与性体》第三册,《牟宗三先生全集》第7卷,台湾联合报系文化基金会、联经出版事业公司2003年版,第225页。

根据儒家心学的道理,一定要承认"先有见",不承认这一点,就是不承认人有道德本心。朱子于此掌握不透,做得不好。

以此为基础,牟宗三对朱子提出了严厉批评:

> 明道就道体性体言天理实体亦不能与格物穷理连在一起说。……此所以明道很少言格物,即偶尔言之,其义亦殊特,即纯从体之朗现,体之直贯言,并无认知的意义,而濂溪、横渠言工夫且无一语道及格物也。而承明道而来之胡五峰即正式言"逆觉体证"为工夫入路,不言格物穷理以致知也。陆、王无论矣。即刘蕺山言工夫亦只在由慎独以呈现意知心体,由心体以浸澈"於穆不已"之性体,不言认知意义的格物穷理也。惟朱子继承伊川之思理大讲致知格物,走其"顺取"之路,力反"逆觉"之路。伊川、朱子所以如此者,正因其对于道体性体只简化与汰滤而为"存有"义与"所对"义之"理"字。此为言道体性体之根本的转向。①

明道从不把道体、性体与格物致知连在一起,五峰则正式讲逆觉体证,象山、阳明遵循的也是同一原则。唯独朱子继伊川之后,以格物穷理言道体、性体。格物穷理虽能成就知识,但无助于成德成善。没有人能够由格物穷理来肯认上帝,也没有人能够由格物穷理来体认自己内在的道德本心。象山、阳明和五峰、蕺山无一例外都非常重视逆觉体证,唯独朱子继承伊川的思路,大讲致知格物,走顺取之途,造成言道体、性体的根本转向。

有鉴于此,牟宗三直接判定朱子为"旁出"。前面讲过,牟宗三根据宋明儒学对于先秦几部重要典籍的不同理解,将五峰、蕺山与象山、阳明划分开来,各成一系。五峰、蕺山既讲性,又讲心,学理最为全面,象山、阳明只讲心,不重性,学理略微狭窄。这两系一个是从《论语》《孟子》往上讲,一个是从《中庸》《易传》往下讲,一往一复,形成一个圆圈,皆为纵贯系统,为儒学正宗。除此之外,先秦还有一部《大学》,此书多有争议,但可以肯定的是,其基本义理与前面四部著作思路不同。朱子顺伊川的思想发展,特重《大学》,走的就是这条路线。伊川对客观面的性与天道有一定的认识,对主观面的心则没有相应

---

① 牟宗三:《心体与性体》第一册,《牟宗三先生全集》第 5 卷,台湾联合报系文化基金会、联经出版事业公司 2003 年版,第 85—86 页。

的体会,既不同于北宋前三家,又不能与先秦儒家相呼应,重点落在致知格物上,完全顺着《大学》的路子走。这一思想为朱熹所欣赏、所继承、所发展。受其影响,朱子的学理将知识问题与道德问题混杂在一起,道德不能显明,知识亦不能彰显,为横摄系统,故为"旁出"。

当然,牟宗三判朱子为旁出,并不是完全否认其学理意义。他曾拟定过一个方案,以实现两个不同学派的融合:

> 假定对于纵贯系统已透澈,则此横的静摄系统可为极有价值之补充。假定此在发展中被完成之纵横两度相融而为一完整之系统,则纵贯为本,横摄为末;纵贯为经,横摄为纬;纵贯为第一义,横摄为第二义。就个人之生长言,假定先把握横摄系统,则此只为初阶,而非究竟,必上升而融入纵贯系统中始可得其归宿而至于圆满。假定先把握纵贯系统,则必该摄横摄系统始可得其充实。假定两相对立,欲以横摄系统代替纵贯系统,以为只此横摄系统是正道,纵贯者为异端,非正道,则非是。假定两相对立,以为只此纵贯系统即已足(形式上是已足),斥横摄者为支离,为不见道(自究竟言是如此),而不能欣赏其补充之作用与充实上之价值,则亦非是。①

儒家共有两个系统,一个是纵贯系统,一个是横摄系统。纵贯系统掌握住了,还应该将横摄系统好的内容吸纳进来。在这个完整的系统中,纵贯为第一义,横摄为第二义,纵贯为本为经,横摄为末为纬。就一个人而言,如果先把握了纵贯系统,还须再融入横摄系统。反之,如果先把握了横摄系统,亦须再融入纵贯系统。"此两形态显然有异,但以直贯横,则融而为一矣。"②"最高综和形态是在以纵摄横,融横于纵。"③在牟宗三看来,儒学最高的形态是把以孟子、象山、阳明为代表的纵贯系统和以伊川、朱子为代表的横摄系统(牟宗三在这里没有讲到荀子)合并起来,成为一个新的系统。

如何看待牟宗三上述思想,对后人是一个很大的挑战。经过长期思考,我

① 牟宗三:《心体与性体》第三册,《牟宗三先生全集》第7卷,台湾联合报系文化基金会、联经出版事业公司2003年版,第57页。
② 牟宗三:《从陆象山到刘蕺山》,《牟宗三先生全集》第8卷,台湾联合报系文化基金会、联经出版事业公司2003年版,第80页。
③ 牟宗三:《心体与性体》第三册,《牟宗三先生全集》第7卷,台湾联合报系文化基金会、联经出版事业公司2003年版,第388页。

得出了不同的看法。首先,我不赞成牟宗三判定朱子为旁出。我一贯主张,自孔子创立儒学之始,其内部即是三分的结构,除欲性外,仁性和智性都是道德的根据。仁性重逆觉体证、"体悟本心",智性重格物致知、"读书讲论"。沿着仁性的路线走,有了后来的心学,象山、阳明走的是仁性的路线,沿着智性的路线走,有了后来的理学,伊川、朱子走的是智性的路线。从这个意义上说,无论是象山、阳明还是伊川、朱子,在学理上都渊源有自,都可以在孔子那里找到根据,其间只有学术特点之分,没有正宗旁出之别,绝不能轻易判定何为正宗,何为旁出。牟宗三的问题就出在这里。他判定朱子为旁出,表面看立场坚定,旗帜鲜明,其实并不合理。这里的关键还在是否承认孔子仁智双全的思想结构。这一环事关重大。有了这个前提,我们自然就会明白,如果说朱子不合于孔子之仁性是旁出的话,那么象山、阳明同样不合于孔子之智性也未必不是旁出。①

　　另外,我也不同意牟宗三的综合方式。上面讲了,牟宗三虽然判朱子为旁出,但还是拟定了"以纵摄横,融横于纵"的方案,希望将其综合进来。从表面看,这个问题已经解决了,后人已经没有多少话可以说了。其实不然。从儒家生生伦理学三分法的视角看,牟宗三这种综合很难说是一个好的方案。对于牟宗三这种做法,朱子一系必然不服,一定会抱怨说,你要综合,我没意见,但为什么你是正宗,我是旁出呢? 难道只有你在孔子那里有学理渊源,我则是孤魂野鬼,无凭无据吗? 与其如此,不如认真分析孔子的思想,从中分疏出智性、欲性、仁性三个要素,承认仁性和智性都是道德的根据,各有各的作用,各有各的

---

　　①　卢雪崑于此对我提出了严厉批评,指出:"象山、阳明岂有只言'仁'而不言'智'?! 牟先生判伊川、朱子之为旁出,又岂在其言'智'?! 心学理学之争要害何在?! 依孔子,'道德的根据'何在?! 在'仁'。凡将孔子言'仁'认坏了的,即是旁出。杨教授本人连孔子言'仁'之大旨都违离了,又凭什么能指责牟先生'强行划分正宗与旁出'呢?!"(卢雪崑:《牟宗三哲学——二十一世纪启蒙哲学之先河》,台湾万卷楼图书公司 2021 年版,第 429 页。)意思是说,象山、阳明并非不言智,伊川、朱子也并非不言仁。牟宗三判伊川、朱子为旁出,是因为他们把孔子的仁认坏了,这种"认坏了"就是旁出。前面第六、七、八章反复讲过,象山、阳明包括之前的孟子并非不讲学习认知,不讲智,但他们并不承认智性对于成德成善的作用。同样道理,伊川、朱子包括之前的荀子也并非不讲仁,其著作中关于仁的论述比比皆是,但他们对于仁的体会不透。如果因为伊川、朱子对于仁的体会不透,"认坏了",就判其为旁出的话,那么象山、阳明虽然也讲智,但同样没有讲好,也是"认坏了",那是不是也要判其为旁出呢? 可见,关键不在判谁为旁出,而在是否承认孔子思想有仁智两个方面,由此分别开出仁性之流和智性之流。

意义,更为合理可靠。果真如此,我们就可以看到,孟子、象山、阳明源于仁性,荀子、伊川、朱子源于智性,都有自己的学理依据。牟宗三重视逆觉体证,对"道德践行之呈现"有深切的体会,精彩的表述,说明他继承了其师的思想,接续上了仁性的血脉。但这不能成为不重视甚至排斥智性的理由。真理哪怕向前跨越一小步都会变为谬误。牟宗三判定朱子为旁出就是这种典型的案例。他察觉到朱子学理内在的问题,对其展开批评,自然有其道理,但这种批评只能站在仁智双全的立场上,不能站在仁性的立场上。牟宗三不是这样,他是以仁性作为标准来衡量朱子学理之得失的,过分夸大了仁性的意义,轻视了智性的作用。这种做法,仍然是受到了宋明儒学门庭狭窄化误判的影响。遗憾的是,这个问题现在并没有引起人们足够的重视。牟宗三之后,人们频繁引用正宗和旁出的说法,有人高抬荀子贬抑孟子①,有人高抬心学贬抑理学②,这些做法都不尽合理,都是门庭狭窄化的延续,从特定意义上说,都是非常危险的信号。

第六节　"道德存有之呈现"的传承

一、从"道德存有之呈现"到智的直觉

道德之心是活泼泼的实体,有极强的创生性,不仅可以创生道德践行,还可以创生道德存有。这种活动也是通过呈现实现的,这种呈现即为"道德存有之呈现"。牟宗三这样写道:

> 性体纯然至善,人人所固有,只争呈现不呈现耳。善反而复之,则呈现而起用。不能善反而复之,则潜隐而自存。所谓"呈现起用",宇宙论地说,即成宇宙之生化(天地之化),实践地言之,即成道德之创造,道德行为之纯亦不已。③

---

① 参见本书第三章第六节"'性朴说'商议"(第105—116页)。
② 现在持这种主张的不在少数,即使一些颇有自己思想的学者也难以幸免。张祥龙亦在其中,他认为:"回顾儒家学说的发展,'孔孟'(实际上是以孔子、曾子、子思、孟子为主导的一脉)开创了先秦儒学的正宗,而另一些儒者比如荀子就不在这个正宗之中。"(张祥龙:《儒家心学及其意识依据》,商务印书馆2019年版,第428页。)
③ 牟宗三:《心体与性体》第一册,《牟宗三先生全集》第5卷,台湾联合报系文化基金会、联经出版事业公司2003年版,第529页。

牟宗三继承熊十力的思路,将道德之心的发用分为两类:一类是道德之心在道德境遇下表现自己,告知如何去做,创生道德践行;另一类是道德之心从自己的角度观察宇宙万物,将自身的价值和意义赋予其上,创生道德存有。二者都是"呈现起用"。前者为"实践地言之",与之相应是"道德践行之呈现",后者为"宇宙论地说",与之相应的是"道德存有之呈现"。此处"宇宙论地说"指的就是"道德存有之呈现"。

"宇宙论地说"又叫"本体宇宙论地说":

> 元是始、是首、是一价值观念。直下能继复而呈现此生道、生理便是一个好的开始,亦且是众善之长、万善之源。此是提起来超越地说。"万物皆有春意,便是继之者善也"。此是落实于万物而内在地说,即由万物之春意、生意、生机洋溢即可指点出生道、生理之无所不在,见生道、生理之"於穆不已",此亦是"继之者善也"。此皆是本体宇宙论地说"继"说"善"。①

"本体宇宙论地说"比前面讲的"宇宙论地说"更为具体,但没有本质的区别。牟宗三强调,道德之心是始、是首,是一生道、生理。这一生道、生理是众善之长、万善之源,有了这一生道、生理,万物才有春意、生意。无论是"宇宙论地说"还是"本体宇宙论地说",这些说法明显都是顺着熊十力的思路走的,是其"道德存有之呈现"的具体化和形象化。

在牟宗三看来,这种"本体宇宙论地说"的思维方式即是康德所不承认人类可以具有的智的直觉:

> 吾人如果单就我们为一现实的有限存在而看我们的现实机能,我们向何处去找得智的直觉这一机能呢? 如果我们不就我们的道德意识而体证我们的本心以为无限心,就此无限心之明觉以言智的直觉,则无处可以得之。知体②明觉神感神应,自由自律。如果它真是自由自律的,其为无限心也必矣。如果它真是无限心,则其有智的直觉也亦必矣。③

---

① 牟宗三:《心体与性体》第二册,《牟宗三先生全集》第6卷,台湾联合报系文化基金会、联经出版事业公司2003年版,第53—54页。

② 全集本此"体"字误为"觉",据单行本改。

③ 牟宗三:《现象与物自身》,《牟宗三先生全集》第21卷,台湾联合报系文化基金会、联经出版事业公司2003年版,第109页。

我们知道,牟宗三注意智的直觉这一问题是写完《心体与性体》之后。在他看来,康德提出的智的直觉的概念有很强的学理价值,可惜他否认人类可以有这种能力,把它归给了上帝。中国人从不这样想问题,完全承认人可以有这种能力。人对于自己本心的把握即是这种思维方式。牟宗三强调,本心即是无限心,无限心的思维方式不是感性的,而是智的直觉,除此之外我们还能到哪里去找智的直觉呢?①

特别有趣的是,牟宗三提出,因为儒家承认人可以有智的直觉,所以儒家由此而成的存有论不再是执的存有论,而是无执的存有论。他说:

> 中国无静态的内在的存有论,而有动态的超越的存有论。此种存有论必须见本源,如文中所说儒家的存有论(纵贯纵讲者)及道家式与佛家式的存有论(纵贯横讲者)即是这种存有论,吾亦曾名之曰"无执的存有论",因为这必须依智不依识故。这种存有论即在说明天地万物之存在,就佛家言,即在如何能保住一切法之存在之必然性,不在明万物之构造。此种存有论亦函着宇宙生生不息之动源之宇宙论,故吾常亦合言而曰本体宇宙论。②

西方哲学讲存有从"是"或"在"字入手,分析物是如何存在的,有什么样相和特征。在这种存有论中,范畴有重要的意义。西方的存有论离不开范畴,这其实是一种执,即执于范畴。中国没有西方这种意义的存有论,但有自己的存有论。这种存有论的重点在于明了一物所以存在的超越存在之理。这种存有论不再执于范畴,所以是无执的存有论。所谓"无执"简单说就是不执于范畴。

中国哲学是无执的存有,西方哲学是执的存有,两个方面各有道理,各有

---

① 学界对这个问题的理解多有分歧。一般来说,经过多年的消化,人们已经认识到了牟宗三所说的智的直觉与康德所说的智的直觉不是同一个意思,承认对于本心仁体的体认(即所谓"自觉")是一种智的直觉。但除此之外,牟宗三认为,智的直觉还表现在"觉他"方面。"觉他是觉之即生之,即如其系于其自己之实德或自在物而觉之"(牟宗三:《智的直觉与中国哲学》,《牟宗三先生全集》第20卷,台湾联合报系文化基金会、联经出版事业公司2003年版,第258页),意即本心仁体影响宇宙万物,创生道德的存有也是通过智的直觉进行的,其思维方式也是智的直觉。这个问题争议很大,是牟宗三研究的一个重要难点。

② 牟宗三:《圆善论》,《牟宗三先生全集》第22卷,台湾联合报系文化基金会、联经出版事业公司2003年版,第328页。

意义。将这两个方面合起来,就有了两层存有,即无执的存有和执的存有:

> 依此,我们只有两层存有论:对物自身而言本体界的存有论;对现象
> 而言现象界的存有论。前者亦曰无执的存有论,"无执"是相应"自由的
> 无限心"(依阳明曰知体明觉)而言。后者亦曰执的存有论,"执"是相应
> "识心之执"而言。……现象的全部由识心之执所挑起,它们可间接地统
> 摄于无限心而为其权用。心外无物。识心之外无现象,真心之外无物自
> 身。如果识心与现象俱是真心之权用,则它们皆因依止于真心而得到其
> 归宿以及其必然性。①

两层存有中首先是无执的存有,其次是执的存有。无执的存有相对于自
由无限心即真心而言,其思维方式是智的直觉,所以其对象是物自身;执的存
有相对于认知之心即识心而言,其思维方式不是智的直觉,所以其对象是现
相。二者相比,无执的存有更为重要。后来,在《中国哲学十九讲》中,牟宗三
又将这一思想纳入《大乘起信论》"一心开二门"的格局之下。此时牟宗三强
调,因良知、本心所现而成的存有,是无执的存有、物自身的存有;因感性和知
性所现而成的存有,是执的存有、现相的存有。这一义理刚好合于《大乘起信
论》"一心开二门"的架构。在这个格局下,人既有道德之心,又有认知之心。
道德之心的思维方式是智的直觉,其创生的是物自身的存有,认知之心的思维
方式不是智的直觉,其创生的是现相的存有。总之是两层存有,一层是道德之
心创生的无执的存有、物自身的存有,一层是认知之心创生的执的存有、现相
的存有。

二、一个亟待讨论的问题:"物自身"还是"善相"

对于牟宗三将"道德存有之呈现"的思维方式理解为康德意义的智的
直觉,将其创生的对象称为物自身的做法,我一直心存疑虑,始终在思考
这样一个问题:道德之心创生的那个存有对象真的可以称为物自身的存
有吗?

要理清这方面的问题,需要回到康德智的直觉的基本内涵上来。在西方

---

① 牟宗三:《现象与物自身》,《牟宗三先生全集》第21卷,台湾联合报系文化基金会、联经
出版事业公司2003年版,第40—41页。

哲学中,智的直觉是一个老问题,早在古希腊就有了。康德对这个问题进行了自己的阐发。在康德那里,智的直觉与感性直觉相对。感性直觉有两个要素,一是它的形式性,即时间和空间,二是它的质料性,即必须有对象的刺激以获得质料。康德讲智的直觉主要与质料的来源有关。在他看来,智的直觉是能够提供质料杂多的直觉,所以是"本源的直观(觉)"。因为人类必须依靠客体的刺激才能形成认识,所以不可能有这种智的直觉。[①] 不过,考虑到理性的实践利益,康德还是为其保留了一席之地,只是将其留给了上帝。因为要保障理性的实践利益,必须悬设上帝、自由、灵魂,而上帝、自由、灵魂属于本体范畴,经验无法证实,需要保留一种与之相应的直觉,这就是智的直觉。

遗憾的是,牟宗三一开始就没有从这个意义上理解,而是将智的直觉解读为一种不需要借助认识形式,具体说就是无需范畴(包括时空)的思维形式。牟宗三有这种想法由来已久,甚至可以追溯到20世纪30年代末。据他回忆,他当时在西南联大有一个讲演,主题是建立范畴、废除范畴。牟宗三说:

> 我说此义是以中国哲学为根据的。我当时亦如通常一样,未能注意及康德随时提到智的直觉,与直觉的知性,我只随康德所主张的时空以及范畴只能应用于经验现象而不能应用于物自身(这是大家所知道的),而宣说此义。现在我细读康德书,知道两种知性,两种直觉的对比之重要,即从此即可真切乎此义。此为康德所已有之义,只是他不承认人类有此直觉的知性而已。但在神智处,范畴无任何意义,范畴即可废除。假若在人处亦可有此直觉的知性、智的直觉,范畴亦可废除。废除范畴有何不可思议处?[②]

这段材料是我首次发现的,此前未见别人用过,有很强的史料价值,有助于消除围绕在智的直觉问题上的重重迷雾。牟宗三讲建立范畴,废除范畴,是因为在他看来,如果没有智的直觉,人的认识就需要有范畴;因为有范畴,所以认识就要受到影响,只能达到现相,不可能达到对象自身。反之,如果有了智的直觉,人的认识就不需要范畴;因为没有范畴,所以认识就可以不受影响不

---

① 参见邓晓芒:《牟宗三对康德之误读举要(之二)——关于"智性直观"》,《康德哲学诸问题》,生活·读书·新知三联书店2006年版,第297—318页。

② 牟宗三:《智的直觉与中国哲学》,《牟宗三先生全集》第20卷,台湾联合报系文化基金会、联经出版事业公司2003年版,第195页。

必停留于现相之上,从而直达对象自身了。虽然牟宗三当时还未涉及智的直觉的问题,但这个话题与其后所说的智的直觉密切相关。牟宗三后来对于智的直觉的理解,其思路早在 20 世纪 30 年代末就已经确定了,其后再无原则性的更改。

基于这种理解,牟宗三进而强调,与这种不需要范畴的思维方式相对应的那个对象,就是物自身:

> 通过与来布尼兹及拉克的区分之比较以及此最后之说明,我们很可以知道"物自身"(物之在其自己)一词之意义。至少我们消极地知道所谓物自身就是"对于主体没有任何关系",而回归于其自己,此即是"在其自己"。物物都可以是"在其自己",此即名曰"物自身",而当其与主体发生关系,而显现到我的主体上,此即名曰"现象"。①

这是一段十分重要的表述,从中可以摸索到牟宗三的基本思路。在牟宗三看来,一物与主体发生关系,显现于主体之上,因为必然受到范畴的影响,所以这个对象即为现相;一旦与主体没有任何关系而回归于其自己,即不受范畴的影响,这个对象便为物自身。所谓物自身即是"物之在其自己"(thing in itself, or things in themselves)。"物之在其自己",简单说,就是对于主体没有任何关系,而回归于其自己的意思。

牟宗三特别关注这个问题,反复强调道德之心创生存有的思维方式是不需要范畴的,这种思维方式就是智的直觉。牟宗三这方面的论述前面已有引证,为加强论证力度,再引一段:

> 知体明觉之感应既是无限心之神感神应(伊川所谓"感非自外也"),则感无感相,应无应相,只是一终穷说的具体的知体之不容已地显发而明通也。即在此显发而明通中,物亦如如地呈现。物之呈现即是知体显发而明通之,使之存在也。故知体明觉之神感神应即是一存有论的呈现原则,亦即创生原则或实现原则,使一物如如地有其"存在"也。②

牟宗三区分了两种不同的思维方式。一是物感物应,这是外物感应于我,

① 牟宗三:《智的直觉与中国哲学》,《牟宗三先生全集》第 20 卷,台湾联合报系文化基金会、联经出版事业公司 2003 年版,第 135—136 页。
② 牟宗三:《现象与物自身》,《牟宗三先生全集》第 21 卷,台湾联合报系文化基金会、联经出版事业公司 2003 年版,第 103 页。

因为必须借助范畴,所以感有感相,应有应相。二是神感神应,这是无限心不容已地显发而明通,这种显发而明通不受任何认识形式的限制。这种思维方式在传统中叫作神感神应,在今天则可以叫作智的直觉。

通过上面的梳理,我们大致摸清了牟宗三在智的直觉这个问题上的思路。如前所述,康德意义的智的直觉是一种"本源的直观(觉)",是需要客体刺激以形成质料杂多的直觉。牟宗三没有主要从这个渠道进入,而是将其解读为一种不需要范畴的思维方式。在他看来,验证是否为智的直觉,关键在于范畴之有无:有范畴即不是智的直觉,无范畴即是智的直觉。如果是智的直觉,因为不需要借助范畴,其对象就是物自身了。巧的是,牟宗三注意到,道德之心创生存有是通过呈现进行的,这种呈现不需要借助范畴,所以便"理所当然"地认定这种思维方式就是智的直觉,而其创生的对象就是物自身了。综括而言,牟宗三对康德智的直觉这一概念的理解有所失误,其思想内部有这样一个逻辑关系:

第一步,未能注意康德是在"本源的直观"意义上讲智的直觉的,误将其理解为一种无需范畴的思维方式,并将由此形成的对象叫作"物自身";

第二步,看到道德之心创生存有不需要借助范畴,由此认定这种思维方式就是康德不承认人类可以具有的智的直觉;

第三步,因此,宣称道德之心创生存有的对象即为物自身,并由此将两层存有叫作物自身的存有和现相的存有。

这三步中,第一步是大前提,第二步是小前提,第三步是结论。因为大前提和小前提都有错误,结论自然也就不正确了。关于大前提,前面已有说明,牟宗三误解了康德智的直觉的概念,将"本源的直观"误解为无需时空和范畴的思维方式。这是牟宗三相关思想陷入误区的基础。而小前提的错误更为严重,这个问题聚焦在这样一个核心点上:道德之心创生存有因为不是认知问题,当然不需要借助范畴,但这并不能代表其创生的那个对象没有受到道德之心的影响。道德之心创生存有,本质是道德之心影响宇宙万物的存在,使原本没有道德意义的山河大地、一草一木染上道德的色彩。既然染上了道德的色彩,其思维方式就不再是智的直觉(不管是康德意义的,还是牟宗三意义的),其对象早已脱离了物自身的性质。因为牟宗三认为道德之心创生存有无需范畴,其思维方式是智的直觉,而与智的直觉相对的对象是物自身,所以认定道德之心创生的那个存有的对象不再是现相,而是物自身了。这是牟宗三反复讲道德之心可以创生物自身存有的最根本的理据。但是这个看法是完全立不住的。

下面一段材料很能说明问题:

中国人在过年节时贴门对儿,就有"万物静观皆自得,四时佳兴与人同"的说语,此中实已蕴含了无限的哲学义理。"万物静观皆自得"不正指的是物之在其自己吗?这并非指现象,亦非指科学知识。孟子曾说:"君子所性,仁义礼智根于心,其生色也睟然见于面,盎于背,施于四体,四体不言而喻。"从其"生色也睟然见于面,盎于背",则身体的整个气象就完全不同了。此时的四肢百体不只是现象,而同时也是物自身。①

"万物静观皆自得,四时佳兴与人同"是明道的诗句,大意是说,有德的人通过静观,可以得到万物的意义,人感受到了这种意义,也就体会到了与万物的一致,达到了与万物同体的境。② 从道德存有论的角度出发,要理解这两句必须明白万物本身没有意义,之所以有意义是因为得到了道德之心的赋予。但问题在于,牟宗三认为,因为道德之心赋予万物以意义的思维方式是智的直觉,而与智的直觉相对应的是物自身,所以这个对象就不再是现相,而是物自身(物之在其自己)了。"'万物静观皆自得'不正指的是物之在其自己吗"这一表述所要说明的就是这个意思。令人困惑不解的是,既然万物已经得到了道德之心的赋予,受到了道德之心的影响,就说明万物已经带有了道德的色彩,怎么还能叫物自身,叫物之在其自己呢?这种思维方式如何能与康德意义的智的直觉画等号呢?

既然道德之心创生存有的思维方式不是康德意义的智的直觉,那么它究竟是什么,应该如何将其归类就成了问题的关键。我在反复比较后方才明白,其实它只大致相当于"胡塞尔现相学意向性的直接性"。这个用语是我在《贡献与终结——牟宗三儒学思想研究》中首次正式提出来的,意在指明,牟宗三所说的智的直觉,其实只是胡塞尔现相学所说的那种意向性的直接性。在胡

---

① 牟宗三:《中国哲学十九讲》,《牟宗三先生全集》第29卷,台湾联合报系文化基金会、联经出版事业公司2003年版,第310页。
② 参见本书第五章第四节第二小节"'仁者浑然与物同体'的道德存有论解读"(第208—214页)。

塞尔那里,意向指向对象是直接进行的,不需要借助范畴这一认识形式。牟宗三所理解的不需要借助范畴的思维方式,其实就相当于这种意向的直接性。①有了这个基础,我们就会明白,牟宗三关于物自身存有的一系列说法,是完全立不住的。去除诸多不必要的环节,道理说来并不复杂。道德之心创生存有虽然不是认识问题,不需要借助范畴,但这一活动本身就是用道德之心影响外部对象,使其带有道德之心的痕迹,所以其对象早已脱离了物自身的身份,进入到了现相的范畴。因为这种现相不是由认知之心而是由道德之心创生的,所以是一种特殊的现相;又因为这种现相与道德相关,而道德关乎善,所以这种特殊的现相可以称为"善相"。这个关系理顺了,两层存有的问题也就清楚了。因为人有道德之心,又有认知之心,道德之心和认知之心都可以影响宇宙万物,创生自己的存有,所以有两层存有。由道德之心创生的存有为可以叫作"善相"的存有,由认知之心创生的存有可以叫作"识相"的存有。"善相"和"识相"都属于广义的"现相",而不是物自身。

这个问题隐藏得极深。牟宗三耗尽半生心血讲智的直觉,讲物自身的存有,语句艰涩,逻辑缠绕,义理曲折,把半个学术界都套了进去,蒙在了鼓里。这么多年了,这么多人研究牟宗三,其中不少人还是从事康德哲学研究的专家,但从没有人看出这里的破绽,指明牟宗三一再强调的道德之心创生存有的思维方式不是康德意义的智的直觉,其对象不是物自身,而是一种特殊的现相,即所谓"善相"罢了。每每想到这里,都令人心生感慨,唏嘘不已。

三、另一个亟待讨论的问题:"天心"还是"仁心"

牟宗三的道德存有论还有一个谁是创生道德存有的主体(承担者)的问题。围绕这个问题,牟宗三有两种不同说法:

> 这普遍性是由"体天下之物"或"视天下无一物非我"而规定,这就是仁心之无外。故此普遍性是绝对而具体的普遍性,非抽象的类名之普遍

---

① "胡塞尔现相学意向性的直接性"是我非常重视的一个概念,在我看来,牟宗三汲汲以求的"智的直觉"其实就是这种意向性的直接性。(参见杨泽波:《贡献与终结——牟宗三儒学思想研究》第三卷第五章第四节"'觉他':牟宗三儒学思想之谜",上海人民出版社2014年版,第202—250页。)后来我又将这个概念引入《儒家生生伦理学引论》(商务印书馆2020年版)之中,以说明牟宗三何以在这个问题上有重大失误。参见该书第四十六节第二小节"道德存有意义的呈现与'胡塞尔现相学意向性的直接性'",第309—312页。

性。"圣人尽性"即尽的这仁性,尽仁性即尽仁心。故云:"孟子谓尽心则知性知天,以此。""天大无外",性大无外,心亦大而无外。此无外之心即"天心"也。天无外、性无外,是客观地说,心无外是主观地说。而天与性之无外正因心之无外而得其真实义与具体义。①

这里分别提到"天心"和"仁心",进而有"天心无外"和"仁心无外"两个不同说法。创生道德存有的是"仁心",由此可以讲"仁心无外"。"仁心"上通天道,"仁心"即为"天心",由此又可以讲"天心无外"。此段最后一句"天与性之无外正因心之无外而得其真实义与具体义"需要细细推敲。它是说,天与性具有普遍性、遍在性,这种普遍性、遍在性就是"体天下之物""视天下无一物非我"。但这一步工作实际的承担者是"仁心",即所谓"因心之无外而得其真实义与具体义",因此"天大无外"的真实意义是"心亦大而无外"。"天大无外"是客观地说,"心亦大而无外"是主观地说。

基于此,牟宗三强调"天心"与"仁心"称谓有别,实则为一:

> 心即天心也。惟神与心始可说寂感。说"天命流行之体",乃至说"创生之实体",是形式地说,客观地说,说心、说神、说寂感是实际地说,内容地说,亦是主观地说。此即明此"於穆不已"之实体不只是理,亦是心,亦是神,总之亦可曰"寂感真几"(creative reality = creative feeling)。此是此实体在本体宇宙论处为心理合一、是一之模型。若道德自觉地言之,便是孟子所说之本心或良心。心即理,此是那心理是一之模型之实践地彰著。②

天是超越的创生实体,在这个创生实体中有心。这种既有天,又有心的系统,就叫"天心"。"天心"这个概念之所以重要,是因为它讲到了天,又讲到了心。天命流行之体的真实意义必须由心来证实。总之,"天心""仁心"实为一个心,不能相互分割。"心即天心"由此成为了心理是一之学理的基本模型。尽管牟宗三有此说明,强调"天心""仁心"不能分立为二,其实为一,但这毕竟是两个不同概念,一个主天,一个主人。人们难免要进一步追问:创生道德存

---

① 牟宗三:《心体与性体》第一册,《牟宗三先生全集》第5卷,台湾联合报系文化基金会、联经出版事业公司2003年版,第561页。

② 牟宗三:《心体与性体》第三册,《牟宗三先生全集》第7卷,台湾联合报系文化基金会、联经出版事业公司2003年版,第84—85页。

有的那个主体,那个承担者,刨根问底,究竟是"天心",还是"仁心"? 这个问题解决不好,很容易被人批评有双重本体之误。①

儒家生生伦理学与牟宗三的看法不同,它强调创生道德存有的真正主体必须是唯一的,而这个唯一主体只能是"仁心",不能是"天心",不能两个同时都讲,既讲"天心无外"又讲"仁心无外"。要说明这个道理,需要回到之前提到过的中国文化"早期启蒙"的特殊现象。周人夺取政权后,以"皇天无亲,惟德是辅"的说法证明其做法的合理性。这种理论形态在西周末年声势浩大的"怨天""疑天"思潮的冲击下发生了根本性的动摇,受其所惠,中国文化开始从之前的原始宗教中解脱出来,完成了早期的启蒙。尽管后来儒家为了替道德寻求形上根据,不得不重新把天请回来,讲"天之所与我者",讲"天命之谓性",有一个明显的"回潮"现象,但其本质不过是"借天为说"而已,只能从"认其为真"的意义上来理解,既不能将天视为人格神,也不能将天规定为形上实体。澄清这个关系,足以使我们明白这样一个重要道理:世上根本就没有什么"天心",既然如此,那么创生道德存有的主体就只能是"仁心"了。

"仁心"能有如此神奇的功能,与其特性直接相关。在分析"道德践行之呈现"何以可能的时候讲过,仁性的本质是伦理心境,在形成过程中,会渐渐衍变为一种潜意识,具有了本能的特性,遇事接物必然呈现自身,表现自己。特别有趣的是,这种呈现自身,表现自己,在智性发挥作用之前就完成了。②仁性的这种作用不仅表现在道德践行方面,同样表现在道德存有方面。人在接触外部对象的时候,仁性一点都不安分,一定要抢先显现自身,对外部对象

---

① 有人不同意我由此对牟宗三的批评,为其辩解说:"牟先生仅仅于儒家的道德的存有论中论及'创生道德存有的主体',即本心仁体,而非什么'超越之天'。至于先生由《中庸》《易传》展示的本体宇宙论,所言'道体',可说是'超越之天',但牟先生绝没有如杨教授所言把'天'视为'创生道德存有的主体'。更无所谓'将天与人捆绑在一起的做法包含着一个困难,即无法确切说明这个创生的主体究竟是天还是人'的问题。依牟先生所论,自始至终,唯一的创生的主体是道德的,即本心仁体。"(卢雪崑:《牟宗三哲学——二十一世纪启蒙哲学之先河》,台湾万卷楼图书公司 2021 年版,第 478 页。)在我看来,这种辩解并没有太强的力量。虽然牟宗三看到了在天心和仁心的关系中真正起作用的是仁心("天与性之无外正因心之无外而得其真实义与具体义"),但既然既讲仁心,又讲天心,毕竟是两个心。这个问题不是只说一句二者实则为一,不能分割为二就能解决的,因此不能满足于牟宗三固有的解释,还必须往前走,对这个问题作出更为具体的说明。

② 参见本书第九章第五节第二小节"'道德践行之呈现'何以可能之证明"(第 446—448 页)。

指指点点,将自身的价值和意义赋予其上,使其染上道德的色彩。仁性的这种影响力,不仅针对通常所说的山河大地、一草一木,同时也包括高高在上的天。同山河大地、一草一木一样,天哪里有什么道德的价值和意义,完全是自然性的,人们之所以认为天有道德性,不过是因为人有道德性,以自己的道德眼光看待天的结果。

按理说,仁性赋予了外部对象以道德色彩,创生了道德存有之后,这项工作就结束了。但奇妙的是,人们却总是习惯于把这一功劳归给天,认为完成这一任务的承担者是天,好像天在衍生宇宙万物的同时,就赋予了这些对象以道德的色彩似的。这里的原因值得深究。中国有着源远流长的天论传统,虽然这个传统在西周末年受到了冲击,但惯性仍然十分强大,不肯轻易退出历史的舞台,致使人们习惯于把人世间的很多问题都与天联系在一起。在道德存有问题上亦是如此。当仁性完成了创生道德存有的任务后,总是不自觉地把这种功劳推给天。这种奇特的现象我名之为"道德投射"。我提出这种说法是想表达这样一个意思:"仁心"(仁性)是创生道德存有的唯一承担者,但受先前天论传统的影响,在完成这项伟大工作之后,总是不自觉地将这份"功劳"投射给天,似乎天才是创生道德存有的主体。这种以天为代表的主体就叫作"天心"。然而前面已经证明,世上根本没有什么"天心",创生道德存有的真正承担者只能是"仁心","天心"不过是"仁心"的一种投射,一种寄托而已。

为此我分析过一段很有名的材料。《易传·系辞下》有"天地之大德曰生"的说法。从字面看,这是说天地衍生万物,这种衍生即是大德,所以天地有大德。但从哲学意义上分析,刨根问底,天和地只能是自然属性的,并无德可言。《系辞》这样讲,是因为人有德,人以德的眼光看待天地,天地于是也带有了道德性。宇宙万物由无到有是一个了不起的事情,故以德称之,天地能够衍生万物,所以天地有大德。然而根据上面的分析,究极而言,天地本谈不上德与不德,只有人才有德。人以道德的眼光看待天,天才有了德,才成了创生宇宙万物的主体,才有了"天地之大德曰生"的说法。① 这个道理完全适用于道德存有问题。"仁心"是创生道德存有的真正主体,但因为人以道德眼光看

① 参见杨泽波:《儒家生生伦理学引论》第六十八节"道德存有意义的天人合一如何可能",商务印书馆 2020 年版,第 420—424 页。

待天,天也有了道德性。因为天有了道德性,甚至有了"天心"的观念,天反倒成了创生道德存有的主角。

明白了这个道理,"天心"和"仁心"的关系就理顺了。天没有心,我们认为天有心,乃至有"天心"的说法,以天作为道德存有的创生主体,是因为人有"仁心"。"仁心"在与外物相接的过程中,一点都不安分,总要表现自己,将自身的价值和意义影响宇宙万物,创生道德的存有。奇妙的是,"仁心"在创生道德存有后,总是非常"谦虚地"将自己的伟大创造反手推给天,好像上天创生的山河大地、一草一木原本就带有道德的属性,具有道德的意义似的,于是天反而成了创生道德存有的主角。另一方面,因为创生道德存有是主观性活动,这种活动通常由"心"来完成,于是便有了"天心"的观念,似乎高高在上的天也有心,即所谓"天心",创生道德存有的全部活动都是由这个"天心"完成的。但如果了解了道德存有的道理,了解了"道德投射"的含义,就会明白,天没有心,没有道德性,其道德性是"仁心"给予的,创生道德存有的主体只能是人的道德之心,不能是天,只能是"仁心",不能是"天心"。

遗憾的是,牟宗三未能理顺这个关系。一方面,他以心作为创生道德存有的主体,讲"仁心无外";另一方面,又受之前思维方式的影响,不得不重视天的作用,讲"天心无外"。尽管他有"天与性之无外正因心之无外而得其真实义与具体义"的界定,但"天心"和"仁心"毕竟为二,只说实则为一,不足以从根本上化解之间的矛盾。细究起来,这个问题的根源仍在熊十力。熊十力早年以本心为本体,晚年偏重以乾元为本体,造成"本心本体"与"乾元本体"的矛盾。牟宗三不再大谈"乾元本体",但仍然没有彻底摆脱其师思维模式的影响。在道德存有问题上,于"仁心"之外再讲"天心",事实上造成"仁心无外"与"天心无外"的矛盾,其思想仍然带有其师双重本体的痕迹,就是这个问题的集中表现,而这也成了其学理难以逾越的障碍。

因为清楚看到了这里的问题,在道德存有论问题上,儒家生生伦理学严格以仁心为唯一主体,排除以天作为主体的任何可能,强调天不可能有心,所谓"天心"不过是"仁心"完成创生道德存有这项重要工作后,不自觉将自己的功劳投射给天的结果。基于此,儒家生生伦理学只讲"仁心无外",不再讲"天心无外",为克服牟宗三思想中存在的这一困难作出了自己的努力。

第七节 牟宗三两个难以摆脱的困境

上面的梳理说明,牟宗三思想主要来自于对其师熊十力的继承,并有多方面的重要推进,但也存在着一些缺陷。这些缺陷主要表现在两个方面。

一是难以化解心体与性体之间的矛盾。在宋明儒学研究中,牟宗三的一个重要举措,是通过对蕺山思想的诠释,划分心体与性体,以性体保障心体的客观性,杜绝心学流弊。《心体与性体》这一书名明白无误地表达了这一用心。牟宗三这样做的初衷不可谓不好,但事实上却造成了心性实际不为一的矛盾,实际效果也难免令人生疑。这个问题还扩展至道德存有论。将熊十力的新唯识论发展为道德存有论,是牟宗三对儒学发展史作出的重大贡献,但由于这项工作属于初创,任务艰巨,特别是对性和心的理解局限在传统范式之中,既讲"天心",又讲"仁心",既讲"天心无外",又讲"仁心无外",未能从根本上校正其师双重本体的过失。

二是难以超越心学与理学之争的模式。牟宗三的学术立场是心学,但又不是传统的那种,而是"改良的心学"。他清楚地看到了心学的问题,希望以自己的方式解决,就此而言,他较传统心学有了一定的进步。但另一方面,总体上他又未能离开心学的立场,定朱子为旁出,正是基于这一根基作出的判断。他也看到了以伊川、朱子为代表的理学有一定价值,提出完整的学理系统当以象山、阳明为第一义,伊川、朱子为第二义,来一个"以纵摄横,融横于纵"。但这种做法说到底不过以心学为班底"收编"理学而已,很难算得上理想的综合方案。无法为朱子安排一个合适的位置,终结心学、理学的千年之争,是牟宗三面临的另一大难题。

第八节 宋明抑或明清:我们应该接着谁来讲

牟宗三无力摆脱这两个困境,不是才智不行,更不是努力不够。在那个年代,牟宗三已达到了可能达到的最高程度,非常不易,后人抱尊重仰视态度当在情理之中。原因还应主要在时代环境中寻找。这个问题带有根本性质,它迫使我们必须认真思考这样一个问题:儒学第三期发展应当从何处讲起?

　　"接着讲"是冯友兰的著名说法。冯友兰认为,哲学史家和哲学家不同:哲学史家是复述前人的思想,只要"照着讲"就行了;哲学家需要有创新,必须进一步"接着讲"。他不满足于哲学史家的定位,立志做一个哲学家,所以他的方法是"接着讲",具体来说就是接着宋明儒学讲。受此影响,接着宋明儒学讲,似乎成了从事儒学研究不成文的惯例。

　　问题并非如此简单。前面我们以船山、蕺山、戴震为代表,说明他们的思想虽然有异,但均不离检讨宋明儒学失误这一中心。按照正常的学术发展理路,这项工作应该继续进行。但受政治因素的影响,这个进程完全中断了,冯友兰、梁漱溟、熊十力都没有顺着明清之际的路线走。这是儒学第三期发展在起点方面的一个重大缺陷,对其后的发展产生了深刻的影响。

　　这种影响不主要表现在人欲污名化上。如上所说,明清之际对宋明这一问题的检讨尚未真正完成。要彻底解决这个问题,根据我的理解,必须分清义利之辨的三个不同的向度,指明治国方略和道德目的的义利之辨属于彼此对立关系,唯独人禽之分的义利之辨属于价值选择关系,不能以前两种的彼此对立关系来处理后者的价值选择关系。清儒并没有讲到这一步,在理论上还有很多工作要做。但随着国门的打开,思想的解放,行动走在了理论的前面,人们事实上已经为利欲正了名,不再害怕讲利欲,人欲污名化已不再是一个严重的问题,没有那么大的紧迫性了。

　　问题较大的是门庭狭窄化,很多人现在并不关心明清之际对宋明儒学这一弊端的检讨,仍然醉心其中,立心学为正宗,全然不顾心学的内在缺陷,无视阳明后学的重重流弊。这个问题现在特别突出。近年来心学大热,受此影响,人们似乎完全忘记了阳明只是沿着仁性的路子走,其学理中没有智性的位置,本质上仍是一偏这一事实。这种做法的合理性甚至远远赶不上牟宗三。牟宗三虽然判定阳明为正宗,朱子为旁出,但至少还看到了阳明后学的重重流弊,还努力对心学加以改良,希望以天道、性体的方式克治这些流弊(这也是其打破传统观点,立五峰、蕺山为一系的重要目的),至少还提出了"以纵摄横,融横于纵"的主张,希望将理学的合理成分融入心学的系统之中。目前无限抬高阳明心学,甚至大言阳明心学是儒学发展的最高成就,要以心学救天下的做法,往小处说是门庭狭窄化的延续,往大处说是学理的极大倒退。

　　天理实体化的问题更为严重。船山对天理实体化的严厉批评,尚未引起人们足够的警惕,以至于现在不少人仍然没有充分认识到这个问题的严重性,仍然寄希望以实体化的天、道体、理体、诚体为首出要素来建构自己学说的形上系统。近来十分热闹的超越性的讨论与此直接相关。一些学者忧心于社会发展中信念的丧失,积极寻求救治之法,而他们想到的办法就是重新祭出天这一法宝。按照他们的理解,儒家学理有以天为核心的超越性传统,这个传统在历史上发挥了重要作用,近代以来,这种传统受到了很大的冲击,导致了人们信念的失落。要补救时弊,必须重拾这个超越性传统,像基督徒对待上帝那样,以天作为人们信念的终极保障。这些学者不明白,宋明儒学大讲天理固然保障了学说的形上性,但也带来了天理实体化的弊端。明清之际,有识之士对这种做法早已提出了严厉的批评,进行了深刻的检讨。今天竟有人完全不顾历史发展的这种进步,重新希望以天作为终极保障,将儒学重新拉回宗教的路线,且不说这种做法在学理上必然遇到很多无法解决的难题(如上天如何赋予人以道德),其理论前景也极不乐观。

上述现象告诫我们,继先秦儒学和宋明儒学之后,儒学第三期发展要有好的成绩,不能接着宋明讲,而应接着明清讲,续上明清之际对宋明儒学天理实体化、门庭狭窄化、人欲污名化检讨的语头,自觉回头补课(这可以称为"补课论")。补课工作做得好不好,直接决定其后学理发展的得失与成败。这个问题现在应该引起足够的重视,否则不仅明清之际众多儒者的艰苦努力会付之东流,而且一定会重蹈宋明儒学的覆辙,重复宋明儒学的误判,造成众多理论瑕疵,阻碍学术的良好发展。

结语　儒学发展一主一辅两条线索总览

　　路途茫茫,征程漫漫,翻越崇山峻岭,跨过万水千滩,对不同派别施以判教以梳理儒学谱系的工作终于结束了,儒学发展的整体画卷已经清晰地展现在我们面前。这个谱系内部有两条线索:一是道德践行的线索,这是主线,自始就有,内部有一个"一源两流"的现象;二是道德存有的线索,这是辅线,是受佛教影响后来渐渐形成的。这两条线索相互影响,形成了一个圆满的闭环,极大地增强了儒学的合理性。要对儒学发展有总整性的把握,于此不可不知。

第一节　道德践行之主线

　　同任何一门道德学说一样,儒学的目的也是求善。这种善不是空的,必须落实在实际生活中,变成具体的践行。如此一来,道德践行自然就成了儒学最重要的话题。

　　理性、感性二分是西方哲学的一种基本模式。受此影响人们也常常以此研究儒学。但这种模式明显不适合孔子。孔子思想中既有礼,又有仁,这两个方面都是成德成善的根据,再加上对于物欲的看法,在其思想中与成德成善相关的要素共有三个,分别为智性、欲性、仁性。智性负责学习认知,欲性涉及对于物欲的看法,这两个部分尽管也有特点,但大致可以与西方的理性和感性对应起来。孔子思想之独特在于仁性特别发达,与西方相比,甚至可以略有夸张地说这个部分是多出来的。过去我们习惯于将孔子的仁归于西方哲学的道德理性。但仁性与西方的道德理性在内在还是外在、"完成时"还是"进行时"、直觉还是逻辑、遮诠还是表诠、非分别说还是分别说、负的方法还是正的方法、有情感还是排斥情感等诸多方面都有不同。如果将仁性简单归并于道德理性,不仅不利于分辨智性和仁性,而且无法彰显孔子思想的特色。因此,我自从事儒学研究开始,乃至后来建构儒家生生伦理学,一直坚持将通常所说的理性打散,分列为智性和仁性,再加上欲性,创建了一种新的方法,这就是三分法。三分法简单说就是将与成德成善相关的因素划分为智性、欲性、仁性三个部分,以区别于西方理性、感性两个部分的一种方法。三分法是儒家生生伦理学上最为显著的特色。

有了三分法,儒学发展在这个问题上的脉络,就可以看得比较清楚了。创立仁的学说是孔子了不起的贡献,但他没有说明仁究竟是什么以及仁来自何处。要将仁的学说贯彻到底,这两个问题必须回答。孟子清醒意识到了这一点,而这也就成了他创立性善论的逻辑起点。"性"原自生字,性善论就其本义而言,就是生善论。孟子提出性善论,根本目的是要说明,良心是生而具有的,以此解决孔子留下来的那两个问题。在此过程中,孟子特别强调,良心作为道德根据,真实不虚,遇事定会显现自身。人要成德成善,必须反求诸己,找到自己的良心,真诚按它的要求去做。这一义理大大发展了孔子的仁性,奠定了后来心学的基础,事实上成了心学的开端。但或许是因为创立性善论十分不易,彰显良心的工作过于繁重,这方面的工作占据了孟子全部的心灵,致使其思想完全偏向了仁性,孔子通过学习才能掌握礼的那个智性悄然不见了。换言之,孟子虽然以孔子私淑弟子自居,但他的思想只有仁性,缺了智性,未能全面继承其师的思想,与孔子思想事实上存在着原则性的分歧。这一分歧是儒学发展史最为重大的事件,再没有哪个事件的影响力能超过它了。

荀子敏锐地发现了孟子思想中的这个不足,提出性恶论加以驳斥。与孟子以良心为性不同,荀子以生之自然之资质为性。人生在世,必然有物质的欲望,物质欲望无限度发展必然产生争夺,导致天下大乱,此为"物欲之性"。与此同时,人又有认知的能力,可以学习掌握圣人制定的礼义法度,此为"认知之性"。在阐述这个道理时,荀子关于学习认知的论述特别多,特别精彩。在他看来,因为人有认知之心,可以"知道","知道"之后可以"守道",由此出发以礼义法度治理国家的目的也就实现了。荀子思想的这些内容,基础全在智性,是对孔子相关思想的重大发展。可惜的是,矫枉过正,荀子思想重点全放在了智性之上,对仁缺乏深刻的理解,所言之仁没有先在性和逆觉性,事实上造成了仁性的缺位,无法解决认识礼义法度后如何自愿而行的问题。这是一个致命伤,不仅使荀子的学理不够完善,而且导致弟子将其理论引向法家之途,饱受诟病。

到了宋代,经过濂溪、横渠的努力,二程正式拉开了宋明儒学的大幕,儒学发展有了质的变化。二程不仅明确以天理作为儒家学理的形上基础,以此与佛道二教抗衡,更在道德践行问题上开辟了两个不同的方向:明道偏重于仁性,伊川偏重于智性。重仁性定讲反求,重智性定讲认知。二程兄弟的这种不同分别开启了心学和理学的大门。湖湘学派尊明道,特重"以觉识仁"。朱子之学则主要源自伊川,特重"格物致知"。在朱子看来,湖湘学者"以觉识仁""先察识后涵养"的主张与佛老无异。而他通过对于《大学》的疏解,头一次阐明了"因其已知之理而益穷之"这一由小学到大学进程的学理意义,大大加强了智性的力量。然而受各种因素的影响,朱子虽然两方面都讲,但对仁性的把握有欠深透,事实上偏向了智性。象山兄弟很快发现了这个问题,抓住这个弱项,大力攻讦,掀起了朱陆之争。朱陆之争影响甚大,很快成了当时最热门的话题。由于朱子位高势重,年寿长久,主流趋势是朱强陆弱。

时隔三百年,到明代中叶,复有阳明出,站在心学立场上,重新掀起了对于朱子学理的批判。阳明之学始倡知行合一,再主致良知,理论基础全在良知。在阳明那里,良知即是是非之心,是非之心遇事必然表现自己,人有自知的能力,"知道自己知道应该如何去做",恰如见父自然知孝,见兄自然知悌,见孺子入井自然知恻隐。不仅如此,良知在表现自己的同时还会涌现强大的动能,要求人们是的必须行,非的必须止,只要不受物欲的影响,知本身就能行。成德成善最重要的是遵从自己的良知,将其推致出去,变成具体的善行。阳明心学虽然可以从不同角度诠释,其言论也多有争议,但其基本义理同象山一样,均源于孟子,均以仁性为基础。现在心学又重新热了起来,这对于继承和弘扬传统文化自然十分必要,但也出现了一些不好的苗头,很多人似乎忘记了一个根本的事实:阳明心学只是对仁性的重新彰显,其学理中缺少智性的位置,本质上仍属一偏。

借助三分法透视两千多年道德践行这条主线,情况已经十分明朗了。自孔子创立儒学之始,其思想就有智性、欲性、仁性三个部分,全面而完整。但孔子这一思想后来发展得并不顺利,后继者往往只能得其一翼,难以得其全貌,从而沿着两个不同的方向发展,形成了"一源两流"的奇特现象。"一源"指孔子,"两流"指孔子之后两个不同的发展方向:孟子顺着仁性的路线走,创立性善论,将仁性作为成德成善的唯一根据,不重视智性的作用;荀子创立性恶论,沿着智性的路线走,将智性作为成德成善的唯一根据,不了解仁性的意义。宋代之后,孟子代表的仁性与荀子代表的智性又有了新的发展:仁性进化为心学,代表人物是象山、阳明;智性变形为理学,代表人物是伊川、朱子。象山、阳明顺着孟子的路子走,特点是重视良心,反求诸己。虽然伊川、朱子不喜欢荀子,但重视《大学》,强调格物致知的进路,与荀子又有很强的相似性,都是将思想的重点置于智性之上。以往的宋明儒学研究眼光过于狭隘,多局限于心学与理学本身。假如能够站得高一些,从三分法的角度看问题,不难明白,心学与理学之争其实是孟子与荀子之争的历史延续,核心仍然是仁性和智性的关系问题。无论是孟子、象山、阳明,还是荀子、伊川、朱子,都是流,都是偏。真正有资格称为源,称为全的,仅孔子一人而已。

三分法不仅有利于分疏两千多年儒学发展的脉络,更可以为融合性善与性恶、心学与理学提供合理的方案。先秦时期孟子与荀子之争,宋明时期心学与理学之争,是两千多年儒学发展史最有名的争辩。牟宗三判定朱子为"旁出",正是这种争论的延续。虽然他也提出的"以纵摄横、融横于纵"的方案,但这个方案很难为朱子安排一个合理的位置,实际效果并不理想。有了三分法,情况就大为改观了。既然争论的双方一边源于孔子之仁性,一边源于孔子之智性,而孔子既讲仁性又讲智性,那么双方自然各有道理,也各有不足,本就不应区分什么"正宗"与"旁出"。在这个大的视域下,完全可以用仁性涵盖心学,代表人物是孟子、象山、阳明,用智性涵盖理学,代表人物是荀子、伊川、朱子,以"一源"聚合"两流"。就此而言,我完全不赞成章学诚那个著名的评语:"宋儒有朱、陆,千古不可合之同异,亦千古不可无之同异也。末流无识,争相诟詈,与无勉为解纷,调停两可,皆多事也。"[1]说朱陆之争"千古不可无"是可以的,因为这原本就是两套不同的义理,个人有理由持不同的立场,但说"千古不可合"就不妥当了。儒家生生伦理学经过艰苦努力,利用三分法,既吸纳各家的优势,又避开各家的缺点,第一次实现了真正意义的综合,不仅将朱陆,而且将孟荀融合为一个有机系统,这有什么不可以呢? 自己解决不了问题,反而指责他人"末流无识""皆多事也",言语过分,实不应该。[2]

---

① (清)章学诚:《朱陆》,《文史通义校注》,中华书局 2014 年版,第 245 页。

② 在这个问题上,我与陈来的态度略有不同。陈来同样引述了章学诚"千古不可合之同异"的说法,指出:"在思想史和学术史上主张朱陆合的确有不少,但就思想的内在展开而言,朱陆之分之争是必然的。'不可合'是认为二者的理论对立无法调合为一,'不可无'是说一体之内有内在矛盾才能发展。在这个意义上,合固欣然,分亦可喜,不合亦不必都是坏事。这种对差异的态度有似于黑格尔的说法,同一必然发展为差别,同一是包含了差别的同一。而儒学史的发展,直至 20 世纪,其真正的问题是面对分化、对立,总是用正统—别异的思维去划分、对待,这才是最需要改变的。"(杜维明、梁涛主编:《统合孟荀与儒学创新》,齐鲁书社 2020 年版,"序言"第 4—5 页。)从这一表述看,陈来赞成合,但似乎更肯定分。我则肯定分,但更赞成合。

依据学术发展规律,可以预见,今后一定会有人找出新材料,证明我将孟子、象山、阳明划为仁性之流,将荀子、伊川、朱子划为智性之流过于割截,过于绝对。这个问题的很多细节当然可以进一步讨论,这种讨论只有好处,没有坏处。但我坚信,从孔子思想中分离出智性、欲性、仁性三个部分,将儒学两千多年的整体发展梳理为"一源两流"的格局,以三分法为基础综合"两流",重回"一源",终结孟子与荀子、心学与理学之争,这种做法有很强的合理性,生命力旺盛,是很难被推翻的,松动的余地不大。

第二节　道德存有之辅线

除道德践行之主线外,道德之心还必然对宇宙万物发生影响,创生道德存有,由此形成了儒学发展道德存有之辅索。

道德存有问题的本质是道德之心如何影响宇宙万物,使其具有道德的价值和意义。这方面的思想在孔子创立儒学的时候,就已经涉及了。"子在川上,曰:'逝者如斯夫! 不舍昼夜'"①,即与此有关。孔子站在河岸观看不息的流水,感慨消逝的时光像河水一样,一去不返。流水只是自然现象,有德之人因为珍惜时间,以这种眼光看世界,河水的流逝似乎也具有了价值的意味,令人感叹。当然,这方面的思想先秦时期还只是一些朴素的颗粒,远不是主流。很多听上去好像与此有关的论述,如孟子的"万物皆备于我"、《中庸》的"不诚无物",尚不包含这方面的道理,不能从这个角度解读。

这个问题真正引起人们关注,是宋代受佛教影响之后的事情。儒家与佛教的立场全然不同。儒学重心性,持实的立场;佛教重因缘,持空的立场。但佛教传入后,儒家也受到了影响。心外无境,三界唯心,宇宙万物只是心的呈现,没有心就没有境,这是佛教唯识思想的核心。经过长期消化,儒家慢慢也理解并接受了这一思想。横渠的"民胞物与""大心说"都是有名的例子,而这方面影响最大的还要算明道。明道的一些话头,如"仁者,以天地万物为一体"②,"仁者浑然与物同体"③,表面看十分玄虚,但如果置于道德存有的角

① (南宋)朱熹:《四书章句集注》,中华书局 1983 年版,第 113 页。
② (北宋)程颢、程颐:《河南程氏遗书》卷二上,《二程集》第一册,中华书局 1981 年版,第 15 页。
③ (北宋)程颢、程颐:《河南程氏遗书》卷二上,《二程集》第一册,中华书局 1981 年版,第 16 页。

度,无非是说,有德的人必然以道德之心观察万物,将自身的价值和意义赋予其上,果真如此,便可以达到与宇宙万物浑然不分的境界。阳明论"心外无物",延续的是相同的思路,阐发的是相同的道理。但因为这方面的资源来自佛教,义理高深,真正能够透彻理解的并不多。

真正将这个问题挑明讲透的,是近代的熊十力。20世纪初,熊十力到南京支那内学院跟随欧阳竟无学习佛学,掌握了唯识论的基本精神,但对其学理又有所不满。在他看来,佛家学理的基础是空,儒家学理的基础是实。而他创作《新唯识论》的根本目的是要说明,万物之源,万有之本,都在此心,这个心是实的,不是虚的。尽管有了这个根本转变,但熊十力思想与佛教唯识论基本义理仍然有很强的相通性,无非是说天地万物、宇宙大化源于心的创造,否则天地万物、宇宙大化没有任何意义。后来他又以乾元作为这一创生实体,而这也成了其后期思想的重要特色。牟宗三受教于熊十力后,很快把握住了其师这一思想,大力宣扬。在他看来,在儒家学理系统中,道德之心不是死物,有很强的创生性,不仅可以创生道德践行,也可以创生道德存有,赋予宇宙万物以道德的价值和意义,使其成为道德的存在。世间一切都是心显现的相,除此之外,不存在所谓"境的本相"。牟宗三一生都在关注道德存有问题,从没有离开过这个主题。

由此可知,关于道德存有的道理,先秦时期相关的思想尚不成气候,宋明时期的相关论述也远未成系统,直到20世纪后,经过熊十力和弟子的共同努力,才真正引起人们的关注,成为一个重大学术问题。这是一个有益的启示,它告诉我们,在哲学史上能否占有一席之地,关键看能不能提供新的东西,有没有学术增量。孔子建立儒家学派后,孟子创立了性善论,进一步发展了孔子仁的思想;荀子抓住了孟子不重视学习认知的弱项,以性恶论加以弥补;二程提供了天理的概念,强化了儒家学理的形上基础;朱子对格物致知思想予以了新的解释,彰显了认知在成德成善中的作用;象山、阳明重新阐释孟子,使心学义理大白于天下:历史上这些人物受人尊重,皆是因为他们为儒学提供了重要的新内容。20世纪后,通过改造佛教唯识思想,将相关内容引入儒家传统,在原本就有的道德践行主线外,补齐道德存有的辅线,撑开一主一辅两条线索的大格局,是"十力学派"最有价值的部分,也是其对儒学发展最大的贡献。

在此过程中,牟宗三的努力特别值得重视。牟宗三继承其师的思想,从多方面阐明道德存有论的道理,其中对于思维方式的关注尤为重要。在他看来,如同道德之心创生践行是通过"道德践行之呈现"进行的一样,道德之心创生存有也是通过呈现进行的,这种呈现即为"道德存有之呈现"。在其后期,他进一步将这一思想上升到智的直觉的高度,反复强调,康德关于智的直觉的思想非常重要,但其否认人可以有这种能力,将这种能力交给上帝的做法,并不可取。儒家不同,自始就承认人可以有智的直觉,不管是道德践行,还是道德存有,其思维方式都是呈现,这种呈现属于直觉,而这种直觉即是康德不承认人类可以具有的智的直觉。因此,道德之心创生的那个存有对象不再是现相,而属于物自身。我的研究则证明,牟宗三把智的直觉理解为无需范畴的思维方式不合于康德的原意,将道德存有的对象称为物自身更是绝对不可以接受的。虽然有此失误,但从大局看这并不十分碍事,只要能够澄清牟宗三所说的智的直觉不是康德意义的,只大致相当于"胡塞尔现相学意向性的直接性",其对象是一种"善相",而不是物自身,遗患并不难消除,切不可因此忽视了其为阐发道德存有的道理所付出的巨大努力。

放眼儒学两千余年的发展,沿着熊十力开辟的道路,阐明道德存有的道理,将这一辅线撑开来,使儒家学理一主一辅的谱系得以完整,是牟宗三儒学思想最有价值的部分。现在很多人提到牟宗三,想到的只是坎陷论、三系论,以为这是其思想最重要的部分,殊不知从儒学整体发展的角度看,这些部分的价值是远不能与道德存有论相比的。

第三节 两条线索的相互影响与完美闭环

上面分别总结了儒学发展的主辅两条线索。道德践行是主线,讨论的是道德根据和成德方法问题;道德存有是辅线,涉及的是道德之心如何影响宇宙万物创生存有的问题。主辅两条线索不是隔绝的,内部有一个复杂的互动关系。

道德践行之主线对于道德存有之辅线的影响十分明显。不管采取什么方式,是走孟子、象山、阳明的路线,还是走荀子、伊川、朱子的路线,目的都是成为有道德的人。人有了道德,道德之心就会对宇宙万物发生影响,从而创生道德的存有。前面所举阳明论岩中花树是极好的例子。岩中花树原本没有道德的价值和意义,只因人来到山中看到了花树,以道德的眼光看待它,"此花颜色一时明白起来",才有了价值和意义。这种以人的道德之心影响花树,使其具有道德的价值和意义,就是创生道德的存有,由此展开的便是道德存有的辅线。

相对而言,道德存有之辅线对于道德践行之主线的影响,义理缠绕,理解起来要困难得多。道德之心对宇宙万物产生影响,不仅指一般的山河大地、一草一木,如岩中花树,同时也包括高高在上的天。天本身是自然性的,不具有道德属性。但人有了道德之后,以道德的眼光看待天,天也会受到影响,染上道德的色彩。也就是说,人有了道德之后,一定会以道德的眼光观察外物,将自己的道德价值和意义附加到这些对象身上。这里所说的"外物"无所不包,既指岩中花树,也指苍苍上天。岩中花树的例子前面已多次讲过,不再重复,苍苍上天的情况则尤为值得重视。除非从宗教角度出发,天谈不上道德性。但如果受到了道德之心的影响,成了道德存有的对象,天又会染上浓厚的道德色彩。当古人必须为道德根据寻找终极来源的时候,这种具有道德色彩的天,就成了不二之选。古人认为天有道德性,乃至可以赋予人以善性,皆因于此。

从这个角度出发,我们对天人关系的理解会发生根本性的改变。儒家历来重视天人关系,将天人合一作为最高理想。钱穆晚年最后一篇文章《天人合一》称:"总之,中国古代人,可称为抱有一种'天即是人,人即是天,一切人生尽是天命的天人合一观'。这一观念,亦可说即是古代中国人生的一种宗教信仰,这同时也即是古代中国人主要的人文观,亦即是其天文观。"①如何疏解这一著名判断,极大地考验着后人的理解力。在儒家生生伦理学看来,要化解这个问题,必须了解道德存有辅线对道德践行主线的深刻影响。人成就了道德,道德之心会影响宇宙万物,创生道德存有。在完成了这项工作,天成了道德存有的对象后,受之前天论传统的影响,人非常"谦虚",又会不自觉反身来一个"道德投射",将自己的功劳推给天。这种"道德投射"的作用极为微妙,经过这种投射后的天摇身一变,喧宾夺主,不再是道德存有的对象,反而变身成了主角,不仅成了人的善性的形上来源,而且成了宇宙万物"原本"就有道德色彩的终极原因。在这种背景下,无论人成就了道德善行,还是创生了道德存有,都会感受到与具有道德属性的天的和合为一,从而达到天即是人,人即是天,人在天中,天在人中的境界。但究极而论,天本没有道德性,不是一神论的神,既不可能给人以善性,也不可能

———————
① 钱穆:《天人合一论——中国文化对人类未来可有的贡献》,《联合报》1990年9月26日。

给宇宙万物以道德的价值和意义。我们之所以认为天有道德性,是因为人有道德性。换言之,不是天给了人道德,而是人给了天道德。这种理解彻底扭转了天人关系的出发点。之前讲天人合一,往往是以天讲人,天是首出的要素,是人往上够那个高高在上的天。经过疏解后,我们方才明了,天人合一的主角其实是人,无论是人成德成善还是创生道德存有后与天达成的一致,其实都是与人自己的一致,确切说是与人的最高理想和最高信念的一致。这种新理解完全颠覆了天人关系的传统看法,颠覆了天道性命相贯通的传统观念,由从天讲人,到从人讲天,明明白白、真真切切、实实在在地实现了哥白尼式的倒转。①

至此,儒学主辅两条线索的互动关系已经解说清楚了。道德践行之主线决定人可以成德成善,成德成善后的人以道德的眼光看天,天成为了道德存有的对象,染有了道德的色彩,从而有了道德存有之辅线;因为受之前天论传统的影响,人们不明其故,习惯于"道德投射",将创生道德存有的功劳推给天,天又成了宇宙万物具有道德属性的总根源,甚至人的善性也来自它的禀赋,这种做法不仅保障了儒家学理的形上性、超越性,成了信奉的对象,而且大大加强了道德践行之主线的力量。这两条线索一主一辅,一明一暗,有来有往,相互影响,巧妙封口,完美闭环,构成一个精彩绝伦的"生生之学"系统,联袂唱响两千余年儒学发展这出大戏。这个系统既有人,又有天:人是内在的不是浮萍,不是飘在空中的云,有其根,有其源;天是超越的,不是宗教,不是人格神,没有过多的宗教弊端,却动力十足。此中义理太过深奥,太过玄妙,太过精彩,太过高明,令人不得不叹为观止,击掌称绝。

第四节　立法三分,聚合两流;倒转天人,终归一本

理清了儒学一主一辅两条线索,证明了这两条线索的相互作用,儒家生生伦理学在儒学谱系中的位置也就不难确定了。

---

① 近日读到吴飞的论文《何谓"天地之心"——与唐文明先生商榷》(《哲学动态》2022 年第 8 期)。该文否认"天地之心"有宗教式的创生义,从《礼记·礼运》"人者天地之心"的立场出发,强调人才是整个世界的主宰。虽然该文未能从道德践行与道德存有两条线索的相互关系进一步深入阐明相关道理,但否定"天地之心"有宗教式的创生义,强调天不是一神论的神,则极有意义,读后欣喜不已。

就道德践行之主线而言,儒家生生伦理学不再持心学的立场,不再固执孟子与荀子、心学与理学的对立,判定孰为正宗孰为旁出,而是坚守三分法,重新回到了孔子仁智两全的结构。这种做法最大的好处是可以围绕仁性和智性的辩证关系做足文章,既保留心学的优势,又吸纳理学的特长,形成仁智二性双美相合的局面。就道德存有之辅线来说,儒家生生伦理学坚守"十力学派"的立场,沿着熊十力开创的新唯识论,牟宗三建构的道德存有论的方向,高度肯定其意义,但又与其保持着距离。这种新理论坚持以人作为创生道德存有的唯一主体,不再讲"乾元实体",不再讲"天心",不再将重点放在天上,强调"乾元实体"和"天心"不过是人心的显现和投射而已,从而实现了哥白尼式的倒转,保证了一本学说的真正落实。这个关系可列简表示意如下:

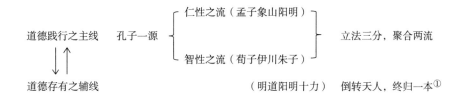

此表"道德践行之主线"中"孔子一源"指孔子仁智双彰的思想格局;"仁性之流"指孟子、象山、阳明顺着孔子仁性方向的发展,代表心学一系;"智性之流"指荀子、伊川、朱子顺着孔子智性方向的发展,代表理学一系(尽管荀子之时尚无理学之名)。与之并列的是"道德存有之辅线",它是后来受佛教影响,经明

① 牟宗三划分三系,曾列有一个图表(参见《心体与性体》第一册,《牟宗三先生全集》第5卷,第436页):

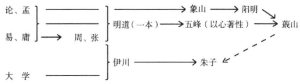

牟宗三的图表和我的图表有两处明显的不同。首先,牟宗三的图表以对《论语》《孟子》《中庸》《易传》《大学》的不同理解为依据,区分象山、阳明,五峰、蕺山,伊川、朱子之三系,以判明正宗与旁出,我的图表则以《论语》为源头,分出仁性之流和智性之流,不再判明谁是正宗谁是旁出。其次,牟宗三的图表只列出了道德践行的路线,我的图表则在道德践行主线之外增加了道德存有的辅线,强调这条辅线是后来受佛教影响渐渐形成的,主辅两条线索相互激荡,相互影响,构成儒学发展的整体图景。毫不夸张地说,这项工作是前人从未做过的。

道、阳明等人,到了熊十力才渐渐形成的一条辅线,讨论道德之心如何影响宇宙万物的问题。"道德践行之主线"与"道德存有之辅线"相互作用,相互影响,浑然成为一个圆环之整体。这个整体可从两方面看。首先是道德践行创生道德存有,意即有了道德践行才能有道德存有;其次是道德存有补强道德践行,意即道德存有之辅线强化了道德根据的形上性,大大加强道德践行之主线的力量。

"立法三分,聚合两流;倒转天人,终归一本",是对儒家生生伦理学所做全部工作的总结。头一句对应的是道德践行问题,旨在说明三分法是儒家生生伦理学的标志,借助这种方法不仅有助于发现孔孟心性之学的分歧,揭示儒学发展内部"一源两流"的现象,更可以在两千多年后第一次回到孔子之"一源",重新聚合孟子与荀子,伊川、朱子与象山、阳明之"两流",终结"千古不可合之同异"。后一句对应的是道德存有问题,意在强调人是创生道德存有的唯一主体,人的道德之心在创生道德存有后,受之前天论传统的影响,习惯于将这一功劳投射给天,这才有了"乾元""天心"的观念,好像天才是创生道德存有的主角,甚至人的道德性也来自天的禀赋似的。澄清这个关系有助于了解,天没有心,人才有心,不是天给了人道德,而是人给了天道德,从而实现天人关系的哥白尼式倒转,终归人心之一本。这两个方面的意义不同。前者("立法三分,聚合两流")与康德确立先天综合判断,以结束经验论与先验论之争,有一定的相似性。康德作出这种努力后,经验论与先验论孰是孰非之争已经没有意义了;三分法创立后,孟子与荀子,伊川、朱子与象山、阳明谁是正宗谁是旁出之争同样没有了意义。① 后者("倒转天人,终归一本")我更为看重,它不仅破解了钱穆天人合一之问,弥补了先贤的遗憾,而且将完全改变人们的思维习惯,在完成二次启蒙道路上大大向前迈进了一步。

由此可以看出,儒家生生伦理学虽然承接于"十力学派",但在一些重大环节上又坚守着自己的主张。"十力学派"持心学的立场,虽然不完全排斥理学的意义,但未能给其安排一个合适的位置。儒家生生伦理学不是这样,它立足于三分法,以此为基础融合仁智二性,以仁性保障智性的活动性,以智性促进仁性的进一步发展,形成了一个面向未来真正敞开的学理系统,以这个新视

---

① 参见杨泽波:《儒家生生伦理学引论》第六十节"重温先天综合判断如何可能的理论意义",商务印书馆 2020 年版,第 382—384 页。

角重新审视了西方道德哲学以及现实生活中的一些重要问题。"十力学派"将天视为形上实体,牟宗三特别凸显天道性命相贯通,把克治心学流弊的希望寄托于道体、性体,在讲"本心""仁心"的同时,又以"乾元""天心"作为道德存有的创生主体,有双重本体之弊。儒家生生伦理学不是这样,它不再"从上往下讲",而是"从下往上讲",以现实生活中的人为出发点,对天进行了历史的、哲学的全方位分析,承认其在信念方面的作用,但坚决反对将其规定为形上实体,反对将克治心学流弊的希望寄托于道体、体性,排除任何形式的"二本"。

从历史发展的长河看,儒家生生伦理学的这些工作,是明清之际对宋明儒学检讨的补课。宋明儒学作出了重要的历史贡献,但也留下了天理实体化、门庭狭窄化、人欲污名化的问题。明清之际,人们开始反省和检讨,但受政治因素的影响,这一步工作被残忍地打断了。儒家生生伦理学自觉接续上了这个话头,力图以自己的方式解决这些问题。这些问题从易到难排列,首推人欲污名化。为此,我把视线拉回到先秦义利之辨的背景之下,将义利问题分疏为治国方略、道德目的、人禽之分三个不同向度,强调与治国方略、道德目的不同,人禽之分意义的义利是价值选择关系,不是彼此对立关系。一旦理清了这个关系,把握住了价值选择关系的真谛,人欲污名化的问题自然就可以化解了。其次是门庭狭窄化。这个问题的渊源很深,早在先秦就已经存在了,宋明的朱陆之争不过是先秦孟荀之争的变形而已。要解决这个问题小修小补无济于事,必须来一个方法的彻底变革。我从孔子思想中分离出智欲仁三性进而建立的三分法,起到了关键作用。在这种新方法的视域下,孟子、象山、阳明与荀子、伊川、朱子均有其根据,一个源于孔子之仁性,一个源于孔子之智性。后人不明其故,或站在仁性的立场上或站在智性的立场上批评对方,其实都是一偏。将三分法作为一个平台,以仁性涵盖孟子、象山、阳明,以智性涵盖荀子、伊川、朱子,即可以形成双方的有机融合,再不会为孰是孰非,谁是正宗谁是旁出而大动干戈,头破血流了。天理实体化涉及面最深,最难处理。前人在这方面多有困惑,皆因不了解仁性的真正来源,特别是不了解道德存有的道理,不了解道德存有辅线对道德践行主线的重大影响所致。为此,我用了极大气力,借鉴"十力学派"的智慧,将道德存有之辅线从道德践行之主线中剥离出来。但与牟宗三不同,我不再"从上往下讲",而是"从下往上讲",重新梳理了天人关系,证明了天没有道德性,更没有心;我们之所以认为天有道德性,甚至有

"天心"之说,是因为人有道德性,人以道德之心看待天,以自己的道德性影响了天,并将这份功劳投射给了天的结果。这一步工作极为关键,它消除了围绕天或天理的重重迷雾,不再将其视为形上实体,彻底摆脱了"形上幻相",否定了将克治心学流弊的重担置于天道和性体之上的一切可能。

由此说来,儒家生生伦理学是接着明清之际,而不是接着宋明讲的。但与明清之际的儒者又有不同,这门新学说不再以气作为武器,它的逻辑起点不是气(当然更不是理),而是"内觉",是"我觉故我在"。人有"内觉"的能力,通过它可以觉知自己正在思考如何成德成善的问题,正在提出吃喝住穿的要求,更为重要的是可以觉知良心正在发动,颁布是非标准,提供行动动力,从而分别发现自己的智性、欲性、仁性。因为人有智性,所以可以动用这种能力,通过"内识",对智性、欲性,特别是仁性加以再认识。借助这种再认识,儒家生生伦理学最大的收获之一是打破了过去只是就仁谈仁,就良心谈良心,不再对其加以理论说明的局限,将仁性界定为建基于生长倾向之上的伦理心境,从生长倾向和伦理心境的统一来解读仁性,进而证明了仁性并非来自上天的禀赋。不仅如此,动用智性,还可以进一步对道德存有问题进行细致分析,明白上天原本没有道德性,不可能成为创生道德存有的主体,真正能够完成这项工作的,只能是道德之心。人们之所以误认为天是这个主体,乃至有"天心"的观念,甚至认为人的善性也来自天的赋予,是不自觉"道德投射",将创生道德存有的功劳投射给天的结果。这种新理解不仅消解了天理的实体化,打消了以天作为人的道德形上根据的一切可能,不再按传统的方式讲天道性命相贯通,将道德基础真正落实在人的身上,而且不再以未经检验的气为首出要素,不再落入独断论的陷阱,克服了明清之际气论学者的根本局限。

儒家生生伦理学消解了天理的实体化,不是要取消天理这个说法,我们今后仍然可以使用这个重要的概念。历史上,人们将良心善性与天联系起来,乃至有"天理""天德"等说法,对于保持人们的道德敬畏感有重要作用。这种作用在今天仍然有重要意义,仍然需要保持。当然,"君子以为文,而百姓以为神"①。我们今天使用这个说法,一定要明白,这种说法之玄机一在"借天为

---

① 荀子云:"雩而雨,何也? 曰:无何也,犹不雩而雨也。日月食而救之,天旱而雩,卜筮然后决大事,非以为得求也,以文之也。故君子以为文,而百姓以为神。以为文则吉,以为神则凶也。"[(清)王先谦:《荀子集解·非十二子》,中华书局 1988 年版,第 316 页。]

说",二在"认其为真",切不可将天理解为形上实体,更不能将天视为至上神①,否则一定重蹈宋明儒学的覆辙。特别重要的是,因为解说方式不同,天理这一概念有了完全不同的意义。根据上面的分析,仁性必须以生长倾向为底子。这种生长倾向是自然界长期发展的产物,而这种自然才是天的真正的内涵。这样一来,道德与天就会形成一种新的关系。在这种关系中,成德成善就是尊重自然,这种自然就是一种天理,一种真正的天理,一种无需实体化的天理。强调道德与天的这种关系,就是对于自然的尊重。所有非道德的行为,都是不讲天理,都是对于天理的轻视,都是对于天理的违逆。这种对于天理的新界定,既尊重了历史,又照顾了现实,于道德行为有益而无害,有望将天人合一的古老智慧引向一个全新的方向。这是一个很好的新平台,在这个平台上,我们可以将儒家和道家两大学派整合起来,以"道德自然学"或"自然道德学"为名,以儒家为基础吸收道家自然学说的合理因素,或以道家为基础吸收儒家道德学说的合理因素,打破两家各干各的事,各说各的话,老死不相往来的局面,开创"生生之学"的全新理论格局。

回头反观,儒家生生伦理学有此推进,完全得益于以"内觉"为逻辑起点,对孔子之仁、孟子之良心进行的新诠释,这种诠释引出了一个核心概念,这就是伦理心境。有了这种新诠释,才有了对于道德本体时间性和空间性的关注,才有了仁性和智性的划分,才有了三分法的建立,才有了"一源两流"现象的发现,才有了道德存有线索的撑开,才有了对于践行与存有两条线索相互影响的分析,进而不再以天说人,而是以人说天,使儒家学理真正"活"了起来,成为了一股不断发展变化的生命之流。这样一来,儒家生生伦理学就跳出了旧

---

①　近年来,关于儒学超越性的问题成为了一个不小的学术热点。这个问题是由对牟宗三"内在而超越"这一判断的不同理解引发的。不少学者除了围绕西方哲学是否也有"内在"的特点展开争论外,似乎更加重视超越性问题,认为中国哲学在这方面有所不足,而这也是中国社会现在之所以出现很多问题的重要原因。如果能够像西方那样有一个上帝以保障这种超越性,情况一定会大有改观。我完全不赞成这种理解。儒家文化也讲天,这种天也有超越性,以加强人们的信念,但这种天不是圣上神,具有强烈的人文特点,与西方基督教的上帝完全不同。这并不是中国文化的弱项,而恰恰是它的优长,这种优长保障了它既不需要走宗教的道路,人的道德又有强大的信念,发挥着类似宗教的作用。如果在今天另立一个至上神意义的天,那不是前进,不是幸运,而是大大的倒退,大大的不幸。放眼历史,不是中国文化要走向宗教,而是宗教势必要淡化其宗教性,渐渐向人文的方向发展。这是一个必然的趋势,没有任何人可以阻挡,我们的理论家千万不要把方向弄反了。

有的思想范式,在一个更高的维度化解了儒学发展史中的一些重大难题。儒家生生伦理学的这些努力,从儒学三期发展的全局考察,可以视为对先秦儒学的一种回归:人欲污名化的清理,是对先秦义利之辨价值选择关系的回归;门庭狭窄化的清理,是对孔子仁智双全思想结构的回归;天理实理化的清理,是对先秦儒学"从下往上说"思路的回归。这是一个完整的否定之否定的链条:宋明儒学是对先秦儒学的否定,儒家生生伦理学又是对宋明儒学的否定。经过这个否定之否定,儒家生生伦理学复归了先秦儒学的真精神,这种真精神的内核实可凝结为两个字,那就是"生生"——生生不息,不息生生。

参考文献

一、典籍类

《尚书》《礼记》《诗经》《易传》《晋书》《宋史》。

（南宋）朱熹：《四书章句集注》，中华书局 1983 年版。

（清）王先谦：《荀子集解》，中华书局 1988 年版。

（汉）王充：《论衡》，上海人民出版社 1974 年版。

（三国）嵇康：《嵇康集校注》，中华书局 2015 年版。

（东晋）僧肇：《肇论校释》，中华书局 2010 年版。

（北宋）邵雍：《邵雍全集》，上海古籍出版社 2015 年版。

（北宋）张载：《张载集》，中华书局 1978 年版。

（北宋）程颢、程颐：《二程集》，中华书局 1981 年版。

（南宋）黎靖德编：《朱子语类》，中华书局 1986 年版。

（南宋）朱熹：《朱子全书》，上海古籍出版社、安徽教育出版社 2010 年版。

（南宋）陆九渊：《陆九渊集》，中华书局 1980 年版。

（明）王守仁：《王阳明全集》，上海古籍出版社 1992 年版。

（明）罗钦顺：《困知记》，中华书局 2013 年版。

（明）王廷相：《王廷相集》，中华书局 1989 年版。

（明）王畿：《王畿集》，凤凰出版社 2007 年版。

（明）刘宗周：《刘宗周全集》，浙江古籍出版社 2007 年版。

（明）黄宗羲：《黄宗羲全集》，浙江古籍出版社 1999 年版。

（明）黄宗羲：《宋元学案》，中华书局 2013 年版。

（清）王夫之：《读四书大全说》，中华书局 1975 年版。

（清）王夫之：《张子正蒙注》，中华书局 1975 年版。

（清）王夫之：《尚书引义》，中华书局 1976 年版。

（清）戴震：《孟子字义疏证》，中华书局 1961 年版。

（清）李颙：《二曲集》，中华书局 1996 年版。

（清）章学诚：《文史通义校注》，中华书局 2014 年版。

（清）康有为：《康有为全集》，中国人民大学出版社 2007 年版。

二、著作类

蔡元培：《蔡元培全集》，中华书局 1984 年版。

蔡元培：《蔡元培日记》，北京大学出版社 2010 年版。

章太炎：《章太炎全集》，上海人民出版社 2014 年版。

王国维：《人间词话》，江苏凤凰文艺出版社 2018 年版。

熊十力：《熊十力全集》，湖北教育出版社 2001 年版。

胡适：《中国哲学史大纲》（卷上），商务印书馆 1987 年版。

郭沫若：《郭沫若全集·历史编》，人民出版社 1982 年版。

顾颉刚：《古史辨》，上海古籍出版社 1982 年版。

钱穆：《中国学术思想史论丛》，九州出版社 2011 年版。

钱穆：《朱子新学案》，巴蜀书社 1986 年版。

冯友兰：《中国哲学史》，华东师范大学出版社 2000 年版。

冯友兰：《三松堂全集》，河南人民出版社 1985 年版。

冯友兰：《新理学》，北京大学出版社 2014 年版。

傅斯年：《性命古训辨证》，广西师范大学出版社 2006 年版。

侯外庐、赵纪彬、杜国庠：《中国思想通史》第一卷，人民出版社 1957 年版。

徐复观：《中国人性论史·先秦篇》，九州出版社 2014 年版。

唐君毅：《中国哲学原论·原性篇》，台湾学生书局 1984 年版。

牟宗三：《名家与荀子》，《牟宗三先生全集》第 2 卷，台湾联合报系文化基金会、联经出版事业公司 2003 年版。

牟宗三：《心体与性体》第一册，《牟宗三先生全集》第 5 卷，台湾联合报系文化基金会、联经出版事业公司 2003 年版。

牟宗三：《心体与性体》第二册，《牟宗三先生全集》第 6 卷，台湾联合报系文化基金会、联经出版事业公司 2003 年版。

牟宗三：《心体与性体》第三册，《牟宗三先生全集》第 7 卷，台湾联合报系文化基金会、联经出版事业公司 2003 年版。

牟宗三：《从陆象山到刘蕺山》，《牟宗三先生全集》第 8 卷，台湾联合报系文化基金会、联经出版事业公司 2003 年版。

牟宗三：《康德〈判断力之批判〉》，《牟宗三先生全集》第 16 卷，台湾联合报系文化基金会、联经出版事业公司 2003 年版。

牟宗三：《智的直觉与中国哲学》，《牟宗三先生全集》第 20 卷，台湾联合报系文化基金会、联经出版事业公司 2003 年版。

牟宗三:《现象与物自身》,《牟宗三先生全集》第 21 卷,台湾联合报系文化基金会、联经出版事业公司 2003 年版。

牟宗三:《圆善论》,《牟宗三先生全集》第 22 卷,台湾联合报系文化基金会、联经出版事业公司 2003 年版。

牟宗三:《五十自述》,《牟宗三先生全集》第 32 卷,台湾联合报系文化基金会、联经出版事业公司 2003 年版。

张岱年:《张岱年文集》第 2 卷,清华大学出版社 1990 年版。

朱伯崑:《先秦伦理学概论》,北京大学出版社 1984 年版。

庞朴:《庞朴文集》第 2 卷,山东大学出版社 2005 年版。

劳思光:《新编中国哲学史》,广西师范大学出版社 2005 年版。

刘述先:《朱子哲学思想的发展与完成》,吉林出版集团有限责任公司 2015 年版。

夏甄陶:《荀子的哲学思想》,上海人民出版社 1979 年版。

蔡仁厚:《牟宗三先生学思年谱》,台湾学生书局 1996 年版。

杜维明、梁涛主编:《统合孟荀与儒学创新》,齐鲁书社 2020 年版。

韦政通:《中国思想史》,上海书店出版社 2003 年版。

邓晓芒:《康德哲学诸问题》,生活·读书·新知三联书店 2006 年版。

陈来:《朱熹哲学研究》,中国社会科学出版社 1988 年版。

陈来:《有无之境——王阳明哲学的精神》,人民出版社 1991 年版。

陈来:《宋明理学》,辽宁教育出版社 1992 年版。

陈来:《诠释与重建——王船山的哲学精神》,北京大学出版社 2004 年版。

陈来:《仁学本体论》,生活·读书·新知三联书店 2014 年版。

杨国荣:《王学通论——从王阳明到熊十力》,华东师范大学出版社 2003 年版。

李明辉:《儒家与康德》,台湾联经出版公司 1990 年版。

李明辉:《康德伦理学与孟子道德思考之重建》,"中央研究院"中国文哲研究所 1994 年版。

朱建民:《张载思想研究》,中华书局 2020 年版。

刘又铭:《一个当代的、大众的儒学——当代新荀学论纲》,中国人民大学出版社 2019 年版。

张祥龙:《儒家心学及其意识依据》,商务印书馆 2019 年版。

廖名春:《〈荀子〉新探》,中国人民大学出版社 2014 年版。

[日]佐藤将之:《荀子礼治思想的渊源与战国诸子之研究》,台大出版中心 2013 年版。

吴震:《〈传习录〉精读》,复旦大学出版社 2011 年版。

袁行霈主编:《中华传统文化百部经典·传习录》,吴震解读,国家图书馆出版社 2018

年版。

封祖盛编:《当代新儒家》,生活·读书·新知三联书店 1989 年版。

卢雪崑:《牟宗三哲学——二十一世纪启蒙哲学之先河》,台湾万卷楼图书公司 2021 年版。

陈政扬:《张载思想的哲学诠释》,中华书局 2020 年版。

彭永捷:《朱陆之辩——朱熹陆九渊哲学比较研究》,人民出版社 2002 年版。

梁涛:《郭店竹简与思孟学派》,中国人民大学出版社 2008 年版。

丁为祥:《虚气相即——张载哲学体系及其定位》,人民出版社 2000 年版。

丁为祥:《学术性格与思想谱系——朱子的哲学视野及其历史发生学考察》,人民出版社 2012 年版。

杜保瑞:《牟宗三儒学平议》,新星出版社 2017 年版。

周炽成:《荀韩人性论与社会历史哲学》,中山大学出版社 2009 年版。

东方朔:《合理性之寻求:荀子思想研究论集》,台湾大学出版中心 2011 年版。

路德斌:《荀子与儒家哲学》,齐鲁书社 2010 年版。

陆建华:《荀子礼学研究》,安徽大学出版社 2004 年版。

张昭炜:《阳明学发展的困境及出路》,中国社会科学出版社 2017 年版。

陈立胜:《入圣之机——王阳明致良知工夫论研究》,生活·读书·新知三联书店 2019 年版。

陈立胜:《宋明儒学中的"身体"与"诠释"之维》,商务印书馆 2019 年版。

邓小虎:《荀子的为己之学:从性恶到养心以诚》,北京大学出版社 2015 年版。

曾亦:《本体与工夫——湖湘学派研究》,上海人民出版社 2007 年版。

郭晓东:《识仁与定性——工夫论视域下的程明道哲学研究》,复旦大学出版社 2006 年版。

杨立华:《气本与神化——张载哲学述论》,北京大学出版社 2008 年版。

杨立华:《宋明理学十五讲》,北京大学出版社 2015 年版。

杨立华:《中国哲学十五讲》,北京大学出版社 2019 年版。

李祥俊:《熊十力思想体系建构历程研究》,北京师范大学出版社 2013 年版。

林桂榛:《天道天行与人性人情——先秦儒家"性与天道"论考原》,中国社会科学出版社 2015 年版。

盛珂:《道德与存在:心学传统的存在论阐释》,社会科学文献出版社 2019 年版。

曾海龙:《唯识与体用:熊十力哲学研究》,上海人民出版社 2017 年版。

徐波:《由湍水之喻到幽暗意识:理学视域下的人性善恶论新探》,三联书店 2020 年版。

三、译著类

[英]休谟:《人性论》,关文运译、郑之骧校,商务印书馆 1980 年版。

[德]康德:《判断力批判》,邓晓芒译、杨祖陶校,人民出版社 2002 年版。

[德]马克思、恩格斯:《马克思恩格斯选集》第 4 卷,人民出版社 1972 年版。

[美]威廉·K.弗兰克纳:《善的求索——道德哲学导论》,黄伟合、包连宗、马莲等译,辽宁人民出版社 1987 年版。

[瑞士]耿宁:《人生第一等事——王阳明及其后学论"致良知"》,倪梁康译,商务印书馆 2014 年版。

[日]冈田武彦:《王阳明与明末儒学》,吴光、钱明、屠承先译,重庆出版社 2016 年版。

[日]吾妻重二:《朱子学的新研究——近世士大夫思想的展开》,傅锡洪等译,商务印书馆 2017 年版。

四、论文类

周谷城遗作,林桂榛整理:《荀子的地位不能低估,荀学是综合学也是实学》,《临沂大学学报》2019 年第 5 期。

刘念亲:《荀子人性的见解》,《晨报副刊》1923 年 1 月 16 日。

黄彰健:《孟子性论之研究》,《"中央研究院"历史语言研究所集刊》,1955 年,第 26 本。

冯友兰:《略论道学的特点、名称和形式》,中国哲学史学会编:《宋明理学》,浙江人民出版社 1983 年版。

庞朴:《马王堆帛书解开了思孟五行说之谜——帛书〈老子〉甲本卷后古佚书之一的初步研究》,《文物》1977 年第 10 期。

庞朴:《古墓新知:漫读郭店楚简》,姜广辉主编:《郭店楚简研究》,《中国哲学》第 20 辑,辽宁教育出版社 1999 年版。

庞朴:《郢燕书说》,武汉大学编:《郭店楚简国际学术研讨会论文汇编》,湖北人民出版社 2000 年版。

谢遐龄:《"心即理"辨》,《云南大学学报》2008 年第 4 期。

朱高正:《期待儒学的第二次复兴——今人对程朱理学与〈近思录〉应有的认识》,陈义初主编:《二程与宋学——首届宋学暨程颢程颐国际学术讨论论文集》,华东师范大学出版社 2013 年版。

陈来:《朱子哲学中"心"的概念》,曾振宇主编:《国际孔孟学刊》第一辑,社会科学文献出版社 2018 年版。

吾妻重二:《美国的宋代思想研究——最近的情况》,田浩编:《宋代思想史论》,社会科学文献出版社 2003 年版。

田浩:《儒学研究中的一个新指向:新儒学与道学之间差异的检讨》,田浩编:《宋代思想史论》,社会科学文献出版社 2003 年版。

李存山:《"先识造化"与"先识仁"——略论关学与洛学的异同》,《人文杂志》1989 年第 5 期。

李存山:《"先识造化"——张载的气本论哲学》,《中国哲学史》2009 年第 2 期。

陈居渊:《凌廷堪"慎独格物说"的礼学诠释》,《复旦学报》2009 年第 2 期。

[日]佐藤将之:《荀子哲学研究之解构与重建:以中日学者之尝试与"诚"概念之探讨为线索》,《台湾大学哲学评论》,第 34 期(2007 年 10 月)。

刘子健:《作为超越道德主义者的新儒家:争论、异端和正统》,田浩编:《宋代思想史论》,社会科学文献出版社 2003 年版。

冯耀明:《荀子人性论新诠——附〈荣辱〉篇 23 字衍之纠谬》,《国立政治大学哲学学报》第 14 期。

林乐昌:《张载两层结构的宇宙论哲学探微》,《中国哲学史》2008 年第 4 期。

林乐昌:《为天地立心——张载"四为句"新释》,《哲学研究》2009 年第 5 期。

林乐昌:《论张载的理学纲领与气论定位》,《孔学堂》2020 年第 1 期。

林乐昌:《太和之道·虚气关系·理学纲领——〈正蒙·太和篇〉第一、二、十二章新注新评》,《中共宁波市委党校学报》2020 年第 4 期。

蒋国保:《"性即理"与"心即理"本义辨析》,《江南大学学报》2011 年第 5 期。

朱汉民:《〈伊川易传〉的宋学精神》,陈义初主编:《二程与宋学——首届宋学暨程颢程颐国际学术讨论论文集》,华东师范大学出版社 2013 年版。

黄玉顺:《情感哲学:当代哲学家蒙培元的情感哲学》,《孔子研究》2020 年第 4 期。

吴震:《张载道学论纲》,《哲学研究》2020 年第 12 期。

董平:《阳明心学的定性及良知的公共性与无善无恶》,《哲学研究》2018 年第 2 期。

董平:《论"知行合一"的四重向度》,《社会科学战线》2019 年第 2 期。

陈少明:《"心外无物":从存在论到意义建构》,《中国社会科学》2014 年第 1 期。

丁为祥:《张载对"形而上"的辨析及其天道本体的确立》,《哲学研究》2020 年第 8 期。

东方朔:《荀子伦理学的理论特色——从"国家理由"的视角说起》,《文史哲》2020 年第 5 期。

东方朔、徐凯:《荀子的道德动机论——由 Bryan Van Norden 与 David B.Wong 的论争说起》,《学术月刊》2018 年第 1 期。

陈立胜:《在现象学意义上如何理解"良知"?——对耿宁之王阳明三义说的方法论反思》,《哲学分析》2014 年第 4 期。

梁涛:《"以生言性"的传统与孟子性善论》,《哲学研究》2007 年第 7 期。

梁涛:《荀子对"孟子"性善论的批判》,《中国哲学史》2013 年第 4 期。

梁涛:《荀子人性论辨正——论荀子的性恶、心善论》,《哲学研究》2015 年第 5 期。

梁涛:《荀子人性论的历时性发展——论〈富国〉〈荣辱〉的性情—知性说》,《哲学研究》2016 年第 11 期。

梁涛:《荀子人性论的中期发展——论〈礼论〉〈正名〉〈性恶〉的性—伪说》,《学术月刊》2017 年第 4 期。

梁涛:《荀子人性论的历时性发展——论〈王制〉〈非相〉的情性—义/辨说》,《中国哲学史》2017 年第 1 期。

梁涛:《荀子人性论的历时性发展——论〈修身〉、〈解蔽〉、〈不苟〉的治心、养心说》,《哲学动态》2017 年第 1 期。

张涅:《荀学与思孟后学的关系及其对理学的影响》,《东岳论丛》2003 年第 1 期。

程志华:《由"真我"到"良知"——牟宗三关于"良知"本体的建构》,《江淮论坛》2010 年第 6 期。

魏义霞:《康有为对荀子思想内容的阐发》,《吉林师范大学学报》2015 年第 2 期。

路德斌:《荀子人性论之形上学义蕴——荀、孟人性论关系之我见》,《中国哲学史》2003 年第 4 期。

路德斌:《荀子:"心伪"与"大本"——从清儒荀学研究的不足看当下荀学复兴所要解决的一个根本问题》,《邯郸学院学报》2017 年第 9 期。

陆建华:《性朴、情欲与性恶:荀子人性论的三个层面——兼及先秦儒家人性论》,《学术界》2017 年第 10 期。

蔡家和:《从整庵批评以见象山之思想特征》,欧阳祯人主编:《心学史上的一座丰碑——陆象山诞辰 880 周年纪念》,武汉大学出版社 2020 年版。

刘悦笛:《以"心统情性"兼桃孟荀——孟子"天性情心"与荀子"天情性心"统合论》,《孔学堂》2020 年第 2 期。

杨少涵:《虚气即心性——"横渠纲领"的现象学疏解》,《"东亚儒学的问题与方法"全国学术研讨会论文集》,2020 年。

林桂榛:《"材朴"之性又谓"性恶"？——驳为〈荀子〉"性恶"曲辩者》,《临沂大学学报》2015 年第 5 期。

林桂榛:《宋本〈荀子·性恶〉全文校注》,《临沂大学学报》2020 年第 5 期。

王楷:《荀子诚论发微》,《中国哲学史》2009 年第 4 期。

郭晓东:《因小学之成以进乎大学之始:浅谈朱子之"小学"对于理解其〈大学〉工夫的意义》,《中国哲学史》2019 年第 4 期。

陈乔见:《朱子对孟子性善论的"哥白尼倒转"及其伦理学差异》,《杭州师范大学学报》2019 年第 6 期。

黄芸:《〈荀子·性恶〉辨》,《国际汉学》第 26 辑,2014 年 9 月。

曾暐杰:《"性朴"即是"性恶"——儒家视域下的荀子人性论之衡定与重构》,《邯郸学院学报》2019 年第 4 期。

刘亮:《〈荀子〉"性朴""性恶"续辨》,《道德与文明》2018 年第 1 期。

孙旭鹏:《荀子人性论:从"性朴"到"性恶"的内在逻辑》,《泰山学院学报》2015 年第 2 期。

王军:《性朴、性恶与向善:荀子人性学说的三个层次》,《现代哲学》2016 年第 1 期。

强中华:《性有恶端 心能择善——荀子心性论发微》,《孔子研究》2021 年第 5 期。

邓国元:《王门"天泉证道"考辨——以"四句教"、"四有"和"四无"为中心的考察》,《中国哲学史》2015 年第 3 期。

五、作者与本书相关的成果

杨泽波:《孟子性善论研究》(第一版),中国社会科学出版社 1995 年版;中国人民大学 2010 年修订;上海人民出版社 2016 年再修订版。

杨泽波:《孟子评传》,南京大学出版社 1998 年版。

杨泽波:《贡献与终结——牟宗三儒学思想研究》(第一卷至第五卷),上海人民出版社 2014 年版。

杨泽波:《〈心体与性体〉解读》,上海人民出版社 2016 年版。

杨泽波:《儒家生生伦理学引论》,上海人民出版社 2020 年版。

杨泽波:《从以天论德看儒家道德的宗教作用》,《中国社会科学》2006 年第 3 期。

杨泽波:《从德福关系看儒学的人文特质》,《中国社会科学》2010 年第 4 期。

杨泽波:《跨越气论的卡夫丁峡谷——儒家生生伦理学关于自然之天(气)与仁性关系的思考》,《学术月刊》2017 年第 12 期。

杨泽波:《信念的还是实体的?——儒家生生伦理学关于德性之天与仁性关系的思考》,《文史哲》2018 年第 1 期。

杨泽波:《回应"钱穆之问":儒家生生伦理学对天人合一的新理解》,《学术月刊》2019 年第 7 期。

杨泽波:《重提孔孟心性之学分歧的现时意义》,《国际儒学研究》2019 年第 2 期。

杨泽波:《儒家生生伦理学三分法的理论效应》,《复旦学报》2019 年第 5 期。

杨泽波:《做好"常人"——儒家生生伦理学对一种流行观点的修正》,《哲学研究》2019 年第 5 期。

杨泽波:《三分法视域下孟子与荀子、心学与理学的有机融合》,《中原文化研究》2019

年第 5 期。

杨泽波:《内识:杜绝心学流弊的根本之法》,《社会科学战线》2019 年第 5 期。

杨泽波:《三分法:儒学研究的一种新方法——儒家生生伦理学对孔子思想诠释引生的变革》,《孔子研究》2020 年第 1 期。

杨泽波:《仁性和智性在道德存有中的作用》,《陕西师范大学学报》2020 年第 1 期。

杨泽波:《〈论语〉中的三分法》,《孔学堂》2021 年第 2 期。

杨泽波:《先在性与逆觉性的缺失——儒家生生伦理学对荀子论仁的内在缺陷的分析》,《哲学研究》2021 年第 3 期。

杨泽波:《孟子达成的只是伦理之善——从孔孟心性之学分歧的视角重新审视孟子学理的性质》,《复旦学报》2021 年第 2 期。

杨泽波:《性恶论的根本困难——从“道德动力学”角度审视荀子学理的内在不足》,《管子学刊》2021 年第 5 期。

杨泽波:《“性朴说”商议——儒家生生伦理学对荀子研究中一个流行观点的批评》,《哲学动态》2021 年第 11 期。

杨泽波:《“太虚即气”之“即”当为“是”义考论》,《复旦学报》2022 年第 1 期。

杨泽波:《“隐默说”:“无善无恶心之体”新解读》,《中国哲学史》2022 年第 2 期。

杨泽波:《“道德即自然”新证》,《社会科学战线》2022 年第 2 期。

杨泽波:《道德存有路线的展开——儒家生生伦理学对明道历史贡献的新判定》,《中原文化研究》2022 年第 2 期。

杨泽波:《情与恶——儒家生生伦理学对朱子情论内在缺陷的分析》,《贵州社会科学》2022 年第 2 期。

杨泽波:《论阳明心学存在的偏颇》,《哲学研究》2022 年第 2 期。

杨泽波:《为什么要旗帜鲜明地“拒萨庄”——儒家生生伦理学对当前一种社会现象的批评》,《孔子研究》2022 年第 3 期。

杨泽波:《宋明抑或明清——关于儒学第三期发展学理起点的再思考》,《华东师范大学学报》2022 年第 3 期。

杨泽波:《“一体”的传承——论牟宗三对熊十力思想的继承和发展之一》,《云南大学学报》2022 年第 3 期。

杨泽波:《“性即理”之“理”是形上实体吗?——关于朱子天理概念的新思考》,《中国社会科学院大学学报》2022 年第 7 期。

杨泽波:《三分法视域下朱子心论之得与失——儒家生生伦理学对朱子心的思想的阐释》,《国际儒学》2022 年第 3 期。

杨泽波:《仁性是否透彻与智性是否必需——儒家生生伦理学对鹅湖之会争议焦点的分析》,《孔学堂》2022 年第 3 期。

后　记

　　本书是运用《儒家生生伦理学引论》的原理对儒学发展脉络的重新梳理。《儒家生生伦理学引论》原计划为两卷，上卷建构儒家生生伦理学的原理，此为论；下卷用建构好的原理分疏儒学发展的谱系，此为史。上卷引出下卷，以论带史；下卷验证上卷，以史促论。上下两卷相辅相成，共同构成一个整体。上卷结稿后，考虑到一些因素，先行出版了，而本书即是原计划中的下卷。

　　从事哲学研究与从事其他学科研究对象有异，但也有相同之处，秘笈莫出于二：一是精准发现一个有价值的问题，二是搏上一辈子的命攻而克之。合并而言即为"择一题，终一生"。如果发现并解决了问题，就取得了成功，成功的大小则取决了发现问题的大小；如果发现了问题但始终无力解决，临终不免叹口气，依然有意义，因为毕竟在前人的基础上挪动了一两步，哪怕这种步伐从历史的长河看微不足道。

　　这项研究是从关注休谟难题开始的。"是"与"应该"的矛盾，是西方哲学史上的一个难题。我从事儒学研究伊始便注意到这个问题在孔子那里无以立身。为什么孔子思想如此神奇？这引起了我极大的兴趣，成了吸引自己满腔热情开展这一研究的诱因。经过努力，我发现了三分法，借助仁性和智性的辩证关系，以"道德动力学"为依托，解决了这个问题。由此出发，我认识到两千多年儒家在道德践行问题上有一个"一源两流"的现象，合理化解了孟子和荀子、心学与理学的历史纷争，将"两流"有机融合了起来，为解决诸多重大现实问题提供了理论支撑。与此同时，我又惊奇地发现，在道德践行这条主线旁边还隐藏着一条辅线，这就是道德存有问题。两条线索一主一辅，相互支撑，共同撑起儒学发展的整体格局。通过对这两条线索相互关系的研究，我否定了将天规定为形上实体的传统思路，不再讲天给人以道德，而改说人给天以道德，将思想重心真正落实在现实生活中人的身上，实现了致思方向的哥白尼式倒转。这些内容合并言之就是结语部分讲的那两句话："立法三分,聚合两流;倒转天人,终归一本"。

至此,三十多年前,由休谟伦理难题引发的这一研究就宣告结束了。在漫长的岁月中,先是十年的孟子研究,后是近二十年的牟宗三儒学思想研究,路不两歧,目不斜视,朝着对方战略要塞不断发起攻击。一次不成,两次;两次不成,三次;三次不成,五次、十次、二十次。在集结号吹响的那一刻,战旗终于插上了对方阵地的最高点,血迹斑斑,破碎不堪,却以独特的姿态顽强地迎风起舞,在血色残阳的映衬下煞是壮观。不知凭此拙力能否实现继承和发展"十力学派"的弘志大愿——野心在此,忧患在此,希望亦在此。

"窃不自揆,区区之学,自谓孟子之后至是而始一明也。"这是我非常喜欢的象山名句,而此时此刻有一种莫名的冲动,很想斗胆仿此气势这样说:"窃不自揆,区区之学,自谓已然实现儒学思想范式的重大变革也。"两千多年的儒学发展有过不同的范式(如孔子的礼仁,二程的天理),今后也还需要有新的范式。这种以"伦理心境"为基石,以智性、欲性、仁性三分为方法,以实现天人关系倒转为目的,以"生生"为关键词,统名为"儒家生生伦理学"的努力,是一次勇敢的尝试。哲学从来没有满分,我的努力也只能如此,但这并不影响它的历史意义。儒家生生伦理学最大的贡献是提供了一个新的维度,突破了旧有的范式。有了这个维度,今后再只是就仁谈仁,就良心谈良心,空谈本体,而不对其进行哲学式的追问,已经不大可能了;再为孟子或荀子、心学或理学争夺正宗之位,判定某方为旁出,已经不大可能了;再以天、天理或类似概念(包括气)为首出要素谈道德,将克治学理流弊的希望寄托于道体、性体,已经不大可能了。这些环节共同铸成一块硕大的界碑,醒目地竖立在那里,不断追问后来的路人,似乎在说:"谁能闭目无视我的存在? 谁能从我身边绕道而行?"

一定会有人指责我用词过硬,所言不当,有失谦德,批评我这样做既否定了道德本体的至上性,又否定了形上根据的超越性,掀了它的老底儿。对此我只想说,这不是谦虚不谦虚的问题,这层窗户纸总是要人捅破的,不是张三,就是李四,不是今天,就是明天,我不过是有幸坐在了最先吃螃蟹的那个人的座位上而已。窗户纸破了,眼界打开了,展现在我们面前的是一幅光风霁月、鸢飞鱼跃、活力盎然、生生不息的鲜活景象。不管抱怎样的无视态度,不管在外面闲转多久,最后都要走到这条道路上来,拥抱这个全新的世界。这种说法现在肯定会引来众多嘲笑,讥为狂言呓语,怀疑我是不是疯了。不疯如何？疯又如何？坚定走自己的路,任由他人去评说。我不打算作什么申辩,一切还是交给时间去检验吧,目前需要做的只是忍受漫长而残酷的等待而已。虽然很可能直到我离开这个世界也等不到那一天,就像巴赫生前那样,但这丝毫不能动摇我的信念,相信历史一定会深情地眷顾自己,多年后的某一天在它长长的档案卷宗中庄重地记上一笔:"那个叫杨泽波的家伙是对的"。

这是新方法的诞生,

也是旧方法的终结;

旧的时代尚未过去,

新的时代终将到来。

作 者

2021 年 12 月

策划编辑:方国根

责任编辑:方国根　李之美　夏　青

封面设计:石笑梦

图书在版编目(CIP)数据

儒学谱系论/杨泽波 著. —北京:人民出版社,2023.4

ISBN 978 - 7 - 01 - 024860 - 8

Ⅰ.①儒… Ⅱ.①杨… Ⅲ.①儒学-研究-中国②伦理学-研究-中国

Ⅳ.①B222.05②B82-092

中国版本图书馆 CIP 数据核字(2022)第 115441 号

儒学谱系论

RUXUE PUXI LUN

杨泽波　著

人 民 出 版 社 出版发行

(100706　北京市东城区隆福寺街 99 号)

北京汇林印务有限公司印刷　新华书店经销

2023 年 4 月第 1 版　2023 年 4 月北京第 1 次印刷

开本:710 毫米×1000 毫米 1/16　印张:31.25

字数:496 千字

ISBN 978 - 7 - 01 - 024860 - 8　定价:110.00 元

邮购地址 100706　北京市东城区隆福寺街 99 号

人民东方图书销售中心　电话 (010)65250042　65289539